자본주의 이후의 새로운 사회

자본주의 이후의 새로운 사회

김수행 · 신정완 편

서울대학교출판문화원

New Society after Capitalism

Soohaeng Kim and Jeongwan Shin, eds.

Seoul National University Press

머리말(Ⅰ)

이 책은 김수행 교수님께서 2008년 2월에 서울대학교 경제학부에서 정년퇴임을 맞게 되신 것을 축하하고 기념하기 위해 마련된 책이다. 김수행 교수님은 1989년에 서울대학교 경제학과(이후 경제학부로 전환)에 교수로 부임하신 이래 마르크스 경제학의 교육과 연구에 매진해 오시다가 2007년 2학기를 마지막 학기로 하여 정년퇴임을 맞게 되셨다. 세월이 참으로 빠르게 흐른다는 점을 절감하게 된다.

김수행 교수님의 정년퇴임을 더 뜻있게 맞기 위해 교수님의 제자와 후배들이 힘을 합해 정년기념책자를 발간하게 되었다. 5년 전 교수님께서 회갑을 맞으셨을 때에도 제자와 후배들이 함께 『현대 마르크스경제학의 쟁점들』(김수행 · 신정완 편, 서울대학교 출판부, 2002)을 발간한 경험이 있다. 그때와 마찬가지로 이번에도 교수님께서는 논문집보다는 많은 사람들이 읽을 수 있는 대중적 책자를 발간하고 책의 주제는 '자본주의 이후의 새로운 사회'로 정하면 좋겠다는 뜻을 전해주셨다.

'자본주의 이후의 새로운 사회'를 이론적으로 탐색하는 것은 본래 마르크스 경제학의 본령의 하나인데 교수님께서 그동안 주로 자본주의 경제의 작동원리를 설명하고 한국경제와 세계경제의 동향을 분석하는 데 주력하느라 이 주제에 대해서는 본격적 연구를 진척시키지 못한 점에 대해 아쉬움을 갖고 계시다는 것을 느낄 수 있었다. 그리고 이 책자를 통해 부족하나마 당신의 그간의 연구의 빈 공간을 채울 수 있고, 또 퇴임 이후 자본주의 이후의 사회에 대한 이론적 모색에 더욱 힘을 쏟겠다고 스스로 다짐하는 의미도 있다고 판단하신 것 같다.

책의 기획작업에는 김수행 교수님과 경상대학교의 정성진 교수님,

그리고 필자, 이렇게 세 사람이 참여했다. 정성진 교수님이 작성한 기획 초안에 김수행 교수님과 필자의 의견이 보태져 책의 구성이 확정되었다. 이 책은 총 4부 16장으로 이루어져 있다. 1부 '사회주의 이론'(1장-3장)에서는 사회주의/공산주의 문제와 관련된 마르크스주의의 고전적 논의들을 살펴보고, 2부 '사회주의의 역사와 현실'(4장-7장)에서는 역사적 사회주의의 경험을 비판적으로 점검해본다. 3부 '서유럽 사회민주주의의 이론과 실제'(8장-9장)에서는 독일과 스웨덴의 사회민주주의운동의 이념과 실천을 살펴보고, 4부 '새로운 사회를 위한 초석들'(10장-16장)에서는 부문별로 대안적 사회의 지향가치와 제도 틀 등을 탐색한다. 크게 보면 이론 · 역사 · 대안의 순서로 책의 구성이 짜여졌다고 할 수 있다.

5년 전에 발간된『현대 마르크스경제학의 쟁점들』의 집필과정에서와 마찬가지로 이 책의 집필과정에서도 필자들은 글의 내용과 관련하여 전적인 자유재량권을 가지고 집필에 임했다. 필자마다 이념적 입장이나 학문적 관심사에서 작지 않은 편차가 있었기에 사전 협의를 통해 각 장의 내용을 조율한다는 것은 처음부터 가능하지 않을 것으로 판단되었다. 또 자본주의 이후의 새로운 사회라는 미지의 세계를 탐색하는 이 책의 주제에 비추어볼 때 바람직하지도 않은 것으로 판단되었다.

1장은 김수행 교수님이 직접 집필하셨는데, 마르크스와 엥겔스의 여러 저작에 산재해 있는 공산주의 사회의 구성원리와 공산주의 사회로의 이행 문제에 대한 언급들을 정리하는 것을 주 내용으로 삼고 있다. 특히 마르크스와 엥겔스의 주된 이론적 작업은 자본주의 경제의 작동원리를 해명하고 그것의 필연적 사멸을 입증하는 것이었지 자본주의 이후의 새로운 사회의 구체적 모습과 이행의 방법을 설계도로 제시하는 것이 아니었다는 점이 강조된다. 따라서 공산주의 사회 문제에 대한 마르크스와 엥겔스의 논의는 결코 그대로 따라하기만 하면 되는 정교한 설계도가 아니라 현재의 상황에서 비판적으로 해석하고 창조적으로 활용해야 하는 미완의 사유소재로 보아야 한다는 것이다.

2장에서 김윤자는 러시아 혁명의 지도자였던 레닌의 사회주의 이행론을 러시아 혁명의 전개과정의 맥락에서 살펴본다. 경제적으로 후진적이며 전쟁의 참화를 겪었던 러시아의 악조건에서 레닌이 사회주의 혁명을 추진하면서 어떤 난관들에 부딪쳤으며 그 과정에서 레닌의 사회주의 이행전략이 주요 국면별로 어떻게 변모해갔는가를 분석한다.

3장에서 강신욱은 소련식 사회주의 계획경제에 대한 대안으로 논의되고 실천된 바 있는 시장사회주의 문제를 다룬다. 생산수단의 공유와 시장을 결합시키려 한 각종 시장사회주의론이 대두된 배경을 설명하고 나서 시장사회주의와 관련된 대표적 논쟁인 사회주의 계산논쟁을 살펴본다. 또 유고와 헝가리에서 실제로 실험되었던 시장사회주의 모델을 소개·평가하고 최근에 고안된 대표적 시장사회주의 모델을 소개한다. 마지막으로 각종의 시장사회주의론이 공통적으로 답해야 하는 핵심적 질문을 던진다.

4장에서 김계환은 소련의 경제체제의 구조와 작동원리를 심층적으로 분석한다. 특히 소련 경제체제의 특성으로 인해 야기된 왜곡된 유인체계(incentive system)로 인해 개별 정부 부처, 개별 기업, 개인 등 경제주체들이 이 유인체계에 반응하여 개별적으로는 합리적인 의사결정을 하지만 이것이 모여 경제 전체 차원에서는 자원배분의 왜곡과 경제 발전의 정체를 낳게 된 과정을 미시적으로 분석한다.

5장에서 이근은 개혁·개방 이후 고도성장을 계속해온 중국식 시장사회주의의 성공 원인과 구조적 문제점을 상세히 설명한다. 또 중국경제의 고도성장으로 인해 한국경제가 위협받거나 주변화되는 것이 아니라 오히려 이를 활용하여 성장을 촉진하는 길로 나아갈 수 있는 구체적 방안을 제시한다.

6장에서 김석진은 북한경제가 1960년대 후반 이후 침체를 겪게 된 원인을 다각도로 설명한다. 특히 김석진은 북한경제의 역사에 대한 기존의 여러 통념들이 북한의 공식통계에 대한 부정확한 이해에 기초해 있다는 점을 지적한다. 그에 따르면 북한경제는 1950년대의 고도성장

이후 1960년대부터 저성장 국면에 들어갔으며 1960년대 중반에 이미 남한의 1인당 국민소득이 북한을 추월했고, 북한경제는 공식통계에 나타나는 것보다 농업의 비중이 훨씬 큰 후진국형 사회주의 경제였으며, 늘 외국의 원조 없이 지탱하기 어려운 구조를 갖고 있었다는 것이다. 또 북한경제의 근본적 문제점으로서 국가사회주의체제 자체의 약점과 경제실정을 무시한 과도한 자력갱생 노선을 지적한다.

7장에서 김창근은 유고슬라비아의 시장사회주의체제의 역사를 검토한다. 유고슬라비아에서는 노동자 자주관리와 시장메커니즘을 결합시킨 독특한 시장사회주의체제가 건설되어 국제적으로 크게 주목받은 바 있다. 그러나 이 체제의 약점을 해결하는 방안으로서 점점 더 시장요소를 많이 받아들이는 과정에서 노동자 집단이기주의 등의 문제가 만연하여 투자 정체, 자본주의국 못지않은 경제적 불평등, 선진자본주의국들보다 더 높은 실업률 등의 문제가 발생했다는 것이다. "결국 유고슬라비아의 시장사회주의는 노동자들의 자주관리체계를 사회 전체적으로 실시하려 했지만, 이 자주관리가 시장과 이윤동기의 원리에 기초했기 때문에 원래의 자주관리 정신을 살리지 못하고 오히려 자본주의적인 문제점만을 양산했을 뿐이었다."고 평가한다.

8장에서 강신준은 19세기 말 이래 독일 사회주의 노동운동의 역사를 검토한다. 19세기 말 이후 독일의 사회주의 노동운동은 이론적 수준과 조직력 등의 측면에서 국제 사회주의 노동운동의 선두주자 역할을 감당해왔으나, 사회주의로의 이행이라는 전략적 목표와 국면별로 유연하게 적용해야 하는 전술체계를 조화롭게 결합하는 데 실패한 결과 결정적 국면마다 이러저러한 편향에 빠져 실패를 거듭해왔다는 것이다. 그러다 분단 이후 서독에서는 1959년에 사민당이 고데스베르크(Godesberg) 강령을 통해 사회주의 이념의 강령적 목표를 최종적으로 포기함으로써 전략적 목표와 전술체계 사이의 해묵은 갈등이 해소되었다는 것이다. "결국 독일의 역사적 경험은 사회주의 노동운동이 자신의 전략적 목표를 견지한 채로 타협적 국면에서 유연한 전술체계를 수용할 수 있어야 한다는 것을 말해준다. 이 둘을 조화시키는 것이 결코 간단한 문제가 아니라는 것이 역사에서 확인되고 있지만, 그것이야말로 사회주의 노동운동의 발전에 결정적인 도약점이라는 것이 우리가 잊지 말아야 할 교훈"이라는 것이다.

9장에서 신정완은 오랜 기간 국제적으로 사회민주주의의 최선의 사례로 평가되어온 스웨덴 사회민주주의의 역사를 살펴본다. 스웨덴 사회민주주의의 이념과 정책의 변모과정을 꼼꼼하게 살펴보고 나서, '자본주의 이후의 새로운 사회'를 모색하는 관점에서는 스웨덴 사회민주주의로부터 배울 것이 많지 않지만 '어떤 자본주의가 좋은가' 하는 문제의식에서는 배울 것이 매우 많다고 평가한다.

10장에서 김성구는 공산주의로의 이행문제를 다룬다. 그는 마르크스가 비록 독점자본주의단계를 본격적으로 경험하지 못했으나, 마르크스의 생산의 사회화론에는 독점자본주의론 및 국가독점자본주의론의 맹아가 담겨있었으며, 엥겔스를 경유하여 레닌에 이르러 이행이론으로서의 국가독점자본주의론이 체계적으로 정초될 수 있었다고 본다. 따라서 독점자본주의나 국가독점자본주의와 같은 범주의 매개 없이 자본주의 일반으로부터 공산주의로의 필연적 이행을 도출하려는 시도나, 공산주의의 핵심적 구성 요소로서 계획경제를 거부하고 사회적 소유와 시장을 결합시키려는 시장사회주의론은 모두 마르크스의 사상으로부터 크게 이탈한 것이라는 것이다. 또한 스탈린주의의 부정적 경험으로 인해 국유화 자체를 거부하고 국유화와 사회화가 전혀 별개인 것처럼 사고하는 것도 그릇된 것임을 논증한다. 결국 마르크스와 엥겔스, 레닌의 고전적 마르크스주의 이론이야말로 공산주의로의 이행문제와 관련하여 올바른 실천적 지침을 제공하는 이론적 원천이라는 것이다.

11장에서 이상헌은 현재 위기에 처한 서구 복지국가 모델과 역사적으로 붕괴한 사회주의적 복지국가 모델에 대한 대안으로 거론되고 있는 '보편적 권리로서의 기본소득(basic income as a universal right)' 보장론이 대두된 역사적 · 이론적 배경을 소개한다. 취업 여부나 소득 수준과 무관하게 모든 시민에게 일정한 기본소득을 제공하는 기본소득 보장 모델이 기존의 서구 복지국가 모델과 사회주의적 복지국가 모델에 비해 가질 수 있는 장점들을 제시하고 미래의 대안적 복지사회 모델로서 기본소득 보장 모델의 성립가능성을 신중하게 타진한다.

12장에서 정성진은 '자본주의 이후의 새로운 사회'의 구체적 체제 형태를 제시하려 시도한다. 그는 "소련 · 동유럽 블록의 붕괴는 특정한 종류의 계획경제, 이른바 '관리명령경제(administrative command economy)'의 실패이지, 마르크스적 의미의 사회주의나 마르크스적 계획경제의 실패 사례, 또는 그것의 실행불가능성을 입증하는 사례로 간주될 수 없다."고 전제하고 나서, 마르크스의 고전적 공산주의 이념을 21세기 조건 하에서 구현할 수 있는 대안적 경제체제모델로서 최근 논의되고 있는 각종 '참여계획경제론'을 소개하고 평가한다. 특히 '파레콘(Parecon)' 모델, '협상 조절(Negotiated Coordination)' 모델, '노동시간 계산' 모델을 소개하며 각각의 장 · 단점을 비교 평가한다. 결론적으로 "노동시간 계산 모델의 관점에서 파레콘 모델과 협상 조절 모델을 비판적으로 종합하는 작업이 필요"하며, 각종 참여계획경제론이 더 발전하려면 마르크스의 노동가치론과 레닌의 혁명이론을 필수적으로 수용해야 한다는 점을 강조한다.

13장에서 김공회는 마르크스경제학의 관점에서 '세계시장' 문제를 어떻게 분석할 것인가 하는 문제를 다룬다. 그에 따르면 "마르크스주의 세계시장론의 핵심은, 가치 및 잉여가치가 세계시장에서는 어떻게 생산되고 존재하는가를, 다시 말해 그것의 생산 및 분배와 관련된 본질적 과정이 거기에서는 어떻게 왜곡되어 드러나는가를 밝힘으로써, 결과적으로는 세계시장 차원의 논의에서 널리 퍼져 있고 주류경제학에 의해 옹호되는 '국민적 생산성에 따른 분배'라는 관념의 허구성을 폭로하는 것"이다. 또 세계시장 문제에 대한 마르크스의 문제의식에 입각하여 기존의 마르크스주의적 세계시장 분석들에 결여되어 있는 것이 무엇인가를 지적한다.

14장에서 강남훈은 IT(Information Technology) 혁명의 바탕에 깔린 기술적 원리와 사회적 규약을 친절하게 설명하면서, IT 혁명을 통해 가능해진 지식생산과 지식유통의 급격한 발전을 더욱 촉진하는 길로서 시장을 통한 길보다 광장(agora)을 통한 길이 더 바람직하다는 점을 역설한다. 인터넷, 월드와이드웹, 오픈소스, 카피레프트 등 지식의 생산과 유통을 근본적으로 활성화시킨 것들은 모두 지식에 대한 공적 소유와 활용을 원칙으로 삼고 있다는 점에서 광장의 원리에 입각한 것들이다. 광장을 통한 지식의 생산과 유통은 시장원리의 장점을 거의 다 흡수하면서도 시장이 제공할 수 없는 근본적 혜택을 제공하고 있기 때문에 "우리는 시장을 통한 지식의 상품화를 억제하고 광장을 통한 지식생산의 가능성을 높여 새로운 사회의 밑거름이 되도록 만들어야" 한다는 것이다.

15장에서 홍성태는 한국사회가 향후 지향해야 할 사회 모델로서 '생태적 복지국가'를 제시한다. 박정희 시대에 정착된 개발지상주의적 '토건국가'가 자연과 인간의 파괴, 예산 낭비, 부정부패 만연의 주 원인이었다는 점을 역설하며, 민주화 이후에도 토건국가의 해체가 이루어지지 않고 있다는 점을 비판한다. 그리고 한국사회의 생태적 전환을 위한 구체적 과제로서 개발정책의 전환, 물 정책의 전환, 에너지 정책의 전환, 개발주의형 정부구조의 발본적 개혁을 제안한다.

16장에서 김숙경은 프랑스혁명기에서부터 20세기 후반에 이르는 기간에 명멸했던 다양한 페미니즘 조류들이 여성해방과 사회경제적 변혁의 관계를 어떻게 파악했는가를 고찰한다. 분석의 결과 "여성운동의 역사에서 여러 쟁점들이 제기되었지만 가장 핵심이 되는 쟁점은 페미니즘과 사회변혁의 관계 또는 다른 식으로 표현하면 여성의 경제적 독립(노동권)과 성적 자율권(여성권)의 관계였음을" 확인하고 "페미니즘의 이론적 · 실천적 복잡성은 여성이 가정과 사회의 두 영역에서 직면하는 권력관계의 중첩에서 비롯된다."고 지적한다. 또 "따라서 페미니즘은 가정과 사회의 분업체계의 근본적 변화와 생산의 사회화 및 남녀관계를 포함한 모든 개인적 관계의 본질적 전화를 필요로 한다."고 결론짓는다.

정년퇴임을 앞두신 김수행 교수님은 그동안 한국의 대표적 마르크스 경제학자로 살아오셨는데, 한국에서 마르크스 경제학자로 산다는 것이 결코 쉬운 일은 아니었을 것이다. 물론 교수님은 연구여건과 교육여건이 좋은 서울대학교에서 학문활동을 수행했기 때문에, 한국의 마르크스 경제학자로서는 가장 큰 행운을 누린 분이라 볼 수도 있을 것이다. 그러나 바로 그러한 위치로 인해 짊어져야 했던 짐이 가볍지 않았을 것이다. 교육과 연구에서 본을 보여야 한다는 책무감도 컸을 것이고 서울대 경제학부의 유일한 마르크스 경제학자로서 겪어야 했던 고독감도 깊었을 것이다. 또 자본주의 사회에서, 특히 분단과 전쟁, 냉전을 겪은 한국사회에서 마르크스주의자로 살아간다는 것에 따르기 마련인 긴장감도 높았을 것이다. 이러한 여러 어려움을 교수님은 무엇보다도 성실한 교육과 연구를 통해 극복하려 노력해왔고, 그 결과 많은 우수한 제자들을 길러냈고 수많은 연구물을 산출하였다. 어려운 과제를 대과(大過) 없이 비교적 성공적으로 달성하고 정년퇴임을 맞게 되신 데 대해 축하드리지 않을 수 없다.

그러나 정년퇴임이 교수님의 공적 삶의 마감을 의미하는 것은 아닐 것이다. 정년퇴임을 계기로 학문활동을 접는 학자들도 많지만 김수행 교수님의 경우엔 정년퇴임이라는 것이 그저 한번 통과해야 하는 제도적 절차에 불과할 것으로 생각된다. 한국의 많은 학자들이 젊은 시절에 집중적으로 연구하다가 나이가 들어가며 연구로부터 멀어지는 학문적 조로현상을 보였지만 교수님의 경우에는 연구물의 양과 질 모두에서 꾸준한 발전을 보이셨다. 교수님은 묵직한 뚝심을 가지고, 서두르지 않지만 그렇다고 쉬지도 않으면서 마르크스 경제학의 교육과 연구에 매진해오셨다. 따라서 앞으로도 그런 면모를 오래도록 보여주실 것으로 믿게 된다. 시대의 흐름을 주의 깊게 관찰하며, 더 나은 세상을 만들어

가려는 많은 사람들과 진솔하게 소통하면서 당신이 굴려야 할 바위를 한발짝이라도 더 굴려내려 분투하실 것으로 믿는다. 김수행 교수님께서 앞으로도 오래도록 왕성한 '현역생활'을 이어가시기를 기원하며, 교수님의 정년퇴임을 많은 분들과 더불어 진심으로 축하드린다.

2007년 7월
집필자들을 대표하여 신정완 씀.

머리말(Ⅱ)

정년으로 퇴임하면서 나의 학문생활을 한번 뒤돌아보려고 한다.

내가 마르크스를 처음 만난 것은 서울대학교 상과대학 1학년 시절(1961년) 쿠바혁명을 옹호한 『들어라! 양키들아』에서였다. 카스트로가 사실은 민족주의자인데 미국의 간섭 때문에 마르크스주의자로 전환했다는 주장과 함께 쿠바에서 일어나고 있는 온갖 변혁을 소개하고 있었다. 그 당시에는 미국이 한국을 지배하며 일본이 한국에 다시 진출한다는 현실인식(한일협정이 1965년 6월에 정식 조인되었다)에 의거해 민족주의가 큰 사상조류를 이루고 있었는데, 대학 강의는 "오늘 휴강, 내일 종강" 정도로 매우 부실해 학생들은 카스트로 · 나세르 · 수카르노 · 마오쩌둥 등을 중심으로 '민족해방투쟁' 에 관한 책을 많이 읽은 셈이다. 좀 비판적인 사회과학에 관한 책은 한글로 된 것이 거의 없었으므로 일본어를 세 달 정도 배웠다.

대학원 시절에 바란(P. Baran)의 논문 「후진성의 정치경제학(On the Political Economy of Backwardness)」과 저서 『성장의 정치경제학(*The Political Economy of Growth*)』을 읽고 큰 감명을 받았다. 왜냐하면 제3세계의 빈곤과 독재가 제국주의 나라의 일방적인 수탈에 의해 야기된 측면뿐 아니라 제국주의 세력과 국내 매판세력 사이의 동맹에 의해 야기된 측면을 동시에 파악하면서, 제3세계의 장래가 국내 변혁으로부터 시작될 수밖에 없음을 강조하고 있었기 때문이다. 그 당시 내가 관심을 가졌던 논문들을 편집한 책이 『경제발전론』(이현재 · 김수행 편역, 서울대학교출판부, 1968)이었다. 그러나 마르크스의 책은 그 당시 전혀 구할 수가 없었다. 걸핏하면 박정희 정권이 '독서회사건' 을 조작해 중형을 선고했기 때문에 책이 유통되질 않았다. 일본인이 쓴 경제이론 · 경제학사 · 사회사상 등을 읽으면서 '장님이 코끼리 만지듯이' 마르크스경제학을 상상할 뿐이었다. 우노코조(宇野弘藏)의 『經濟原論(경제원론)』(상 · 하)이 그 당시 읽은 가장 체계적인 입문서였다. 석사논문은 제국주의의 경제적 토대라고 생각되는 금융자본의 성립에 관한 것이었는데, 이를 위해 힐퍼딩의 『금융자본』, 레닌의 『제국주의』, 그리고 영국 · 독일 · 미국의 금융자본에 관한 책들을 읽었다.

1972년 2월부터 1975년 5월까지 한국외환은행 런던지점에 근무하면서 영국 자본주의의 선진적인 측면에 큰 감명을 받았다. 서점에는 온갖 책들이, 서울에서는 볼 수도 없고 보아서도 안 되는 책들이 널려있고, 학교와 병원은 모두 무료이며, 노동조합이 정부와 기업과 거의 동등한 세력을 가지고 있었다. 그러나 1972년 가을에는 세계적인 투기 열풍으로 어린 아들 셋(나는 1969년 9월 결혼하여 1971년 4월까지 아들 셋을 가지게 되었다)을 위한 휴지를 구할 수가 없었다. 자본가들이 삼림과 펄프를 세계적인 규모에서 매점 · 매석했기 때문에, 휴지가 귀해져서 각 상점은 고객 한 사람에게 휴지 두루마리 한 개씩만 팔았다. 이런 투기 열풍이 1973년 10월 이후의 석유 가격 폭등을 계기로 완전히 파탄에 빠져 1974/75년의 세계적인 대공황이 폭발한 것이다. 그 몇 년 전까지만 해도 사뮤엘슨(Samuelson) 등 부르주아 경제학자들은 경기변동은 천연두처럼 이제 세상에서 사라졌다고 자신만만했는데, 1930년대의 공황 같은 세계공황이 일어난 것이다. 또한 영국에서는 전혀 색다른 사건이 나의 관심을 크게 끌었다. 히스(E. Heath) 보수당 정부가 임금인상을 규제하기 위해 1973년 11월에 국영 석탄광산의 광부들에게 13%의 임금인상을 제시했는데, 이것을 광부노조가 거부하면서 시간외 근무를 하지 않기로 결정한 것이다. 이렇게 되자 오펙(OPEC)의 석유 수출 제한으로 석유가 제대로 공급되지 않을 뿐 아니라 석탄 공급도 제대로 되지 않아 산업계는 마비상태에 빠졌다. 히스 수상은 제조업체에게 12월 말부터 주 3일만 일하도록 명령하면서 광부노조와 대치했다. 수많은 노동자들이 노동시간 단축으로 말미암아 임금소득 저하를 겪고 있었고 또한 전국경제인연합회(Confederation of British Industries)나 집권 보수당 안에서도 의견이 분분했기 때문에, 히스 수상은 1974년 2월 7일에 총선거를 실시하기로 했다. 보수당의 선거 슬로건은, "누가 이 나라를 다스리는가? 선거에서 이긴 정부인가, 아니면 하나의 강력한 노동조합인가?"였다. 노동조합의 파업행위 때문에 총선이 실시되기는 역사상 드문 일이었는데, 한국 사람들의 예상과는 정반대로 보수당이 지고 노동조합의 정당인 노동당이 승리했다.

공황에 관한 연구를 해야 하겠다는 결심이 굳어졌다. 주류경제학에서는 시장이 수요와 공급을 일치시키고 모든 자원들을 합리적으로 배분하기 때문에, 과잉생산 공황은 처음부터 있을 수 없는 현상이라고 가르친다. 그러나 마르크스경제학에서는 공황이 자본주의에서는 불가피할 뿐 아니라 필요하다고 주장한다. 따라서 공황을 연구하려면 마르크스경제학을 할 수밖에 없다. 이리하여 런던지점생활을 마치고 영국에서 공부를 계속하려고 영국의 여러 대학들에 입학원서를 냈지만 모두가 거절했다. 영국의 대학들이 자기들의 식민지였던 인도 · 파키스탄 · 케냐 · 자메이카보다도 한국이 후진국이라고 생각하고 있었기 때문이었다. 다행히 런던대학교의 런던정경대학(London School of Economics and Political Science: LSE)에서 연구생(research fee student)으로 1975년 10월부터 받아주겠다는 회답이 왔다.

1975년 5월 3년 동안의 런던근무를 마치고 귀국해 사표를 내고 9월 다시 가족 4명과 함께 런던으로 떠났다. LSE에서는 매월 한번 지도교수인 모리시마 미치오(森嶋通夫) 교수와 만나 개인지도를 받고 그 외의 시간은 내 마음대로였다. 세계적으로 유명한 수리경제학자인 모리시마 교수는 나에게 알렌(R. G. D. Allen)의 *Mathematical Economics*(1956)를 읽고 발표하라는 과제를 주었기 때문에 수학공부에 열중할 수밖에 없었다. 미분과 적분도 몰랐기 때문에 크게 고생했지만, 그런대로 1년쯤 뒤에는 수학에도 제법 자신이 생겼다. 모리시마 교수와의 면담 이외에는 경제학 석사과정에 들어가 거시경제학 · 미시경제학 · 통계학을 배웠다. 서울대학교 상대대학 시절에는 5.16 군사쿠데타 · 반정부 시위 · 계엄령 · 위수령 · 한일회담 반대 등등으로 사실상 제대로 주류경제학을 공부할 수 없었는데, 런던에서 그것을 공부하게 된 것이다.

영국의 대학제도에서는 연구생과정을 마치고 좋은 학점으로 석사학위를 받아야 박사과정에 진학할 수 있었다. 1년의 연구생 과정을 마칠 쯤에 모리시마 교수가 나에게 나의 수학실력으로는 LSE에서 박사과정까지 마칠 수 없고 나의 관심이 또한 비주류경제학이니까 런던대학교의 버크베크칼리지(Birkbeck College)에서 석사와 박사를 하는 것이 좋겠다고 추천했다. 그리하여 버크베크대학에서 석사학위와 박사학위를 하게 되었다. 이 대학은 석사과정에서 경제학일반 · 계량경제학 · 경제학전공과목을 공부해야 했는데, 경제학일반은 경제학설사로서 여러 교수들이 분담해 강의했다. 고전파경제학 · 마르크스경제학 · 신고전학파경제학 · 케인스경제학 · 프리드만의 통화주의경제학 · 후생경제학 · 국제경제학 · 발전경제학 등등을 모두 1년 동안 배웠는데, 경제학일반을 관찰하는 데 큰 도움이 되었다. 전공과목은 마르크스주의자 해리스(Laurence Harris)가 담당하는 화폐금융론을 선택했는데, 과연 화폐금융론은 부르주아경제학의 핵심이었다.

이제 박사과정에 들어가 마르크스의 공황이론을 연구해야 했는데, 이 연구 과제를 진짜 선택할 때는 한참 고민했다. 1977년 10월이니까 박정희 독재가 서슬이 시퍼래서 마르크스를 연구한다면 한국에 돌아가기 어려울 것이고, 그렇다고 내가 좋아하지 않는 과제를 선택하면 허송세월하는 것이나 다름없기 때문이었다. 이 고민의 해결에서 아내가 가장 큰 동조세력이 되어 주었다. "이왕 좋아서 공부를 시작한 것이니까 가장 좋은 연구과제에 전념하고 그 결과는 우리 모두가 나누어 가지자."고 결단했기에 나는 홀가분한 기분으로 마르크스경제학에 몰두할 수 있었다. 박사과정에서는 강의는 처음부터 없고 논문만 쓰면 되었는데, 논문의 지도교수는 해리스였다. 논문계획서를 상의해 확정하고, 글을 써서 제출하면 해리스 교수가 코멘트를 붙여 돌려주는 방식으로 하여 3년 뒤인 1980년 12월에는 논문 각 장의 초고 전체가 일단 완성되었다. 내가 논문 전체를 새로 정리하여 제출하니 해리스가 그것을 읽고 몇 가지 추가할 것과 삭제할 것을 요구했으므로, 이것의 수정작업에 또 1년이 걸렸다. 그러나 이 단계에서는 이미 논문 전체의 내용이 일단 확정되어 있었기 때문에 수정작업은 매우 좋은 복습과정이었으며, 1982년 2월의 구두시험을 통과하여 학위를 받게 되었다. 논문의 내용은 마르크스의 공황이론에 관해 일본과 유럽의 경제학자들이 여러 가지 해석을 제기했지만 내가 보기에는 그것들은 마르크스를 잘못 이해하는 측면이 많으며, 마르크스의 공황이론은 이윤율 저하경향의 법칙을 새롭게 이해할 때 올바로 확립된다는 것이다. 내가 특별히 기여한 부분은 일본학자들의 공황이론을 소개하고 비판한 부분과 이윤율 저하경향의 법칙을 새롭게 이해한 부분이었다. 학위논문제목이 *Theories of Economic Crises: A Critical Appraisal of Some Japanese and European Reformulations* 로 되어 있지만, 처음의 제목은 *The Marxist Theory of Economic Crises: A Critical Appraisal of Some Japanese and European Reformulations* 였다. 논문을 제출하는 시점에서 귀국했을 때의 어려움을 피하기 위해 해리스 교수와 상의해 지금의 제목으로 바꾼 것이다. 1982년 10월 귀국했을 때 전공이 무엇이냐고 물으면 항상 '경제학사' 라고 말한 근거가 논문제목에 있는 것이다.

1982년 10월 귀국해 한신대학에서 박영호 · 정운영 교수와 함께 김상곤 · 이영훈 · 윤소영 · 강남훈 박사를 교수로 영입하고 경제과학연구소를 설립하여 마르크스경제학의 연구센터로 역할하려고 노력했다. 방학 중에 교수들이 각자 논문 한편씩을 '토론자료(working paper)' 로 만들고 그것을 학기 중에 발표했는데, 주로 서울의 대학원 학생들이 많이 모였다. 이 발표와 토론과정에서 나는 좀 '이상한' 점을 몇 개 발견했다. 하나는 마르크스경제학을 '정치경제학' 이라고 부르는 것에 놀랐다. 사실상 1870년대 한계효용학파가 나타나기 이전에는 경제학은 대체로 '정치경제학(political economy)' 이라고 불리고 있었기 때문에, 마르크스는 『자본론』의 부제를 '정치경제학 비판' 이라고 붙인 것이다. 그러나 곧 알게 되었지만, 우리나라와 같은 "반공을 국시로 하는" 나라에서는 마르크스경제학이라고 부를 때 받게 될 여러 가지 '불이익' 을 정치경제학이라는 애매모호한 용어가 방패막이를 하고 있었다. 둘째는 우리 사회의 궁극적인 목표에 관한 논의는 무성했지만 어떻게 그런 목표에 도달할 수 있는가에 대한 구체적인 논의가 매우 빈약했다. 독재정권 아래서 온갖 곤욕을 치르면서 독재정권 타도에만 몰두했기 때문에 한국 자본주의의 기본적인 운동법칙이나 노동운동의 전략과 전술에 관한 이론은 제대로 개발되어 있지 않았다. 셋째는 우리나라는 마르크스이론을 주로 소련의 교과서를 통해 수입하고 있었다. 그런데 소련의 마르크스주의는 스탈린의 영향으로 생산력주의와 경제주의에 사로잡혀 자본주의는 생산력 발전의 정체에 의해 붕괴한다고 주장했다. 또한 소련의 마르크스주의는 노동해방과 인간해방보다는 생산력을 발전시키는 생산수단의 국유화와 계획경제를 강조했다. 이런 영향으로 우리나라의 변혁운동은 엘리트주의에 사로잡혀 '무지몽매한' 노동자들을 지도하려고 했다. 이런 상황에서 소련 사회가 몰락함에 따라 소련의 마르크스주의를 우상으로 받들던 인사들이 갑자기 뒤돌아 "마르크스는 죽었다."고 외치게 된 것이다.

나는 마르크스이론을 도입하고 전파하는 일을 최고의 사명으로 삼게 되었다. 나는 중학교과 고등학교 때 정구 선수이어서 몸이 건강하고 성격에는 '곰' 처럼 미련한 측면이 있어, 하루 10시간씩 책상 앞에 앉아 글을 쓸 수 있었기 때문에 이 책의 끝부분에 있는 참고문헌(Ⅱ)에서 보는 바와 같이 많은 저작을 남기게 되었다. 1980년 5월의 광주항쟁 이래 마르크스경제학에 대한 요구가 크게 증가했고, 일반 시민들의 민주화 요구도 점점 더 강력하게 되었으므로, 『자본론』도 멀지 않아 금서목록에서 빠지리라고 기대할 수 있게 되었다. 비봉출판사의 박기봉 사장(서울 상대 5년 후배)이 『자본론』 번역을 준비하자고 제의했다. 『자본론』의 영어판(영국의 펭귄판과 소련의 프로그레스판)은 내가 박사학위를 쓰는 과정에서 몇 번이나 읽었기 때문에 내용은 잘 알고 있었지만, 한글로 번역하는 것에는 또 다른 능력이 필요하기 때문에 일본에서 근무를 마치고 오는 친구에게 일본판과 북한판을 이삿짐에 가져오라고 부탁했다. 특히 1987년 1월 한신대학을 그만두게 되어 시간이 많았으므로 번역작업에 전념했고, 1989년 2월에 서울대학교 경제학과 교수로 임명되자마자 3월에 『자본론』 I(상)(하)를 발간하고 5월에 II권을 그리고 1990년 2월에 III(상)(하)를 발간한 것이다. 사실상 그 당시 아직도 『자본론』이 금서목록에서 해제되지 않았지만 서울대학교 교수가 "잡아가려면 잡아가라!" 고 번역 · 출판해 버리니까 경찰과 검찰도 어찌할 수가 없었던 모양이다. 나는 『자본론』 I(상)의 초판(1989년 3월 10일 발행)의 <번역자의 말>에서 다음과 같이 감사를 표했다.

> 이 책을 번역해야지 하면서도 선뜻 착수하지 못했던 이유는 우리나라의 악법 「국가보안법」 때문이었다. 번역이 상당히 진행되고 있던 중 1988년 9월 이론과 실천사의 대표가 『자본론』의 일부를 번역해 출간했다는 이유로 구속되었는데, 이것이 또한 나의 작업을 지연시키기도 했다. 그러나 1987년 6월의 시민항쟁 이후 학문과 사상의 공간이 점차로 넓어지고 있으며, 그러한 경향의 연장선 위에 이 번역도 가능하게 된 것이다. 모든 민주영령과 민주투사 및 양심세력에게 감사를 드린다.

나는 『자본론』의 완역을 가장 큰 연구업적으로 삼고 있다. 많은 학생들과 학자들이 그 어렵고 두꺼운 책을 짧은 시간에 쉽게 읽는다는 사실에 나는 환호작약한다. 제1권은 두 번이나 개역했고, 제2권과 제3권은 한번 개역함으로써 번역을 점점 더 개선해 나가고 있다. 그런데 나의 공적으로 특히 뽐낼 수 있는 것은 『자본론』에 있는 화폐단위를 단순한 예의 경우에는 모두 우리 돈 '원' 으로 고쳤다는 사실이다. 이것은 제3권 제6편의 지대 설명에서는 독자들에게 큰 도움을 줄 수 있다. 독일어

원본에서 마르크스는 영국의 화폐단위(1파운드 스털링=20실링=240펜스)를 사용하고 있는데, L1 3s. 6p.와 L2 3s. 6p.를 비교하기가 쉽지 않다. L1 3s. 6p.는 L1.175(1.175원)로 표현하고 L2 3s. 6p.는 L2.175(2.175원)로 표현해야만 우리는 그 크기를 비교할 수 있기 때문에, 영국 화폐단위로 표현된 것을 일일이 원으로 바꿨다. 이 과정에서 나는 마르크스의 오류를 몇 개 발견해 정정했다. 이처럼 『자본론』을 번역한 일 이외에 『자본론』의 내용을 설명하고 전파하는 작업에 노력했다.

둘째로 마르크스의 공황이론을 제시하고 현실의 공황을 설명하려고, 『경제변동론』(1986ㄱ), 『가치와 공황』(번역서, 1988ㄷ), 「로자 룩셈부르크의 과소소비설에 관하여」(1990ㄷ), 「영국 신보수주의의 경제적 귀결」(1995ㄴ), 「마르크스의 이윤율 저하 경향의 법칙」(2005ㄹ), 「케인스주의에 대한 마르크스주의적 비판」(2006ㅂ), 「현재의 장기불황과 마르크스의 공황론」(2006ㅅ), 『자본주의 경제의 위기와 공황』(2006ㄷ) 등을 썼다.

셋째로 자본주의 경제의 현실적 동향을 파악하려고 노력했는데, 그 중에는 다음과 같은 책들과 논문들이 있다. 『1945년 이후의 자본주의』(번역서, 1993ㄹ), 「한국사회를 어떻게 분석할 것인가」(1993ㄷ), 「독점이론에 대한 힐퍼딩의 공헌」(1995ㄱ), 「자본의 세계화 경향에 관한 일 고찰」(1996ㄱ), 「김대중 정부의 구조조정 비판」(2000ㄴ), 『알기 쉬운 정치경제학』(초판 2001ㄷ; 제1개정판 2005ㄱ), 『제3의 길과 신자유주의: 영국 · 독일 · 프랑스를 중심으로』(공저, 초판 2003ㄱ; 제1개정판 2006ㄱ), 『유럽의 제노포비아』(공저, 2006ㄷ), 「1980년대 이후 미국 경제의 '금융화」(2005ㄷ) 등이다.

넷째로 자본주의 이후의 '새로운 사회'를 모색하는 연구를 최근에야 시작했는데, 「'더불어 사는 사회'의 현실적 · 경제적 타당성」(2005ㅂ), 「『자본론』에서 볼 수 있는 자본주의 이후의 경제체제」(2006ㅈ), 「사회주의와 화폐」(2006ㅊ), 『박정희체제의 성립과 전개 및 몰락』(공저, 2007ㄴ) 등이 그것이다.

이제 발간되는 『자본주의 이후의 새로운 사회』는 정년퇴임 이후 나의 연구에 하나의 지침이 될 수 있을 것이다. 제1부의 '사회주의 이론', 제2부의 '사회주의의 역사와 현실', 제3부의 '서유럽 사회민주주의의 이론과 실제', 제4부의 '새로운 사회를 위한 초석들'은 내가 앞으로 연구해야 할 과제들을 적은 것이나 다름없다. 각각의 분야에는 이미 전문가들이 많이 있기 때문에 내가 그들과 토론하면서 스스로 터득하고 새로운 상상력을 발휘할 수 있기를 희망한다.

내가 이렇게 정년을 맞이할 수 있게 도와준 여러 은인들과 선생님과 선배·후배·동료들과 제자·학생들에게 깊은 감사의 말씀을 드린다.

2007년 6월
6월 항쟁 20주년을 맞이하며
산본동 을지아파트에서 김수행 씀.

집필자 소개

강 남 훈
서울대학교 경제학 박사
현재 한신대학교 경제학과 교수

강 신 욱
서울대학교 경제학 박사
현재 한국보건사회연구원 연구위원

강 신 준
고려대학교 경제학 박사
현재 동아대학교 경제학과 교수

김 계 환
파리 고등사회과학연구원 경제학 박사
현재 한국산업연구원 부연구위원

김 공 회
서울대학교 경제학 석사
현재 런던대학교 박사과정

김 석 진
서울대학교 경제학 박사
현재 한국산업연구원 부연구위원

김 성 구
독일 브레멘대학교 경제학 박사
현재 한신대학교 국제경제학과 교수

김 수 행
런던대학교 경제학 박사
현재 서울대학교 경제학부 교수

김 숙 경
서울대학교 경제학 박사
현재 경제평론가

김 윤 자
서울대학교 경제학 박사
현재 한신대학교 국제경제학과 교수

김 창 근
서울대학교 경제학 박사
현재 경상대학교 사회과학연구원 연구교수

신 정 완
서울대학교 경제학 박사
현재 성공회대학교 사회과학부 부교수

이 근
미국 버클리대학 경제학 박사
현재 서울대학교 경제학부 교수

이 상 헌
영국 케임브리지대학교 경제학 박사
현재 국제노동기구(ILO) 선임연구원

정 성 진
서울대학교 경제학 박사
현재 경상대학교 경제학과 교수

홍 성 태
서울대학교 사회학 박사
현재 상지대학교 문화콘텐츠학과 교수

목 차

제2부 사회주의의 역사와 현실

제 1 부 사회주의 이론

제1장 마르크스와 엥겔스 김수행(서울대 교수)

제2장 레닌의 사회주의 김윤자(한신대 교수)

제3장 시장사회주의론 강신욱(한국보건사회연구원 연구위원)

마르크스와 엥겔스

1

김 수 행

1. 그들의 연구과제와 자본주의 이후의 새로운 사회

마르크스와 엥겔스는 1848년에 『공산주의당 선언』(Manifesto of the Communist Party)을 썼고, 만년에는 국제노동자협회(International Working Men's Association: 이른바 제1인터내셔널)를 주도한 바 있다. 따라서 '자본주의 이후의 새로운 사회'(앞으로 '새로운 사회'로 약칭한다)를 위해 누구보다도 더욱 큰 정치적·이론적 실천을 수행했다고 말할 수 있다. 그러나 마르크스와 엥겔스의 사상도 계속 진보하고 있었기 때문에, 이 장에서는 주로 『자본론』(제1권은 마르크스가 1867년에 발간했고, 제2권과 제3권은 엥겔스가 각각 1885년과 1894년에 마르크스의 원고를 정리해 출간했다), 『프랑스에서의 내전: 국제노동자협회 총평의회의 담화문』(마르크스가 썼고 1871년 5월 30일에 발표되었다), 『고타강령 초안 비판』(마르크스가 1875년에 썼다), 『유토피아에서 과학으로의 사회주의의 발전』(엥겔스가 1880년에 썼다)을 중심으로 '새로운 사회'에 관한 그들의 사상을 추적해 보고자 한다. 물론 가장 핵심적인 문헌은 『자본론』이다.

『자본론』 독일어 제1판 서문에서 마르크스는 "이 책에서 나의 연구 대상은 자본주의적 생산방식 및 그것에 대응하는 생산관계와 교환관계다."(김수행 옮김. 『자본론』 I(상): 4)고 말하며, 곧 이어서 "현대 사회의 경제적 운동법칙을 발견하는 것이 이 책의 최종 목적이다."(『자본론』 I(상):

6)고 말한다. 마르크스는 생산력의 수준을 표현하는 '생산방식' 에서는 자본주의를 개시하는 공장제 수공업인 매뉴팩쳐, 그리고 자본주의에 특징적인 기계제 대공업을 논의했고, '생산관계' 에서는 자본주의적 생산의 목적인 자본의 가치증식, 자본가계급과 임금노동자계급 사이의 대립과 투쟁, 자본가계급 안의 경쟁, 임금노동자계급으로부터 착취한 잉여가치가 유산자계급(산업자본가 · 상업자본가 · 금융적 자본가 · 토지소유자) 사이에서 분배되는 문제를 다루었으며, '교환관계' 에서는 노동생산물이 상품으로 유통하는 것과 관련해서 상품의 가치와 생산가격, 화폐와 신용, 사회적 총생산물의 유통과 재생산 등을 다루었다. 그리고 '현대 사회의 경제적 운동법칙' 에 관해서는 위의 생산방식과 생산관계와 교환관계가 어떻게 상호관련을 맺어 자본축적이 진행되고 주기적 공황이 일어나는가, 그리고 이 자본주의적 축적과정에서 생산방식 · 생산관계 · 교환관계와 그들의 상호관련이 어떻게 변형되는가를 주로 연구했다.

따라서 『자본론』은 기본적으로 자본주의 경제의 구조와 발전을 연구했으며 '자본주의 사회의 경제영역' 을 서술한 책이다.[1] 이런 의미에서 자본주의 이후의 새로운 사회는 『자본론』의 연구 대상이 결코 아니었다. 그러나 마르크스는 자본주의 사회도 다른 모든 사회들—원시공산사회 · 노예사회 · 봉건사회 등등—과 마찬가지로 이전 사회에서 태어나서

1) 경제와 사회의 관계에 관해 마르크스는 다음과 같이 말한다. "사회적 생산과정 일반은 인간생활의 물질적 생존조건들의 생산과정임과 동시에, 특수한 경제적 · 역사적 생산관계 안에서 진행되는 과정이어서 이 생산관계 그 자체, 따라서 이 생산과정의 담당자들, 그들의 물질적 생존조건들 그리고 그들의 상호관계를 생산하고 재생산하는 과정이기도 하다. 왜냐하면 생산의 담당자들이 자연에 대해 그리고 그들 상호간에 맺게 되는 이런 관계들(이 속에서 그들은 생산하고 있다)의 총체가 바로 경제적 구조의 관점에서 본 사회이기 때문이다"(『자본론』 III(하): 996). "생산의 사회적 형태가 어떠하든 노동자와 생산수단은 언제나 생산요소다…생산이 행해지려면 그들은 결합되어야 한다. 이 결합이 이루어지는 특수한 형태와 양식이 사회구조의 경제적 시대를 구분한다"(『자본론』 II: 44).

스스로를 확대재생산하다가 다른 사회로 '이행' 해야 하는 운명을 지니고 있다고 보았다. 이것은 『정치경제학 비판을 위하여』(1859년 출판)의 '서문' 에서 잘 설명하고 있는 이른바 역사적 유물론이다.[2] 다시 말해 자본주의 사회를 제대로 완전하게 이해하기 위해서는, 자본주의 이전 사회에서 어떻게 자본주의 사회가 태어나게 되었는가를 연구해야 했으며, 또한 자본주의 사회는 어떤 사회로 성장 · 전환할 것인가를 연구해야 했던 것이다. 이런 한도 안에서 『자본론』은 자본주의 사회의 탄생과정으로서 '이른바 시초축적(the so-called primitive accumulation)' 을 제1권 제8편에서 다루고 있으며, 그리고 자본주의 사회의 멸망과정을 제1권 제8편 제32장 '자본주의적 축적의 역사적 경향' 에서 요약하고 있다.[3]

그러므로 『자본론』이 사회주의나 공산주의 등 자본주의 이후의 새로운 사회를 어떻게 건설하는가, 또는 자본주의 사회를 어떻게 변혁하는가를 '주로' 다루었다고 주장하는 사람은 『자본론』을 읽지 않은 망상가들이다. 『자본론』이 새로운 사회를 이야기한 것은 어디까지나 자본주의 사회가 인류역사상 매우 독특하고 일시적인 사회형태라는 것을 부각시키기 위한 것이었다.

자본주의가 부르주아 경제학이 주장하듯이 인간의 출현과 함께 생긴 유구한 역사를 가진 것도 아니고 앞으로 영구불멸하지도 않을 것이라는 사상은 변증법적 사고방식의 특징이다. 애덤 스미스는 『국부론』(1776년)에서 인간은 '교환하는 성향' 을 가졌는데, 이 본성에서 분업과 화폐와 자본이 생겼으며, 자본주의는 인간의 본성에 적합하기 때문에 영원불멸하리라고 생각했다. 이런 사고방식은 마르크스의 변증법적 사

---

2) 이 장의 3절을 참조하라.

3) 일본의 정통파 마르크스주의자들은 "『자본론』은 자본주의적 생산양식을 철폐하는 세 개의 필수적인 계기들—즉 자본의 집중화, 노동과 생산의 사회화, 노자계급 적대의 심화—의 측면에서 자본주의적 생산의 발전과정을 분석하고 있다고 주장한다"(김수행 2006ㄷ: 44).

고방식과는 전혀 다르다.

> 변증법은 그 합리적 형태에서는 부르주아지와 그 이론적 대변자들에게 분노와 공포를 줄 뿐이다. 왜냐하면 변증법은 현존하는 것을 긍정적으로 이해하면서도 동시에 그것의 부정, 즉 그것의 불가피한 파멸을 인정하기 때문이며, 또 변증법은 역사적으로 전개되는 모든 형태들을 유동상태 · 운동상태에 있다고 간주함으로써 그것들의 일시적 측면을 동시에 파악하기 때문이며, 또한 변증법은 본질상 비판적 · 혁명적이어서 어떤 것에 의해서도 제약을 받지 않기 때문이다(『자본론』 I(상): 19).

이 장에서는 먼저 『자본론』의 곳곳에 흩어져 있는 새로운 사회에 관한 단편적인 묘사들을 모아서 분류함으로써, 새로운 사회가 어떤 내용을 가지며 자본주의 사회가 새로운 사회로 이행하는 근거는 무엇인가를 알아보려고 한다.

2. 새로운 사회의 내용

『자본론』은 곳곳에서 '기분전환을 위해'(『자본론』 I(상): 100) 새로운 사회의 특징들을 예로 들고 있는데, 이 예들은 당연히 자본주의 현실과는 다른 것이다. 몇 개의 주요한 항목으로 나누어 마르크스의 단편적인 묘사들을 모아본다.

1) 상품과 화폐

마르크스는 왜 노동생산물이 상품으로 되고 왜 생산에 드는 노동(시간)이 상품의 가치로 표현되는가를 연구하면서, 새로운 사회에서는 상품이 사라지고 따라서 노동(시간)이 상품의 가치로 나타날 이유도 없으며 화폐도 사라진다고 말한다.

> 기분전환을 위해, 공동소유의 생산수단으로 일하며 또 각종의 개인적 노동력을 하나의 사회적 노동력으로 의식적으로 지출하는 자유인들의 연합체(association of free men)를 생각해 보기로 하자. 여기에서는 로빈슨 크루소적 노동의 모든 특징들이 재현되지만, 그것은 개인적인 차원에서가 아니라 사회적인 차원에서다. 로빈슨 크루소의 모든 생산물은 그의 개인적 생산물이었고, 따라서 직접 그 자신을 위한 유용한 물건이었다. 자유인들의 연합체의 총생산물은 사회적 생산물이다. 이 생산물의 일부는 새로운 생산수단으로 역할하여 사회에 남는다. 그러나 다른 일부는 연합체 구성원에 의해 생활수단으로 소비되며, 따라서 그들 사이에 분배되지 않으면 안 된다. 이 분배방식은 사회적 생산조직 자체의 성격에 따라, 또 생산자들의 역사적 발전수준에 따라 변화할 것이다. 다만 상품생산과 대비하기 위해 각 생산자들에게 돌아가는 생활수단의 분배 몫은 각자의 노동시간에 의해 결정된다고 가정하자. 이 경우 노동시간은 이중의 역할을 하게 될 것이다. 노동시간의 사회적 · 계획적 배분은 연합체의 다양한 욕망과 각종 노동시간 사이의 적절한 비율을 설정하고 유지한다. 다른 한편으로, 노동시간은 각 개인이 공동노동에 참가한 정도를 재는 척도로 기능하며, 따라서 총생산물 중 개인적으로 소비되는 부분에 대한 그의 분배 몫의 척도가 된다. 개별 생산자들이 노동이나 노동생산물과 관련해 맺게 되는 사회적 관계는 생산이나 분배에서 투명하고 단순하다(『자본론』 I(상): 100-101).

이 단락에는 마르크스가 생각하는 자본주의 이후의 새로운 사회가 잘 묘사되어 있다.

> i) 새로운 사회는 '자유인들의 연합'이다. '자유인'은 억압과 수탈 및 착취로부터 해방된 사람임에 틀림없으며, '전면적으로 발달한 개인'(뒤에서 다시 논의한다)인 것 같다.
>
> ii) 새로운 사회는 생산수단을 공동으로 소유하고, 모든 개인적 노동력을 하

나의 사회적 노동력으로 취급한다.

iii) 새로운 사회는 사회의 인적 · 물적 자원을 '의식적으로,' 다시 말해 계획적으로 사용한다.

iv) 자유인들의 총생산물은 상품으로 전환되지 않은 채 생산수단은 그 사회에 남고 소비수단은 분배된다.

v) 노동시간은 상품의 가치로 자기를 표현하지 않고, 연합체의 다양한 욕망을 충족시키기 위해 연합체의 총노동시간을 어떻게 배분하는가의 문제와, 총생산물 중 개인적으로 소비되는 부분을 각자의 노동시간에 따라 분배하는 문제에 등장하게 된다. 다시 말해 상품의 가치법칙은 사라지지만, 그 가치법칙의 밑바탕에 있던 "노동시간의 규제, 사회적 노동의 각종 생산분야로 분배" 등은 그대로 남아있다(『자본론』 III(하): 1035).

아래에서 위의 각 특징은 다시 논의할 것이지만, 새로운 사회에서는 노동생산물이 상품이라는 형태를 취할 필요가 없다는 것은 분명하다. 또한 화폐도 사라진다.

생산자들은 예컨대 종이표(paper token)를 받고 이것으로 사회의 소비용 재고 중에서 그들의 노동시간에 해당하는 분량을 끌어낼 수도 있을 것이다. 이 종이표는 화폐가 아니다. 그것은 유통되지 않는다 (『자본론』 II: 429).

마르크스는 "노동증명서는 개인이 공동노동에 참여한 부분과, 공동생산물 중 소비용으로 예정된 부분에 대한 그의 청구권을 확증하는 것에 지나지 않으므로"(『자본론』 I(상): 121의 주 1), 노동증명서는 화폐가 아닌데, 이것은 마치 극장의 입장권이 화폐가 아닌 것과 같다고 말한다.[4)]

4) 새로운 사회의 어느 단계에서 상품과 화폐가 사라지는가, 또는 자본주의에서 상품과 화폐가 수행하던 역할을 새로운 사회에서는 무엇이 대체하는가는 새로운 사회의 현실적인 건설과정에서는 가장 중요한 이론적 · 실천적 과제일 것이다. 곽노완(2006)과 김수행(2006ㅊ)을 참조하라.

끝으로 위의 인용문(『자본론』 I(상): 101)에 있는 문장—즉 "이 분배방식은 사회적 생산조직 자체의 성격에 따라, 또 생산자들의 역사적 발전수준에 따라 변화할 것이다."—은 마르크스의 「고타강령 초안 비판」을 연상시킨다. 생활수단(또는 소비재)이 생산자들의 노동시간에 따라 분배되는 것은, 자본주의 사회로부터 갓 태어난 '낮은 단계의 공산주의 사회'에 해당되는 것이고,

> 공산주의 사회의 더 높은 단계에서는, 즉 개인이 분업에 복종하는 예속적 상태가 사라지고 이와 함께 정신노동과 육체노동의 대립이 사라진 뒤에, 노동이 생활을 위한 수단일 뿐 아니라 생활의 일차적인 욕구로 된 뒤에, 그리고 개인들의 전면적 발전과 더불어 생산력도 성장하고 공동의 부의 모든 샘들이 더욱 풍부하게 흘러넘친 뒤에—비로소 부르주아적 권리의 편협한 한계가 완전히 극복되고, 사회는 자신의 깃발에 다음과 같이 쓸 수 있게 된다: 각자는 능력에 따라, 각자에게는 필요에 따라(From each according to his abilities, to each according to his needs) (마르크스 1875).

「고타강령 초안 비판」에서 마르크스는 분명히 공산주의를 낮은 단계와 높은 단계로 구분했고, 전자를 자본주의 사회로부터 갓 태어난 공산주의로 보고 후자를 자기의 발로 서는 공산주의라고 보았다. 위의 인용문에 있는 '부르주아적 권리의 편협한 한계'가 의미하는 것은, 낮은 단계의 공산주의에서는 각자는 자기가 수행한 노동에 따라 소비재를 분배받는데, 이것은 부르주아적 평등의식에 의거한 권리이지만 실제로는 노동력의 질적 차이에 따라 소비재의 분배가 불평등하게 이루어진다는 것을 가리킨다. 물론 노동에 따른 분배는 자본주의 아래에서 소유에 따른 분배(예컨대 이윤 · 이자 · 지대 등의 형태)보다는 훨씬 더 진보한 것이지만.

2) 생산의 목적

(1) 새로운 사회에서는 생산수단과 소비수단은 '연합한 자유인들'(이들은 생산자임과 동시에 소비자다)의 필요와 욕구를 충족시키는 것을 목적으로 생산된다.

> 자본주의적 생산의 **진정한 장벽**은 **자본 그것**이다. 즉 자본과 자본의 자기증식이 생산의 출발점이자 종점, 동기이자 목적으로 나타난다는 점, 생산은 오직 자본을 위한 생산에 불과하며, 따라서 생산수단이 생산자들의 사회를 위해 생활과정을 끊임없이 확대하기 위한 수단이 아니라는 점에 자본주의적 생산의 진정한 장벽이 있다…수단[사회적 생산력들의 무조건적 발달]이 제한된 목적[기존자본의 가치증식]과 끊임없이 충돌하는 것이다. 그러므로 자본주의적 생산양식이 물질적 생산력을 발달시키고 이 생산력에 적합한 세계시장을 창조하기 위한 역사적 수단이라고 한다면, 자본주의적 생산양식은 또한 자기의 역사적 과업과 자기의 사회적 생산관계 사이의 끊임없는 충돌이라고 할 수 있다 (『자본론』 III(상): 300, 강조는 원문).

자본은 상대적 잉여가치를 얻기 위해 노동생산성을 향상시키고 노동강도를 강화하며 자본의 회전시간을 단축시킴으로써 사회적 생산력과 생산량을 무제한으로 증가시키는데, 다른 한편으로 자본은 상대적 잉여가치를 얻는 과정에서 이윤율을 저하시키고 실업자를 양산하며 약소자본을 수탈하고 기존의 자본을 감가하거나 폐기하며 기존의 교환관계를 교란시킨다. 이 충돌에서 과잉생산 공황이 발생해 대규모의 물적·인적 자원이 낭비된다. 만약 생산이 생산자들과 소비자들의 필요와 욕구를 충족시키는 것이라면 과잉생산 공황은 있을 수 없다. 마르크스는 이것을 다음과 같이 표현한다.

> 자본주의적 생산양식의 장벽들은 다음과 같이 나타난다…생산의 확장 또는

> 축소를 결정하는 것은, 생산과 사회적 필요[사회적으로 발달한 인간의 요구] 사이의 비율이 아니라…이윤의 획득과 어떤 일정한 이윤율이다. 따라서 사회적 필요를 충족시키기에는 아주 부족한 수준의 확장에서 이미 생산에 대한 장벽들이 나타난다. 다시 말해 생산은 사회적 필요가 충족되는 수준에서 중단되는 것이 아니라 이윤의 생산과 실현이 명령하는 수준에서 중단된다(『자본론』 III(상): 310).

주민들의 필요와 욕구를 충족시키는 것이 생산의 목적인 새로운 사회에서는 '과잉생산 공황' 이란 있을 수 없다.

> {자본주의에서는 과잉생산이라고 말하지만: 필자} 현재의 인구에 비해 너무나 많은 생활수단이 생산되는 것은 아니다. 그 반대다. 총인구의 필요를 충분히 그리고 인간답게 충족시키기에는 생산된 것이 너무나 적다. 잠재적 노동인구를 고용하는 데 필요한 것보다 더 많은 생산수단이 생산되는 것도 아니다. 그 반대다…그러나 {자본주의에서는: 인용자} 노동자의 착취수단으로서 어느 일정한 이윤율로 기능하기에는 너무나 많은 노동수단과 생활수단이 주기적으로 생산된다(『자본론』 III(상): 309-310).

자본주의에서 주기적으로 막대한 물적 · 인적 자원을 낭비하는 공황은 생산의 목적이 자본의 가치증식에 있기 때문인데, 새로운 사회에서는 생산의 목적이 주민들의 필요와 욕구를 충족시키는 것이기 때문에 과잉생산 공황은 있을 수 없다고 마르크스는 이야기한다.

(2) 새로운 사회에서는 생산물의 교환가치가 아니라 사용가치가 지배하기 때문에, 잉여노동에 대한 무제한의 욕망이 생산 그 자체의 성격으로부터 발생하지는 않는다(『자본론』 I(상): 310). 예컨대 주민들의 필요와 욕구를 충족시키는 재화와 서비스의 생산이 생산의 목적이기 때문에, 일정한 양과 질의 재화와 서비스가 생산되면 주민들은 만족할 수

있다.

(3) "공산주의 사회에서는 기계는 부르주아 사회에서와는 전혀 다른 사용 범위를 가질 것이다"(『자본론』 I(하): 527). 개별 자본가가 기계를 도입해 노동자를 대체함으로써 투하자본을 절약하려고 하는 경우에는, 기계의 가격이 기계에 의해 대체되는 노동자들의 임금총액보다 적어야만 할 것이고, 기계를 도입해 자기 상품의 가격을 저하시키려고 하는 경우에는 기계의 가격이 기계에 의해 대체되는 노동자들이 창조하는 부가가치총액(=임금+잉여가치)보다 적어야만 할 것이다. 그런데 새로운 사회에서는, 기계를 도입함으로써 노동자들의 노동시간을 단축하려고 할 것이므로 기계를 만드는 데 드는 노동량(죽은 노동과 살아 있는 노동을 합계한 것)이 기계에 의해 대체되는 노동자들의 살아 있는 노동보다 적을 때는 항상 기계를 도입하게 될 것이다.[5] 또한 기계를 도입해 노동강도를 약화시키며 산업재해를 감소시키려 할 것이므로, 온갖 기계가 도입될 것이고, 특히 3D 업종(노동이 어렵고 더럽고 위험한 업종)에서는 기계화가 광범하게 이루어질 것이다.

(4) 새로운 사회는 근대적 공업이 요구하는 각종의 기능들을 교육과 훈련을 통해 생산자들에게 가르치며, 이리하여 '부분적으로 발달한 개인'은 '전면적으로 발달한 개인'에 의해 대체된다.

근대적 공업은 기계, 화학적 과정 및 기타 방법들에 의해 생산의 기술적 토대뿐 아니라, 노동자의 기능들(functions)과 노동과정의 사회적 결합들을 끊임없이 변혁시키고 있다. 따라서 그것은 또한 사회 안의 분업도 변혁시키며, 대량의 자본과 노동자를 한 생산부문에서 다른 생산부문으로 끊임없이 이동시킨다. 그

5) 이것을 자본주의적으로 표현하면, 위에서 말한 둘째의 경우 즉 "기계를 도입해 자기 상품의 가격을 저하시키려고 하는 경우"와 동일하다. 김수행(2004ㄹ: 115-116)을 참조하라.

러므로 대공업은 자기의 본성 그것에 의해 노동의 전환(variation), 기능의 유동(fluidity), 노동자의 전면적 이동(mobility)을 필요로 한다…대공업은 바로 그 공황들을 통해 노동의 전환[따라서 노동자가 다양한 종류의 노동에 최대로 적합하게 되는 것]을 하나의 사활문제로 만든다. 따라서 노동전환의 이러한 가능성은 사회적 생산의 일반 법칙이 되어야 하며, 기존의 관계들은 이것이 현실적으로 실현될 수 있도록 개조되어야 한다…부분적으로 발달한 개인[그는 다만 하나의 특수한 사회적 기능의 담지자일 뿐이다]은 전면적으로 발달한 개인[그에게는 각종의 사회적 기능은 그가 차례차례로 행하는 각종의 활동방식에 불과하다]에 의해 대체되어야 한다…[자본으로부터 쟁취한 최초의 빈약한 양보인] 공장법은 초등교육을 공장노동과 결합시키는 데 불과하지만, 노동자계급이 불가피하게 정권을 장악했을 때에는 이론과 실천이 병행하는 기술교육은 노동자 학교에서 마땅한 자리를 차지하게 될 것은 의심의 여지가 없다. 또한 이와 같은 혁명의 효소들(예: 공업학교 · 농업학교 · 직업학교 · 기술교육: 번역자)의 목표는 종래의 분업을 철폐하는 것이다…"제화공이여, 자기의 본분을 지켜라!"는 최고의 수공업적 지혜는, 시계제조공 와트(Watt)가 증기기관을, 이발사 아크라이트(Arkwright)가 방적기를, 보석공 풀턴(Fulton)이 기선을 발명한 순간부터 그야말로 터무니없는 구절이 되어 버렸다(『자본론』 I(하): 652-654).

3) 객관적인 경제법칙

마르크스는 새로운 사회에서는 자유인들의 연합이 생산 전체의 상호관련을 이해하고 터득해 법칙들을 만들어내고 이 법칙들에 따라 생산 전체를 의식적으로 계획적으로 운영한다고 말한다.

자본주의적 생산에서 생산 전체의 상호관련은 맹목적인 법칙으로서 생산 당사자에게 강요되는 것이지, 그 상호관련이 생산당사자들의 집단적인 이성(理性)에 의해 이해되고 터득되어 하나의 법칙이 되고 이 법칙에 따라 생산과정을 그들의 공동 관리 아래 두는 것은 아니다(『자본론』 III(상): 308).

이것은 다음과 같은 엥겔스의 주장과 동일하다.

> 이제까지 역사를 지배해온 객관적이고 외적인 힘들은 인간들 자신의 통제 아래로 들어온다. 인간은 완전히 의식적으로 자신의 역사를 스스로 만들게 되며, 인간들에 의해 움직이는 사회적 원인들은 이때부터 비로소 점점 더 그들이 원하는 효과들을 가져오게 될 것이다. 이것이 필연의 왕국으로부터 자유의 왕국으로의 인류의 비약이다(엥겔스 1880: 472).

한편에는 자유인들의 다양한 필요와 욕구가 있고 다른 한편에는 사회의 다양한 인적 · 물적 자원이 있으므로, 자유인들의 연합은 인적 · 물적 자원을 계획적으로 이용해 자유인들의 필요와 욕구를 충족시키게 된다. 새로운 사회는 사회 전체를 하나의 공장으로 취급해 생산과정을 사전적인 계획에 의해 사회적으로 통제하고 조정함으로써, 작업장 안의 분업에서나 사회 안의 분업에서나 균형이 확립된다(『자본론』 I(상): 481). 따라서 자본주의에서 보는 바와 같은 경쟁과 공황에 의한 낭비가 있을 수 없다.

예컨대 철도의 부설과 같이 1년 또는 그 이상의 긴 시간 동안 생산수단도 생활수단도 생산하지 않으며 또 어떤 유용효과도 공급하지 않으면서, 연간 총생산물 중에서 생산수단과 생활수단을 계속 끌어내어야 하는 장기적인 사업부문들이 있다면, '공산주의' 사회는 미리 이 장기사업들에 얼마만한 노동인력과 생산수단과 생활수단을 돌릴 수 있는가를 계산함으로써 경제 전체에 아무런 혼란을 일으키지 않고 그 사업들을 완수할 수 있다. 이와는 반대로 사회적 합리성이 언제나 사후에야 비로소 자신을 관철하는 자본주의 사회에서는 끊임없이 대혼란이 일어날 수 있으며 또 일어나지 않을 수 없다(『자본론』 II: 374. 같은 내용이 429에도 있다).

결국 자본주의에서는 가치법칙이나 이윤율 저하 경향의 법칙과 같은 '객관적인 경제법칙'이 개별 생산자의 뒤통수를 치면서 경제 전체를 혼란에 빠뜨리는 경우가 많았지만, 새로운 사회에서는 객관적인 경제법칙들을 자유인들의 연합이 미리 이해해 의식적인 계획에 이용함으로써 경제를 안정적으로 성장시킨다는 이야기다.

4) 생산수단과 생활수단의 소유

마르크스는 다음과 같이 말한다.

> 자본주의적 생산방식으로부터 생기는 자본주의적 취득방식은 자본주의적 사적 소유를 낳는다. 이 자본주의적 사적 소유는 소유자 자신의 노동에 입각한 개인적 사적 소유(individual private property)의 첫 번째 부정이다. 그러나 자본주의적 생산은 자연과정의 필연성을 가지고 자기 자신의 부정을 낳는다. 이것은 부정의 부정이다. 이 부정의 부정은 사적 소유를 부활시키지는 않지만, 자본주의 시대의 성과—협업 및 토지와 생산수단(노동 그것에 의해 생산된 것)의 공동점유(possession in common)—에 입각한 개인적 소유를 확립한다.
>
> 개인들 자신의 자기 노동에 입각한 분산된 사적 소유가 자본주의적 사적 소유로 전환되는 것은, 사실상 이미 사회적 생산과정에 바탕을 두고 있는 자본주의적 사적 소유가 사회적 소유로 전환되는 것보다 훨씬 더 오래 걸리며 힘들고 어려운 과정이다. 왜냐하면 전자의 경우 소수의 횡령자가 국민대중을 수탈하지만, 후자의 경우 국민대중이 소수의 횡령자를 수탈하기 때문이다(『자본론』 I(하): 1050).

이 단락에서 새로운 사회의 소유형태는 어떻다고 이야기하는가? 이미(『자본론』 I(상): 100-101) 마르크스는 생산수단은 공동 소유이고, 생활수단은 자유인들에게 분배된다고 말한 바 있는데, 「고타강령 초안 비판」(1875)에서는 좀 더 구체적으로 묘사하고 있다.

> (가) 사회적 총생산물 중 생산수단은, i) 소모된 생산수단을 보충하는 부분, ii)

생산을 확대하기 위한 추가부분, iii) 사고나 자연재해 등에 의한 혼란에 대처하기 위한 예비재원 또는 보험재원으로 분배된다.

(나) 생활수단은 개인들에게 분배되기 전에 다음 항목들을 위해 공제해야 한다. i) 생산에 직접 속하지 않는 일반 관리 비용, ii) 학교나 병원 등 필요의 공동 충족을 위한 부분, iii) 노동능력이 없는 사람들을 위한 재원.

(다) 이제 남은 생활수단은 생산자들의 노동시간에 따라 분배된다. 물론 이 분배원칙은 자본주의 사회로부터 갓 태어난 '낮은 단계의 공산주의 사회'에 적용되는 것이다.

이렇게 본다면, 마르크스가 말한 '새로운 사회에서 확립되는 개인적 소유'는 생활수단의 개인적 소유라고 보아야 할 것이다. 이런 해석은 엥겔스의 다음과 같은 지적과 일치한다.

생산물이 처음에는 생산자를 예속시키고 다음에는 전유자(專有者)까지 예속시키는 자본주의적 전유방식은 현대적 생산수단 자체의 본성에 의거한 다음과 같은 생산물의 전유방식으로 대체된다. 한편에서 생산수단은 생산을 유지하고 확장하기 위한 수단으로서 직접적으로 사회적으로 전유되고, 다른 한편에서 생활수단과 향유수단은 직접적으로 개인적으로 전유된다(엥겔스 1880: 468-469).

이와 관련해 마르크스는 '필요노동'의 범위가 확대된다고 말한다.

자본주의적 생산형태가 폐지되면 노동일은 필요노동만으로 국한될 수 있다. 그러나 이 경우 필요노동의 범위는 확대되어 노동일의 더 큰 부분을 차지하게 될 것이다. 왜냐하면 한편으로는 노동자의 생활조건이 개선되고 그의 기대가 더욱 커지기 때문이고, 다른 한편으로는 현재의 잉여노동의 일부가 필요노동으로, 즉 사회적 예비재원과 축적재원의 형성에 필요한 노동으로 계산될 것이기 때문이다(『자본론』 I(하): 713).

앞에 인용한 「고타강령 초안 비판」의 항목들 중에서 필요노동에 속하는 것은, 생산자와 그 가족이 소비하는 생활수단, 공동으로 소비하는 학교 · 병원 · 스포츠설비 등을 위한 생산수단과 생활수단, 사고나 자연재해에 대처하기 위한 예비재원과 보험재원(생산수단과 생활수단 모두를 포함) 등을 생산하는 데 드는 노동이다. 착취자가 없고 생산수단을 공동 소유하면서 자유인들 자신의 필요와 욕구를 충족시키는 새로운 사회에서는 필요노동의 범위가 확대되고 잉여노동의 범위가 축소될 것이다.

5) 노동생산성과 노동일

마르크스는 노동생산성의 상승을 다음과 같이 정의한다.

> 노동생산성의 상승이라는 말은 노동과정에 변화가 일어나 상품의 생산에 사회적으로 필요한 노동시간이 단축되며, 그리하여 주어진 양의 노동이 더 많은 양의 사용가치를 생산할 수 있게 되는 것을 의미한다(『자본론』 I(상): 426).

다시 말해 노동생산성은 일정한 살아 있는 노동(또는 노동자의 노동시간 즉 v+s)이 얼마나 큰 재화량을 생산하는가가 아니라, 일정한 살아 있는 노동과 죽은 노동(c)의 합계가 얼마나 큰 재화량을 생산하는가를 가리킨다. 따라서 노동생산성의 지표는 Q/(c+v+s)이고, 노동생산성이 상승하면 당연히 재화 1단위의 가치는 저하하게 된다.

마르크스는 새로운 사회에서는 노동생산성이 상승한다고 이야기하는데, 그 근거는 여러 가지다. 첫째는 사회 전체의 입장에서 볼 때, 자본주의에 비해 생산수단과 노동력의 낭비가 거의 없으므로 일정한 생산량을 획득하는 데 드는 죽은 노동과 살아 있는 노동의 규모가 줄어들기 때문이며, 또한 상업과 금융업에 종사하는 '비생산적' 노동자들이 사라지기 때문이다.

> 사회적으로 보면, 노동생산성은 노동의 절약에 비례한다. 노동의 절약에는 생산수단의 절약뿐 아니라 또한 일체의 쓸데없는 노동의 제거도 포함된다. 자본주의적 생산양식은 각 개별 기업에 대해서는 절약을 강요하지만, 그 무정부적 경쟁체제를 통해 사회적 생산수단과 노동력의 가장 터무니없는 낭비를 초래하며, 또한 [지금은 없어서는 안 되는 것이지만 그 자체로서는 없어도 되는] 수많은 기능들(예컨대 상품과 화폐를 취급하는 기능들: 번역자)을 발생시킨다(『자본론』 I(하): 713).

둘째로 새로운 사회는 자본주의에서 발달한 협업과 분업을 계획적으로 이용하고, 토지와 생산수단을 공동으로 소유하고 사용하며, 인간정신의 보편적 노동(온갖 과학적 노동, 온갖 발견과 발명)의 모든 새로운 발전들을 사회적으로 적용하고(『자본론』 III(상): 120), 교육과 훈련을 통해 생산자들의 노동의 전환성을 향상시킴으로써, 노동생산성이 크게 증진한다. 특히 마르크스는 토지를 공동 소유하기 때문에 토지에 대한 투자가 증가할 뿐 아니라 토지를 자연보호의 차원에서 합리적으로 이용할 수 있게 된다는 점을 강조한다.

> 소규모 경작에서는 토지의 사적 소유의 형태이고 결과인 토지가격은 생산 그 것에 대한 장애물로 나타난다. 자본주의적 생산양식에 입각하고 있는 대규모 경작과 대규모 토지소유의 경우에도 소유는 장애물로 나타난다. 왜냐하면 토지소유는 차지농업자에 의한 자본의 생산적 투자[이것은 결국 차지농업자의 이익이 되는 것이 아니라 토지소유자의 이익으로 되는 데도 불구하고]를 제한하기 때문이다. 어느 형태에서도 토지를 항구적인 공동소유로서, 양도할 수 없는 인류자자손손의 생존의 재생산조건으로서 의식적으로 합리적으로 취급하는 것이 아니라 지력의 착취와 탕진이 나타난다(『자본론』 III(하): 986).

다음으로, 새로운 사회에서는 그 사회가 필요로 하는 노동량이 모든 노동가능인구들 사이에 균등하게 분배됨으로써 각 개인의 노동일이 단축된다. 또한 노동생산성이 향상될수록, 사회의 총 가용시간 중 물질적 생산에 사용되는 부분은 점점 더 작아지고 개인의 문화적 · 사회적 활동에 사용되는 부분은 점점 더 커진다.

노동의 강도와 생산성이 주어져 있을 때에는, 노동이 사회의 모든 노동가능 인구들 사이에 더욱 균등하게 분배되면 될수록, 또한 노동의 부담[이것은 자연이 부과한 필연적인 것이다]을 자기 자신의 어깨로부터 다른 사회계층의 어깨로 전가시키는 특수계층의 권력을 더욱 많이 박탈하면 할수록, 사회의 총 가용시간 중 물질적 생산에 바쳐야 할 시간은 그만큼 더 짧아지며, 따라서 그 사회가 개인의 자유로운 정신적 · 사회적 계발(啓發)을 위해 쓸 수 있는 시간은 그만큼 더 증가할 것이다. 노동일 단축의 절대적 한계는, 이런 측면에서 보면, 노동의 보편화에 있다. 자본주의 사회에서는 대중의 모든 생활시간을 노동시간으로 전환시킴으로써 한 계급이 자유로운 시간을 얻고 있다(『자본론』 I(하): 713-714).

이처럼 개인이 물질적 생산에 바쳐야 할 시간은 줄어들고 전면적으로 발달한 개인—그에게는 각종의 사회적 기능이 그가 차례차례로 행하는 각종의 활동방식에 불과하다.—이 되기 위해 사용하는 시간이 증가하는 것은 '필연의 왕국'으로부터 '자유의 왕국'으로 전진하는 길이다.

자유의 왕국(realm of freedom)은 궁핍과 외부적인 편의에 의해 결정되는 노동이 끝장나는 곳에서 비로소 진정으로 시작되며, 따라서 그 본성상 진정한 물질적 생산의 영역을 넘어서서 존재한다…문명인의 발전에 따라 이 자연적 필연의 왕국이 확대된다. 왜냐하면 그의 욕구도 확대되기 때문이다. 그러나 동시에 이런 욕구를 충족시키는 생산력도 확대된다. 이 영역에서 자유는 오직 다음과 같은 점이다. 즉, 사회화된 인간, 연합한 생산자들이 자연과의 신진대사를 합리적으로 규제함으로써 그 신진대사가 맹목적인 힘으로 그들을 지배하는 것이 아니라 그들이 그 신진대사를 집단적인 통제 아래에 두는 것, 그리하여 최소의 노력으로 그리고 인간성에 가장 알맞고 적합한 조건 아래에서 그 신진대사를 수행하는 것이다. 그러나 이것은 여전히 필연의 왕국(realm of necessity)이다. 이 왕국을 넘어서야만 진정한 자유의 왕국—즉 인간의 힘을 목적 그 자체로서 발전시키는 것—이 시작된다. 비록 자유의 왕국은 필연의 왕국을 그 토대로 해야만 개화될 수 있지만. 노동일의 단축은 그 기본적인 전제조건이다(『자본론』 III(하): 998-999).

6) 계급과 국가의 소멸

"자본주의적 생산양식의 타도와 모든 계급의 최종적 철폐를 자기의 역사적 사명으로 하고 있는 계급인 프롤레타리아"(『자본론』 I(상): 14)가 계급투쟁에서 승리함으로써 새로운 사회가 개시되었기 때문에, 계급이 사라짐과 동시에 계급적 억압도구인 국가도 사라진다.

억압해야 할 사회계급이 더 이상 존재하지 않게 되자마자, 계급지배와, 생산의 무정부 상태에서 일어나는 개인적인 생존 경쟁 및 이 두 개의 요소에서 생기는 충돌과 폭행이 제거되자마자, 진압할 것이 더 이상 존재하지 않게 되며, 특수한 억압권력인 국가는 이제 더 이상 필요하지 않게 된다. 국가가 정말로 사회 전체의 대표자로 되고 나서 취하는 최초의 행동—사회의 이름으로 생산수단을 점유·획득하는 것—은 동시에 국가로서 마지막으로 독립적으로 취하는 행동이다…사람들에 대한 통치 대신에 사물들의 관리와 생산과정의 지휘가 등장한다. 국가는 '폐지되는' 것이 아니라 **사멸**한다(엥겔스 1880: 469).

새로운 사회에서 사물들의 관리와 생산과정의 지휘가 필요하다는 것은 마르크스도 강조한 바 있다.

대규모로 수행되는 모든 직접적으로 사회적인 노동 또는 공동노동은, 개인들의 활동을 조화시키기 위해, 그리고 [생산유기체의 독립적인 기관들(organs)의 운동과는 구별되는 생산유기체 전체의 운동으로부터 발생하는] 일반적 기능을 수행하기 위해, 지휘자를 필요로 한다. 바이올린 독주자는 자신이 직접 지휘자가 되지만 교향악단은 독립적인 지휘자를 필요로 한다. 지휘와 감독과 조절의 기능은 자본의 지배 하에 있는 노동이 협업적으로 되자마자 자본의 하나의 기능으로 된다(『자본론』 I(상): 447).

그런데 이 '관리자'와 '지휘자'가 '지배자'로 변신하는 것을 막는 메커니즘은 무엇일까? 엥겔스는 말한다.

그것(계급의 철폐: 필자)은 생산의 발달이 다음과 같은 단계에 도달한 것을 전제한다. 즉 특수한 사회계급이 생산수단과 생산물을 전유하며 그럼으로써 정치적 지배와, 문화와 지적 지도력을 독점하는 것이 불필요할 뿐만 아니라 경제적 · 정치적 · 지적으로 발전의 장애가 되는 단계에 도달한 것을 전제한다. 우리는 지금 이러한 지점에 도달했다. 부르주아지의 정치적 파탄과 지적 파탄은 더 이상 그들 자신에게도 비밀이 아니며, 그들의 경제적 파탄은 십 년마다 규칙적으로 반복되고 있다(엥겔스 1880: 471).

다시 말해 모든 주민이 '전면적으로 발달한 개인'이 되어야만 계급이 사라진다는 이야기지만, 자본주의로부터 갓 벗어난 '낮은 단계의 공산주의'는 공장들의 자주관리(self-management)와 직접적 민주주의, 그리고 교육과 훈련을 통해 생산자들의 정치적 · 문화적 · 지적 능력을 향상시키기 위해 크게 노력해야 할 것이다.[6] 이렇게 해야만 지배와 피지배의 위계질서가 부활하지 못할 것이다.

6) 리보위츠(Lebowitz 2006)는 이 점을 특히 강조하고 있다.

3. 『자본론』은 '과학적 사회주의'의 이론인가?

엥겔스는 「유토피아에서 과학으로의 사회주의의 발전」[7]에서 '유물론적 역사 파악'과, '잉여가치를 매개로 하는 자본주의적 생산의 비밀 폭로'는 마르크스의 공로이고, 이 발견들에 의해 "사회주의는 과학이 되었다."고 주장했다. 사실상 마르크스는 사회주의를 어떻게 '건설'하는가에 관해서는 거의 기여하지 않았기 때문에, 위와 같은 엥겔스의 주장은 과장되었다고 평가할 수도 있을 것이다. 그러나 우리가 엥겔스의 주장을 '그 시대의 상황에 비추어' 평가하기 위해서는 마르크스와 엥겔스 이전의 사회주의, 즉 '유토피아적 사회주의'가 어떤 것이었던가를 이해할 필요가 있다.

유토피아적 사회주의자들—푸리에(Charles Fourier: 1772-1837), 생시몽(Saint-Simon: 1760-1825), 오언(Robert Owen: 1771-1858)—은 "사회주의는.....절대적 진리 · 이성 · 정의의 표현이며, 발견되기만 하면 자신의 힘으로 세계를 정복할 수 있는 것"으로 생각했다(엥겔스 1880: 446). 따라서 그들은,

> 새롭고도 한층 완전한 사회 질서의 체계를 발명하는 것, 그리고 선전을 통해, 가능하면 모범적 실험들의 실례를 통해, 그 체계를 외부로부터 사회에 강요하는

---

7) 엥겔스(1880). 이 책은 원래 엥겔스의 『반 뒤링』(프리드리히 엥겔스, 「오이겐 뒤링 씨의 과학 변혁」. 원저: Friedrich Engels. *Herrn Eugen Düring's Umwälzung der Wissenschaft*, 1878)의 제3편 '사회주의'(제1편은 '철학', 제2편은 '정치경제학'이다)를 '독립적인 대중적 저술'로 개작한 것이고, 『반 뒤링』은 사실상 마르크스가 감수했고 또 일부를 썼다. 『반 뒤링』의 독일어 제2판 서문에서 엥겔스는 "나는 인쇄에 들어가기 전에 원고 전부를 마르크스에게 읽어 보도록 했고 정치경제학에 관한 편의 제10장('『비판적 역사』로부터')은 마르크스가 집필했다."(1880: 10)고 언급하고 있기 때문이다. 다시 말해 「유토피아에서 과학으로의 사회주의의 발전」도 마르크스가 감수한 것으로 간주할 수 있다.

것이 과제였다. 이런 새로운 사회체계들은 애초부터 유토피아가 될 운명에 놓여 있었다. 그 사회체계들은 개별적인 지점에서 더 다듬어지면 다듬어질수록, 그만큼 순전한 환상으로 흘러갈 수밖에 없었다(엥겔스 1880: 438).

그러나 자본주의가 자기 발로 서게 되고 자본가와 노동자가 대립·투쟁하게 됨에 따라,

그때부터 사회주의는 더 이상 이러저러한 천재적 두뇌의 우연한 발견이 아니라, 역사적으로 형성된 두 계급인 프롤레타리아와 부르주아지의 투쟁의 필연적인 산물이었다. 사회주의의 과제는 더 이상 가능한 한 완전한 사회체계를 작성하는 것이 아니라, 이 두 계급과 그들의 적대가 필연적으로 생기게 된 일련의 역사적·경제적 사건들을 연구하는 것과 그렇게 형성된 경제적 상황에서 그들의 충돌을 끝낼 수단을 발견하는 것이었다(엥겔스 1880: 453).

이 지점에서 마르크스의 유물사관과 잉여가치론이 자본주의의 생성·발전·몰락을 밝힘으로써 사회주의를 과학 위에 올려놓게 되었다는 것이다.[8] 이렇게 본다면 엥겔스의 평가는 과장된 것이 아니라고 말할 수 있다.

마르크스와 엥겔스는 자본주의가 어떻게 새로운 사회로 이행한다고 보았는가? 첫째는 자본가들이 가치증식을 위해 서로 경쟁하는 가운데서 자기들도 모르는 사이에 새로운 사회의 물질적 생산조건을 창조한다. 예컨대 모든 주민들의 필요와 욕구를 충족시킬 수 있는 수준으로 생산력이 발달하면, 자본가적 전유(專有: appropriation)는 주민들로부터 큰 저항을 받게 될 것이다.

---

8) 『자본론』에 있는 순환(循環)의 논리(자본의 끊임없는 재생산)와 발전(發展)의 논리(자본주의의 생성·발전·몰락)가 분리되어야 하는가에 관해서는 큰 논쟁이 있다. 김수행(2006ㄷ: 제1장 2)을 참조하라.

인격화한 자본(personified capital)으로서만, 자본가는 역사적 가치와 역사적 생존권을 가지고 있다. 그런 한에서만 자본가 자신의 일시적 존재의 필연성은 자본주의적 생산양식의 이행 필연성에 포함되는 것이다. 자본가가 인격화한 자본인 한, 그의 활동 동기는 사용가치의 획득과 향락이 아니라 교환가치의 획득과 증식이다. 그는 가치증식을 열광적으로 추구하며 그리하여 무자비하게 인류에게 생산을 위한 생산을 강제한다. 이리하여 자본가는 사회의 생산력의 발전과, 또 [각 개인의 완전하고도 자유로운 발전을 그 기본원칙으로 삼는] 더 높은 사회형태의 유일한 현실적 토대로 될 수 있는 물질적 생산조건의 창조에 박차를 가한다…자본가는 절대적 치부욕을 수전노와 공유하고 있다. 그러나 수전노의 경우에는 개인의 열광으로 나타나는 것이 자본가의 경우에는 사회적 메커니즘—여기서 자본가는 하나의 나사에 지나지 않는다—의 작용으로 나타난다(『자본론』 I(하): 806).

신용제도는 생산력의 물질적 발전과 세계시장의 창조를 촉진하는데, 이런 것들을 새로운 생산형태의 물질적 기초로서 일정한 수준에까지 끌어올리는 것이 자본주의적 생산양식의 역사적 사명이다(『자본론』 III(상): 547).

둘째는 자본가계급에 대항하는 노동자계급이 점점 더 강력하게 된다.

그 수가 계속 증가하며 또 자본주의적 생산과정 그 자체에 의해 훈련되고 통일되며 조직되는 계급인 노동자계급의 반항도 또한 증대한다(『자본론』 I(하): 1049).

부르주아지가 싫든 좋든 촉진시키지 않을 수 없는 산업의 진보는 경쟁에 의한 노동자들의 고립화 대신 결사에 의한 그들의 혁명적 단결을 가져온다. 이리하여 대공업의 발전은 부르주아지가 자기 자신을 위해 생산물을 생산하고 취득하는 토대 그 자체를 무너뜨린다. 부르주아지는 무엇보다도 먼저 자기 자신의 무덤을 파는 사람을 만들어 낸다. 부르주아지의 멸망과 프롤레타리아의 승리는 어느 것도 피할 수 없다(마르크스 · 엥겔스 1848: 496).

오늘 날 부르주아지와 대립하고 있는 모든 계급 중 오직 프롤레타리아만이 참으로 혁명적인 계급이다. 다른 모든 계급은 대공업의 발전과 더불어 몰락하며 멸망하지만, 프롤레타리아는 대공업의 가장 특징적인 산물이다. 하층 중간계급들, 즉 소공장주 · 소상인 · 수공업자 · 농민은 모두 중간계급으로 살아남기 위해 부르주아지와 투쟁한다…그들은 반동적이다. 왜냐하면 그들은 역사의 바퀴를 뒤로 돌리려 하기 때문이다 (마르크스 · 엥겔스 1848: 494).

셋째로 자본축적이 진행함에 따라 사회화된 생산과 자본가적 전유 사이의 모순이 점점 더 심각하게 발전한다. '사회화된 생산' 은 노동의 사회화와 자본의 사회화를 내포하는데, 노동이 점점 더 개인적 성격의 노동이 아니라 사회적 성격의 노동으로 발달하고, 산업자본가가 사용하는 자본이 주식회사 형태에서 볼 수 있는 바와 같이 자기 자신의 것이 아니라 사회의 각계각층의 것이 된다는 것이다. 이렇게 생산은 사회적 성격을 띠는 데도 불구하고 이 생산을 산업자본가 개인이 마음대로 통제하며 이 생산의 성과를 독차지하는 것으로부터, 엥겔스는 '프롤레타리아와 부르주아지 사이의 대립' 과 '개별 공장에서는 생산의 조직화와 사회 전체에서는 생산의 무정부성 사이의 대립' 을 도출하고 있다(엥겔스 1880: 459).

i) 노동이 작업장 안과 사회 안의 분업과 협업의 발달을 통해 점점 더 사회적 노동, 집단적 노동의 성격을 띠게 되고, 따라서 "생산물은 개인적 생산자의 직접적 생산물로부터 하나의 사회적 생산물, 또는 집단적 노동자(각각의 노동자가 노동대상의 실질적 취급에 크든 작든 한 부분으로 참여하는 노동자들의 연합)의 공동생산물로 전환한다"(『자본론』 I(하): 684).

ii) "한 산업분야의 이윤율 상승이 다른 산업분야의 노동생산성 발전에 의존한다. 이 경우 자본가가 얻는 이익도 역시 사회적 노동[비록 자기가 직접 착취하는 노동자는 아니지만]에 의해 생산된 것이다. 이런 생산성 발전의 궁극적 원인은 언제나 노동의 사회적 성격, 사회 내부의 분업, 그리고 지적 노동[특히 자연과학]의 발전이다. 이 경우 자본가가 이용하는 것은 사회적 분업의 제도 전체에서 나오는 이익이다"(『자본론』 III(상): 93).

iii) "신용 · 은행제도는 사회의 모든 이용가능한 자본 그리고 아직 적극적으로 기능하지 않는 잠재적 자본까지도 산업자본가와 상업자본가의 처분에 맡기며, 따라서 이 자본의 대부자나 사용자도 이 자본의 소유자 또는 생산자가 아니다. 그리하여 신용 · 은행제도는 자본의 사적 성격을 철폐하며…은행제도는 자본의 분배를 사적 자본가와 고리대금업자의 수중으로부터 빼앗아 하나의 특수한 업무, 사회적 기능으로 만든다"(『자본론』 III(하): 747). 이리하여 "자본주의체제의 최후의 환상—자본은 개인 자신의 노동과 저축의 산물이다—은 깨어진다. 이윤이 타인노동의 취득일 뿐 아니라, 타인노동을 운동시켜 착취하는 자본도 타인의 재산[이 타인의 재산을 화폐자본가가 산업자본가의 처분에 맡기고 그 대신 전자가 후자를 수탈한다]이다"(『자본론』 III(하): 627).

iv) "이런 집중[즉 소수 자본가에 의한 다수 자본가의 수탈]과 병행해 기타의 발전도 더욱더 대규모로 일어난다. 예컨대 노동과정의 협업적 형태의 성장, 과학의 의식적 · 기술적 적용, 토지의 계획적 이용, 노동수단이 공동으로만 사용할 수 있는 형태로 전환되는 것, 모든 생산수단이 결합된 사회화된 노동의 생산수단으로 사용됨으로써 절약되는 것, 각국의 국민들이 세계시장의 그물에 얽히게 되는 것, 따라서 또 자본주의체제의 국제적 성격의 증대 등등이 더욱더 대규모로 일어난다. 이 전환과정의 모든 이익을 가로채고 독점하는 대자본가의 수는 끊임없이 줄어들지만, 빈곤 · 억압 · 예속 · 타락 · 착취의 정도는 더욱더 증대한다. 그러나 그와 동시에 [그 수가 계속 증가하며 또 자본주의적 생산과정의 메커니즘 그 자체에 의해 훈련되고 통일되며 조직되는 계급인] 노동자계급의 반항도 또한 증대한다"(『자본론』 I(하): 1049).

넷째로 자본주의적 생산관계가 생산력의 발전을 관리하지 못함으로써 자본주의적 생산관계가 파열된다. 이것은 생산력과 생산관계의 모순을 통해 새로운 사회의 등장을 설명하는 유물사관의 공식이다. 마르크스는 말한다.

> 사회의 물질적 생산력은 그 발전의 어느 단계에서 그 당시의 생산관계—이 생산관계를 법률적 용어로 표현한 것이 소유관계인데, 물질적 생산력은 이 소유관계의 틀 안에서 작용해온 것이다—와 충돌하게 된다. 이 생산관계 또는 소유관계가 생산력을 발전시키는 형태로부터 생산력의 발전을 저지하는 형태로 전환한다는 말이다. 이 시점에서 사회혁명의 시대가 닥쳐온다…생산력과 생산관계의 충돌에 관한 인간들의 의식은 법률적 · 정치적 · 종교적 · 예술적 · 철학적, 한마디로 말해 이데올로기적 형태들을 통해 표현되며, 또한 인간들은 이런 형태들을 통해 투쟁함으로써 생산력과 생산관계의 충돌을 해결하게 된다(Marx 1859b: 263).

자본주의적 생산관계가 생산력을 제대로 관리하지 못하게 된 것을 분명히 보여주는 것이 공황이다.[9] 공황에서는 수많은 상공업기업들과 금융기업들이 도산하고 수많은 노동자들이 실직하기 때문에, 엄청난 규모의 '생산력' 이 낭비된다. 그런데 이처럼 생산력이 낭비되면서 노동자계급의 생활이 처참하게 되는 궁극적인 이유가, 바로 자본가계급이 모든 주민들의 필요와 욕구를 충족시키기 위해 생산하지 않고 자본의 가치증식을 위해 생산하기 때문이라는 것을 주민들이 인식하게 되면서 '사회혁명' 의 시대가 닥쳐온다는 것이다.[10] 결국 주기적으로 발생하는 "공황은 부르주아지가 더 이상 현대의 생산력을 관리할 능력이 없다는 것을 폭로한다"(엥겔스 1880: 467).

이렇게 사회적 생산력이 개별 자본가에 의해 통제될 수 없기 때문에, 처음에는 자본가들의 연합이나 국가에 의해 통제된다. 엥겔스는 말한다.

---

9) 김수행(2006ㄷ)에는 마르크스의 공황이론이 설명되어 있다.

10) 김수행(2006ㅅ)을 참조하라.

급속히 그리고 거대하게 팽창하고 있는 근대적 생산력이 자본주의적 상품교환의 법칙[이 테두리 안에서 생산력이 운동하게 되어 있다]의 통제로부터 매일 점점 더 벗어나고 있다는 사실은 오늘날 자본가들의 의식 속까지도 더욱더 침투하고 있다. 이것은 특히 두 개의 징조에서 알 수 있다. 첫째로는 일반보호관세에 대한 열광에서인데, 이 관세가 수출 능력 있는 상품을 보호하기 위한 것이라는 점에서 옛날의 보호주의와 다르다. 둘째로는 생산 · 가격 · 이윤을 조절하기 위해 산업분야 전체에서 공장주들이 결성한 카르텔과 트러스트에서이다. 이 {독점화: 번역자}실험들은 상대적으로 유리한 경제환경에서만 실행될 수 있다는 것은 자명하다. 폭풍이 한 번 불어오면 이 실험들은 모두 날아가 버릴 것이며, 생산이 규제를 요구한다 할지라도 그 과업을 담당할 수 있는 계급은 확실히 자본가계급이 아니라는 것이 증명될 것이다. 그때까지는 이런 카르텔의 유일한 목적은 대자본가가 소자본가를 종전보다 더욱 급속하게 삼키도록 배려하는 것이다(『자본론』 III(상): 138의 주 16).

국내시장의 경쟁은 카르텔과 트러스트의 출현에 의해 후퇴하고 있으며, 해외시장의 경쟁은 보호관세에 의해 제한되고 있다 (『자본론』 III(하): 604의 주 8).

자본주의 사회의 공식적 대표자인 국가가 생산에 대한 지휘를 떠맡지 않을 수 없다. 국가소유로 전환시켜야 할 필요성은 먼저 대규모의 교통 · 통신시설에서 나타난다: 우체국 · 전신 · 철도 (엥겔스 1880: 466-467).

이처럼 생산과 분배를 담당하는 대기업들이 주식회사 · 카르텔 · 트러스트 및 국가소유로 전환된다면, 부르주아지는 이제 생산과 분배에서 불필요하게 된다.

부르주아지의 모든 사회적 기능들은 이제 월급쟁이 직원들에 의해 수행된다. 자본가는 배당을 챙기거나 채권의 이자표(利子表)를 관리하거나 서로 모르는 자본가들끼리 자본을 빼앗는 증권거래소에서 투기하는 것 이외에는 아무런 사회활동도 하지 않는다. 자본주의적 생산양식은 처음에는 노동자들을 {산업예비군으로: 필자} 추방했지만 이제는 자본가들을 추방하고 과잉인구의 위치에 놓는다(엥겔스 1880: 467).

그러나 생산력이 주식회사나 트러스트나 국가의 손에 들어간다 하더라도 생산력의 자본주의적 이용이 사라지는 것은 아니다. 따라서 새로운 사회로의 이행이 필요하게 된다.

다섯째로 생산력과 생산관계 사이의 충돌을 해결하는 방법은 사회가 생산력의 사회적 성격에 따라 생산력을 점유 · 획득함으로써 자본관계를 지양하는 것이다. 엥겔스와 마르크스는 다음과 같이 말한다.

이 충돌의 해결은 현대의 생산력의 사회적 성격을 인증하고 생산 · 취득 · 교환의 방식들을 생산수단의 사회화된 성격에 일치시키는 것뿐이다. 그리고 이것은 사회가 사회 전체의 통제 이외에는 어떤 통제도 거부할 만큼 자란 생산력을 공공연하게 직접적으로 점유 · 획득하는 것에 의해서만 가능하다…사회가 생산력을 장악하게 되면, 생산자들은 생산수단과 생산물의 사회적 성격을 완전히 이해하면서 그것들을 이용할 것이고, 따라서 생산수단과 생산물의 사회적 성격은 혼란과 주기적 붕괴의 원인이 되기는커녕 생산의 가장 강력한 지렛대 그 자체가 될 것이다(엥겔스 1880: 468).

생산수단의 집중과 노동의 사회화는 마침내 그 자본주의적 외피와 양립할 수 없는 점에 도달한다. 자본주의적 외피는 파열된다. 자본주의적 사적 소유의 조종이 울린다. 수탈자가 수탈 당한다{소수의 대자본가가 재산을 빼앗긴다: 번역자}(『자본론』 I(하): 1050).

『자본론』에서 마르크스는 자본주의로부터 새로운 사회로 이행하는 시기의 계급투쟁을 언급하지 않고 있지만, 엥겔스는 제1권의 영어판 서문(1886년 11월 5일)에서 다음과 같이 말한다.

> 그(마르크스: 필자)는 전 생애에 걸쳐 영국의 경제사와 경제사정을 연구한 뒤 자기의 전체 이론을 수립했고, 이 연구에 의거해 적어도 유럽에서는 영국만이 전적으로 평화적 · 합법적 수단에 의해 필연적인 사회(주의)혁명을 수행할 수 있는 유일한 나라라는 결론에 도달한 것이다. 그러면서도 그는 영국의 지배계급들이 '노예제도를 옹호하는 반란' (자본주의체제를 옹호하는 반란: 번역자)없이 이 평화적 · 합법적 혁명에 굴복하리라고는 거의 기대할 수 없다고 첨언하는 것을 결코 잊지 않았다(『자본론』 I(상): 31-32).

이리하여 자본주의에서 새로운 사회로 이행하는 시기에 '프롤레타리아 독재(dictatorship of proletariat)' 가 필요하게 된다. 「고타강령 초안 비판」에서 마르크스는 다음과 같이 말한다.

> 자본주의 사회와 공산주의 사회 사이에는 전자에서 후자로의 혁명적 전환의 시기가 놓여있다. 또한 이 시기에 상응하는 정치적 이행기가 있으니, 이때의 국가는 **프롤레타리아의 혁명적 독재** 이외에 다른 것일 수가 없다(마르크스 1875: 385-386).

자본주의 사회를 '부르주아 독재' 라고 부르는 것과 마찬가지로, 프롤레타리아 독재는 프롤레타리아 계급에 의한 지배를 가리키는데, 프롤레타리아 독재는 폭력이나 강제에 의한 지배 뿐 아니라 동의에 의한 지배도 포함한다.[11] 김세균(2006)은 프롤레타리아 "혁명 이후의 국가체제는 기본적으로 '사회주의적 민주주의' 체제로서 출현해야 할 것이

---

11) 김세균(2006)은 이것과 관련해 다음과 같이 논의를 전개한다. "국가의 계급적 성격과 관련하여, 자본주의사회의 국가가 궁극적으로 부르주아국가로 기능하는 것과 마찬가지로 혁명 이후 새롭게 조직되는 국가체제는 궁극적으로 프롤레타리아국가로서 출현하게 된다. 그런데 부르주아국가가 크게 보아 민주적 형태와 (체제위기에 대한 부르주아적 대응책의 성격을 지닌) 비민주적 형태로 구분되는 것과 마찬가지로 프롤레타리아국가가 역시 민주적 형태와 비민주적 형태로 구분될 수 있다."

다.”고 말하면서 사회주의적 민주주의체제의 특징을 다음과 같이 지적한다.

> 첫째, 입법기구는 간접민주주의 요소의 도입을 처음부터 완전히 배제할 수 없지만, 기본적으로는 노동현장을 중심으로 조직되고, 위임을 인정하지 않거나 최소화하는 직접민주주의적인 평의회민주주의체제로 조직되어야 한다…둘째, 입법기구는 동시에 집행기구 역할을 수행하는 명실상부한 주권기구여야 한다…셋째, 인민 자치기구 안에서 노동자계급의 전위당 뿐만 아니라 다른 정당들 역시 평화적 방식으로 정치활동을 하는 한 제한 없는 정치적 자유를 누려야 한다…넷째, 인민 자치기구 외부에 노동자대중의 정치적 문화적 역능을 증진시키고, 다른 계급에 대한 노동자계급의 정치적 · 이데올로기적 지도력을 높이는 데 기여하는 노동자대중 자신의 직접적인 자기조직이 무한히 발전해야 하며, 이에 기초하여 인민 자치기구로의 노동자대중 자신의 직접적인 발의와 민주적 참여가 적극 이뤄져야 할 것이다(김세균 2006).

마르크스(1871)는 1871년 3월 18일에서 5월 27일까지 지속된 파리코뮌이 프롤레타리아 독재의 중요한 역사적 예라고 지적하면서, 모든 관료층을 코뮌 대의원으로, 그리고 상비군을 코뮌 의용군으로 대체한 것을 높이 평가한다.

4. ‘새로운 사회’의 명칭은?

『자본론』에는 ‘자유인들의 연합,’ ‘연합한 생산자들,’ ‘공산주의’라는 용어가 나오지만 ‘사회주의’란 용어는 등장하지 않는다. 그 이유를 엥겔스는 「공산주의당 선언」의 1888년 영어판 서문에서 다음과 같이 설명한다.

『공산주의당 선언』을 쓸 당시(1847년: 필자)에 우리는 그것을 사회주의 선언이라고 이름붙일 수 없었다. 1847년에 사회주의자들이라고 하면 한편으로는 다양한 공상적 체계들의 추종자들, 즉 이미 점차 사멸해 가는 종파들로 오그라들고 있었던 영국의 오엔주의자들, 프랑스의 푸리에주의자들을 의미했고, 다른 한편으로는 잡다한 졸서들을 통해 자본과 이윤에 어떤 위험도 주지 않고 사회적 폐해들을 제거하겠노라고 약속하는 잡다하기 그지없는 사회적 돌팔이 의사들을 의미했다. 두 경우 모두에서 사회주의자들이란 노동자 운동의 바깥에 서 있으면서 오히려 '교양 있는' 계급의 후원을 얻으려는 사람들이었다. 노동자 중에서 단순한 정치적 변혁들의 불충분함을 깨닫고 사회의 총체적 개조의 필요성을 요구했던 바로 그런 부분은 그 당시 자신을 공산주의자라고 불렀다. 그렇지만 그것은 아직 거칠고, 다듬어지지 않은, 순전히 본능적인 종류의 공산주의였다. 그렇지만 이 공산주의는 중요한 지점을 포착하고 있었고, 노동자들 안에서 매우 강력하여 프랑스에서는 까베(Etienne Cabet: 1788~1856)의, 독일에서는 바이틀링(Wilhelm Weitling: 1808~1871)의 유토피아적 공산주의를 만들어 낼 정도였다. 이처럼 1847년에 사회주의는 중간계급의 운동이었고 공산주의는 노동자계급의 운동이었다. 사회주의는 적어도 대륙에서는 '상류사회적'이었고, 공산주의는 바로 그 반대의 것이었다. 그리고 우리는 처음부터 "노동자계급의 해방은 노동자계급 자신의 사업이어야 한다."는 견해를 가지고 있었기 때문에, 두 명칭 중 어떤 것을 선택해야 할 것인가에 대해서는 의문의 여지가 없었다(마르크스 · 엥겔스 1848: 379-380).

이 인용문에서 엥겔스는 공산주의와 사회주의를 내용상 상이하다고 보지 않으며 "두 명칭 중 어느 것을 선택해야 할 것인가"가 문제였다고 말한다. 마르크스는 1875년의 「고타강령 초안 비판」에서 '낮은 단계의 공산주의'와 '높은 단계의 공산주의'를 구별했지만, '사회주의'라는 용어는 사용하지 않았다. 그런데 엥겔스는 '사회주의'라는 용어를 1878년의 『반 뒤링』에서 썼고, 더 나아가 1880년의 『유토피아에서 과학으로의 사회주의의 발전』에서도 썼다. 따라서 마르크스와 엥겔스에

게는 공산주의와 사회주의는 '동의어' 였다고 말할 수 있을 것이다.[12]

그런데 1917년 4월에 레닌은 마르크스가 말한 '낮은 단계의 공산주의' 를 사회주의로 부르고, '높은 단계의 공산주의' 를 공산주의로 불렀다. 다시 말해 자본주의의 테두리를 갓 벗어난 새로운 사회가 사회주의이고, 새로운 사회가 제 발로 서게 되어 자기의 전제조건들을 계속 재생산하는 상태를 공산주의라고 부른 것이다.

> 인류는 자본주의로부터 직접적으로는 오직 사회주의—즉 생산수단의 사회적 소유와, 각 개인의 작업량에 따른 생산물의 분배—에 도달할 수 있을 뿐이다. 그러나 우리 당은 더 멀리 그 이후를 바라본다. 사회주의는 필연적으로 공산주의로 점차적으로 진화하지 않으면 안 되는데, 공산주의의 깃발에는 "각자는 능력에 따라, 각자에게는 필요에 따라" 라는 표어가 새겨져 있다(Lenin 1917g: 60).

이리하여 프롤레타리아 독재, 사회주의, 낮은 단계의 공산주의, 높은 단계의 공산주의 등을 어떻게 개념 규정해야 하는가 하는 어려운 과제가 생겼고 논쟁이 아직도 계속되고 있다.[13]

우리는 여기에서 마르크스가 『자본론』에서 말한 '시초축적' 을 다시 음미할 필요가 있을 것이다. 시초축적은 봉건사회가 자본주의로 이행하는 과정을 가리키는데, 그 핵심 내용은 봉건사회가 해체되면서 일부의 사람들이 재산을 축적하게 되고 대부분의 사람들이 무산대중으로 전락해 노동력을 팔 수밖에 없게 되는 과정을 설명하는 것이다. 그렇지만 자본주의가 자기 발로 서기 위해서는 공장제 대공업의 탄생이 필수적이었다. 여기에서 주목해야 할 사실은 마르크스가 공장제 수공업인 매뉴팩처—생산력에서는 봉건적인 수공업이지만 생산관계에서는 자본가가

12) 곽노완(2006: 주1)을 참조하라.

13) 서울사회과학연구소(1991: 제1부)에는 '과도기론' 으로서 '대 · 중 · 소 '를 구분하여 각종의 견해를 요약하고 '우리의 관점' 을 제시하고 있다. 곽노완(2006)도 이 문제에 관해 자기의 견해를 밝히고 있다.

노동자를 '형식적으로' 지배 · 착취한다—를 자본주의의 시발점이라고 불렀다는 점이다. 이 관점을 자본주의에서 새로운 사회로 이행하는 과정에 도입한다면, 생산의 사회화에 의해 성숙된 자본주의가 정치권력을 장악한 노동자계급에 의해 해체되어 생산수단의 공동소유 · 노동해방 · 참여계획경제 등이 실현되기 시작하는 과정이 사실상 새로운 사회의 시발점이 될 것이다. 이 과정에서 주민들의 정치적 · 경제적 · 문화적 생활이 크게 향상되어 새로운 사회를 유지 확장하려는 주민들의 의지가 굳건해지면 새로운 사회는 자기 발로 서게 될 것이고 새로운 사회가 성립하게 될 것이다. 노동자계급이 정치권력을 장악해 정치권력을 사용하는 것이 프롤레타리아 독재이고, 생산수단의 공동소유 · 노동해방 · 참여계획경제 등이 실현되기 시작하는 과정이 사회주의이고, 생산수단의 공동소유 · 노동해방 · 참여계획경제 등에 주민 대다수가 적극적으로 동의하고 지지할 때 자기 발로 서는 공산주의가 성립하게 될 것이다.[14] 이것을 도식화하면 다음과 같이 간단해질 것이다.

자본주의적 생산양식 ➔ 프롤레타리아 독재(사회주의) ➔ 공산주의적 생산양식
(이행기)

김세균(2006)은 사회주의에서 실현되어야 하는 과제들을 다음과 같이 요약하고 있다.

> 사회주의체제 수립 이후에 요구되는 사회변혁 과정의 기본방향은 생산과정에서 지식노동과 육체노동의 재결합을 전면화하는 방향으로 생산과정의 끊임없는 혁신, 국가관료층 · 전문경영인 · 전문관리층의 역할 및 수의 지속적인 축

---

14) 낮은 단계의 공산주의와 높은 단계의 공산주의를 구분하는 기준은 노동에 따른 분배와 필요에 따른 분배가 아니라, 낮은 단계에서는 자본주의적 요소들과 공산주의적 요소들이 서로 투쟁하고 있다는 점이다. 따라서 공산주의를 이행기의 사회주의와는 전혀 다른 새로운 사회로 부르는 것이 옳을 것 같다.

소, 당 역할의 축소와 대중 발의의 더 많은 증대, 국가권력의 대중권력으로의 더 많은 전화, 간접민주주의의 지속적인 축소, 민주성 그 자체에 의한 전문성의 더 많은 확보, 사적 부문의 사회화와 민주적 계획경제 영역의 더 많은 확대, 사회적 소유 형태의 국유적-전인민적 소유형태로의 더 많은 전환, 필요 충족을 위한 생산 및 필요에 따른 분배의 더 많은 확대 등이 되어야 할 것이다(김세균 2006).

5. 마르크스와 엥겔스의 현재성

사회주의나 공산주의를 현실에서 건설하려는 사람들에게 마르크스와 엥겔스는 '설계도'를 제시하지 않았기 때문에 큰 도움을 주지 못한다. 곽노완(2006)이 지적한대로, "마르크스와 엥겔스 그리고 레닌을 포함한 사회주의 선구자들의 막연함이 그들을 따르고자 했던 스탈린과 소련의 사회주의자들로 하여금 현실사회주의를 실패로 몰아가는 데 크게 작용했다고 볼 수 있다."[15] 따라서 위에서 수집한 마르크스와 엥겔스의 단편적인 지적들을 현재의 상황에서 비판적으로 고찰하면서 새로운 구체적인 아이디어를 만들어 내는 것이 매우 필요할 것 같다.[16]

15) 김수행(2006ㅊ)은 "사회주의에서 상품과 화폐가 사라지지 않는다."고 주장한다.

16) 리보위츠(Lebowitz 2006)를 참조하라.

레닌의 사회주의

2

김 윤 자

1. 러시아의 후진성과 레닌의 이행이론

레닌의 이행이론은 오랜 연구와 정치적 실천 속에서 이루어졌다. 따라서 끊임없이 현실정세의 경과에 점검을 받으면서 구성되었다. 레닌의 저작에는 한편으로 마르크스 · 엥겔스의 고전에 충실하고자 하는, 그래서 때로 관념적 급진주의의 경향과 다른 한편으로 농민 인구가 80%를 차지하는 후진국 러시아의 구체적 현실에 충실하고자 하는 또 다른 경향이 교차하고 있다.

크게 그 맥락을 짚어본다면 레닌의 이행이론은 1917년 러시아혁명 이전부터 내전(1918~1921)을 거쳐 신경제정책(NEP, New Economic Policy)의 도입(1921)에 이르기까지 일종의 시계열적인 전개과정을 보여준다. 그의 저작들은 러시아의 현실에 직면하면서 훨씬 구체성을 지니게 되고 그의 현실 정치의 행로와도 밀접한 관련을 가지고 있다. 이런 점에서 레닌의 저작은 후진국 러시아의 현실적 소산이라고 할 수 있다.

러시아는 서유럽 나라들이 한창 산업혁명을 진행하고 있을 때 겨우 농노해방(1861)을 했다. 러시아의 농노해방은 아래로부터 대중적 각성에 의해서가 아니라 차르의 결단에 의해 이루어진 것이었다. 산업화가 뒤쳐진 만큼 러시아의 부르주아 민주주의 역시 서유럽에 크게 뒤처져서 1917년까지도 러시아는 절대왕정인 차르체제 하에 있었다.

이처럼 러시아는 후진국이면서도 서유럽 자본주의의 격렬한 노자대립과 빈부격차를 목격하고 있었고 그 모순이 제1차 세계대전이라는 대규모 파괴전쟁으로 치닫는 것을 목도하고 있었다. 따라서 레닌을 비롯한 러시아의 지식인들은 후진국 러시아의 미래가 자본주의적 발전과 부르주아 민주주의라는 것에 회의를 품고 있었다.

이들 러시아의 진보적 분파들은 1898년 3월 러시아의 민스크에서 러시아 사회민주노동당을 창당하지만 1903년 7월 당 대회 이후 러시아사회의 발전 전망을 둘러싸고 부르주아자유주의에 친화적인 소수파(=멘셰비키)와 노동자헤게모니를 지지하는 다수파(=볼셰비키)로 갈라진다.

다수파의 지도부에 속해 있던 레닌(Nikolai Lenin. 본명은 Vladimir Ilyich Ulyanov. 1870~1924)은 제국주의가 자본주의 발전의 최고 단계이자 마지막 단계이며 다음 단계로의 이행을 예비하는 이른바 '사회주의의 대기실'이라고 보았다. 레닌은 제국주의의 물질적 토대를 이루는 국가독점자본주의와 사회주의 사이에는 어떤 중간 단계도 없다고 강조했다.

1917년 러시아의 10월 혁명은 같은 해 2월의 대중봉기가 직접적인 발단이었다. 당시 차르 치하의 러시아는 제1차 세계대전에 참전해 경제가 피폐상태에 놓여있었다. 전장에 동원된 병사들과 노동자 및 농민들은 전시동원체제에 반발해 자발적으로 일종의 평의회(soviet) 조직이라고 할 수 있는 병사소비에트, 노동자소비에트 및 농민소비에트를 조직했고, 이들에 의해 2월 혁명이라고 불리는 대중봉기가 확산되어 나갔다.

망명 중이던 독일에서 4월 급거 귀국한 레닌은 생산과 분배를 노동자대표 소비에트의 통제 하에 두는 것이 당면 과제라고 말함으로써 차르의 봉건왕정을 쓰러뜨린 뒤 러시아의 사회발전 방향이 부르주아 공화정이 아니라 사회주의 건설임을 분명히 했다.

레닌은 자본주의 후진국 러시아에서, 그의 표현을 따른다면 '제국주의의 가장 약한 고리(the weakest linkage of imperialism)' 인 러시아에서 왜 사회주의 이행이 필연인가를 설명하기 위해, 자본주의와 제국주의의 역사적 한계를 먼저 『제국주의』(1917)에서 지적하고 있다. 레닌의 제국주의 연구 플랜은 본래 경제분석만 18개 장에 이르는 방대한 플랜이었던 것으로 알려져 있는데 2월 혁명 이후의 급박한 현실 전개 속에서 '대중개설서(A Popular Outline)' 라는 부제 하에 1917년 7월 발간되었다.

여기서 레닌은 자본주의의 독점이 고도화된 20세기 초 독점자본주의에서 생산과잉과 자본과잉의 경향이 나타나게 되고 이것이 자본수출과 세계시장을 둘러싼 열강 사이의 제국주의 전쟁으로 이어지는 과정을 서술하고 있다. 레닌은 자본주의 열강 사이의 제국주의 전쟁인 제1차 세계대전이 각국의 '한 줌에 불과한' 독점 대자본 분파에 대한 공격, 즉 계급 사이의 전쟁인 내전(civil war)으로 바뀌게 되면 세계 사회주의 혁명이 확산되어 나갈 것으로 보았다.

레닌의 이행이론이 비교적 체계적으로 정리되어 있는 저작은 10월 혁명을 앞두고 『제국주의』에 이어 비슷한 시기에 출간된 『국가와 혁명』(1917)이다. 레닌은 특히 이 책의 제5장 '국가 사멸의 경제적 기초' 에서 혁명적 과도기로서의 프롤레타리아 독재의 의미, 이행기의 경제적 내용 등을 정리하고 있다. 여기서 그는 공산주의의 높은 단계를 향한 국가의 완전한 사멸을 제시하면서 거기에 이르기까지를 이행기로 파악하고 있다. 여기서 중요한 것은 레닌이 사멸할 것으로 제시하고 있는 '국가' 의 정의(definition)이다. 여기서 국가란 지리적 영토의 개념이 아니라 마르크스와 엥겔스, 레닌에 고유한 정치적 개념, 사회과학적 사유장치로 설정되어 있다. 레닌은 엥겔스의 『가족, 사유재산 및 국가의 기원』(1884)과 『반 뒤링』(1878)을 원용해 국가를 정의하고 있는데, 이에 따르면 국가란 '계급지배를 관철시키는 강제력의 장치' 라는 것이다.

이어서 레닌은 역사의 발전에 따라 국가가 어떻게 사멸하며 그 사멸의 과정이 왜 프롤레타리아 독재라는 특수한 국가형태, 과도기적 국가형태를 필연화하는가를 설명하고 있다. 레닌에 따르면 계급억압장치로서의 국가가 완전히 지양(止揚)되려면 사멸해 가는 국가, 즉 그가 '프롤레타리아 독재'라고 부르는 특수한 국가가 불가피하다는 것이다. 그리고 이것은 국가로서의 스스로의 존재를 부정하는 국가라는 의미에서 반국가(半國家 semi-state)라고 할 수 있다는 것이다. 그는 이런 반국가의 단계를 설정한다는 점에서 자신의 주장을 이른바 무정부주의자(anarchist)들의 국가론과 구별한다. 무정부주의자들은 계급지배의 궁극적 담보물인 국가를 '한꺼번에 타도'하는 것, 즉 폐기(abolishment)하는 것을 주장하지만, "마르크스주의의 국가론은 장기에 걸친 국가의 사멸(withering away)을 주장"한다는 것이다. 레닌에 따르면,

> 부르주아 국가는 '사멸'하는 것이 아니라 혁명과정에서 프롤레타리아에 의해 '폐기'되는 것이다. 그리고 이 혁명 뒤에 사멸하는 것이 프롤레타리아 국가 또는 반국가(semi-state)이다 (Lenin 1917g: 249)…
>
> 국가는 사라지게 되어 있다. 그 소멸(국가로부터 비국가로의 이행)의 과도기적 형태는 '지배계급으로서 조직된 프롤레타리아의 독재'가 될 것이다 (Lenin 1917g: 278).

이 때 프롤레타리아 독재란 우리가 흔히 말하는 '독재', 즉 탄압과 비민주적인 폭압의 통치행태를 지칭하는 것이 아니라 오히려 민주주의의 확장을 자기내용으로 한다는 것이 레닌의 설명이다. 그것은 다수자인 피착취 근로자가 착취를 근절하기 위해 소수자인 기존의 착취자를 통제하고 제압한다는 의미에서, 그리고 압도적 다수가 이런 정치생활에 참여한다는 점에서 그러하다는 것이다.

이와 더불어, 즉 다수자가 정치에 참여하고 다수의 정치참여에 의해 소수의 압제자들이 통제되기 시작한다는 의미에서 억압장치로서의 국가는 사멸하기 시작한다. 이것을 레닌은 다음과 같이 설명한다.

> 인민의 대다수가 그대로 자신들의 억압자를 억압하므로 억압을 위한 '특수한 강제력'은 더 이상 필요하지 않다! 이런 의미에서 국가는 사멸하기 시작한다. 특권적 소수(특권적 관리, 상비군 장교)의 특수한 제도 대신에 다수 자신이 직접 이 모든 기능을 수행할 수 있으며 국가권력의 기능이 전체로서의 인민에 의해 수행되면 될수록 이 권력의 존재의 필요성은 점점 더 적어진다(Lenin 1917g: 268. 이하 모든 밑줄은 원문).

프롤레타리아독재 하에서도 대의제도 · 관료제는 잔존하되 이들 국가권력의 기능을 수행하는 사람들이 대중과 분리되어 특권화되지 않도록 하는 실질적 방식으로서, 파리코뮌의 역사적 경험에 따라 공무원의 선거제와 수시 해임제, 공무원 보수의 일반 노동자 수준으로의 조정 등을 마련한다는 것이다. 그리고 이들 기관을 입법부이며 동시에 집행부로 삼는다는 것이다. 이것이 바로 부르주아 민주주의에서 확장된 '사회주의적 민주주의'의 내용이며 또한 프롤레타리아 집중주의(proletarian centralism)의 참된 내용이라는 것이다 (Lenin 1917g: 276).

그런데 프롤레타리아 독재는 궁극적으로 계급폐지를 그 역사적 사명으로 하기 때문에 계급소멸과 더불어 비로소 사멸한다. 프롤레타리아 독재 역시 국가의 한 형태이므로 이의 사멸을 위해서는 완전한 공산주의의 도래가 필요하다.

> 공산주의의 과도기로서의 프롤레타리아 독재는 소수자인 착취자에 대한 필연적 억압과 더불어 최초로 인민을 위한 민주주의, 다수를 위한 민주주의를 제공할 수 있으며 그것이 완전해지면 완전해질수록 그에 따라 급속히 불필요해지고 스스로 사멸해 갈 것이다(Lenin 1917g: 303).

마르크스는 공산주의의 낮은 단계와 높은 단계를 언급하면서도 각 단계의 구체적인 정치 · 경제적 내용을 밝히지 않았으며 다만 "자본주의로부터 공산주의로의 과도기, 즉 프롤레타리아 독재기"라고만 언급하고 있을 뿐이다. 이에 대해 레닌은 낮은 단계의 공산주의를 공산주의 제1단계로서 '사회주의' 라고 부르고, 여기서는 여러 가지 부르주아적 권리가 잔존한다고 설명한다.

> 공산주의 사회의 제1단계(일반적으로 사회주의로 불리는)에서 '부르주아적 권리' 는 완전히 폐지되지 않으며 다만 부분적으로, 오로지 달성된 경제변혁에 비례해서만 폐기된다. 부르주아적 권리는 개인의 사적 소유로 나타난다. 사회주의는 이를 공동 소유로 전환시킨다. 이런 한도 안에서—오로지 이 한도 안에서만—'부르주아적 권리' 는 사라지게 되는 것이다(Lenin 1917g: 306).

공상적 사회주의자(유토피언)가 아닌 한 자본주의가 극복되었다고 해서 곧 모든 사람이 아무런 규제 없이도 곧바로 사회를 위해 일하리라고는 생각할 수 없으며, 또한 자본주의의 폐기가 즉시 이런 변화에 필요한 전제조건을 마련해 주지도 않기 때문이라는 것이다. 레닌에 따르면, 바로 이런 부르주아적 권리의 불가피한 잔존 때문에 국가가 존속해야 하는 것이며, 따라서 국가의 존속은 부르주아적 권리의 완전한 극복, 즉 협의의 공산주의 단계까지 유지되어야 하는 것이다.

이것은 마르크스가 말했던 공산주의 제1단계와는 분명 다른 것이다. 마르크스는 정치상의 과도기에 대해서만 국가의 존속을 이야기하며, 공산주의 제1단계에서 이미 계급차별의 소멸을 이야기한다. 레닌은 생산수단에 대한 사적 소유의 폐기와 사회에 의한 자본가적 소유의 수탈이 거대한 생산력 발전과 기술진보를 가능하게 할 것이지만, 그것이 얼마만큼 빨리 달성될 것인가, 그것이 언제쯤 분업을 폐기하고 노동이 그 자체 '삶의 주요한 욕구' 가 되는 완전한 공산주의 단계로 이끌어 갈 것인가에 대해서는 "우리는 알고 있지 못하며 알 수도 없다."(Lenin 1917g: 308)고 말한다.

> 정치적으로 볼 때 공산주의 제1단계 또는 낮은 단계와 그 높은 단계 사이의

> 차이는 시간 상 아마도 커다란 차이일 것이다. 그러나 지금의 자본주의 하에서 이 차이를 확정한다는 것은 우스꽝스러운(ridiculous) 일일 것이며 오로지 무정부주의자들만이 아마도 그 문제를 가장 중요하게 여길 것이다(Lenin 1917g: 309).

요컨대 현 단계에서 말할 수 있는 것은 국가사멸의 필연성과 그 과정의 장속성(長續性 protractedness) 뿐이며 "그 사멸에 필요한 구체적인 형태의 문제는 그대로 남겨둘 수 밖에 없다"는 것이다.

그런데 레닌이 사회주의라고 부른 공산주의 제1단계와 마르크스가 지칭했던 공산주의 제1단계 사이에는 일정한 괴리가 있다. 마르크스는 공산주의 제1단계에 대해 국가존속의 전제가 되는 계급차별의 존재를 부인하며 공산주의 제1단계로의 정치상의 과도기 외에는 프롤레타리아 독재를 거론하지 않는다. 반면 레닌은 자신이 공산주의 제1단계로 등치시킨 '사회주의'에 대해 프롤레타리아 독재가 가장 중요한 내용임을 거듭 강조하고 있다.

여기서 더 나아가 레닌 사후 스탈린은 공산주의로의 이행과정을 3단계로 정식화했다. 먼저 자본주의에서 사회주의로 가는 이행기 곧 프롤레타리아 독재기, 이어서 사회주의 단계, 마지막으로 공산주의 단계가 그것이다. 스탈린은 사회주의를 독자적인 생산양식에 기초한 안정된 사회로 파악해 사회주의 국가를 곧 '전인민의 국가'라고 정식화했다. 그리고 그의 마지막 단계인 공산주의는 생산력 진보의 리듬에 따라 사회주의 내부에서 사회주의 국가의 지도에 의해 준비되는 것으로 설정했다.

레닌이 고민했던 후진국 러시아에서 사회주의 이행의 난점은 스탈린에 이르러 "사회주의 국가의 지도에 의한 생산력 발전으로 해소"된 셈이다. 스탈린에 따르면,

> 생산의 변화와 그 발전은 항상 생산력의 변화 및 발전으로부터 시작되며 우

> 선적으로는 생산도구의 변화 및 발전으로부터 시작된다. 그러므로 생산력은 생산의 가장 동적이고 혁명적인 요소다. 먼저 사회의 생산력이 변화·발전하고 이에 따라 또한 이에 상응하여 인간의 생산관계, 그들의 경제관계가 변화한다...
>
> 그러므로 생산관계가 아무리 생산력 발전에 뒤떨어진다 해도 생산관계는 조만간 생산력 발전의 수준, 생산력의 성격에 상응하게 되어 있으며 실제로 상응한다...
>
> 그 결과 생산력은 생산의 가장 동적이고 혁명적인 요소일 뿐 아니라 생산의 발전의 결정적 요소(determining element)이기도 하다(Stalin 1938: 320-322).

이처럼 자본주의 대안사회에 대한 레닌의 구상은 러시아사회의 정치적·경제적 후진성 때문에 여러 가지 딜레마를 겪게 되었던 것으로 보이는데, 그 중에서도 가장 큰 난점은 바로 민주주의의 문제였던 것으로 보인다. 국가의 계급적 성격을 전환하는 프롤레타리아 독재의 이론적·정치적 의의를 설명하면서 레닌은 그러나 이것이 부르주아 민주주의의 확장이라고 강조하고 있다. 이런 설명에 따른다면 레닌의 프롤레타리아 독재는 부르주아 계급독재의 질적 전환이라기보다 양적 확장이 될 수 있다. 이런 모호함은 프롤레타리아 독재를 이른바 반국가(semi-state) 또는 사멸해 가는 국가로 설정하는 데서도 드러난다. 레닌의 설명대로 착취자를 억압하기 위해 강제력이 필요한 프롤레타리아 국가에서 그 강제력의 속성은 어떻게 사라질 것인가? 권력의 자기강화적 속성에 비추어 볼 때 과연 그런 소멸이 어떤 동력에 의해 가능할 것인가? 레닌의 프롤레타리아 독재 개념은 이 점에서 매우 모호하다.[1]

이처럼 레닌의 프롤레타리아 독재 개념에는 한편으로 착취자를 억압하는 강제력으로서의 국가와, 다른 한편으로 다수를 위한 민주주의를 확장하면서 사멸해 가는 국가가 양립해 있다. 이런 양립은 이론적으로도 난점을 남기는 것이지만 더 큰 문제는 현실정치에서 자칫 프롤레

1) 이에 대해서는 김윤자(2002: 107 이하)를 참조하라.

타리아 독재를 표방하는 국가의 고위 관료나 당 간부에 의해 프롤레타리아 국가의 권력이 자의적으로 남용될 위험성이 존재한다는 점이다. 1930년대 이후 소련이 "노동자국가에서 노동자가 자신의 국가를 상대를 파업을 한다는 것은 있을 수 없는 일"이라며 노동자의 파업권을 부정한 것은 그 한 예다. 특히 현실의 사회주의 국가에서 이전의 압제자나 기득권층을 축출할 때 동원되었던 물적 자산의 몰수나 파괴, 추방, 그 과정에서 자행되는 보편적 인권의 탄압과 제약은 레닌의 프롤레타리아 독재이론의 정당성을 훼손하는 역사적 전거가 되어 왔다. 종종 이런 국가론은 차르시대 러시아의 정치적 · 문화적 후진성의 잔재, 또는 이른바 동양적 전제(oriental despotism)의 일종으로 거론되어 왔으며, 서유럽에서는 부르주아 민주주의의 확장으로서 사회민주주의 또는 참여민주주의 등을 통해 자본주의의 대안을 모색한다는 문제의식으로 대체되어 오기도 했다.

2. 국가자본주의론과 레닌의 이행이론

1917년 2월 혁명 이후 약 한 달만에 귀국해 발표한 레닌의 유명한 '4월 테제'[2)]는 레닌이 10월 혁명 직전에 가지고 있던 이행기 경제강령의 내용을 잘 보여준다. 그는 이 글에서 당시의 지배적인 슬로건이던 "모든 권력을 소비에트로!"를 지지하면서 '소비에트 국가'는 아직 프롤레타리아 독재는 아니며 그 본질은 "프롤레타리아와 농민의 혁명적 민주

2) 흔히 '4월 테제'로 불리는 이 문건(Lenin 1917a)은 1917년 4월 3일(러시아 구력) 페트로그라드에 도착한 레닌이 다음날 당 회합에서 제안한 것으로 같은 달 7일 『프라우다』지에 전재되었다. 흥미로운 것은 소련의 반(反)체제작가이자 노벨문학상 수상자인 솔제니친의 유명한 소설 『암병동』 말미에서 주인공들이 당시의 소련사회를 비판할 때 그 대안으로 레닌의 이 4월 테제의 정신, 즉 "모든 권력을 소비에트로!"를 언급하면서 당시 소련사회의 반민주성을 고발하고 있다는 점이다.

주의적 독재"라고 설명한다. 아울러 그는 이런 정치적 규정에 상응하는 경제정책과제를 제시하고 있다. 4월 테제의 10개항 중 직접 경제과제를 담고 있는 6,7,8항에서 그는 각각 지주 소유지의 몰수와 모든 토지의 국유화원칙(6항), 국내의 모든 은행을 단일의 전국적 은행으로 통합해 노동자대표 소비에트가 통제할 것(7항) 등을 제시하고, 이어서 8항에서 다음과 같이 말하고 있다.

> 사회주의를 '도입'하는 것은 우리의 당면 임무(immediate tasks)가 아니며 오로지 사회적 생산과 생산물의 분배를 즉시 노동자대표 소비에트의 통제 하에 두는 것이 우리의 당면 임무다(Lenin 1917a: 31).

그 후 10월 혁명 직전의 글에서 레닌은 이 통제를 '혁명적 민주주의적 통제'라고 부르고 있다(Lenin 1917e: 188). 이것은 그가 소비에트 국가를 아직 프롤레타리아 독재가 아니며 본질상 프롤레타리아와 농민의 혁명적 민주주의적 독재에 해당한다고 규정했던 것에 상응하는 것이다.[3] 통제의 구체적 방법으로서 레닌은 제1차 세계대전 당시 선진 자본주의 국가의 경험을 전제하면서 다음을 열거하고 있다.

> 첫째, 모든 은행의 통합과 그 업무의 국가적 통제, 또는 은행의 국유화.

---

3) 레닌이 이처럼 노동자대표 소비에트에 의한 통제를 강조한 이유는 이미 2월 혁명 직후부터 현실적으로 노동자들의 통제활동이 존재해 왔기 때문이었다. 예컨대 페트로그라드의 관영 군수공장에서 노동자가 생산의 통제를 실시함으로써 민간 공장에서도 이와 같은 사례가 파급되었는데, 이 경우 노동조합 가입 여부에 관계없이 공장위원회가 중심이 되어 노동자의 요구를 집약하고 자본가 측의 공장폐쇄 및 생산정지를 저지하는 등의 활동을 전개했다. 또한 1917년 4월 임시정부가 '공업기업의 정상적 조업 회복과 유지를 위한 위원회'를 창설해 기업 운영의 전권을 위임한 것도 레닌으로 하여금 임시정부 측의 사회적 통제에 대항하기 위해 아래로부터의 노동자 통제를 제기하게 한 또 하나의 배경이었다. 당시의 이런 배경에 대한 설명은 김윤자(1989: 40)를 참조하라.

둘째, 신디케이트(예를 들면 설탕 · 석유 · 석탄 등의 신디케이트), 즉 자본가의 거대 독점체의 국유화.

셋째, 영업 상의 비밀 폐지.

넷째, 공업가 · 상인 · 경영자 일반의 강제적인 신디케이트화(즉 단체로의 강제통합).

다섯째, 주민을 강제적으로 소비조합으로 통합하든가 또는 이와 유사한 통합을 조성해 이를 통제하는 것 (Lenin 1917e: 188).

레닌의 이와 같은 통제원칙은 자본의 권리, 그 사적 소유의 권리를 정면으로 부정한 것은 아니었다. 다만 그런 권리를 제한하는 것뿐이었다. 여기서 레닌이 구상하고 있는 노동자소비에트의 통제 또는 혁명적 민주주의적 통제란 그 내용에서 아직은 '사회주의적인 것' 이 아니었던 셈이다. 이것은 먼저 사회주의적인 내용의 기초가 되는 정치적 변혁, 즉 그가 강조하는 프롤레타리아 독재를 전제할 수 없었던 것과 관련되는 것으로 보인다.

그 뒤 10월 혁명을 거치고 국가권력의 성격이 달라지면서 이른바 '사회주의 경제건설' 이 논의되기 시작한다. 그러나 대도시에 집중된 대공업과 함께 이제 막 봉건상태 또는 반봉건상태를 벗어났을 뿐인 소농(小農)이 광범위하게 공존하는 러시아의 후진적 현실이 고려되지 않을 수 없었다. 이 때문에 레닌은 자본주의적 요소를 일정하게 허용하면서 "프롤레타리아 독재 하에 자본주의가 이룬 생산력 발전의 성과를 이용"하는 것이 필요하다고 보았다. 그는 이를 국가자본주의 방식이라고 설명하면서, "낡은 제도를 곧바로 폐지해 사회주의적 생산조직(전국적 통제)을 건설해야 한다."는 좌익 공산주의자[4] 그룹의 주장을 비판했다. 내전이 발발해 전시공산주의 태세로 들어가는 1918년 봄 이전까지의 시기는 국유화의 준비기라고 흔히 일컬어지는데, 레닌은 이 시기에

4) 좌익 공산주의자 그룹이란 독일과의 강화조약인 브레스트-리토프스크 조약의 체결에 반대하면서 1918년 초 결성된 당내 반대파를 지칭한다.

노동자통제의 전면적인 실시에 의해 사회주의적 관리의 주체적 조건을 준비하고자 했으며, 따라서 국유화에 관한 일반 법률도 아직 마련되지 않았다.

레닌은 1918년 1월 제3회 전러시아 소비에트대회에서의 보고에서 노동자통제의 의의를 다음과 같이 말하고 있다.

> 노동자통제가 도입됨으로써 공장 몰수의 조치 또한 매우 용이했다. 노동자통제를 도입함으로써 우리가 생산을 {중앙집중화하지 않고: 필자} 각개 공장으로 분산해버렸다는 비난[5]을 받았을 때 우리는 이런 넌센스를 일축해 버렸다. 노동자통제를 도입할 때 우리는 그것이 러시아 전체에 파급되기까지는 많은 시간이 걸리리라는 것을 알고 있었다. 그러나 우리가 보이고자 했던 것은 아래로부터의 변혁이라는 오직 한 가지 길만을 우리가 인정하고 있다는 것이었다. 우리는 노동자들이 스스로 아래로부터 새로운 기본적 경제원리를 세워나갈 것을 원했던 것이다. 이에는 많은 시간이 소요될 것이다 (Lenin 1918a: 503).

전반적으로 볼 때, 레닌은 혁명 뒤의 국유화원칙을 견지하면서도 그 실현방법에서는 일정 기간의 노동자통제의 훈련을 거쳐 사회주의적 계획과 통제로 나아갈 것을 전망했던 것으로 보인다. 레닌의 이런 구상은 1918년 4월의 '소비에트정권의 당면 임무' 및 같은 해 5월 좌익 공산주의자 그룹을 비판한 '좌익 소아병과 소부르주아적 심리' 속에서 다시 강조되고 있다. 브레스트-리토프스크 대독 강화조약[6]의 체결로 제1

---

5) 당시 좌익 공산주의자 그룹이 이런 비난을 했다.

6) 독일과의 이 조약은 10월 혁명 뒤 1917년 11월 20일부터 협상이 진행되어 12월 2일 휴전협정이 조인되고 1918년 3월 1일 강화조약이 조인되었다. 이 조약의 체결로 소비에트정권은 사회주의 경제건설에 '한숨 돌릴 시간'을 벌게 되는데, 대신 6,200만 명의 주민이 사는 126만 7천 평방마일의 토지, 경작면적 전체의 1/3, 공업시설의 1/2을 잃었다. 농민당의 성격이 강했던 당시의 사회혁명당 좌파는 이 조약이 "우크라이나 · 돈 · 백러시아 등의 혁명정권과 혁명운동을 희생한 대가"로 이루어졌다고 그 비준에 반대하면서 인민위원회(소비에트정부)로

차 세계대전에서 이탈해 경제건설에 필요한 시간을 갖게 된 1918년 봄의 이 시기에 레닌은 이제 당면 임무는 '회계와 통제(accounting and control)의 조직화' 라고 강조했다. 그는 먼저 러시아에서 가장 어려운 문제는 경제문제이며, "재화의 생산 및 분배에 전국에 걸친 철저한 회계와 통제를 도입하고 노동의 생산성을 제고해 생산을 실질적으로 사회화하는 일"이라고 말하고 있다. 레닌은 구체적으로 노동생산성 향상을 위한 수단으로서 테일러시스템(Taylor system)을 활용할 것과 코뮌 사이, 노동자 사이에 경쟁을 조직화하고 물질적 자극(material incentive)을 이용할 것을 제안하고 있다. 또 회계와 통제의 조직화를 위해 부르주아 전문가에게 특별히 높은 급료를 지불하는 '자본주의적 방식' 을 권장했다.

아울러 레닌은 소비에트의 경제운영방식으로서 이른바 '민주주의적 중앙집중제(democratic centralism)' 의 원칙을 강조한다. 그는 사회주의의 물질적 토대인 대규모 기계공업은 "절대적이고 엄격한 의지의 통일을 요구하며 따라서 이런 사회주의의 이익을 위해 인민은 노동과정의 지도자의 단일 의지에 주저없이 복종할 것"이 요구된다고 지적했다(Lenin 1918b: 268-269). 이 시기 레닌은 이론적 · 정책적으로 중앙집중적 지도와 단독책임제를 아래로부터의 다양한 노동자통제와 결부시키고자 하지만, 점차 전자의 우세로 기울어지고 내전 및 외국 간섭군과의 전쟁 상황이 전개되면서 이런 경향은 더욱 강해진다. 노동자통제는 경영과 공장설비에 대한 노동자들의 무지와 무경험으로 말미암아 중단되고 1918년 4월 이후에는 기업장 단독책임제로 바뀌었다. 공장위원회 역시 10월 혁명 직후에는 혁명의 상징이었으나 노동자통제가 기업장 단독책임제로 바뀌면서 발언권을 잃게 되었다. 한편 이 시기 부르주아

부터 탈퇴했다. 이에 따라 이후 인민위원회는 볼셰비키공산당만으로 운영되었다. 다만 이 조약은 제1차 세계대전에서 독일이 패함에 따라 무효로 되었고 결과적으로는 소비에트정권을 크게 유리하게 만들었다. 김윤자(1989: 44)를 참조하라.

전문가의 고용과 자본주의 방식의 활용이라는 레닌의 제안에 대해 좌익 공산주의자그룹은 이를 "10월 혁명의 전통을 망각한 부르주아 전문가와의 타협"이라고 비판했다. 이에 대해 레닌은 그들의 주장이 "좌익적 슬로건으로 분식된 소부르주아적 불평"에 불과하며 "이는 전적으로 '현 상황에 대한 인식 부족'에서 비롯된 것"이라고 반박했다(Lenin 1918c: 335).

레닌은 국가자본주의가 "전인민적 회계와 통제를 가능하게 한다는 점에서 사회주의와 공통점이 있다."고 보고, 특히 소부르주아적 분자(element)가 지배하고 있는 러시아의 상황에서 국가자본주의는 명백한 '일보전진'이라고 강조했다.

> 만일 6개월 안에 우리 공화국에 국가자본주의가 확립된다면, 이것은 대단한 성공일 것이며, 그리고 이것은 1년 안에 우리나라에서 사회주의가 영구히 확고하게 뿌리내릴 것이라는 것과 사회주의가 불패의 힘을 가지게 될 것을 확실히 보장할 것이다(Lenin 1918c: 334-335).

그러므로 국가자본주의의 건전성을 인식하지 못하는 좌익 공산주의자는 "자본주의와 사회주의를 추상적으로 비교하는 데 그침으로써 현재 우리나라에서 일어나고 있는 이행의 구체적 형태와 단계를 추적하는 데 실패하고 있다."고 레닌은 반박했다. 레닌의 이런 반박에도 불구하고 좌익 공산주의그룹을 비롯해 당시의 많은 논자들은 러시아가 "소부르주아적 분자의 지배 하에 있으며 이른바 '자본주의적 반동'이 일어날 수 있다."고 우려했다. 이런 우려에 대해 레닌은 부르주아지를 '미각성한(uncultured)' 자본가와 '각성한' 자본가로 나누어 각각에 대한 대응방식을 다음과 같이 제시했다.

> {러시아의: 필자} 구체적 조건들을 신중히 고려한다면, 우리는 두 가지 방법을 동시에 사용할 수 있으며 또한 사용해야만 한다는 것이 분명해질 것이다. 한

> 편으로 우리는 미각성한 자본가들--이들은 '국가자본주의'와 어떤 연계를 맺기를 거부하거나 어떤 형태의 타협도 고려하지 않으며, 폭리를 취하거나 농민들을 매수하는 등으로 소비에트가 채택한 조치들의 실현을 계속 저지하고 있다—을 가차없이 탄압해야 한다. 다른 한편으로 우리는 각성한 자본가들—이들은 '국가자본주의'를 지지하고 또한 이를 실천에 옮길 수 있으며, 수천만 인민에게 실제로 생산물을 공급하는 대규모 기업조직의 지식과 경험을 갖춘 관리자로서 프롤레타리아에게 유용하다—과는 타협하는 방법이나 이들을 매수하는 방법을 사용해야 한다 (Lenin 1918c: 344-345).

각성한 자본가들을 '매수'하는 방법은 특별 급료의 지급과 같은 방법을 지칭하는 것이었다. 그런데 가차없는 탄압이라는 단호함이 사회주의 건설에 필수불가결하지만, 문제는 소비에트 국가가 미각성한 자본가들을 축출할 수 있는 능력을 가지고 있는가 하는 것인데, 레닌은 이 능력이 오로지 전국적인 '회계와 통제'의 정립에 의해 확보될 수 있다고 보았다. 그리하여 레닌은 이행기 상품 · 화폐관계의 존재 의의를 인정하되 국가권력의 계급적 성격, 즉 프롤레타리아 독재에 의거해 화폐 · 가격 · 재정 · 신용 등 상품생산과 관련된 범주들을 사회주의적 개조의 축으로 활용하려고 했다. 따라서 한편으로 상품생산에 고유한 무계획성(spontaneity)과 소부르주아지의 자본주의적 축적을 제한하면서, 다른 한편으로 국가자본주의를 매개로 전국적인 회계와 통제를 실천해 점진적으로 사회주의적 관계를 조성해 나간다는 것이다.

이처럼 국가자본주의 개념은 레닌이 자본주의의 대안사회로 상정하는 사회주의로 넘어가는 이행과정에서 이론적으로나 정치적으로나 매우 전략적인 위치를 차지하고 있다. 대체로 국가자본주의는 러시아의 후진적 생산력을 극복하려고 "부르주아적 요소를 일정하게 활용하는 것"을 가리키는데, 다만 이런 활용이 이른바 '자본주의적 반동'으로 이어지지 않도록 프롤레타리아 국가가 담보하는 것으로 파악할 수 있다. 그러나 당시 좌익 공산주의자그룹은 '프롤레타리아 국가에 의한 자본주의의 지도'라는 레닌의 국가자본주의 방식이 관료주의적 집중화와 각종 인민위원들에 의한 지배 및 지방 소비에트의 독립성 상실을 야기할 것이고, 결국은 아래로부터 통제되는 코뮌형태의 국가를 무력화시킬 것이라고 비판했다. 예컨대 당시의 좌익 공산주의자그룹의 논객 중 한 사람이었던 오신스키(N. Osinsky)는 이렇게 말하고 있다.

> 우리는 기업의 우두머리들의 칙령이 아니라 근로자 자신들의 계급적 창발성에 의해 프롤레타리아 사회를 건설하는 것을 지지한다...프롤레타리아 자신이 노동의 사회주의적 조직화에 필요한 전제조건들을 창출하는 방법을 알지 못한다면, 아무도 그들을 대신해 전제조건들을 창출할 수 없으며 아무도 그들에게 강제할 수도 없다. 근로자를 향해 든 채찍이 있다면 그 채찍은 다른 사회계급의 손 안에 있거나 소비에트 권력의 손 안에 있을 것이다. 그러나 이 경우의 소비에트 권력은 프롤레타리아에 맞서 다른 계급(예컨대 소농)으로부터 지지를 얻고자 하지 않을 수 없으며 이로써 프롤레타리아 독재로서의 자신을 스스로 파괴하게 될 것이다. 사회주의와 사회주의적 조직은 프롤레타리아 자신에 의해서만 세워질 수 있을 것이다. 그렇지 않다면 그것은 결코 세워질 수 없으며, 다른 어떤 것, 즉 국가자본주의가 세워질 것이다(Bettleheim 1976: 376에서 재인용).

여기서 오신스키가 말하는 국가자본주의는 프롤레타리아 독재를 부정하는 국가자본주의, 즉 본질적으로 사회주의가 아닌 자본주의의 변종으로서의 국가자본주의다. 레닌이 국가자본주의를 '사회주의'로 가는 다리로 보는 데 반해 오신스키는 국가자본주의를 '자본주의적 반동'으로 가는 다리로 보고 있는 것이다. 이들 좌익 공산주의자들에 대한 레닌의 반론은 현 단계의 과제가 사회주의의 건설이 아닌 생산력의 정비라는 점이었고, 경제기반을 재정비하기 위해 부르주아 전문가의 고용 등을 통해 자본주의적 경제발전의 성과를 이용해야만 한다는 것이었다. 따라서 레닌은 좌익 공산주의자들이 "이행의 구체적 단계와 형태를 추적하는 데 실패했다."고 반박했다.

레닌의 반박처럼 좌익 공산주의자그룹은 당시 러시아의 객관적인 경제수준을 충분히 인식하지 못했다는 점에서 관념적 급진주의에 빠져 있었다고 말할 수 있을 것이다. 그러나 다른 한편으로 레닌의 논리에는 이른바 '노동자 국가'에 대한 선험적 신봉 같은 것이 과도했던 것으로 보인다. '노동자 국가'에 대한 이런 신봉은 전시공산주의를 거치면서 오히려 더 굳어진 것으로 보인다.

3. '전시공산주의'에 대한 평가

10월 혁명 직후부터 소비에트정부에 대한 연합군의 간섭은 1918년 5월 말 체코슬로바키아 군단의 무장해제 문제와 관련해 대규모의 내전으로 비화했다. 이 때문에 '사회주의 경제건설' 계획은 중단되고, "모든 것을 전선으로, 모든 것을 승리를 위해"라는 슬로건 하에 중소공업 전반에까지도 국유화와 국가통제가 실시되었다. 내전이 끝난 1921년 레닌은 이 시기의 전반적인 국유화와 통제가 이례적인 임시방편이었다고 평가했다.

> 우리를 전시공산주의(War Communism)로 몰아넣은 것은 전쟁과 피폐였다. 전시공산주의는 프롤레타리아의 경제적 과제에 상응하는 정책이 아니었으며 정책이 될 수도 없었다. 그것은 일시적 방편이었다(Lenin 1921b: 343).

그러나 이런 국유화와 국가통제는 단순한 전시 비상조치가 아니었으며 10월 혁명 초기 국유화 확대원칙의 연장선 위에서 이해해야 한다는 견해도 있다. 예컨대 1919년 3월 제8차 당 대회의 제2차 당 강령[7]은

7) 제1차 당 강령은 1903년 러시아사회민주노동당 제2차 대회에서, 그리고 본문의 제2차 당 강령에 이은 제3차 당 강령(이른바 흐루시초프 강령)은 1961년 소련공산당 제22차 당 대회에서 각각 채택되었다. 그리고 1986년 제27차 당 대회

경제분야의 과제로서 생산수단과 유통수단의 전인민적 소유로의 전환, 단일한 전국적 계획에 근거한 국가경제생활의 통합을 규정하고 있다. 이 제8차 당대회에서 레닌은 구체적인 조치로서 상업을 전국적 규모의 계획적이고 조직적인 생산물 분배로 바꾸어 나갈 것, 전주민을 소비자 코뮌의 단일 조직으로 연결시킬 것, 화폐의 폐지를 준비하면서 장차 국가재정의 기초를 조세수입으로부터 각종 전매사업의 수익으로 대체해 나갈 것 등을 제시하고 있었다. 또한 개정된 제2차 당 강령을 해설하기 위해 부하린과 프레오브라젠스키 등 당의 두 이론가에 의해 공동 집필된 이 시기의 대표적 이론서인 『공산주의의 ABC』(1919) 역시 공업에서 농업에 이르는 철저한 생산의 조직화를 강조하고 재정에 대해서도 과세나 지폐발행이 아닌 생산의 국가적 독점에서 안정된 예산원천을 구해야 한다고 주장하고 있다(Bukharin and Preobrazhensky 1919: 294이하, 340, 258이하). 이후 농업분야에서도 국영농장(소포즈)의 설립과 농업코뮌의 조직 등이 재정비되고 다른 한편으로는 소규모 개인농업의 존속을 배려해 농기구 임대소의 설치 등이 강구되기도 한다.

이 시기 제2차 당 강령은 노동생산성을 향상시키기 위한 조치로서 노동자들 사이의 동지적 규율, 부르주아 전문가의 활용[8] 등을 규정하고 있는데, 이는 모두 레닌이 '이행기적 조치' 로서 이전 시기부터 나중의 신경제정책(New Economic Policy, 1921-1929)에 이르기까지 '좌익 그룹' 의 비난 속에서도 일관되게 강조해 온 내용들이었다.

또한 경제상태가 호전되기 시작한 1920년 들어서 이행의 전망도 오히려 전시보다 더 급진적으로 되어가고 있었다. 레닌은 이 시기의 대표

에서 이른바 페레스트로이카(개혁)를 지향하는 제3차 강령의 수정판이 채택된 바 있다.

8) 이에 따라 전술한 단독책임제와 관련해 이전의 공장지배인을 재고용했다. 특히 이 시기에는 적군(Red Army)을 지휘하기 위해 제정 러시아시대의 장교가 재등용되었다. 후자의 조치는 당시 트로츠키 군사인민위원의 군사개혁조치 중 하나였는데, 좌익 공산주의자가 중심이 된 이른바 '군사반대파' 의 격렬한 반대에도 불구하고 레닌의 지지를 받아 실행되었다. 김윤자(1989: 58).

적 저작인 '좌익 공산주의의 소아병'(1920)에서 소생산의 의미를 자본주의 발생으로 이어지는 맹아이며 바로 이 점에 프롤레타리아 독재의 필연성이 존재한다고 강조하면서 프롤레타리아의 '철의 규율'과 함께 절대적인 집중화를 강조하고 있다. 이 시기 군사적인 승리에 고무된 볼셰비키 지도부는 사회주의 건설의 장애를 극복할 수 있는 힘의 원천이 소비에트체제 그 자체에 있다고 신봉하면서 1920년 2월 국민경제 계획화의 모체라고 할 수 있는 '러시아전화(電化)국가위원회(Goelro)'를 설립해 야심적인 10개년 전화계획을 수립한다. 레닌에 따르면, "공산주의란 소비에트권력 더하기 전국의 전화다"(Lenin 1920: 293).

당시 이 계획은 전화계획(electrification)이 아니라 전화망상(electrifiction)이라고 국내외의 비웃음을 샀는데, 그럼에도 불구하고 레닌은 고엘로(Goelro)의 책임자 크르지자노프스키 등 모든 임원진을 엔지니어 출신으로 구성해 총 150만 KW의 발전능력을 갖춘 30개소의 발전소를 향후 10-15년 안에 건설한다는 계획을 세웠다.[9] 고엘로는 1921년 2월 더욱 포괄적인 계획기구인 고스플란(Gosplan, 국가계획위원회)으로 통합되었다.

전시공산주의 시기의 다분히 급진적인 '환상'에 대해 후일 레닌은 1921년 10월 모스크바 지구당 제7차 대회의 보고에서 스스로 이렇게 비판하고 있다. "우리는 곧바로(directly) 공산주의적 생산 및 분배로 넘어가고자 하는 실수를 범했다"(Lenin 1921d: 62).

전시공산주의 시기의 이런 관념적 급진성은 레닌을 비롯한 볼셰비키 지도부 안에 이전 단계부터 존재한 이론적 동향과 무관하지 않은 것으로 보인다. 레닌의 국가자본주의 개념에 나타난 프롤레타리아 국가에 대한 과도한 신봉이 일종의 국가물신주의(state fetishism)로서 전시

9) 실제로 이 계획은 그 뒤 10년 이내에 달성되었다고 한다(돕 1948: 339). 그러나 소련의 발전(發電) 능력은 양차에 걸친 5개년 계획이 마무리되는 1937년까지도 영국과 독일의 1/3 수준, 미국의 1/5 수준에 머물러 있었다(돕 1948: 290).

공산주의의 급진성에 투영된 것으로 보이기 때문이다. 이런 급진성은 농민문제에서도 일정하게 드러난다. 내전이 확대되던 1918년 6월 레닌과 볼셰비키 지도부는 농촌소비에트와는 별도로 빈농위원회를 설치했는데 그 구성원은 "임금노동자를 고용하지 않으며 잉여곡물을 보유하지 못한 농민"으로 국한했다. 이것은 프롤레타리아의 동맹세력으로서의 농민을 빈농과 농업노동자에 국한한다는 당시의 노농동맹원칙에 따른 것이었다. 빈농위원회는 농촌지역의 정책기구로서 특히 부농(富農)의 잉여곡물을 압수하는 데 동원되었고 그 일부를 빈농이 차지할 수 있었다. 그러나 실제에는 부농과 중농(中農)을 구별하지 않고 무차별한 징발이 자행됨으로써 중농이 돌아서서 반(反)혁명군을 지지하는 일이 적지 않았다. 그러자 1919년 3월의 제8차 당 대회에서 레닌은 중농을 '동요하는 계급'으로 지적하고 "이들에게 강제나 폭력을 사용하는 것만큼 어리석은 일은 없을 것"이라고 경고했다(Lenin 1921d: 144-145). 이에 따라 동 대회는 "중농의 요구에 주의를 기울여 그들에게 양보하고 점진적 · 계획적으로 그들을 사회주의 건설에 끌어들인다."고 결의했다 (Lenin 1921d: 154-156). 이의 연장선 위에서 레닌은 식량이 없으면 근대사회와 노동자를 부양할 수 없다는 것을 지적하면서, "노동자와 농민의 권력인 소비에트권력은 노동자계급의 독재가 현실에서 의미하는 것이다."고 정의하고 있다(Lenin 1919a: 222).

그러나 문제는 이런 결의와 보고들이 실제로는 제대로 지켜지지 않았다는 점이다. 농촌지역에서 볼셰비키의 취약성, 전쟁에 따른 강제징발의 확대, 그리고 당과 관료적 기구의 활동을 대중활동과 동일시하는 경향 등은 이런 결의를 무력화하고 있었던 것이다.

4. 신경제정책과 후기 레닌의 이행이론

제1차 세계대전으로부터 내전에 걸친 7년여의 전쟁이 끝났을 때 러시아의 생산력 기반은 크게 파괴되어 농업생산은 전쟁 전 수준의 67%, 공업은 13.8%로 감소되어 있었다. 특히 철강은 주요 생산지인 남부가 전장화함으로써 조강(crude steel)의 경우 전쟁 이전 수준의 1.8%로 생산이 격감해 당시 미국의 1/200에도 미치지 못했다. 내전이 끝난 1921년 봄에는 정정(政情)도 불안해 노동자 · 농민 · 군인들의 소요가 잇달았다.[10)]

이런 상황 속에서 레닌은 러시아의 사회주의적 이행의 조건으로서, 대외적으로는 선진국에서 사회주의혁명을,[11)] 대내적으로는 전시공산주의 시기의 전시정책으로 소홀해진 노농동맹의 새로운 강화를 꼽았다(Lenin 1921a: 215). 그리고 이를 구체적으로 실행하기 위해 전시의 식량 징발제도를 현물세(Tax in Kind)로 바꾸고 자본가들에게 기업을 임대하며 일정한 상업행위를 허용하는 것을 골자로 하는 신경제정책(NEP, New Economic Policy)을 도입하게 된다. 아울러 레닌은 그간 "혁명의 열정에 들떴던 조급한 이행론"을 스스로 비판하면서 이행의 구체적 단계를 이렇게 정리하고 있다.

> 우리는 소농(小農)의 나라에서 프롤레타리아 국가가 지시하는 대로 곧바로 공산주의적 노선을 따라 국가적 생산과 생산물의 국가적 분배를 조직할 수 있다고 기대했다. 또는 적절한 고려도 하지 않은 채 그렇게 할 수 있다고 가정했다고 말하는 편이 더 옳을 것이다. 경험은 우리가 잘못을 범한 것을 보여주었다. 공산주의로 이행하는 것을—몇 년에 걸친 노력을 통해--준비하기 위해서는 다수의 과도적 단계(transitional stages)—국가자본주의와 사회주의—가 필요했다는 것이 드러난 것이다(Lenin 1921c: 58).

10) 신경제정책의 도입배경에 대해서는 김윤자(1989: 64이하)를 참조하라.

11) 레닌을 비롯한 볼셰비키 지도부는 10월 혁명 이전부터도 러시아의 사회주의 혁명을 세계혁명의 일환으로서, 곧 촉발될 선진국 혁명의 전초(前哨)로서 이해했고 따라서 선진국의 사회주의 혁명에 대한 기대는 1920년 초반까지도 계속되었다. 이런 기대는 1919년 이후 서유럽에서 혁명이 잇달아 실패하자, 특히 1923~1924년 독일 함부르크 봉기가 실패하자 크게 줄어들었다.

10월 혁명 전 레닌은 『국가와 혁명』(1917)에서 사회주의를 마르크스의 공산주의 제1단계에 해당한다고 동일시한 바 있으나 그 뒤의 저작에서는 이런 동일시는 더 이상 나타나지 않는다. 오히려 사회주의를 과도기로 보고 그 과도기적 내용과 성격에 대해 언급하고 있다. 특히 레닌은 러시아에서 농민문제 및 그와 연관된 자본주의적 생산의 문제가 오래 계속될 것임(protractedness)을 강조하고 이를 감안해 이행의 속도를 매우 신중하게 고려해야 할 것을 지적했다. 레닌은 1922년 4월 제11차 당 대회의 폐막연설에서 이 점을 다음과 같이 강조하고 있다.

> 이 문제(농민문제: 필자)는 오로지 매우 천천히 신중하게 사무적인 방식에 따라(in a business-like way), 또한 한걸음 나갈 때마다 실천에서 무수한 시험을 거쳐야만 해결될 수 있다. 우리 당 안에서 이런 극도의 점진적이고 극도로 신중한 전진에 반대하는 목소리가 생긴다면, 그런 목소리는 고립시켜야 할 것이다(Lenin 1922: 326).

이 시기 레닌은 자본주의적 요소의 증대가 프롤레타리아 독재를 붕괴시킬지도 모른다는 우려보다는 심각한 경제상황, 즉 7년여의 전쟁에 따른 생산력 기반의 파괴가 소비에트정부의 존립에 더 큰 위협이라고 파악했던 것으로 보인다. 그는 이 과도기의 생산력 기반을 수습하고 이를 새로운 사회건설의 물질적 토대로 삼을 수 있는 일종의 근거 개념으로서 다시금 국가자본주의를 제시하고 있다.

> 프레오브라젠스키는 "국가자본주의는 자본주의다. 그리고 이것이 국가자본주의가 해석될 수 있는, 그리고 해석되어야 할 유일한 방법이다."고 말했다. 나는 이런 이야기는 순전히 스콜라주의(scholasticism)라고 말하고 싶다…지금까지 나온 국가자본주의에 관한 책들의 거의 대부분은 국가자본주의가 자본주의였던 상황과 조건 속에서 쓰였다. 지금은 사정이 다르다…(러시아의: 필자) 국가자본주의는 전혀 예상 밖의, 결코 예견하지 못한 자본주의 형태다. 프롤레타리

> 아가 최저발전국의 하나에서 권력을 장악하리라고 아무도 예견할 수 없었기 때문이고, 또한 프롤레타리아가 처음에는 농민을 위해 대규모의 생산과 분배를 조직하려고 노력하다가, 나중에 낮은 문화수준 때문에 그 과제를 감당할 수 없음을 알고 자본주의의 이점을 동원하려고 노력하리라고는 아무도 예견할 수 없었기 때문이다 (Lenin 1922: 310-311).

여기서 레닌의 국가자본주의는 그 이행기적 특성으로서 소비에트정부의 프롤레타리아 독재와 자본주의적 요소 사이의 상호작용과 혼합성을 지니고 있는 것처럼 보인다. 레닌이 10월 혁명 뒤 위로부터의 국유화와 아래로부터의 노동자통제를 통해 생산을 조직하고자 했던 것, 즉 회계와 통제를 추구했던 것도 이와 동일한 맥락에서 파악할 수 있을 것이다. 그러나 내전이 확대되면서, 국가자본주의의 이런 이행기적 혼합성은 점차 국가소유와 국가적 조직화로 수렴되어가고, 국가자본주의는 단순히 소비에트정부가 자본주의적 요소를 활용하는 실용주의적 정책으로 정착되어 갔다. 레닌은 신경제정책의 도입과 함께 국가자본주의의 이런 전략적 고리를 다시 사회주의 이행과 연결짓고자 했지만, 1924년 그의 사망 이후 이행은 점차 국가소유와 전국적 조직화의 확대로 나아가게 되었다.

소련의 정치경제학 교과서들은 국가자본주의를 일반적으로 "자본주의적 경제형태에 국가가 참여하는 것"이라고 정의하고 "국가자본주의의 본질은 그 국가의 계급적 성격에 의해 규정된다"고 정리한다 (Volkov ed. 1985: 337). 이에 따르면 제국주의 나라의 국가자본주의는 국가독점자본주의의 형태를 취하며, 자본주의로부터 사회주의로 이행하는 시기에 존재하는 국가자본주의는 "사회주의적 토대 위에서 생산의 사회화를 준비하기 위해 자본주의적 기업의 활동을 프롤레타리아 독재에 복속시키는 특별한 방법(a special way)"이다(Volkov ed. 1985: 338). 또 다른 교과서는 국가자본주의의 특징을 그 소유관계의 독특함으로 설명한다.

> 그것(국가자본주의: 필자)은 프롤레타리아 독재 국가의 참여와 통제 하에 국가적 소유(정부소유)와 사적 자본주의적 소유를 결합하는 것이다. 이 국가자본주의적 분야[12]는 부르주아지의 기술적 노하우, 자본, 경영 경험을 사회주의 건설에 이용할 수 있게 하며, 대규모 산업의 발전을 장려하고, 노동자계급에게 필요한 경제적 경영의 솜씨(skill)를 배울 기회를 제공한다…국가자본주의적 분야는 주로 국가가 자본가에게 제공하는 이권과 임대, 국가와 자본가가 공동경영하는 혼합기업, 국가의 의뢰에 의한 위탁상업 등으로 구성된다(Kozlov ed. 1977: 28-32).

이처럼 전략적 고리로서의 국가자본주의에서 국가의 영역은 비대해지고 대중들이 참여할 정치적 · 경제적 영역은 위축되면서 그 뒤 "사회주의 건설"은 국가와 당 관료 기구의 상대적 비대화로 진행되어 갔다.

레닌을 비롯한 볼셰비키 지도부는 2월 혁명 직후 당시 확산되고 있던 공장위원회 운동을 지지했지만, 10월 혁명 이후에는 공장위원회를 노동조합에 배속시키고 레닌이 죽은 1924년 이후에는 다시 노동조합을 당에 복속시켰다. 1920년대 말부터는 공업계획화와 농업집단화가 전개되면서 노동자 관리위원회가 해체되고 노동자의 파업권은 부정된다. 다른 한편으로 일당제도가 정착되고 인민대의원대회 · 각료회의 등 새로운 국가기구들이 정비된다.

---

12) 코즐로프는 자본주의에서 사회주의로 이행하는 시기에는 사회주의적 분야, 사적 자본주의적 분야, 소상품생산 분야, 국가자본주의적 분야가 혼합되어 있다고 말한다(Kozlov ed. 1977: 29-32).

시장사회주의론 3

강 신 욱

1. 서 론

자본주의의 역사상 20세기 말에서 금세기 초에 이르는 기간만큼 시장의 힘이 절대적이었던 시기는 없을 것이다. 먼저 현실의 공간에서 시장의 영역이 확대되었는데, 시장에서 생활에 필요한 물자를 사서 쓰는 인구가 늘었으며 시장을 통해 거래되는 상품의 종류와 양 역시 상상할 수 없을 정도로 증가했다. 국경을 넘어선 거래의 크기도 확대되었다. 다음으로 인간의 사고와 질서를 지배하는 담론의 영역에서도 시장의 힘은 확대되었다. 규제의 완화, 상품과 자본 및 노동인력의 자유로운 이동, 공공재와 사회적 서비스 공급을 위한 국가의 기능 축소를 주장하는 목소리가 힘을 얻고 있으며 그밖의 각종 경제문제에 대해서도 시장주의적 접근은 이론의 여지가 없는 모범답안으로 간주되고 있다.

시장의 확대와 시장중심주의 담론의 확산을 초래한 현실적 배경에는 1990년을 전후한 사회주의 체제의 붕괴와 자본주의로의 전환이 놓여 있다. 1917년 러시아 혁명 이후 70여년간 사회주의 경제체제는 어떤 의미에서든 자본주의 경제체제에 대한 분명한 하나의 대안이었다. 그러나 사회주의권이 붕괴하자 자본주의가 아닌 다른 대안에 대해 이야기하는 것 자체가 어리석은 일이라는 생각이 팽배하게 되었다. 사회주의 경제 70년의 실패가 보여주는 바가 있는데, 더 이상 말할 필요가 어디 있겠냐는 것이다. 그러나 다른 한편으로 현실 사회주의의 붕괴 이후 다른 유형의 사회주의에 대한 이론적 논의가 활발해진 것도 사실이다.[1] 이런 역설적 경향은 특히 마르크스주의 경제학계에서 나타났는데, 소련의 존재가 갖고 있던 현실적 · 이론적 무게에 눌려 있던 마르크스주의 경제학자들에게 사회주의에 대해 훨씬 자유롭고 객관적으로 평가할 기회가 주어진 데에서 그 이유를 찾을 수 있을 것이다.[2] 이들의 평가는 사회주의의 역사가 실패로 귀결되었다고 규정한다는 점에서는 주류 경제학의 입장과 마찬가지나, 그 실패의 원인이 사회주의 자체에 있는 것이 아니라 '잘못된' 사회주의였다는 점에 있다고 보고 그 잘못을 극복하기 위한 새로운 대안적 모형을 모색한다는 점에서 근본적인 차이가 있다.

자본주의가 아닌, 그렇다고 소련식의 사회주의도 아닌 대안적 체제를 모색하려는 움직임은 크게 두 부류로 구분될 수 있다. 하나는 사회주의 계획경제에서 '계획'이 초래한 문제점을 비판하면서 그 대신 '시장'을 통해 문제를 해결할 수 있다는 생각, 즉 시장사회주의론이다. 다른 하나는 계획 자체에 문제가 있었다기보다 그것이 현실에서 이루어진 방식에 문제가 있었다는 생각, 따라서 관료주의의 폐해를 막고 참여를 통해 경제 각 부문에 대한 민주적 통제를 복원한다면 진정한 사회주의 계획경제를 구현할 수 있다는 시각이다. 이 글은 이 가운데 첫 번째 경향에 대해 검토하는 것을 목적으로 한다.[3] 시장사회주의론을 검토하

1) 그리피스에 따르면 '시장사회주의'란 용어가 제목이나 주제 · 초록에 포함된 학술논문은 1970년대 말에서 1980년대 초반에는 거의 전무하다가 1990년대 후반에 급증했다(Griffiths 2006: 38).

2) 물론 소련의 붕괴 이전에도 소련의 경제체제에 대한 비판의 목소리가 없었던 것은 아니다. 좌파 안에서도 소련의 경제체제를 국가사회주의로 상대화하려는 시각이 다수 존재했으며, 관료적 집산주의, 나아가 (사회주의가 아닌) 국가자본주의라고 비판하는 시각도 여전히 존재한다. 소련의 사회성격에 대한 다양한 규정에 대해서는 정성진(2006ㄴ:173)을 참조할 것.

3) 두 번째 입장을 취하는 다양한 논의들에 대해서는 이 책의 제12장 정성진의 글을 참조할 것.

는 이유는 그것이 참여를 통한 민주적 계획경제의 복원을 주장하는 이론에 비해 이론적으로 더 설득력이 있거나 더 현실성 있는 전략이기 때문은 아니다. 시장사회주의론의 발전과정은 시장이 갖고 있는 장·단점에 대한 이해를 풍부하게 해 온 과정이며, 이런 이론적 점검은 새로운 대안체제론의 구상에 필수적이라고 생각하기 때문이다. 시장사회주의론에 대한 검토는 사회주의의 붕괴에 대한 이해뿐 아니라 현재의 담론을 지배하고 있는 시장중심주의에 대한 비판을 위해서도 필요한 작업일 것이다. 시장의 장점은 무엇인가, 그런 장점은 반드시 시장을 통해서만 확보되는 것인가, 시장은 다양한 소유형태와 잘 접목될 수 있을 것인가 등의 문제는 굳이 사회주의가 아니라 오늘날 우리가 사는 경제질서를 이해하는 데에도 도움이 될 것이다.

이 글은 다음과 같은 내용으로 구성된다. 먼저 2절에서는 시장사회주의란 무엇을 의미하는지 간단히 소개한 뒤, 시장사회주의론의 전개과정을 살펴본다. 시장사회주의론의 전개과정에서 가장 중요한 부분은 1920년대에서 1940년대에 걸쳐 이루어진 사회주의 계산논쟁이라고 할 수 있는데, 이 부분을 살펴보기에 앞서 그 전사(前史)를 이루는 소련의 논쟁을 먼저 간단히 돌아볼 것이다. 또한 사회주의 계산논쟁에 대해 살펴본 이후에는 실제 유고와 헝가리에서 시도되었던 시장사회주의 모형을 검토하고 이 현실의 실험과정에서 제기된 이론적 문제점들을 짚어볼 것이다. 다음으로 사회주의 붕괴 이후에 제시되고 있는 주요 시장사회주의 모형을 소개한 뒤, 마지막으로 시장사회주의론이 지니는 이론적 문제점에 대해 정리할 것이다.

2. 시장사회주의의 의미와 시장사회주의론의 이론적 과제

경제체제는 소유양식과 조정양식이라는 두 가지 요소로 구성된다. 소유양식이란 그 사회의 주요 생산수단(예컨대 봉건사회에서는 토지, 자본주의 사회에서는 자본)에 대한 소유권이 배분되는 방법을 의미하는데, 이때 가장 핵심적인 문제는 생산수단에 대한 사적인 소유(private ownership)가 허용되는가 하는 것이다. 자본에 대한 사적 소유가 허용되는 것이 자본주의며, 허용되지 않거나 매우 제한적인 소유만 허용되는 것이 사회주의다. 사회주의 사회에서 생산수단은 공적 소유(public ownership) 또는 집단적 소유(collective ownership)의 대상이 된다.[4] 한편 조정양식이란 사회의 각 부문에서 생산한 물자(그것이 자본재이건 소비재이건 노동력과 같은 생산요소이건)를 그것을 필요로 하는 부문에게 돌아가도록 해주는 방식을 말한다. 시장이란 이런 자원의 배분이 각 경제주체들의 자발적인 교환에 의해 이루어지도록 하는 경제체제이고, 계획경제란 국가기구(중앙 계획당국)가 이 배분기능을 직접 수행하는 경제체제다.

따라서 시장사회주의란 생산수단이 공적 또는 집단적으로 소유되고 자원의 배분은 시장의 규칙에 따라 이루어지는 경제체제를 의미한다 (Brus 1987: 337). 즉 자원의 배분장치로 시장을 활용하되(시장), 생산수단의 사적 소유는 허용하지 않는 (사회주의) 경제체제인 것이다.

소련과 동구 경제체제의 붕괴 이전까지 20세기의 역사를 돌이켜 볼 때 자본주의 시장경제와 사회주의 계획경제가 경제체제의 주요 진영을 형성했던 것을 감안한다면, 시장사회주의는 양측으로부터 비판을 받지 않을 수 없었다. 시장사회주의론은 자본주의 시장경제의 신봉자들로부터 사적 소유가 없는 한 시장이 성공할 수 없다는 비판을 받았다. 사유재산제가 허용되지 않고 공적소유제가 유지되는 한 국가에 의한 통제

4) 로머(Roemer 1994)는 공적 소유(public ownership)를 공동소유(common ownership)와 구분한다. 공적 소유란 사물의 사용에 대한 결정권한을 공동체가 가지는 것이다. 반면 공동소유는 한 사회의 모든 개인들이 자원에 자유롭게 접근해 사용할 수 있는 소유제도를 말한다. 미시경제학에서 등장하는 공유지의 비극(tragedy of commons)문제는 자원의 사용에 대한 통제가 없는 상태에서 발생하는 것으로 공적 소유보다는 공동소유의 경우에 해당되는 문제라고 보아야 할 것이다. 이 글에서 공유라고 할 때에는 공적 소유를 지칭하는 것으로 한다.

가 어느 정도는 남아있을 수밖에 없는데, 국가의 부분적 통제가 남아있는 한 시장은 제대로 작동하지 못한다는 것이다. 또한 시장이 작동한다 하더라도 시장 경쟁에서 획득한 성과물이 자기 것이 되지 않는다면 누가 경쟁에서 이기려고 열심히 일하겠느냐는 것이 이런 비판에 깔려 있는 기본적 인식이었다. 이런 비판에 대해 시장사회주의론자들은 시장이 자원의 효율적 배분을 달성하도록 하는데 반드시 사유제가 필요한 것은 아니라는 사실을 논증해야 했는데, 그러한 논증이 성공했는지 여부에 대해서는 이 글에서는 다루지 않을 것이다.

한편 사회주의 계획경제의 지지자들로부터는 시장이 존재하는 한 사회주의는 사회주의일 수 없다는 비판이 이어졌다. 시장은 자원의 낭비와 경제적 불평등을 초래할 것이고, 부와 사회적 영향력이 소수의 손에 집중된다면 사회주의적 소유관계마저 위협받을 것이라는 것이 사회주의자들의 전통적 사고방식이었다. 좌파의 공격은 시장사회주의가 사회주의에 대해 마르크스가 본래 갖고 있던 생각과 일치하지 않는다는 인식에서 비롯된 바 크다. 『철학의 빈곤』(1847)에서부터 『정치경제학비판 요강』(1857)에 이르기까지 마르크스는 시장을 온존시킨 채 임노동과 자본의 관계를 없애려는 프루동주의자들을 줄곧 비판했는데, 노동시장의 철폐 없이 자본주의적 관계가 사라지기를 기대할 수 없다는 것이 마르크스의 생각이었다. 마르크스는 사회주의 사회에서는 상품 · 가치 · 화폐도 없을 뿐 아니라 결과적으로 가격과 임금도 사라질 것이라는 견해를 갖고 있었고, 엥겔스 역시 『유토피아에서 과학으로의 사회주의의 발전』에서 "사회가 생산수단을 소유하게 되면 상품생산은 사라져 버릴 것"이라고 했다(노브 1991: 52).

마르크스는 적어도 두 가지 측면에서 시장이 부정적 기능을 초래할 것이라고 생각했다. 첫째, 마르크스는 상품의 생산이 사람들 사이의 불평등을 심화시킬 것이라고 보았다. 그는 『자본론』의 시초축적에 관한 장에서 상품생산이 불평등을 심화시키는 내재적인 경향을 갖고 있음을 분명히 지적했다. 둘째, 마르크스는 시장이 본질적으로 불안정한 제도라고 생각했다. 모든 생산이 개인 또는 개별 기업의 결정에 따라 이루어지고 어떤 사회적 사전조정도 이루어지지 않는 한 시장은 불안정할 수밖에 없으며, 자본주의가 주기적 공황을 경험하게 되는 것도 이 때문이라는 것이다. 그런데 마르크스의 이런 통찰이 지극히 타당한 것이라 할지라도, 시장사회주의론자들은 이것을 시장사회주의가 원천적으로 성립불가능하다는 판정으로 받아들이지 않는다. 오히려 그들은 시장을 이용하되 마르크스가 우려한 문제를 성공적으로 극복하거나 효과적으로 통제할 수 있다면 사회주의를 훨씬 더 효율적인 체제로 만들 수 있다고 생각한다. 그 구체적 방법은 무엇인가? 그리고 그런 방법이 사회주의의 핵심적 가치와 상충되지 않을 것인가? 이런 점들을 논리적으로 입증해야 하는 것이 시장사회주의론의 당면 과제였다.

3. 시장의 도입을 둘러싼 소련의 논쟁

사회주의에서 시장의 존재는 단순히 이론적 모형에 국한된 문제만은 아니었다. 사회주의 계획경제 하에서도 정도의 차이는 있었지만 시장은 항상 존재했다. 또한 오늘날의 대표적 사회주의 나라인 중국의 경제체제도 시장사회주의로 규정된다. 다만 사회주의에서 시장의 도입이 한시적인가 아니면 영속적인가, 부분적 도입에 국한되어야 하는가 전면적 도입이 가능한가 하는 점들이 문제가 되었다. 이 문제를 둘러싼 논쟁을 이해하기 위해서는 소련 경제의 초기 역사를 간단하게 언급할 필요가 있다.

1917년 러시아혁명으로 집권한 볼셰비키는 대토지의 사적 소유를 폐지하고 토지를 농민에게 분배하는 조치를 단행했다. 또한 사기업이 노동자의 통제 하에서 생산활동을 수행하도록 했다. 그렇지만 시장이 당장 전면적으로 폐지되지는 않았으며 당시에는 그러한 조치가 자연스러운 현상으로 받아들여졌다. 이런 사정은 내전의 심화와 함께 급변한다. 내전으로 생긴 수요를 충족하기 위해 정부는 자원배분에 관한 결정을 중앙의 통제 하에 두고 곡물의 징발과 식량의 배급, 공업의 국유화 같은 조치들을 단행했는데, 이 시기(1918-1921년)의 소련 경제체제를 전시공산주의(war communism)라고 한다. 전시공산주의 시기에 소련의 공업과 농업의 생산량은 크게 감소했다. 곡물의 징발에 대해 당연히 농민들은 격렬하게 저항했고, 심한 기근이 발생하면서 이런 반발은 더욱 심해졌다. 내전에서 볼셰비키가 군사적으로 승리함에 따라 1921년부터 1923년 사이에는 전시공산주의 시기와 정반대의 새로운 경제질서, 이른바 신경제정책(New Economic Policy, NEP)이 도입되었다. 곡물 징발은 폐지되고 농민에 대한 과세가 경감되었다. 또한 사적 생산물의 거래가 어느 정도 허용되는 등 자본주의적 요소가 과감하게 도입되었다.

시장의 도입을 둘러싸고 소련 내부에서 격렬한 논쟁이 전개되었는데, 핵심적 쟁점은 시장이 사회주의에 대해 또는 계획에 대해 본질적으로 적대적인가 하는 것이었다. 다시 말해 시장은 사유재산제와 함께 한 묶음으로 폐지되어야 할 제도인가, 아니면 소유제와 조정 메커니즘은 독립적인 것이므로 사회주의에서도 시장은 존재할 수 있는가 하는 것이 문제였다. 트로츠키나 프레오브라젠스키와 같은 좌파들은 시장과 계획(당시에는 이것이 사회주의의 본질로 간주되었다)은 상충적이며, 이 둘 사이의 상충은 어느 하나가 다른 하나를 완전히 대체함으로써 종식된다고 보았다. 반면 부하린과 스탈린은 시장과 계획이 서로 공존 · 공생할 수 있는 것으로 보았다.[5)]

부하린은 부르주아 국가를 타도한 것만으로도 사적 부문과의 경쟁

5) 물론 스탈린은 1929년 이후 집산화를 추진하면서 시장에 대한 적대적 태도로 돌아섰고, 부하린 역시 나중에는 사회주의에서 가치법칙은 폐지되어야 한다고 주장했다. 그렇지만 부하린의 경우 시장과 계획의 공존가능성을 주장하면서 양자의 상충성을 주장하는 좌익반대파들과 맞섰다는 점에서 시장사회주의론의 아버지로 간주되기도 한다. 고르바쵸프가 자신의 개혁을 정당화하기 위해 부하린을 복권시킨 것도 이런 맥락에서였다(Ticktin 1998:56).

에서 사회주의적 공업의 우위가 보장되었다고 주장하면서, 이 상태에서 시장은 국가가 장악한 생산부문과 사적 생산자 사이에 평등한 교환이 이루어지도록 해주는 도구라고 보았다. 반면 프레오브라젠스키는 시장관계가 확대되면서 농촌에서 사회적 분화가 진전될 것이고 결과적으로 사회적 갈등이 높아질 것이라고 예견했다. 시장이 도입되고 농산물 가격이 상승하면 부농과 빈농 사이의 격차가 확대되고 비싼 농산물 가격이 노동자의 생활수준 향상에 압박 요인으로 작용함에 따라 부농과 노동자 사이의 이해가 대립될 것으로 보았던 것이다.

이런 이견의 이면에는 가치법칙의 역사적 성격에 대한 인식의 차이가 놓여 있다. 부하린은 가치법칙이 본질상 보편적 법칙이라고 믿고 있었다. 자본주의 사회에서 사회주의 사회로 이행함에 따라 단지 그 형태만 바뀔 뿐이라는 것이다. 반면 프레오브라젠스키는 가치법칙이란 노동시장과 자본시장의 존재와 분리해 생각할 수 없는 것이라고 보았다. 즉 가치법칙은 노동력의 상품화 및 자본가간의 경쟁을 전제로 하는 것이고 가치법칙을 지속시킨다면 필연적으로 자본주의적 관계가 재생산될 것으로 보았던 것이다(사마리 1988).

소련 내부의 논쟁에서 시장이 필연적으로 자본주의적 관계를 재생시킬 것인가 하는 점이 주요 쟁점이었다면, 소련 밖의 논쟁에서는 반대로 공적 소유가 시장의 정상적 기능을 방해할 것인지 여부가 쟁점이었다. 후자의 쟁점을 둘러싼 비판과 반비판은 이후 시장의 본질과 기능에 대한 풍부한 논의를 탄생시켰는데, 그 가운데 대표적인 논의가 이른바 사회주의 계산논쟁이다.

4. 사회주의 계산논쟁

사회주의 계산논쟁이란 1920년부터 1940년대까지 사회주의에서 시장의 성립가능성을 둘러싸고 벌어졌던 논쟁을 말한다. 이 논쟁의 대립구도를 형성한 주요 인물은 미제스(L. von Mises)와 하이에크(F. Hayek) 등 오스트리아학파 경제학자들과, 랑게(O. Lange), 디킨슨(H. D. Dickinson), 러너(A. Lerner)등 신고전학파적 분석기법에 익숙한 영미권의 사회주의 경제학자들이다.[6] 이 논쟁의 과정에서 시장의 본질적 특징을 이해하는 데 중요한 다양한 쟁점들이 제기되었고, 그 이론적 유산들은 이후의 시장사회주의 모형에 적지 않은 영향을 미쳤다.[7]

이 논쟁의 시작은 미제스(von Mises 1920)로 거슬러 올라간다. 미제스는 사유재산제가 존재하지 않고 모든 재화에 대한 시장이 존재하지 않는 사회주의(당시 소련에서 농산물 등 일부 소비재에 대한 시장이 존재했으나 자본재에 대한 시장은 존재하지 않았다)에서 경제 계산은 어려울 뿐 아니라 불가능하다고 주장했다. 그는 사회주의가 두 가지 원리, 즉 물질적 수단에 대한 집단적 소유의 원리와 생산물들의 이용에 관한 집단적 통제의 원리에 바탕을 두고 있다고 규정한다. 그런데 화폐와 시장이 없다는 것은 서로 다른 재화의 가치를 평가하는 데 사용되는 공통의 가치척도(numéraire)가 없음을 의미하고, 따라서 경제 전체의 자원배분에 대한 합리적 계산이 불가능함을 의미한다. 설령 재화의 생산에 투입된 노동시간을 기준으로 각 재화의 상대적 가치를 계산할 수 있다고 하더라도 시장이 없는 상태에서는 생산재와 소비재의 복잡한 수요 패턴을 알 수 없기 때문에 결과적으로 합리적인 배분을 이루지 못할 것이라는 것이다. 미제스의 이런 시각은 앞서 소개한 소련의 전시공산주의의 참담한 실패를 목격한 데 따른 것이지만, 이론적으로는 두 가지 부류의 생각을 비판하는 것이었다. 하나는 사회주의 경제에서는 화폐를 대신

---

6) 랑게(O. Lange)는 폴란드 출신의 경제학자지만 사회주의 계산논쟁이 진행되던 당시에는 미국에서 활동하고 있었다. 이후 그는 폴란드로 돌아가서 현실의 경제정책에 관여하기도 했다.

7) 사회주의 계산논쟁에 대한 상세한 소개는 Blackburn(1991), Bardhan and Roemer(1993)를 참조할 것. 또한 이 논쟁과 관련된 문헌을 풍부하게 소개하면서 오스트리아학파의 입장에서 논쟁의 의의를 해석한 것으로는 Lavoie(1985)를 참조할 것.

해 다른 공통 척도(예컨대 노동량이나 에너지)가 사용될 수 있을 것이라는 사회주의자의 견해이고, 다른 하나는 합리적 경제 계산을 위해 굳이 단일한 계산 단위가 필요하지 않고 현물단위의 자연경제(natural economy)가 필요하다는 노이라트(O. Neurath)의 견해이다.

십 여 년 뒤 랑게와 디킨슨은 이런 견해를 체계적으로 논박했다. 이들은 사회주의 계획경제 하에서 계획에 필요한 적절한 계산 기준이 결여될 수 있음을 인정했으나 이를 방지하기 위해 일종의 모의시장(simulation of market)을 고안함으로써 균형가격을 찾을 수 있다고 주장했다. 이런 주장은 사회주의 계획당국이 최적의 자원배분이란 문제를 풀기 위해서는 완전경쟁적 시장경제에서 존재하는 것과 같은 재화 사이의 교환비율(또는 생산요소 사이의 대체율)을 알고 있어야 한다는 바로네(Barone 1908)의 지적을 수용한 것이다. 당초 바로네가 이런 주장을 개진했을 때는 계획경제에서 가치법칙이 폐기되어야 한다는 마르크스주의자들의 주장을 논박하기 위한 것이었다. 랑게는 원리상 수요와 공급에 관한 정보가 있어야 최적의 자원배분을 위한 잠재가격(shadow price)을 계산할 수 있다는 바로네의 논지를 더욱 발전시켜 중앙계획당국이 실제로 이 잠재가격을 발견해 낼 수 있음을 논증한 것이다(Belkin 1994).

랑게가 말하는 모의시장이란 다음과 같다. 먼저 랑게는 소비재와 노동력을 거래하는 시장이 존재하는 모형을 상정한다. 당연히 소비재의 가격과 임금은 이 시장에서 결정된다. 그렇지만 이 모형에서 생산재 시장은 존재하지 않는다. 따라서 생산재의 배분을 위한 적정가격을 어떻게 계산할 것인지가 문제가 된다. 랑게는 생산재의 가격이 다음과 같은 모색(tâtonnement)의 과정, 즉 시행착오의 과정에 의해 구해질 수 있음을 주장했다. 먼저 중앙계획당국은 생산재의 가격을 임의로 책정해 기업들에게 제시한다. 기업의 경영자는 이 가격을 주어진 것으로 받아들여 두 가지 원칙에 따라 생산량과 생산요소 투입량을 결정한다. 두 가지 원칙이란 평균비용을 최소화하는 생산기술(요소투입량)을 채택하는 것과, 한계비용과 가격이 일치하는 지점에서 생산량을 결정하는 것이다.[8] 좀더 정확히 말하자면, 이 조건들을 만족하는 생산량을 실제로 생산하는 것이 아니라 그만큼을 생산할 의사가 있음을 중앙계획당국에 보고한다. 중앙계획당국은 각 기업들이 보고한 이 수치를 근거로 시장에서 수요와 공급이 일치하는지를 확인한다. 만일 수요 초과가 예견될 때에는 생산재의 가격을 높이고 공급 초과가 예견될 때에는 그 반대로 하여, 조정된 가격을 기업들에게 다시 제시한다. 수요와 공급이 일치될 때까지 이런 과정이 시행착오를 거치며 반복된다. 실제 시장이 존재하지 않지만 경제주체들이 마치 시장의 행위자들처럼 행동함으로써 시장균형과 같은 상태로 접근해 나가는 이러한 일련의 과정이 모의시장이다.

랑게가 말하는 시행착오의 과정이란 신고전학파 경제학에서 왈라스의 균형에 도달하는 과정과 정확히 똑같은 것이다. 다른 점이 있다면 왈라스의 균형이론에서는 가상적인 경매인에 의해 일련의 과정이 조정되지만 랑게의 모형에서는 모의시장, 즉 중앙계획당국과 기업간에 가격과 생산량에 대한 정보를 주고받는 현실적 과정을 통해 이루어진다는 것이다. 그렇지만 결과적으로는 사회주의도 순수 시장경제에서 이루어지는 것과 똑같은 효율적 자원배분을 할 수 있다는 것이 랑게의 모형이 강조하고 있는 바다.

하이에크(Hayek 1940)는 이와 같은 랑게의 주장이 이전의 사회주의 경제학자들과는 다른 측면을 내포하고 있다고 판단했다. 이전의 사회주의 경제학자들은 사회주의에서 가격에 근거한 계산은 완전히 사라질 것이라고 보았다. 또는 설령 가격이란 정보가 필요하다고 할지라도 그것이 실제 시장 없이 중앙계획당국의 수리경제학적 계산에 의해 도출될 수 있다고 보았다. 하이에크가 볼 때 이런 주장들은 이미 성공적으

8) 이는 미시경제학의 생산이론에서 등장하는 완전경쟁 하에서 기업의 비용극소화 조건 및 이윤극대화 조건과 정확히 같은 것이다.

로 논박되었으나,[9] 랑게의 주장은 이전의 주장들과 달리 사회주의적 균형을 위해 시장이 필요하다는 점(소비재와 노동력의 경우 실제의 시장, 생산재의 경우 모의시장)을 인정하는 것이므로 이에 대해서는 새로운 차원의 논박이 필요하다고 느꼈다.

하이에크는 많은 문제점을 들어 랑게와 디킨슨의 모형을 비판했는데, 로머(1994)에 따르면 비판의 핵심적인 내용은 다음과 같은 세 가지로 요약된다. 첫째, 랑게의 모형에서 중앙계획당국과 기업이 정보를 주고받는 동안 세상은 계속 변화한다. 생산량과 요소투입량의 결정에 영향을 미치는 외적 조건도 끊임없이 변화한다. 계획당국이 기업으로부터, 기업이 계획당국으로부터 받은 정보는 이미 과거의 시점을 기준으로 얻은 정보이며, 이 정보에 근거해 균형가격을 결정하는 한 이는 실제의 균형을 보장할 수 없는 가격이다. 끊임없이 변화하는 세계에서 균형가격이란 움직이는 표적과 같아서 적중시키기 힘들다는 것이다.

둘째, 상품은 매우 복잡한 것이어서 이름을 열거하는 것조차 불가능하다는 것이다. 신고전학파 경제학이나 랑게는 모든 재화들이 표준화되어 있다고 보아 동일한 재화에 대해서는 동일한 가격이 매겨지는 것으로 상정한다. 그러나 실제로 재화는 가격 이외에도 무수히 많은 특성에 의해 구분될 수 있다. 예를 들어 양말이란 재화를 생각해보자. 같은 양말도 품질 · 색상 · 디자인 · 소재 · 생산지 · 생산일자 등 무수히 많은 특성에 의해 구분된다. 각기 다른 특성을 갖고 있는 양말을 모두 동일한 재화라고 보아야 할 것인가, 서로 다른 재화라고 보아야 할 것인가? 하이에크의 비판은 이런 세부적 특성을 무시한 채 똑 같은 양말이

9) 하이에크는 전자의 주장은 앞서 언급한 바와 같이 미제스에 의해, 후자의 주장은 파레토(V. Pareto)에 의해 논박되었다고 간주하고 있다. 파레토는 가격을 수리경제학적 계산을 통해 구하려 할 경우, 엄청나게 많은 제약조건을 가진 방정식체계를 풀어야 하고 이는 현실적으로 불가능하다고 보았다(Hayek 1940). 그런데 파레토의 이런 비판은 역설적으로 사회주의 경제학자들에게 이용되었는데, 사회주의적 계산의 실행을 위해서는 이 복잡한 연립방정식을 풀어줄 컴퓨터의 등장을 기다리면 된다는 생각이 나온 것이다.

라고 간주하고 시장가격을 계산하는 것은 현실과 부합하지 않는다는 의미로 해석될 수 있다.

셋째, 랑게는 사회주의 기업의 경영자가 비용을 최소화하는 생산방법을 찾을 능력과 성의가 있음을 전제하고 있는데, 실제로는 반드시 그렇게 하리라는 보장이 없다는 것이다. 경영자의 입장에서 비용이 최소가 되는 점에서 생산함으로써 판매량과 이윤이 늘어나고 그에 따라 자신에게도 어떤 이득이 돌아온다면 최적점을 찾아내어 그만큼만 생산하겠지만, 그런 보장이 없을 때는 중앙계획당국이 요구하는 대로 행동하리라는 보장이 없다.

이와 같은 하이에크의 비판을 다르게 표현하면, 랑게는 균형가격의 발견에 필요한 경제적 지식이 분산적이고 암묵적 성격을 갖고 있다는 점을 간과함으로써 경영자들이 정확한 정보를 숨김없이 전달할 수 있다고 가정했다는 것이다. 또한 시장에서 가격을 형성하고 기회를 포착하는 과정에서 기업가정신(entrepreneurship)이 담당하는 역할을 랑게가 간과한 결과, 공적소유제 하에서도 기업가들이 책임 있는 행동을 할 것이라고 근거 없이 전제했다는 것이다.

랑게의 시장사회주의론은 이전의 사회주의자들과는 달리 시장의 기능방식에 대한 구체적인 설명을 담고 있어, 시장사회주의 '모형'의 시초라고 일컬을만하다. 하이에크와의 논쟁이 가능했고 논쟁을 통해 이론의 수준이 높아지게 된 것도 그런 이유 때문이다. 물론 하이에크의 비판이 상당한 설득력을 갖고 있는 것은 사실이다. 그러나 하이에크의 비판이 랑게 모형의 취약점을 적절히 지적했다고 해서 사유제하의 시장만이 유일한 해법이라는 점이 자동적으로 입증된 것은 아니다. 랑게의 모형을 발전시킨 후대의 다른 시장사회주의 모형들은 랑게의 모형에 추가적으로 다양한 장치를 도입함으로써 하이에크의 비판을 극복하고자 시도했다. 이 다양한 모형들에 대해 살펴보기 전에 먼저 유고와 헝가리에서 이루어졌던 시장사회주의의 실험에 대해 살펴볼 필요가 있다. 이 실험의 성패에 대한 평가의 과정에서 하이에크가 지적한 것뿐 아니라 더욱 많은 쟁점들이 등장하기 때문이다.

5. 시장사회주의의 실험: 유고와 헝가리의 경험이 남긴 문제

1) 유고의 자주관리기업 모형

1950년대 초반 이후 소련 공산당과 유고 공산당 사이의 정치적 거리가 벌어지면서 유고에서는 통제·계획경제에 대한 최초의 전면적 수정이 시도되었다. 1961년부터 시작된 이 개혁의 핵심적 내용은 기업활동의 주요 내용에 대한 의사결정권한을 정부에서 기업으로 이전한 것이다. 기업은 각자가 얻은 순수익(세금과 사회보험을 공제하고 남은 것) 가운데 얼마를 노동자에게 나누어주고 얼마를 투자기금으로 남겨둘지를 결정하는 권한을 넘겨받았다. 개별기업의 노동자들은 노동자 평의회를 조직해 기업경영에 관여함으로써 자신이 일하는 기업에 대한 결정권을 갖게 되었다. 이런 점에서 이 시기의 유고 사회주의를 자주관리 사회주의(self-management socialism) 또는 노동자관리기업(labor managed firm) 모형이라고 한다. 기업은 현재의 경영과 미래를 위한 자본투자를 스스로 결정할 수 있게 되었고, 중앙정부의 계획은 미시적 조정을 위한 정보를 제공하고 기업의 독점적 행동을 방지하는 것에 국한되었다. 1965년에는 이런 개혁조치가 더욱 확대되어 기업이 세금부담을 경감하거나 국가가 제공한 자본재에 대해 지불하는 이자를 낮추기 위해 정부와 협상할 수 있을 정도까지 자율성이 신장되었다(Brus & Laski 1989).

유고 공산당은 이런 모형을 노동의 소외를 극복하고 생산수단을 연합한 직접생산자의 통제 하에 둔다는 의미에서 마르크스주의의 이상을 구현한 모델이라고 자부했다. 이들은 국유화가 단지 사회주의의 첫 단계일 뿐이라고 생각했다. 그 이유는 국가 역시 노동자의 간접적 대표일 뿐이며 생산수단의 사용과 그로부터 발생한 소득의 분배에 대해 노동자가 직접적으로 통제하지 않는 한 사회주의 하의 생산자라고 할지라도 자본주의의 임노동자와 크게 다를 바 없다고 보았기 때문이다. 따라서 해당 기업 노동자에 의한 직접 통제는 더욱 진전된 사회주의 형태로 간주된 것이다. 뒤에서 보듯이 이후의 시장사회주의론에서 약간의 차이는 있지만 노동자 자주관리를 기본 틀로 하는 모형들이 많이 등장하는데, 그 이유는 생산수단의 사용에 대한 직접적 통제가 그만큼 매력적인 특성으로 받아들여졌기 때문이다.

1970년대까지 유고 경제가 높은 경제성장을 보임에 따라 유고식 자주관리 모형은 많은 관심을 끌었다. 그러나 1980년대 들어 높은 인플레이션과 저성장을 보이게 되자, 유고의 실패 원인을 둘러 싸고 다양한 해석이 제시되었다. 먼저 자주관리의 실천과정상의 문제가 지적되었다. 기업에 대한 중앙정부의 관여가 줄어든 대신 지방정부의 간섭이 심해졌고, 경영진은 노동자 평의회가 아닌 지방 정치당국에 의해 임명되는 경우가 많았다. 또한 민족주의적 성격을 띠고 있던 지방정부(각 공화국)들이 주요 산업을 경쟁적으로 지원함으로써 사회 전체적으로 중복투자가 이루어졌다.

유고식 자주관리의 더 근본적 문제는 모형 자체에 내재된 것이었다. 기업들은 자본조달에서 일차적인 어려움을 겪었다. 자본시장을 통한 자본조달 기회가 없는 상태에서 기업의 자본조달은 은행에 과도하게 의존하게 되었고 이는 은행에 대한 과중한 압박으로 작용했다. 충분한 자본조달을 기대하기 어려운 자주관리 기업은 많은 자본이 필요하지 않은 노동집약적 기술을 채택할 수밖에 없었는데, 이것이 기업들을 사양산업으로 내몰고 기업의 장기적 수익성을 떨어뜨리는 요인으로 작용했다. 또한 노동자들이 기업의 투자배분에 관여하다보니 투자와 관련된 시계(time-horizon)가 짧아지는 문제가 발생했다. 상대적으로 고령의 노동자들은 자신의 은퇴 뒤에나 수익이 발생하게 될 장기 투자는 기피하고 단기 투자를 선호하는 경향을 보였기 때문이다. 기업의 투자와 관련된 문제는 이것 말고도 또 있었다. 노동자들은 자신이 지분을 갖고 있지 않은 타 기업에 대한 투자를 꺼리게 되고 따라서 새로운 산업부문의 신규기업 설립이 어려워졌다. 한편 기업의 성과에 따라 노동자간의 소득격차가 다시 발생했고, 노동자의 경영참여도 측면에서도 대규모 기업과 중소규모 기업간에 차이가 발생했다. 노동자 개인에게 돌아가는 분배 몫이 개인의 특성(노력 · 기술 등)이 아닌 고용 자체에 의해 결정되다보니 노동자들이 열심히 일하고 생산성을 높이려고 노력해야 할 유인이 사라지게 되었으며 노동규율도 급속히 와해되었다.

2) 헝가리의 신경제체제

헝가리에서는 1968년 중앙의 통제를 약화시키며 기업의 자율성을 증대시키는 일련의 경제개혁 조치들이 단행되었는데, 이때의 경제체제를 신경제체제(New Economic Mechanism)라고 부른다. 신경제체제 하에서 중앙계획의 원리는 유지되었지만 국가와 가계 사이, 각 국가부문 사이에서 이루어지는 자원의 흐름은 대폭 시장으로 이양되었다. 소비재뿐 아니라 생산재의 거래에도 가격이 적용되었다. 정부의 기업에 대한 의무생산량 할당과 생산재의 배분이 철폐되었고, 기업은 관료적 통제로부터 자유롭게 되었다. 투자 결정에 대한 기업의 자율성이 어느 정도 허용되었고 기업은 대출을 통해 투자자금을 조달할 수 있게 되었다. 이윤추구가 경제활동의 주요 목표로 인정되면서 이윤은 기업활동 성과에 대한 주요한 판단기준이 되었다. 경영자는 이윤에 따라 성과급을 받을 수 있었고 노동자도 이윤의 일부를 분배받으면서 소득이 높아졌다. 또한 이윤은 금융기관이 기업에 대한 대출을 결정할 때 중요한 기준이 되었다.

브루스와 라스키(Brus & Laski 1989)는 헝가리의 신경제체제를 '규제된 시장을 갖는 중앙계획(central planning with regulated market)'이라고 규정하는데, 그 이유는 이 체제가 핵심적 부문의 계획은 그대로 둔 채

기업들로 하여금 정부가 정한 일반적 규칙과 조건에 적응하게 하는 체제라고 보기 때문이다. 실제로 헝가리의 신경제체제 하에서도 투자재원의 부문간, 영역간 배분은 중앙계획당국에 의해 이루어졌고, 중앙계획당국은 기업의 성공기준과 그에 따른 유인을 제시했다. 이 경우 기업은 이윤극대화를 위해 경쟁하기보다는 중앙계획당국이 제시한 목표(예컨대 지역사회의 이익 증진)를 달성하기 위해 노력하게 마련이고, 결과적으로 시장의 도입을 통해 달성하고자 했던 효율성의 증가와는 동떨어진 상황이 초래되었다.

그러나 더욱 중요한 문제는 목표 달성에 실패한 기업에 대한 처리였다. 사업에 실패한 기업에게 정부는 폐업할 것인지 정부의 지원과 통제를 받을 것인지 선택하게 했고, 대부분의 기업은 당연히 후자를 선택했다. 이 과정에서 나타나는 것이 코르나이(Kornai 1986)가 지적한 이른바 연성예산제약(soft budget constraint)의 문제다. 연성예산제약이란 말 그대로 예산제약이 엄격히 적용되지 않고 고무줄처럼 늘어날 수 있다는 의미다. 자본주의 시장경제에서 기업은 일반적으로 경성예산제약(hard budget constraint) 하에 놓여 있어서 사업에 실패할 경우 파산을 피하기 어렵다. 이윤을 얻지 못하면 기업활동을 계속하는 데 필요한 투자도 못하고 노동자들에게 임금도 주지 못하기 때문이다. 그러나 사회주의 체제에서는 기업이 사업에 실패할 경우 정부가 보조금을 주거나 세금을 깎아 주고 기업이 구매하는 원료의 가격을 조정해주는 등의 조치를 통해 기업을 지원해주었다. 이것은 다시 기업의 경영자에게 영향을 미쳤는데, 경영에 성공하지 못하더라도 큰 불이익이 없을 것이라고 예견한 경영자는 방만한 경영을 하게 되었다. 기업의 수익을 더 올리기 위해 노력하기보다는 각종 지원을 담당하고 있는 관료들에게 충성하는 데 신경을 썼던 것이다.

그렇다면 정부는 왜 사업에 실패한 기업을 파산하게 두지 못하는가? 정부(또는 담당 관료)의 입장에서 기업을 파산시키는 것이 자신에게 득이 될 것이 없기 때문이다. 기업의 파산은 그 기업의 감독권한을 갖고 있던 정부 관료가 담당 업무를 제대로 수행하지 못했음을 의미하기 때문에 관료는 그에 따른 문책을 피하기 위해 비효율적인 기업도 계속 가동되도록 방치한다. 그로 인해 발생하는 비효율—생산활동을 더 성공적으로 수행하는 곳에 투입되어야 할 자원이 비효율적인 기업에게 투입된 데 따른 비효율—은 결국 국민들의 부담으로 돌아간다. 국민들이 기업의 효율적 생산활동을 지원하고 감독하도록 정부와 관료에게 권한을 위임했으나, 관료들은 자신의 직접적 이익(문책의 회피와 직위의 유지)을 우선시함으로써 자신에게 위임된 권한을 국민이 원하는 방향으로 행사하지 않았던 것이다. 말하자면 국민과 정부 관료 사이에 주인-대리인의 문제(principal-agent problem)가 발생한 것이다. 이런 주인-대리인 문제는 물론 관료와 경영자 사이에도 발생할 수 있고 경영자와 노동자 사이에도 발생할 수 있다.

주인-대리인 문제가 생기는 것을 방지하려면 대리인이 자신에게 부여된 의무를 수행하도록 적절한 유인(incentive)을 제공해야 한다. 주인이 원하는 행동을 할 때 확실하게 당근을 받을 수 있고 주인의 이익에 해가 되는 행동을 할 때 냉정하게 채찍이 돌아올 것이라는 사실을 안다면 대리인은 다른 행동을 하지 못할 것이다. 따라서 문제는 기업경영자들에게 어떤 유인을 제공해야만 자신의 임무를 다하기 위해 노력할 것인가를 찾아내는 것이다. 더 일반화시켜 말하자면, 어떤 체제가 경제주체에게 적절한 유인을 제공하지 못하는 한 경제주체들은 그 체제가 희망하는 대로 행동하지 않을 것이며, 따라서 그 체제는 지속될 수 없다. 이것이 유인병존(incentive compatibility)의 문제로써, 코르나이가 말한 연성제약의 문제도 넓게 보아 유인병존의 실패에서 비롯된 문제다.

따지고 보면 하이에크가 랑게의 모형에 대해 지적하고 있는 것도 유인의 문제로 환원시켜 볼 수 있다. 소비자나 생산자들로 하여금 자신만 알고 있는 정보(자신의 선호나 생산방법에서 개선해야 하는 점 등)를 계획당국에게 솔직하고도 신속하게 제공하도록 하고, 생산자들로 하여금 비용을 최소화하는 기술을 선택해 생산하도록 유도하는 것도 적절한 유인이 제공될 때에만 가능하기 때문이다.

계획경제에서는 위계와 명령, 감독과 통제를 통해 이런 문제를 막을 수 있을 것으로 기대했으나, 그 결과 관료주의가 만연하고 민주주의가 위축되는 등 더 많은 문제가 파생되었다. 그런데 연성제약의 문제, 주인-대리인의 문제, 유인병존의 문제는 사회주의에만 국한되는 문제가 아니라 모든 경제체제에 있는 문제다. 자본주의 기업의 대주주(또는 대표이사)가 자신의 이익을 쫓아 전체 주주의 이익에 반하는 행동을 하고 이로 인해 기업이 파산에까지 이르는 경우가 적잖게 목격된다. 자본가들은 노동자들의 태만을 막고 노동자들이 최대한의 역량과 기능을 발휘해 노동하도록 각종 금전적 · 비금전적 보상 · 감시체계를 마련한다. 요컨대 생산수단의 사유나 공유가 이런 문제들을 자동적으로 해결해준다고 기대할 수는 없으며, 사회주의에 시장을 도입한다고 해서 이 문제들이 해결된다는 보장이 없다. 따라서 이후에 등장하는 시장사회주의론은 유고와 헝가리의 실패 경험이 던져주는 문제에 대해 적극적이고 구체적인 해답을 제시해야할 부담을 안게 되었다.

6. 새로운 시장사회주의 모형

1) 자주관리 모형의 발전 - 민주적 자주관리 모형

유고식 자주관리 모형은 노동자들의 민주적 참여를 보장하고 그것을 통해 생산수단의 사용에 대한 노동자들의 통제를 이룰 수 있다는 장점이 있었다. 한편 자주관리기업은 자본조달의 어려움, 경영자들에 대한 적절한 유인 제공의 필요성, 소득의 불평등이 진행될 가능성 등의 문제를 안고 있었다. 따라서 시장사회주의 모형들 가운데는 이런 문제점들을 극복하면서 자주관리 모형의 장점을 유지하려는 시도들이 다수 존재한다(Weisskopf 1993; Dreze 1993; 조원희 1997). 그 가운데 대표적인 예로 와이스코프(Weisskopf 1993)의 민주적 기업 시장사회주의(democratic enterprise-based market socialism)모형을 살펴보자.

일반적으로 기업에 대한 소유권은 두 종류의 권리, 즉 기업의 자산 활용에 대한 통제권과 자산 활용의 결과 발생하는 소득에 대한 청구권을 의미한다. 와이스코프는 이 권리들을 어떻게 배분하는가에 따라 자주관리형 시장사회주의와 공공 시장사회주의(public market socialism)를 구분한다. 공공 시장사회주의는 이 두 권리가 정치적으로 조직된 시민들에 의해 보유되는 체제이고, 자주관리형 시장사회주의는 해당 기업의 노동자들이 이 권리를 보유하는 체제다.

와이스코프의 모형에서 민주적 자주관리 기업이란 기업에 대한 지배권을 노동자들에게 균등하게 분배하는 기업을 말한다. 이 기업에서는 1인 1표 주의에 입각한 노동자들의 민주적 투표에 의해 기업평의회가 구성되고, 평의회는 경영자를 고용한다. 경영자는 노동자의 고용과 해고, 생산재의 사용, 순수익의 처분 방법 등을 결정하고 그 결과에 대해 책임진다. 한 가지 특징적인 것은 노동자가 그 기업을 떠나 다른 기업으로 일자리를 옮기거나 자신이 보유하고 있던 기업 주식을 매각하는 것이 가능하다는 점이다. 기업은 은행 또는 다른 금융기관으로부터 자금을 차입할 수 있고, 의결권이 없는 주식을 주식시장에서 매각함으로써 직접 자본을 조달할 수 있다. 은행(이 역시 민주적 자주관리 기업이다)은 기업의 경영에 직접 관여하지 않으나 대부조건을 조정함으로써 간접적으로 영향력을 행사할 수는 있다. 의결권이 없는 주식을 상호금고(mutual fund)등 금융기관이나 외국인 투자자에게 매각할 때, 협상결과에 따라서는 기업이 이들 자본제공자에게 통제권의 일부를 줄 수 있다.

유고식 자주관리 기업이 직면했던 자본조달의 문제는 주식시장을 도입함으로써 해결된다. 기업은 주식시장에서 의결권이 없는 주식을 발행함으로써 자본을 조달한다. 이때 주식시장에서 결정되는 주가는 경영자의 성과에 대한 직접적 지표가 된다. 주가가 떨어질 경우 경영자가 해고될 확률이 높아지기 때문에 경영자는 시장에서 기업이 좋은 평가를 받도록 하기 위해 노력할 것이므로 경영자의 규율 문제가 해결된다. 노동자가 기업의 주식을 보유하게 되면 은퇴 뒤에도 배당금을 받을 수 있고 따라서 장기투자를 꺼릴 이유가 적어진다. 자주관리 기업이 안고 있는 단기투자 편중의 문제가 해결되는 것이다. 또한 노동자들이 주식시장을 통해 다른 기업의 주식(은행이나 상호금고 등 금융기관의 주식도)을 보유할 수 있게 됨에 따라 자기가 일하는 기업으로부터 받는 돈에 수입이 한정되는 전통적 자주관리 모형에 비해 노동자 수입의 안정성도 높아진다. 소규모 기업의 창업과 주식시장을 통한 자본조달이 허용됨으로써 혁신 유인의 부족 문제가 어느 정도 완화될 수 있다.

민주적 자주관리기업 모형은 이와 같은 방식으로 유고식 자주관리기업이 해결하지 못했던 문제들에 대한 대답을 찾으려 하고 있다. 그러나 여전히 몇 가지 문제가 남을 수 있다. 그 가운데 하나는 소득 불평등의 가능성이 여전히 남는다는 것이다. 주식의 매매 과정에서 계속 이익을 보고 보유주식량을 늘리는 사람이 있는가 하면 그렇지 못한 사람이 있을 수 있다. 또 하나의 문제는 기업의 주요 의사결정이 해당 기업의 종사자들의 손에 집중된 결과, 기업이 사회적 이익에 반하는 행동을 할 때 그것을 통제하기 힘들다는 것이다. 기업이 공해물질 방출 등 외부불경제를 만들어 내는 경우가 그 한 예다. 요컨대 시장의 영역을 주식시장으로까지 확장함으로써 자원배분의 효율성이 더욱더 높아질 것으로 기대할 수 있을지 모르지만, 사적 이익과 사회적 이익의 조화, 더 높은 수준의 평등의 달성이라는 사회주의적 목표를 유지할 수 있을 것인가 하는 문제는 여전히 남아 있는 셈이다.

2) 랑게 모형의 발전 - 쿠폰사회주의 모형

로머(1994)는 실재했던 사회주의를 특징짓는 세 가지 요소로 독재적 정치질서, 중앙집권적 자원배분, 생산수단의 공적 소유를 들면서 이 가운데 처음 두 가지 요소가 사회주의를 실패로 이끌었다고 규정한다. 그는 경쟁적 정치질서와 시장을 공유제와 결합시킬 수 있는 시장사회주의 모형을 제시하는데, 그의 모형은 생산수단 공유제의 구체적 방법으로 쿠폰의 사용을 제안한다는 점에서 쿠폰사회주의(coupon socialism)라고 일컬어지기도 한다.

로머의 모형을 간단하게 설명하면 다음과 같다. 모든 시민은 성인이 되는 순간 국가로부터 똑같은 양의 쿠폰을 받는다. 이 쿠폰은 기업 주식만을 구매할 수 있다. 그 역도 성립되어 기업 주식은 오직 쿠폰을 통해서만 판매된다. 시민들은 자유롭게 주식을 팔고 살 수 있다. 쿠폰은 현금화 · 양도 · 상속 모두 불가능하며 보유자의 사망 시에는 국가가 회수한다. 따라서 어떤 개인이 주식을 팔고 사서 부자가 되거나 주식 보유지분을 늘려 특정 기업의 대주주가 되는 일은 불가능하다. 기업은 전문적인 경영인에 의해 경영되며 경영자는 이윤극대화를 추구한다. 기업은 은행을 통해 필요한 투자자금을 조달하는데, 은행이나 주주들이 주가의 변동을 통해 기업 경영상태를 파악함으로써 경영자를 감시한다는 점은 앞의 민주적 자주관리 모형과 마찬가지다. 국가는 은행이 기업에 빌려주는 자금의 대출이자율을 할인 또는 할증함으로써 투자의 종류와 수준을 결정하는 데 개입할 수 있다. 한편 혁신적 아이디어가 창업으로 이어질 수 있도록 유도하기 위해 새로운 기업이 일정한 규모에 이를 때까지는 사유화를 허용해 준다.

쿠폰사회주의 모형은 랑게모형의 발전된 형태라고 볼 수 있다.[10] 이 모형의 특징은 생산수단의 공유를 유지하면서도 자본주의에 비해 상대적으로 평등한 소득분배를 달성하고, 자본시장을 유지하면서도 자본가

10) 융커(Yunker 1995)는 랑게 이후의 시장사회주의 모형을 비이윤추구(non-profit-oriented)모형과 이윤추구(profit-oriented)모형으로 구분한다. 노동자 자주관리기업과 쿠폰사회주의 모형 모두 상품시장 · 노동시장 · 자본시장을 상정한다는 점에서 랑게식 시장사회주의 모형이지만, 전통적인 노동자 자주관리기업이 노동자의 분배몫(임금과 이윤의 구분 없이)을 극대화한다는 점에서 비이윤추구 모형이라면 로머의 모형은 이윤추구형 모형이다.

계급의 출현을 막을 수 있다는 것이다. 이윤극대화를 추구하게 함으로써 기업의 효율적 경영을 유도할 수 있다. 로머는 쿠폰사회주의 하의 기업생산이 사회적 관점에서 볼 때도 자본주의적 기업에 비해 효율적일 수 있다고 하는데, 그 예로 공해발생량이 줄어든다는 점을 든다. 자본주의 기업이 생산과정에서 공해를 발생시킨다고 가정해보자. 그로 인해 일반 국민들은 대기나 수질오염의 피해를 본다. 반면 기업의 주주들은 기업의 생산과 판매가 늘어날수록 많은 배당을 얻는다. 따라서 기업의 주주들은 주주로서 얻는 이득과 국민으로서 얻는 피해 사이에 어느 쪽이 더 큰지에 따라 생산규모를 선택하는데, 대주주에게는 당연히 이득의 규모가 더 크므로 공해량을 늘리면서라도 생산을 늘리는 쪽을 선호할 것이다. 이 경우 외부불경제로 인한 비효율이 발생하게 된다. 그러나 쿠폰사회주의 하에서는 대주주가 존재하지 않으므로 공해량을 늘리기를 원하는 이해당사자가 사라지고 따라서 외부불경제의 크기가 줄어들 것이라는 주장이다.

쿠폰사회주의 모형에 대해 여러 가지 비판이 제기될 수 있다.[11] 대주주의 영향력이 없어지는 대신 자본대부자(은행과 은행의 주식을 보유한 사람)의 영향력이 강해질 것이라는 지적, 아무리 부분적일지라도 이자율 결정에 국가가 개입하게 됨으로써 결국은 소련식 통제경제와 마찬가지가 될 것이라는 지적, 임금의 불평등이 남아있는 한(쿠폰은 이윤소득의 불평등만을 개선시킬 수 있다) 불평등은 사라지지 않을 것이라는 지적 등이 그것이다. 이런 지적들은 상당히 타당하다. 그 가운데 일부는 시장사회주의론에 대한 근본적 비판일 수도 있지만 어떤 비판에 대해서는 모형의 발전과정에서 개선점을 찾을 수 있는 것도 있다. 구체적 개선이 어떻게 이루어질지는 여전히 열린 문제다.

---

11) 로머의 쿠폰사회주의 모형에 대한 다양한 찬반 견해를 소개하고 있는 문헌으로는 Wright ed.(1996)를 참고할 것.

7. 시장사회주의론의 성취와 과제

사회주의 계획경제의 실패는 마르크스주의자들에게 충격이면서도 동시에 냉엄한 현실이었다. 사회주의의 붕괴 이후 대안적 체제를 모색하려는 사람들에게는 이 역사적 실패를 어떻게 해석하고 그로부터 어떤 교훈을 얻을 것이며 어떤 대안을 찾아가야 할 것인가 하는 문제가 남게 되었다. 어떤 사람은 사회주의 자체의 현실적 가능성을 부정할 수도 있고, 어떤 사람은 진정한 의미의 계획경제를 복권시키려 하기도 하지만, 시장사회주의자들에게는 이 두 가지 접근 모두가 극단적 선택일 뿐이다.

시장사회주의자들의 기본적 출발점은 소련의 붕괴는 사회주의 자체의 문제가 아니라 계획경제의 문제라는 인식이었다. 더불어 이들은 유고와 헝가리에서 부분적으로 시행되었던 시장사회주의 실험의 실패 역시 시장에 본질적으로 내재된 문제 때문이라기보다 시장의 이점을 제대로 살리지 못하도록 했던 다른 문제들 때문이었다고 본다. 자본시장이 존재하지 않는 등 시장의 도입이 불완전하게 이루어졌고 정부의 관료적 통제가 여전히 남아 있었으며, 그로 인해 연성제약의 문제, 주인-대리인의 문제, 유인불일치의 문제 등이 도처에서 드러났다는 것이다.

좌우 양측과의 논쟁 과정에서 다양한 문제점들을 개념화하고, 시장이 갖는 장점을 추상적 수준에서가 아니라 구체적 모형을 통해 보완하려고 한 것에 시장사회주의론의 주요한 이론적 성취가 있다고 말할 수 있을 것이다. 또한 이들이 새로운 사회주의론을 구상할 때 취하고 있는 방법론적 입장도 충분히 강조되어야 할 것이다. 시장사회주의론자들은 사회주의 하에서 개인들이 사회적 목표에 더욱 헌신하고 개인의 이기적 동기를 더욱 절제하게 될 것이라고 가정하는 전통적 마르크스주의자들의 입장을 비판한다. 이른바 사회주의적 인간형의 출현을 전제하는 것은 해결해야 할 문제를 해결되었다고 가정하는 것과 마찬가지의 오류를 범하는 셈이라는 것이다. 이런 비판은, 그것이 얼마나 타당한가의 문제를 떠나, 한 제도 안에서 개인이 처한 문제를 분석하는 데 중요한 방법론적 의미를 갖고 있는 것이다.

여러 가지 이론적 성취에도 불구하고 시장사회주의론은 중요한 두 가지 질문에 답해야 할 책임을 지고 있다. 첫째는 시장사회주의도 사회주의라면 도대체 사회주의란 무엇인가 하는 질문이다. 물론 이 질문이 계획경제만이 사회주의로 간주될 수 있다는 것을 부당전제하고 있는 질문이라면 그다지 심각한 도전이라고 볼 수는 없다. 그러나 시장사회주의가 계획을 포기하면서도 사회주의의 중요한 가치를 유지할 수 있다고 기대한다면, 그 중요한 가치란 무엇인가 하는 질문에 시장사회주의론자들은 대답해야 한다. 그들 중 대부분은 평등이 바로 그 가치라는 데 인식을 같이하는 듯하다. 그런데 이 대답 역시 완벽한 것은 아니다. 사회주의 또는 시장사회주의가 자본주의에서와 같은 극심한 계급 간 불평등을 낳지는 않겠지만 그 정도를 가지고 사회주의가 지향하는 평등이라고 말할 수 있는가 하는 의문은 남는다. 나아가 사회민주주의에 비해 더 평등한 분배를 달성할 수 있을 것인가 하는 현실적 문제와, 평등이란 도대체 무엇인가 하는 근본적이고도 정치철학적 질문에 적극적으로 대답해야할 것이다.

다른 하나는 좀 더 구체적이면서 시장사회주의자들에게는 좀 더 뼈아픈 지적으로 느껴질 수 있는 것이다. 사회주의에서 반드시 계획을 활용해야할 필요가 없다면 시장을 채택해야하는 이유는 무엇인가? 시장사회주의론의 골간이 된 랑게 모형에 대해 스티글리츠는 신고전학파 경제학과 똑같은 오류를 범하고 있음을 지적한 바 있다. 랑게 모형은 유인의 문제를 과소평가했고 비가격 자원배분장치의 역할과 자본배분의 어려움을 과소평가했으며 경제에서 혁신이 차지하는 역할을 무시했다는 것이다(스티글리츠 1994: 114). 랑게 이후의 모형이 이런 지적을 어느 정도 고려한 것은 사실이지만, 그들이 제안하고 있는 바는 "경제 전체에 걸친 혁신을 유도하는 일에서 시장 이외에 다른 메커니즘을 우리는 알지 못한다."는 로머(1994: 65)의 대답에서 더 멀리 나가지 못하는 정도다. 이는 솔직한 대답임에는 분명하지만 그다지 만족스러운 대답은 아니다. 오히려 시장사회주의자들의 생각에는 현대 자본주의 사회에서 시장이 아닌 다른 어떤 대안도 정치적 실현가능성을 급속히 떨어뜨릴 것이라는 인식이 전제되었기 때문이라고 보는 것이 타당할 것이다.[12] 시장이 아닌 자원배분 장치를 통해 더욱 더 경쟁을 촉발시키고, 경쟁에서 승리하도록 유인을 제공하며, 창의적이고 혁신적인 생각이 넘쳐나도록 할 수 있는 방법은 없는가? 이제 이것은 시장사회주의론을 넘어서 대안체제 모형을 더욱 발전시키려는 모든 사람들에게 던져진 문제다.

12) 실제로 코헨과 로저스의 단체민주주의(associative democracy) 모형은 이런 인식을 명시적으로 드러내는 것이다. 이들의 모형은 사유재산제도를 그대로 둔 채 시민들의 집단적 조직체의 범위와 종류를 확대함으로써 더욱 더 평등한 사회를 달성하고자 한다. 로머(1994)는 이를 또 다른 유형의 시장사회주의로 간주하고 있지만, 이 글에서는 시장사회주의론의 하나로 포함시키지 않았다. 필자는 적어도 현재의 논의 차원에서 '사회주의론'은 소유제의 변화를 전제로 해야 한다고 생각했기 때문이다.

제 2 부

사회주의의 역사와 현실

소련경제체제의 내적 구조와 발전 그리고 위기

김 계 환

1. 서론: 사회형성의 다양성과 소련 경제 시스템

여기 하나의 시체가 있다. 공식적으로는 1917년 출생해 1991년 사망한 소련 경제시스템이라는 시체 말이다. 모든 과거를 잊고 완전히 새롭게 인간 역사를 출발할 수 있다면, 이 시체를 태어나지 말았어야 할 그 무엇으로 여기며 그냥 묻어버리고 시간이 지나면 잊어버리는 것도 좋은 방법이리라. 그러나 불행인지 다행인지 우리네 인간은 이런 단절만으로는 아무것도 창조할 수 없다. 싫든 좋든, 자랑할 유산이든 남들에게 내놓기 수치스러운 과오이든, 과거는 우리의 도시, 우리의 환경, 나아가 우리의 몸에 물질화된 형태로 또는 우리의 뇌를 지배하는 사고의 형태로 현재를 구성하고 있으며 우리의 미래에 영향을 미친다. 이것은 인간이 지닌 한계 때문이지만 이 한계야말로 가장 근본적인 인간조건의 하나다. '새로운 시대' 가 도래했다는 선언은 따라서 이 시대와 과거와의 연속성을 함께 이해하는 한에서만 유의미한 것이며 그렇지 않은 경우 현실에 발을 딛지 못한 환상을 낳고 또한 사유와 행동에서 과잉을 낳지 않을 수 없다. 여기서 소련 경제시스템이라는 시체를 다시 분석하고자 하는 것은 바로 도래했다는 '새로운 시대' 의 상대적 성격, 역사적 연속성을 사유하고, 현재 속에 있는 과거, 미래를 만드는 과거의 정체(正體)를 이해하기 위함이다. '시체해부' 는 이제부터 시작이며, 이 작업은 지적으로 흥미로울 뿐 아니라 우리의 정치 · 경제적 삶과 전혀 무관하지 않은 교훈과 경고를 제공해 준다.

이제 소련이 하나의 시스템으로서 숨을 멈춘 지금, 따라서 이를 둘러싼 뜨거운 언설들이 우리 연구자의 시야를 덜 방해하는 지금, 연구자에게는 더없이 좋은 기회가 아닐 수 없다. 우리의 연구는 소련경제의 연구가 필연적으로 동반하는 '뜨거운' 측면, 즉 냉전과 열전, 이데올로기의 갈등, 정치적 억압과 반란 등으로부터 한 발짝 물러나 경제시스템의 '차가운' 작동 메커니즘의 분석에 초점을 맞춘다. 이런 거리두기야말로 체제 옹호자들이 유포하는 선동적 이데올로기뿐 아니라 체제 비판자들이 유포하는 역시 선동적인 체제인식으로부터 비판적 거리를 취하고 현실적으로 존재했던 경제체제의 구체적 작동메커니즘에 한 발 더 다가가는 첫걸음이 아닐 수 없다. 이제 소련경제의 분석은 '시체해부'의 영역에 속한다. 하지만 "러시아의 경험은 아주 엄청나게 흥미 있는 교훈과 경고로 가득 차 있다"(노브 1992: 463). 그러나 시체해부를 위한 제대로 된 도구가 있을 때만 교훈과 경고는 올바로 이해될 수 있다. 소비에트 체제의 몰락으로 역사가 종말을 고한 것이 아니라면, 우리는 앞으로 진행될 역사를 이해하기 위해 또는 이 역사에 '개입'하기 위해 이 교훈과 경고를 다시 찾지 않으면 안 된다.

그렇다면 소비에트 경제시스템을 어떻게 볼 것인가? 소련 경제가 아직도 체제로서 유지되고 있었을 때, 이 시스템의 성격에 대해 많은 담론이 있었다. 어떤 사람은 이 담론 분석으로 체제분석을 대체할 수 있다고 여길지도 모른다. 그러나 특히 제2인터내셔널의 마르크스주의 담론에서 장래 소련 지도자들의 경제적 개념의 기원을 찾으려는 일반화된 시도는 다음과 같은 점에서 방법론적 문제를 안고 있다.

> 한편으로 구성주의를 근본적으로 유토피아적이라는 이유로 비난하는 것과, 다른 한편으로 (정치적) 프로젝트를 사회적 현실의 설명 원리로 삼는 것 사이에는 심각한 비일관성이 있다. 구성주의 비판의 방향에서 일관성을 가지려면 다음

과 같은 사실을 고려해야 한다. 즉 모든 행동은 예측된 결과뿐 아니라 예측되지 않은 결과도 생산해내며, 이 후자에 대해서도 결정을 내리지 않으면 안된다는 사실 말이다. 이 비일관성은 우리가 사회의 역사에 관심을 가질 경우 가공할만한 사고 마비 효과를 만들어낸다. 이는 자폐적 연구활동, 즉 이런 저런 설명방식이 해석의 대상이 되어버리는 그런 연구활동을 낳는다(Sapir 1997: 100).

정치적 담론을 중심에 두는 이런 사회경제시스템 인식은 소련 경제시스템의 발생에서 역사적 단절을 강조한다. 즉 시스템의 발생에서 혁명이라는 정치적 사건의 결정적 역할에 강조점을 둔다. 그러나 혁명 뒤, 더욱이 스탈린에 의한 농업집단화 이후 형성된 소비에트 경제체제의 많은 구조적 특징들은 이미 제1차 세계대전기의 러시아 전시경제시기 또는 그 이전 차르 정부에 의한 산업화시기에 이미 많은 부분 발견되는 것이기도 하다. 요컨대 혁명에 의한 단절의 중요성이 과소평가되어서도 안 되지만 또한 혁명 이전과 이후를 관통하는 역사적 연속성의 측면이 간과되어서도 안 된다는 것이다.

이런 소련경제시스템의 연속성에 대한 강조는 소련경제를 혁명 이전의 자본주의경제와 근본적으로 단절되는 사회주의 경제 또는 중앙계획경제로 인식하는 것에 대한 비판을 함축한다. 다시 말해 혁명 이전의 러시아 자본주의의 특수성을 먼저 문제 삼아야 하며, 이 특수한 자본주의의 전환으로, 즉 단절을 포함하는 전환으로 소련경제를 이해할 것을 요구한다. 이런 인식의 전환은 중요한 이론적 함의를 갖는다. 자본주의의 다양한 형태를 어떻게 이론화할 것인가 하는 질문이 그것이다. 러시아의 경우 '러시아 자본주의' 성격을 둘러싼 논쟁, '아시아적 생산양식' 개념을 둘러싼 논쟁으로 표현된 이 질문은 사실 『자본론』으로 실현된 마르크스의 자본주의 분석방법 및 그 한계와 관련된 중요한 함의를 갖는다. 한마디로 말해 마르크스의 자본주의 분석은 『자본론』을 중심으로 그 앞과 뒤의 세 단계로 구분될 수 있다고 할 수 있다(<표 1>을 참조하라). 특히 여기에서 문제가 되는 『자본론』 이후의 단계는 개념적으로 볼 때 생산양식 · 사회구성(social formation) · 정세 개념의 이론적 지위와 상호관계의 문제라고 할 수 있다.

〈표 1〉 마르크스의 경제학연구의 세 단계

	제1단계	제2단계	제3단계
경제학 연구	역사유물론 · 역사철학 단계. 『정치경제학 비판을 위하여』	『자본론』 단계	'아시아적 생산양식' 단계 (미완)
이론의 대상	문화진화에 대한 이론	자본주의의 내적 구조 분석	자본주의의 구체적 형태의 역사적 다양성 분석
분석대상	생산양식의 역사적 연속	자본주의 생산양식의 내적 구조	생산양식에서 사회구성으로, 그리고 사회구성에서 정세 분석으로
분석의 축	역사(성)	구조	구조의 다양성 +역사성 (역사와 구조의 통합)

여기서 시도하는 소련시스템 분석은 이론적 추상수준의 관점에서 제3단계에 속하는 작업이다. 이론적으로 제기된 문제는 자본주의의 다양성을 어떻게 설명할 것인가이다. 영국 자본주의에 이어 독일 및 미국 자본주의(나아가 러시아 자본주의)의 등장과 도전은 전략적 · 이론적 질문을 제기하지 않을 수 없었는데, 이 질문이 바로 마르크스나 러시아 마르크스주의자들에겐 '아시아적 생산양식' 의 문제로 제기된 바 있다.

자본주의 형태의 다양성이라는 이론적 질문은 고전파 정치경제학에 대한 방법론적 · 이론적 비판을 동반하지 않을 수 없다. 고전파 정치경제학이 영국자본주의 및 그 이론을 보편적인 사회발전 법칙으로 이해하는 한, 이로부터 벗어나는 이질적 형태에 대한 인식은 바로 이런 보편적인 법칙의 존재라는 전제에 의해 제약당하지 않을 수 없기 때문이다. 마르크스의 생애 말년에 제기된 '러시아 자본주의' 의 성격에 관한 질문, '아시아적 생산양식' 개념에 관련된 논쟁은 바로 이 문제에 다름 아니다. 마르크스주의 역사에서 사회형성의 다양성에 대한 인식이 '러시아 자본주의', '아시아적 생산양식' 의 문제로 대두되었다면, 독일의 역사학파에 의한 영국 정치경제학 비판, 나아나 이와 맥을 잇는 미국 제도경제학의 탄생은 바로 자본주의의 역사적 다양성에 대한 인식의 확산을 가리킨다.

앞서 언급한 제3단계의 이론적 과제는 '역사적 시간' 개념, 따라서 역사적 특수성 개념과 다시 연계를 맺는다. 자본주의적 사회구성의 다양성, 역사적 시간(특수성) 개념과의 재연계라는 이론적 과제는 추상수준의 구분을 요구한다. 더 구체적으로는 '중간수준의 추상' 에 역사적으로 특수한 사회구성의 내적 정합성을 위치지우는 이론적 작업이 이루어져야 할 것이다. 특히 '생산양식', '사회구성', '정세' 개념을 명확히 하고 이들 개념들 사이의 관계를 더 풍부하게 이해할 필요가 있다.[1] 한마디로 중간의 추상수준에서는 복수의 조정양식(또는 생산양식)의 공존으로 특징지어지는 사회구성이 주요한 분석대상이다.

제3단계에서 핵심적인 이론적 과제는 구조의 다양성과 그것의 역사성, 따라서 구조의 역사적 특수성을 이론적으로 파악하는 일이다. 이 글은 소련경제를 동원경제(動員經濟)로 정의할 수 있다는 '역사적 가설' 을 도입할 것이다. 역사적 가설은 정합적 구조의 역사적 탄생을 결정하는 역사 특수적인 맥락의 분석과, 이렇게 형성된 상대적으로 정합적인 사회구성의 내적 작동구조 분석을 매개하는 핵심 개념이다.[2] 역사적 가설은 또한 역사적 분석과 구조적 분석을 상대적으로 분리할 수 있게 하는 개념이기도 하다. 즉 하나의 역사적 가설이 채택되면, 더 이상 역사적 분석에 의존하지 않고 내적 구조의 분석으로 그 사회구성의 '내적 역사(endogenous evolution and development)' 를 설명하게 되는

1) 이 세 개념의 구분과 관계에 대해서는 정운영 (2006)을 참고하라.

2) Gerschenkron(1962). '동원경제' 라는 역사적 가설은 새로운 더 우월한 역사적 가설에 의해 대체될 수도 있다. 거셴크론도 정확히 이런 의미에서 역사적 가설에 대해 언급하고 있다.

것이다. 다시 말해 역사적 시간은 두개의 시간으로 분화된다. 구조 형성의 역사(역사분석 1)와 구조의 내적 역사가 그것이다. 이런 의미에서 역사분석 1과 구조분석은 상대적으로 분리가능하다. 하나의 생산양식 또는 사회구성은 그 잠재성을 모두 소진하기까지는 결코 멸망하지 않는다는 언급(마르크스 『정치경제학 비판을 위하여』: 서문)은 바로 구조의 내적 역사의 가능성, 서로 구분되는 국면을 통과하는 구조의 전개의 가능성에 대한 언급으로 읽을 수 있다. 구조가 내포하는 잠재성의 전개가 바로 구조의 '내적 역사'를 구성하며, 이 역사는 구조 형성의 역사와는 다르게 취급되어야 한다. 따라서 구조와 역사의 대립이 아니라 역사적 시간을 두 가지 시간으로 분화시키는 것이 내가 제안하는 접근법이다. 이 분화를 가능하게 하는 것이 바로 '역사적 가설'이라는 개념적 장치의 도입인 것이다.

이 글은 소련 경제를 '특수한 전시경제(war economy *sui generis*)'로 정의한 바 있는 랑게(Lange 1970a), 소련 경제를 '평화시의 전시경제'라는 '동원경제(mobilized economy)'로 정의한 사피르(Sapir 1990)의 접근을 연장함으로써, 소련 경제라는 상대적으로 정합적인, 역사특수적인 사회구성의 내적 작동 구조와 이것에 의해 규정되는 구조의 내적 역사를 분석한다. 라부르스(Labrousse)의 표현대로 "경제체제는 그 구조의 정세를 갖는다."고 할 때 바로 경제체제와 이 구조에 의해 규정되는 정세(내적 역사)의 분석이 이 글의 과제라는 말이다.

이런 연구방법론에 근거해 이 글은 다음과 같이 구성된다. 먼저 제2절에서 역사적 가설로 도입된 동원경제 개념을 구체화하고 조정양식(coordination modes)의 특수한 조합형태로서 소련경제를 정의한다. 이어서 제3절은 소련경제의 내적 작동구조 및 이에 의해 규정되는 경제주체의 행동패턴과 그 결과에 대한 설명이다. 다시 말해 소련경제의 기본관계와 그 경제적 결과로서 경제체제의 주요 경향들이 설명된다. 제4절에서는 몇 가지 지표를 통해 소련 경제의 역사적 전개, 즉 경제구조의 변화 및 발전패턴의 특징을 살펴본다. 제5절은 앞 절에서 확인된 발전패턴, 특히 시스템에 내재된 정체경향이 어디에서 연유하는가 하는 문제를 제기하고 몇 가지 가설적인 대답을 시도한다.

2. 소련경제의 내적 작동구조

경제체제는 제도적 모체에 기반을 두는, 다수의 상호의존적인 조정양식의 앙상블로 정의될 수 있다. 역사적으로 특수한 경제체제는 이 제도적 모체에 의해 결정되는 상대적으로 안정적인 규칙성을 갖게 된다. 이 규칙성을 분석하는 것이 바로 체제분석의 핵심 과제가 된다. 그렇다면 동원경제로서의 소비에트 경제체제를 구성하는 조정양식의 형태는 어떻게 특징지을 수 있는가?

1) 동원경제로서 소련경제

소련경제의 구조적 특징 중 하나는 경제공간(經濟空間)의 이질성이다. 즉 발전 수준이 다른 기술과 서로 상이한 원리에 따르는 제도들이 동일한 경제공간의 구성에 참여하고 있다는 특징이 그것이다. 사실 역사적 시공간(時空間)에 존재하는 모든 경제체제는 정도의 차이는 있지만 이런 의미의 경제공간의 이질성을 동반하지 않을 수 없다. 하지만 소련경제체제의 경우 이 이질성의 구조적 측면이 핵심적 구성요소를 이룬다는 사실에 주목하고자 하는 것이 이 글의 입장이다.

소련경제를 특징짓는 경제공간의 구조적 이질성을 어떻게 개념화할 것인가? 이 문제는 소련경제를 몇 개의 구분되는 섹터(sector)로 나눌 것과, 이 섹터 사이의 상호작용을 경제 작동 메커니즘 분석의 핵심에 놓을 것을 요구한다.

소비에트 경제학자인 유리 야레멘코는 경제 시스템이 보유하고 있는 생산요소(자원)의 질적 수준의 차이를 핵심에 놓는 이론 모델을 소

련경제의 설명모델로 제시한 바 있다. 야레멘코에 따르면,

> 가용한 자원의 효율적 배분이라는 관점에서 볼 때, 경제구조의 섹터별 구분은 다음과 같은 사실로부터 출발하지 않으면 안된다. 즉 우리 경제(소련)에서는 물론이거니와 다른 많은 나라에서도, 이 자원이 질적으로 동일하지 않다는 사실이 그것이다.…노동력 · 기계장치 · 원료의 질적 수준은 상당한 정도의 그리고 상대적으로 안정된 스펙트럼을 보인다(Yaremenko 2000: 28).

노동력의 질적 특징을 구성하는 요소로는 노동자의 교육 · 훈련 · 숙련의 수준 등이, 그리고 기계장치와 원료의 질적 수준을 결정하는 요소로는 에너지 집약도나 다른 기술적 특징이 들어갈 것이다.

이런 이질성이 일시적, 곧 사라질 과도기적 현상이 아니라 구조적인 것이라면, 어떻게 이 이질성이 재생산되는가 그리고 그 경제적 효과는 무엇인가를 설명하는 것은 경제체제의 성격 구명에 큰 의미를 갖는다. 더 나아가 야레멘코에 따르면, 질적 수준이 서로 다른 자원의 동시적 사용은 경제성장 및 발전의 핵심적 측면이다.

> 다양한 범주의 자원 공급의 안정적 존재와 각 범주 안에서 질적으로 새로운 그룹의 끊임없는 출현과 결합이라는 이 아이디어는 질적으로 상이한 자원의 동시적 이용이 경제발전의 객관적 요구라는 것을 함축한다(Yaremenko 2000: 28).

야레멘코에 따르면, 이질성의 정도는 발전단계에 따라 달라질 수 있지만, 그렇다고 경제발전에 따라 이질성이 사라지는 것은 아니다. 국민경제를 이런 방식으로 개념화하면, 질적으로 상이한 자원의 결합 비율의 변화는 경제적 동학의 '직접적인' 설명변수가 된다. 더욱이 이 구분이 섹터별 구분이라는 형태를 취할 때, 어떤 원리에 따라 각각의 섹터에 질적으로 상이한 자원이 배분되는지가 경제체제의 특징을 결정하는 핵심 요소가 될 것이다.

소련경제에서 자원배분 메커니즘의 핵심을 이루는 것은 우선제도(優先制度 priority system)인데, 그 핵심은 우선섹터의 선정, 자원(특히 질적 수준이 높은 자원)의 우선배분에 있다. 이 우선제도는 한편으로 전시동원경제와 다른 한편으로 자본주의 경제의 산업정책(industrial policy)과 이론적 · 역사적 연관을 갖는다.

전시경제가 우선섹터인 군수산업에 자원을 우선적으로 배분하는 행정적 · 금융적 수단의 사용을 특징으로 한다면, 산업정책도 또한 특정 섹터 · 산업(필요하다면 개별기업)의 필요에 맞춘 자원의 배분을 포함한다. 이런 의미에서 산업정책은 애덤 스미스적 의미의 자유방임과 구분될 뿐 아니라 집계변수들 사이의 상호관계에 영향을 주고자하는 거시경제정책과도 구분된다. 전시경제나 산업정책은 목표 섹터의 설정, 섹터별 목표에 맞춘 정책수단의 개발을 동반하지 않을 수 없다.

이렇게 정의된 경제적 동원은 소련경제에 고유한 것은 아니다. 자본주의적 시장경제에서도 전시에 경제적 동원이 광범위하게 실시될 뿐 아니라, 후발국 경제개발 과정에서 광범위하게 실시되는 산업정책도 또한 경제적 동원의 하나다. 그러나 우리가 문제삼는 것은 경제적 동원의 체제 결정적 성격, 즉 경제적 동원이 내적으로 정합적인 제도적 앙상블인 경제체제의 구성원리가 되는 경우이며, 따라서 제도적 앙상블과 주요한 구조적 파라미터에서 차이를 보이는 경제적 동원이 문제다.

경제적 동원이 경제의 비상업적 영역에 제한된 그리고 일시적인 경우에는 '국지적 동원'이라고 부를 수 있다. 그러나 경제적 동원의 일반화, 즉 "성장 모드의 근본적 전환을 목적으로 하는, 산업전반으로 일반화된 동원"은 동원경제로 정의할 수 있다(Sapir 1990: 37). 사피르의 정의를 연장하고 자원의 질적 차이가 갖는 중요성을 고려해, 우리는 동원경제를 다음과 같이 더 구체적으로 정의할 수 있다. 즉 한 나라의 성장양식의 근본적 전환을 목적으로 목표 섹터에 자원, 특히 양질(良質)의 자원을 우선적으로 배분하는 일반화된 우선제도가 동원경제다.

이렇게 일반화된 우선제도에 의해 규정되는 국민경제는 그에 상응하는 섹터별 구분을 갖게 된다. 이 섹터별 구분을 갖는 국민경제의 구조적 특징을 어떻게 묘사할 수 있는가?

한 국민경제가 처분하는 자원을 그 질적 수준에 따라 순차적으로 나열하면,

$R = \{R_1, R_2, \cdots\cdots, R_n\}$
(R_i: 질적 수준 i의 자원)

그리고 사용하는 자원의 질적 수준에 따라 생산단위(기업이든 기업들의 연합이든)가 질적으로 계층화된다고 하면,[3)]

$S = \{S_1, S_2, \cdots\cdots\cdots, S_m\}$
(S_j: 사용하는 자원의 질적 수준이 j인 생산단위)

두 벡터사이에는 예컨대 아래와 같은 상관관계가 있을 것이다.

$S_1 = \{R_1, R_2\}$
$S_2 = \{R_2, R_3, R_4\}$
$\cdots$
$S_m = \{R_l, R_n\}$

자원의 질적 수준의 위계가 주어졌다고 할 때, 경제시스템을 특징짓는 것은 자원의 질적 수준의 위계와 생산단위의 위계 사이의 대응관계다. 어떤 기준에 따라 이 대응관계가 결정되는가?

<그림 1>이 예시하는 바와 같이 자원에 대한 접근이 생산단위 사이

3) 물론 한 생산단위가 처분하는 자원의 질적 수준이 명확히 구분되느냐 하는 문제가 있을 수 있지만, 경험에 따라 각 생산단위가 처분하는 자원의 질적 수준을 측정할 수 있다고 가정하자.

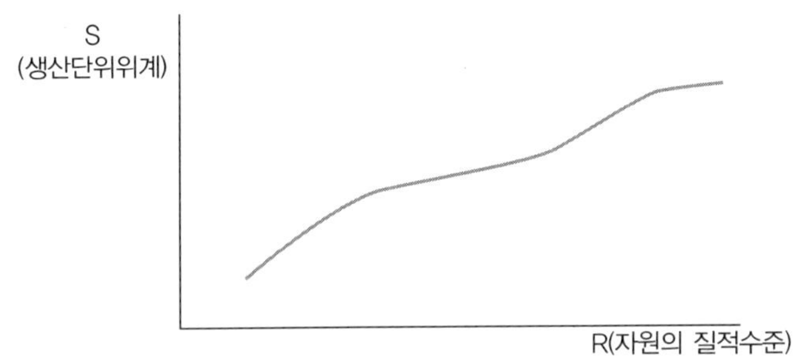

〈그림 1〉 사용 자원의 질적 수준과 생산조직 사이의 대응관계[4)]

에 차별이 있다는 것은 희소 자원 특히 양질의 희소자원이 다음과 같은 기준—예컨대 생산단위의 크기, 산업의 특성, 지역 등—에 따라 배분될 가능성을 의미한다. 우선제도는 양질의 자원을 '우선섹터'로 지정된 부문에 배분하는 제도들의 앙상블에 다름 아니다.

국민경제의 이런 섹터구분은 그에 상응하는 경제발전 개념을 함축하지 않을 수 없다. 이제 경제발전의 핵심적 차원 중 하나는 점차 질적 수준이 높아지는 자원을 사용하는 새로운 섹터의 순차적인 도입과정, 따라서 국민경제가 사용하는 자원의 전반적 질적 수준의 점차적 향상 과정으로 정의될 수 있다. 또한 이렇게 정의된 섹터 사이의 상호작용의 양태와 특징(연관효과 linkage effects, 외부성, 섹터간 확산 메커니즘 등)은 국민경제의 경향성과 진동을 결정하는 '구조'를 형성하게 된다.

2) 소련경제의 조정양식의 형태

이런 기술적 특성과 더불어 지적할 수 있는 소련경제의 또 하나의

4) 그림의 횡축은 자원을 질적 수준에 따라 오름차순으로 정렬한 것이며, 종축은 생산조직을 우선순위 결정의 기준에 따라 역시 오름차순으로 정렬한 것이다. 이하의 논의에서는 야레멘코(Yaremenko 2000)에 따라 단순화하여 자원을 양질자원(qualified resources)와 대량자원(mass resources)이라는 두 범주로 나눌 것이다.

특성은 조정양식의 복합성이다. 즉 자본주의 경제가 시장에 의한 경제활동의 조정메커니즘만으로 환원되지 않듯이, 소련 경제도 중앙에 의한 계획—이것이 지배적이라 해도—만으로 환원될 수 없는 조정양식의 복합성을 갖는다. 더 근본적으로는 이런 복합적 조정양식의 공존이 시스템이 전체로서 작동하기 위한 필요조건이다.[5)]

서론에서 우리는 소련 경제시스템 분석이 사회구성의 추상수준에 속하며 이 사회구성은 복수의 조정양식의 공존과 상호작용을 특징으로 한다고 언급한 바 있다. 어떤 조정양식이 사회구성으로서 소련 경제시스템을 구성하는가? 소련경제를 구성하는 네 가지 조정양식은 메가 위계, 네트워크, 시장, 미시적 위계며, <표 2>는 이 네 가지 조정양식의 형태적 특징과 실질적 내용을 보여준다.

〈표 2〉 소련 경제시스템: 조정양식의 형태적 특징과 실질적 내용

조정양식	형 태	실질적 내용
메가 위계 (통제위계)	계획당국 또는 정부부처의 권력에 기초를 두는 수직적 연계	위계의 각 층위간의 비대칭적 상호의존 관계; 협상(bargaining)
네트워크	위계 안에서 또는 그 외부에서 형성된 안정화된 비공식적 관계	산업적 또는 지역적 네트워크; 연줄(clientelism)
시장	화폐교환을 주로 하는 수평적 관계	수평적 관계에서 다양한 정도의 수직적 매개 (소비재 · 생산재 · 노동력 등 시장에 따라 수직적 매개의 정도가 다름)
마이크로 위계 (기업)	지배인 유일관리제[6)]에 기초를 두는 수직적 연계	지배인과 노동자 사이의 비대칭적 상호의존 관계; 약한 형태의 협상

자료: Chavance 1997: 147.

5) 호지슨(Hodgson 1999)을 따라 이것을 'impurity principle'이라 부를 수 있을 것이다.

소련 경제는 형태상으로는 위계(메가, 마이크로), 네트워크 및 시장이라는 조정양식의 혼합으로 특징지어지지만 실질 내용상으로는 이들 이질적 조정양식의 착종(錯綜)이 지배적이다. 예를 들면 메가 위계는 위계의 각 층위간 비대칭적 상호의존이 실질적 내용이며 따라서 협상을 보완적인 조정양식으로 포함하지 않을 수 없다는 것이다.

생산단위인 기업을 둘러싼 조정양식의 형태와 실질적 내용은 따라서 <그림 2>와 같이 요약할 수 있다. 기업(또는 기업의 지배인)은 위로는 해당 정부부처와 계획당국으로 이어지는 메가 위계에 의해 제약되며, 이 제약 속에서 '위와 협상한다'. 기업 내부에서 지배인은 노동자와의 마이크로 위계의 상층을 차지하며, 역시 '아래와 협상한다'. 기업(지배인)은 수평적 관계에서 '후방(後方)'으로는 생산에 필요한 물자 조달의 불확실성을 해결하기 위해 수평적 네트워크를 구축하지 않을 수 없다. '전방(前方)'으로는 판매를 통한 고객관계의 형태로 역시 네트워크가 형성된다. 그리고 이 전-후방 네트워크는 연줄(clientelism)과 협상에 의해 매개되는 수평적 관계로 볼 수 있다.

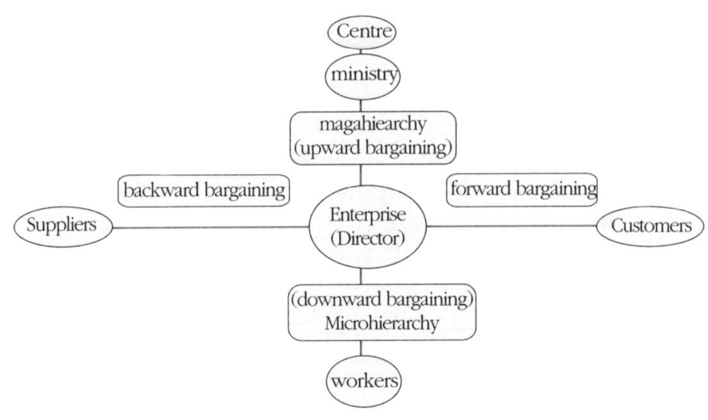

〈그림 2〉 소련 경제시스템의 조정양식의 형태

6) 기업의 지도자 · 지배인에게 모든 관리체계를 집중시키고 그가 경제관리 · 운영의 모든 문제들을 결정하고 처리하며 책임지게 하는 경제관리 · 운영방법.

이상에서 우리는 먼저 소련 경제시스템을 동원경제로 정의했다. 이어서 동원경제를 구성하는 구조적 특징들을 구체화했다. 한편으로는 소련 경제의 생산기술상의 특징으로 사용 자원의 이질성과 질적으로 상이한 자원이 섹터별로 배분되는 메커니즘으로 우선제도(priority system)를 정의했다. 이것이 생산력 차원에서 소련 경제의 특징이라 할 수 있을 것이다. 다른 한편으로 조정양식의 복수성과 공존은 제도적 차원의 특징이라 할 수 있을 것이다. 이 두 가지 즉 기술적 · 제도적 특징이 동원경제로 정의되는 소련 경제시스템의 구조적 특징을 이룬다.

3. 소련 경제체제의 기본관계 및 경향성

소련 경제시스템 분석을 위와 같은 일반적 수준의 기술적 특징과 조정양식의 분석에서 멈춘다면 이것들의 중요성에도 불구하고 중요한 측면이 분석에서 제외될 수밖에 없다. 그것은 이 '구조'의 제약 속에서 또는 때로는 이 제약을 우회해 자신의 목적을 달성하려는 수많은 경제주체들의 상호작용, 그 상호작용의 총체가 만들어내는 동학의 방향성이 그것이다. 소련 경제를 특징짓는 제도적 형태에 의해 상대적으로 안정화된 이 상호작용의 총체는 소련식 동원경제의 기본관계를 형성한다. 이 기본관계의 내용은 무엇이며 또 그 경제적 효과는 무엇인가? 이 3절에선 먼저 통제의 구조와 정보의 흐름이 시스템의 핵심으로 지적되고, 다음으로 전형적인 행동양태와 그 효과로 생산극대화, 물자조달 경쟁 및 화폐금융제도의 전화가 지적될 것이다.

1) 통제의 구조와 정보의 흐름

동원경제는 상호보완적이며 내적으로 정합적인 제도들의 앙상블로 볼 수 있다. 따라서 구성요소들, 구성요소들 사이의 필연적인 상호관계, 따라서 시스템에 고유한 발전 논리를 확인할 수 있다.[7] 그 주요한 제도적 차원은 다음과 같다. i) 일반적인 통제구조; ii) 관료적인 미시적 규제구조; iii) 중간재의 배급; iv) 행정적인 방식에 의한 가격 결정; v) 산업부문간 및 기업간 이윤의 재분배를 통한 중앙집중화된 축적체제(Chavance 1989: 162). 이 통제구조의 골격은 <그림 2>에서 본 바와 같다.

상명하달식(上命下達式)의 일방적 위계적 통제라는 통상적인 이미지와는 달리, 계획화 과정은 위계의 상이한 수준간의 상호학습 과정으로 인식되어야 할 측면을 많이 갖고 있다. 경제주체의 제한된 합리성과 그로부터 불가피하게 나오는 불확실성을 전제할 때, 이런 학습과정의 성격은 경제체제의 성격을 결정하는 중요한 변수가 아닐 수 없다. 소련경제에서도 실제의 계획화과정에선 "제도화된 또는 제도화되지 않은 세력관계, 협상 그리고 상이한 위계에 속하는 경제주체 사이의 상호모순적인 행동과 유인구조가 지배적인 특징을 이룬다"(Chavance 1989: 51).

위계의 복잡화와 외연적 확장은 이상적인 중앙집중적 계획화라는 관점에서 볼 때 역설적인 결과를 초래한다. 즉 수평적으로 구분되는 상이한 부문(segments) 또는 수직적 위계의 다양한 층위에 분권화의 논리와 독자적 이해관계를 확산시키는 것이 그것이다. 이 역설적 효과로 한편으론 중간 또는 하위 층위에 속하는 경제주체의 독자성이 강화되지만, 다른 한편으론 중간과 하위 층위의 입장에서 볼 때 불확실성도 증가한다(Seurot 1989: 144). 이런 상황에서 계획당국이 직면하는 통제의 핵심 문제는 기업의 상당한 독자성, 각 부처의 권력(재량), 그리고 중앙에 의한 효율적인 지도통제를 어떻게 조화시킬 수 있느냐다.

소련경제를 중앙에 의한 사전적인 조절이 완료된 시스템으로 보지 않고 개별 경제주체의 상당한 정도의 재량이 불가피하게 허용될 수밖에 없는 분권화된 경제라고 인식하는 것은 중요한 이론적 · 실질적 함

---

7) Roland (1990)와 Ericson (1991)을 참조하라.

의를 갖는다. 이런 접근법은,

> (i) 집중화가 '사전적으로(a priori)' 완료되었다는 가정에서 출발할 때와는 달리, 분권화된 경제활동이 어떻게 통합되는가(aggregate) 하는 문제를 제기하지 않을 수 없고, (ii) 이런 집중화의 제도적 형태를 구축하는 역사적 과정과 그 위기 및 실패, 나아가 개별적 실천, 집단적 행동, 제도와 규범의 접합방식을 사유할 수 있게 한다 (Sapir 1997: 128).

이 집중화 과정을 연구할 때, 경제주체의 제한된 합리성을 수용해 불확실성과 이해(利害)의 갈등을 고려한다면, 경제주체가 참여하는 객관적 환경뿐 아니라 경제주체가 객관적 환경을 인식하는 방식, 즉 그 주관적 환경도 고려하지 않으면 안 된다. 이런 주관적 과정의 고려는 스몰러(Smolar 1978: 64)가 지적한 대로, 기존의 주요 계획화이론들이 계획당국의 이미지 형성과정과 그 변화에 관련된 고유한 문제를 무시하고 있기 때문에 더욱 중요성을 갖는다. 이 인지적 과정을 포함한 계획화과정을 우리는 '협상의 정치경제학'이라 부를 수 있을 것이다 (Chavance 1989: 51). <그림 2>가 보여주는 바와 같이 계획당국인 고스플란(Gosplan)과 정부부처, 정부부처 · 기업 · 기업연합 사이에는 협상에 의한 조절이 이루어지고, 따라서 위계관계가 조건지우는 상호학습이 이루어진다.

이 '협상의 정치경제학'의 핵심은 무엇인가? 상층위계의 행동은 설정된 목적함수뿐 아니라 하층위계와의 관계에도 의존한다. 왜냐하면 하층위계는 상층위계의 권력행사의 대상일 뿐 아니라 권력행사에 필요불가결한 정보의 원천이기도 하기 때문이다. 하층위계는 정보를 조작함으로써 상층위계의 의사결정에 영향을 미칠 수 있는 것이다. 따라서 기업과 경제관리의 다른 모든 중간적 고리들은 일종의 '정보권력'을 보유하게 되는데, 이 정보권력은 다음과 같은 원천에서 나온다. 즉 경제와 그 환경의 복잡성으로 말미암아 상층위계는 자신이 필요로 하는 모든 정보를 모집하고 확인하는 것이 불가능하기 때문이다.

이런 정보와 권력의 비대칭성에 직면해 위계의 각 층위는 자신의 독자적인 전략을 구사한다. 따라서 생산의 기본단위를 둘러싼 경제주체들의 상호작용을 전략적 게임의 하나로 볼 수 있다. 그 안에서 지배인은,

> 한편으론 실행해야 할 계획량을 최소화하고 다른 한편으론 필요한 조달, 임금기금, 투자필요액 등을 부풀리는 경향을 갖는다. 따라서 그가 제공하는 정보는 이중의 왜곡을 겪는다. 즉 설비의 경우 과소평가되며 필요한 자원의 경우 과대평가된다(Chavance 1989: 51).

계획당국의 대응전략은 '긴장된 계획'으로 표현된다. 즉 계획당국은 이전 기(期)에 달성한 경제적 성과에 항상 일정 비율을 덧붙이는 방식으로 계획목표를 긴장되게 설정한다는 것이다. 이런 전략과 대응전략의 상호작용의 전형적인 결과는 계획의 미(未)실행, 강제된 대체(forced substitution)다. 계획의 실행과정에서 불가피하게 반복되는 계획수정은 국지적인 병목현상을 야기할 뿐 아니라 계획의 거시경제적 비율의 붕괴를 초래한다. 중앙집중적 계획경제라는 이미지와는 달리 경제시스템은 항상적인 긴장과 모순에 의해 특징지워지며, 전체의 정합성은 내생적으로 발생하는 불균형에 의해 끊임없이 부서진다.

계획당국의 결정과정이 갖는 갈등적 성격은 계획당국의 역할의 다양성 · 다수성, 그리고 그 역할을 조화시키는 것의 어려움에서 연유한다. 계획 작성 단계에서 어려운 그러나 불가피한 선택이 차후로 연기되지만, 그 선택은 계획의 실행 단계에서 불가피하게 제기되지 않을 수 없다. 결국 계획당국은 우선제도에 따라 생산물간 · 부문간 · 지역간 자원배분을 결정하게 된다. 따라서 우선제도는 계획당국이 설정하는 목표의 위계를 표현할 뿐 아니라 이 위계에 따른 희소자원의 분배메커니즘도 표현한다. 이런 우선제도를 핵심으로 하는 계획은 성장양식의 근

본적 전환이라는 목적과 결합되어 동원의 기능을 갖게 된다.

우선제도와 결합된 '긴장된 계획'은 계획당국이 하층위계에 행사하는 압력수단으로도 기능한다. 이 수단은 우선섹터의 경제적 발전을 가능하게 함과 동시에 계획의 주요 거시경제적 비율의 붕괴를 초래한다. 계획당국의 동원전략과 그로부터 나오는 불확실성이 내포하는 위험으로부터 자신의 조직을 보호하기 위해, 기업·기업연합·정부부처는 더 유리한 생존과 번영을 위한 조건을 확보하기 위해 정보를 조작하거나 과소보고하는 경향을 갖게 된다. 결과적으로 계획당국의 경제전체에 대한 지식은 하층위계가 인식하는 현실과 다르게 된다.

정보의 생산과 흐름이 경제시스템의 효율성을 결정하는 핵심 변수라고 할 때, 소련 경제시스템은 제도적 앙상블에 의해 구조화된 심각한 한계가 있었다. 이 정보생산의 한계는 분업의 확산과 심화, 따라서 경제 시스템의 복잡화가 점점 더 진행함에 따라 시스템 전체의 효율성에 심각한 장애를 일으키지 않을 수 없게 되었다. 이런 관점에서 볼 때 소련의 경제계획은 경제의 조화로운 발전을 달성하기 위한 도구라기보다는 급속한 경제성장을 실현하기 위한 자원동원의 도구로 인식하는 것이 더 타당하다(Levine 1966: 270). 계획당국의 주요 목표는 급속한 경제성장과 경제구조의 전환이었으며, 그 수단은 우선제도이었다는 것이다.

2) 전형적인 행동양태와 그 경제적 효과

계획화의 한계를 인정한다는 것이 동시에 소련경제가 처음부터 정체상태를 벗어나지 못하는, 따라서 조만간 사멸할 수밖에 없는 경제체제였다는 것을 의미하는 것은 아니다. 반대로 소련경제는 급속하고 격렬한 구조변화를 경험했다. 이런 구조변화의 내용을 다음 절에서 살펴보기 전에 어떤 행동양태가 소련경제를 특징짓는지 분석할 필요가 있다. 앞에서 논한 소련경제를 구성하는 조정양식의 복수성, 통제 구조 및 정보의 유통구조에 대한 이해를 바탕으로 이제 이런 제도들의 앙상블이 조건지우는 경제주체들의 전형적인 행동패턴을 논리적으로 도출할 수 있다. 우리는 세 가지 제목—생산량의 극대화를 추구하는 생산력주의(productivism), 물자조달의 어려움과 경쟁형태의 특수성, 그리고 화폐금융제도의 전화—으로 이 전형적인 행통패턴을 분석하고자 한다.

가. 생산력주의와 생산극대화 경향

우선제도는 우선섹터에 대한 자원의 우선적 배분과 동시에 판매의 보장을 의미한다. 개별 생산단위의 입장에서는 그 최종 목적이 이윤의 극대화든 아니면 다른 경제적 성과에 동반되는 권력의 극대화든 생산량 극대화의 유인을 갖게 된다. 이윤이나 권력은 생산량 크기에 비례해 증가할 것이기 때문이다(Sapir 1990: 45). 이는 한마디로 기술적 또는 제도적 요인에 의해 우선섹터에 일종의 '규모수익 체증'과 비슷한 논리가 정착됨을 의미한다.

이런 논리의 일반화는 기업의 행통패턴에 심대한 변화를 야기하지 않을 수 없다. 우선섹터의 기업은 생산량을 증가시키기 위해 투자를 증가시키는 경향을 갖게 된다. 소련식 동원경제는 과잉투자의 경향을 갖게 된다는 것이다. 동일한 논리로 또한 산업의 기술적 특성이 규모수익 체증일 경우와 마찬가지로 산업집중이 강화된다. 따라서 이윤율—또는 기업크기에 비례하는 권력 크기—이 자본유통을 규제하는 한, 그 섹터는 가장 큰 기업에 의해 결국 흡수되지 않을 수 없게 된다(Sapir 1990: 46). 소련경제는 따라서 산업집중의 경향을 갖게 된다. 소련경제에서 발견되는 과잉투자와 산업집중화(독점화) 경향 및 기업규모의 상대적 비대화는 이런 생산극대화를 부추기는 유인체계에 원인이 있다.

나. 자재조달의 문제와 경쟁의 특수한 형태: 투입물 확보 경쟁

생산량과 투자의 극대화는 '자재확보 경쟁'이라는 소련식 경제에 고유한 경쟁 형태를 동반한다. 이제 경쟁은 생산물의 판매가 아니라 투입물의 조달을 둘러싸고 행해진다. 투입물(생산재와 노동)에 대한 수요는 끝없이 증가한다. 투입물 수요의 증가는 한편으로 투입물 시장의 만성적인 부족을, 다른 한편으로 기업의 '예비적 행동'에 의한 자재의 축장(hoarding) 또는 비축을 체제에 고유한 특징으로 정착시킨다. 판매가 보장된 상황에서 미시적 경제주체가 당면하는 주요 문제는 생산물의 판매가 아니라 투입물의 획득이 되는 것이다. 이런 상황에서 생산단위간의 경쟁은 이제 구매기업들 사이의 투입물 확보 경쟁이라는 형태를 취한다(Sapir 1990: 49).

이런 투입물 조달과 이것의 불확실성은 이에 적응하는 몇 가지 특징적인 행동패턴을 낳는다. 즉 (i) 산업제국(industrial empire)의 건설, (ii) 축장(hoarding), 그리고 (iii) '중개인(해결사) 현상(tolkaci)'이 그것이다.

(i) 산업제국의 건설

규모수익 증가 또는 불변, 투입물 조달의 제약이라는 조건 속에서 중간위계 또는 기업의 주요 목표는 생존 · 확장 · 독립성의 확보가 된다. 이들은 가능한 수단을 이용해 물자조달의 제약과 불확실성에 대처하면서 생산을 극대화하는 전략을 추구하지 않을 수 없고, 이런 행동은 일종의 산업제국의 건설을 낳는다. 예를 들면 자동차 공장은 최종생산물인 자동차 생산에 들어가는 각종 원자재에서 중간재에 이르기까지 가능한 한 많은 부분을 일관된 위계체계 속에 수직통합하려고 할 뿐 아니라 자동차생산과 관련이 없는 노동자용 소비재 · 서비스 생산까지 통합하려는 경향을 갖게 된다. 소련에서 기업은 이렇게 특화된 생산물의 생산만이 아닌 다기능적 조직이 된다.

이런 경향의 중요한 결과의 하나는 기술적 과소전문화(underspecialization) 또는 탈전문화(despecialization)이다. 원칙상 다른 기업 혹은 다른 정부부처에 속하지만, 자신의 생산에 필요한 중간재 · 설비 등을 자체 생산하는 것이다. 따라서 기술적 차원에서 볼 때 생산단위는 점점 내적 정합성을 잃고 이질화되어 간다. 이런 조건 속에서는 현대경제의 생산성의 주요한 원천의 하나인 전문화와 차별화(differentiation)

의 실현이 어려워지지 않을 수 없다.

결론적으로 소련경제의 제도적 특징에 상응하는 불확실성의 특수한 형태, 즉 물자조달의 불확실성은 그에 상응하는 생산단위의 기술적 · 조직적 특징을 낳고, 이 속에서 '혁신적' 행동은 생산물 시장의 경쟁이 아니라 물자조달의 불확실성과 부족에 적응할 필요에 의해 촉진된다.

(ii) 부족과 축장

또 하나의 결과는 투입물자의 기업 안 축장경향이다. 투입물자 조달의 불확실성에 의한 생산시스템의 주기적인 마비를 방지하기 위해 기업은 예비적(precautionary) 물자를 축적하지 않을 수 없다. 여기서는 대체가능성으로 정의될 수 있는 일종의 자원의 '유동성 (liquidity)' 이 중요한데, 물자조달의 불확실성에 직면해서 축장되는 자원이 좀 더 '유동적' 일수록, 일반적 부족 뿐 아니라 병목현상에 직면해도 생산단위의 원활한 작동이 더욱 잘 보장될 것이기 때문이다. 따라서 축장은 주로 '유동성이 높은' 자원, 특히 미숙련 노동인력의 축장이라는 형태를 취한다. 이런 축장 행동과, 양질 자원을 대량 자원으로 '보상(補償)' 하려는 경향(자원의 질을 자원의 양으로 메우려는 경향)은 대량 자원의 생산에 강한 압력을 행사하지 않을 수 없는데, 특히 노동시장과 자연자원의 생산에서 그러하다. 시스템 전체의 불균형의 누적은 따라서 이런 대량 자원의 생산과 관련된 부문에 집중된다. 노동시장의 만성적인 노동인력 부족현상, 초과수요 현상[8], 그리고 더 많은 자연자원의 생산을 위한 생산확장 경향이 그 결과다.

이런 이유로 대량 자원은 소련식 동원경제에서 경제적 동학, 즉 그 장기적인 경향과 진동을 조절하는 역할을 하게 되며, 이것의 존재는 시스템 전체의 안정적 작동을 위한 필요조건이 된다.

8) 소련경제는 완전고용을 넘어 항상적인 초과고용 경향을 보인다.

(iii) 물자조달의 불확실성과 tolkaci(중개인)의 역할

물자조달에서는 고스납(Gossnab)이 물론 핵심적 역할을 한다. 고스플란과 마찬가지로 고스납은 초(超)정부부처(super-ministry) 조직이고, 경제의 정상적 작동에 필요한 모든 것을 공급할 임무를 띠었다. 고스납은 약 1만 8천에 이르는 중간재를 관리했다(Lewin 2003). 많은 정부부처는 자신의 물자조달 시스템과 네트워크를 유지했으며, 이리하여 기업수준의 산업제국 건설 경향과 마찬가지로 부처본위주의(또는 기관본위주의 departmentalism)가 더욱 강화되었다.

고스납을 통한 물자조달의 불확실성에 대처하는 특수한 기능을 수행하는 인물이 등장해 준(準) 제도적인 형태를 갖추기에 이르렀다. 고스납의 직원과 항상 접촉하면서 필요한 시기에 필요한 물자를 획득하는 일을 맡는 일종의 중개인(tolkaci)[9]이 그것이다. 물자창고, 역의 화물보관소 및 고스납의 사무실은 말하자면 일종의 수많은 톨까치와 다른 정부부처 · 기업의 파견인들의 '메카' 였다(Lewin 2003: 447). 이들 상업조직은 온갖 종류의 거래가 이루어지는 자연적인 장소를 형성했으며, 나아가 소련경제의 정상적 작동을 위해 필수불가결한 원초적 시장형태 발전을 위한 토양을 제공했다(Lewin 2003: 451). 톨까치의 활동은 당에 의해 비판받았지만 이런 비공식적 제도가 없었다면 경제의 작동은 완전히 멈추었을 것이다.

이런 행태는 특수한 종류의 불확실성, 물자조달의 불확실성의 결과들이다. 생산물 판매의 불확실성이 아닌 물자조달의 불확실성과 시스템에 고유한 유인 구조는 기업의 특수한 행동패턴과 조직적 특징을 결정지었다. 생산규모의 극대화, 산업제국의 건설, 축장이 그것이며, 이것은 다시 생산단위의 기술적 특징과 조직 구조를 노동분업의 발전과 심화를 방해하는 방향으로 몰고 갔다.

---

9) 문자적 의미에서 tolkaci 는 '일이 되게 하는 사람', 즉 해결사를 의미한다.

다. 화폐 금융 시스템의 성격

사전적(事前的)인 완전한 계획화, 달리 표현하면 사전적으로 완벽한 수평적 그리고 간시간적(間時間的) 조정[10]을 전제하지 않는 한, 판매보장은 사적 노동의 자동적인 사회화를 의미하는 것은 아니다. 판매보장은 가치실현의 테스트를 중앙계획당국의 수준으로 이전(移轉)할 뿐이며, 이 수준에서 사적 노동의 사회화라는 제약은 다시 중앙계획당국의 재정(자금조달)의 필요성으로 표현된다(Sapir 1990: 47). 따라서 소련식 동원경제에서 가치실현 테스트의 특수성은 국가와 기업의 자금조달 방식에 표현되지 않을 수 없다.

가치실현 테스트의 이전은 화폐금융시스템을 전환시킨다. 국가재정에 하나의 특수한 항목—국민경제의 자금조달이라는 항목—이 등장하게 된다. 총생산량과 실질적 필요 사이의 격차라는 거시적 불균형과, 각 산업의 발전 속도의 차이에서 오는 구조적 불균형의 누적은 이 항목의 상대적 비중을 점점 더 크게 만든다. 기업의 자금조달에서는 자본시장의 부재로 말미암아 유동성의 유일한 원천은 중앙은행이 된다. 신용과 보조금은 구분이 어려워진다. 이런 조건 속에서 조정의 실패는 국가의 재정적자 그리고/또는 기업의 부채증가를 낳는다. 기업 부채의 증가를 중앙은행의 신용·보조금에 의해 충당하는 한, 그리고 국가의 부채를 최종적으로 화폐발행으로 메우는 한, 소련식 동원경제는 구조적인 인플레이션의 경향을 갖게 된다.

이런 관점에서 볼 때, 소련의 화폐금융시스템은 급속한 경제성장을 달성하기 위한 화폐·재정정책의 혼합 시스템으로 볼 수 있다. "단일은행-단일재정 시스템은 합리적인 화폐적 균형이라는 조건 속에서 성장을 달성하기 위한 최적 금융구조의 문제에 대한 합리적 답변이다" (Garvy 1968: 182).

그로스만에 따르면, 소련식 동원경제에는 엄밀한 의미의 화폐·통

---

10) 이것은 다시 완전정보를 가정하지 않을 수 없다.

화정책은 없었고, 오직 반인플레이션 · 반디플레이션적 화폐적 계획의 기술(技術)만 있었다. 그리고 이 후자의 핵심은,

> 계획기간에 가계로 향하는 화폐의 흐름을 통제해 계획된 수량의 범위를 넘지 않도록 하는 것, 따라서 기업의 임금지급을 위한 화폐의 인출을 엄격히 통제하는 데 있었다. 미시 금융적 통제 수단에 의한 거시적 통제(거시경제적 균형)가 핵심이다 (Grossman 1968: 9).

따라서 소련식 동원경제는 분권화 경제의 내적 모순의 발현형태를 근본적으로 변화시킨다. 생산력주의와 생산 극대화경향, 경쟁의 특수한 형태, 즉 물자확보 경쟁은 특히 경제체제의 주요한 시스템적 특징을 설명한다. 구조적 불균형의 누적과 축장 · 부족의 일반화, 이에 상응한 유동성의 과잉은 인플레이션 경향을 초래한다(Sapir 1990: 57). 따라서 부족과 구조적 인플레이션 경향은 소련식 동원경제에 고유한 모순의 발현형태며 따라서 시스템적 원인을 갖는다.

4. 소련경제의 내생적 진화와 내적 긴장들: 경향과 진동

앞의 두 절에서 우리는 계획당국의 의도 혹은 프로젝트가 아니라 계획당국을 포함하는 다양한 경제주체에 대한 보다 현실적 가정, 특히 정보구조에 대한 가정에서 출발하여 동원경제로서의 소련 경제시스템의 구성을 설명하였다. 또한 이 구성에 의해 조건지워지는 전형적 행동 및 상호작용과 이 작용-반작용의 총체가 만들어내는 시스템의 주요 경향성도 도출하였다.

앞 절에서 소련경제의 작동 메커니즘을 설명했다면 이 절에서는 이러한 구조가 내포하는 경향성들이 구체적 시공간 속에서 어떻게 전개

되는가를 보고자 한다. 다시 말해 구조에 의해 규정되는 정세[11]의 분석이 대상이다. 장기 역사적 관점에서 볼 때 산업화의 역사는 거대한 구조전환의 시기이지만, 여기서는 몇 가지 핵심적인 특징을 소개하는 데 머무르고자 한다. 이 절은 '산업구조변화', '발전패턴', '정체경향' 세 가지로 나누어 소비에트 경제 시스템의 핵심적 동학적 특징을 소개하는데 만족하고자 한다.[12]

1) 산업 및 사회구조 변화: 전반적 경제적 성과와 산업구조의 변화

먼저 경제구조의 변화는 인구와 생산의 산업별 구조의 변화를 통해 확인할 수 있다. <표 3>이 보여주듯이 인구의 산업별 구조는 농업에서 공업으로의 중심이동이라는 산업화의 일반성에서 벗어나지 않는다. 그러나 소련 말기로 오면서 농업부문의 인구 감소속도가 저하되어, 1990년까지 농업부문 인구가 아직은 20% 이상으로 높은 수준을 유지하고 있다.

GNP의 산업별 원천을 기준으로 해서도 역시 유사한 구조변화를 보여준다(<표 4> 참조). 단 평가가격을 소련 국내가격으로 하지 않고 국제시장가격으로 할 때 공업부문의 기여 비율이 현저히 떨어지는 것을 볼 수 있다. 이것은 소련의 국내가격 구조가 공업 생산물을 과대 평가하고 기타 재화 및 서비스를 과소평가하는 경향을 반영한다.

흥미로운 비교는 소련의 경제적 성과를 다른 나라의 그것과 비교하

---

11) 구조의 잠재성이 시공간 속에서 전개됨으로써 실현되는 정세의 분석이 이 절의 서술대상이다.

12) 이 이외에도 중요한 차원으로 군수부문의 역할, 대외무역 구조 등을 들 수 있다. 이 절에서 주의할 점은 통계자료 해석의 문제이다. 일반적으로 소련경제의 연구에서 부딪치는 문제, 즉 체계적인 원자료 부족과 특히 경제체제의 질적 차이가 큰 경우 국제비교시 발생하는 방법론적 문제 등이 지적되어야 한다. 따라서 이 절에서 이용되는 통계자료들은 소련경제의 주요한 경향성을 확인하는 선에서만 의미가 있을 것이다.

〈표 3〉 소련의 산업별 고용구조 (1913~1990)

	1913	1950	1978	1990
농업	75,00	44,03	23,22	20,55
공업	8,60	18,88	28,11	26,62
기타	16,40	37,10	48,67	52,83
전체고용	100,00	100,00	100,00	100,00

자료: Maddison 1998b.

〈표 4〉 소련 GNP 구성의 변화: 1950~1990 (% of GNP)

	1950	1978	1990
	조정된 요소가격(국제가격)으로 계산		
GNP	100	100	100
공업	18,4	31,5	32,3
농업	40,6	23,5	19,9
기타	41,0	45,1	47,8

	1950	1978	1990
	소련 국내가격으로 계산		
GNP	100	100	100
공업	34,4	49,5	50,4
농업	34,1	17,5	15,0
기타	31,5	33	34,6

자료: Maddison 1998b.

는 것이다. 〈표 5〉는 1987년 미국과 비교한 소련의 상대적 생산 및 생산성 수준을 보여준다. 일인당 생산, 고용인구당 생산 및 시간당 생산에서 소련은 미국의 약 30~33% 수준에 있는 것으로 나타나고 있다.

〈표 5〉 상대적 생산 및 생산성 수준 1987

	USA	USSR	USSR/USA (USA=100)
GDP (백만 1990 $)	5,093,396	1,965,457	38,6
인구(천명)	243,942	283,100	116,1
일인당 GDP($)	20,880	6,943	33,3
고용(천명)	114,697	138,121	120,4
피고용자 일인당GDP($)	44,407	14,230	32,1
피고용자 일인당 연간 노동시간	1,608	1,700	105,7
노동시간당GDP($)	27,62	8,37	30,3

자료: Maddison 1998b.

비교대상을 비슷한 시기 유사한 방식으로 공업화를 시작한 일본과 그리고 '후기후발국'(late-latecomer)이라 할 수 있는 한국과 비교해 본다면 결과는 더욱 흥미롭다. 일본과 비교했을 때 1960년까지는 소련의 일인당 소득수준이 일본보다 높았지만 그 이후로 급속도로 역전되는 사태가 발생한다. 한국과 비교해서도 역시 1980년대를 지나면서 유사한 역전이 발생했다(<표 6>을 참조).

〈표 6〉 소련, 일본, 한국의 상대적 일인당 GDP(서구 선진국=100)

	1820	1870	1913	1950	1960	1970	1980	1990	2000
러시아 또는 소련	57.2	46.0	37.3	45.1	46.4	46.6	42.1	36.6	19.1
일본	55.6	36.0	34.8	30.5	46.9	81.1	88.0	100.0	92.7
한국	49.9	29.5	20.5	12.2	13.0	16.3	27.0	46.3	63.1

자료: Storm and Naastepad 2005: 1061

일본 · 한국과 비교한 노동생산성의 수준(미국과 비교한 상대적 노동생산성)에서도 유사한 역전이 일어난다(<표 7> 참고). 즉 1952년에 상대적 노동생산성에서 소련은 일본보다 우위에 있었지만 1978년엔 일본 80.5, 소련 35.8로 일본에 크게 뒤쳐진다. 한국과 비교해서도 1978년과 1994년 사이에 역시 역전현상이 확인된다.

〈표 7〉 소련, 일본, 한국의 상대적 노동생산성의 변화 (미국=100)

	한국*	일본	소련 또는 러시아
1952	–	18.7	29.2
1978	12.7**	80.5	35.8
1994	26.3***	99.7	17.9

자료: Maddison 1998a; * Pilat 1994: 186, 188. ** 1975년 제조업의 상대적 노동생산성. *** 1987년 제조업의 상대적 노동생산성.

2) 발전패턴과 시스템의 정체경향

비교체제 분석에서 중요한 것은 산업화와 산업화에 동반하는 구조변화라는 일반적 특징보다는 소련경제발전을 타국의 경험과 비교할 때 드러나는 상대적 특징을 설명하는 것이다. 이 상대적 특징을 우리는 '발전패턴' 이라는 용어로 개념화할 수 있다. 발전패턴은 전반적 성장의 리듬, 후발국의 선발국 추격 속도(catch-up rate) 및 성장회귀분석을 통해 고찰되는 성장원천의 상대적 분포로 구성된다고 말할 수 있다. 다시 말해 발전패턴은 전반적 성장의 안정성, 추격의 속도, 성장요인의 상대적 분포와 이 분포의 시간에 따른 변화와 같은 복합적 요인을 구성요소로 갖는다.

가. 장기경향과 진동

<그림 3>은 소련 경제성장의 장기 경향과 진동의 대강의 특징을 보여준다. 첫째 특징은 성장률의 지속적인 하락경향이다. 소련은 1960년대 후반까지는 상대적으로 높은 수준의 성장률을 유지했으나 1970년대 중반 이후로는 공식통계에 따르더라도 심각한 정체상태에 빠져들어간다. <그림 3>이 보여주는 소련 경제성장의 또 하나의 특징은 성장률의 급격한 진동이다. 계획에 의해 자연발생적 무질서를 제거한다는 공식 이데올로기와는 반대로 소련경제는 오히려 상당한 진폭의 진동 혹은 '경기변동' 을 동반하는 성장으로 특징지워진다.

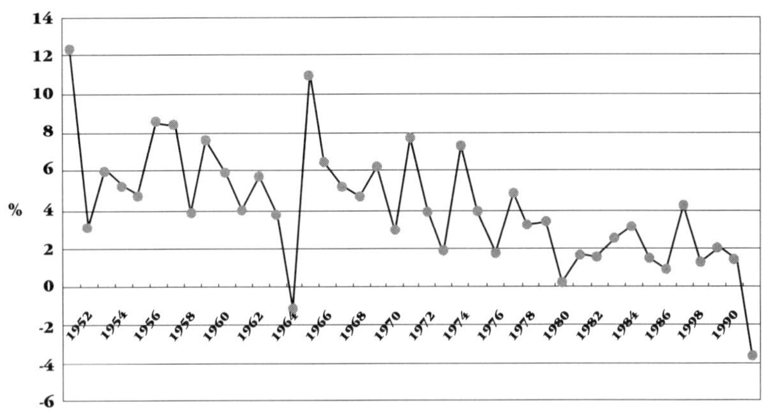

〈그림 3〉 소련의 GNP 성장률

자료: Sokoloff 1995.

나. 추격

발전패턴을 구성하는 다음 요소는 추격의 리듬이다. 다른 후발국과 마찬가지로 소련 정치 엘리트의 가장 큰 관심 중의 하나는 바로 선진 자본주의국의 추격에 있었다고 해도 과언이 아니다. 1959년 흐루시초프는 소련은 향후 18년 이내에 '최선진 자본주의국(미국)을 추격 · 추월' 할 것이라고 선언한 바 있다. 그러나 1980년대 중후반의 글라스노스트와 페레스트로이카로 상징되는 대개혁을 단행하지 않을 수 없게 된 소련은 이미 몇 년 동안 지속된 경제정체와 사회정치적 마비현상으로 폭발직전의 위기에 처해있었다. 추격-추월은 커녕 최선진국과의 경제적 격차는 해가 갈수록 벌여져만 갔다.

20세기라는 좀 더 긴 역사적 시각에서 본다면 소련의 추격 혹은 추락은 몇 가지 시기로 구분된다. 우선 1950년 이전과 이후의 시기가 분명히 구분된다. <표 8>이 보여주는 바와 같이, 1950년 이전 소련의 추격은 예외적이었다. 다른 대부분의 나라들이 미국에 대한 상대적 성장률에서 마이너스를 기록한 이 시기에 유독 소련만이 미국 추격에 성공했던 것이다. 반면 전후 1950~1989년의 성과는 반대다. 소련경제가 0.6%의 추격률을 보인 반면 일본과 한국은 각각 3.9%, 3.6%의 매우 높은 추격률을 보였을 뿐만 아니라 프랑스와 독일도 각각 1.2%, 1.7%의 높은 추격률을 보였던 것이다.

〈표 8〉 추격률, 1913~1989 (각국의 기간 평균 성장률—미국의 기간 평균 성장률)

	1913~1950	1950~1989
소련	0.7	0.6
일본	-0.6	3.9
한국	-1.7	3.6
프랑스	-0.4	1.2
독일	-0.9	1.7

자료: Dosi et al. 1994.

또한 전후시기를 보다 세분하면, 1970년대 이후 체제의 붕괴까지는 위기라 할 만큼 성장률의 하락이 특징이다. 앞의 <그림 3>에서 보듯이, 1960년대 중반까지는 상대적으로 높은 수준의 성장을 유지하지만, 특히 1980년대 이후로는 전반적으로 2% 미만의 낮은 성장률을 기록, 다른 선발국과의 격차가 좁아지기는커녕 점점 넓어졌다. 추격이 소련 엘리트의 중요 관심사라는 점에서 이러한 격차의 증가는 체제 안의 정치 사회적 긴장도를 제고시켜, 근본적인 개혁을 추동하는 압력으로 작용하지 않을 수 없었다.

다. 성장 원천의 분포

발전패턴의 또 하나의 중요한 구성요소는 성장회귀분석이 보여주는 성장원천상의 특징이다. 특히 여기서 주목하고자 하는 것은 자본과 노동 투입물의 증가에 의한 성장인가 아니면 '기술진보'[13]에 기반하는

13) 여기서는 성장회귀분석에서 노동 · 자본 투입의 증가로 설명되지 않는 부분을 넓은 의미의 기술진보에 의한 성장으로 본다.

성장인가다. 자본주의 장기 역사에서 산업화의 진전과 함께 투입물의 증가로 설명되지 않는 기술진보의 역할이 증가하는 경향을 보이는 것이 일반적이라 할 때, 소련의 발전패턴은 이와는 다른 특징적인 모습을 보인다. 특히 자본생산성이 소련 후기로 오면서 감소하는 것은 과잉투자경향의 이면을 이룸과 동시에 투자자본의 비효율적 이용이 소련경제 정체 및 위기의 직접적인 원인임을 암시한다(<표 9>).

〈표 9〉 산업 및 생산성의 연 증가율 (1950~1975)

	제조업		건설업		자본생산성		노동생산성	
	공식통계	Khanin	공식통계	Khanin	공식통계	Khanin	공식통계	Khanin
1950-1960	11.7	8.5	12.3	8.4	0.8	-1.4	8.0	5.0
1961-1965	8.6	7.0	7.7	5.1	-3.0	-1.0	6.0	4.1
1966-1970	8.5	4.5	7.0	3.2	-0.4	-0.6	6.8	9.0
1971-1975	7.4	4.5	7.0	3.7	-2.7	-1.0	4.6	1.9

자료: Harrison 1993.

<표 10>은 성장원천의 변화를 보다 자세히 보여준다. 소련 말기까지 자본 증가율은 높은 수준을 유지했다. 반면 총요소생산성은 1970년대 이후로는 급격히 악화, 특히 1975년 이후로는 마이너스 성장을 기록했다.

이러한 성장 원천상의 특징은 이 시기 높은 경제성장률을 보인 일본 및 한국의 경험과 비교하면 그 예외성이 더욱 분명해진다. 특히 전후시

〈표 10〉 소련경제의 성장원천 변화

	1928-40	1940-50	1950-60	1960-70	1970-75	1975-80	1980-85
GDP	5,8	2,2	5,7	5,2	3,7	2,6	2
노동	3,3	0,7	1,2	1,7	1,7	1,2	0,7
자본	9,0	0,4	9,5	8,0	7,9	6,8	6,3
총요소생산성	1,7	1,6	1,6	1,5	0	-0,4	-0,5

자료: Ofer 1987.

기를 1950~73년과 1973~92년의 두 시기로 나누면 두 번째 시기 소련과 일본 · 한국의 차이가 더욱 분명해 진다(<표 11>). 일본의 경우 첫 번째 시기에 비해 시간당 생산성 증가가 둔화되긴 하지만 상당히 높은 수준을 유지한 반면, 소련의 경우 오히려 감소한다. 앞의 표에서 본 총요소생산성의 감소에 대응하는 결과다.

〈표 11〉 일인당 GNP 및 노동생산성 증가율
(노동시간당 GNP, 누적 성장률의 연평균)

	1913-1950	1950-1973		1973-1992	
	GNP	GNP	생산성	GNP	생산성
소련	1.8	3.4	3.4	-1.4	-0.8
일본	0.9	8.0	7.7	3.0	3.1
한국	-0.2	5.2	4.1	6.9	5.2

자료: Maddison 1998c.

3) 산업화의 성격 규정

소비에트 산업화의 특징, 한계와 모순은 다음과 같은 몇 가지 구조적 특징으로 요약될 수 있다. 먼저 추격 혹은 상대적 경제 성장률에 관한 한 20세기 전반기에 소련경제는 상대적으로 높은 성장률을 보여 선발국 경제와의 격차를 좁히는 데 성공을 거두었다. 반면 20세기 후반기의 성과는 미미한데, 그것은 소련경제의 성장이 점점 둔화되었을 뿐만 아니라, 다른 나라들, 특히 서유럽 및 일본과 아시아의 신흥공업국의 추격의 속도가 매우 빨랐기 때문이기도 하다. 따라서 이 상대적 성장속도의 차이를 설명할 이론적 모델이 요구된다.

둘째 성장회귀분석을 통한 성장요소의 분석은 소련경제가 투입물 증가에 의존하는 외연적 성장에서 기술진보에 의존하는 내포적 성장으로의 이행에 실패했음을 보여준다. 경제사의 다양한 경험이 보여주는 바와 같이 장기적으로 볼 때 이 이행은 지속적인 성장을 위한 필요조건이었으나, 소련의 경우 이 이행은 실현되지 않았고, 이 이행실패가 또한 장기침체와 체제위기의 근본적 원인이 되었다. 자원의 동원에 의한 외연적 성장은 동원 가능한 대량 자원이 고갈됨과 동시에 한계에 부딪칠 수밖에 없으며, 특히 상대적으로 쉽게 동원 가능한 농업부문의 유휴노동력의 고갈은 결정적인 전환을 필요로 한다. 소련도 1960년대 중반을 지나면서 이 전환이 요구되었으며, 인구부족이 시스템의 곳곳에서 느껴지기 시작했다. 당 지도부는 이 문제의 심각성을 인식했으며 생산성의 향상이 성장의 대안적 원천으로 인식되었다. 그러한 방향으로 정책도 추진되었다. 그러나 이 전환을 성공적으로 실현하지 못함으로써 소련 경제는 총요소생산성의 감소를 경험하며 위기로 치닫게 된다. 수차례 반복된 경제개혁의 시도에도 불구하고 소련은 왜 이 이행에 실패했는가를 해명하는 일은 아직도 분명하고 구체적인 해답을 기다리는 중요한 문제가 아닐 수 없다.

셋째로 고도로 산업화된 소련경제를 저발전으로 취급하는 것의 문제점을 지적하지 않을 수 없다. 여기서 저발전(underdevelopment)과 구분되는 '왜곡된' 발전으로 소련 산업화 유형을 정의할 필요성이 제기된다. 우선섹터의 상대적인 발전과 나머지 섹터의 저발전의 공존이 소련 경제의 시스템적 특징을 형성한다면 이는 발전의 일반적 수준 문제로 환원할 수 없는 발전의 왜곡이라는 문제를 동시에 제기하지 않으면 안됨을 의미한다. 따라서 소련경제(나아가 '사회주의' 경제 일반)의 이행의 문제는 경제발전이라는 일반적 문제와 더불어 발전의 왜곡이라는 특수한 문제를 제기한다. 발전과 이행의 동시적 과정[14]을 이해하는 것이야 말로 체제위기 이후 체제전환을 이해하는 데 결정적인 관건이 아닐 수 없다.

14) 이론적으로는 발전경제학과 '이행경제학'의 결합이 요구될 것이다.

5. 소련 시스템의 정체경향과 그 원인

이러한 발전패턴, 특히 시스템에 내재된 정체경향을 어떻게 설명할 것인가? 특히 새로운 성장원천에 기반을 두는 내포적 성장으로의 이행의 장벽은 무엇이었는가? 첫째로 우선제도 자체에 내재하는, 우선섹터와 나머지 섹터간의 관계에서 오는 기술적 확산메커니즘의 한계, 둘째로 경제 관리 메커니즘으로서의 조절양식의 전환 실패가 주요한 원인으로 지적될 수 있다.[15)]

1) 기술적 확산메커니즘의 한계

경제발전 과정은 산업간, 지역간 불균등 발전을 특징으로 한다. 이는 다시 우월한 기술 및 조직이 경제의 전 부문에 걸쳐 동시에 도입되는 것이 아니라 한 부문 또는 지역에 도입된 후 이것이 경제시스템 전체로 확산되는 과정을 거친다는 것을 의미한다. 따라서 최초의 도입뿐만 아니라 확산메커니즘의 성격에 따라 경제성장의 속도는 크게 달라질 수 있다. 이 후자의 과정을 '기술 확산(diffusion)' 과정으로 정의하며, 이 확산에 고유한 경제적 문제를 탐구할 필요가 있다.

더욱이 동원경제에서는 이 확산메커니즘이 더욱 중요성을 가지는데, 그것은 동원경제가 상대적인 양질 자원을 우선섹터에 우선적으로 배분하는 일종의 불균등발전전략이기 때문이다. 따라서 이러한 발전전략과 경제시스템에서는 기술확산의 문제가 그에 상응하는 특수한 방식으로 분석되지 않으면 안 된다. 즉 확산은 경제발전 과정의 한 국면을 형성하며, 거기에 적합한 제도적 · 조직적 조건을 필요로 한다는 것이다. 이러한 국면을 우리는 탈동원(demobilization)으로 개념화할 수 있으며, 제

15) 체제의 작동 메커니즘에서 군수부문과 자원생산 부문의 특수한 역할, 체제간 경쟁 혹은 냉전이라는 국제정치적 요소들의 중요성 역시 강조되어야 할 것이다.

도적 · 조직적 조건을 분석할 필요가 있다. 동원과 탈동원은 소련경제 발전의 두 국면을 구성하며, 또한 각각에 상응하는 제도적 · 조직적 거시경제적 구조를 필요로 한다. 이러한 관점에서 1970년대 이후 소련경제의 정체는 탈동원의 실패 혹은 미완에서 주요한 원인을 찾을 수 있다.

그렇다면 동원경제의 어떤 제도적 · 조직적 특징들이 효율적인 기술확산에 장애물을 구성했는가? 이는 동원경제의 핵심을 구성하는 특징들, 즉 우선제도, 경쟁의 형태 및 유인구조이다.

가. 우선제도

우선제도는 양질 자원을 목표 섹터에 우선적으로 배분하는 시스템이며, 따라서 이질적 경제공간을 창출하고 섹터간 분절을 낳는 것을 보았다. 소련경제에서 우선섹터는 거의 언제나 군수산업과 생산재 산업이었고, 이 부문의 기술진보는 상당한 수준에 이르렀다. 자원의 우선배분은 양적인 측면에만 한정된 것이 아니라 보다 전반적이었으며 그 효과로 소련경제에는 사실상 섹터별 분절화가 정착되었다. 우선섹터의 기술자, 과학자 및 노동자는 종종 보다 높은 임금, 보다 나은 주거환경 및 휴가를 향유했다. 기술수준도 상대적으로 보다 높았고 기술 확산도 보다 빨랐으며, 결국 생산성도 보다 높았다. 결과적으로 기술진보가 우선섹터, 특히 군산복합부문에만 집중되는 경향을 갖게 되었으며 다른 섹터로 확산되는 데 어려움이 있었다.

이러한 '고립'의 부정적 효과중 하나는 혼합재 산업(mixed branches)[16]의 저발전이다. 반면 20세기 후반 서구의 포드주의 성장레짐에서는 이러한 혼합재 산업이 결정적인 역할을 했다.

연구개발에서도 섹터간 고립은 기술확산의 중요한 장애물이었다.

---

16) 자본집약도는 상대적으로 낮으나 기술집약도가 높은 산업들, 즉 자동차 · 전자 · 플라스틱 · 정밀기계 등 (Andreff 1978).

> 군사부문 연구개발은 단연 우선 프로젝트였으며 중앙에 의해 지도 관리되었다. 더욱이 숙련노동력 · 자금 · 설비 · 물자조달이 우선적으로 제공되었으며, 보다 유리한 인센티브와 보다 유연한 조직형태가 허용되었다. 이러한 방식으로 군사부문 연구개발은 보통의 관료주의적 계획화에 기인하는 품질저하, 장애 및 기타 문제들로부터 자유로울 수 있었다(Ofer 1987: 1813).

물론 군사부문의 고립의 부정적 효과는 민수부문에 대한 연구개발 투자의 감소가 아닐 수 없었다. 특히 우선섹터의 기술적 · 조직적 혁신이 민수부문으로 파급(spin-off)되는 메커니즘이, 특히 소비재 산업으로 확산되는 메커니즘이 효과적으로 작동할 수 없었다. 반면 이와는 반대로 20세기 후반기에 기술 및 조직적 혁신은 새로운 소비재 혹은 '혼합재' 생산분야에서 이루어지고 있었다.

이러한 우선섹터의 상대적 '고립'과 나아가 준 독립적 내부 물자조달 능력[17]의 발달은 시간이 지나면서 역설적인 결과를 낳았다. 즉 군수부문의 상대적 '고립'은 물자조달의 불확실성을 제거하고 또한 시스템 미작동의 부정적 효과를 민수부문에 전가함으로써, 단기 및 중기에는 성과를 유지할 수 있었지만 민수부문의 저발달이 장기적으로는 부메랑이 되어 돌아왔다. 군수부문의 발달이 점점 더 고도의 기술수준과 민수부문의 연구개발 능력과 수준에 점점 더 크게 의존했기 때문이다(Ofer 1987: 1813). 따라서 장기적인 관점에서 볼 때 소련의 우선섹터인 군사부문도 질을 희생하고 양에 치중하는(혹은 외관상의 거대함이 질적 수준의 향상에 의해 뒷받침되지 못하는) '역설적 군사주의' 현상을 특징으로 갖게 되었다(Sapir 1990: 86). 결국 우선제도에 기초를 두는 소련경제는 극단적인 이중구조의 정착으로 귀결되었다.

역설적이지만 동원에 의한 산업화의 성공은 이중구조로 표현되는 불균형을 누적시켰고 동시에 이러한 불균형이 정점을 이룸과 동시에

---

17) 필요한 것을 거의 자체조달하는 시스템.

동원경제의 작동조건인 동원 가능한 대량 자원, 특히 저임의 유휴노동력이 고갈되기 시작했다. 결국 소련경제는 1960년대 중후반을 지나면서 심대한 개혁의 필요성에 직면했으며, 1965~67년의 고시킨 개혁 시도는 이러한 문제가 적어도 정치엘리트의 상당부분에 분명히 인식되고 있었음을 증명한다. 그러나 1960년대 말 개혁의 중단 및 좌절 이후, 소련경제는 정체경향의 심화와 위기로 치닫게 된다.

나. 물자조달 경쟁과 경제적 유인구조

소련 경제체제의 유인구조도 또한 기술진보의 방향과 그 속도에 중요한 영향을 미쳤다. 경쟁의 특수한 형태, 생산단위의 통제 기준(계획지표의 달성) 및 이에 고유한 유인구조는 새로운 생산방식, 새로운 생산물의 도입과 확산을 억제하는 효과를 낳았다. 중앙계획에 의한 제약 속에서 기업 관리책임자는 물자조달 등 불확실성을 증가시키는 혁신을 시도할 유인을 가질 수가 없었다. 오히려 기업 관리자는 계획달성과 관련된 불확실성을 줄이기 위해 이미 익숙해진 관행을 선호할 충분한 유인을 갖는다(Levcik 1990: 215). 혁신 시도는 보상을 받기보다는 오히려 불이익을 받을 가능성이 높았다. 개선의 여지가 있음에도 불구하고 계획지표의 달성을 어렵게 한다고 판단되는 경우 새로운 기술은 채택되기 어려웠다.

관리시스템의 조직도 연속적인 기술진보, 특히 소규모 혁신과 개선에 전혀 유리하지 않았다. 생산단위 안에서 일하는 과학자의 수가 매우 제한되어 있었고, 기업이 직접 연구 개발에 참여하는 정도가 매우 낮았다. 생산물과 생산과정의 개선과 개발은 따라서 따로 설립된 연구조직에 의해 담당되지 않으면 안 되었다. 이러한 조직구성의 한 결과는 연구에서 산업적 생산에 이르기까지 걸리는 기간이 매우 길어질 수밖에 없다는 것이었다. 1970년대 중반 이후 이러한 단점을 보완하기 위해 연구개발과 생산활동을 하나의 위계조직 안에 통합한 '생산-기술 협회', '과학-생산 협회'와 같은 특별 조직을 창설했지만 기대한 성과는

나타나지 않았다(Ofer 1987: 1812). 우선제도 안에서,

> 가격은 경직적이었고 경쟁, 따라서 소비자의 선택은 존재하지 않았으며 물자 조달은 극히 불확실했기 때문에 정력적인 생산자라고 하더라도 그가 필요로 하는 투입물을 제 때에 구하기란 불가능한 일이었다 (Nove 1986: 30).

생산설비에 대한 투자는 기업의 기술적 토대를 갱신하는 방향으로 이루어지지 않았다. 기업은 유인의 부족으로 혹은 투자자금의 부족으로 결정과 실행에 오랜 시간을 끌었고, 노후화된 설비의 교체가 지연되었다.

계획지표 달성이라는 통제기준이 유지되는 한 기업만이 아니라 정부부처도 새로운 기술보다는 이미 존재하는 기술을 선호할 유인이 많았다. 자원이 만성적으로 부족한 상황에서 산업부문 · 정부부처는 이미 기술적 특성이 잘 알려진 생산물을 선호했으며, 이것은 다시 신기술의 도입을 지체시키는 원인이 되었다.

소련경제의 이러한 유인구조에서 나오는 중요한 결과는 한편으로 신기술 도입의 지체와 다른 한편으로 설비의 노후화였다. 생산설비의 효율성은 당연히 크게 떨어질 수밖에 없었고, 노후설비의 존재는 다시 신기술을 체화한 새로운 설비의 도입을 기술적으로 어렵게 만들었다. 설비 노후화의 또 다른 결과는 대량 자원의 과도한 소비와 막대한 유지보수 비용이었다. 우선제도가 낳는 기술공간의 이질화 경향에 설비 노후화로 인한 이질화 경향이 추가되었다. 기계의 평균수명은 미국에서보다 3~4배 길 정도로 유지 · 보수를 통해 연장되었고, 그 결과로 하나의 생산단위 안에 최신기계와 20년 이상이 지난 낡은 기계가 공존했다.

이러한 기술공간의 이질성 증대는 또한 자원의 낭비를 초래했으며, 아주 낮은 에너지효율성의 원인의 하나가 되었다. 또한 노후한 기계의 사용은 기술적 일관성의 부족 때문에 신기술의 도입을 어렵게 하고 따라서 노동과 자본의 생산성 저하를 초래했다. 마지막으로 자원의 비효

율적 사용은 생산물의 품질저하를 초래했다.

산업제국의 구축 경향과 과소전문화경향은 기술공간의 이질화를 증대시켰을 뿐만 아니라 이 경향이 함축하는 '자급자족 원칙'은 효율성 기준을 부차적인 차원으로 밀어내는 경향을 가졌고, 또한 그 결과로 많은 기계와 부품의 생산이 본래 이것의 생산과는 관련이 없는 정부부처 및 기업에 산재하는 결과를 낳았다. 규모의 경제와 특화의 경제적 이득의 실현이 억제되었다.

소련경제의 제도적 앙상블과 유인구조의 특징은 기술진보에 관한 한 일종의 악순환 구조를 낳았다. 투자된 자본 사용의 비효율성은 낮은 생산성을 낳고, 이는 다시 계획당국의 압력 증가와 계획의 긴장도 증가를 초래한다. 이 압력은 한편으로 자연자원 생산부문에 대한 압력으로, 다른 한편으론 기술진보에 대한 정치적 압력의 가중으로 전환된다. 제도적 변화가 없는 상황에서 이러한 압력 증가는 '강제대체'와 '유사혁신'을 양산한다. 다시 투자의 질적 수준 저하와 생산성저하가 초래되지 않을 수 없다. 1970년대 이후 확인되는 총요소생산성의 급격한 하락은 이 악순환이 소련 경제시스템의 토대를 위협할 지경에 이르렀음을 의미한다고 볼 수 있을 것이다.

2) 조절양식[18]의 전환 실패

앞 절에서는 동원경제의 발전을 동원과 탈동원 두 국면으로 나누고, 두 번째 국면의 핵심적인 경제과정인 기술확산의 장애가 소련 경제 정체의 주요 원인으로 지적되었다. 또한 이 장애는 경제체제의 핵심을 이루는 제도적 조건과 유인구조에 그 원인이 있음도 보았다. 이것은 탈동원이 조절양식의 광범위한 개혁을 포함하는 과정, 따라서 경제영역을

18) 프랑스 조절이론가들의 용어인 조절양식은 상호보완적인 제도들의 앙상블로 정의될 수 있을 것이다. 이러한 의미의 조절양식은 '경제관리체계'와 유사성을 갖는다.

넘어서는 정치 · 사회적, 나아가 문화적 변화의 과정임을 의미한다.

동원에 의한 산업화의 성공은 역설적으로 그 성공을 뒷받침했던 제도적 앙상블의 전환을 요구한다. 여기선 두 국면의 핵심적인 차이를 조절양식의 이행이라는 관점에서 비교하는 것에 만족하고자 한다(<표 12>)[19].

그렇다면 왜 특정 시점에 이러한 경제관리체제의 전환이라는 문제가 심각한 문제로 등장하는가? 산업화 양식으로서의 동원경제는 그 안정적 작동의 한 필요조건으로 대량 자원, 특히 저임의 과잉 노동력의 존재를 요구한다. 하지만 동원에 의한 산업화의 진전은 이 대량 자원의 고갈을 동반하지 않을 수 없고, 이 고갈과 함께 경제시스템은 새로운

〈표 12〉 두 가지 조절양식과 그 특징

국가-당에 의한 위계적 조절	합의에 의한 관리
-중앙집중화, 직접적인 행정적 통제 -소상품생산의 축소	-분권화와 탈집중화, 경제적 메커니즘을 통한 통제의 중요성 증대 -소상품생산의 발달과 합법화
-경제주체의 자율성의 영역 축소 및 불법화 -소득격차의 확대 및 소득수준 결정의 혼란	-경제주체의 자율성 영역의 확대와 합법화 -소득격차의 축소와 협상에 의한 소득 결정
-초인플레이션 경향과 수량통제를 통한 배급	-인플레이션 경향의 완화. 그리고 가격메커니즘을 통한 할당
-통합에 우선순위를 둠. 사회 정치적 강제가 강함 -전제의 정당화, 동원의 논리가 사회관계 전반으로 확장됨 -자의의 일반화와 억압기구의 독자화	-매개 및 법치주의 발달 -직능단체 (노조)의 영향력 증대, 동원 논리의 약화 -억압기구의 역할 약화

자료: Sapir 1989: 33.

19) 이 변화의 내용을 자세히 분석하는 것은 사회주의 탄생 이래 끊임없이 반복되는 개혁시도의 역사를 다시 보는 것이 될 것이다.

성장 원천의 창출에 의해서만 지속적인 경제성장을 달성할 수 있다.

또한 동시에 동원에 의한 경제발전은 재생산 구조의 불균형이 누적되는 과정이기도 하다. 특히 우선섹터와 그 이외의 섹터, 혹은 생산재 산업과 소비재 산업 간의 불균등 발전은 결국 만성적인 소비재의 부족을 낳는다. 행정적인 가격결정이 지배하는 상황에서 소비재의 부족은 억제된 인플레이션의 형태로 표출되며, 이것은 다시 노동자의 노동의욕을 저하시켜 생산성 향상에 부정적 영향을 미치는 악순환이 정착한다.

대량 자원의 고갈과 동시에 재생산 구조의 불균형 심화는 경제관리 시스템의 심대한 개혁, 즉 조절양식의 전환을 요구한다. 동원에서 탈동원으로의 전환을 통해서만 지속적인 성장이 가능하다는 것이다. 산업화 및 도시화는 또한 사회적 · 문화적 변화를 동반하여 새로운 욕구구조를 갖는 새로운 세대의 탄생을 낳고 이들은 새로운 방식의 사회 · 문화적 삶을 요구하는 경향을 갖는다.

따라서 조절양식의 전환이라는 제도적 변화는 경제구조의 변화와 사회 · 문화적 변화에 의해 촉발되는 심대한 변화일 뿐만 아니라 역으로 이 후자를 가속화하는 단절이 아닐 수 없다. 1960년대 후반의 고시킨 개혁은 이러한 제도개혁 시도에 다름 아니었으나, 이 개혁 시도는 성공적인 결말을 보지 못하고 좌절되었다. 소련 경제시스템의 한계에 대한 정치엘리트 내부의 인식, 그리고 대대적인 개혁 시도에도 불구하고, 그 개혁이 예상되는 효과를 거두기 전에 중단됨으로써, 소련 경제는 1960년대 말 이후 외관상의 안정과는 반대로 정체경향이 강화되고 재생산구조의 불균형이 심화되는 방향으로 나아갔다.

이 개혁 시도와 그 좌절은 경제관리 체계의 전환, 따라서 제도적 개혁의 추진을 가능케 할, 정치시스템 성격의 문제, 특히 정치적 민주주의의 미발달 문제를 제기하지 않을 수 없게 한다. 경제발전과 민주주의의 관계에 대한 많은 논란에도 불구하고, 20세기 소련의 역사가 보여주는 것은 정치적 민주주의의 미발달이 결국 조절양식의 변화 및 적응에 필요한 제도적 개혁의 불가능성을 낳을 수 있다는 사실이다. 탈동원이 대량의 제도개혁을 포함하는 한, 새로운 제도의 정치적 정당성 문제를 제기하지 않을 수 없으며, 이 문제는 정치제도의 성격에 따라 여러 가지 다른 대응을 낳을 수 있고, 따라서 제도적 장애에 의한 경제체제의 정체가 충분히 가능하기 때문이다.

6. 결 론

1917년에서 1987년까지 소련 사회주의, 그리고 다시 1987년부터 2007년까지 체제전환의 경험을 거리를 두고 관찰할 시점이 되었다. 이제 70년간의 사회주의 경제 실험뿐만 아니라 20여년간의 또 다른 혁명적 실험의 손익계산서를 작성할 때다. 지난 역사를 전면 부정하고 새로운 토대 위에서 새로운 사회를 구성하기 위해서가 아니라 지난 시스템의 한계와 내적 긴장의 내용이 무엇이었는지 최근의 혁명적 실험의 한계와 내적 긴장의 내용이 무엇이었는지 먼저 이해하기 위해서다. 자본주의의 역사가 길게는 3백여 년에 이르지만 아직도 경제과학은 이 시스템의 작동 메커니즘에 대해 완전히 이해하고 있다고 말하기 힘든 것 같다. 시장, 그것도 완전경쟁시장의 작동메커니즘에 대한 이해는 크게 진전되어 있지만 현실적으로 존재했던 그리고 존재하는 다양한 형태의 역사적 자본주의가 시장으로 환원되지 않는 한, 시장, 그것도 특수한 한 형태인 완전경쟁 시장에 대한 이해로 이 역사특수적인 자본주의의 이해를 대신할 수는 없는 노릇이다.

그러나 다양한 역사특수적 자본주의의 이해에서 경제학은 아직 갈 길이 멀다. 자본주의의 다양성 문제가 100여 년 전 경제학의 전면에 등장한 적이 있었지만, 20세기 이데올로기적 · 정치적 정세 속에서 이 도전은 큰 자취를 남기지 못한 것으로 보인다. 이 과정에서 군사적 · 정치적 냉전은 경제과학에서도 그에 대응하는 흔적을 남겨놓았다. 이제 다시 자본주의의 다양성이 경제과학의 핵심 이슈 중 하나로 떠오르고 있고, 제도주의 · 진화주의 등 다양한 이론적 시도들이 이론적 · 실천적 중요성에도 불구하고 그동안 억압되거나 잊혀졌던 질문들을 다시 제기하고 있다.

지난 세기의 소련을 포함한 경제발전의 다양한 경험은 새로운 이론적 진전을 위한 중요한 연구대상이며 또한 새로운 아이디어의 원천이 아닐 수 없다. 물론 지난 세기 경제과학의 다양한 분야에서 이루어진 이론적 진전이 이러한 연구대상과 결합되지 않으면 안 될 것이다. 소련경제체제라는 시체의 해부작업은 이제 우리가 갓 빠져나온 '소비에트 세기'(Lewin 2003) 20세기를 이해하는 작업의 일부이며, 이러한 의미에서 우리의 현재를 이해하는 작업의 중요한 일부다.

개혁 개방 이후 중국의 경제 추격[1)]

5

이 근

1. 중국은 어떻게 성공했나? '연해 주도의 외향적 발전 모델'

1978년 겨울 개혁 · 개방의 바람이 분 이후 중국은 또 하나의 동아시아의 기적을 이루었다. 이렇게 중국이 급속한 경제성장을 달성할 수 있었던 이유는 무엇일까? 인구가 많다거나 자원이 풍부하다든가 하는 것은 원래부터 있었던 요인이기에 답이 되지 못한다. 개방 이후 대륙에 들어온 외국인 투자의 70% 이상이 화교자본임을 감안해 화교들의 도움 덕택이라고 답해도 이것은 답이 못 된다. 화교들도 그전부터 있었기 때문이다. 요건은 가만히 있던 화교들로 하여금 갑자기 대륙에 투자를 하게 만든 것이 무엇이냐 일 것이다.

정답은 대륙의 작은 거인 덩샤오핑(鄧小平)이 연해지역에 4개의 경제특구를 지정하고 경공업과 임가공 수출 위주의 새로운 공업화 정책을 선포했기 때문이다. 중국 최대의 자원인 값싼 노동을 이용한 경공업은 중국이 세계최고의 경쟁력이 있기에, 이를 파악한 화교자본과 외국자본이 대륙에 투자하기 시작한 것이다. 그렇다면 덩샤오핑 이전 즉 마오쩌둥(毛澤東) 시대의 중국의 경제발전 전략은 무엇이었기에 성장이 이루어지지 않았나? 그 전의 중국은 이른바 사회주의 공업화 즉 중화학

1) 이 글은 이근(2003) 및 이근 · 한동훈 · 정영록(2005)의 15장을 기반으로 약간 수정 · 보완한 것임.

공업 우선정책(優先政策)을 폈고 이는 자본을 많이 필요로 하는 것이었기에 자본은 부족하고 노동만이 풍부한 중국의 역사적 자연적 조건과 맞지 않았다.

25년이 흐른 2003년까지 중국에는 약 40만 건 이상의 프로젝트에 4,000억 달러 이상의 외국자본이 투자되었다. 그런데 이 중에 70% 정도가 화교자본이었으니 전 세계에 산재되어 있는 5,000만 화교가 없었더라면 과연 중국의 기적이 가능했을까 하는 의문을 갖게 된다. 그래서 필자는 중국을 '두 개의 5천만이 지배하는 나라' 라고 본다. 이 화교 말고 또 하나의 5천만이란 바로 공산당원(최근에는 7,000만 당원)이다. 공산주의가 이념으로서는 그 위력과 매력을 잃었으나 5천만 당원은 건재해 이들이 중국대륙을 지배하고 있다. 그래서 현재의 중국을 '공산당 왕조' 라고 비유하고 보통 왕조가 길게는 500년 짧게는 200년 간 것을 생각하면 공산당 왕조는 50년 밖에 안돼 아직 그 힘이 막강한 초창기여서 당분간은 지속될 것을 예상할 수 있다.

현재의 성공이 덩샤오핑 덕이라면 이 왕조를 세운 마오쩌둥이 한 것은 무엇일까? 문화혁명으로 10년 동안이나 온 나라를 혼란으로 몰아넣고 교육을 마비시킨 부정적 유산만 남긴 것인가? 그렇지 않다. 덩샤오핑은 바로 마오쩌둥의 세 가지 유산 아래 서있는 것이다. 세 가지란 마오쩌둥이 이룩한 세 가지 통일인데, 즉 땅의 통일, 말의 통일, 그리고 밥의 통일이다. 마오쩌둥이 세운 중화인민공화국은 진시황 이래 가장 넓은 땅을 통치하고 있으며, 지역 마다 말이 달라 말이 통하지 않는 12억 중국인민에게 소위 보통화라고 불리는 북경어(만다린)를 학교에서 보급해 서로 간에 의사소통이 가능하게 했다. 마지막으로, 그전에는 각자 자기 밥그릇만을 챙겨서 어떤 이는 배불리 먹는 반면 어떤 이는 굶어 죽었으나 마오쩌둥은 전 인민을 위한 커다란 철밥 그릇 하나를 가지고 똑 같이 나눠먹게 만들어 굶어죽는 사람이 없게 만들었다.

즉 마오쩌둥이 12억 인구에게 기본 교육을 가르치고 건강한 신체를 갖도록 한 위에 덩샤오핑이 이런 인적 자원이 바로 쓰일 수 있도록 하는 정책 전환만을 선포한 것이다. 이렇게 보면 별로 기적도 아니다.

2. 그러면 중국의 기적과 한강의 기적은 뭐가 다른가?

1) 한국은 도시화를 동반한 공업화, 중국은 도시화 없는 공업화

중국 기적의 시작이 값싼 노동을 이용해 경공업 제품을 만들고 이를 해외에 수출하는 것으로 시작한 것은 한국과 같으나, 한국과 다른 결정적 차이 하나는 개혁·개방 이후 초기 20년 동안은 급속한 도시화가 일어나지 않았다는 점이다. 2000년 이후 도시화 속도가 빨라지고 있지만, 중국의 도시화율은 40% 정도로 이제야 세계 평균에 도달했다. 자본주의적 공업화는 예외 없이 급격한 도시화를 낳아서, 종종 도시 빈민, 도시 과밀, 교통 혼잡 등 여러 사회적 및 경제적 비용을 유발했다. 중국만이 천천히 진행되는 도시화를 경험하고 있는데, 이것이 중국이 낮은 소득수준에도 불구하고 높은 저축률과 국제수지 흑자를 유지할 수 있는 요인 중의 하나다(Lee, Lin & Chang 2005).

도시화율을 낮게 유지하는 것이 가능했던 첫째 이유는 연해 지역의 도시 주변과 농촌 지역에 활발하게 발달한 농촌 기업 때문이다. 이른바 향진(鄕鎭: 면과 읍을 칭함)기업이라 불리는 이들 농촌과 소도시에 기반한 기업들이 경공업을 중심으로 1990년대까지 중국의 총 수출의 1/3을 담당하면서 농촌에 일자리를 창출했다. 국유기업들은 규모만 컸지 적자투성이어서 재정에 부담만 준 반면, 이 역동적 농촌 기업들은 개혁기 초기 20년 동안 중국 경제 성장의 엔진이었다. 이들은 우리가 과거 새마을 기업이라고 해서 농촌에서 육성했던 소규모 수준이 아니고, 규모나 사업 영역 면에서 상당히 큰 규모부터 소규모까지 다양한 모습으로 존재하고 있다. 이들 중에 상당수는 외국 주로 화교 기업과 제휴해 국제적 경쟁에까지 나서고 있다.

초기의 급속한 도시화가 가져올 소비팽창, 도시 서비스 수요 급증, 일자리 부족 등의 부담을 우려해 온 중국 당국은 이른바 '리토불리향(離土不離鄕)', 즉 땅과는 이별하되 마을과는 이별하지 않고 남아 공업을 한다는 농촌기업 육성 정책에 힘을 기울인 덕에 도시화 없는 공업화를 달성했다. 이에 추가해 인민들을 출신지에 따라 농촌호적과 도시호적으로 분리하고 도시로의 거주이전을 막은 이농통제(離農統制) 정책이 도시화를 막는데 기여했다. 언뜻 보면, 더 높은 소득을 쫓아 도시로 가는 자유로운 이동을 인위적으로 막는 것은 비효율적인 정책으로 보이지만, 그 덕에 중국은 낮은 소비율과 30%가 넘는 높은 저축률을 확보해 국내 자본 형성에 도움을 받았다. 또한 소비팽창이 억제되니 수입이 많지 않아 국제수지도 처음부터 계속 흑자로 유지할 수 있었다. 전후 30년 내내 국제수지 적자에 허덕인 한국과는 처음부터 달랐다.

즉 5천만 화교의 자본과 기술, 낮은 도시화율, 30%라는 매우 높은 수준의 저축률, 국제수지 흑자, 풍부한 인적자원과 자연자원 등의 조건으로, 한국과는 비교가 안 되게 좋은 조건에서 출발한 중국이다. 이리 보면 훨씬 불리한 조건에서 출발한 한국은 기적이라고 할만해도 중국의 성장을 기적이라고 할 것도 없는 것 같다.

2) 한국은 외국인 투자에 소극적, 중국은 외국인 투자에 적극 개방

개혁 · 개방 이후 중국은 대외지향적 발전전략을 취한 면에서 과거 한국과 동일하지만 개방의 내용 면에서는 결정적 차이가 있었다. 한국은 밖으로 나가는 수출을 추구했지만, 들어오는 것 즉 외국상품 수입과 다국적 기업의 직접투자 모두를 다 통제했다. 반면에 중국은 수입시장은 한국과 마찬가지로 개방하지 않았지만 다국적 기업에 대해서는 문을 활짝 열었다. 과거 한국이 외국측 지분이 50%를 넘지 않도록 규제한 반면 중국은 제조업에 대해서는 처음부터 외국지분이 100%인 투자도 적극 수용했다.

그 결과 한국 기업들은 보호된 내수시장에서 손쉬운 장사를 하는 대신 해외시장에서 진짜 경쟁을 통해 살아남기를 요구받았다. 반면에 중국기업들은 수입시장만 닫아 놓았을 뿐 자국 안에 다 들어와 있는 외국기업들 때문에 내수시장에서나 해외시장에서나 치열한 경쟁 속에서 살아남아야 했다(Lee, Lin and Chang 2005).

과거 한국이 외국인 직접투자를 견제한 것은 국내기업들이 경쟁에 뒤져 자라기도 전에 다 죽을 것을 염려했기 때문이다. 중국 안에서도 외국인 기업 때문에 중국기업 다 죽는다는 비판도 많았다. 하지만 대부분의 가전(家電) 부문에서 외국기업과 경쟁해서 중국기업들이 이기는 현상이 나타났다. 물론 나가떨어진 기업들도 많지만, 텔레비전 · 냉장고 · 세탁기 · 컴퓨터 · 전자레인지 · 전화교환기 등에서 중국기업들이 다국적 기업과 성공적으로 경쟁하며 시장 점유율을 유지하고 있다. 가령 중국의 TV시장 점유율 최상위 기업은 TV의 대명사로 쓰이는 소니(Sony)가 아니고, 삼국지 시대 촉나라 땅인 내륙의 사천성에서 발달한 창홍, TCL 등의 토착기업들이다. 컴퓨터도 IBM의 하청기업으로 시작해 IBM을 이긴 리엔샹(聯想: 브랜드 명을 Legend에서 Lenovo로 바꿈)이 일등이며, 이등도 외국기업이 아니고 북경대의 교수와 학생들이 만든 北大方丁이고 삼등은 청화대에서 만든 靑華同方이다. 4등 이후에야 외국회사 이름이 나온다. 냉장고 시장의 강자는 이제 세계최대의 냉장고 회사가 된 뒤 휴대폰으로까지 진출하고 있는 하이어(Haier)다.

도대체 이런 현상이 어떻게 가능했던 것일까? 이는 정말 기적이라고 부를만하며 이 비밀의 이해가 중국경제를 이해하는 관건이다.

3. 외국기업을 능가하는 중국기업들

전화 교환기는 한국이 국산화에 성공한 대표적인 세계적 성공 사례다. 이런 기술력에 기반해 한국기업들도 중국의 교환기 공장 사업에 투자한 바 있다. 통신수요가 급팽창함에 따라, 중국의 교환기 시장에서 디지털 자동교환기의 외국산 점유율은 1980년대만 해도 반이 넘었다. 그런데 2000년 초에는 판도가 확 바뀌어 민간기업인 화웨이(華爲) 등 중국산의 점유율이 90% 이상이 되었다(Mu & Lee 2005). 물론 한국의 경우도 초기 모토롤라가 장악했던 이동전화기 시장을 이제는 완전히 한국기업이 되찾았지만, 후발국 기업이 정보통신분야에서 선발국(先發國) 기업을 추격하는 것은 매우 드문 일이기에, 중국의 이런 성과도 단기간에 이룩한 놀라운 기술추격이라고 보아야 한다.

외국기업 제품과의 경쟁에서 자기 브랜드로 경쟁한다는 것은 단순한 하청이나 조립생산을 넘어, 자체 기술력이 뒷받침되지 않고선 불가능하다. 그런 면에서 중국 산업의 이런 발전은 단순한 가격우위가 아니라 기술발전의 측면에서 봐야 하며, 여기에 중국의 경제기적의 비밀이 있다.

중국 기업의 성장은 유통과 A/S에서의 우위, 화교의 자본과 기술의 도움, 수요에 대한 중국특수적 빠른 대응, 외국기업이 많지 않은 내륙시장이 가지는 유치산업 보호막적 역할, 정부의 중국산 제품 우선 구매 등 산업정책적 지원, 기술환시장(技術換市場)이란 표어로 대표되는 시장을 주고 기술을 받는 정책 등 여러 요인들의 복합에 의해서만 설명이 가능하다.

외국 기업이 덜 들어와 있는 내륙시장이 행한 보호막적 역할은 TV에서 창홍의 성장사에서 잘 드러난다. 중국의 창홍TV는 저 안쪽 내륙의 인구최대의 성이요 옛 촉나라 땅인 사천성을 그 근거지로 컸다. 마치 마오쩌둥이 구사한 농촌을 근거지로 한 도시 포위 전략과도 비슷하다.

기술환시장 정책이란 "중국시장을 줄 테니 너의 기술을 넘겨라."는 중국정부의 기술정책을 말한다. 이를 거부할 수 있는 다국적기업이 많지 않다. 거부한다면 중국은 곧 다른 기업과 협상할 것이기 때문이다. 뭔가 불평등한 것 같지만 이 정책은 공식적으로 중국 정부가 표방하는 시장개방 및 기술도입 정책이다.

수요에 대한 중국특수적 대응 및 마케팅의 중요성은 리엔샹의 급성장 과정에서 잘 드러난다. 1990년대 초부터 자체 브랜드인 Legend(최근 Lenovo로 바꿈)로 PC를 생산하기 시작한 리엔샹이 주목한 시장은 가정 시장이었다. 당시 중국시장을 장악하고 있던 외국기업들은 중국의 소득수준으로 볼 때 가정PC 시장은 아직 멀었다고 판단하고 주로 관공서와 기업 시장에 주력했다. 그런데 후발진입자인 리엔샹은 이제 가정 PC시장이 열리기 시작한다고 판단하고 이른바 1+1 즉 1가정 1PC 운동을 전개했다. 이것이 도시의 산아제한으로 가정마다 자식이 한명 밖에 없어 자식을 끔찍이 사랑하는 중국인의 자녀사랑과 맞아 떨어져, 소중한 나의 자녀를 위해 PC를 사주자는 심리와 연결되어 대성공을 거뒀다(김명은 2001).

여기에 리엔샹은 비용절감에 근거해 1996년 한해에 25-30%씩 가격을 세 번이나 인하하면서 단숨에 IBM, 델 등 외국기업을 누르고 시장점유율 1위에 오른다. 이 때 내건 표어가 '이과주(二鍋酒: 매우 싼 고량주)의 가격에다 모태주(茅台酒: 닉슨 대통령이 중국수교 방문 때 먹은 뒤 유명해진 고급 고량주)의 품질'이라는 고품질 저가 전략이다. 외국기업과 같은 품질의 상품을 훨씬 싸게 준다는 데 안 팔릴 수가 없는 것이다. 이 때 외국기업에 비해 훨씬 저인망(底引網)인 리엔샹의 마케팅 망이 위력을 발휘한 것은 물론이다. 2000년 WTO 가입 이전만 해도 중국의 유통시장은 개방되지 않아서 중국기업들이 잡고 있었다. 이런 점을 중국기업들은 십분 활용했다. 당시 중국 국내판매에 고전하던 토시바는 랩탑 컴퓨터의 판매를 리엔샹에 위탁·제휴하면서 두 해만에 시장점유율이 5% 밑에서 30%로 뛴 적이 있었던 점은 중국 안 유통망의 중요성을 웅변해 준다. 2004년 마침내 리엔샹은 IBM의 컴퓨터 부문을 인수해 세계시장의 일등자로 등극했다.

이렇게 커온 중국기업들은 이미 강자다. 가령 하이어와 같이 미국에 대규모 냉장고 공장을 지으면서 다국적 기업화하는 등 급속히 세계시장으로 진출하고 있다. 한국기업들은 어떻게 해야 하나? 약자는 밟고 강자면 손을 잡아야 한다. 기술을 매개로, 자본을 매개로 또는 상표를 매개로 전략적 제휴, 지분참여, 브랜드 공유, 기술판매 등 다양한 전략을 구사해야 한다. 어떤 단일의 만병통치 전략은 없다. 옛날 1990년대 초와 같이, 우리 기술이 중국에 이전될까봐 투자 금지 품목을 정해 놓고 막으려고 하다가, 대만이나 다른 나라에게 선수를 다 빼앗긴 잘못을 다시 범해선 안되겠다.

4. 그런데 왜 중국을 가짜라고 하는가?

중국을 기적이라고 보는 사람들은 그 거대한 규모에 비해 빠르게 성장한 것에 경외(敬畏)를 표시하지만, 중국을 가짜라고 보는 사람들은 그 성장의 그늘에 가려진 많은 문제들을 지적한다. 이 문제들은 지역간 · 계층간 빈부격차, 부정부패, 국유기업 부실과 실업문제, 금융 부실, 중앙과 지방 사이의 갈등과 견제 등이다.

이 중에서 중국 공산당이 풀기 어려운 가장 어려운 문제는 무엇일까? 필자는 부정부패라고 본다. 현재 중국은 사실상 공산당 일당독재이며 공산당이 집권하고 권력을 유지하는 한 "절대 권력은 절대 부패한다."는 말처럼 부정부패는 끊이지 않을 것이기 때문이다. 실제로 통계를 보면, 부정부패와 관련해 처벌을 받은 공무원과 당원의 수는 계속 증가하고 있다. 중국경제가 시장경제가 되었다고 하나, 중국인들은 중국경제는 당분간 붕우경제(朋友經濟) 즉 친구들끼리 말아 먹는 경제라고 본다. 다시 말해 정부 쪽에 친한 친구들을 가진 경제인들이 좌지우지 하는 관치경제가 상당히 지속되리라 본다. 즉 시장경제는 가짜고 붕우경제가 진짜라는 말이다.

그 다음으로 해결하기 어려운 문제를 꼽으라면 지역간 · 계층간 빈부격차일 것이다. 중국은 대개 연해 지역, 중간 지역 및 내륙 지역이라는 세 개의 벨트로 구분되는데, 이 세 지역 중 외국인 투자를 제대로 유치해 경제성장을 하고 있는 지역은 사실상 연해지역뿐이다. 외국인 투자뿐 아니라 또 하나의 성장의 주역인 향진기업도 연해지역 위주다. 문화적으로 또는 인민들의 의식수준으로 볼 때 연해의 대도시와 내륙의 농촌 사이의 격차는 약 20년 정도로 보면 맞을 것이다. 아직도 중국 농촌 인구 8억 중 반 정도에게만 수돗물이 공급되고 있으며, 100위안(한화 만오천원)이 없어서 취학하지 못하는 아동들이 수백만 명에 이르고, 상당수의 농촌마을에 전기가 들어오지 않는다(천평쥔 2003). 전기가 없는데 텔레비전이다 무엇이다 하는 가전제품이 무슨 소용인가! 이리 보면 중국의 시장 규모가 크다는 이야기는 가짜고 별 기대할 것이 못 된다는 이야기가 가능하다.

한 나라 안의 지역간 격차를 비교할 때 중국은 세계최고 수준이다. 또한 소득격차의 일반적 지표인 지니계수(Gini coefficient)를 기준으로 볼 때 중국은 0.445정도여서 한국의 0.38보다 더 불평등하다(천평쥔 2003; 이근 · 김병국 편 2007). 물론 남미의 0.60정도보다는 평등하지만. 그런데 문제는 이런 격차가 완화되기는커녕 현재까지 계속 확대되어 왔고 향후에도 그럴 것이라는 전망이다. 사실 이런 소득격차와 농촌의 취약한 구매력이 중국시장의 공급과잉의 한 원인이 되고 있는 것이다. 이런 불평등의 확대를 볼 때 중국이 사회주의라는 것은 가짜고 진짜는 자본주의라는 이야기가 가능하다.

다음으로는 국유기업 부실과 이에 따른 인원 구조조정 그리고 그 결과로서 도시 실업의 증대가 어려운 문제다. 앞에서 이야기했듯이 개혁 이후 20년간의 고속성장의 주역은 비국유기업이었고 국유기업은 온갖 개혁 조치의 도입에도 불구하고 별 성과를 내지 못했다. 이 이유 중의 하나는 국유기업이 시장에서 경쟁해 성과를 올리는 것뿐 아니라 일자리의 창출과 종업원 복지 등의 부담을 지고 있었기 때문이다. 구 계획경제에서 국유기업은 자기가 알아서 종업원을 채용하는 것이 아니라 국가가 보내주는 청년들을 그대로 받아 고용해야 했다. 과다 고용이 된 것은 물론이다. 그래서 1990년대 말 등장한 주룽지(朱鎔基) 총리는 그의 재임기간에 국유기업 적자 문제를 해결하겠다고 공언했고 그 대표적 수단은 인원 구조조정이었다. 주룽지가 이를 실현하기 위해 자기 관(棺)을 준비했다는 표현에서 보듯이 강하게 밀어붙인 결과, 그의 재임기간에 국유기업과 공공부문에서 사실상 정리해고된 인원 수가 4,000만이 된다고 한다. 이런 인원이 다 증대하는 도시 실업의 원인임은 두말할 나위가 없다.

이렇게 정리되는 것을 하강(下崗)이라고 하여 일시해고와 비슷한데, 하강이 되면 기본 복지 비용만 회사에서 나오게 되며 이를 받으며 재취업을 기다리게 되는 것이다. 물론 경제가 전반적으로 고성장하고 있으니 재취업이 잘 되기도 하지만, 평균적으로 800~1,000만 정도의 인원이 이런 이유로 사실상 실업 상태에 있다. 이 인원에 추가해, 학교를 졸업하고도 일자리를 잡지 못한 또 하나의 1,000만을 더하면 중국의 실제 실업자는 1,800만에서 2,000만이 되고, 도시의 노동가능인구를 약 2억으로 잡으면 10% 가까운 실업률이 나온다.

그런데 중국은 공식적으로는 실업이라는 표현보다는 일자리를 기다린다는 대업(待業)이라는 표현을 써왔다. 즉 학교를 졸업하고 국가에서 일자리를 배치해 줄 때까지 기다린다는 과거 계획경제 시대의 유산적 표현이다. 여기에다 하강된 인원도 공식적으로는 실업이 아니니 중국에 실업자는 없는 셈이다. 어찌되었든 하강인원을 제외하고도 매년 신규로 노동시장에 진입하는 졸업자들이 1,000만 명이니 이들에게 매년 일자리를 마련해주는 것은 보통 어려운 일이 아니다. 실제로 1990년대 중반 이후 실업률은 계속 상승세에 있으며 당분간 그 추세가 꺾일 기미는 보이지 않는다.

5. 동아시아 모델을 건너뛰고 영미식으로 가는 중국[2)]

중국이 가짜인지 진짜인지 불분명하지만, 하나 재미있는 사실은 중국이 이웃나라인 한국과 일본과는 여러 면에서 다른 특징을 보이고 있다는 점이다. 이는 중국이 또 하나의 '동아시아의 기적'이라고 불리는 것과 관련해 볼 때, 지난 아시아 경제위기를 계기로 중국이 동아시아 모델을 답습할 것인가 아니면 이웃들의 전철을 밟지 않고 이를 피해 갈 수 있을 것인가 하는 물음으로 연결된다. 가령 외환 위기 때 한국 재벌의 연이은 도산 이후 중국에서는 기존의 기업집단 육성정책을 계속 지속할 것이냐 말 것이냐 하는 논쟁도 있었다. 이하에서는 중국과 동아시아 모델과의 차이와 유사점을 살펴보자.

1) 동아시아 모델의 5가지 특징

일반적으로 동아시아모델은 기업지배구조 측면에서 높은 내부자(임직원과 계열사) 지분율과 외부자의 미약한 역할, 밀접한 은행-기업 관계와 기업금융의 낮은 주식시장 의존도, 경직적 노동시장, 외자기업의 비중이 낮은 독점적 내수시장구조, 정부 주도의 선택적 산업정책 등의 특징을 갖는다. 이런 5가지 측면에서 중국경제를 볼 때, 중국이 동아시아모델을 건너 뛰어 영미식의 시장지향적 경제체제로 나갈 조짐이 보인다.

2) 상장기업의 발달

첫째, 상장기업들을 보면 일반 투자자의 지분이 높고, 내부자 지분율이 낮으며, GNP에 대비한 주식시가총액의 비율이 빠른 속도도 상승하

---

2) 이 부분은 이근 · 한동훈 · 정영록 (2005)의 3장의 내용을 요약한 것임.

고 있다. 1,200여개의 기업이 상장되어 있는 중국시장은 거래액 규모로 볼 때 이미 한국 · 홍콩보다 크다. 1998년 시가총액/GNP의 비율은 1985년의 한국 · 대만 등의 비율보다 높다. 또한 개인투자자나 외국인 투자의 비중이 일본 · 독일보다 높다.

3) 영미식 은행–기업 분리주의

둘째, 은행-기업관계에서 볼 때, 중국의 은행들은 기업들의 주식을 소유하지 못하도록 규제되고 있어 영미식의 은행-기업 분리주의를 지향하고 있다. 중국의 4대 국유상업은행이 기업에 대해 효과적인 감시를 못한다는 점에서, 한국의 경우와 비슷하나, 오히려 그 때문에 주식시장이 더 큰 감독기능을 수행하는 시장중심적 체제를 지향하는 것이 현실성 있어 보인다. 가령 자본조달에서 전통적 국유기업과는 달리 상장기업들은 주식시장 또는 사내유보이윤에 의존하고 있다. 이는 기업이 투자에 적합한 기업으로 평가되어야 함을 의미하고, 이것은 시장이 감독기능을 수행하고 있음을 의미한다.

4) 철밥 그릇은 옛말: 노동시장의 유연화

셋째, 노동자의 이직률이 상승하고 해고가 용이해 지는 등 노동시장의 유연성이 빠른 속도로 높아지고 있다. 중국은 기업이 요람으로부터 무덤까지의 종신고용 뿐 아니라 주택 · 교육 · 의료 · 복지 · 연금 등 모든 것을 제공하는 '산업봉건주의'를 타파하고자 했다. 이제 대부분의 노동자들이 대개 3~5년이라는 계약에 의해 고용된다.

5) 매우 경쟁적인 내수시장

넷째, 외자기업의 비중이 높고 전국적 범위에서 시장통합이 진전함으로써 내수시장에서 경쟁이 대단히 치열하다. 특히 외자기업으로부터 오는 경쟁압력은 대단하여 전자통신 · 섬유 등 5개 성장산업에서 외자기업의 시장점유율이 40~60% 정도다. 이리하여 중국의 시장집중도는 한국이나 일본과는 비교할 수 없을 정도로 낮다.

6) 선별적 산업정책 실시 곤란

다섯째, 거대한 경제규모와 특수한 중앙-지방간의 정치관계 등으로 인하여 중국에서는 한국이나 일본식의 선별지원 위주의 산업정책의 실시가 어렵다. 그리하여 분권화 개혁 이후 지역별 산업구조의 동조화와 중복투자 문제가 심각함에도 불구하고 이것의 치유가 쉽지 않다. 그 단적인 예가 자동차산업인데, 1990년대 중반을 기준으로 할 때 중국의 완성차 조립공장은 122여 개소가 난립해 있고, 연산 10만대 이상을 생산하는 자동차공장이 5개소에 불과하다(Eun & Lee 2002).

7) 영미식이냐 화교자본주의냐?

이렇게 볼 때, 중국이 여러 면에서 이른바 일본 · 한국으로 대표되는 동아시아 모델을 따라 갈 것 같지 않다고 생각할 수 있게 한다. 위에서 짚은 몇 가지 특징이 영미식 자본주의의 그것과 비슷하다는 점에서 중국이 영미식으로 가지 않을까 하는 예상도 가능한 것이다. 그러나 아직은 쉽게 판단하기 어려운 점이 있다. 가령 아직도 구태를 벗어나지 못하고 있는 많은 수의 국유기업이 존재하고 상장기업 안에서도 국가지분이 아직은 크다는 점에서 그렇다. 이런 면에서 혹자는 중국은 한국-일본 모델도 아니고 영미식 모델도 아닌 화교자본주의 모델(대만식) 쪽으로 갈 것이라는 주장도 있다.

6. 시나리오와 전망

1) 두 가지의 비관적 시나리오

앞에서 중국의 경제기적의 특징 중의 하나로 도시화 없는 공업화를 지적했다. 중국이 이렇게 도시화를 견제한 것은 도시에서 일자리 창출의 어려움 때문이었다. 그리고 그런 도시화 견제가 가능했던 것은 향진기업의 성공 덕택이었다. 그런데 이 향진기업이 1990년대 말 이후 특히 WTO 가입 이후 경쟁에서 밀리는 현상이 나타나고 있다. 농촌의 향진기업이 무너져 농민들이 도시로 밀려온다면 이미 날로 증대하고 있는 도시 실업은 더 악화될 것이 뻔하다. 그러나 상당수 잠재실업 상태에 있는 농촌인구를 대책 없이 무작정 농촌에 한 없이 묶어 둘 수도 없다.

최근 중국정부는 중소도시를 육성한다는 명분 하에 농촌 호적자의 도시 이전을 천천히 허용하고 있다. 그 이유는 도시의 실업 증대 가능성에도 불구하고 일단 사람들을 도시에 오게 하여 서비스 부문에라도 취직시키는 것이 그냥 농촌에 있는 것보다는 소득 향상에 도움이 되고 그 자식들이 교육도 받을 수 있게 되어 다음 세대가 소득을 올릴 수 있기 때문이다. 그러나 이는 사람들을 무작정 도시로 가게 하면 대체로 소득이 올라가겠지 하는 일종의 희망 섞인 방기적(放棄的) 정책이라고 볼 수밖에 없으며 그 장기적 귀결에 대해서는 아무도 낙관할 수 없다. 즉 다른 제3세계와 같이 도시빈민을 양산할 수 있으며 이를 중국정부가 감수하겠다면 별 문제이지만, 이는 큰 사회불안의 요소가 될 수 있다.

또 하나의 비관적 시나리오는 전반적인 수급 불균형의 심화 즉 중국발 디플레이션이다. 앞에서 이야기했듯이 중국의 가장 큰 성공 요인 중의 하나가 외국인 직접투자 유치인데 바로 이 요인 덕에 중국이 세계 최대의 공장으로 되면서 공급량이 급격히 늘어났다. 반면 중국의 국내 수요는 이에 따라가지 못해 대부분의 소비재가 공급과잉 · 수요부족 상태에서 가격이 하락하는 디플레이션 문제가 심각하다. 바로 이런 이유 때문에 웬만한 차별성이 없는 제품을 가지고 가서는 중국에서 돈 벌 수 없다는 이야기가 나오는 것이다.

이런 공급과잉 상황에 대한 쉬운 해결책은 수출이다. 바로 이 점이 중국발 디플레이션이 세계의 불경기를 낳는다는 중국위협론 중의 하나다. 그 세계적 파괴력이 얼마나 큰지에 대해서는 논란의 여지가 있지만, 최소한 중국 안에서는 심각한 문제가 아닐 수 없다. 중국 위안화를 절하해 주변국(특히 일본)의 비난을 무릅쓰면서까지 수출을 증대시키지 않을 경우, 대안은 내수 진작인데 이것이 그렇게 쉽지가 않다. 다행히 2003년 상반기 이후 내수가 아파트 · 자동차 · 고급IT제품 등을 중심으로 살아나는 조짐을 보인다고 하지만 이는 일시적 현상일 수 있다. 왜냐하면 근본적으로 중국의 지역간 · 계층간 소득 격차는 계속 심화되고 있어 위의 세 상품의 성격이 말해 주듯이 구매력이 상위층에 국한되고 있는 현상이 지속되고 있기 때문이다.

더구나 수출이 국내 실업문제 해결에 도움이 되는 정도도 한계가 있는 것으로 보인다. 왜냐하면 이근 · 한동훈 · 정영록(2005)의 4장 및 이지선(2004)에서도 언급되었듯이, 수출경쟁력을 유지하다 보니 중국산 제품도 점점 첨단 기술 · 제조과정을 채택하게 되고 이에 따라 고용창출력이 떨어지기 때문이다. 실제로 경제성장의 취업에 대한 기여도가 계속 낮아지고 있으며, 특히 2차 산업의 고용탄력성이 급격히 낮아지고 있는 바, 1990년대 들어 0.03~0.2 사이를 유지하던 2차 산업의 고용탄력성은 1997년부터는 음의 수치를 보이고 있다. 즉 수출경쟁력 유지와 고용창출의 상충관계로 대표되는 고용없는 성장의 가능성은 중국경제가 당면하고 있는 또 하나의 딜레마다.

중국 정부가 최근 중점을 두고 있는 서부 대개발(西部大開發)은 바로 이런 배경에서 이해할 수 있다. 즉 향진기업의 붕괴와 공급과잉에 대한 대책으로서 재정자금으로 서부 내륙지역에 기간시설(infrastructure)을 건설해 이 지역 경제를 뒷받침하자는 의도다. 2003년 새 지도자로서 후진타오(胡錦濤)의 등장과 더불어 경제를 담당하는 총리로 선임된 원자바오(溫家寶)는 그 경력상 상대적으로 각종 불균형 문제에 더 신경을 쓰고 있지만, 재정의 뒷받침이 부족한 상태에서 이 정책노선이 얼마나 실제로 집행되어 성과를 거둘 수 있을지는 미지수다. 1990년대 중반 이후 지속된 활황은 국유기업 적자 등을 부담해온 재정 지출 덕인데 이미 GDP 대비 재정적자의 비율이 3%를 넘는 수준이기 때문이다. 결국 서부 대개발도 국제지원이나 외국투자 없이는 불가능한데 이것이 잘 될지는 미지수다.

2) 2010년대까지 고성장 가능

중국의 경제발전모델은 기적에 가까운 성과를 낸 반면 불균등성이란 특징을 안고 있다. 즉 지역간 격차와 빈부격차, 과도한 지방분권화와 중앙정부 대 지방정부의 갈등, 침체된 국유부문 대 역동적 비국유부문, 금융부문의 상대적 낙후라는 다차원의 이중구조적 현상을 내포하고 있으며, 그 밖에도 WTO 등의 수입개방 압력과 관련한 향진기업의 불확실한 장래, 그리고 최대의 자원이라 할 수 있는 인력자원의 낮은 질(최근 빠르게 향상되고 있지만) 등이 문제다.

그러나 이런 문제에도 불구하고 2008년 북경 올림픽, 2010년 상해 박람회 등이 있는 2010년 초반까지는 현재 정도의 고성장은 가능할 것으로 보인다. 먼저 첫 번째 관문이었던 WTO 가입과 개방이라는 테스트를 별 문제 없이 통과하고 있다. 또한 1990년대 중반 잠시 주춤했던 외국인 투자가 아시아위기 이후 가속화한 뒤 그 추세를 유지하고 있는 것은 국제사회의 중국경제에 대한 평가를 반영하는 것이다. 이렇게 볼 때 현 지도부가 내부적 혼란 없이 현 경제 정책 기조를 유지하기만 해도 중국경제는 적어도 외형적인 면에서는 당분간 고성장을 달성할 수 있는 구조다. 물론 괴질 사스(SARS. 중증 급성 호흡기 증후군)나 주변국의 전쟁 등과 같은 가끔 발생하는 외생적 요인의 영향이 있을 수는 있다.

7. 한국의 대응

1) 한 · 중의 신분업론

21세기 들어 중국은 한국에 커다란 충격으로 다가왔다. 이제 한국은 모든 경제정책 및 발전전략도 중국변수를 고려해 수립해야 한다. 즉 중국의 옆에서 한국은 뭘 먹고 살아야 할까 하는 문제다. 이는 양국간의 분업론을 제조업 차원을 넘어 전 산업 및 국민경제 차원에서 수립해야 함을 시사한다. 이것이 한국이 거대한 중국의 영향권에 들어가 점차 동화된다는 소위 '중국화' 라는 도전에 대한 바른 대응 방식이다. 그런데 중국의 각 지역 간의 이질성과 규모로 볼 때 중국은 30개 정도의 나라며, 첨단 산업부터 전통 노동집약적 산업까지 모든 것을 동시 진행 · 유지한다는 점에서 한국의 선택은 참 어렵다. 한국 경제가 중국 쇼크로 인해 쇼크사하지 않기 위해서는 어떻게 해야 할 것인가? 전략적 접근이 필요하다. 중국이 뜨는 상황에서 한국은 어떻게 해야 하나를 생각해 보자. 한국도 같이 뜨는 쉬운 방법이 있다. 그것은 뜨는 중국에 한 다리 걸치거나 붙어 있으면 중국이라는 거대한 용이 뜰 때 같이 뜬다는 간단한 논리다. 이런 간단한 이치를 저버리고, 저 뜨는 용을 어떻게 가라앉힐 수 없을까 또는 내가 더 빨리 뜰 수 없을까 등의 딴 생각을 하는 것은 무모하거나 때늦은 전략이다.

이를 필자는 중국에 대한 외재적 접근과 내재적 접근이라고 구분하고 싶다. 외재적 접근을 취하면, 가령 중국 상품이 몰려온다는데, 저것에 어떻게 경쟁할까, 아니면 어떻게 수입금지 조치를 취할까 등을 생각한다. 반면에 내재적 접근을 취하면, 가령 저 중국 상품이 많이 팔릴 텐데 아예 저걸 인수해버려, 아니면 제휴해서 같이 제3국에 진출해 볼까, 아니면 저 상품이 많이 생산되고 팔리면 거기서 파생되는 새로운 수요나 상품은 뭘까 등을 생각하는 것이다. 외재적 접근은 문제의 성격이 단기적이거나 작은 규모일 때 유효한 임시처방이 될 수 있으나 근본적인 대규모의 도전에 대해서는 지속적 전략이 될 수 없다.

필자는 중국에 대해 우리가 이를 방관하거나 방해하려고 할 것이 아니라 적극적 제휴자로 역할하는 내재적 접근을 취해야 한다고 생각한다. 기본적으로 중국경제가 고성장할수록 한국에게 좋은 점은 시장이 커진다는 것이다. 특히 과거 미국이라는 단일 시장에 의존했으나 이제 두개의 큰 시장을 가지게 되었으니 경제적 의존도라는 관점에서도 좋다. 한편 중국의 성장이 한국경제의 공동화(空洞化)를 불러일으키면 곤란하지 않냐고 반문할 수 있다. 그런데 바로 위의 한 · 중 무역구조가 시사하는 바는 한국의 공동화 여부는 중국보다는 한국하기에 달렸다는 것이다. 중국에 나온 한국기업들에게 물어보면, 한국의 노사관계, 공장용지 · 투자에 대한 규제, 인력 조달 문제 때문에 한국에서 기업을 할 수 없기에 나온다고 답한다. 즉 공동화는 우리의 책임인 것이다.

또한 중요한 것은 중국이 필요로 하는 중간재 · 자본재를 한국이 계속 공급할 수 있어야 한다. 우리는 그동안 수입 유발형 수출구조를 개선하기 위해 몇 십년동안 외쳐온 결과 어느 정도 부품소재 산업기지로의 위상을 갖추어 나가고 있다. 부품소재 산업육성은 어렵고 시간이 걸린다. 이 점에서는 중국도 마찬가지며 그 때까지가 한국에게 남은 시간이다. 즉 현재의 한 · 중 무역구조가 말해 주듯이 한국은 중국에게 중국의 최종재 생산에 필요한 중간재와 핵심 부품 등을 계속 공급할 수 있어야 한다. 한 · 중이 같은 산업을 가지고 경쟁할 것이 아니라 같은 산업 안에서 역할 분담을 해야 한다는 것이다. 이런 구도를 위해서는 현재 그 동안 우위를 점하고 있다가 공동화되고 있는 일본의 중간재 산업이 중국에 이전되는 것을 보고만 있을 것이 아니라 한국에 유치하는 노력이 필요하다.

또한 가치사슬(value-chain)을 간단히 연구개발 · 생산 · 마케팅/물류로 나눌 때 중국이 생산에 비교우위가 있다면 한국이나 일본의 우위는 연구개발이나 마케팅에 있는 것이다. 이런 접근은 매우 중요한데, 종래에는 부가가치의 주요 원천이 생산 단계에 있었다면 이제는 부가가치가 양쪽 끝인 연구개발이나 마케팅/디자인/물류 등에서 주로 창출되기 때문이다. 한국과 중국의 중점 육성 산업이 거의 같은 상황에서, 한·중 양국 및 나아가서 한·중·일 삼국 경제의 원활한 공생은 종래의 산업 간의 시각에서 산업 안 및 가치사슬 차원으로 내려와서 그 출로를 찾아야 할 것이다. 이렇게 볼 때, 한국의 강점인 연구개발 능력을 살려, 중국이 필요로 하는 제품을 여기서 개발해주는 동북아 R&D 중심 국가가 우리의 출로 중의 하나일 것이다.

또한 중국은 제조업, 한국은 전문서비스업이라는 또 하나의 분업 방식이 있다. 최근 한국경제의 장래는 고부가가치 전문서비스업에서 그 돌파구를 찾아야 한다는 주장이 많이 나오고 있다. 이 주장을 중국은 거대한 공장 즉 제조업 중심지로 부상하고 있다는 점과 연결시키면 우리가 무엇을 해야 할 지가 나온다. 바로 우리는 중국의 거대한 제조업에 수반하는 각종의 새로운 상품, 그리고 제조업이 필요로 하는 전문서비스업을 하면 되는 것이다. 한국경제의 장기 비전이 서비스에 있다는 말은 제조업을 포기해야 한다는 말은 아니다. 물론 한국의 제조업 중에 지속 가능한 세계적 경쟁력을 가진 것도 있으나, 중국이라는 이웃의 제조업을 염두에 둘 때 순수 제조업으로는 장기적 전망이 불투명한 것도 많다. 이를 고려할 때, 우리는 우리의 그간의 제조업 경험(암묵적 지식)에 의거해 각종의 새로운 상품과 서비스를 개발하고 이에 특화해, 이를 중국의 제조업체에 팔던가, 같이 비즈니스를 하면 될 것이다.

2) 그런데 무엇이 문제인가?

위와 같이 단순히 제조업 안의 분업론을 넘어 서비스업까지 포함해서 보면, 한국의 살 길은 중국을 겨냥한 동북아의 교육·의료·레저·R&D 허브(hub)로 거듭나는 것이다. 즉 중국은 제조업, 한국은 새로운 서비스라는 분업이다. 평택·아산 부근은 일에 지친 중국의 신흥 중산층이 주말에 배를 타고 와서 온천·카지노로 쉬고 갈 수 있는 레저허브로 육성하고, 서울은 중국의 부자들이 관광 겸 와서 병원에서 건강진단 · 성형 및 난치병 치료를 받는 의료허브로의 혁신이 절실하다. 또한 무진장한 교육 수요을 가진 중국의 청년들을 한국의 학교로 유치해야 한다.

그러나 영리법인을 허용하지 않는 의료체제, 폐쇄되고 저학력으로 평준화된 현 고교 교육체제, 등록금 규제에 묶여 선진국 대학생의 1/3 밖에 안되는 교육비로 양산되는 경쟁력 없는 대학생, 시장 앞의 평등이라는 시장경제의 원칙을 위반하는 출자총액제한과 은행 소유 제한의 내국인 차별 등 각종 경제 규제가 문제다.

중국에 반도체 공장을 설립한 한 한국 회사는 중국인 R&D인력을 한국에 연수 · 교육시킨 뒤 다시 데려오려고 했으나 본사 연구소에서 이런 인력이 한국에는 없으니 이들을 계속 쓰고 싶다는 말이 나오게 되는 인력 생산구조가 문제다. 외국의 교육기관을 한국에 유치해 중국 · 아시아의 유학생 허브로 가야할 판에 교육시장 개방을 막고 거꾸로 중국의 초중고에 유학한 한국학생수가 이미 만 명 가까이 되어 중국의 외국인 유학생 중 절반이 한국인이 되는 상황이 문제다.

일각에서는 재벌계 대기업이 차지하는 고용 비중 등이 작다는 이유를 들어 대기업만 가지고는 문제 해결이 안되고 중소기업 주도의 성장을 해야 한다고 하나, 이는 하나만 알고 둘은 모르는 판단이고 숫자만 보지 현실을 보지 못한 무지에서 나오는 것이다(사실 필자도 얼마 전까지 마찬가지였다). 간단히 말해 50% 정도의 중소기업들이 대기업들과 관련을 맺어 살아가고 있고, 상당수의 중소기업 창업자들이 대기업 출신들이다. 중국 현지조사에서 휴대폰 산업의 가치사슬을 조사해 보니, 최종 조립 및 판매자는 삼성 · 엘지 등 대기업이지만, 휴대폰 케이스는 이들 기업의 중국 현지 협력업체인 한국 중소기업이 만든다. 하지만 이들 기업들은 금형까지 대기업에게서 제공받고 새로운 지식과 학습의 원천도 대기업에게 크게 의존하고 있다. 한편 이들 중소기업의 공장에서 쓰는 플라스틱 사출기는 일본제가 많으며, 기초 원자재인 레진은 대기업인

제일모직에서 수입한다.

즉 대기업이 맨 위에 있고 중간에 중소기업들이 조립 · 가공 등을 하며 이들에게 또 다른 대기업이나 외국기업이 기초 소재 등을 공급하는 것이 일반적 가치사슬구조다. 섬유의 경우처럼 중소기업이 옷이나 인형을 만들지만, 원사는 대기업이나 외국기업이 공급하는 것과 마찬가지다. 물론 이 가치사슬 속에는 자화전자라는 회사와 같이 같이 휴대폰 진동 모터를 만들어 대기업에 공급하지만, 대기업에 독립적이면서 세계적으로 명성을 가지고 있는 기업도 있다. 결국 장기적 생존 가능성이 있는 중소기업은 두 가지 유형이라는 것이다(한동훈 · 이근 2005). 하나는 대기업에 의존적인 협력업체이고, 다른 하나는 독립해도 될만한 세계적 기술력이나 고유브랜드를 가진 카테고리 킬러형 특화된 전문 중소기업이다. 후자의 길이 얼마나 희귀한 것인가를 직시할 때 중소기업 중심 성장론은 참으로 이상적인 탁상공론이라 할 것이다. 정확한 길은 대기업과의 공생관계를 통한 중소기업 육성론이다. 여기에는 일본의 대기업-중소기업 관계와 같이 중소기업을 평생의 동지로 인식하고 자신의 경쟁력이 바로 이들에 의존함을 인식하는 대기업 측의 각성이 필요하다. 즉 중소기업의 장부를 다 파악해 놓고 조금만 여유가 생기면 납품단가를 내리는 식의 대기업 형태로는 한국의 미래는 없다.

요컨대 소위 '중국화'에 대응한 한국 경제의 출로는 노사관계의 안정화, 중소기업 인력문제 해결(외국인 노동자 정책 등), 각종 규제 완화(토지 사용, 출자제한, 부채비율), 교육 · 의료 · 레저 등 서비스산업의 개방과 육성, 고급전문 인력 양성, 대학교육의 질 향상을 통한 청년실업 해결, 국민연금 등 사회보장 안정화 등이다.

덩샤오핑은 사상해방론(思想解放論)에서 인민에게 도움이 되는 것은 모두 사회주의라고 말했다. 마찬가지로 한국사회에서 진보란 국민의 생활수준 향상에 도움이 되는 모든 것이다. 그 길이 있음에도 불구하고 새로운 사상해방을 하지 못하고 1970, 1980년대식 가치에 스스로를 가두어 두면서 변화를 거부하고 있다면 그것이야 말로 보수다.

북한 사회주의의 현실과 전망

6

김 석 진

1. 북한 사회주의의 위기

1990년대 초 사회주의권 붕괴 이후 북한체제의 장래는 비상한 관심의 대상이 되었다. 소련 및 동유럽과의 무역관계가 단절되면서 북한경제는 심각한 위기에 빠져들기 시작했고, 1990년대 중후반에는 최악의 식량난이 발생해 곧 체제가 붕괴할 것이라는 전망이 널리 확산되기도 했다. 최근에는 얼마쯤 안정을 찾아가는 모습이 나타나고 있기는 하지만, 현재의 북한체제가 장기적으로 유지될 가능성은 높지 않다는 것이 일반적인 평가인 것 같다.

한 세대 전의 북한경제가 사회주의권 및 제3세계의 모범 사례로 찬양받은 것에 비추어 보면, 오늘날 북한이 당면한 위기는 거의 수수께끼 같은, 설명하기 어려운 사태처럼 보인다. 20세기를 대표하는 세계적 경제학자 중 한 사람인 조안 로빈슨은 1950~60년대 북한의 경제건설을 '코리아의 기적' 이라고 찬양한 바 있으며(Robinson 1965), 심지어 남한 정부 및 연구기관, 미국 CIA 등에서도 1970년대 초중반까지 북한의 1인당 소득이 남한보다 앞서 있었다고 평가했다(민족통일연구원 1993; 전홍택 · 박진 1995). 그렇다면 수십 년 전에 성공적으로 경제발전을 이루어냈다는 북한이 어떻게 해서 오늘날에는 주민들의 기본적인 의식주조차 제대로 해결하지 못하는 빈궁한 상태에 빠지게 되었을까?

이 수수께끼는 실은 북한만의 고유한 문제는 아니다. 다른 사회주의 나라들에서도 사회주의 건설 초기의 경제적 업적은 상당히 인상적이었으나, 얼마간 시간이 경과하고 나자 성장 추세가 점점 둔화되었고, 나중에 가서는 정체 또는 위기 상황이 보편적으로 나타났던 것이다. 그 결과 대부분의 사회주의 나라는 이제 자본주의 체제로 이행했거나 이행하는 과정 중에 있다. 요컨대 오늘날 북한체제의 위기는 기본적으로는 20세기 사회주의 실험의 실패라는 보편적 맥락에서 이해할 수 있다.

하지만 이와 함께 북한체제가 여러 가지 특수성을 갖고 있다는 점도 중시할 필요가 있다. 북한은 다른 많은 사회주의 나라들보다 훨씬 강고한 개인숭배를 구축했고, 훨씬 더 민족주의적인 성향을 보였으며, 훨씬 더 군사화된 사회체제를 만들었고, 식량난 등 훨씬 심각한 위기를 경험했음에도 불구하고 훨씬 더 오래 사회주의 체제를 유지하고 있는 것이다. 따라서 북한 사회주의에 대한 정확한 이해를 위해서는 사회주의 체제의 보편성과 북한사회의 특수성을 함께 아우르는 종합적 시각이 필요할 것이다.

북한 사회주의에 대한 과학적 분석은 결코 쉬운 작업이 아니다. 북한체제의 유례없는 폐쇄성으로 인해 과학적 분석을 위한 자료와 정보를 얻기가 매우 어렵기 때문이다. 하지만 완벽하고 풍부한 이해는 아니라 하더라도, 그동안의 여러 연구 성과에 기초하여 어떻게 해서 오늘날의 위기가 나타나게 되었는가에 대해 개략적인 설명을 제시하는 것은 가능할 것 같다.

이 글에서는 주로 경제적 문제에 초점을 맞춰 북한 사회주의의 현실이 스스로 내세웠던 이념과 얼마나 큰 거리가 있었는지, 그리고 그런 사태가 나타나게 된 원인은 무엇인지를 진단해 본다. 또 이런 설명을 바탕으로 북한 사회주의의 실패가 주는 교훈을 정리하고, 북한사회가 나아갈 방향을 전망해 본다.

2. 북한 사회주의 경제의 현실

북한 사회주의에 대한 올바른 이해를 위해서는 북한의 초 · 중기[1] 성장실적에 대한 종전의 평가가 명확한 증거가 없는 막연한 추측에 불과했다는 점을 지적하는 것이 중요하다. 종전의 인식은 대체로 북한당국의 공식 발표나 북한당국의 안내에 따라 북한을 방문한 소수 외부자들의 관찰에 바탕을 둔 것이었는데, 오늘에 와서 보면 그것이 매우 비현실적인 평가였다는 점을 어렵지 않게 이해할 수 있다.[2]

초 · 중기 북한경제에 대한 종전의 통념은 다음 세 가지 명제로 요약할 수 있다. 첫째, 북한은 제3세계 개발도상국 중 '모범생'이었다. 즉 북한의 성장실적은 특별히 뛰어난 것이었다. 둘째, 북한은 발전된 공업국이었다. 셋째, 북한은 자립경제를 달성했다. 그러나 최근의 연구와 새로운 정보에 따르면, 이런 통념은 다음 세 가지 명제로 대체할 수 있다. 첫째, 북한의 성장실적은 기껏해야 평범한 수준에 불과했다. 둘째, 북한의 산업화는 초보적 수준에 그쳤으며 농업사회적인 특성이 강하게 남아 있었다. 셋째, 북한경제는 외부의 원조에 크게 의존하고 있었다.

북한경제에 대한 종전의 통념은 또한 북한당국 스스로가 내세운 발전 목표와 밀접한 관련이 있다. 자립적이고 발전된 사회주의 공업국을 세우는 것이 북한 사회주의자들의 꿈이었으며, 그런 꿈을 실제로 달성

---

1) 북한 사회주의의 역사는 크게 보아 사회주의 건설기인 1946~1960년, '고전적 사회주의' 시대인 1960~1990년, 그리고 심각한 경제난과 식량난이 나타난 1990년 이후의 세 시기로 나누어 볼 수 있을 것 같다. 이 글에서는 이를 각각 초기, 중기, 후기로 부르기로 한다. 북한 사회주의의 역사에 대해서는 임영태(1999), 김성보 · 기광서 · 이신철(2004)를 참조하라.

2) 종전의 통념이 과대평가된 인식이었다는 것은 북한뿐 아니라 다른 사회주의 나라들의 경우에도 마찬가지다. 예를 들어 소련의 1인당 소득 및 소비수준에 대한 종전의 추정치와 소련 붕괴 이후의 새로운 추정치를 비교한 버그슨(Bergson 1997) 참조. CIA의 종전 추정치에 따르면, 1990년 현재 소련의 1인당 GDP 및 1인당 소비(구매력평가 기준)는 각각 미국의 49%와 31%로 평가되었으나, 나중의 UN 통계위원회의 재추계에서는 각각 36%와 24%로 수정되었다.

했다는 것이 그들의 주장이었다. 따라서 이 글에서 제시하는 평가는 북한 사회주의의 현실이 이상과 크게 괴리되었다는 것을 의미한다.

1) 성장실적

북한당국은 1960년대 초 · 중반 이후 대부분의 경제통계를 공표하지 않고 있기 때문에, 상세한 자료에 입각해 북한의 성장실적을 분석하는 것은 곤란하다. 가장 기본적인 자료인 경제성장률 통계도 1960년대 중 · 후반까지만 발표되었으며, 그 뒤에 대해서는 1970년대 중반 또는 말까지의 성장률을 이런 저런 단편적 발표들로부터 재구성할 수 있을 뿐이다. 이에 의하면, 북한은 1950년대 중 · 후반에는 무려 연평균 25%, 1960년대와 1970년대에는 연평균 8%의 양호한 성장률을 달성했다고 한다.

북한당국의 공식통계가 완전히 비현실적이라는 것은 남북한 소득수준 비교를 통한 간단한 계산에서 쉽게 드러난다. 1953년에 남북한의 소득수준이 동일했다는 가정[3] 아래, 남북한의 성장률 통계와 인구 통계를 적용해 계산해 보면, 1980년 북한의 1인당 국민소득이 남한의 약 3배(즉 남한의 1990년대 중 · 후반 수준)였다는 이상한 결론에 이르게 되기 때문이다.

경제성장률의 과대평가는 모든 사회주의 경제에서 보편적으로 나타난 현상이었다. 경제성장률은 개념적으로 한 경제가 생산하는 수많은 생산물 각각의 생산 증가율을 각각의 가격을 가중치로 하여 평균한 것이라 할 수 있는데, 사회주의 국정(國定)가격 체계에서는 우선순위 품목인 중공업 생산물의 가격을 높게 설정함으로써(즉 가중치를 높게 부여

3) 해방 전 북한경제는 남한보다 훨씬 발전되어 있었는데, 이는 북한이 일본 제국주의를 위한 공업기지로 육성되었기 때문이다. 그러나 북한은 한국전쟁 시기에 남한보다 훨씬 큰 피해를 입어 종전의 이점을 많이 상실했다. 따라서 한국전쟁 직후 남북한의 1인당 소득수준에는 큰 차이가 없었을 것이라고 가정할 수 있다.

함으로써) 전체 성장률을 과장하는 경향이 있었기 때문이다. 또한 성장률이란 물가의 변동을 배제한 실질변수의 증가율을 가리키는데, 사회주의 경제의 통계보고 시스템에서 물가상승률을 체계적으로 과소평가하는 '은폐된 인플레이션'이 나타나는 것도 성장률 과대평가의 주요 요인 중 하나였다.

이런 문제점을 충분히 고려하여 북한의 성장실적을 재구성해본 최근의 연구(김석진 2002; Kim, Kim & Lee 2007)에 의하면, 북한의 연평균 성장률은 1950년대 중 · 후반에는 9%로 매우 높았으나, 1960년대 초에서 1980년대 말 사이에는 3%(1인당 소득의 연평균 성장률은 1950년대 중 · 후반에는 6%, 1960년대 초에서 1980년대 말 사이에는 1%) 수준에 불과했던 것으로 나타난다. 그리고 이에 따르면, 남북한의 1인당 소득수준이 역전된 시기는 종전의 평가보다 10년 가까이 빠른 1960년대 중반이 되며, 1989년에는 북한의 1인당 소득이 남한의 약 1/4 수준이었을 것으로 추정된다.

이 정도의 성장실적은 전체적으로 보면 다른 사회주의국이나 개발도상국의 평균 수준과 큰 차이가 없다고 할 수 있다. 그러나 북한이 다른 개발도상국에 비해 노동력과 자본을 훨씬 빠른 속도로 더 광범위하게 동원하는 데 성공했다는 점을 고려할 때, 생산성 향상 실적은 더 부진했다고 할 수 있다. 또한 다른 사회주의국에 비해 성장 둔화 현상이 더 일찍 시작된 것으로 추측된다는 점도 주목할 만하다(김석진 2002). 요컨대 북한의 성장실적은 1950년대 중 · 후반의 예외적 성공을 제외하면, 기껏해야 평범하거나 오히려 열등한 수준에 그쳤던 것으로 보인다.

2) 산업화 및 도시화 수준

북한경제에 대한 두 번째 통념은 북한이 발전된 공업국이었다는 인식이다. 지금까지도 북한은 (개혁 · 개방 전의) 중국이나 베트남 같이 농업 · 농촌 비중이 높은 후진적 사회주의국보다는 소련 · 동유럽 등 산업화 · 도시화된 선진적 사회주의국에 훨씬 가까운 사회였다는 생각이 널리 퍼져 있다. 성장실적에 대한 평가와 마찬가지로, 이것 역시 북한당국의 공식자료를 무비판적으로 수용한 데 따른, 근거가 취약한 인식이라 하지 않을 수 없다.

1인당 소득수준과 산업화 · 도시화 수준 사이에는 밀접한 상관관계가 있다. 농업보다는 공업(광업, 제조업, 전기 · 가스 · 수도 등)과 서비스 부문의 생산성이 더 높기 때문에, 농업 비중이 하락하고 공업 · 서비스 비중이 상승함에 따라 1인당 소득이 증가하게 마련이다. 또 공업과 서비스 부문은 도시에서 발전하므로, 산업화 과정에서 도시화도 진전된다. 따라서 앞에서 살펴본 대로 북한의 성장실적과 소득수준이 실제로는 종전의 평가보다 저열한 것이었다면, 산업화 · 도시화 수준도 마찬가지로 종전의 평가를 절하해서 이해하는 것이 타당할 것이다.

산업화 수준을 알려주는 지표로는 국민소득 또는 국민총생산의 산업별 구성과 취업자의 산업별 구성의 두 가지 종류가 있다. 이 중 첫 번째 것은 가격체계에 따라 달라지는 변수라는 점에 주의해야 한다. 즉 (중)공업 생산물의 가격을 높게 설정하는 사회주의 국정가격 체계에서는 (중)공업의 비중이 과장되는 경향이 있다는 것이다. 따라서 취업자 관련 통계가 산업구조를 더 정확하게 말해주는 지표가 된다고 할 수 있다.

하지만 다른 모든 통계와 마찬가지로 취업자 구성도 1960년대 초 이후에는 거의 발표되지 않아 정확한 사정을 알기 어렵다. 북한당국이 1990년대에 공개한 직업별 인구구성 자료에 의하면, 농민의 비율은 1946년 74%에서 1960년 44%를 거쳐 1987년에는 25%로 떨어졌다. 그러나 이 통계에서는 '농민'의 범주에 협동농장 농민만을 포함하고, 국영농장 '노동자'와 임업 · 어업 종사자를 제외하고 있기 때문에 1차 산업 종사자 비율을 지나치게 과소평가하고 있다는 점에 주의해야 한다. 다른 한편 북한당국이 국제기구의 도움을 얻어 1993년에 실시한 인구센서스 자료에서는 '농업' 종사자의 비율이 이보다 훨씬 높아서 31%로, 그리고 '공업' 종사자는 37%로 보고된 바 있다. 1988년에 소련은 이 수치가 각각 19%와 39%였으며, 중국은 개혁 · 개방의 개시 당시인 1978년에 각각 71%와 15%였다. 즉 공식자료에 의하면, 북한은 중국보다는 소련에 훨씬 가까운 구조를 가졌던 것처럼 보인다.

그러나 이상의 공식자료들은 북한에서 1960년대 이후 비농업 노동자들이 대규모로 농업노동에 종사해 왔다는 사실을 반영하지 못하고 있다(기무라 미쓰히코 1999). 북한의 농업부문에서는 노동인력 부족이 고질적 문제였으며,[4] 이에 따라 대다수 노동자들과 군인들이 농촌에 '노력지원'을 해주었을 뿐 아니라, 많은 기업소 · 기관 · 군대에서 농산물의 부업생산에 종사했다. 이런 사정을 고려할 때 노동투입량을 기준으로 보면 농업은 초기뿐 아니라 중기 · 후기까지도 가장 중요한 산업이었거나 또는 공업과 대등한 비중을 갖는 산업이었던 것으로 추측된다.

산업화 수준이 과대평가된 것이었다면, 도시화 수준도 마찬가지로 과대평가되었을 가능성이 높다. 북한의 공식통계에 의하면, 도시화율(=총인구 중 도시인구의 비율)은 1960년 41%에서 1970년 54%, 1980년 57%를 거쳐 1980년대 말 이후에는 60% 전후를 유지하고 있는 것으로 나타난다. 남한의 도시화율이 1960년 28%, 1970년 41%, 1980년 57%, 1990년 74%였던 것과 비교해 보면, 북한의 도시화율은 소득수준에 비해 비정상적으로 높다는 것을 알 수 있다. 하지만 도시화율이란 통계당국이 어디까지를 도시지역으로 정의하느냐에 따라 달라지므로, 도시화율을 숫자 그대로 믿기는 곤란하다. 왜냐하면 북한의 도시들은 대부분 규모가 작고 도시 인프라가 제대로 갖춰져 있지 않으며, 또 도시인구로 분류된 사람들 중 상당수는 농촌과 구별하기 어려운 소규모 마을에 거주

4) 즉 북한에서는 사회주의 경제 건설 과정에서 농업부문이 방출할 수 있는 수준 이상으로 농업노동자의 농외유출이 일어났던 것으로 보인다. 이는 중국에서 '호구제도(戶口制度)'를 통해 농민들의 이농을 강력히 통제하고 노동자 또는 도시 주민의 비율을 최소 수준으로 억제했던 것과 정반대의 현상이라고 할 수 있다. 중국에서는 오늘날까지도 '호구제도'가 남아 있어 경제발전 수준에 비해 농업 · 농촌 비율이 비정상적으로 높게 나타난다.

하고 있는 것처럼 보이기 때문이다(Eberstadt and Banister 1992).

3) 대외의존성

북한 사회주의의 특징적 이념이 '주체사상(主體思想)' 이라는 것은 잘 알려져 있는 사실이다. '주체사상' 은 경제적 측면에서는 '자력갱생' 또는 '자립적 민족경제' 의 수립을 강조한다. 그런데 '자립경제' 가 무엇인가에 대해서는 크게 두 가지 이해가 있을 수 있다. 하나는 대외무역을 활발하게 하지만 외부의 원조를 받지 않는 경제다. 다른 하나는 대외무역을 최소 수준으로 억제하고 가급적 자급자족을 추구하는 경제다. 북한이 이야기하는 '자립경제' 란 바로 두 번째 의미, 즉 자급자족 경제를 뜻한다.

북한은 산업화 과정에서 가능한 한 자급자족이 가능한 산업구조를 만들기 위해 노력했다(오원철 1995). 따라서 북한의 주요 산업, 주요 품목은 북한의 내부자원('자체의 원료와 연료')을 이용하도록 구성되었다. 또 초기에는 수력자원을 이용한 전력이 비교적 풍부했기 때문에 전력을 많이 사용하는 기술을 채용했다. 이처럼 다른 어떤 목표보다도 '자력갱생' 에 우선순위를 부여했기 때문에 매우 비효율적이고 낭비적인 산업구조가 구축되었으며 품질이 나쁜 제품들이 생산되었다.

더욱이 이런 노력에도 불구하고 다음 세 가지 점 때문에, 결국 '자력갱생' 은 불가능하다는 점이 분명해졌다. 첫째는 북한의 기계공업이 낙후되어 있어 산업화를 위해 필요한 주요 기계설비를 외부에서 들여오지 않을 수 없었다는 점이다. 두 번째는 북한의 산업기술 수준이 낙후되어 있어 외부의 기술 도입에 의존하지 않을 수 없었다는 점이다. 기계설비 및 기술 도입의 불가피성은 북한뿐 아니라 모든 저소득 개발도상국에 공통된 사정이기도 하다. 세 번째는 석유 도입이 불가피했다는 점이다. 북한은 석유 사용을 억제하기 위해 주로 전기로 움직이는 철도 중심 수송체계를 구축했지만, 단거리 수송을 위해서는 석유와 자동차가 반드시 필요했다. 또 석유는 비료 생산을 위한 원료로 사용된다는 점에서도 매우 중요했다.

이들 핵심 물자와 기술을 들여오는 데는 두 가지 방법이 있다. 하나는 자국 상품을 수출해 벌어들인 외화를 가지고 수입하는 것이고, 다른 하나는 원조를 받는 것이다. 북한에서는 그 중 두 번째 방법이 훨씬 우세했다. 북한은 거의 모든 시기에 소련 · 동유럽 · 중국으로부터 원조(무상과 유상)를 받았으며, 원조 추세의 변동이 경제 전체에 큰 영향을 미쳤다(바자노바 1992). 특히 1950년대 경제복구 과정에서는 대규모 기술 및 설비 원조가 매우 큰 역할을 했다.

북한당국은 1970년대 전반기에는 서방 자본주의국들로부터 외채를 빌려 대규모 설비 수입을 추진하기도 했는데,[5] 얼마 지나지 않아 투자 프로젝트의 실패로 외채를 상환할 수 없게 되었고, 결국 1970년대 후반에 서방과의 관계가 다시 단절되면서 북한경제 사정이 크게 악화되었다. 또 사회주의권 붕괴 이후 소련 · 동유럽과의 경제관계 단절도 무역의 단절이라기보다는 원조의 중단을 의미한다고 할 수 있으며, 이것이 북한의 본격적 경제난을 초래하는 계기가 되었다는 것 역시 잘 알려져 있다. 여기서 결국 북한경제가 자급자족 체제를 구축하는 데 실패했을 뿐 아니라, 핵심 물자와 기술을 외부 원조에 의존하는 매우 취약한 경제였다는 것을 확인할 수 있다.

5) 북한이 소련 · 동유럽 · 중국 등으로부터 받은 차관은 양허성 차관으로서 유상 원조에 해당한다. 그리고 서방 자본주의 나라로부터 받은 차관도 많은 부분을 상환하지 않았기 때문에, 사실상 원조를 받은 것과 마찬가지였다고 할 수 있다.

3. 북한체제 실패의 원인

1) 국가사회주의의 실패

북한 사회주의가 실패한 이유는 다른 사회주의 나라의 경우와 기본적으로 동일하다. 북한을 포함하여 20세기에 존재했던 사회주의 나라들은 대부분 '국가사회주의'라는 동일한 체제적 특성을 공유했다. 경제적 측면에서 볼 때, 국가사회주의의 두 가지 본질적 특징은 주요 생산수단(즉 기업과 토지)의 국유 또는 공유제도와 계획화 시스템이며, 이 두 가지 특징은 서로 강력한 친화성을 갖는다. 그리고 계획화 시스템은 실제로는 매우 불완전하게밖에 작동하지 않았기 때문에, '계획경제' 보다는 '명령경제' 라는 용어가 더 잘 어울린다고도 할 수 있다.

대다수 국가사회주의 나라들은 초기에는 '외연적 성장' 에 성공하지만 중기 · 후기에 '내포적 성장' 으로 이행하는 데 실패하여 결국 체제적 위기에 직면하게 된다. 여기서 외연적 성장이란 노동인력과 자본의 증대, 즉 투입요소의 증대에 의한 성장을 가리키며, 내포적 성장이란 생산성(더 정확하게는 '총요소생산성')의 증대에 의한 성장을 가리킨다.

국가사회주의의 계획화 시스템은 '강제저축' 을 통해 투자율을 상승시키는 한편, 경제활동참가율을 상승시켜 노동인력을 동원하는 데 유리하다. 따라서 초기 사회주의 건설 과정에서는 비슷한 소득수준의 다른 개발도상국보다 훨씬 빠른 속도의 경제성장이 이루어지는 것이 보통이었다. 북한에서도 역시 1940년대 후반과 1950년대 중 · 후반에는 이런 방식에 의해 고도성장이 이루어졌던 것으로 보인다. 더욱이 북한은 소련 · 중국 · 동유럽 등 다른 사회주의국들로부터 이 시기에 대규모 설비 · 기술 원조를 받았다.[6] 또 전후 복구 과정에서 성장률이 상승하

6) 북한에 대한 다른 사회주의국들의 원조는 대부분의 시기에 걸쳐 계속되었으나, 그것이 북한경제에서 차지하는 중요성은 1950년대 중반의 한국전쟁 복구 시기에 가장 컸다고 할 수 있다.

는 것은 사회주의국뿐 아니라 자본주의국에서도 마찬가지로 나타나는 일반적 현상이다. 1950년대 중 · 후반 북한의 고도성장은 이런 여러 가지 요인이 복합적으로 작용한 결과일 것이다.

하지만 국가사회주의적 방법에 의한 외연적 성장은 조만간 한계에 부딪치지 않을 수 없다. 먼저, 경제활동참가율이 충분히 상승하고 난 뒤에는 더 이상 노동투입을 증대시키기가 어렵다. 둘째, 투자율 역시 무한정 상승시킬 수 없을 뿐 아니라, 투자된 자본이 낭비되는 경우(즉 가동률이 하락하는 경우)가 증가함으로써 투자를 해도 경제가 이전처럼 성장하지 않게 된다. 자본의 낭비가 증가하는 것은 국가사회주의 경제가 자본과 노동의 결합비율이 경직적인 '레온티에프 경제(Leontief economy)' 적인 특성을 갖기 때문인데, 이것은 다시 계획화 시스템의 내적 모순과 이에 따른 사회주의 기업들의 적응 행태에서 비롯된다.[7] 셋째, 국가사회주의 경제에서는 기업간 경쟁압력이 존재하지 않고 기업관리자와 노동자에게 충분한 물질적 인센티브가 주어지지 않기 때문에, 내포적 성장 즉 생산성 증대에 의한 성장이 나타나기 어렵다. 나아가 경제 규모가 커짐에 따라 복잡성이 증가하게 되면, 국가사회주의 경제의 제도적 비효율성도 역시 커지면서 결국 경제의 정체 내지 위기 상황이 초래된다.

아직은 불충분한 수준이지만 북한경제에 대한 갖가지 정보와 자료, 최근의 연구성과 등을 종합해 보면, 국가사회주의 경제에서 나타난 이런 보편적 성장과정이 북한에서도 역시 그대로 나타났음을 확인할 수 있다(김연철 2001; 양문수 2001; 이태섭 2001; 김석진 2002).

7) 레온티에프 생산함수(= 고정비율 생산함수)에서는 노동과 자본의 결합비율이 일정하기 때문에 자본투입 증가율이 노동투입 증가율보다 높을 경우에는, 산출량 증가율은 전적으로 노동투입 증가율에 의해서만 결정된다. 즉 추가 투입된 자본은 유휴자본이 된다. 사회주의 경제의 레온티에프적 특성 및 북한경제에서 그것의 발현에 대해서는 김석진 (2002: 169-173)을 참조하라.

2) 자력갱생 노선과 생태적 위기

잘 알려져 있다시피 북한경제는 1990년대 중 · 후반에 극심한 식량난을 겪는 등 다른 사회주의 나라보다 훨씬 심각한 위기를 경험했다.[8] 물론 소련과 중국에서도 대기근이 발생한 바 있지만, 두 경우 모두 사회주의 건설 초기의 특수한 정치운동 및 급격한 제도변화와 결부된 사건이었고 비교적 빠른 시일 안에 수습되었던 데 반해, 북한의 기근은 사회주의 후기에 총체적 경제붕괴와 함께 일어난 사건으로서 체제위기의 심각성을 그야말로 적나라하게 보여주고 있다. 북한이 이처럼 심각한 위기를 맞게 된 원인에 대해서는 훨씬 더 많은 연구가 필요하겠지만, 잠정적으로는 극단적인 '자력갱생' 노선과 그에 따른 생태적 위기를 지적할 수 있을 것으로 보인다.

먼저 북한의 식량자급 노선은 북한의 자연조건이 농업생산에 부적합했기 때문에 생태적 파괴를 초래하는 무리한 정책으로 귀결되었다. 북한의 인구는 한국전쟁 직후 약 850만 명에서 1990년대 중반까지 2,100만 명 이상으로 증가했고, 이렇게 늘어난 인구를 부양하기 위해 경지면적 확장, 비료투입 증대, 관개시설 건설 등 강력한 식량증산 정책이 불가피했다. 이로 인해 산림 파괴와 토양 산성화가 지속적으로 진행되었고 식량 증산이 점점 더 어려워졌으며, 결국 1980년대 후반 이후에는 외부 도입 식량을 크게 늘리지 않을 수 없게 되었다. 1995, 1996년에 연이어 일어난 대홍수도 장기간에 걸친 산림 파괴로 인해 피해가 크게 증폭된 것이라는 점에서 자연재해일 뿐 아니라 인재(人災)였다고 할 수 있다. 또한 북한의 산림 파괴는 연료 공급이 부족해 난방과 취사용으로 목재 남벌이 광범하게 이루어진 데 따른 결과이기도 하다.

---

8) 북한의 식량난에 대해서는 1990년대 중 · 후반에 200~300만 명이 굶어죽었다는 '대기근' 설이 널리 퍼져 있다. 그러나 최근의 주도면밀한 연구에 의하면, 기근으로 인한 '총인구손실'(= 과다사망 + 과소출생) 규모는 60만에서 110만 명(북한 총인구의 3~5%) 사이로 추정된다. 이석 (2004) 참조.

또한 앞에서 지적한 것처럼 북한은 주로 내부자원을 이용하는 방식의 산업기술을 채택했기 때문에 비효율적이고 낭비적인 산업구조가 형성되었으며, 따라서 산업화가 진전될수록 원료와 연료의 낭비가 극심해지는 결과가 나타났다. 북한의 주요 내부자원인 석탄과 철광석은 본래 품위가 낮고 채굴조건이 열악했기 때문에, 무리한 증산이 계속되자 급속한 자원고갈이 발생해 점점 생산성도 떨어지고 품위도 더 낮은 제품이 산출되기에 이르렀다. 수력발전에서도 역시 산림파괴로 인한 토사 침적으로 저수능력이 떨어져 발전량이 감소했다. 그리고 석탄 중심의 에너지 공급체계가 수송부담을 가중시켜 수송부문의 병목현상이 경제성장을 지체시키는 결과도 나타났다.

결국 장기간 식량자급과 내부자원에 의존한 산업화를 추구한 결과, 1980년대 내지 1990년대에 북한은 자연환경의 파괴와 자원고갈 등 생태적 위기를 맞게 되었다. 산업화에 따른 생태적 위기는 다른 나라들, 특히 다른 사회주의 나라들에서도 흔히 나타난 현상이기는 하나, 자연환경이 나쁘고 내부자원이 빈약한 북한에서는 더욱 심각한 상황으로 발전한 것처럼 보인다.

이와 함께 자력갱생 노선이 경제의 효율성을 저하시키고 경제성장을 지체시키는 부정적 역할을 했다는 점도 지적할 필요가 있다. 가급적 자급자족을 추구하는 것은 북한뿐 아니라 국가사회주의의 일반적 경향이기도 하다. 대외무역을 활발하게 진행할 경우, 계획화 시스템의 운영이 어려워지기 때문이다. 또 사회주의 경제는 '공급부족'의 경제였기 때문에 수출능력이 체계적으로 제한적이어서 만성적인 외화부족에 시달리지 않을 수 없었다. 대외무역의 이런 제한적 성격으로 말미암아 '무역의 이익'을 누리기 어려웠고 국제경쟁의 압력과 대외교류로부터 얻게 되는 기술과 생산성의 향상효과도 제대로 나타나지 않았다.

더욱이 북한의 경우에는 대외무역의 추이와 패턴이 매우 불안정했다는 점도 중요하다. 북한의 대외관계 변화에 따라 교역상대국과 교역규모가 급격하게 변동했던 것이다. 1960년대 초 · 중반 소련과의 관계 악화, 1960년대 후반 중국과의 관계 악화, 1970년대 후반 외채위기로 인한 무역의 축소·정체 등 일련의 사태는 북한의 계획 시스템을 교란하여 안정적인 성장기반을 침식하는 중요한 요인이 되었다. 그리고 1990년대 초 사회주의권 붕괴에 따라 소련·동유럽과의 무역이 급격히 감소한 것을 계기로 북한은 본격적인 경제난의 길로 들어서게 되었다.

3) 군사비 부담

끝으로, 다른 사회주의 나라보다 더 심각한 위기를 초래한 또 하나의 중요한 요인으로, 남북 분단체제의 특수성과 이에 따른 과중한 군사비 부담을 지적할 수 있다. 북한의 인구 규모가 남한의 1/2 정도밖에 안되는 상황에서 남한과 대등한 군사력을 유지하기 위해 훨씬 더 큰 희생이 필요했던 것이다.

북한은 '경제와 국방의 병진(竝進) 건설 노선'에 따라 1960년대 이후 군비지출을 크게 증가시켰으며, 국민소득 대비 군비지출 비율은 1967~1971년 사이에 최고 수준에 달했던 것으로 추정된다(김석진 2002: 77-81). 또 군 병력은 1960년대 말 이후 급속히 증가했다. 이런 군비지출 부담의 급격한 상승이 1960년대 이후 급격한 경제침체를 가져온 중요한 요인의 하나가 되었을 것임은 어렵지 않게 짐작할 수 있다.

북한에서 군비지출은 주로 다음과 같은 경로를 통해 경제성장에 부정적인 영향을 끼쳤을 것으로 추측된다. 첫째, 무기 생산의 증가는 기계설비 생산량을 그만큼 감축시켜 투자 증가를 어렵게 하며, 투자의 위축은 결국 경제성장에 대한 제약으로 작용하게 된다. '중공업 우선 노선'의 유용성은 기계설비의 생산 증대를 통해 급속한 투자 증가를 가능하게 한다는 것인데, 기계설비 생산에 사용되어야 할 원료와 연료가 무기 생산으로 전용되어 버린 것이다. 둘째, 군수공업이 발달함에 따라 그 밖의 다른 부문에서는 원자재·중간재·에너지의 공급부족 현상이 심화된다. 공급부족의 심화는 계획 시스템의 교란으로 이어져 경제상황을 더욱 악화시킨다. 셋째, 군인 수의 급격한 증가는 노동인력 부족 현상을 더욱 심화시킨다.

북한경제의 군사적 특수성은 군비지출 및 군수산업뿐 아니라 다른 부문에도 반영되었다. 예컨대 북한에서는 많은 시설이 전쟁에 대비하여 지하에 건설되거나 또는 입지여건이 나쁜 후방지역에 건설되었던 것으로 알려져 있다. 이같은 전쟁대비용 건설 정책은 원자재와 노동인력의 낭비를 증가시켜 경제 전체의 비효율성을 악화시키는 데 기여했을 것이다.

4. 교훈과 전망

북한 사회주의는 너무나 처절하게 실패했다는 점에서 우리에게 '반면교사'로서 매우 중요한 교훈을 주고 있다.

먼저 20세기의 국가사회주의가 인류가 지향해야 할 바람직한 사회모델이 결코 아니라는 점을 다른 사회주의 나라의 경우와 마찬가지로 북한의 경우에서도 역시 확인할 수 있다. 국유화와 계획화 시스템은 많은 혁명가와 일반 대중이 꿈꾸던 민주적이고 평등한 사회가 아니라 관료들이 지배하는 새로운 계급사회로 귀결되었다. 국가사회주의는 단지 효율성 면에서 자본주의에게 뒤처졌을 뿐 아니라, 비민주적이고 억압적인 사회체제를 형성했다는 점에서도 후진적인 사회였다. 많은 사람들이 이른바 '북한적 현상'으로 생각하는 '유일체제(唯一體制)'라는 것도 실은 다른 사회주의 사회에서도 흔히 나타났던 개인숭배의 일종으로서 국가사회주의의 비민주성을 극단적으로 드러낸 사례라 할 수 있겠다.

북한의 경험에서 추가적으로 얻을 수 있는 교훈은 폐쇄적 민족주의를 추구해서는 안 된다는 점이다. 중국과 일본 사이에 낀 약소국으로서의 오랜 역사와 일제 식민지 시대의 경험, 남북분단과 한국전쟁, 그리고 중소분쟁 등 복잡한 국제정세 등을 고려할 때 북한 사회주의가 민족주의를 지향하게 된 것은 자연스러운 일이라 할 수 있을 것 같다. 하지만 민족주의적 노선이 사회주의의 문제점을 더욱 증폭시켜 참담한 위기를 가져왔다는 것 역시 부인할 수 없는 사실이다. 결국 우리는 북한의 경험으로부터 폐쇄적 민족주의보다는 개방적 국제주의가 훨씬 더 바람직하다는 것, 그리고 그런 토대를 바탕으로 해야 평화와 생태친화적 발전을 추구할 수 있다는 교훈을 배울 수 있다.

그렇다면, 앞으로 북한사회는 어디로 갈 것인가? 2000년대 들어 북한은 외부 원조에 힘입어 최악의 식량난에서는 벗어났다. 또 식량난 발생 이후 자생적인 시장경제화 추세가 나타난 데다, 2002년 '7.1 조치' 등 부분적인 개혁 조치도 실시되었고, 남한 및 중국과의 무역도 계속 증가세를 유지하고 있다. 이런 움직임은 많은 사람들에게 북한이 '개혁'과 '개방'의 길로 나아갈 것이라는 기대감을 갖게 하고 있다. 하지만 '핵문제'로 인해 대외관계가 지루한 교착상태에 빠져 있었고 개혁이나 개방정책도 제한적 수준에 그쳤기 때문에, 아직까지는 뚜렷한 경제회복이나 근본적인 체제변화가 나타나고 있다고 말하기는 어렵다.

앞으로 북한이 나갈 수 있는 길은 크게 보아 세 가지 정도로 정리할 수 있을 것 같다. 첫째는 현재의 통치체제('조선로동당')가 안정적으로 유지되는 가운데 점진적인, 하지만 의미 있는 개혁 · 개방을 추진해 시장경제 또는 자본주의의 방향으로 나가는 것이다. 둘째는 현재의 통치체제가 붕괴되면서 대혼란이 나타난 뒤 급격한 체제전환이 시도되는 것이다. 이것은 북한 내부에서 새로운 통치집단이 형성되면서 이루어질 수도 있고, 남한 또는 '국제사회'의 개입에 따라 진행될 수도 있다. 마지막 세 번째는 현재의 통치집단이 상당 기간 근본적인 변화 없이 기존 체제를 이끌고 나가는 것이다. 이런 시나리오는 이미 10여 년 전부터 흔히 언급되어 온 것인데, 지금까지는 세 번째 방향대로 사태가 전개되어 왔다.

많은 사람들이 이처럼 현상유지 상황이 계속되고 있는 이유를 '핵문제' 로 인한 교착상태 때문이라고 생각하고 있다. 그러나 '핵문제' 해결은 북한사회가 새로운 방향으로 나가는 전기가 될 수도 있지만, 거꾸로 기존 체제를 유지하는 데 도움을 줄 수도 있다. 핵문제가 해결되더라도 남한과 국제사회의 외부적 개입이 발휘할 수 있는 영향력에는 한계가 있을 수밖에 없다. 따라서 결국 북한 내부의 정치적 · 경제적 역학관계가 북한체제의 향후 진로를 결정하게 될 것으로 보인다.

7

유고슬라비아의 시장사회주의의 전개과정과 문제점[1)]

김 창 근

1. 머리말

1980년대 이래 세계 각국에서 신자유주의 세계화가 진행되면서, 세계 각국에서는 고용의 불안정성 확대, 부와 소득의 불평등과 빈곤층의 확산, 거시경제의 불안정성의 심화, 심각한 환경파괴 등의 문제점이 광범위하게 나타나고 있다. 이와 더불어 신자유주의 세계화에 반대하는 운동들이 1999년 시애틀 투쟁 이후에 확산되고, 그와 함께 신자유주의 세계화에 대한 새로운 대안들을 모색하는 논의들이 다양한 형태로 나타나고 있다. 이런 흐름들 속에는 '시장사회주의'를 새로운 대안으로 제시하는 흐름도 나타나고 있다.[2)]

시장사회주의론은 한편으로 자본주의의 모순과 문제점을 비판하면서 순수한 자본주의를 거부하지만, 다른 한편 기존의 사회주의가 가지고 있던 문제점을 지적하면서 '계획경제'를 자본주의에 대한 대안으로 수용하기를 거부한다. 시장사회주의론은 자본주의의 중요한 요소인 '시장'과 사회주의의 중요한 요소인 '노동자들에 의한 기업의 자주관

---

1) 이 논문은 2005년 정부(교육인적자원부)의 재원으로 한국학술진흥재단의 지원을 받아 수행된 연구임(KRF-2005-005-J00201).

2) 대표적인 시장사회주의론으로는 로머(1994)와 노브(1991) 등을 참고할 수 있다.

리' 를 결합한 시장사회주의를 자본주의와 기존의 사회주의에 대한 대안으로 제시한다. 이 이론에서는 시장이라는 요소가 경제적 '효율성' 을 높여주며, 노동자들의 기업소유가 경제적 '형평성' 을 높여주는 것으로 가정된다.

시장사회주의는 기존에 존재하는 두 체제가 가지고 있는 장점들을 결합하고 있기 때문에, 매력적인 이론으로 보일 수 있다. 그런데 문제는 어떻게 '시장' 과 '노동자 자주관리' 가 상호 모순을 일으키지 않으면서, '효율성' 과 '형평성' 을 동시에 '유지' 할 수 있느냐다. 특히 시장이 '노동자 자주관리' 의 원활한 운영을 가로막으면서 결국은 '시장사회주의' 를 다시 자본주의로 되돌려 놓지는 않을까 하는 의구심을 낳게 한다. 특히 최근의 경험을 보면 그러한 의구심은 기우가 아님을 알 수 있다. 1970년대 후반부터 '시장사회주의' 를 표방했던 중국경제의 예가 대표적인데, 현재의 중국사회가 사회주의라고 말할 수 있는 것은 단지 공산당이 존재한다는 것뿐이라는 것이 일반적 평가인 것 같다.

이 글은 중국보다는 더욱 '시장사회주의' 에 가까웠던 유고슬라비아의 '자주관리 경제' 를 살펴봄으로써, 시장사회주의가 자본주의의 진정한 대안이 될 수 있는가에 대한 이해를 더욱 높이고자 한다. 중국의 시장사회주의는 '광범위한 공기업' 과 '시장' 의 공존을 특징으로 하며 기업에 대한 노동자들의 자주관리는 나타나지 않는 반면, 유고슬라비아의 경우 이미 적어도 1960년 초부터 노동자들이 시장원리에 따라 자신들의 기업을 경영할 수 있었다. 이 글은 이렇게 시장사회주의에 가장 가까운 경제체제를 경험한 유고슬라비아 자주관리 경제의 전개과정과 문제점을 살펴봄으로써, 시장사회주의의 현실적 타당성을 검토해 보고자 한다.

2. 유고슬라비아 자주관리의 전개과정

유고슬라비아의 시장사회주의는 '노동자 자주관리'와 '시장'의 결합이라는 독특한 특징을 가지고 있었다. 노동자들은 기업의 '집단적 소유자'로서 기업의 모든 운영을 자율적으로 결정했고, 기업의 자금조달, 생산 그리고 판매는 시장을 통해 이루어진다. 그리고 생산 · 판매활동을 통해 기업이 벌어들인 이윤은, 세금을 제외하고는 노동자들 스스로가 결정해서 일부는 투자에 돌리고 나머지는 노동자들 사이에 초과임금으로 분배한다.

그런데 유고슬라비아 자주관리는 처음부터 완전히 발달된 형태로 시작되지 않았고, 몇 개의 단계를 거치면서 전개되었다. 이 단계들은 기업의 소유형태, 의사결정 구조, 자금조달, 이윤의 분배, 대외시장 개방 등의 변화를 중심으로 구분되는데, 대체로 '관리적 사회주의(1945~1952)', '관리적 시장사회주의(1952~1962)', '시장사회주의(1963~1973)', '계약사회주의(1974~1983)', 그리고 '위기의 시기(1983~ 1988)', '사회주의의 붕괴 및 자본주의 이행 시기(1989년 이후)'로 나눌 수 있다. 먼저 각 시기의 특징들을 살펴보자.

1) 관리적 시장사회주의

제2차 세계대전 직후의 유고슬라비아 사회는 중앙집중적인 계획경제로 특징지어지는 소련의 경제모델을 그대로 따르고 있었다. 그런데 1948년 티토가 스탈린과 불화를 빚게 되면서 유고슬라비아는 코민포름(Cominform)으로부터 축출되었고, 이후 소련과는 다른 경제체제를 형성해 가게 된다. '자주관리체계'가 등장하게 된 가장 결정적인 배경은 소련과의 결별이지만, 그밖에도 사회주의화 이전부터 유고슬라비아에 존재했던 문화적 전통, 즉 중앙집중적 권력에 대한 거부감, 다른 지역의 반(反)세르비아 정서 등과, 사회주의 혁명과정의 특수성으로서 반

(反)중앙집중적인 농민들의 대규모 참여, 게릴라전, 소련으로부터의 상대적 독립성, 제2차 세계대전 중 서방정부로부터 받은 지원도 영향을 미친 것으로 보인다(Riddell 1968: 50-51).

관리적 시장사회주의(1952~1962)는 1950년 6월 '국가 경제기업과 더 높은 경제연합의 관리에 관한 기본법'의 발효에서부터 시작되는데, 이 법은 노동자 집단, 특히 노동자 평의회에게 기업을 관리할 수 있는 권한을 부여했다. 또한 1953년 헌법은 자주관리를 기본적 사회조직으로 인정하고, 국가소유를 폐지하고 오직 사회적 소유와 개별적 소유만을 허용했으며[3], 이후에 자주관리는 사회적 서비스 부문과 공공 부문, 그리고 도시와 지역 경제에서의 생산자들의 자주관리로 확대되었다. 그 결과 생산은 대체로 기업의 자율에 맡겨졌으며, 국가수준의 경제계획은 오직 전략적인 주요한 산출량의 '기본 비율'을 정하는 것에만 국한되었다.

나아가 이 시기 기업의 투자와 기업이윤의 분배에서도 커다란 변화가 있었다. 먼저 1952년까지 노동자 평의회는 노동자들 사이의 임금 차이와 노동 인센티브를 결정할 수 있게 되었다. 그리고 1954년에는 노동자들이 기업을 자유롭게 경영하는 대신에 기업의 자산인 '사회적 자본'에 일종의 세금인 6%에 달하는 자본이자가 도입되었고, 기업의 이윤에 50%의 세금이 부과되었다. 나아가 1958년에는 기업의 전체소득이 노동자 평의회에 의해 임금과 다양한 기금에 대한 '기여'로 분배될 수 있었고, 그 대신에 노동자들의 소득과 최소 개인소득인 회계임금의 차이에 대해서는 누진세가 부과되었다. 이제 노동자들은 국가에 기업의 자산 사용에 대한 이자와 세금을 지불하고 남은 이윤을 투자와 개인소득으로 자율적으로 사용할 수 있게 되었다. 그리고 국가는 투자자금을 제공하면서도 투자에 관여하지 않았고, 1953~1963년 시기에 투

3) 정부는 수공업자들이 3-5명의 노동자들을 고용하는 것과 농민들이 10헥타르의 범위 안에서 자신의 토지를 사적으로 소유하는 것을 허용했다. 사적부문으로 간주되는 이 두 부문은 1970년대 GDP의 29% 정도를 차지했다.

자는 코뮌, 공화국 및 연방의 사회적 투자기금을 통해 간접적으로 규율되었다.

그런데 관리적 시장사회주의의 결과 지역간 · 부문간 갈등이 생겨나게 되었다. 특히 석탄가격의 국가 관리에 대한 저항으로부터 발생한 1957년의 슬로베니아 파업은 시장사회주의자들의 입장을 더욱 강화시켰다. 시장사회주의자들은 "부문 간의 이해대립의 원천을 국가의 과도한 경제개입에서" 찾고 "경제의 탈국가화, 시장메커니즘의 전면적 도입을 그 해결수단으로 제시"하였으며, 이들의 입장이 관철되면서 1960년대 초반부터 시장을 전면적으로 도입하게 되었다(이명순 1991: 53).

2) 시장사회주의

시장사회주의(1963~1973)는 1961년의 급격한 개혁에서부터 시작되는데, 이 개혁으로 노동자 소득에 대한 누진세는 15%의 균등세로 대체된다. 이 점은 매우 중요한데, 노동자들이 자기 기업이 달성한 이윤을 이제 투자보다는 자신들의 소비를 위한 소득으로 분배할 유인을 강하게 가지게 되었기 때문이다.

1961년 개혁의 또 다른 특징은 대외시장을 개방함으로써 유고슬라비아 경제가 세계자본주의에 편입되었다는 점이다. 이 시기 대외무역은 자유화되고, 다수환율제[4]는 관세로 대체되었으며, 통화인 다이나화가 평가절하 되었고, 유고슬라비아는 GATT의 준회원이 되었다. 또한 이제 국내가격은 국제가격에 기초해서 결정된다는 원칙도 세워지게 되었다. 이 점은 향후 유고슬라비아 시장사회주의의 장기적인 '유지가능성' 에 심각한 제약이 되었는데, 1970년대 초반과 말 세계자본주의 경제가 침체국면에 빠지면서 유고슬라비아도 외채위기에 직면하게 되었고, 그 결과 IMF 구조조정 프로그램을 받게 되면서 유고슬라비아 경

---

4) 당시 유고슬라비아에서는 상품을 수입할 때 수입품별로 상이한 환율이 적용되고 있었다.

제체제는 점차 더욱더 시장지향적인 체제로 변할 수밖에 없었기 때문이다.

그런데 1961년 개혁의 결과 노동자들의 임금이 올라가면서도 그와 함께 실업이 늘어나는 부작용이 나타났고, 결국 실업과 인플레이션 등이 주요한 사회문제로 등장하게 되었다. 그리고 이런 문제를 해결하기 위해 1963년 3월에 긴축적인 재정정책과 이자율 인상 등의 안정화정책이 도입되었고, 가격은 다시 통제되고 기업에 대한 보조와 조세부담이 함께 경감된다. 이런 위기의 상황에서 코소보와 몬테네그로 등의 후진지역 출신의 '집권파(集權派)'와 크로아티아, 슬로베니아 등 선진지역 출신의 '분권파' 간에 논쟁이 일어나게 되었다.

집권파는 분권화의 개혁이 실업, 사회서비스의 제약, 지역차를 증대시켰다며 관료적 통제의 강화를 요구한 반면, 분권파는 선진적인 공화국의 희생이 커질 것을 우려해 기존 사회주의체제의 유산인 관료주의적 병폐가 심각하기 때문에 시장사회주의를 현실화해야 한다고 주장했다. 이런 논쟁에서 분권파가 다시 승리하면서, 더욱 강력한 분권화가 추진되었다(김용구 1986: 43-44). 일단 시장지향적인 개혁이 진행되자, 그 뒤에 나타나는 모든 문제는 시장의 도입에 따른 것으로 보이지 않고, 오히려 아직도 남아 있는 관료주의의 결과로만 인식되었던 것으로 보인다.

그 결과 1965년에 다시 개혁이 이루어지는데, 먼저 소득세가 궁극적으로 폐지되었고, 그 뒤 이윤세도 폐지된다. 이 점은 관리사회주의 시기와는 매우 달라진 것이다. 이전 시기에는 기업이윤에 높은 세금을 부과함으로써 사회적으로 바람직한 부문 또는 낙후된 산업이나 지역에 대한 투자재원을 확보할 수 있었고, 노동자들의 소득에 높은 누진세를 부과함으로써 기업의 노동자 집단이 개인적 소비보다는 생산적인 투자를 더 선호할 수 있게 했다. 그런데 이제 이윤세와 소득세까지 폐기됨으로써, 한편으로 이윤이 높은 기업과 지역은 그렇지 못한 부문과 지역보다 투자를 상대적으로 많이 하여 더 많은 이윤을 내고, 다른 한편 그렇게 높은 이윤을 바탕으로 더 높은 소득을 노동자들에게 분배함으로써, 기업간 · 지역간 소득격차가 자본주의 못지않게 확대되어 사회적 불평등을 심화시키는 문제점이 나타나게 되었다.

이렇게 이윤세가 폐지됨에 따라 그 동안 자본세에 의거해 낙후한 기업과 지역에 투자자금을 많이 공급하던 연방정부의 '투자기금' 의 운용도 변화를 겪을 수밖에 없었다. 결국 연방정부의 투자기금은 폐지되고, 그 자산과 채무는 은행들로 이전되었다. 또한 어떤 경제 · 정치 조직도 은행을 설립할 수 있게 되었고, 이자율은 평준화되었다.

연방정부의 투자기금이 폐지됨에 따라 투자자금의 원천으로서 은행의 비중이 커졌는데, 고정투자 자금원에서 은행이 차지하는 비율은 1960~1963년 3%에서, 1968년 38%, 그리고 1972년 42%로 증대했다. 이제 기업투자는 사회전체적 차원에서 통제되지 못하고, 개별기업의 이윤과 은행신용을 기초로 개별기업의 능력과 재량에 따라 이루어지게 되고, 이에 따라 투자는 기업별 · 산업별 · 지역별로 매우 불평등하게 이루어졌다. 또한 노동자 소득에 대한 누진세가 폐기되면서 기업이 부가가치 중 노동자들의 소득으로 분배한 비율은 1960~1963년 43%에서 1967~1971년 58%로 증가했다(이명순 1991: 54). 그 결과 노동자들 사이에도 소득이 매우 불평등하게 되었다.

하지만 개혁의 성과는 만족스럽지 못했고, 또 다시 인플레이션과 실업이 나타나고, 은행에 대한 기업의 종속 현상이 우려스러울 정도가 되었으며, 나아가 기업 안에서 기술관료의 지배가 심화되는 현상도 나타나게 되었다(이명순 1991: 57). 게다가 개혁의 결과 민족적 경쟁, 경제적 독립주의, 그리고 지역적 불균등이 강하게 등장했다(최병암 1993: 19). 특히 1968년 슬로베니아와 크로아티아가 연방의회에서 IBRD 차관의 사용을 둘러싸고 중앙정부와 대립하게 되었고, 알바니아인들이 독립을 요구하는 시위를 벌였다. 이리하여 1971년 헌법이 수정되었고, '복수대통령제' 라 불리는 집단지도체계가 나타났다. 하지만 이런 조치의 결과 지역적 불평등과 이해관계를 해결하고 조정해야 할 연방정부의 힘은 더욱 약화되었고, 문제를 해결할 길은 더욱 요원해졌다.

유고슬라비아는 당시 시장과 관료주의라는 총체적인 문제에 직면해 있었는데, 그 나라가 다시 선택한 길은 더욱 시장주의적인 방향이었다. 즉 상품들의 가격과 수량 등을 사회의 더 작은 부문들 간의 계약에 의해 결정하게 하는 의사결정의 세분화를 통해 관료주의의 폐해를 완화하려고 한 것이다.

3) 계약사회주의의 위기와 붕괴

계약사회주의(1974~1983)는 1974년 금융개혁으로 시작되는데, 이 개혁으로 이자율이 기업과 은행 사이의 계약에 의해 결정되었다. 그런데 다양한 이해집단이 자신의 이익만을 추구하게 된 상황에서 이런 조치로 말미암아 투자자금의 배분은 한편으로 기업과 은행의 밀접한 관계, 다른 한편으로 공화국과 공동체와 은행의 정치적 관계에 의해 결정되었다. 다시 말해 투자가 부정부패와 정치적 고려 등에 의해 좌우되었다.

그리고 1974년 개혁 이후에는 공공서비스 가격도 계약에 의해 결정되었는데, 수요자들로 구성된 사회적 이해공동체는 공공서비스 공급자들과 사회적 합의를 통해 가격을 결정하게 되었다. 또한 1976년의 '연합노동법'에 따라 기업의 의사결정의 효율성을 높일 목적으로, 자주관리 단위를 기업 안의 부서 수준인 '연합노동자 기본조직(Basic Organization of Associated Labor, BOAL)'으로 축소했다. BOAL은 기업 안에서 기술적 · 조직적으로 가능한 최소 단위로서, 한 기업 안에도 많은 BOAL들이 존재했다. BOAL은 자체의 의사결정 기구인 노동자 평의회를 갖추고, 독립적인 예산을 운영했다. 이에 따라 이제 BOAL이 기업의 노동자 평의회를 대신해서 중요한 문제들을 결정하게 되었으며, 동일한 기업 안의 BOAL들은 반제품에 대해 서로 계약을 통해 정해진 가격을 지불해야 했다. 이런 체계를 '노동자 자주관리 협약'이라고 부른다.

BOAL은 관료주의를 극복하기 위해 도입되었지만, 기업단위에서 형성된 문제점을 더 작은 단위로 이전시킴으로써 이기주의를 더욱 강화하는 역할만을 했을 뿐이다. 이전의 체제가 노동자 집단으로 하여금 기업단위의 이윤과 노동자의 소득만을 고려하는 기업이기주의를 낳았다면, 이제는 더욱 작은 단위인 부처의 이기주의를 양산함으로써 이기주의의 폐단을 더욱 악화시켰다.

결국 계약을 중심으로 한 계약사회주의 역시 바람직한 경제적 성과를 거두지 못했고, 위기와 붕괴의 시기(1983~1988)로 나아가게 된다. 위기는 1970년대 말의 세계자본주의의 불황의 영향으로 시작된 1980년대 초반의 경제위기에서 시작되는데, 유고슬라비아는 1982~1983년에 IMF의 권고에 따라 작성된 '장기 안정화 프로그램'을 실시한다. 이 프로그램의 작성에는 "대부분의 유고슬라비아 경제학자들—극단적인 통화주의자, 정통 케인스주의자, 그리고 마르크스주의자를 포함—이 참여했다. 이리하여 매우 절충적이고 비정합적인 프로그램이 나타났지만, 그 주된 지향점은 명확했다. 즉 시장의 재도입과 '계약적 제도들'의 역할 감소였다"(Mencinger 1991: 80).

그러나 유고슬라비아는 치솟는 인플레이션과 실업을 통제할 수 없었다. 그 결과 결국 유고슬라비아 국가는 1988년 내국인과 외국인에 의한 합작소유와 생산수단의 사적소유를 인정하게 되고, 1989년 3월 사기업을 사실상 허용하는 자본시장 도입을 선언하게 되었다. 이런 조치들은 시장사회주의의 핵심이었던 '사회적 소유', 즉 노동자들에 의한 기업의 소유를 포기하는 것으로, 유고슬라비아가 더 이상 시장 '사회주의'가 아닌 사실상의 자본주의로 나아가게 될 것임을 예고하는 것이었는데, 1989년 이후의 동유럽과 소련의 붕괴와 함께 실제로 자본주의로 이행했다.

다음 절에서는 거시경제적인 성과를 시기별로 나누어 살펴봄으로써, 유고슬라비아 시장사회주의의 거시적 문제점이 시기적으로 어떻게 나타났는가를 고찰해 보자.

3. 유고슬라비아의 경제적 성과

<표 1>은 시기별로 유고슬라비아의 주요한 경제적 실적을 요약하고 있다. 여기에서 우리는 관리적 시장사회주의 시기(1952~1964)에 대부분의 경제적 성과가 다른 시기보다 상대적으로 양호했고, 시장사회주의 이후에 거의 모든 거시 경제적 지표가 악화되었음을 알 수 있다.

먼저 기업의 투자율과 고용을 살펴보면, 1952~1964년에 투자는 연평균 11.7%로 급격히 증대하고 있지만, 고용은 오직 연평균 1.0%만 증가했음을 확인할 수 있다. 이는 유고슬라비아가 관리적 시장사회주의 시기에서부터 이미 기업투자가 고용증가로 이어지지 않고 있음을 보여준다. 이 점은 노동자들이 벌어들인 이윤을 신규투자에 사용하면서도, 노동자들을 추가적으로 고용하지 않음을 나타내는 것으로, 시장사회주

〈표 1〉 1952~1988년의 유고슬라비아의 경제적 실적(연평균증가율, %)

시 기	1952~64	1965~73	1974~79	1980~88	1984~88
사회적 생산	8.9	5.4	6.3	0.7	0.6
고용	1.0	0.1	0.5	0.2	0.6
생산성	7.9	5.3	5.8	0.5	0.8
투자	11.7	3.6	8.9	-5.7	-4.2
소비	7.2	5.4	5.8	0.0	0.5
1인당 소비	6.0	4.4	4.8	-0.6	-0.2
가처분소득	7.9	6.5	4.6	-1.1	-0.2
1인당 가처분소득	6.7	5.5	3.6	-1.8	-0.8
실질임금	3.8	5.1	1.0	-2.3	-1.1
화폐임금	10.3	19.0	18.5	70.5	102.3
소비자 물가지수	6.4	15.5	18.1	74.8	106.1
수출	12.2	9.2	3.0	2.8	5.8
수입	10.7	9.8	6.8	-2.1	3.8

자료: *Statisticki Goldsn Jak Jugoslavi je*와 *Bulten Narodnc Banke Jugoslavi je* (Gapinski 1993: 8-9에서 재인용).

의의 근본적인 문제점의 하나로 지적될 수 있다. 유고슬라비아의 시장사회주의는 자신의 독특한 '사회적 소유' 개념에 따라 기업은 그 기업에 고용된 노동자들의 소유가 된다. 이 경우 노동자들은 자신의 기업이 벌어들인 이윤을 투자할 동기는 충분히 갖게 된다. 왜냐하면 투자가 장래에 자신들의 소득을 증대시켜 줄 것이기 때문이다. 그렇지만 기존의 노동자들이 노동자들을 추가로 고용할 동기는 상대적으로 매우 낮다. 왜냐하면 기존의 노동자들은 신규로 고용되는 노동자들에게 임금만 지불하면 되는 것이 아니라, 자신들의 소유인 기업 자산의 소유까지도 분할해야 하고, 미래에 발생하는 이윤에 대한 소유권도 나누어가져야 하기 때문이다. 따라서 기업을 자주관리하는 노동자들은 추가고용이 필요한 경우에도 고용을 늘리는 대신에 자본집약적인 투자를 하게 되고, 그 결과 자주관리 시장사회주의에서는 실업이 광범위하게 나타날 가능성이 상존하게 된다.

이런 문제는 시장사회주의(1965~1973)와 계약사회주의(1974~1979) 시기에 더욱 심각하게 나타났다. 한편으로 이전의 관리사회주의 시기에 10%가 넘던 투자율이 이제 각각 연평균 5.3%와 5.8%로 크게 낮아졌다. 이것은 시장사회주의 시기에 실질임금의 연평균 상승률이 이전 시기의 3.8%보다 높은 5.1%로 된 것과 관련있는 것처럼 보인다. 시장사회주의 시기에는 노동자들이 기업의 이윤 분배에서 투자보다는 자신의 소득향상에 더 치중할 수 있게 되었기 때문이다.

다른 한편 시장사회주의와 계약사회주의 시기에 고용증가율은 이전 시기의 연평균 1.0%보다도 더 낮아져서, 각각 연평균 0.1%와 0.8%를 기록했다. 이것은 투자율이 더 낮아졌기 때문이기도 하며, 또한 기존 노동자들의 신규고용 기피 현상이 개선되지 않았기 때문이기도 하다. 결국 고용증가율이 이처럼 낮았다는 것은 그 당시 농촌지역의 대규모 농민층이 산업에 대한 잠재적인 노동공급자로 존재했다는 사실을 감안할 때 이미 1960대 초중반부터 대규모의 실업이 존재했을 가능성을 보여준다.

<표 2>는 실제 실업률을 보여주고 있는데, 실업률은 이미 1959년에 5.8%로 매우 높았고 이후 계속 상승해 1969년에는 9.1%에 이르렀다. 그 뒤 실업률은 1971, 1972년에 다소 저하하지만, 각종 개혁들에도 불구하고 1974년에는 10%를 넘어섰다. 그리고 안정화조치가 취해진 1982~1983년 이후에는 실업률은 더욱 상승해 15~16%에 달했다. 결국 유고슬라비아는 시장 '사회주의' 나라를 자처하면서도 실업의 문제—자본주의의 가장 커다란 문제점 중 하나이고 이것을 극복하는 것이 사회주의의 가장 큰 장점이라고 이야기한다—를 해결하는데 철저하게 실패했음을 알 수 있다. 그래서 유고슬라비아는 이미 1970년대 초반에 서방의 어떤 자본주의 나라보다도 높은 실업률을 기록하는 있는 '사회주의 나라'로 알려졌다.

〈표 2〉 유고슬라비아의 실업률(%)

	1959	1960	1961	1962	1963	1964	1965	1966	1967	1968	1969	1970	1971	1972	1973
실업률	5.8	5.5	6.0	7.3	7.2	6.0	6.6	7.4	7.8	8.9	9.1	8.5	7.4	7.7	9.1

	1974	1975	1976	1977	1978	1979	1980	1981	1982	1983	1984	1985	1986	1987	1988
실업률	10.1	11.6	13.1	13.9	13.9	13.9	13.8	13.8	14.4	14.9	15.7	16.3	16.6	16.1	16.8

자료: Woodward 1995: 376.

다음으로 <표 1>에서 시장사회주의 시기 이후에 인플레이션이 심각한 문제로 등장하고 있음을 확인할 수 있다. 소비자 물가지수가 관리사회주의 시기인 1952~1964년에 연평균 6.4%로 증가한 반면에 시장사회주의 시기인 1965~1973년에는 연평균 15.5%로 급격히 증가했기 때문이다. 이것은 화폐임금이 전자의 시기에는 연평균 10.4% 증가한데 비해 후자의 시기에는 연평균 15.5%로 증가한 것과 관련이 있어 보인다. 왜냐하면 시장사회주의 시기에는 노동자들이 이윤을 투자와 소득으로 분배하는 것에 더 많은 자율성을 가지게 됨에 따라 이윤의 더 큰 부분을 임금으로 책정함으로써 인플레이션이 높아졌을 가능성이 있기 때문이다.

대외부문의 경우 <표 1>에서 보는 바와 같이 계약사회주의 시기(1974~1979)에 수출성장률이 크게 저하하면서 무역수지 적자가 증대해 외채문제가 등장하게 되고, 1970년대와 1980년대에는 외환위기를 몇 차례 겪게 된다. 1970년대 이후 1980년대까지의 유고슬라비아 경제의 지속적인 위기는 이전에 취해진 자본주의 세계시장에 대한 개방의 결과로 이해된다. 이 나라의 경제는 대외개방으로 인해 주요 자본주의 경제와 동조화되었고, 자본주의 경제들이 특히 1970년대 이후 위기와 장기침체 상황을 벗어나지 못함에 따라, 유고슬라비아 경제는 "1980년대 내내 위기, 스태그플레이션, 실업, 인플레이션, 평가절하, 외채의 악순환이 반복"되었고, "IMF와 서방은행의 손아귀에 놓이게 되었다"(이정구 2004: 36).

외환위기 때문에 유고슬라비아는 1982~1983년에 IMF의 안정화 프로그램을 받아들이게 되었는데, 이 프로그램은 긴축적인 재정정책과 통화정책을 포함하고 있었고, 1980년대 초반의 남미 외환위기 이후 IMF가 외채위기국에 강요한 신자유주의 프로그램과 다르지 않았다. IMF 프로그램이 실패했다는 것은 <표 1>의 '위기의 시기(1980~1988)'의 경제적 실적에서 명확히 나타나고 있다. 1980~1988년에 투자가 연평균 5.7%의 음의 성장률을 기록하면서 붕괴했고, 화폐임금은 연평균 70.5%로 크게 상승했지만 소비자 물가지수가 연평균 74.7%로 폭등함으로써 실질소득과 1인당 가처분소득은 매년 각각 2.3%와 1.8%로 감소했다. 그 결과 소비는 이 시기에 전혀 성장하지 않았다. 결국 1960년대 초반부터 급진적으로 이루어진 유고슬라비아의 시장주의 개혁은 IMF의 구조조정으로 이어졌고, IMF 구조조정의 필연적인 실패는 유고슬라비아 체계가 1980년대 후반에 불가피하게 붕괴하는 것을 앞당기게 되었다.

다음 절에서는 유고슬라비아 사회주의에서 나타난 다양한 문제점을 고찰해 보도록 하겠다.

4. 유고슬라비아 시장사회주의의 문제점

한 사회가 유지되기 위해서는 어느 정도의 '사회적 통합'이 반드시 필요하고, 국가는 이런 사회적 통합에 크든 작든 일정한 기여를 하게 된다. 그리고 국가와 지배적인 위치에 있는 계급 · 계층이 일정 정도의 사회적 통합에 실패하면, 상대적으로 배제된 계급 · 계층으로부터 사회적 저항이 필연적으로 나타나게 된다. 그리고 이런 사회적 저항을 오랫동안 방치한다면, 그 사회는 극렬한 분쟁을 겪은 뒤 궁극적으로 다른 형태의 사회로 바뀔 수밖에 없다.

유고슬라비아의 시장사회주의는 중요한 경제적 권한을 기업의 노동자 집단과 지역 공동체인 코뮌에게 주었다. 그래서 연방국가와 함께 노동자 집단과 코뮌은 '사회적 통합'을 이루어내야 하는 임무를 떠안게 되었다. 이들은 자신들의 이익만 추구하지 말고, 사적부문으로 분류된 농민층과 자영업자들, 그리고 기업 외부에 광범위하게 존재했던 실업자들의 경제적 · 정치적 권리를 보장해 줌으로써, 계층 사이의 소득과 부의 불평등을 해소하려고 노력해야 했다. 게다가 유고슬라비아는 경제적으로 극심한 지역 격차가 있는 여러 공화국과 자치지역을 포함하고 있는 연방국가이기 때문에, 지역적 불평등을 해소하는 과제가 추가되어 있었다.

하지만 기업의 노동자 집단과 코뮌은 사회적 통합을 이루는 역할을 제대로 하지 못했다. 이들은 자신의 기업과 지역의 경제적 발전에만 집착함으로써, 경제적 성과의 분배에서 배제되고 소외된 기업과 지역, 그리고 사적부문과 실업자 등을 사회적으로 통합하는 데 실패했다. 그리고 그들이 이렇게 자신의 임무를 방기한 것은 시장사회주의 자체의 모순된 성격 때문이었다. 노동자들은 '시장' 사회주의의 조건에서 사회주의를 완성해 가는 프롤레타리아가 아니라 기업의 '집단적 소유자'이므로, '집단적 자본가' 로서 역할한 것이다. 게다가 연방국가는 특히 경제적 권한의 대부분을 하부 조직들에게 분산함으로써 사회적 통합에 필요한 경제적 자원을 가지고 있지 않았다. 이리하여 그 어느 주체도 경제적 성과의 분배에서 배제된 계층을 사회적으로 통합할 수 없었고, 이에 따라 유고슬라비아의 '시장사회주의' 는 실패할 수밖에 없었던 것이다.

기업 내부의 의사결정과정에서도, 노동자 자주관리임에도 불구하고 일반 노동자들의 경영참여는 매우 제한적이었다. 제도적으로는 노동자 평의회가 기업의 최고 의사결정 기관임에도 불구하고, 실제로는 경영과 관련된 대부분의 결정은 경영자(director)와 간부들이 결정했다. 특히 이들은 평의회 회원들이 잘 알지 못하는 기업의 자금조달, 자산의 경영 등에 대한 전문적 지식을 가지고 있었기 때문에 기업의 의사결정을 좌우하게 되었다. 기업의 자금사정 등에 대한 사회적 통제가 부재하고 기업의 자금조달이 시장과 은행과의 결탁 등에 의존할 수밖에 없는 상황에서는 이러한 의사결정의 비민주성은 당연한 귀결로 보인다.

여기에서는 유고슬라비아의 가장 큰 문제였던 실업, 임금격차, 그리고 지역격차를 집중적으로 고찰해 보자. <표 3>은 유고슬라비아의 취업자와 실업자 및 해외이민노동자의 수자를 보여주고 있다.

〈표 3〉 부문별 취업자와 실업자 및 해외이민노동자(단위: 만명)

연 도		1961	1966	1967	1968	1969	1970	1971	1972	1973	1974	1975
국내 취업자	사회적 부문	337.0	350.0	346.6	348.5	362.2	375.6	396.6	413.0	422.2	442.1	465.0
	사적 농업	475.5	442.0	447.3	436.8	409.5	381.6	354.5	335.0	314.5	299.7	291.4
	사적 비농업	23.0	26.0	26.9	28.0	29.0	30.	31.0	32.2	33.4	33.4	34.6
해외이민노동자		n.a	27.5	29.6	40.1	57.2	78.3	91.3	102.0	110.0	105.0	90.0
실업자		11.5	15.5	16.1	18.7	19.8	19.2	17.5.9	18.9	22.9	26.9	32.4
노동인력		834.0	860.1	866.5	872.1	877.7	884.8	890.9	901.1	903.0	908.3	914.7

자료: *Statistical Yearbook of Yugoslavia*, various years(Shrenk et al. 1979: 353에서 재인용).

먼저 1975년의 고용상태를 1961년의 그것과 비교해 보자. 농업부문에 고용된 인구는 184.1만 명 감소했고 사적 비농업부문(자영업부문)에서는 고용이 11.6만 명 늘어났다. 두 부문 전체로 보면 고용이 172.5만 명 줄어들었다. 반면 전체 노동인력은 80.7만 명 증가했기 때문에, 사회적 부문(기업부문)에서 총 253.2만 명을 흡수하면 실업자가 늘어나지 않을 수 있었다. 그런데 같은 기간에 사회적 부문이 128.0만 명의 새로운 일자리만을 창출했기 때문에, 일자리를 구해야 하는 125.2만 명은 해외이민노동자나 실업자가 될 수밖에 없었다. 그 결과 1966~1973년 사이 해외 이민노동자, 특히 독일로 간 노동자가 거의 80만 명 가까이 급증할 수밖에 없었으며, 상당한 노동인구는 실업자로 남아 있을 수밖에 없게 되었다.[5] 그래서 1988년 가을에는 "전체 노동인력의 20% 정도가 실업 상태이고 약 7~8십만 명의 노동자가 해외취업을 한 상태"이었다(강정구 1990: 125). 게다가 기업복지는 배타적으로 취업자에게만 집중되어 실직자들은 곧바로 생계의 위협을 받는 처지에 놓이게 되었다. 그래서 실업자들은 해외로 취직을 해야 했지만 해외취직도 쉽지 않아서, 특히 수많은 젊은이들이 가족에 생계를 의존하면서 살아갈 수밖에 없었다.

그런데 플라키어스키에 따르면, 유고슬라비아에서 노동자들의 숙련간 소득격차는 서방 나라들이나 다른 다수의 사회주의 나라들에 비해 매우 작지만, 분산계수로 측정된 산업간 소득격차는 다른 나라들에 비해 크다(Flakierski 1989: 22-44). 다시 말해 일정한 기업 안에서 학력수준과 숙련 정도에 따른 임금격차는 매우 작은 반면, 상이한 산업과 직업에 종사하는 노동자들 사이의 임금격차는 매우 크다는 것이다. 그리고 1980년에는 분배 문제가 더욱 악화되어 최상위 소득자와 최하위 소득자의 소득격차가 1970년의 4:1에서 1980년에는 8:1로 급격히 확대되었다(이명순 1991: 64).

이렇게 매우 큰 산업별 · 직업별 임금격차는 노동자들의 소득이 기업의 이윤에 크게 의존함으로써 특권적인 직업들이 생겨났음을 의미한

5) 여기에서 제시된 실업자 수는 정부당국에 공식적으로 신고한 공식실업자뿐이기 때문에, 실제 실업자 수를 매우 과소평가하고 있음에 주의해야 한다.

다. 실제로 이런 특권적인 계층이 생겨났다는 징후는 여러 곳에서 발견되는데, "정치권력이 '선별된' 귀족계층에게 공공재(특히 직업, 높은 질의 사회적 주택, 대부, 더 좋은 의료서비스 등)를 제공함으로써, '적색 부르주아(red-bourgeoisie)'가 새로운 계층으로 등장하게 되었다"(Verlic-Dekleva 1991: 113). 이런 특권적인 계층은 보수수준이 매우 높은 직업에 종사하면서, 기업이 제공하는 높은 복지혜택을 누렸고 주택 등의 배정에서도 우선권을 차지하게 되었다.

결국 유고슬라비아의 자주관리 기업은 한편으로 고용창출에 실패함으로써 광범위한 농민층과 실직자들의 생활을 개선하는 역할을 하지 못했다. 다른 한편 자주관리 기업은 성과가 좋은 직업과 산업을 중심으로 새로운 특권층을 만들어내어, 사회적 위화감과 시장의 경쟁논리를 광범위하게 퍼뜨림으로써 사회적 통합력을 현저하게 떨어뜨리는 가장 중요한 요인 중 하나가 되었던 것으로 생각한다.

또한 유고슬라비아의 지역간 임금격차도 심각했다. 플라키어스키에 따르면, 지역간 임금격차는 1인당 평균 산출의 차이보다는 작은데, 그

〈표 4〉 지역과 자치구별 노동자 1인당 월평균 순소득(국민 평균에 대한 %)

지 역	1963	1964	1965	1966	1969	1970	1971	1972	1975	1976	1978	1980	1981	1982	1983
보스니아-헤르제고비나	93	94	96	94	92	95	96	94	95	93	92	91	92	93	95
몬테네그로	93	91	89	88	90	89	89	88	88	89	90	90	90	89	84
크로아티아	103	104	104	105	106	106	110	110	106	106	118	118	110	110	109
마케도니아	85	86	82	85	85	84	84	84	86	84	83	83	82	83	83
슬로베니아	125	130	124	119	119	117	116	116	115	116	119	119	116	115	115
세르비아	92	93	93	96	96	93	94	94	96	96	95	95	95	95	96
-세르비아	95	96	96	98	98	95	94	94	95	96	96	96	95	95	95
-보즈포디나	89	88	92	95	95	92	97	97	99	100	95	95	98	100	102
-코소보	79	82	83	85	85	82	83	83	89	86	81	81	83	82	81
최상위/최하위	158	158	151	140	136	143	140	140	134	127	145	147	141	140	142

자료: *Statistical Yearbook of Yugoslavia*, various years (Flakierski 1989:41에서 재인용).

이유는 국가가 성과가 더 높은 기업들에게 순산출 중 상대적으로 더 높은 비율을 저축 · 투자하게 강제했기 때문이다. 하지만 이런 정부의 노력에도 불구하고 분산계수로 측정된 지역간 보수격차는 다른 사회주의 나라들에 비해 높은 수준이다. 15개의 소련 공화국들의 '최대/최소 보수' 비율이 1965년, 1970년, 1975년에 각각 127, 132, 139인데, 유고슬라비아의 경우 140~158이었다. 물론 1980년대 초 이후부터 그 격차는 감소하고 있지만, 그것은 경제위기에 따라 고소득 지역에서 소득이 정체되었기 때문이다(Flakierski 1989: 42).

게다가 지역별 실업률 격차도 매우 심했다. 가장 발달한 슬로베니아와 크로아티아에서는 실업률이 1975년에 각각 1.5%와 1.4%이었지만, 세르비아는 15.1%, 보스니아-헤르제고비나는 12.9%, 마케도니아는 26.8%, 그리고 코소보는 27.9% 이었다. 1980년에도 슬로베니아(6.0%)와 크로아티아(5.7%)는 낮았지만, 세르비아(19.4%), 보스니아-헤르제고비나(16.6%), 마케도니아(30.7%), 코소보(39.0%)는 매우 높았다(Woodward 1995: 384). 이런 지역적 경제격차는 인종 · 종교 문제 등과 결합되면서 그 뒤 1990년대 일어난 코소보와 보스니아 내전 등의 불씨가 되었다.

5. 유고슬라비아 자주관리에 대한 평가

유고슬라비아의 자주관리 창설자들은 마르크스와 엥겔스의 문헌에서 자주관리를 '발견'했다고 하는데, 호르바트는 "포괄적인 계획은 정부가 수행하는 중앙집중적 계획을 의미하고, 사적 소유의 부재는 국가소유를 의미한다."는 결론을 마르크스와 엥겔스가 "이끌어 낸 적이 없었다는 것"을 발견했다고 주장한다(Horvat 1971: 75-76).

호르바트에 따르면, 중앙집중적인 국가는 분권화된 국가로 이행되어야 하며, "만약 국가 소유가 사회주의를 촉진하는데 실패한다면",

"유고슬라비아의 해답은 사회적 소유이어야 한다"(Horvat 1971: 109). 바짓은 법률적 소유자와 경제적 소유자는 서로 상이할 수 있고, 전자는 법률적 소유권을 가지지만, 후자는 사물의 사용으로부터 나오는 실제적인 이익을 얻는다고 말하며, 또한 사회적 소유는 착취의 부재를 의미할 뿐 아니라 노동 실적에 따른 분배를 의미한다고 주장한다(Bajt 1968. Horvat 1971: 108에서 재인용). 그리고 슈펙은 "생산수단의 소유자로서의 착취자는 노동자들에 의해 수탈되어야 하고{노동자들이 생산수단을 소유하는 것을 의미: 필자}, 잉여가치 또는 잉여노동은 직접 노동자 자신에 의해 지배되어야 한다."고 말한다(Supek 1977: 4-5). 호르바트는 "주주들이 법률적 소유자이지만 경영자가 실질적인 경제적 통제를 행사하는" 자본주의와 비교하면서, 올바른 소유 개념은 "노동과 그 생산물에 대한 통제"이며, 이것이 "사회적 소유에 대한 마르크스의 정의"라고 주장한다(Horvat 1971: 108).

결국 유고슬라비아의 사회적 소유는 국가가 생산수단들에 대한 법률적 권리를 가지고 '노동자 집단'은 그것들을 사용하여 생산한 생산물에 대한 권리를 가지는 것을 의미하게 된다. 그런데 노동자 집단은 다른 기업들이나 다른 사회적 구성원들로부터 독립적으로 자신의 결정에 따라 생산물을 생산하므로, 그들의 생산물과 물질적 투입물은 시장을 통해 매개되어야만 한다. 그래서 호르바트는 "만약 노동자 집단이 경제적 의사결정에서 진실로 자율적이기 위해서는, 시장은 불가피하고", "선택은 계획과 시장 사이의 선택이다."고 주장한다(Horvat 1971: 159). 또한 호르바트는 "사회주의의 본질은 상품과 시장이 존재하느냐가 아니라, 해방된 노동자가 존재하는가에 있으며", "경제적 계획을 통해 시장, 상품 그리고 화폐를 폐기할 것을 주장하는 사람들은 아직도 마르크스 이전의 유토피아 사회주의의 영향을 극복하지 못하고 있다."고 말한다(호르바트 1969: 33).

그리고 호르바트는 "상품생산이 자본주의를 낳는다는 잘 알려진 주장은 철회되어야 하는데", 왜냐하면 "상품생산은 전체주의{소련식 사

회주의를 의미: 필자에서 뿐 아니라 노예제, 봉건제와 자본주의에서도 존재했지만", "상품생산이 이런 모든 사회경제적 체계들을 결정한 것은 분명히 아니며, 반대로 상품생산은 어떤 근본적인 사회적 관계에 의해 결정되었고 각각의 사회적 체계에 의해 모습을 갖추게 되었기" 때문이라는 것이다. 따라서 그에 따르면, "우리 또한 사회주의 상품생산을 발견할 수 있게 된다"(Horvat 1971:159).

그런데 이미 스위지(Sweezy 1964)와 만델(Mandel 1967)과 같은 마르크스주의자들은 마르크스의 상품분석에 의거해 유고슬라비아의 자주관리 이론을 비판한 바 있다. 그들의 주장에 따르면, 시장은 사회주의적 관계를 제약하고, 사회적 소유를 일정의 집단적 소유로 전환시킨다; 물질적 인센티브와 시장지향은 필연적으로 이윤을 획득하려는 정신을 낳는다; 이윤에 의한 사회적 유용성의 평가는 자본주의 체계의 특징이다; 유고슬라비아 시장 사회주의는 필연적으로 자본주의로 이행할 것이다.

호르바트는 "마르크스에게 자본은 이윤의 축적이 아니라 노동과 그 생산물에 대한 지배력"이라고 답한다(호르바트 1969: 65). 그에 따르면, 노동자 집단이 자신의 생산물을 취득하는 한, 비록 그 집단이 이윤에 의해 동기가 부여된다고 하더라도 유고슬라비아는 자본주의가 아니라 여전히 사회주의라는 것이다. 그러나 유고슬라비아 사회가 점점 더 부정적인 측면들을 보여주었기 때문에, 1980년대 초에 호르바트는 유고슬라비아의 사회주의로부터 개인주의와 공리주의라는 두 가지 '이데올로기적 괴리들' 이 나타난 것을 지적하게 된다.

호르바트에 따르면, "사유화와 집단이기주의로 이어지는 개인주의는…노동자 집단에게만 전형적인 것이 아니며…모든 사회적 구조와 수준에 스며들었다"(Horvat 1984: 48). 그는 공리주의에 대해, "모든 것이 측정되어 소득이 결정되어야 한다면, 각자가 자신의 은행계좌를 가지고 자신의 서비스를 시장가격으로 기업의 타인에게 판매하게 되는 소단위들로 노동자 집단도 분해되어야 하고", "따라서 연합노동의 조직이 생겨나고, 그것과 함께 집단의 해체와 심지어 개인간 관계의 악화가 생겨나게 된다."고 말한다. 그리고 그는 "소득원리에 널리 퍼져있는 슬로건 배후에 숨겨진 것은…공리주의라는 초기 부르주아 이데올로기였다."고 말한다(Horvat 1984: 53).

하지만 호르바트는 이런 결과가 노동자의 집단적 소유와 이윤동기 자체에서 생겨났다는 것을 인정하지 않는다. 오히려 그는 여전히 "시장은 자원배분과 노동에 따른 소득분배의 매우 효과적이고 대체불가능한 수단"이라고 주장하고, 문제를 급격한 산업화에 의해 야기된 아노미(anomie: 혼돈) 현상과 "물질적 부와 사회적 부를 열망하는 무원칙한 프티 부르주아지의 도덕성" 때문에 "어떤 일반적인 윤리적 규범도 존재하지 않는" 상황이 나타났다고 주장한다(Horvat 1984: 55, 54).

우리는 호르바트도 유고슬라비아에 자본주의적 사적 이익을 추구하는 광범위한 개인주의와 집단적 이기주의가 발전해 왔다는 것을 인정하는 것을 확인할 수 있다. 그런데 호르바트는 이런 부정적인 결과가 실제로는 시장과, 집단적 소유로 변질된 '사회적 소유' 로부터 생겨난 것이라고 생각하지 않지만, 우리는 그렇게 생각할 수밖에 없다. 왜냐하면 기업의 수입이 노동자 집단에 분배되어야 한다는 '소득원칙' 은 적어도 1965년 개혁 이후 유고슬라비아 체계의 핵심이었기 때문이다. 그리고 1974년에 도입된 BOAL은 더 작은 규모의 집단에 기초한 집단적 소유이었을 뿐이었고, 이런 노동자 집단들은 독립적으로 생산하고 시장을 통해 자신들의 이윤을 벌어들였기 때문이다.

그리고 호르바트가 인정한 '이데올로기적 괴리들' 은 이미 스위지와 만델이 지적한 사실상의 집단적 소유일 뿐이었던 사회적 소유의 결과였다.(마르크스와 엥겔스가 언급한 사회적 소유는 노동자들에 의한 기업의 집단적 소유가 아니라, 전체로서의 사회에 의한 소유이다.) 특히 기업이 벌어들인 이윤은 그 구성원들의 노력의 결과가 아니라, 수요와 공급의 조건, 독점적 위치, 그리고 다른 기업이 공급하는 생산수단의 가격 인하 등에서 유래될 수 있다. 이런 상황에서 집단적 소유는 필연적으로 기업이 시장에서 이윤을 극대화하도록 행동하게 하며, 개인주의와 자본주의적 이윤추구가 널리 퍼지지 않을 수 없었다.

유고슬라비아의 경험은 자주관리제도를 사회의 거의 모든 부문에서 실현하려고 한 역사적 실험이었다. 하지만 경제를 운용하는 기본원리는 사실상 시장원리에 따라 기업수준에서 이윤을 추구하는 것이었고, 이에 따라 사회는 파편화되고 원자화된 개인들의 집합으로 해체되어 갔다. 그리고 그 결과 자본주의 사회에서 나타날 수 있는 거의 모든 문제점이 표면에 극명하게 나타나게 되었다. 1970년대 이후 실업률은 유럽 전체에서 가장 높은 수준을 나타냈고, 인플레이션은 통제불가능한 상황에 놓이게 되었으며, 빈부의 격차는 급격히 확대되었다.

나아가 기업의 의사결정 구조도 더욱 악화되었는데, 1965년 시장메카니즘의 도입과 함께 기업인과 경영인 집단은 "시장기제, 기업간의 경쟁, 전문지식의 독점, 집단적 이기심 등으로 인해서 새로운 관료집단과 엘리트 집단을 형성해서 권력을 과점하고 민주적 의사결정을 저해하는 계급 또는 계층으로" 되었으며, "은행이 자본의 대출이나 신규투자 등에 절대적인 권한을 행사했고", "전체사회의 기본요구에 대한 투자를 하기보다는 시장기제에 잘 적응하고 수익성이 좋은 부문에 투자를 집중"했다(강정구 1990: 114). 더욱이 연방정부의 투자기금이 폐기된 이후 정치적 고려에 따라 '정치적 공장들'[6]이 생겨나게 되었고, 지역과 공화국 사이의 경제적 격차가 확대됨에 따라 이해대립이 강화되어 국내시장의 분할 경쟁이 나타나게 되었다.

6. 결 론

6) 지역발전이라는 명목으로 모든 주요한 투자 프로젝트는 공화국마다 하나씩 6개가 건설되었다.

우리는 지금까지 유고슬라비아 시장사회주의 실험을 비판적으로 고찰했다. 유고슬라비아의 경험은 사회주의 건설에 많은 교훈을 준다. 그것은 소련과는 다른 유형의 사회주의 모델을 제시해 주고, 사회전체를 포괄하는 의사결정 과정에 대한 다양한 경험을 제공한다. 또한 유로슬라비아의 경험은 사회주의는 시장과 자본주의적 이윤동기와는 양립할 수 없다는 교훈을 제공한다. 따라서 우리는 시장과 이윤동기에 의존하지 않으면서도, 노동자들의 충분한 자율성을 허용하는 사회주의를 건설하는 길을 발견해야 한다는 것을 알게 되었다.

그런데 유고슬라비아에서 나타났던 다양한 문제점들이 이윤동기와 시장 때문에 사회가 이기적인 개인들로 파편화됨으로써 나타났음에도 불구하고, 유고슬라비아가 선택한 해결책은 불행히도 이윤동기와 시장의 역할을 강화하는 것이었다. 그 결과 문제점들은 1960년대 중반 이후 해결되기는커녕 오히려 더욱 악화되었고, 결국 1989년 이후에는 자본주의의 길을 걸을 수밖에 없었다.

또한 유고슬라비아 경제가 대내적인 문제점들을 해결하기 위해 이미 1965년부터 대외개방 정책과 IMF 구조조정 프로그램 등에 의존하게 된 것도 문제점을 악화시킨 중요한 요인이었다. 그 결과 세계자본주의의 경기변동과 장기침체가 나타날 때마다 무역수지 적자와 인플레이션 그리고 외환위기 상황에 처하게 되었고, 이런 문제를 극복하기 위해 고이자율 정책과 같은 긴축정책이 실시되었다. 그리고 긴축정책의 결과 기업 도산과 함께 이미 높은 수준의 실업자들을 더욱 확대시켰다.

결국 유고슬라비아의 시장사회주의는 노동자들의 자주관리체계를 사회전체적으로 실시하려 했지만, 이 자주관리가 시장과 이윤동기의 원리에 기초했기 때문에 원래의 자주관리 정신을 살리지 못하고 오히려 자본주의적인 문제점만을 양산했을 뿐이었다. 이런 측면에서 강정구의 다음과 같은 평가는 되새겨볼 만하다. “통제된 또는 사회화된 시장이 아니라, 유고식의 무절제한 시장경제가 도입된 시장사회주의에서는 자유경쟁, 집단적 이기주의, 기업집중화 등으로 인해 일반 엘리트의 의사결정 과점이나 독주를 오히려 정당화하고 있었다"(강정구 1990: 122).

물론 왜 유고슬로비아의 자주관리가 실패했는가에 대해서는 추가적인 연구가 더 필요하다. 특히 이런 연구는 역사적이고 사회계층적인 요인들에 기초해야 할 것으로 보인다. 나아가 바람직한 사회주의에 대한 추가적인 연구는 앞으로도 지속적으로 진행되어야 하며, 과거의 사회주의 경험을 비판적으로 검토하는 것에 기초해야 할 것으로 보인다. 이 글은 유고슬라비아 시장사회주의 경험을 연구함으로써, 바람직한 사회주의 연구에 도움이 될 것으로 기대한다.

제 3 부 서유럽 사회민주주의의 이론과 실제

독일 사회주의 노동운동의 역사적 경험과 실천적 함의

8

강 신 준

1. 서론: 독일 사회주의 노동운동의 역사적 지위

19세기 후반 자본주의의 눈부신 번영 아래에서 그 모순의 고통을 모두 감당하고 있던 다수의 노동자계급은 자본주의의 모순을 극복할 수 있는 대안을 모색했고 그 대안은 사회주의로 집약되었다. 소수의 선진 운동가들에 의해 '이론'으로 시작된 사회주의는 1889년 제2인터내셔널의 출범을 계기로 드디어 대중과 결합함으로써 본격적인 사회적 '실천'으로 자리를 잡았다(강신준 1992). 사회주의는 이제 자본주의의 모순을 극복할 수 있는 가장 유효한 대안으로 유럽 각국 노동운동의 교의가 되었다. 이 시기에 국제적인 사회주의 노동운동을 주도하고 모든 나라의 모범으로 손꼽히던 나라가 독일이었다. 당시 독일은 사회주의 노동운동의 정치적 목표인 권력의 획득에 가장 근접해 있던 나라였고, 사회주의를 대중운동과 결합시킨 마르크스주의의 이론적 스승 엥겔스와 그의 후계자들을 모두 거느리고 있었기 때문이다. 이론과 실천 모두에서 명실공히 독일은 국제 사회주의 노동운동의 모범생(박호성 2005: 95)이었던 것이다.

그러나 거의 성공의 문턱에 도달한 것처럼 보이던 1890년대 중반 독일 사회주의 노동운동은 중요한 도전에 직면하게 된다. 운동 내부에 잠재되어 있던 모순이 노선논쟁을 통해 드러나게 되고 그것은 결국 운동

진영의 조직적 분열로까지 발전하고 만다. 게다가 이런 분열 상태에서 찾아온 집권의 기회는 형식적으로는 지구상에서 최초의 노동자공화국(1919~1933년의 바이마르 공화국)을 건설하는 눈부신 성공이었지만, 내부적으로는 오랜 동지에 대한 형제살인(로자 룩셈부르크의 암살로 대표된다)의 비극에다 극단적인 적대세력 나치에게 정권을 헌납하는 기막힌 결과를 초래했다. 눈부신 성공 이후에 찾아온 갑작스런 파멸이었던 것이다. 도대체 무슨 이유에서였을까? 비극은 종말을 향해 이어진다. 나치의 붕괴 이후 독일 사회주의 노동운동은 제2차 세계대전 이후의 냉전질서를 좇아서 동독과 서독의 분단된 형태로 복원되어 바이마르 시기의 분열을 계승하였다. 그리고 두 분파는 약간의 차이는 있지만 모두 굴절된 길을 걷는다. 서독의 분파는 1959년 자신의 오랜 전통과 결별했고, 동독의 분파는 자멸의 길을 걸어 1989년 베를린 장벽의 제거와 함께 사실상 역사에서 소멸하고 말았다.

그러면 이제 독일 사회주의 노동운동은 역사에서 완전히 소멸한 것일까? 의외의 장소에서 새로운 논의가 제기되었다. 1980년대 이후 세계 자본주의가 신자유주의적인 성격을 강화해 나가자 자본주의에 대한 대안 논의가 다시 불붙었다. 논의의 도화선을 제공한 알베르는 신자유주의적 자본주의를 영미형 자본주의로 유형화하면서 대안적 자본주의로 라인형 자본주의, 즉 분단된 독일의 자본주의를 지목했다(Albert 1993). 소비에트 사회주의의 붕괴로 사회주의는 이미 대안적 논의에서 배제된 결과였다. 그런데 그 자본주의는 바로 19세기에 분열된 독일 사회주의 노동운동의 서독 분파가 전후에 자본주의와 타협한 사회민주주의 체제와 긴밀한 관련을 가지고 있다. 독일 사회주의 노동운동은 자본주의적 모순의 대안 논의에서 아직 불씨를 유지하고 있었던 것이다. 물론 최근 이 독일의 사회민주주의를 둘러싸고 분분한 논의들이 있다. 신자유주의와의 새로운 타협이라는 비난과 사회주의의 제3의 길이라는 주장에 이르기까지 다양한 견해가 존재한다. 그러나 한 가지는 분명해 보인다. 그것이 여전히 현재의 신자유주의적 자본주의의 모순을 극복하기 위한 대안적 논의 속에 자리를 잡고 있다는 점이다.

우리가 새삼 독일 사회주의 노동운동에 주목할 필요가 있는 것은 바로 이 때문이다. 1997년 IMF 경제위기를 계기로 급격하게 신자유주의적 체제로 변화하고 있는 우리 사회는 대다수 노동계급의 삶이 불안정하고 양극화되는 자본주의적 모순을 점차 심각하게 드러내고 있다. 19세기에 유럽이 그랬던 것처럼 자본주의의 모순을 극복할 대안을 모색하는 것이 오늘 우리 노동계급의 주요한 과제로 당면해 있다. 우리는 이런 대안 논의의 단서를 독일 사회주의 노동운동의 역사 속에서 모색해 보고자 한다. 많은 굴절을 겪어 왔고 따라서 그 대안으로서의 유효성은 물론 정체성조차 의심받고 있긴 하지만, 독일 사회주의 노동운동이 여전히 자본주의적 모순의 극복을 위한 대안을 계속 모색하고 있다는 점은 누구도 부인하기 어렵기 때문이다. 그리고 이제 자본주의적 모순의 극복을 위한 초보적 논의를 시작하는 우리에게 독일의 오랜 역사적 경험은 분명 값진 교훈을 남기고 있으리라는 것도 분명하기 때문이다. 더구나 그것은 성공과 갑작스런 파멸, 그리고 굴절이라는 사회주의 노동운동의 온갖 수수께끼를 모두 안고 있는 백화점이기도 하다.

이 글은 독일 사회주의 노동운동을 역사적 흐름에 따라 추적하면서 오늘날 자본주의적 모순의 대안을 모색하는 우리에게 실천적 교훈이 될 만한 사항들을 정리해내는 것을 목표로 한다. 이를 위해 먼저 사회주의 노동운동의 전략 및 전술적 구조를 과학적 사회주의의 개념을 통해 정리해본다. 그런 다음 이렇게 정리된 틀을 기준으로 독일 노동운동의 역사를 크게 네 개의 국면으로 나누어 살펴보고 그것이 주는 교훈적 의미를 정리해 보고자 한다.

2. 노동운동의 이론적 구조와 실천적 어려움

사회주의 노동운동은 자본주의적 모순을 극복하기 위한 대안을 모색하는 운동이다. 그것이 운동인 까닭은 현재의 자본주의적 상태를 변화시키고자 하는 의식적 목표를 분명하게 가지고 있기 때문이다. 이처럼 변화를 지향하는 운동은 두 가지 요소를 반드시 갖추어야 할 필요가 있다. 하나는 변화의 목표다. 변화라는 개념은 현재의 상태를 부정(Negation)하는 것을 의미한다. 예를 들어 김만철 씨 가족이 북한을 탈출해 '따뜻한 남쪽 나라'를 찾아 남한으로 건너온 경우를 생각해 보자. 김만철 씨는 북한의 현재 상태가 자신들이 살아가는 데 적합하지 '않다'(not)고 생각했다. 북한의 상태를 부정한 것이다. 그래서 그는 북한을 떠났다. 그런데 김만철 씨는 그냥 북한을 떠난 것으로 그친 것이 아니라 '따뜻한 남쪽 나라'를 의식적으로 찾아서 떠났다. 그가 생각한 '따뜻한 남쪽 나라'는 사람이 살기에 '적합한' 곳이었을 것이다. 그것은 새로운 긍정이다.

결국 김만철 씨는 살기에 적합한 곳(긍정)을 찾아 살기에 적합하지 않은 곳(부정)을 떠난 것이다. 이처럼 부정은 새로운 긍정을 위한 출발점을 이룬다. 이것을 부정의 변증법(Marx 1844: 574)이라고 한다. 변화를 지향하는 운동은 바로 이런 새로운 긍정, 즉 자기가 변화를 통해 도달하려고 하는 목표를 가지고 있어야 한다. 그런데 이런 목표는 현재의 상태를 부정하는 것만으로는 얻어지지 않는다. 그것은 새로운 긍정이며 김만철 씨의 경우를 예로 든다면 "도대체 사람이 살기에 적합하다는 것은 무엇을 의미하는지"에 대한 내용으로 이루어져야 한다. 19세기에 시작된 사회주의 노동운동은 자본주의적 모순을 극복하고자 했으며 따라서 그것은 자본주의를 부정하는 것이었다. 동시에 그것은 자본주의를 떠나 최종적으로 도달하고자 목표를 가지고 있으며 그것은 마르크스가 만든 과학적 사회주의라는 개념(더 구체적으로 말하면 '사적 소유로서의 자본의 지양'을 의미한다)(Marx 1890: 452)이었다. 그래서 사회주의 노동운동은 자본주의의 철폐와 사회주의의 건설이라는 전략적 목표를 가지고 있어야 한다.

그런데 이런 목표는 가만히 앉아 있는데 저절로 도달하는 것이 아니다. 그것은 희망이나 의지일 뿐 그것이 현실에서 실현되기 위해서는 일정한 수단이 필요하다. 김만철 씨는 자신의 목표를 달성하기 위해 먼저 배를 구했고 그런 다음 배를 타고 일본과 타이완을 거쳐서 어렵사리 '따뜻한 남쪽 나라'에 도달할 수 있었다. 사회주의 노동운동도 마찬가지로 자신의 목표를 달성하기 위해서는 일정한 수단을 필요로 한다. 이것이 곧 사회주의 노동운동에게 필요한 두 번째 요소인 전술적 수단이다. 그런데 김만철 씨는 처음 북한을 출발한 뒤 뜻하지 않게 엔진고장을 만나 표류하다가 일본순시선에게 적발되어 남한이 아니라 엉뚱하게 일본을 향하게 된다. 목표에 도달하기 위한 현실적 실천에는 이처럼 뜻하지 않은 일들이 발생한다. 그것이 목표에 더 가깝게 밀어주는 경우도 있지만 때로는 목표를 거슬러 오히려 멀어지게 하는 경우도 있다. 그래서 전술적 수단은 실천의 조건에 따라 크게 두 가지 유형으로 이루어진다. 하나는 목표와 가까워지는 경우(경제적으로는 호황이며 정치적으로는 합법적 상황)이며, 다른 하나는 목표를 거슬러 가야 하는 경우(경제적으로는 불황이며 정치적으로는 탄압을 받는 상황)가 바로 그것이다. 전술적 수단은 이들 두 국면에 따라 각기 다른 유형을 띠게 되는 것이다.

마르크스는 노동운동이 전자의 국면에서는 어느 정도 타협적인 전술을 취하고 후자의 국면에서는 단호하게 비타협적인 전술을 취해야 한다고 두 전술을 구분했다(마르크스의 프랑스 혁명사 3부작이 이 문제를 자세하게 다룬 대표적인 저작이다). 전자를 부르주아 민주개혁 전술이라고 하며 후자를 사회혁명 전술이라고 부른다(Marx 1850: 100; Engels 1895: 95; Rabehl 1973: 60ff.). 두 전술의 성격은 마치 배가 파도를 타고 가는 경우와 마찬가지다. 파도가 내려갈 때 배는 추진력을 줄여야 한다. 파도가 자신을 떠밀어 주기 때문이다. 이것을 무시하고 추진력을 올리면 배는 파도 속에 곤두박질치고 말 것이다. 반대로 파도가 올라갈 때 배는 추진력을 높여야 한다. 추진력이 모자라면 파도 속에 삼키고 말 것이기 때문이다. 두 전술이 모두 필요한 것은 역사발전의 진행과정이 파도처럼 내려갔다가 다시 올라가는 국면을 반복하는 성격을 가지고 있기 때문이다. 그리고 전자에서 아껴둔 추진력은 후자에서 유용하게 사용된다. 결국 두 전술은 서로 분리된 것이 아니라 상호 깊이 연관된 형태로 상황의 변화에 따라 유연하게 사용되는 것이다.

이처럼 사회주의 노동운동은 자본주의적 모순을 극복하기 위해 자신이 지향하는 최종목표와 그것을 현실적으로 달성하기 위한 전술적 수단을 함께 갖추고 있어야 하며, 전술적 수단은 다시 실천적 조건의 변동에 따라 두 가지 유형으로 이루어져야 한다. 이런 개념은 마르크스의 과학적 사회주의가 확립된 이후 사회주의 노동운동 안에서 고전적 개념으로 자리를 잡았고 강령의 형태로 정식화되었다. 그 중 가장 고전적인 것이 에르푸르트(Erfurt)강령으로 이 강령은 전략적 목표를 다룬 1부 강령과 전술적 수단을 다룬 2부 강령으로 이루어져 있다. 그런데 사회주의 노동운동의 이런 전략 및 전술 사이의 유기적 구조는 막상 현실의 운영에서는 그리 간단한 일이 아니다. 무엇보다도 파도가 오르내리는 상황을 정확하게 판단한다는 것은 매우 어려운 일이다. 게다가 끊임없이 출렁이는 파도를 헤쳐 나가는 과정에서 최종 목표가 가까워지고 있는지 멀어지고 있는지를 판단하는 것도 매우 어려운 일이다. 전술적 국면을 파악하는 것도, 전략적 목표를 견지하는 것도 쉬운 일이 아닌 것이다.

이런 현실적 어려움이 사회주의 노동운동을 분열로 몰고 간 원인이 되었다. 분열은 크게 세 갈래로 나타났다. 첫째는 전략적 목표를 견지하는 것이 가장 중요하다는 원칙론이다. 그러나 전략적 목표는 출발점에서는 잘 보이지만 일단 파도가 출렁이는 바다 위로 나가면 잘 보이지 않는다. 따라서 이런 원칙론은 언제나 출발점으로 되돌아가려는 성향을 갖는다. 그러나 이런 방식으로는 목표에 접근할 수 없다. 목표는 언제나 저 멀리 보이기만 할 뿐 거리가 좁혀지지 않는 것이다. 둘째는 이런 첫 번째 문제점을 인식하고 전술적 수단을 받아들이는 것이다. 그러나 목표를 잃어서는 안된다는 생각 때문에 목표를 확인하는 작업을 중시한다. 그렇지만 사실 파도 위에서는 목표가 잘 보이지 않기 때문에 이런 확인은 말로만 할 수밖에 없다. 자신이 가고 있는 항로가 목표를 향하고 있다는 것을 스스로에게 다짐하는 것이다. 물론 실제로는 그렇지 않을 수 있다. 그래서 때로는 엉뚱한 곳으로 가 버리기도 한다. 세 번째는 일단 바다로 나가고 나면 목표 따위는 아예 잊어야 한다고 생각하는 현실론이다. 당장은 파도를 헤쳐 나가는 것이 중요하고, 가다 보면 어떤 곳이든 출발점보다는 나은 곳에 도착하게 되리라는 것이다.

이들 세 갈래 경향은 사회주의 노동운동의 역사에서 중요한 전술적 과제가 등장할 때마다 각종 논쟁의 형태로 나타났고 정파적으로는 좌파 · 중앙파 · 우파의 형태로 나타났다. 어떤 노선이 가장 현실적인 것이었는지는 속단하기 어렵다. 파도가 출렁이는 바다에서 이들이 그때마다 처했던 조건을 우리가 충분히 짐작하기 어렵고 그들 모두가 깊은 고뇌 끝에 선택한 길이었기 때문이다. 단지 우리가 지금 사회주의 노동운동의 역사를 통해 자본주의적 모순의 대안을 모색할 때 이들 노선 분열로부터 얻을 수 있는 교훈은 분명히 확인할 필요가 있다. 전략적 목표와 전술적 수단 사이의 유기적 관련이 현실의 실천에서 성패를 좌우하는 문제였다는 점이다. 그렇다면 이제 이 문제가 19세기 말 유럽의 모범생이었던 독일 사회주의 노동운동에서 어떻게 나타났으며 독일 노동계급은 여기에 어떻게 대응하였는지, 그리고 그 결과가 어떻게 나타났는지를 살펴보기로 하자. 그것은 우리에게 값진 교훈이 될 것이 분명하다.

3. 독일 사회주의 노동운동의 기원: 라살(Lassalle)주의와 마르크스주의의 결합

독일은 1850년대가 되어서야 비로소 본격적인 산업화의 길에 접어들고 노동운동도 그 이후에야 본격화되었다. 그 이전에는 1848년의 쓰라린 패배가 거의 유일한 노동운동의 경험이었다. 아마 최초의 노동자

조직이라고 부를 수 있는 것은 1837년 파리에서 결성된 '의인동맹(義人同盟, Bund der Gerechten)'이 될 수 있을 것이다. 그것이 파리에서 결성된 까닭은 독일에서는 노동자들의 결사체가 금지되어 있었기 때문이다. 이 조직은 1847년 런던으로 옮겨가고 거기에서 마르크스·엥겔스와 결합하면서 '공산주의자 연맹(Bund der Kommunisten)'이 된다. 그러나 1848년 유럽 전역에서 터져 나온 혁명의 물결과 함께 독일로 들어간 이 동맹은 혁명이 실패로 돌아가면서 해체되고 만다. 뒤를 이어 마르크스·엥겔스의 영향과는 무관하게 1848년 베를린에서 '전국 독일 노동자 우애회(Allgemeine deutsche Arbeiterverbrüderung)'가 설립되어 한동안 활동하지만 이도 1854년 독일연방법에 의해 활동이 금지되면서 해산되고 만다.

독일 노동운동의 본격적인 출발점은 1863년 라이프치히에서 '독일 노동자총동맹(Allegemeiner Deutscher Arbeiterverein)'(이하에서는 줄여서 ADAV라고 부른다)이 결성되면서부터다. 동맹을 주도한 사람은 이론가라기보다는 탁월한 활동가였던 페르디난트 라살(Ferdinand Lassalle)이었다. 라살은 이 동맹의 목표를 자본의 지배로부터 벗어난 자유로운 노동자들의 결합에 의한 생산자조합의 건설에 두었다. 그것이 라살의 사회주의적 목표였다. 그리고 이 목표에 도달할 수 있는 수단으로 그는 평화적이고 민주적인 선거방식을 상정하고, 이 목표는 결국 강력한 국가의 보호와 지원 하에서만 가능하다고 생각했다. 그런데 당시 독일은 수많은 공국(公國)들로 분열되어 있었기 때문에 먼저 강력한 국가를 만드는 것, 즉 통일이 우선과제로 되었다. 그래서 그는 당시 통일을 주도하던 프로이센과의 정치적 타협이 필요하다고 생각했다. 결국 타협적인 목표와 타협적인 전술로 이루어진 것이 ADAV의 노선이었다. 1848년 혁명의 실패 이후 런던에 머물러 있던 마르크스와 엥겔스는 ADAV의 이런 노선을 강력하게 비판했다. 사적 소유가 유지되는 생산자조합은 사회주의적 목표가 될 수 없으며, 무엇보다도 부르주아적 반동국가인 프로이센과의 협력은 노동운동에게 도움이 되는 것이 아니라 오히려 장애가 된다는 것이 그 이유였다.

독일 노동운동 진영 안에서 마르크스와 엥겔스의 주장에 동조하는 세력이 형성되었다. 이들은 베벨(August Bebel)과 리프크네히트(Karl Liebknecht)의 주도 하에 1869년 아이제나허(Eisenach)에서 '독일사회민주노동당(Sozialdemokratische Arbeiterpartei Deutschlands)'(이하에서는 아이제나허 분파라고 부른다)을 설립했다. 이 분파는 마르크스의 영향을 받아 비타협적인 혁명적 목표와 비타협적인 혁명적 전술을 자신의 노선으로 삼고 표방했다. ADAV와는 목표와 전술 모두에서 구별되는 노선이었다. 그러나 사실 이 시기에 이런 마르크스주의는 아직 충분히 대중화되지 않고 있었고 따라서 이들의 목표와 전술은 그다지 확고한 것이 아니었다. 오히려 이 분파가 ADAV와 가장 결정적인 노선의 차이를 드러낸 부분은 독일의 통일방식과 관련된 것이었다. ADAV를 이끌던 라살은 독일의 통일이 프로이센을 정점으로 하는 '위로부터의' 방식에 의해서만 실현가능하다고 생각했다. 그러나 이것은 당시 프로이센을 지배하고 있던 반(半)봉건적 융커부르주아 계급과의 타협을 의미하는 것이었고, 이들 융커계급은 ADAV의 사회주의적 목표에 결코 도움을 주지 않으리라는 것이 아이제나허 분파의 생각이었다. 따라서 아이제나허 분파는 독일의 통일이 '아래로부터의' 혁명적 방식에 입각해 반봉건적이고 반민주적인 융커계급을 타도하는 방식으로 이루어져야 한다고 주장했다. 타협적 방식과 혁명적 방식의 차이였다.

그런데 1871년 독일은 프로이센의 주도 하에 통일이 되고 말았다. 그리하여 두 분파 사이의 결정적인 차이를 일으켰던 문제가 사라져버렸다. 게다가 통일을 주도한 프로이센의 비스마르크는 ADAV가 자신의 통일에 도움을 준 협력자라고 간주하지 않았다. 두 분파는 모두 비스마르크의 적으로 간주되었다. 점차 높아져 가는 탄압과 사라져버린 차이점 때문에 두 분파는 결국 1875년 고타(Gotha)에서 통합해 '독일사회주의노동당'(이하에서는 사민당으로 줄여 부른다)으로 새롭게 출범했다. 위기가 닥쳐오는 국면에서는 "뭉쳐야 산다!"—노동운동의 중요한 교훈이었다. 새 정당은 두 분파의 입장을 절충하는 형태로 이루어졌다. 그것은 조직의 측면에서는 아이제나허 분파의 입장이 더 많이 반영되고 전략적 목표 부분에서는 라살의 입장이 주로 반영되는 형태로 이루어졌다. 새로 발표된 '고타강령'에서 이런 점이 그대로 드러났다. 강령에 명시된 사회주의적 목표는 여전히 라살의 생각을 반영해 국가의 지원 하에 구성되는 생산자조합의 결성으로 되어 있었다. 마르크스와 엥겔스는 새 강령을 격렬하게 비판했지만 강령은 수정되지 않았다. 라살의 영향력이 아직 마르크스의 영향력을 압도하고 있었던 것이다. 그리하여 독일 사회주의 노동운동은 하나로 통일되면서 라살적인 요소와 마르크스주의적인 요소가 절충적인 형태로 혼재된 운동으로 출발하게 되었다. 타협적인 목표와 전술 및 비타협적인 목표와 전술이 혼재되어 있었던 것이다. 그러나 이 두 가지는 그렇게 어정쩡한 형태로 절충될 수 있는 것이 아니라는 점이 나중에 드러난다.

1877년 제국의회 선거에서 새 정당은 약 50만표를 획득하여 9.1%의 득표율을 달성하면서 모두 12명의 의원을 당선시켰다(강신준 1991: 12). 이것은 독일에서 사회주의 노동운동의 본격적인 등장을 알리는 성과였다. 그러나 이것은 또한 비스마르크에게 위기의 징후로 간주되었다. 사회주의 노동운동이 소대(小隊)규모가 아니라 "하나의 연대규모, 좀 더 솔직히 말하면 하나의 군단(軍團)규모의 행진"(그레빙 1985: 85)으로 시작되었다고 당시의 보수적인 신문들은 크게 떠들어댔다. 위기감에 쫓긴 비스마르크는 1878년 독일에서 모든 사회주의 노동운동을 금지시키는 '사회주의자 탄압법'을 발효시켰다. 혹독한 탄압의 국면이 시작되었다. 신문을 비롯한 사회주의 노동운동의 모든 인쇄물이 금지되었고 노동조합은 물론 어떤 정치적 모임이나 조직에서도 사회주의적 색깔은 불법화되었다. 재갈이 채워진 것이다. 그러나 조직의 실무적 활동이 아예 중단된 것은 물론 아니다. 모든 실질적인 활동은 비밀리에 이루어졌고 형식적인 활동은 사회주의의 색깔을 지운 채로 지속되었다.

이런 탄압국면은 독일 사회주의 노동운동 안에서 전략적 목표가 수정되는 계기로 역할했다. 국가의 온정적 지원을 받는 생산자조합의 건설은 너무나 순진한 꿈이었다는 것이 저절로 판명되었기 때문이다. 라살의 생각은 급속히 퇴조하고 마르크스의 영향력이 급속히 증대되었다. 전술적 수단의 수정도 이루어졌다. 합법적이고 타협적인 방식은 아예 불가능하게 되어 버렸기 때문이다. 비타협적이고 혁명적인 방식만이 가능한 방식이 되었다. 전략적 목표가 뚜렷해졌으며 전술적 수단도 단순화되었다. 모두 탄압적 국면이 만들어준 결과였다. 이런 상태가 무려 12년간이나 지속되었다. 사회주의자 탄압법은 원래 한시법(限時法)으로 제정되어 4년씩 두 번이나 연장된 끝에 1890년 드디어 의회에서 더 이상의 연장이 거부됨으로써 종료되었다. 합법화의 국면이 새롭게 열렸다. 그러나 그것은 동시에 독일 사회주의 노동운동에게 전략적 목표와 전술적 수단 사이의 관련에 대한 새로운 시험대가 되었고 그 시험은 결코 만만한 것이 아니었다.

4. 조건의 변화와 노동운동의 대응: 합법화와 모순 및 갈등

사회주의자 탄압법의 폐기와 함께 독일 사회주의 노동운동을 둘러싸고 있던 조건은 근본적으로 변화했다. 정치적으로 합법화라는 조건과 함께 경제적으로 독일 자본주의는 1880년대부터 제1차 세계대전의 발발까지 장기적인 호황을 지속하게 된다(그레빙 1985: 91 이하). 전술적 조건이 비타협적 국면에서 타협적 국면으로 전환된 것이다. 타협적 국면을 명백하게 알리는 유리한 신호가 나타났다. 합법화 직후에 치러진 1890년 선거에서 사민당은 탄압법 이전에 비해 훨씬 더 높은 약 20%의 득표율로 무려 140여만 표를 획득했던 것이다. 그것은 독일 사회주의 노동운동이 독일 의회 안에서 가장 강력한 정당이 되었다는 것을 의미했다(선거구의 구조 때문에 곧바로 권력을 장악할 수는 없었다). 이제 노동운동의 정치적 목표인 권력의 획득(Marx an Bolte 1871년 11월 23일)은 먼 미래의 꿈이 아니라 손만 뻗으면 닿을 수 있는 눈앞의 현실이 되었다. 그런데 이런 성공은 불법적인 조건에서 독일 사회주의 노동운동이 추진해온 활동의 성공이기도 했다. 그리고 불법적인 조건에서 독일 사회주의 노동운동은 마르크스의 사회주의적 목표('사적 소유로서의 자본의 지양')를 자신의 전략적 목표로 설정하고 이를 위한 수단으로 비타협적인 혁명적 전술을 추진해 왔던 것이다. 그러나 이런 마르크스주의적 전략 · 전술 체계가 바로 코앞에 닥아 온 권력획득의 현실과 조화될 수 있는 것이었을까? 독일 사회주의 노동운동이 시험대에 오른 것은 바로 이 문제였다.

선거를 통한 권력획득이 눈앞의 문제가 된 조건에서 독일 사회주의 노동운동이 선거전을 강화하려고 한 것은 당연한 일이었다. 선거결과의 분석에서 드러난 것은 사민당이 도시에서는 매우 높은 득표율을 올린데 반해 농촌에서는 매우 낮은 득표율밖에 올리지 못했다는 점이었다. 당연히 농촌에서의 득표활동이 결정적인 문제로 떠올랐다. 이 문제는 합법화 이후 처음으로 열린 1890년 할레대회에서 진지하게 다루어졌다. 독일 사민당은 다음 선거가 치러지는 1893년까지 당의 총력을 농촌지역에 집중하기로 결정했다. 전국을 47개 지역으로 구획한 다음 독일 사민당은 자신의 모든 조직력을 농촌지역에 쏟아 부었다. 그러나 당장 문제가 드러났다. 무엇보다도 노동자정당인 사민당은 농촌의 현실에 대해 아는 것이 없었고 당연히 농민들과 관련된 정책도 가지고 있지 않았다. 사민당이 가지고 있던 밑천이라고는 불법적 조건에서 견지해 왔던 사회주의적 목표와 비타협적인 전술밖에는 아무 것도 없었다. 그것들은 합법화된 조건에서 농민들에게는 아무런 관심도 끌 수 없는 것들이었다.

합법화로 인해 또 하나 당장 필요한 것이 있었다. 정당이 비밀조직에서 공개조직으로 전환해야 할 필요가 있었고 따라서 독일 사회주의 노동운동은 공개적인 강령을 필요로 했다. 이 강령은 합법화 이듬해인 1891년 에르푸르트 대회에서 채택되었다. 강령은 불법적 조건에서도 당의 성공을 가져왔던 마르크스주의의 전략적 목표와 전술적 수단을 확인하는 것이었다. 그러나 농업문제는 이 강령에서 다루어지지 않았다. 당의 아무런 강령적 지침도 없는 채로 농촌운동은 3년간 지속되었다. 농촌운동의 결과는 1893년 선거에서 드러났다. 당연히 실패였다. 농촌지역의 지지율은 답보상태를 보였고 눈앞에 다가온 듯이 보였던 권력의 획득은 여전히 그만큼의 거리를 유지하고 있었다. 선거를 치른 다음 해 1894년 쾰른대회에서 농촌문제는 다시 제기되었다. 이제는 3년간의 활동을 통해 농촌의 실정도, 필요한 정책도 어느 정도 파악이 되어 있었다. 드디어 숨겨져 있던 문제의 진상이 드러났다.

당시 독일 농민은 대다수가 자영농민이었고 이들은 자본주의화의 과정에서 몰락의 고통 속에서 신음하고 있었다. 농촌의 지지율을 끌어올리기 위한 농촌정책은 당연히 이들을 보호하는 방향으로 맞추어져야 했다. 그런데 자영소농(自營小農)의 보호는 바로 사적 소유의 보호가 아닌가? 그리고 그것은 에르푸르트 강령에서도 확인된 사적 소유의 철폐라는 독일 사회주의 노동운동의 전략적 목표와 정면으로 충돌하는 것이었다. 독일 사회주의 노동운동은 자신의 전략적 목표를 수정하느냐 아니면 눈앞에 다가온 권력획득을 포기하느냐의 갈림길에서 시험대에 올랐다. 격렬한 내부논쟁이 벌어졌다. 농촌지역에 기반을 둔 활동가들은 당연히 당이 자영소농을 보호할 농촌정책을 승인하라고 요구했고, 당의 지도부는 불법기간 동안 당을 성공적으로 이끌어온 전략적 목표를 수정할 수 없었다. 1894년 대회에서 시작된 논쟁은 1년 동안 계속되다가 1895년 브레슬라우 대회에서 결말을 보았다.

결말은 독일 사회주의 노동운동의 이론적 스승이었던 엥겔스의 개입에 의한 것이었다(마르크스는 1883년 이미 세상을 떠나고 없었고 과학적 사회주의는 엥겔스의 유권해석에 의해 유지되고 있었다). 엥겔스는 농업정책의 수용으로 전략적 목표가 수정될 위험에 처해 있다는 당 지도부의 전갈을 받고 그런 농업정책의 수용은 "운동의 현재를 위해 운동의 미래를 포기하는"(Engels 1894: 235) 기회주의적 행동이라고 판결했다. 엥겔스는 농업정책의 수용을 라살주의의 부활로 간주했고, 그것은 그에게 고타강령의 망령이 되살아나는 것으로 이해되었다. 엥겔스의 교지에 따라 당 대회에서 농업정책은 수용될 수 없는 것으로 결정되었다. 농촌으로 지지기반을 확대하려던 사민당의 전술은 포기되었다. 그와 함께 정권의 획득이라는 정치적 목표도 포기되어야 했다. 그러나 그것이 정말 가능한 일이었을까? 독일 사회주의 노동운동은 이미 합법적인 현실 정치 속에 자리를 잡고 있었고 선거를 통한 권력의 획득은 말로써 포기될 수 있는 것이 아니었다. 전술적 조건은 파도를 거슬러 가는 국면이 아니라 파도가 등을 떠미는 국면이었고 이런 상황에서 비타협적인 전술은 노동운동의 침몰을 가져올 수 있었다. 사실 브레슬라우 대회의 결의는 목표에 거의 도달한 사회주의 노동운동의 갑작스런 자살과 같은 행위였다. 그리고 무엇보다도 독일 노동운동은 합법화된 국면에서 타협적 전술을 이미 실천에 옮기고 있었으므로, 그 결의는 명백히 현실을 배반하는 것이었다.

그리하여 새로운 국면이 전개되었다. 침몰의 위험을 느낀 사람들은 사회주의 노동운동의 자살을 지켜보고만 있을 수 없었다. 어떤 행동이 필요했을까? 자살은 전술적 수단의 경직성 때문이었다. 그리고 이런 경직성은 당의 전략적 목표 때문이었다. 그렇다면 전략적 목표를 수정해야 하지 않는가? 그러나 그것은 이미 사회주의 노동운동의 교의로 자리를 굳힌 마르크스주의의 포기가 아닌가? 사회주의적 실천의 발목을 잡고 있는 것이 반동적 국가의 탄압이 아니라 노동운동 자신의 전략적 목표라는 사실 앞에서 독일 사회주의 노동운동은 혼란에 빠져 들었고, 드디어 극단적인 선택이 이루어졌다. 엥겔스의 개인비서로서 그의 임종을 곁에서 지켰고 엥겔스로부터 당대 최고의 마르크스주의 이론가로 인정받은 베른슈타인(Eduard Bernstein)의 글이 폭탄과도 같이 1896년부터 사민당의 기관지에 발표되기 시작했다(베른슈타인 2002). 글은 3년간 이어졌고 최종적으로 1899년 단행본으로 출간되었다(베른슈타인 1999). 이후 사회주의 노동운동의 분열로까지 이어지는 치명적인 논쟁,

수정주의 논쟁이 시작된 것이다.

베른슈타인의 논지는 간결했다. 운동의 목표가 운동의 실천을 방해하고 있다면 운동의 목표를 수정해야 하지 않는가? 왜냐하면 현재의 실천이 중요하기 때문이다. 그리하여 그는 마르크스주의의 사회주의적 목표를 현실의 실천에 적합한 형태로 수정하고자 했다. 그러나 그것은 '신성모독'으로 고발되었다(룩셈부르크 2003). 1899년 하노버 대회에서 베른슈타인은 사회주의 노동운동가에게 가장 치명적인 '출당(黜黨)'(사회주의 노동운동 진영에서 영원히 제명한다는 의미)이라는 형벌로 고발되었다. 다행히 오랜 동지였던 카우츠키(Karl Kautsky)의 적극적인 중재로 출당은 면했지만 그에게는 '배교자(背敎者)'라는 낙인이 찍혔다. 그러나 이런 형식적인 재판으로 문제 자체가 봉합될 수는 없었다. 교리문답서에는 '신성한' 목표를 해치는 세속적 실천이 금지되지만, 사회주의 노동운동은 이미 세속적인 일상생활을 이어가고 있었기 때문이다(Gustafsson 1972: 10ff.). 결국 교리문답서와 일상적 실천은 분리되고 만 것이다.

사실 베른슈타인의 문제제기는 비합법적 탄압국면에서 좁게 갇혀있던 사회주의 노동운동의 전술적 입지를 새롭게 합법화된 호황의 국면에 맞추어 넓히고자 하는 것이었지만, 논의는 엉뚱하게 전술적 논의가 아니라 전략적 목표의 논의로 비껴가고 말았다. 라살주의와 마르크스주의 사이의 정리되지 못한 절충이 가져온 필연적 결과였다. 출발점에서 바라본 목표는 손만 닿으면 도달할 수 있을 것처럼 또렷했지만, 막상 출항 이후 바다 한 가운데에서 바라본 목표는 상당히 멀었고 배 위에서 벌어진 논쟁의 결말은 출발점으로 도로 돌아가자는 것이었다. 그러나 출발은 의지로 시작할 수 있었지만 이미 출발한 다음부터는 현실이 배의 방향을 결정했다. 배는 도로 돌아갈 수 없었다. 그래서 독일 사회주의 노동운동은 타협적 국면을 전술적으로 활용할 수 있는 기회를 포기한 채 몸 따로(라살주의), 생각 따로(마르크스주의)의 위태로운 상태로 항해를 계속하게 되었다. 그러나 이런 불안정한 상태는 그리 오래

가지 않았다. 타협적 국면을 활용하지 못한 대가는 무서운 파멸로 돌아왔다.

5. 노선 논쟁의 결말: 바이마르 혁명과 파산

수정주의 논쟁이 아무런 문제 해결도 없이 종결될 즈음 유럽의 자본주의는 점차 독점화 경향을 강화하면서 축적의 위기로 치닫고 있었다. 전술적 국면은 호황에서 다시 위기로 전환하고 있었다. 국내의 독점으로 초과이윤을 축적한 유럽 각국의 독점자본들은 해외의 식민지 개척에 열을 올렸고 기존의 식민지는 재분할의 요구에 직면하게 되었다. 열강들 사이의 이해관계는 점차 전쟁으로 첨예화되고 있었고 이런 분위기에 휩싸여 독일에서는 애국적 분위기가 점차 고조되고 있었다. 그런데 농업논쟁과 수정주의 논쟁을 통해 '신성불가침한' 것으로 확인된 독일 사회주의 노동운동의 전략적 목표는 마르크스가 이미 정식화한 '사적 소유로서의 자본의 지양'이었고 열강 제국들 사이의 전쟁은 어디까지나 자본들 사이의 이해를 반영하는 것일 뿐이었다. 따라서 점차 가능성이 높아지고 있던 열강들 사이의 전쟁은 노동운동에 백해무익한 일로서 피해야 할 문제였다.

그래서 국제 사회주의 노동운동은 이 문제에 대해 공동으로 대처하기로 결정하고 제2인터내셔널의 1907년 슈투트가르트 대회에서 제국주의 전쟁에 반대한다는 견해를 천명하고 이를 실천하기 위해 반전운동을 전개하기로 결의했다(아벤드로트 2001: 71 이하). 그런데 실제로 전쟁의 발발을 가로막을 수 있는 반전운동의 구체적인 방법은 도대체 어떤 것이 있었을까? 분분한 논의들이 있었지만 결국 의회주의적 방법이 가장 실천가능성이 높은 방법으로 채택되었다. 즉 의회 안에서 투표를 통해 전쟁의 발발을 가로막는다는 것이었다. 그러나 의회에서 전쟁에 반대할 수 있을 만큼 실질적인 의회세력을 형성하고 있던 나라는 독일과 프랑스 두 나라 뿐이었다. 그리하여 이들 두 나라가 제국주의 전쟁을 막을 모든 책임을 지게 되었다. 그러는 사이에 1912년 발칸전쟁이 발발했다. 러시아와 오스트리아는 전쟁에 돌입했다. 제2인터내셔널은 전쟁의 위협을 느끼고 바젤에서 긴급회의를 소집해 독일과 프랑스 노동운동의 결의를 재확인했다.

점점 시험의 순간이 다가왔다. 1914년 세르비아에서 한 테러리스트가 울린 한 방의 총성은 순식간에 독일 사회주의 노동운동은 물론 제2인터내셔널의 운명까지 한꺼번에 결정하고 말았다. 7월 말 전쟁이 발발했고 유럽 각국들 사이의 복잡한 공수(攻守)동맹으로 전쟁은 유럽 전역으로 확대되었다. 이제 전쟁을 막기 위한 독일과 프랑스의 행동이 실행에 옮겨져야 할 순간이 도래했다. 그런데 이 결정적인 순간에 프랑스 사회주의 노동운동을 이끌고 있던 장 조레스(Jean Jaurès)가 암살당하는 비극이 발생하고 말았다. 프랑스 사회당은 지도력을 상실하고 말았으며, 전쟁을 막을 모든 책임은 오로지 독일 사회주의 노동운동의 어깨 위에 모두 지워졌다. 당시 독일 사민당은 의회 안에 전체 의석의 약 28%에 해당하는 110명의 의원을 확보하고 있었다(Hohorst et al. 1994: 176). 전쟁을 수행하기 위한 전쟁국채 발행법안이 의회에 상정되었고 독일 사민당은 이를 부결시킬 수 있는 충분한 힘을 가지고 있었다. 더구나 그것은 당이 두 번의 논쟁을 거치면서 거듭 확인한 전략적 목표의 실천에 다름 아니었다.

그러나 독일 사회주의 노동운동의 전술적 실천은 이미 전략적 목표로부터 분리되어 있었다. 한껏 고조된 애국적 분위기에 휩싸인 노동계급 대중의 열망에 떠밀려 독일 사민당은 1914년 8월 4일 전쟁국채 발행을 승인했다. 뿐만 아니라 전쟁기간 중 모든 노동조직이 노동쟁의를 중단하고 정부에 협력하기로 결정했다(게이 1994: 284 이하). 이것은 제2인터내셔널의 결의는 물론 자신들이 그렇게 '신성불가침한' 것이라고 목청을 높였던 전략적 목표를 모두 배반하는 행위였다. 독일 사회주의 노동운동은 정작 비타협적 전술이 필요한 위기국면에서 타협적 전술을 선택해버린 것이었다. 그러나 이런 전술적 모순은 사실 앞서 벌어진 두 번의 논쟁과정에서 이미 예견된 일이었다. 그들 논쟁의 핵심은 전술적 국면의 변화에 대응하기 위해 전술적 유연성이 필요하다는 현실적 요구였지만, 독일 사회주의 노동운동은 이런 요구에 눈을 감아버렸던 것이다. 라살주의와 마르크스주의의 어정쩡한 절충을 방치해 둔 결과였다. 그러나 시험은 아직 끝나지 않았다. 더욱 결정적인 시험이 기다리고 있었다.

전쟁국채 발행에 대한 승인행위는 독일 사회주의 노동운동이 자신의 전략적 목표를 배반한 행위가 분명했다. 그럼에도 불구하고 독일 사민당은 당의 강령에 아무런 수정도 가하지 않았다. 타협적인 목표와 전술, 그리고 혁명적인 목표와 전술 사이의 관련을 어떻게 정리할 것인지에 대한 진지한 고민이 이루어지지 않았던 것이다. 그러면 도대체 두 번의 논쟁과정에서 독일 사회주의 노동운동이 고수하고자 했던 것은 무엇이란 말인가? 그렇지만 이해할 수 없는 이 '자기기만 행위'에 대해 의문을 제기한 사람들은 소수였다. 이들은 사민당의 전비(戰費) 승인에 반대하면서 1917년 독자적인 세력('독립사민당')을 형성했고, 독일 사회주의 노동운동은 결국 두 개로 분열되었다. 그런데 이성이 마비된 곳에서는 현실이 이성을 복원시킨다. 전술적 조건이 타협적 국면이 아니라 위기적 국면이었다는 것을 독일의 지배계급이 가르쳐 주었던 것이다. 전비승인은 물론 노동쟁의까지 양보한 노동운동에게 독일의 지배계급은 아무 것도 양보하지 않았다.

노동계급 대중은 비로소 사태를 올바로 인식하게 되었다. 그러자 실천이 뒤따랐다. 1917년부터 노동자들의 파업이 다시 불붙었다. 여기에 군대 내부의 차별에 항의하는 병사들의 반란이 뒤를 따랐다. 1918년 11월 키일(Kiel)에서 봉기한 수병들과 노동자들은 혁명세력을 조직했고 혁명은 순식간에 독일 전역으로 확대되었다. 장기간의 전쟁에 대한 피로감과 점차 짙어지고 있던 패전의 분위기가 혁명을 도왔다. 황제가 물러나고 1919년 실시된 선거에서 독립사민당과 다시 연합한 사민당은 제1당으로 권력을 장악했다. 독일은 노동자 공화국으로 새롭게 탄생했다. 바이마르(Weimar) 공화국이었다. 이것은 사회주의 노동운동이 그렇게 학수고대해 오던 정치적 목표의 달성을 의미했다. 따라서 이제는 전략적 목표가 본격적으로 실현되어야 할 단계였다. 그리고 그것은 비타협적 전술에 의해 실현되어야 할 것이었다.

그러자 드디어 숨긴 암초가 머리를 드러냈다. 독일 사회주의 노동운동은 어떤 전략적 목표를 가지고 있었던가? 두 번의 논쟁을 거치면서 독일 사회주의 노동운동의 전략적 목표는 이미 전술적 실천과 분리되어 껍질로만, 다시 말해 강령의 구호로만 남아 있었던 것이다. 드디어 목표에 도달한 순간 자신이 어디를 향하고 있었는지를 잊어버리는 기막힌 사태가 벌어진 것이다. 따라서 혁명은 사민당이 권력을 잡는 순간 거기에서 멈춰 서 버렸다. 전략적 목표를 의식하고 있던 소수는 다시 사민당에서 분리되어 봉기를 일으켰다. 1919년 바이마르 공화국을 혁명의 길로 밀어보려던 로자 룩셈부르크(Rosa Luxemburg)는 시위대의 선두에 섰다가 과거 사민당의 동지들이 보낸 폭력단에 의해 살해당하고 말았다. 혁명을 멈춰 세운 독일 사회주의 노동운동의 자기모순은 이제 형제살인의 비극까지 자신의 운명에 추가했던 것이다. 더 이상의 모순이 진행될 수 있었을까? 이제 파국은 시간문제였다.

전략적 목표를 상실한 바이마르 공화국에게 남아 있던 수단은 타협적 전술, 즉 부르주아 민주개혁 전술뿐이었다. 형제들의 봉기를 진압한 이후 공화국은 부르주아 정당들과 손을 잡고 부르주아적 민주개혁을 수행해 나갔다. 그러나 이것은 1919년 혁명을 수행한 노동계급 대중의 희망이나 동력과는 거리가 먼 것이었다. 노동계급은 자신들이 권력을 획득한 이후에도 부르주아 계급의 세력이 계속 강화되어 가고 혁명이 도래하지 않는 것을 이해하기 어려웠다. 공화국에 대한 노동자들의 열정은 식어가고 노동자들은 사민당으로부터 점차 등을 돌렸다. 1933년 이른바 '국가사회주의노동당'(나치)이 권력을 획득하면서 사민당은 파멸의 선고를 받았다. 히틀러는 사회주의 노동운동을 완전히 압살하고

자 했다. 히틀러는 정권을 잡자마자 사회주의 노동운동의 지도자 약 3,000명을 체포했고 체포를 면한 대부분의 지도자는 망명길에 올라야만 했다(김유 2003: 78 이하). 생존의 위기에 몰린 독일 사회주의 운동은 다시 비타협적인 과거의 전통으로 돌아가서 전쟁 기간 동안 나치에 대항하는 힘겨운 싸움을 수행해 나갔다.

6. 전후의 변천: 파산의 교훈과 고데스베르크 강령, 전후 독일 사민주의 노선

나치가 붕괴하고 전쟁이 끝나면서 독일 사회주의 노동운동의 전술적 조건은 다시 변화했다. 경제적으로 전술적 국면은 전쟁으로 인한 총체적 파괴의 상태로부터 모든 것이 재건되고 복구되는 부흥의 국면을 이루었다. 더구나 전쟁 이후 세계자본주의는 미국 중심의 안정된 일국적 헤게모니 체제를 형성하면서 전후의 장기호황 국면으로 진입했고, 독일 자본주의는 이런 국면에 편승해 '라인강의 기적'이라는 눈부신 호황을 이어나갔다. 정치적으로도 유리한 전술적 국면이 형성되었다. 나치 치하에서 모든 부르주아 정당들이 나치에 아부 · 협력했던 데 반해 오직 사민당은 끝까지 협력을 거부하고 비타협적인 전술을 견지했기 때문이었다. 따라서 사회주의 노동운동은 나치에 대한 반성을 출발점으로 한 전후 독일에서 도덕성이 입증된 유일한 세력이었던 것이다. 정치적으로나 경제적으로 사회주의 노동운동의 전술적 조건은 타협적 전술의 국면이었다.

이런 조건에서 재건된 독일 사회주의 노동운동은 바이마르 시기의 사민당을 계승하고 있었다. 재건에 참여한 활동가들이 모두 당시의 활동가들이었고 이들이 기댈 수 있는 모델은 바이마르 시기의 사민당이었기 때문이다(그레빙 1985: 243). 그리고 이것이야말로 나치에 의해 단절된 것을 가리키는 것이기도 했다. 그런데 재건된 사민당은 부르주아 민주개혁 전술을 고집하다 파멸을 맞았던 기억으로부터 자유롭지 않았다. 더구나 나치 치하의 사회주의 노동운동에게 타협적 전술은 가능하지도 않았고 허용되지도 않았다. 혹독한 탄압에서 사회주의 노동운동을 지켜준 것은, 과거 프로이센의 사회주의자 탄압법 시절처럼, 마르크스주의의 비타협적인 혁명적 목표였다. 따라서 재건된 사민당은 혁명적 목표를 견지한 채로 타협적 전술국면을 맞았던 것이다(그레빙 1985: 244). 그런데 혁명적 목표와 타협적 전술의 조화는 19세기에서와 마찬가지로 사회주의 노동운동에게 여전히 어려운 문제였다. 라살주의와 마르크스주의의 어정쩡한 동거는 아직 정리되지 않고 있었다.

비타협적 목표가 전술로 그대로 반영되는 사태가 재발했다. 그것은 당시 독일 사회주의 노동운동이 처해 있던 전술적 조건과 충돌하는 것이었다. 사회주의 노동운동은 다시 전략적 목표와 전술적 수단 사이에서 방황했다. 가장 대표적인 사례는 독일군대의 재무장 문제였다. 사민당은 재무장을 반대하면서도 의회 안의 논의에 적극 참여해 논의의 정당성을 도와주었고, 그렇다고 원외의 노동자조직을 이용해 반대의사를 표시하려고 하지도 않았다(그레빙 1985: 245). 원칙적 반대와 실천적 동조가 뒤섞인 형태로 나타난 것이다. 이런 방황의 결과는 선거를 통해 나타났다. 전쟁기간의 도덕적 우위에 힘입어 전쟁만 끝나면 사민당이 틀림없이 집권하게 되리라는 기대는 1949년 선거결과가 발표되면서 여지없이 무너졌다(김유 2003: 81). 부르주아 정당 연합(기민련)이 사민당을 누르고 집권한 것이다.

그뿐만이 아니었다. 그 뒤의 1953년, 1957년 선거에서도 사민당은 잇따라 패배했다. 패배의 원인을 찾아야 했다. 사민당이 스스로 찾아낸 패배의 원인은 두 가지였다. 하나는 당원의 감소였다. 1947년 85만 명이던 당원수가 1950년 68만 명으로 감소한 것이다(그레빙 1985: 244). 당원의 감소는, 전후의 지속된 경제발전이 산업구조의 변화를 수반해 전통적인 사민당의 지지기반이었던 육체노동자의 감소를 가져오고 사무노동자의 증가를 가져왔기 때문이었다. 따라서 사무노동자의 지지를 새롭게 얻을 방도를 찾아야 했다. 패배의 또 다른 하나의 원인은 경쟁정당인 부르주아 정당연합의 변신이었다(Jentsch 1992). 이들 정당은 과거에 대한 솔직한 참회를 보임으로써 대중의 관용을 이끌어냈고 노동계급의 상태를 개선하는 정책을 솔선해 제시함으로써 자신들이 더 이상 부르주아 정당이 아니라 국민 모두를 위하는 정당이라는 인상을 심는데 성공했다. 따라서 사민당은 자신의 정책영역을 상당부분 기민련(CDU)에게 잠식당했다. 자신의 전통적인 지지기반이 감소하는 가운데 그 지지기반마저도 다시 경쟁자에게 잠식당하게 된 것이다.

따라서 사민당의 대응방향은 분명해졌다. 지지기반을 전통적 영역에서 새로운 영역으로 확대하고 상대방의 정책영역을 자신도 잠식해 들어가는 것이었다. 그것은 전체적으로 노동계급적 성격을 뛰어넘어 국민적 성격을 강화하는 것을 의미했다. 타협적 전술의 확대였던 것이다. 그리하여 1955년 전후 독일 사회주의 노동운동의 두 번째 지도자 아이힐러(Willy Eichler)에 의해 강령개혁 작업이 착수되었다. 독일 사민당은 드디어 1959년 고데스베르크(Godesberg)대회에서 새로운 강령을 채택하고 완전히 '새로운' 길로 접어들었다. 이것이 새로운 길이었던 까닭은 이것이 독일 사회주의 노동운동의 오랜 전통과의 결별을 포함하고 있었기 때문이다. 바로 마르크스주의적 목표를 포기한 것이었다. 그리하여 타협적 전술과 충돌하던 장애는 근본적으로 제거되었다. 그리고 독일 사민당은 1875년 출범할 당시 사회주의적 목표를 견지한 계급정당에서 부르주아 계급까지를 포괄하는 국민 전체의 이해를 대변하는 국민정당(Volkspartei)으로 변신했다.

그러면 사회주의적 목표는 어떻게 되었는가? 고전적인 의미의 사회주의적 목표는 분명 포기했다. 사회주의적 목표를 더 이상 마르크스주의적인 것으로만 고정하지 않고 부르주아적인 것까지를 모두 수용하는 신축적이고 다양한 개념으로 전환하고, 이를 '사회민주주의'로 정식화했다. 이 사회민주주의는 자본주의적 목표도, 기존의 마르크스주의적 목표도 모두 거부함으로써 사실상 전략적 목표의 논의를 유보하고 있다. 단지 자본주의적 모순을 지양하기 위한 전술적 수단만이 강조되어 있다. 그것은 개량적 수단과 민주주의, 국가의 개입이라는 전술적 수단을 강조한다. 결국 타협적 국면에서 전술적 수단의 해방을 위해 전략적 목표의 논의를 중단한 것처럼 보인다. 그래서 고데스베르크 강령이 말하는 사회민주주의는 "자본주의와의 대결을 최소화하면서 자본주의적 모순의 극복을 지향하는" 것으로 이해된다. 이것은 결국 자본주의가 근본적으로 폐기되지 않는 한 종료될 수 없는 '지속적인 과제' 이다(박호성 2005: 124).

고데스베르크 강령은 전술적으로 대중에게 호소력이 있는 것으로 판명났다. 사민당은 1966년 비로소 정권을 획득했고 그 뒤 1970년대에 걸쳐 케인스주의적 자본주의와 타협하면서 서독을 '인간의 얼굴을 가진 자본주의' 로 만들어 나갔다. 그러나 1970년대 말 케인스주의가 파산하면서 사회민주주의는 새로운 자본주의적 상대를 만났다. 신자유주의적 세계화라는 새로운 자본주의적 조건과 만난 것이다. 이 새로운 상대와 대적하기 위해 독일 사회민주주의는 1989년 베를린에서 새로운 강령 개혁을 모색하면서 그 뒤 '신중도(新中道)' 라는 제3의 길을 모색하고 있다(김호균 2000). 앞으로 이것이 잠시 유보하기로 했던 전략적 목표로 되돌아올 수 있을지는 미지수다. 어쨌든 이것이 자본주의적 모순의 극복을 여전히 시도하고 있는 것만은 사실이지만, 이것을 사회주의 노동운동의 연속으로 보아야 하는지는 아직 열려 있는 과제라고 할 수 있을 것이다.

7. 종합적 함의

제2인터내셔널 이후 독일 사회주의 노동운동은 국제 사회주의 노동운동에서 모범생이었고 사회주의 노동운동이 걸어가야 하는 길을 가장 앞서 경험했다. 독일 사회주의 노동운동은 눈부신 성공을 거두었고, 그 뒤 격렬한 논쟁과 내부의 갈등에 휘말렸으며, 해결하지 못한 모순에 발목을 잡혀 결국 파멸을 경험했다. 그리고 파멸로부터 되살아난 지금은 변화된 현실의 압력에 떠밀려 오랜 전통과 결별해 완전히 새로운 길을 찾아 나서고 있다. 이 새로운 길이 원하는 목표로 제대로 가는 길인지의 여부는 여전히 미궁에 빠져 있다. 독일 사회주의 노동운동은 19세기부터 시작된 그 오랜 굴절과 경험에도 불구하고 여전히 목표에 도달한 것이 아니라 아직 거기로 가는 '과정'(Marx 1844: 574) 속에 있는 것이다. 그것이 아직 목표에 도달하지 못했다고 해서 실패라고 단정짓는 것은 섣부른 예단이라고 생각한다. 그리고 이 글의 목적이 그런 성공 여부의 판단에 있는 것도 아니다. 우리는 단지 그 굴곡 많은 역사적 경험으로부터 우리에게 의미 있는 역사적 교훈을 얻고자 한다. 오늘날 자본주의적 모순의 대안을 모색하는 우리에게 독일 사회주의 노동운동의 역사가 남기는 교훈은 다음과 같이 정리할 수 있을 것 같다.

먼저 독일 사회주의 노동운동의 성공과 관련된 부분이다. 이것의 성공은 마르크스주의의 전략적 목표와 결합함으로써 이루어졌다. 사회주의는 자본주의의 모순을 극복하려는 목표를 가지고 있고, 이런 목표는 과학적 체계를 갖추고 있어야 한다는 것을 의미한다. 다음으로는 그것의 갈등과 모순이다. 노선 논쟁으로 드러난 이 문제는 사회주의 노동운동의 합법화와 관련이 있다. 역사적으로 모든 노동운동은 불법적인 조건에서 출발하지만 필연적으로 합법화된다. 왜냐하면 자본주의의 발전에 따라 노동운동은 대중운동으로 발전하며 대중운동에 대한 탄압은 자본주의의 상부구조인 민주주의와 모순되기 때문이다. 그러나 합법화라는 조건은 전술적 조건의 변화를 의미하고, 합법적 전술은 전략적 목표와 쉽게 조화되지 않는다는 것을 독일의 경험은 말해준다. 독일의 경우 그것은 라살주의의 유산과 충돌하는 형태로 나타났다. 그러나 그렇다고 해서 이 문제—전략적 목표와 전술적 수단 사이의 조화—가 피해갈 수 있는 것이 아니라는 것도 역시 독일의 경험에서 확인된다. 망령처럼 그것은 되살아나기 때문이다. 결국 이 문제는 사회주의 노동운동에게 강령의 개혁을 통해 반드시 해결하고 넘어가야 할 문제인 것이다.

마지막으로 파멸의 교훈이다. 타협적 전술이 혁명적 목표와 충돌한다고 해서 양자를 분리시킨 것은 독일 노동운동에서 조직의 분열로 나타났고, 이것은 그대로 형제살인의 비극과 파멸을 가져왔다. 비록 거추장스럽다 할지라도 전략적 목표는 언젠가는 만나게 되는 결정적인 순간, 즉 권력의 획득시기에 가장 절실하게 필요한 것이며, 따라서 결코 이것을 포기해서는 안된다는 것을 독일의 경험은 우리에게 가르쳐 준다. 결국 독일의 역사적 경험은 사회주의 노동운동이 자신의 전략적 목표를 견지한 채로 타협적 국면에서 유연한 전술체계를 수용할 수 있어야 한다는 것을 말해준다. 이 둘을 조화시키는 것이 결코 간단한 문제가 아니라는 것이 역사에서 확인되고 있지만, 그것이야말로 사회주의 노동운동의 발전에 결정적인 도약점이라는 것이 우리가 잊지 말아야 할 교훈이다.

한국 노동운동은 1987년에야 비로소 오랜 탄압에서 벗어나 합법화와 민주화의 전기를 마련했다. 이제 20년을 맞이하고 있는 지금 우리의 상황은 독일의 경험을 그대로 되살려준다. 불법적 조건에서 합법적 조건으로 전환된 전술적 국면에서 우리 노동운동은 전략과 전술의 혼란을 겪으면서 역시 내부의 갈등과 분열을 그대로 재현하고 있으며(민주노총의 노사정위원회 참여 · 탈퇴 · 복귀를 둘러싼 내부의 갈등이 좋은 예다), 이런 분파갈등이 노동운동의 총체적인 위기를 초래하고 있다. 더구나 우리의 경우 더욱 심각한 문제는 이런 상황이 강령적 모순의 문제로 인식되지 않고 있다는 점이다. 따라서 분파 사이의 갈등은 전체 노동운동의 방향이나 운명과 관련된 발전적 논의로 이어지지 못하고 아무런 전략적 · 전술적 쟁점도 없이 단순한 권력투쟁의 양상으로 발전하고 있다. 독일 노동운동의 경험을 통해, 우리 노동운동이 자본주의적 모순을 극복하기 위한 진정한 운동으로 바로서기 위해서는 이제라도 내부의 논의를 전략적 체계와 전술적 조건과 관련된 쟁점으로 모으고, 이를 강령 개혁으로 발전시킬 필요가 있다고 생각된다. 그런 발전의 계기를 마련하지 못하면 이윽고 파국의 결과가 기다리고 있다는 것을 독일의 경험은 우리에게 알려주고 있다.

스웨덴 사회민주주의

9

신 정 완

1. 스웨덴 사회민주주의의 국제적 위상

스웨덴 사회민주주의(이하 '사민주의'로 약칭) 운동은 국제적으로 사민주의 운동의 최선의 사례로 평가되고 있다. 먼저 스웨덴 사회민주주의 노동자당(SAP: Sveriges socoaldemokratiska arbetareparti. 이하 '스웨덴 사민당'으로 약칭)은 1920년대에 세 차례 단기 집권한 이래 1932년부터 2006년까지 오직 9년을 제외하곤 줄곧 집권했다. 또한 스웨덴은 세계 최고의 노동조합 조직률을 기록했는데, 최대의 노동조합인 LO(Landsorganisationen. 전국조직)는 전국적 수준의 생산직 노동자 노동조합으로서 사민주의자들의 주도로 결성되었으며 사민당과 밀접한 협력관계를 일구어왔다. 사민당과 LO는 스웨덴 사민주의 운동의 양 날개 역할을 담당해왔다고 말할 수 있다.

스웨덴 사민주의 세력은 장기집권에 기초해 스웨덴 사회의 심원한 변화를 주도적으로 이끌어왔다. 스웨덴은 정교하게 발전된 현대적 복지국가의 선두주자 지위를 오래도록 유지했다. 국민의 높은 조세부담률에 기초하여 전 국민을 치밀하고 관대한 사회안전망의 품 안으로 포용해온 것이다. 또한 노동자들의 권리수준도 세계 최고 수준으로서 독일과 더불어 노동자 경영참가제도가 잘 발전된 대표사례며 산업안전 등의 분야에서도 세계 최고 수준의 성과를 보였다.

또한 스웨덴의 경제-사회운영 모델은 세계화 시대에 경쟁력을 보이며 존립할 수 있는 모델로서, 영미 모델(Anglo-American model)과 각축을 벌이고 있는 북유럽 모델(Nordic model)의 대표격으로 평가되고 있다. 1990년대 말 이후 스웨덴 경제는 성장과 혁신의 측면에서 미국 못지않은 성과를 보이고 있으며, 분배의 형평성과 노동자의 권리, 사회통합의 측면에서는 애초부터 미국과 비교가 되지 않을 정도로 좋은 성과를 보였다. 이런 점에서 스웨덴의 경제-사회운영 모델을 주도적으로 가꾸어온 스웨덴 사민주의 세력은 세계화 · 금융화 · 정보화로 대표되는 최근의 세계경제의 흐름에 적응하는 길로서 신자유주의적 길 외에도 다른 대안이 있으며 그것도 더 나은 대안이 있다는 점을 잘 보여주고 있다고 평가할 수 있다.

2. 스웨덴 사회민주주의에 대한 스웨덴 학계의 평가들

스웨덴 사민주의의 성격과 공과에 대해 가장 잘 평가할 수 있는 대표적 집단의 하나는 스웨덴의 사회과학자들이라 할 수 있을 것이다. 이 절에서는 스웨덴 사민주의에 대한 스웨덴 학계의 대표적 평가들을 소개하기로 한다. 스웨덴 사민주의에 대해 가장 우호적이고 적극적으로 평가하는 학자들로는 사회학자 코르피(Walter Korpi)를 대표로 하는 '권력자원론자' 들을 들 수 있다. 이들은 스웨덴 사민주의 세력이 사민당과 노동조합 사이의 적절한 역할분담과 사회적 세력관계에 대한 신중한 고려에 기초해 스웨덴 사회를 더 민주적이고 사회주의적인 방향으로 효과적으로 변모시켰다고 평가한다. 스웨덴 사민주의 세력은 1960년대까지는 주로 복지국가의 발전을 통해 분배와 소비 영역에서 사회주의적 개혁을 추진했으며, 이를 통해 광범위한 사회구성원의 지지를 얻음으로써 자신들의 권력자원(power resources)을 강화시킬 수 있었다는 것이다. 그러다 1970년대에 들어서는 기존의 성과와 힘에 기초해 노동자 경영참가제도와 임노동자기금[1] 등을 도입하면서 기업의 경영과 소유라는 핵심 영역에서도 사회주의적 개혁을 추진하게 되었다는 것이다. 그리고 스웨덴 사민주의자들이 추진해온 개혁방식은 선진자본주의국에서 추진할 수 있는 가장 합리적인 개혁방식으로서 각국의 사민주의자들이 모방할 만한 모범사례라는 것이다(Korpi 1978). 권력자원론자들은 1970년대 중반에 기업 소유의 사회화를 도모하기 위해 LO가 제출한 임노동자기금안을 둘러싸고 전개된 정치적 논쟁, 즉 임노동자기금 논쟁이 결국 사민주의자들의 승리로 끝나 스웨덴 사회가 복지국가를 넘어 일종의 '민주적 사회주의' 사회로 전환되리라 전망했다. 그러나 사태의 전개는 이들의 예상과 정반대 방향으로 흘러갔다. 임노동자기금 논쟁은 사실상 LO의 패배로 귀결되었고, 1980년대에 들어 사민당의 경제정책도 더 자유주의적인 방향으로 전환되었다. 이로 인해 권력자원론자들의 이론적 위신이 크게 실추된 바 있다.

스웨덴 사민주의를 매우 부정적으로 평가하는 대표적 입장으로는 마르크스주의적 입장과 자유주의적 입장을 들 수 있다. 마르크스주의 정치학자인 달크비스트(Mats Dahlkvist)는 사민당과 LO가 겉으로 표방하는 이념과는 달리 사실상 스웨덴 독점자본의 이익을 대변했다고 본다. 사민당과 LO가 추구한 계급타협노선은 독점자본의 자본축적을 위한 정치적 환경을 조성했으며 사민당과 LO가 추진한 다양한 경제정책은 독점자본을 우대했다는 것이다. 다시 말해 스웨덴은 부르주아 정당들이 취약했으므로 사민주의 세력이 이들을 대신해 독점자본을 지원하며 자본주의 체제를 유지하는 역할을 담당하게 되었다는 것이다(Dahlkvist 1975). 1960년대와 1970년대에 마르크스주의 정당인 좌익당의 당수였던 헤르만손(Carl-Henrik Hermansson)은 스웨덴 경제가 독점자본의 지배력이 유달리 높은 구조를 갖고 있다는 점을 강조하며 사민주의 세력의 경제정책이 이런 경제력 집중을 가속화시켰다는 점을 지

1) 임노동자기금에 대해서는 후술한다.

적한다. 국제적으로 잘 알려진 '스웨덴 모델(the Swedish model)' 이란 결국 독점자본의 자본축적을 지원함으로써 노동자들도 그 혜택을 어느 정도 나누어 가지도록 하는 체제였다는 것이다(Hermansson 1980).

자유주의적 관점에서 스웨덴 사민주의를 비판적으로 평가하는 대표적 집단은 주류경제학자들이다. 한때 저명한 사민주의 계열의 경제학자였다가 자유주의자로 전향한 린드벡(Assar Lindbeck)은 사민주의적 개혁의 과잉으로 인해 스웨덴 경제가 병들었다는 점을 강조한다. 복지국가 발전정도가 다른 선진자본주의국들에 비해 두드러지지 않았던 1960년대까지는 스웨덴 경제가 순조롭게 발전했지만, 1970년대에 들어 평등주의적 개혁이 과도하게 추진되면서 스웨덴 경제가 저성장 · 저효율의 덫에 빠지게 되었다는 것이다. 과도한 조세부담과 지나치게 관대한 사회복지제도로 인해 경제주체들의 경제활동 유인(incentives)이 저하하며 재정적자로 인해 만성적 인플레이션 문제가 생기고 경제에 대한 정부의 원칙 없는 개입으로 인해 경제의 예측가능성이 낮아졌다는 것이다(Lindbeck 1998).

한때 대표적인 시장사회주의자였다가 보수적 자유주의자로 전향한 경제학자 쇠더스텐(Bo Södersten)도 비슷한 평가를 내린다. 그는 특히 스웨덴 사민주의자들이 경제성장에 기여한 바가 별로 없다는 점을 강조한다. 스웨덴은 유럽에서는 매우 뒤늦게 산업화에 착수했지만 선진국 중 미국과 일본을 제외하고는 장기간 최고의 경제성장률을 보였다. 그런데 이는 19세기 말과 20세기 초에 자유주의자들이 경제성장을 위한 제도적 기반을 형성한 데 기인한 것이고, 1930년대 이후 장기 집권한 사민당은 그 성과에 얹혀가며 평등주의적 재분배에 주력하다가 성장잠재력을 고갈시켰다는 것이다(Södersten 1991).

이처럼 스웨덴 사민주의 운동의 성격과 성과는 논평자의 이념적 입장에 따라 사뭇 다르게 평가되고 있다. 이하에서는 스웨덴 사민주의의 이념과 정책의 발전과정을 구체적으로 살펴보도록 하겠다.

3. 스웨덴 사회민주주의의 이념

1) 사회화 논쟁

스웨덴 사민당은 1889년에 창당되었는데, 초기의 지도이념은 마르크스주의의 우위 하에 라살주의, 혁명적 무정부주의, 길드 사회주의(guild socialism) 등 다양한 조류가 혼재되어 있었다. 스웨덴 사민당의 마르크스주의는 개혁주의적으로 해석된 마르크스주의였다. 즉 폭력혁명이 아니라 선거를 통해 집권한 사민당이 주로 토지와 기업들에 대한 유상몰수(有償沒收)에 기초하여 생산수단 소유의 사회화와 계획경제를 실시한다는 것이었다. 이는 당시 스웨덴에서 정치적 민주주의가 순조롭게 정착되어가면서 사민당이 선거를 통해 집권할 가능성이 높아갔던 사정을 반영한다.

1920년에 사민당이 최초로 집권하면서 생산수단 소유의 사회화 문제가 구체적 정치일정으로 들어오게 되었다. 과거에 사민당은 집권하면 사회화를 추진하겠다고 주장해왔는데 이제 그 구체적 내용을 제시해야 하는 상황에 직면한 것이다. 사민당 당수인 브란팅(Hjalmar Branting)은 사회화 문제를 연구할 국가연구위원회, 즉 '사회화위원회'를 구성했다. 국가연구위원회란 스웨덴 특유의 제도로서 의회나 행정부가 중요한 정책사안을 결정하기에 앞서 주요 정당 대표·이익단체 대표·전문가들로 구성된 연구위원회를 구성해, 이 위원회로 하여금 연구보고서를 제출하도록 하고 이를 근거로 정부가 입법안을 마련하는 제도다. 사회화위원회는 주로 사민주의자들로 구성되어 오랜 기간 사회화 문제와 관련된 이론적 쟁점들과 각국의 사회화 사례를 연구했다. 사회화위원회는 오랜 기간 활동하면서 각국의 사회화 사례와 스웨덴의 국영기업 경영실태 등에 관한 여러 보고서를 제출했지만, 향후 스웨덴에서 어떤 방식으로 사회화를 추진해야 할지에 관한 보고서 제출은 미루었다. 이론적으로나 정치적으로나 자신감이 부족했던 것이다.

특히 사회화위원회의 서기였던 청년 사민주의자 칼레비(Nils Karleby)는 활발한 저술활동을 통해 사민당이 전통적 마르크스주의의 교의(教義)로부터 벗어날 것을 역설했다. 그는 사회화와 국유화가 동일한 것이 아니라 국유화는 사회화의 여러 형태 중 하나에 불과하다는 점을 강조했고, 자본주의 안에서의 개혁과 본래적 의미의 사회주의적 개혁을 구별할 수 없으며 노동계급의 지위를 개선하는 모든 개혁조치가 바로 사회주의적 개혁이라는 점을 역설했다. 그리고 미래 사회에서도 시장경제는 존속되어야 한다고 주장했다. 칼레비의 주장은 청년 사민주의자들에게 큰 영향을 미쳐 사민당이 개혁주의 노선에 안착하는 데 크게 기여했다.

1929년의 세계대공황의 여파가 밀려오던 1932년에 열린 사민당 전당대회에서 사회화 문제가 핵심 쟁점으로 떠올랐다. 급진파들은 이제야 비로소 본격적으로 사회화를 단행해야 할 시기가 도래했다고 보고 당 지도부에게 구체적인 사회화 프로그램을 마련할 것을 요구했다. 반면에 사민당 최고 이론가인 비그포르스(Ernst Wigforss) 등 당 지도부는 케인스주의적 수요관리정책을 통해 경제위기를 극복할 것을 제안했다. 케인스(John Maynard Keynes)의 『일반이론』(*The General Theory of Employment, Interest and Money*; 1936)이 출간되기 전이었으나 비그포르스는 케인스의 초기저작과 영국 사회주의자들의 저술에 기초해 나름대로 케인스주의적 수요관리정책을 구상하고 있었다. 특히 비그포르스는 '사회화'와 '계획경제'는 논리적으로 서로 독립적이며 사회화 없이도 계획경제를 추진할 수 있다는 점을 강조했다. 이때 비그포르스가 염두에 둔 계획경제는 케인스주의적 수요관리정책이었다.

당 대회의 표결에서 온건파가 근소하게 승리했고 당 대회 직후 실시된 1932년 총선에서 사민당이 승리해 집권당이 되었다. 사민당은 1933년부터 적극적 실업대책을 핵심으로 하는 케인스주의적 수요관리정책을 집행해 비교적 성공적으로 경제위기를 극복할 수 있었다. 그리고 이런 위기극복정책을 추진하는 과정에서 1933년에 농민당과 정책연합을 형성했고 1936년부터는 아예 농민당과 연립정부를 구성해 이후 장기 집권의 정치적 토대를 마련했다. 케인스주의적 수요관리정책의 성공으로 인해 당 안에서 사회화 문제에 대한 관심이 현저하게 약화되었고, 당의 일각에서는 케인스주의적 수요관리정책과 적극적 사회복지정책을 일종의 사회화로 보는 견해도 형성되었다. 사민당의 이념은 이후 케인스주의적 수요관리정책과 적극적 사회복지정책을 정책적 골간으로 삼는 '복지국가주의'로 안착해갔다.

2) 스웨덴 모델 전성기의 스웨덴 사회민주주의의 이념

사민당은 1932년부터 1976년까지 때로는 단독으로 때로는 농민당과의 연립정부 형태로 연속 집권하며 스웨덴 사회의 변화를 주도했다. 스웨덴의 독특한 경제-사회 운영 모델인 '스웨덴 모델(den svenska modellen; the Swedish model)'을 형성·발전시켜간 것이다. 스웨덴 모델은 1960년대 말까지 매우 잘 작동해 국제적으로 크게 주목받았는데 스웨덴 모델 전성기에 스웨덴 사민주의 세력이 견지한 이념의 주된 성격은 다음과 같다.

첫째로 '복지국가주의'를 들 수 있다. 생산수단의 사적 소유와 시장에 의한 자원배분이라는 자본주의 경제의 기본 원리를 수용하되 조세정책과 사회복지정책을 통해 국가가 평등주의적인 재분배정책을 실시한 것이다. 이를 두고 생산의 사회화 대신에 분배와 소비의 사회화를 추진한 것이라고 이야기하기도 한다. 복지국가주의는 계급관계의 측면에서 보면 '계급타협주의'라 볼 수 있다. 자본가의 소유권과 경영권을 존중해 자본가가 자본축적에 전념할 수 있게 하면서, 자본가로 하여금 노동자들에게 높은 수준의 고용조건을 제공하고 높은 조세부담을 통해 복지국가의 발전에 기여하도록 한다는 것이다. 또한 튼튼한 복지국가를 유지하려면 원활한 경제성장이 필수적이라는 판단 하에 경제성장을 적극적으로 추진했다. '성장'·'발전'·'효율'·'합리화' 등은 스웨덴 사민주의자들의 담론에서 매우 자주, 그리고 긍정적인 의미에서 등장하는 용어들이다. 이런 이념노선을 사민주의 계열의 경제학자 아들러-칼손(Gunnar Adler-Karlsson)은 '기능사회주의(functional socialism)'라 개념화했다. 생산수단의 소유권이란 경영권 · 수익권 등 다양한 권리들의 집합으로 이루어져 있기 때문에, 생산수단의 소유권을 단 한번에 사회화하지 않고 권리요소별로 순차적으로 사회화할 수 있다는 것이다. '기능' 사회주의란 명칭은 아들러-칼손이 생산수단의 소유권을 구성하는 권리요소들을 소유권의 기능이라 부른 데 기인한다.

둘째로 '국민주의(nationalism)'를 들 수 있다. 마르크스 · 엥겔스의 고전적 공산주의 이념에 따르면, 프롤레타리아에겐 조국이 없으며 프롤레타리아는 부르주아의 국민주의 또는 민족주의에 맞서 프롤레타리아 국제주의를 지향해야 한다. 그러나 스웨덴 사민주의 세력은 국민국가의 틀 안에서 장기 집권하게 되었으므로, 자본주의 국가의 폐지를 주장하지 않고 노동자권력을 통해 자본주의 국가와 자본주의 경제의 체질을 점진적으로 바꾸어가기를 지향하게 되었다. 또한 사민당은 노동자계급의 이익만을 추구할 것이 아니라 노동자계급을 위시한 서민대중의 이익을 고루 추구하며 다른 나라와의 관계에서는 스웨덴 국민의 공통의 이익을 수호해야 한다는 점을 분명히 했다. 다만 스웨덴 사민주의 세력은 세계평화의 유지나 저개발국의 지원 등 국제적 문제들에도 인도주의적 관점에서 적극적으로 개입했다.

셋째로 양성평등주의를 들 수 있다. 스웨덴은 남녀간 평등수준이 매우 높은 사회로 잘 알려져 있는데, 이미 1930년대의 사민주의 담론에서 양성평등 문제가 비중 있게 다루어진 바 있다. 1930년대에 인구증가율 둔화를 둘러싸고 인구문제 논쟁이 전개된 바 있는데, 사민주의 계열의 학자인 뮈르달 부부(Gunnar & Alva Myrdal)는 기혼 여성이 가사에 전념하며 출산과 양육에 힘써야 한다는 보수주의자들에 맞서 대안을 제시했다. 그들은 취업을 통한 여성의 사회경제적 지위 향상을 긍정적으로 보고 오히려 기혼 여성이 육아와 취업을 병행할 수 있도록 사회복지정책을 통해 지원해주는 것이 출산율을 높이는 효과적 방안이라 역설했다. 그 뒤 스웨덴의 복지국가체제는 여성의 경제활동참가율을 높이는 방향으로 설계되었다. 보육 · 양로 등 기혼여성이 가사노동을 통해 담당해온 역할을 국가가 대신 담당해 기혼 여성의 취업을 지원하고, 다자녀(多子女) 가정에 대한 다양한 가족정책적 혜택을 통해 출산을 촉진했다.

넷째로 '근대주의(modernism)'를 들 수 있다. 근대화에 대한 지지와 인간의 이성에 대한 신뢰는 본래 대다수 사회주의자들이 공유하는 것이겠으나 스웨덴 사민주의자들에게는 이런 측면이 매우 두드러졌다. 이는 스웨덴에서 근대화의 진전과 복지국가의 발전이 순조롭게 이루어지고 사민당이 장기집권을 통해 경제와 사회를 상당히 설계주의적으로 개조할 수 있었던 사정을 반영한다. 과학기술의 발전에 대한 일관된 지지, 과학적 연구와 이성적 논의에 기초한 문제 해결 가능성에 대한 신뢰, 이해관계가 충돌하는 집단들의 실사구시적 토론을 통한 합의 가능성에 대한 신뢰 등이 스웨덴 사민주의자들을 특징짓는 정신적 태도(mentality)의 하나였다.

사민당의 대표적 이데올로그였던 비그포르스는 위에서 말한 스웨덴 사민주의 주류의 입장에 어느 정도 보조를 같이 하면서도 스웨덴 사민주의 운동이 복지국가주의에 만족해서는 안 된다는 점을 강조했다는 점에서 주류 입장과 차별성을 보였다. 그가 보기에 복지국가는 사민주의 운동의 최종 목표가 아니라 '중간 정거장'일 뿐이었다. 그 동안의 개혁을 통해 스웨덴 사회가 분배와 소비 영역에서는 어느 자본주의 사회보다 더 평등한 사회로 변모된 것은 사실이나 기업의 소유권 측면에서는 거의 진전이 없었다는 것이다. 노동자조직에 의한 산업의 관리를 지향하는 길드 사회주의 이념을 견지했던 그는 1959년에 '소유주 없는 사회적 기업'에 관한 구상을 제출했다. 거대한 민간 주식회사들을 소유주 없는 재단과 비슷한 것으로 전환시키고, 기업 이사회에 임노동자 대표 · 주주 대표 · 국가 대표가 참여해 기업을 공동으로 경영하도록 한다는 것이다. 이 구상은 1970년대에 LO가 제출한 임노동자기금안에 상당한 영감을 주었다.

3) 임노동자기금 논쟁

임노동자기금(wage earners' funds) 논쟁은 LO의 경제학자인 마이드너(Rudolf Meidner) 등이 입안한 임노동자기금안이 1976년 LO 총회에서 공식적으로 채택됨으로써 시작되었다. 임노동자기금안의 골자는 일정 규모 이상의 민간기업들의 이윤 중 일부를 의무적으로 신규발행 주식의 형태로 노동조합이 소유·관리하는 임노동자기금에 적립하게 한다는 것이었다. 이 기금에 적립된 주식은 개별 노동자들에게 분배되지 않으며 배당금도 지급되지 않은 채 계속 적립되게 함으로써 장기적으로는 임노동자기금이 대부분의 민간대기업의 대주주가 되도록 한다는 것이다. 결국 민주적·합법적 방식으로 기업 소유의 사회화를 달성하겠다는 것이었다.

임노동자기금안이 제출된 배경은 다양했다. 첫째로 1950년대 이래 LO는 연대임금정책(solidaristic wage policy)을 강력히 추진해왔는데, 연대임금정책이란 기업의 수익성 수준이나 임금지불능력에 관계 없이 동일한 노동을 수행하는 노동자에게는 동일한 임금이 지급되도록 하는 것을 목표로 삼는 임금균등화정책이었다. 연대임금정책을 시행함에 따라 수익성과 임금지불능력이 높은 대기업들은 임금비용을 절감해 일종의 초과이윤을 누리게 되었는데, 고수익 부문에 종사하는 노동자들이 이에 대해 불만을 토로해왔고 이것이 임노동자기금안 입안의 가장 직접적 요인으로 작용했다. 주로 대기업들의 이윤으로 임노동자기금을 적립하게 되면 이런 불만이 해소되리라 생각한 것이다. 둘째로 스웨덴은 수출부문 대기업들 위주로 산업구조가 짜여져 경제력집중 정도가 선진자본주의국 중 가장 높았는데 연대임금정책이 이런 사정을 악화시켰다는 비판이 있었다. 셋째로 임노동자기금안 입안을 주도한 마이드너는 사민주의 계열의 지식인 중 급진적 입장을 가진 대표적 좌파 지식인이었고 비그포르스의 '소유주 없는 사회적 기업' 구상에 의해 강하게 영향을 받은 인물이었다. 마이드너는 기업 소유의 사회화를 시도할 만한 유리한 정세가 조성되었다고 보고 일종의 시장사회주의 구상인 임노동자기금안을 세운 것이다.

이후 임노동자기금안을 둘러싸고 모든 정당들과 주요 이익단체들, 주요 지식인들의 참여 하에 정치적 논쟁이 여러 해 진행되다가 1983년에 임노동자기금에 관한 법률이 의회를 통과했다. 그러나 입법화된 기금제도는 애초의 사회주의적 지향을 잃은 매우 온건한 것이었고, 그나마 7년의 기금적립기간이 종료된 뒤 1991년에 출범한 부르주아정당[2] 연립정부가 그동안 적립된 임노동자기금을 해체해버렸다.

스웨덴 사민주의 운동의 이념사의 맥락에서 보면, 임노동자기금안은 비그포르스로 대표되는 급진주의적 입장이 구체적 정책안으로 구현된 사례라 할 수 있다. 1920~30년대의 사회화 논쟁 이후 생산수단의 국유화와 포괄적 계획경제를 지향하는 국가사회주의적 입장은 완전히 소멸하고 자본주의 체제 안에서 복지국가의 강화에 힘쓰는 온건한 입장이 주류를 차지했으나, 사민주의 세력 일각에서는 국가가 아니라 노동조합이 주도하는 사회화 프로젝트를 추진하려는 급진주의적 입장이 남아 있었던 것이다. 그러나 임노동자기금 논쟁의 종결 이후엔 이런 좌파 사민주의적 입장도 소멸하고 자본주의 경제의 유지를 전제로 한 상태에서 주로 복지국가의 규모와 운영방식, 거시경제 운영방식을 둘러싸고 쟁점이 형성되었다.

2) 스웨덴에서 '부르주아정당들(borgeliga partierna; bourgeois parties)' 이라 말할 때는 보수당 · 자유당 · 농민당(1950년대에 '중도당' 으로 개명) · 기민당을 지칭한다. 그런데 스웨덴에서 '부르주아정당들' 이라는 용어는 좌익의 입장에서 우익 정당들을 비난조로 부를 때 쓰는 용어라기보다는 보수당 · 자유당 · 중도당 · 기민당도 스스로를 그렇게 부르는 공식적인 정치용어다.

4. 스웨덴 사회민주주의의 정책

이하에서는 스웨덴 사민주의 세력이 장기집권기간 중 그들의 이상을 실현하기 위해 구체적으로 어떤 제도와 정책을 발전시켰는가를 살펴볼 것이다. 주로 핵심 정책영역인 경제정책 · 사회복지정책 · 노동시장정책을 스웨덴 모델의 형성 · 발전 · 동요 · 해체 과정을 따라 살펴볼 것이다. 오랜 동안 국제적으로 널리 회자되어온 '스웨덴 모델' 이란 용어는 논자에 따라 상이한 의미로 사용되어왔으나, 이 글에서 '스웨덴 모델' 이라는 용어는, 1930년대에 형성되어 제2차 세계대전 이후 1960년대 말까지 전성기를 누리고 1980년대 초까지 대체로 그 제도적 틀을 유지하다가 그 뒤 점차 해체 · 변모되어간 사회경제체제 또는 경제-사회 운영모델을 가리킨다. 즉 주로 특정한 제도와 정책들의 결합체를 지칭한다. 이 글에서 말하는 스웨덴 모델의 주요 구성요소로는 스웨덴식 노사관계, 스웨덴식 경제정책, 보편주의적 복지국가 모델, 조합주의적 의사결정구조를 들 수 있다(김흥종 · 신정완 · 이상호 2006: 48). 스웨덴 모델을 발전시킨 중심 세력은 사민당과 LO로 대표되는 사민주의 세력이었다.

1) 스웨덴 모델의 형성기: 1930년대~제2차 세계대전

사민당은 1920년에 처음으로 집권에 성공했고 1920년대에 세 차례 사민당 단독 소수내각의 형태로 집권했다. 그러나 이 집권기간에 별다른 사회주의적 정책을 추진하지 못했다. 전통적 이념노선에 따르면, 집권 이후에 점진적으로 생산수단 소유의 사회화를 추진해야 했으나 이를 추진할 만큼 권력이 강한 것도 아니었고 과연 어떻게 추진하면 좋을지, 사회화 이후엔 과연 좋은 성과가 나올지에 대한 이론적 자신감도 부족했다. 생산수단 소유의 사회화 외에는 별다른 체계화된 정책 프로그램이나 이를 뒷받침해줄 이론이 있는 것도 아니어서 1920년대의 불황으로 인한 대량실업을 신고전파 경제학의 논리에 따라 긴축정책을 통한 임금인상 억제로 해결하고자 했다. 집권에는 성공했으나 집권 이후엔 무엇을 해야 할지 잘 모르는 상황에 처한 것이다. 당시의 사민당의 처지를 '이념이 없는 정당' 신세였다고 표현하는 학자도 있다(Magnusson 1996: 455).

이런 상황으로부터 사민당이 벗어날 수 있었던 것은 1930년대의 공황에 케인스주의적 수요관리정책으로 대응하면서부터였다. 그 핵심은 적극적 실업대책의 실시와 농산물 가격지지정책 등 농민에 대한 지원정책의 도입이었다. 실업대책 영역에서는 공공근로제도의 변경과 실업보험제도의 도입이 핵심이었다. 사민당 집권 이전부터 '구제노동' 또는 '예비노동'이라 부르는 공공근로제도가 있었는데, 구제노동에 대해서는 시장임금 수준보다 낮은 임금이 지급되었고 구제노동 프로그램은 주로 도로 건설 등 민간기업들이 참여하지 않는 사업들에서 조직되었다. 그런데 사민당은 1932년에 집권한 이후 '준비노동'이라는 새로운 명칭의 공공근로제도를 도입했다. 준비노동은 직접적으로 생산적 효과가 있으며 민간기업들도 참여하는 사업 영역에서도 조직되었고 또 이에 대해 시장임금 수준의 임금을 지급하도록 했다(신정완 2000ㄴ: 107-108). 또 1934년에 실업보험제도를 새로 도입했는데, 스웨덴의 실업보험은 정부의 재정지원에 의거해 운영되나 운영의 주체를 정부가 아니라 노동조합으로 설정했다는 점에서 독특한 면이 있었다. 이 제도에서는 노동조합에 가입한 노동자들만이 실업보험을 수령할 수 있기 때문에 노동조합 조직률을 높이는 강력한 효과를 발휘했다.

본래 케인스주의적 수요관리정책은 그 자체가 특별히 사회주의적 내용을 담고 있는 것은 아니나, 스웨덴 사민주의자들에 의해 사회주의적 담론체계 속에서 해석되고 채색된 케인스주의는 수요관리를 통한 경기안정화정책 이상의 의미를 가질 수 있었다. 케인스주의적 수요관리정책의 성공은 스웨덴 사민주의자들에게 경제에 대한 국가의 계획적 개입의 효율성을 보여주는 대표적 사례로 인식되어 사민주의 세력 안에 계획주의적 사고가 뿌리내리는 데 크게 기여했다(신정완 2000ㄱ: 143).

또한 앞 절에서 설명한 바와 같이 1930년대에 전개된 인구문제 논쟁을 통해 사민당의 가족정책의 기본 틀이 마련되었다. 뮈르달 부부의 가족정책 구상에 녹아있던 양성평등주의적, 보편주의적, 노동시장 친화적 사회복지정책 노선은 이후 다른 사회복지정책 영역에서도 강력하고 일관되게 관철되어갔다.

1930년대는 노사관계 영역에서도 커다란 전환이 이루어진 시기였다. 본래 스웨덴은 노사관계가 대립적이어서 파업이나 직장폐쇄와 같은 극한적 노동쟁의가 빈발하던 나라였다. 그러나 1938년에 LO와 전국적 수준의 고용주단체인 SAF(Sveriges arbetsgivareförening; 스웨덴 고용주연합) 사이에 쌀쮀바덴 협약(Saltsjöbadsavtalet)[3]이 체결된 이후 노동쟁의가 격감했고 자본주의 사회에서 예외적일 정도로 산업평화가 오래 지속되었다. 이 협약의 핵심 내용은 기업이나 산업 수준의 노사간 분쟁사항에 대해 LO와 SAF의 조정권한을 대폭 강화함으로써, 분쟁사항이 국가의 개입을 불러오기 전에 노사 중앙조직들에 의해 자율적으로 해결되게 하는 한편, 노동쟁의 절차를 제도화함으로써 파업이나 직장폐쇄와 같은 극한적 노동쟁의가 발생하는 것을 가능한 한 피하도록 한다는 것이었다(김흥종 · 신정완 · 이상호 2006: 49). 쌀쮀바덴 협약을 통해 노사관계가 한결 중앙집권화 되었고 노사관계에는 가능한 한 국가가 개입하지 않는 전통이 확립되었다.

1930년대에 이루어진 케인스주의적 수요관리정책의 도입, 사회복지정책의 발전, 그리고 쌀쮀바덴 협약은 모두 이제 스웨덴 사민주의자들이 자본가계급과의 타협을 통해 스웨덴 경제를 안정적으로 운영해가며 점진적으로 스웨덴 사회를 더 평등주의적인 방향으로 이끌어가기로 이념과 정책의 방향을 정했다는 점을 보여준다. 그러나 이런 계급타협노선이 계급투쟁을 부정하는 것은 아니었다. 자본가와 노동자 사이에는

3) '쌀쮀바덴 협약' 이라는 명칭은 협약 체결을 위한 많은 회의들이 주로 스톡홀름 근교의 휴양지인 쌀쮀바덴에서 열린 데에서 유래한다.

불가피하게 계급투쟁이 발생할 수밖에 없으며 사회를 더 민주적이고 평등주의적인 방향으로 변화시켜가기 위해서는 앞으로도 계급투쟁이 필요하다는 점을 인정하되, 의회민주주의제도에 입각해 평화적이고 민주적인 방식으로 계급투쟁을 전개하겠다는 것이었다. 사민주의 계열의 사회학자 코르피(Walter Koprpi)는 이를 '민주적 계급투쟁(democratic class struggle)'이라 표현했다(Korpi 1983).

제2차 세계대전의 발발은 경제에 대한 국가의 계획적 개입과 계급타협노선을 더욱 강화하는 계기로 작용했다. 제2차 세계대전이라는 위기를 맞아 사민당을 중심으로 주요 정당들이 모두 참여하는 거국내각이 구성되었는데, 거국내각은 전시에 임금과 물가를 행정적으로 통제하는 소득정책(incomes policy)을 실시했고 일부 소비재에 대한 배급정책을 도입했다. 또 LO와 SAF 등 주요 이익단체들과 정부가 경제운영 방침에 대해 협의하는 조합주의적(corporative) 경제운영방식을 발전시켰다(신정완 2000ㄱ: 144). 한편 스웨덴은 제2차 세계대전에 중립노선을 천명하며 불참했는데 그 뒤 비동맹 중립노선은 사민당 외교정책의 골간으로 자리 잡게 되었다.

2) 스웨덴 모델의 전성기: 제2차 세계대전 이후~1960년대 말

제2차 세계대전이 종결되기 직전인 1944년에 사민당과 LO는 「노동운동의 전후(戰後) 강령」이라는 정책 프로그램을 발표했다. 이는 전쟁이 끝난 뒤 스웨덴 경제를 어떻게 운영하겠다는 구상을 종합적으로 담은 프로그램이었는데, 주된 내용은 기존 보험회사의 국유화와 국영 상업은행의 신설, 국가주도의 산업합리화 추진, 완전고용 달성, 분배 균등화의 추구 등이었다. 사민당과 LO가 금융부문의 국유화 등 상당히 급진적 내용을 담은 프로그램을 제출한 것은 1930년대 이후의 경제운영 경험에 기초해 사민주의자들 사이에 경제에 대한 계획주의적 관념이 강화된 데다 전후에 전시특수(戰時特需)가 소멸함에 따라 장기 침체가 예상되므로 이를 극복하기 위해서는 국가의 경제개입이 더욱 강화되어야 한다고 판단한 데 기인한다. 그러나 이 프로그램은 실현될 수 없었다. 먼저 부르주아 정당들과 재계가 'PHM(Planhushållningsmotståndet. 계획경제반대)' 이라 불린 대규모 저항 캠페인을 전개한 데다 예상과는 달리 전후에 세계경제가 장기 호황에 들어섬에 따라 장기 침체를 전제로 작성된 「노동운동의 전후 강령」의 설득력이 떨어지게 된 것이다. 호황국면이 장기적으로 지속되자 사민당 정부는 전시 통제경제 기간에 도입된 각종 규제조치를 해제해갔다. 경제정책 노선의 자유주의화가 진행된 것이다(신정완 2000ㄱ: 144-147).

장기 호황은 오히려 인플레이션 문제를 낳았는데 인플레이션을 억제하면서도 완전고용을 달성하기 위한 방안으로 나온 정책 프로그램이 '렌-마이드너 모델(Rehn-Meidner model)' 이었다. 렌-마이드너 모델이란 LO의 경제학자인 렌(Gösta Rehn)과 마이드너(Rudolf Meidner)가 1940년대 말에서 1950년대 초에 걸쳐 입안한 종합적인 경제운영 프로그램이었다. 렌-마이드너 모델의 골자는 긴축재정정책 · 연대임금정책 · 적극적 노동시장정책이었다. 인플레이션 억제를 위해 정부는 긴축재정정책을 쓰고 LO는 연대임금정책을 실시한다는 것이다. 연대임금정책을 실시하면 노동자들 사이의 불합리한 임금격차가 해소되어 노동조합들 사이의 임금인상 경쟁을 완화시킬 수 있으며 노동자들 사이의 임금균등화라는 노동조합의 전통적 이념을 구현할 수 있다는 것이다. 그뿐 아니라 연대임금정책은 경쟁력이 약한 낙후 기업들에게는 임금부담을 가중시킴으로써 경영합리화 압력을 높이는 반면에 경쟁력이 높은 성장부문의 기업들에게는 임금부담을 줄여줌으로써 성장을 지원해 국민경제 전체 차원에서 산업합리화와 고도성장을 촉진할 수 있다는 것이다. 문제는 낙후 기업들이 임금인상 부담을 견디지 못해 사업규모를 줄이거나 시장에서 퇴출할 경우에 생기는 실업문제를 어떻게 해결할 것이냐는 것인데, 이 문제는 적극적 노동시장정책을 통해 해결할 수 있다는 것이다. 정부가 실직자들에 대한 직업훈련과 취업알선 등을 통해 실직자들을 성장부문의 기업들로 신속히 이동시키면 된다는 것이다.

렌-마이드너 모델은 1950년대 후반에 사민당 정부에 의해 채택되어 스웨덴 모델 전성기의 경제정책의 골간으로 작용했다. 또 1952년부터 LO와 SAF 사이에 중앙단체교섭이 시작되어 임금을 포함해 고용조건 전반에 걸쳐 핵심사안들이 LO와 SAF라는 노사 중앙조직에 의해 결정되게 되었다. 중앙단체교섭을 통해 LO는 연대임금정책을 강력히 추진했고 SAF도 연대임금정책을 수용했다. SAF는 연대임금정책으로 인해 손해 볼 것이 없었던 대기업 자본가들이 주도한 조직이었던 관계로 연대임금정책을 거부할 이유가 별로 없었다.

또한 사민당 정부는 대기업들에 유리한 방향으로 법인세 정책을 썼다. 투자를 많이 하는 기업들에게 각종 세금우대조치를 제공했는데, 당시 스웨덴에서 성장과 투자를 주도한 기업들은 세계시장에서 경쟁하는 수출주도 대기업들이었다. 연대임금정책과 법인세정책 외에 적극적 노동시장정책도 이런 대기업들에게 유리하게 작용했다. 정부가 낙후 부문에서 발생하는 실직자들을 정부의 예산으로 재교육시켜 성장하는 대기업들에서 재취업하도록 지원함에 따라 대기업들은 손쉽게 우수한 노동인력을 확보할 수 있었기 때문이다.

결국 사민당과 LO가 추진한 경제정책은 대기업들에게 매우 유리한 것이었다. 사민당과 LO가 이렇게 대기업 위주의 경제정책을 쓴 핵심적 이유는 스웨덴의 산업구조에서 찾을 수 있다. 스웨덴은 19세기에 산업혁명을 거치는 과정에서 중화학공업 분야에서 세계시장에 수출하는 대기업들이 크게 발전했다. 스웨덴의 산업구조가 이미 수출 대기업 위주로 편성되어 있었던 관계로 사민주의자들은 이를 기정사실로 받아들이고 수출 대기업들의 성장을 지원하는 정책을 씀으로써 높은 경제성장과 양질의 고용 창출을 달성할 수 있으리라 판단한 것이다. 대기업 위주의 경제정책을 통해 달성한 고도성장의 과실은 높은 조세를 통해 정부가 흡수해 이를 평등주의적 사회복지정책에 쓰면 된다고 생각한 것이다.

제2차 세계대전 이후의 고도성장에 기초해 사민당 정부는 사회복지정책을 일관되게 확대시켜갔다. 세계 최고의 복지국가를 발전시킨 것이다. 스웨덴의 사회복지정책의 주요 특징으로는, 빈곤층뿐 아니라 모든 국민을 사회복지정책의 수혜대상으로 포괄한다는 점에서 '보편주의적'이며, 사회복지정책이 예외적 상황에 대처하기 위한 부수적 요소가 아니라 사회제도의 핵심 구성요소로서 정착되어 있다는 점에서 '잔여적(residual)'이 아니라 '제도적(institutional)'이고, 국가 이외의 부문의 역할이 극소화된 국가중심적 성격을 띠고 있으며, 재원조달과 관련해선 사회복지정책 수혜자의 기여금 부담을 최소화하고 주로 일반 조세수입으로 재원을 조달하는 성격을 띠고 있다는 점을 들 수 있다(신정완 2000ㄱ: 157).

또한 사회복지정책 프로그램의 구성에서 보육 · 양로 · 의료 · 교육 등 필수적인 사회서비스(social services) 중 국가가 무상으로 또는 매우 저렴하게 직접 공급하는 비중이 매우 크며, 사회복지정책의 생산적 효과를 강조해 사후적 복지보다 예방적 복지를 중시하면서 생산과 복지의 선(善)순환적 연계를 강조하는 방식으로 사회복지정책 프로그램이 구성되었고, 또 이런 방식으로 사회복지정책의 필요성에 대한 정당화가 이루어져 왔다는 점도 중요한 특징으로 볼 수 있다(김흥종 · 신정완 · 이상호 2006: 54).

이상의 제도와 정책들이 모여 유명한 '스웨덴 모델'을 구성하게 되었다. 스웨덴 모델의 핵심 요소로는, i) 노사 중앙조직 사이의 자율 협상과 중앙단체교섭, 그리고 연대임금정책을 골간으로 하는 스웨덴식 노사관계, ii) 렌-마이드너 모델과 법인세 정책으로 대표되는 대기업 위주의 경제성장정책과 케인스주의적 수요관리정책, iii) 보편주의적 복지국가, iv) 그리고 LO와 SAF의 발언권이 강한 조합주의적 의사결정구조를 들 수 있다. 스웨덴 모델의 구조를 그림으로 나타내면 다음과 같다.

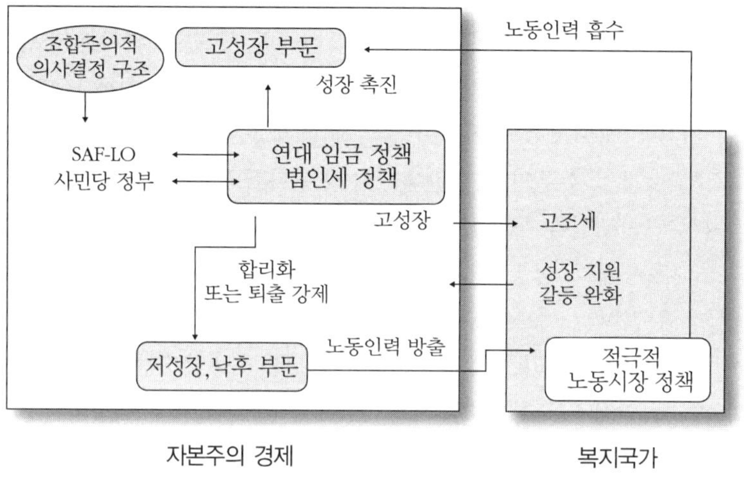

〈그림 1〉 스웨덴 모델의 구조

3) 스웨덴 모델의 동요기: 1970년대~1980년대

1960년대 말부터 스웨덴 모델의 작동에 이상 징후가 발견되기 시작했다. 먼저 1960년대 말부터 스웨덴식 노사관계가 동요하기 시작했다. 풀뿌리(grassroots) 노동자들이 스웨덴식 노사관계에 대해 불만을 표출하기 시작한 것이다. 무엇보다도 연대임금정책에 대해 고수익 부문 노동자들이 불만을 표출하게 되었고, 대기업 위주의 경제성장정책이 재산과 경제적 권력을 소수 사적 주주에게 집중시키는 데 일조했다는 비판도 제기되었다. 또한 사민당 정부와 LO의 협력 하에 자본의 주도로 강력히 추진된 산업합리화가 노동강도 강화와 노동자들의 빈번한 전직(轉職)을 야기했다는 점도 비판되었다. 또 중앙단체교섭체계가 개별 기업 수준의 노조를 무력화하고 기업 수준의 권력관계와 관련된 쟁점들을 잘 다루지 못하게 했다는 점도 불만을 샀다. 그런데 고도로 중앙집권화된 스웨덴식 노사관계는 풀뿌리 노동자들의 의견을 효과적으로 수렴하기 어려웠기에 풀뿌리 노동자들은 1960년대 말 이후 살쾡이 파업

(wildcat strike) 등 비제도적 방식으로 그들의 불만을 표출했다.

즉 1960년대 말 이후 스웨덴 모델이 직면한 첫 번째 위기는 스웨덴식 계급타협체제에 대한 좌파적 비판의 고조였다. 이에 대해 LO와 사민당 정부는 정책노선의 좌경화를 통해 문제를 해결하고자 했다. 사민당 정부는 기업 수준의 노사관계에서 노동자들의 권익을 증진하기 위한 여러 입법조치를 마련했는데, 1976년부터 발효된 공동결정법(MBL)이 그 대표사례다. 공동결정법은 노동자 경영참가를 가능케 하는 제도적 틀을 규정하는 법률이었다. 또 연대임금정책으로 인해 고수익 기업들이 초과이윤을 누려온 문제에 대한 해결책으로서 LO는 1976년에 임노동자기금안을 제출했다(김흥종 · 신정완 · 이상호 2006: 72-73).

스웨덴 모델 동요의 또 하나의 주요 요인은 1970년대의 거시경제 여건의 악화였다. 석유 파동(오일 쇼크)의 여파와 철강 · 조선 등 전통적 주력산업의 국제경쟁력 약화, 1970년대 전반기에 급증한 복지지출을 충당하기 위한 기업들의 사회보험 기여금 부담 증가 등으로 말미암아 1970년대 중반부터 스웨덴 경제는 불황국면에 진입했다. 1976년까지 집권한 사민당과 1976~1982년에 집권한 부르주아 정당들은 '가교정책(架橋政策 overbridging policy)' 이라 불린 케인스주의적 수요부양정책을 통해 불황을 극복하려 했다. 경쟁력을 잃어가는 철강 · 조선업 등에 대한 막대한 보조금 지급과 복지지출 증대를 통한 내수 부양 등이 핵심 정책이었다. 그러나 가교정책은 실패로 끝나 1976~1982년에 전통적 주력산업의 쇠퇴로 인해 산업부문 고용인구가 15만 명이나 감소했다(김흥종 · 신정완 · 이상호 2006: 74).

1982년 말 재집권에 성공한 사민당은 '제3의 길(den tredje vägen; the third way)' 정책을 추진했는데 이는 더 자유주의적인 정책처방으로 장기불황을 해결하려고 한 것이었다. '제3의 길' 이란 용어는 스웨덴 사민당이 추진하고자 하는 경제정책을, 당시 미국의 레이건(R. Reagan) 정부나 영국의 새처(M. Thatcher) 정부가 채택한 신자유주의적 경제정책과, 프랑스의 사회당 정부가 채택한 전통적인 케인스주의적 수요부양정책으로부터 구별하기 위해 고안되었다. '제3의 길' 정책의 핵심은 완전고용 달성과 복지국가 유지라는 전통적인 사민주의적 정책목표를 유지하되 경제회생의 실마리를 수요가 아니라 공급 측에서 찾겠다는 것이었다.[4)]

구체적 정책수단의 측면에선 '제3의 길' 정책의 핵심은 공격적 평가절하정책이었다. 사민당 정부는 집권 직후에 스웨덴 크로나화를 16% 평가절하했다. 이미 1981년 가을에 부르주아 정당 연립정부가 단행한 크로나화 10% 평가절하에 이어 추가적으로 평가절하가 이루어짐으로써 스웨덴 산업의 국제 가격경쟁력이 현저히 강화되었다. 이에 따라 산업생산이 증가하고 기업들의 수익률도 제고되고 국제수지도 개선되었다. 실업률은 2% 내외로 낮아져 스웨덴 경제는 초호황을 누리게 되었다.

그런데 평가절하를 통해 확보된 가격경쟁력이 장기간 유지되려면 임금인상이 효과적으로 억제되어야 한다. 따라서 사민당 정부는 LO에게 임금인상요구 자제를 요구하게 되었고 LO는 이에 불만을 갖고 사민당의 경제정책에 적극적으로 협력하지 않았다. 사민당 지도부는 LO가 국민경제의 어려움을 고려하지 않고 집단이기주의에 사로잡혀 국민경제의 회생을 어렵게 한다고 LO를 비판했고, LO는 사민당 지도부가 전통적 사민주의 이념으로부터 너무 많이 이탈해 친자본적 · 시장주의적 노선으로 경도되어 가고 있다고 비판했다. 스웨덴 사민주의 세력의 양 날개인 사민당과 LO 사이의 갈등은 '장미전쟁'이라 불렸는데[5)] 이는 사민주의 정치에 본래 내재한 '계급정치(class politics)'와 '국민정치(mass politics)' 사이의 근본적 긴장이 표출된 것으로 볼 수 있다.

여타 서구 사민주의 정당들과 마찬가지로 스웨덴 사민당도 초기에는 노동자계급 특히 산업노동자층의 이익을 대변하는 정당으로 출범해 노동자계급의 계급적 이익을 수호하고 신장시키는 데 주력하는 '계급

---

4) 라이너(Ryner 2002)는 '제3의 길' 정책은 사민당 지도부가 신자유주의 이념을 상당 정도 수용한 것을 반영한다고 해석한다.

5) '장미전쟁'이란 용어는 사민당의 상징이 붉은 장미라는 데 유래한다.

정치'에 주력했다. 그러나 선거에서 승리해 집권정당이 되고 또 집권 이후에 원활하게 국정을 운영하려면 노동자계급 이외의 계급 · 계층으로부터도 폭넓게 지지를 받아야 하기 때문에 점차 국민경제의 안정적 운영을 통해 전 국민의 이익을 균형 있게 신장시키는 '국민정치'에 주력하게 된다. 그런데 계급정치와 국민정치가 반드시 상충할 필요는 없다. 경제성장이 원활하게 이루어지는 국면에서는 국민정치의 틀 속에서 노동자계급의 이익 증진에 힘쓰는 계급정치를 실질적으로 잘 관철시킬 수 있는 것이다. 그러나 경기침체나 경제위기 국면에서는 먼저 국민경제를 회생시키는 것이 중요하기 때문에 단기적으로 노동자계급의 이익에 위배되는 정책을 추진하게 되기 쉽다. 반면에 노동조합은 오직 노동자계급의 조직인 관계로 계급정치에 충실할 수밖에 없는 사정이 있어 이런 사민주의 정부의 정책에 반기를 들게 되기 쉽다. 1980년대에 전개된 '장미전쟁'이 이런 것이었다.

'제3의 길' 정책의 또 다른 중요한 정책요소는 금융자유화정책이었다. 사민당 정부는 재정적자와 해외부채가 많은 상황에서 외자조달을 쉽게 하기 위해 일련의 금융자유화조치를 단행했다. 금융세계화와 기업들의 재무관리기법의 발전으로 말미암아 전통적인 금융규제정책의 실효성이 이미 매우 낮아졌다는 점도 중요하게 고려되었다. 그리하여 1985년에 민간 금융기관들의 여신공급에 대한 수량규제를 해제했고, 1985 · 1986 · 1989년에 외환규제 완화조치를 시행했다. 금융자유화정책은 이후 스웨덴 경제의 진로에 막대한 영향을 끼치게 되었다. 먼저 1990년 말에 발발해 그 뒤 스웨덴 경제의 진로를 좌우하게 된 금융위기의 직접적 원인으로 작용했고, 국제금융시장으로 스웨덴 금융시장의 통합을 가속화해 이후 국가의 금융정책 자율성을 크게 약화시켰다(김흥종 · 신정완 · 이상호 2006: 75-76).

또한 1980년대의 완전고용 상황에서 신규 노동력 확보에 어려움을 겪던 스웨덴 기업들은 외환규제 완화조치 등에 힘입어 해외직접투자에서 돌파구를 찾았고 이로 인해 이 기간에 스웨덴 기업들의 해외직접투자가 급증했다. 이에 따라 '산업공동화(産業空洞化)' 에 대한 사회적 우려가 크게 고조되었고, 해외직접투자라는 새로운 돌파구를 찾은 스웨덴 기업들은 정부 · 노동조합과의 관계에서 교섭력을 크게 신장시킬 수 있었다. 정부의 경제정책이나 노동조합의 단체교섭전략이 자본축적에 부담이 될 경우 기업을 해외로 이전시키겠다는 위협을 통해 정부나 노동조합의 정책의도를 무산시킬 수 있게 된 것이다. 이에 따라 자본과 노동 사이의 세력균형이 깨져 이후 스웨덴 사회에서 자본의 주도성이 한결 강화될 수 있는 조건이 조성되었다.

기업 소유의 점진적 사회화를 도모한 임노동자기금안과 자유주의적 경제정책 노선인 '제 3의 길' 이 모두 사민주의 진영 내부에서 나왔다는 사실은 스웨덴 사민주의 진영 안의 이념적 스펙트럼이 상당히 넓었다는 점을 보여준다. 스웨덴 모델의 전성기에는 잠복되어 있던 사민주의 진영 내부의 이념적 갈등이 모델 작동에 이상이 생기자 분명히 드러나게 된 것이다.

1980년대는 노사관계 영역에서도 커다란 변화가 이루어진 시기였다. 1983년에 LO 산하 최대의 산업별 노조인 금속노조(Metall)가 LO와 SAF 사이의 중앙단체교섭을 거치지 않고 그 파트너인 '금속 · 기계공업 고용주연맹(VF)' 과 바로 산업별 교섭을 진행해 협정을 체결했다. 1970년대에 공동결정법의 제정과 임노동자기금 논쟁을 거치면서 스웨덴 자본가들은 LO에 대해 강한 불신을 갖게 되었고, LO의 권력기반인 중앙단체교섭을 해체함으로써 LO를 약화시킬 필요가 있다고 판단하게 되었다. VF가 선도적으로 이를 추진했고 그 파트너인 금속노조가 이에 호응한 것이다. 금속노조는 고수익 부문 노동자들의 조직으로서 연대임금정책에 대해 불만을 갖고 있었는데, 임노동자기금 논쟁이 사실상 노조의 패배로 귀결되자 아예 중앙단체교섭으로부터 이탈함으로써 소속 노동자들의 임금인상을 촉진하기로 한 것이다. 이후 우여곡절 끝에 1990년에 SAF가 중앙단체교섭으로부터의 이탈을 공식적으로 선언함에 따라 스웨덴식 노사관계의 기본 골격이 해체되었고 이에 따라 연대임금정책도 해체되었다.

4) 스웨덴 모델의 재편기: 1990년대 이후

1990년대 이후 시장원리 지향적 개혁이 가속화되면서 전통적인 스웨덴 모델의 구성요소들이 대부분 해체되어갔다. 1990년대 이후의 개혁방향을 결정한 가장 중요한 사건은 1990년대 초반의 금융위기였다. 위험에 대한 준비가 부족한 상태에서 1980년대에 금융자유화가 급속히 진행된 결과 1990년대 초에 대규모 금융위기가 도래했고 그 결과 실업률을 포함해 모든 거시경제지표가 악화되었다. 금융위기의 와중에 1991년 말 보수당이 주도하는 부르주아정당 연립정부가 구성되었고 부르주아정당 연립정부는 '체제전환(systemskifte; system shift)'을 선언했다. 즉 더 이상 잘 작동하지 않는 스웨덴 모델을 시장원리에 더욱 부합되는 방향으로 대폭 수정하겠다는 것이다. 그리하여 많은 정책 영역에서 시장주의적 개혁을 강력히 추진했다.

1994년 말의 선거에선 사민당이 승리했으나 이후 사민당은 부르주아정당 연립정부가 추진한 시장주의적 개혁노선을 대체로 계승했다. 무엇보다도 금융위기를 수습하는 과정에서 재정적자와 해외부채가 급증했기 때문에 이를 해소하기 위해 초긴축정책을 추진했다. 세금은 더 많이 걷고 지출은 줄이는 정책을 강력히 추진해 1998년에는 재정적자를 재정흑자로 전환시킬 수 있었다. 정부지출을 줄이는 과정에서 가장 큰 지출항목이었던 사회복지지출을 크게 줄였고 사회복지제도의 운영방식도 좀 더 시장원리에 부합되는 방향으로 손질했다. 일부 사회서비스의 민영화를 허용했고 사회서비스에 대한 사용자 요금의 신설이나 인상, 사회복지제도 수급자격의 엄격화 등을 추진했다. 특히 연금재정 적자를 해소하기 위해 공적연금제도를 시장원리 지향적인 방향으로 크게 수정했다. 부르주아정당 연립정부 하에서 연금제도의 개혁방향에 대한 기본적 합의가 이루어졌고 그 뒤 사민당 정부 하에서 실제 개혁이 단행되었다.

또 종래의 대기업 위주의 산업정책을 수정해 중소기업 육성정책을 추진했다. 이는 자본운동의 세계화에 따라 스웨덴 대기업들의 해외직접투자가 급증함에 따라 대기업의 성장이 고용창출에 별로 도움이 되지 않게 된 상황을 반영한 것이다. 또 스웨덴 대기업의 해외진출로 인한 산업공동화 문제를 해결하기 위해 적극적으로 외자유치정책을 추진해 큰 성과를 보였다. 또 원자력 발전소의 조기폐쇄를 단행하는 등 친환경적 에너지정책을 강력히 추구했다. 이런 긴축위주의 정책노선에 LO는 대체로 반대했으나 적극적으로 저항하지는 못했다. 무엇보다도 LO의 권력이 크게 약화되었기 때문이다. 먼저 중앙단체교섭의 해체로 인해 LO의 사회적 위상이 크게 약화된 데다 산업구조의 변화로 인해 생산직 노동자의 비중이 줄어 LO의 조직기반 자체가 위축되었다. 또 LO가 이런 시장주의적 정책노선을 대체할 구체적 대안을 가진 것도 아니었다. 또 긴축정책을 추진한 사민당 지도부는 LO와의 파트너십을 더 이상 중요하게 고려하지 않고 주로 부르주아정당들과의 협의를 통해 정책을 결정하고 집행했다.

그러나 이런 사민당의 정책노선 변화가 사민당의 이념노선의 결정적 전환을 반영한다고 보기는 어렵다. 사민당은 일단 긴급한 경제위기를 해결하는 데 주력할 수밖에 없었는데, 임노동자기금안과 같은 급진적 노선이나 1970년대 중후반에 추진된 케인스주의적 수요부양정책, 또 대체로 자유주의적 성격을 띠었으되 정부지출 축소를 통한 인플레이션 억제에는 실패했던 '제3의 길' 정책 등 종래의 시도들이 모두 실패한 상황에서, 남은 대안은 시장주의적 · 자유주의적 개혁뿐이라고 판단하게 된 것이다. 긴급한 경제위기가 해소되고 난 1990년대 말 이후 사민당 정부는 경제위기 국면에서 감축되었던 사회복지지출을 일부 늘리는 등 전통적인 사민주의 정책으로 회귀하는 모습을 보이기도 했다. 그러나 세계화의 진전과 IT 산업의 비중 증대 등 산업구조의 변화, 유럽통합운동의 진전 등 세계경제의 흐름에 적응하기 위해선 전통적 사민주의 정책노선으로부터 상당히 이탈하는 것이 불가피하다고 판단하고 있는 것 같다.

그렇다면 스웨덴 사민주의 세력이 자랑해오던 스웨덴 모델은 이제 완전히 해체되었는가? 이 문제에 대한 답변은 스웨덴 모델의 핵심을 무엇으로 보는가에 따라 달라질 것인데, 스웨덴 모델을 구성했던 주요 제도와 정책의 변화를 통해 스웨덴 모델의 해체 여부를 검토해보기로 하자.

먼저 노사관계의 경우 중앙단체교섭과 연대임금정책이 해체됨으로써 스웨덴 특유의 노사관계 질서는 해체되었다. 다만 노동조합 조직률이 여전히 세계최고 수준이며 노동조합의 사회적 영향력이 다른 사회들에 비해서는 여전히 큰 편이다. 대기업 위주의 산업정책도 어느 정도 약화되어 비교적 중립적인 산업정책이 실시되고 있다고 할 수 있다. 거시경제정책 영역에서도 1990년대에는 재정적자 해소와 물가안정에 주력하는 통화주의적 정책이 주로 채택되었다. 사회복지지출은 여전히 세계최고 수준이고 사회복지정책의 보편주의적 성격, 프로그램 구성에서 사회서비스가 차지하는 높은 비중 등 스웨덴 복지국가 모델의 기본 골격이 크게 변하지는 않았다. 적극적 노동시장정책의 경우 그 효율성에 대한 의문이 제기되어왔지만 여전히 적극적 노동시장정책이 중요한 정책요소로 활용되고 있다. 노 · 사 · 정 사이의 조합주의적 의사결정구조는 1990년대에 SAF가 조합주의적 국가기구 일체로부터 탈퇴를 선언함에 따라 공식적 제도 틀로서는 해체되었다고 볼 수 있다. 그러나 정부가 정책을 입안하거나 집행할 때 노사조직과 협의를 하는 경우가 많다는 점에서 비공식적 제도로서는 상당 정도 유지되고 있다.

종합적으로 평가할 때, 다른 나라들에서는 찾아볼 수 없는 스웨덴 특유의(unique) 경제-사회운영 모델로서의 스웨덴 모델은 거의 해체되었다고 볼 수 있다. 현재의 스웨덴의 경제-사회운영 모델은 스웨덴 모델 전성기에 비해 거시경제정책의 측면에서 통화주의적 요소가 한결 강화되고 경제정책 전반에서 시장주의적 요소가 한결 강화되었다는 점에서 영미 모델에 가까워진 측면이 있으나, 사회복지지출의 규모가 매우 크고 사회복지제도가 보편주의적 원리에 의해 편성되어 있으며 조합주의적 의사결정구조의 요소가 어느 정도 남아 있다는 점에서는 영미 모델과 확연히 구분된다. 또 사회복지지출의 규모가 크고 조합주의적 의사결정구조의 요소가 남아 있다는 점에서는 독일 등 유럽대륙 모델과 비슷한 측면이 있으나, 사회복지제도의 보편주의적 성격이 훨씬 강하고 노동시장정책에서 기업 수준의 고용안정보다는 적극적 노동시장정책과 평생교육제도를 통한 실직자의 재취업 등 사회시스템 전체 차원의 고용안정을 더 중시한다는 점에서 유럽대륙 모델과도 상당한 차이를 보이고 있다. 현재 스웨덴의 경제-사회운영 모델은 덴마크 · 핀란드와 더불어, 강한 보편주의적 복지국가와 유연성 · 안정성이 적절히 결합된 노동시장질서 등을 주된 특징으로 하는 북유럽 모델(Nordic model)의 하나로 분류되고 있다.

1980년대 이후 단계적으로 모델 재편과정을 겪은 뒤 스웨덴 경제는 1990년대 말 이래 좋은 성과를 보이고 있다. 경제성장률 · 실업률 · 인플레이션율 등 주요 거시경제지표에서 유럽 최상위권의 성적을 보이고 있고 1990년대 이후 빈부격차가 늘어나긴 했으나 다른 선진자본주의국에 비해선 여전히 소득분배구조도 양호한 편이다. 특히 1980년대에 대기업들이 IT 부문에 많이 투자한 데 힘입어 1990년대에 들어 스웨덴은 핀란드와 더불어 유럽의 대표적 IT 강국으로 자리 잡기도 했다. 스웨덴 경제가 최근 이런 좋은 성과를 보일 수 있었던 것은 1990년대에 일관되게 추진된 긴축정책이 스웨덴 경제의 체질을 강화시킨 데다, 치밀하고 규모가 큰 복지국가가 세계화 · 금융화 · 정보화 등으로 인한 충격을 잘 흡수할 수 있었던 데에도 기인한다. 따라서 강한 복지국가는 세계화시대에 더 이상 존립할 수 없다는 통념이 옳지 않다는 점을 잘 보여준 사례라 할 수 있다.

그러나 스웨덴 사민당이 대체로 시장원리 지향적 개혁을 통해 경제회생을 달성했다는 점은 사민주의 정치에 고유한 딜레마를 잘 보여주기도 한다. 본래 사민주의 이념은 사회주의 이념의 한 형태, 그 온건한 조류로 등장한 반(反)자본주의 이념이다. 그러나 사민주의적 개혁이라는 것이 개혁의 대상인 자본주의 경제의 경기변동의 리듬에 종속될 수밖에 없다는 점이 드러났으며, 특히 자본운동의 세계화라는 거대한 도전 앞에서 효과적 '적응' 외에는 별다른 대안을 제시하지 못했다는 점, 그리고 그 적응의 핵심 내용이 시장원리의 강화였다는 점에서 사민주의 정치의 반(反)체제적 잠재력에 대해 국제적으로 회의감이 고조된 것이 사실이다.

5. 스웨덴 사회민주주의에 대한 평가

스웨덴 사민주의 운동의 사회개혁 실험은 사민주의 정치에 가장 유리한 조건에서 장기간 실천된 실험이라는 점에서 사민주의 운동이 할 수 있는 일과 할 수 없는 일 사이의 경계를 매우 선명하게 드러내준 중요한 사례라 할 수 있다.

스웨덴 사민주의 운동의 경험은 생산수단에 대한 사적 소유와 시장메커니즘 중심의 자원 배분이라는 자본주의 경제의 기본 골격을 유지하면서도, 상당히 높은 수준의 평등주의적 소득분배와 소비분배를 달성할 수 있으며, 원활한 경제성장과 평등주의적 재분배정책이 상당한 정도까지 양립가능하고, 높은 수준의 참여민주주의의 성취가 가능하며, 평화와 연대의 문화가 확산될 수 있다는 점을 보여주었다.

그러나 반면에 스웨덴 사민주의 운동의 경험은 사민당의 장기집권에도 불구하고 자본의 구조적 권력은 거의 온전히 보존되며, 자본과의 협력 전략은 자본의 권력을 강화시킴으로써 자본으로 하여금 필요와 조건에 따라서는 사민주의적 계급타협의 틀을 해체시킬 수 있게 하고, 사민주의적 개혁의 성취 정도는 자본주의 경제의 경기변동에 강하게 구속되어 있으며, 평등과 연대의 논리는 끊임없는 자기 정당화가 필요한 약자의 논리로 고착되기 쉽다는 점을 보여주기도 했다.

결국 사민주의적 개혁의 축적을 통해 장기적으로는 자본주의 경제체제를 지양할 수 있으리라는 초기 좌파 사민주의자들의 희망은 실현될 수 없다는 사실을 스웨덴의 경험은 보여주었다고 말할 수 있다. 따라서 적어도 현재의 국면에서 사민주의 이념을 선택한다는 것은 자본주의의 극복이 아니라 자본주의와의 공존을 선택하는 것이라는 점을 분명히 보여주었다(신정완 2004: 209-210).

그러나 아직 막연하고 멀게 느껴지는 '자본주의 이후의 새로운 사회' 라는 문제의식 대신에 "어떤 자본주의가 좋은가?" 라는 문제의식에서 스웨덴 사민주의 역사를 관찰하는 경우엔 긍정적으로 배울 수 있는 실천경험이 참으로 풍부하게 널려 있다는 점을 발견하게 된다. 스웨덴 사민주의는 자유주의 · 민주주의 · 사회주의 이념을 최적으로 조합해 낸 사례라 할 수 있다. 시민의 정치적 자유를 전적으로 보장했을 뿐 아니라 민주주의원리를 정치 영역을 넘어 노동자 경영참가제도에서처럼 일상생활의 영역으로까지 확장시켰다. 또한 강력한 복지국가를 통해 모든 시민에게 하나의 권리로서 기본적 의식주와 교육 · 의료서비스가 비교적 높은 수준에서 보장될 수 있게 했다.

또한 스웨덴 사민주의는 여성주의(feminism)와 생태주의(ecology)라는 탈근대적 이념도 무리 없이 수용해 구체적인 제도와 정책을 통해 실현해왔다. 이미 1930년대에 여성주의적 관점이 강하게 투영된 가족정책을 입안하고 시행했으며, 1990년대에 들어와서는 생태주의적 문제의식을 적극적으로 수용해 2020년까지 석유의존도 제로(zero)를 달성한다는 목표 하에 대안 에너지 개발에 박차를 가하고 있다. 또한 스웨덴 사민주의 세력은 각국의 사민주의 세력 중에서 가장 지성적이었다고 평가받아 왔는데, 각종 사회문제에 대한 실사구시적 탐구와 합리적 논의를 통해 실효성 있는 제도와 정책을 개발하고 혁신해왔다.

1997년 말의 외환위기 이후 한국 사회는 경제와 사회의 양극화 추세가 지속되어 많은 사람들이 빈곤과 열악한 고용조건, 불확실한 미래로 말미암아 고통 받고 있다. 또한 다양한 사회갈등이 실사구시적 논의에 근거한 합리적이고 민주적인 방식으로 해결되지 않아 사회갈등이 나날이 격화되고 있다. 이런 한국의 상황에서 스웨덴 사민주의의 역사는 본받을 점이 많은 타산지석이 될 수 있다. 스웨덴 사민주의의 실험이 다른 사회들에도 얼마나 적용될 수 있을 것인가는 논란의 소지가 많은 질문이겠으나, 한국 사회의 구성원들이 주체적 문제의식을 갖고 접근한다면 우리 사회에 창조적으로 적용할 수 있는 제도와 정책, 그리고 운동방식이 여럿 있을 것으로 판단된다. 스웨덴 사회는 현재 신자유주의적 세계화의 바다에 떠 있는 작은 섬과 같은 사회이지만 더욱 평등하고 민주적인 사회를 지향하는 세계의 많은 사람들에게 영감을 불러일으키는, 결코 외롭지 않은 섬이라 할 수 있다.

제 4 부

새로운 사회를 위한 초석들

사회화와 이행

김 성 구

1. 자본주의의 위기와 사회화 그리고 이행

자본주의는 생산수단에 대한 사적 소유와 상품생산(시장경제) 그리고 그 위에서 잉여가치의 착취를 기본요소로 하는 생산양식이다. 이에 반해 자본주의 이후 사회인 사회주의는 생산수단에 대한 공동소유와 생산의 계획적 조직 그리고 그 위에서 생산자들의 필요충족을 목표로 하는 생산양식이다. 이렇게 두 체제의 구성과 운동법칙은 상이할 뿐 아니라 본질적으로 대립적이다. 따라서 미래사회는 자본주의 사회의 전복과 사회주의의 도입을 통해 형성될 수밖에 없다. 그러나 사회주의의 요소들은 단순하게 외부로부터 도입되는 것이 아니라 이미 자본주의 태내에서 형성 · 발전하며, 새로운 사회로의 이행은 이 요소들의 성숙을 물질적 토대로 한다. 자본주의하에서 발전하는 사회화의 경향이 다름아닌 이 이행의 요소들을 표현한다. 즉 사회화와 사회주의로의 이행 요소들은 자본주의 틀 안에서 발전 · 성숙하며, 자본주의 국가의 전복과 함께 전면화되고 사회주의 생산양식의 구성요소로 전화된다. 물론 자본주의에서 발전하는 사회화는 자본주의의 지배적 규정성, 다시 말해 사적 상품생산과 자본 · 임노동의 근본모순 하에서 전개된다. 따라서 자본주의에서 사회화는 자본의 지배에 복무하는 부차적인 규정으로서, 자본주의적 상품생산의 근본적 성격을 바꾸지도 않고 또 그 모순을 극복할 수도 없다. 그것은 사회주의로의 이행과 함께 비로소 자본주의적 성격을 탈각한다. 말하자면 자본주의에서 발전하는 사회화 형태는 이행의 맹아적 요소에 지나지 않고 그 자체로 아직 사회주의의 요소는 아니다. 그러나 이 경향과 형태를 포착하지 않고서는 결코 사회주의로의 이행을 과학적으로 해명할 수 없다.

그러면 자본주의에서 왜 사회화의 형태가 불가피하게 발전하는 것인가? 그것은 자본주의의 발전이 모순과 위기를 동반하고 자본주의적 방식으로는 이 모순과 위기를 조절하는 것이 점점 더 어렵게 되기 때문이다. 자본주의가 발전하면 할수록 생산력과 생산관계의 모순은 더욱 첨예하게 전개되고 위기는 심화되는데, 자본주의의 근본적 모순[1]으로부터 발전하는 이 위기를 극복하기 위해서 자본은 점점 더 자신을 부정하는 사회화의 형태에 의존하지 않을 수 없게 된다. 이런 점에서 사회화의 경향은 자본주의의 위기의 산물이다. 즉 생산력의 발전은 자본에 의해 규정되는 생산관계와 충돌하고, 그것은 주기적으로 과잉생산공황과, 경향적으로는 이윤율의 장기적 저하와 자본주의의 체제적 위기를 가져온다. 생산력의 발전이 위기로 귀결되는 것은 자본과 이윤의 지배 때문이며, 자본과 이윤의 지배로부터 탈각되면 생산력의 발전은 위기적 경향을 만들어내지 않는다. 다시 말해 이 위기는 생산력의 발전이 자본의 지배라는 생산관계의 협소한 틀과 모순됨으로써 발생하는 것이다.[2] 이 때문에 자본주의는 이 위기에 대항해 또 이 위기를 매개로 해 사회화의 형태를 발전시키지 않을 수 없다. 자본주의가 자본주의인 한에서는 이 모순과 위기를 궁극적으로 해결할 수 없지만, 그렇게 사회화의 형태를 발전시킴으로써 자본주의는 일정한 한도 안에서 그 모순과

1) 엥겔스는 '사회적 생산과 자본가적 영유(領有) 사이의 모순'으로 이 모순을 규정했다(Engels 1891: 214).

2) 마르크스와 엥겔스는 1850년대 이전 저작들에서 이미, 그리고 『자본론』에서도 과잉생산공황과 이윤율의 경향적 저하를 자본주의 생산양식의 역사적 한계의 표현으로 파악했고, 거기서 이 생산양식의 지양의 불가피성을 인식했다.

위기를 해결하고 생산력을 한층 더 발전시킬 수 있다.

이행에 관한 역사유물론의 유명한 테제(Marx 1859a: 8-9)에서 마르크스는 자본주의 생산양식과 사회구성을 포함해 생산양식과 사회구성의 이행을 일반적으로 정식화한 바 있다. 그러나 『공산당 선언』이나 『정치경제학 비판을 위하여』와 같은 1840~50년대의 저작에 나타난 이행과 이행강령은 당시 자본주의 발전이 충분히 성숙하지 않았다는 점에서 곤란과 한계를 내포하지 않을 수 없었다. 독점과 국가독점 같은 이행의 요소들은 충분하게 전개되지 않았고, 그것이 당대의 마르크스와 엥겔스로 하여금 사회주의로의 이행문제를 강령과 관련해 완전하게 이론화할 수 없게 했다.[3] 한편 『자본론』과 『고타강령 초안 비판』, 『반 뒤링』 등 후기저작에 이르러 이행의 문제는 자본주의의 변화를 반영해 정식화된다. 자본주의가 독점자본주의로의 이행기에 들어섰고, 그만큼 이행의 새로운 요소들이 성숙함에 따라 이행에 관한 마르크스와 특히 엥겔스의 인식 또한 새롭게 발전했다. 독점과 국가개입에 대한 인식이 바로 그것인데, 그럼에도 마르크스와 엥겔스에게 그것은 제한적이었고, 이행론의 곤란과 한계는 완전하게 해결되지 못했다. 그것은 자본주의가 독점자본주의와, 나아가 국가독점자본주의로 성장・전화하면서 이론적 정식화의 토대를 갖추게 된다. 자본주의의 이행과 이행강령에 대해서는 레닌에 이르러 비로소 정식화가 이루어졌다.

이런 점에서 독점자본주의와 국가독점자본주의를 부정하고 자본주의 일반만을 상정하는 위기론과 이행론은 명백한 한계를 갖는다. 1970

3) 예컨대 『공산당 선언』에서 마르크스와 엥겔스는 프롤레타리아의 혁명과 함께 부르주아지로부터 모든 자본을 박탈하고 모든 생산수단을 국가의 수중에 집중하는 것을 공산주의로의 이행을 위한 최초의 수순이라고 하면서도 이를 위해 당대 선진국들에서 일반적으로 적용할 수 있는 10대 조치 속에 토지와 신용기관 그리고 교통수단의 국유화는 열거하면서도 모든 자본과 생산수단의 국유화를 포함시키지는 않았다(Marx/ Engels 1848: 481-482). 이는 다름아니라 이행의 요소가 충분히 발전하지 못한 당대 자본주의 발전과 그에 규정된 이행강령의 모순을 표현하는 것이다.

년대 특히 영미권에서 집단적으로 형성되었던 네오마르크스주의의 이론들이 그러한 경향의 대표자들인데, 이들의 위기론과 이행론은 마르크스에 남겨진 곤란과 한계를 반복하지 않을 수 없다. 이들에 따르면, 자본주의에서 사회화는 기본적으로 생산의 사회화에 한정되어 있고(신용의 사회화도 언급되고 있지만 개별자본들의 무정부적 생산을 콘체른의 수준에서 지양 · 통제하는 레닌적 의미의 금융자본을 통한 사회화의 의의는 검토되지 않는다), 이런 사회화에 내재된 자본주의적 생산과 축적의 모순은 이윤율의 경향적 저하와 주기적 공황으로 표출된다. 자본의 집적과 집중을 동반하는 이윤율의 경향적 저하와 주기적 공황으로부터 다름아닌 자본주의 일반의 위기론 체계를 구성하고[4], 이로부터 곧바로 자본주의 생산양식의 역사적 제한성과 사회주의로의 이행의 필연성이 논증된다. (그리고 『자본론』 제1권 제8편 '이른바 시초축적'에 있는 자본주의적 축적의 역사적 경향으로서 독점화가 보족물로 자리잡는다.) 이런 위기론과 이행론의 체계에서는 당연히 자본주의 생산양식 안에서 경향적 위기에 대한 해결책으로서 사회화의 새로운 형태이자 이행의 물질적 토대인 독점과 국가독점은 설 자리가 없다. 이런 이론경향에서는 자본주의에서 이미 진전된 사회화 형태인 독점과 국가독점을 사회주의에서 사회적 소유의 지배적 형태로 전환시키는 이행문제(반독점 국유화 강령의 문제)를 사고할 수 없게 된다. 그 결과 사회주의는 고립분산적인 개별자본들의 전면적인 사회화와, 개별자본들 전체를 포괄하는 전면적인 계획으로서 파악할 수밖에 없다. 그러나 반(反)독점 국유화의 이행과제를 건너뛰는 이런 방식의 사회주의는 역사적으로도, 이론적으로도 그 논거를 찾기 어렵다는 점에서 이런 이행론과 사회주의론은 관념성과 주관성 그리고 급진적 공론(空論)주의를 피할 수 없다. 또는 이 곤란을 해

4) 여기서는 『자본론』 제2권 제3편을 배제하고 제1권 제7편과 제3권 제3편으로 위기론의 체계가 구성된다. 이른바 '재생산론 없는 위기론'이다. 또 주기적 공황과 경향적 위기의 구별에 관한 방법론적 인식이 결여되어 양자 모두 이윤율의 경향적 저하법칙으로 설명된다.

결하는 다른 하나의 방안으로서 이른바 시장사회주의론을 들 수 있다(예컨대 비숍 등 독일의 『사회주의(*Sozialismus*)』 그룹). 수많은 개별자본들을 포괄하는 전면적인 계획화가 현실적으로 가능하지 않다면, 또는 이론적으로 전면적 계획화를 거부한다면, 소유는 사회화로 전환하되 조절은 시장에 맡기는 시장사회주의 구상이 있을 수 있다. 그러나 자본은 폐지하되 상품과 화폐 범주를 매개로 하는 이런 사회주의론은 사회주의를 상품경제로 파악하고 공산주의로의 전화의 길을 봉쇄한다는 점에서 마르크스를 왜곡하는 것이다. 또한 상품과 화폐의 고유한 모순으로 사회주의는 기본적으로 불비례 등 상품－화폐관계의 모순에 노출되어 불안정할 수밖에 없다. 이처럼 사회화와 이행에서 이행범주로서 독점과 국가독점을 간과하면, 이행의 역사적 곤란을 이해하지 못하고 이행의 실제적 토대와 사회주의 건설에서 그것의 의의를 파악하지 못함으로써 마르크스의 사회주의론을 왜곡하며 이행론의 심각한 오류를 가져온다.

그러면 이제 자본주의하의 사회화와, 사회화와 이행에서 독점과 국가독점의 의의를 살펴봄으로써 자본주의 일반에 머무르는 사회화가 사회주의로의 이행에서 어떤 현실적 · 이론적 곤란을 야기하는지, 그리고 독점자본주의와 국가독점자본주의로의 이행과 함께 이행의 곤란이 어떻게 해결되는지를 검토하기로 한다.[5)]

5) 사회화와 이행에 관한 필자의 그간의 작업에 대해서는 김성구(2000; 2003)를 참조하라. 이 글에서는 특별히 사회주의로의 이행에서 국가독점자본주의의 의의와 나아가 사회주의적 사회화에 초점을 맞추고자 한다.

2. 자본주의와 사회화: 자본주의적 사회화

1) 자본주의 일반과 사회화

먼저 사적 상품생산과 자본-임노동 관계가 지배적인 자본주의 일반의 체제에서 어떻게 사회화가 발전하는가를 보자.

자본주의 생산은 상품생산을 매개로 한 사회적 분업에 입각해 있다는 점에서 이미 사회적 생산의 한 형태다. 그러나 자본주의적 생산은 단순하게 사회적 분업과 상품생산에 입각할 뿐 아니라 특별히 노동력의 상품화에 입각한 상품생산형태다. 노동자계급으로부터 생산수단의 분리와 노동력의 상품화 그리고 자본가계급으로의 생산수단의 집중은 한편에서 상품생산을 전면화시키고, 다른 한편에서는 자본가의 지휘와 통제 하에서 생산수단과 노동력의 계획적 결합이라는 자본주의에 고유한 생산형태를 발전시킨다. 이 경우 자본주의 생산의 사회적 성격은 단순하게 상품생산과 사회적 분업보다는 공장 안에서 전개되는 계획적 생산에 그 중심이 놓여있다.

자본주의적 협업과 매뉴팩쳐로부터 근대적인 공업과 공장제도로의 발전에 관한 마르크스의 분석은 다름아닌 자본주의적 사회화가 공장 안 분업, 특히 생산수단의 체계와 그 거대한 규모에 의해 규정되는 공장 안 분업의 진전 속에서 진행된다는 것을 보여준다.[6]

> 매뉴팩쳐에서는 사회적 노동과정의 조직은 순전히 주체적이며 또 부분노동자들의 결합인데, 기계체계에서는 대공업은 전적으로 객체적인 생산조직(이것은 노동자에게 이미 존재하는 물질적 생산조건으로 대면한다)을 갖는다. 단순협업, 그리고 분업에 의해 전문화된 협업에서조차, 결합된[사회화된] 노동자가 고립된[개별화된] 노동자를 몰아내는 것은 아직도 어느 정도 우연적인 현상이

6) 『자본론』I(상)(하)의 제4편.

> 다. 그런데 기계는…오직 결합노동 또는 공동노동[집단노동]에 의해서만 기능을 수행한다. 따라서 여기에서는 노동과정의 협업적 성격은 노동수단 자체의 성질에 의해 강요되는 기술적 필연성으로 된다(『자본론』 I(하): 517-518).

노동자들은 사전적인 계획에 의해 가장 효율적인 방식으로 생산수단과 결합해 노동함으로써 생산수단과 공장 안 분업에 매개되는 다른 노동자들과도 결합해 사회화된 노동자로서 생산에 참여한다. 따라서 공장 안 생산은 이미 생산수단의 체계에 의해 규정되는 공장 안 분업과 계획에 입각한 사회적 생산이다.

그러나 이 생산의 목적은 잉여가치의 생산과 이윤의 획득에 있기 때문에 공장 안 분업의 발전과 생산의 사회화에도 불구하고 생산의 계획은 자본의 이윤 추구에 종속되어 있다. 따라서 계획은 자유로운 직접생산자들의 계획이 아니라 자본의 계획이며 그 명령에 따른 공장수준의 계획적인 분업에 지나지 않는다. 이런 사회화는 노동자들에게는 소외로서 나타난다.

> 그들의[노동자들의: 필자] 협업은 노동과정에서 비로소 시작되는데, 그 때에는 이미 노동자들은 자기 자신에 속하지 않는다. 왜냐하면 노동과정에 들어서자마자 그들은 자본에 편입되어 버리기 때문이다. 협업자로서, 또는 하나의 활동하는 유기체의 구성원으로서, 노동자들은 자본의 특수한 존재양식에 지나지 않는다. 그러므로 노동자가 협업에서 발휘하는 생산력은 자본의 생산력이다…이 생산력은 자본에게는 아무런 비용도 들지 않는 것이고, 또 이것은 노동자의 노동이 자본에 속하기 전에는 노동자 자신에 의해 발휘되지 못하기 때문에, 이 생산력은 자본이 본래부터 가지고 있는 생산력으로, 자본에 내재하는 생산력으로 나타난다 (『자본론』 I(상): 450-451).

그러나 이윤에 종속되면서도 생산력을 발전시키고 생산의 사회적 성격을 진전시키는 것, 그것이 자본의 역사적 사명이다. 이런 모순적인 축적방식은 생산력이 더욱 고도화될수록 생산관계와 충돌할 수밖에 없고 그 모순은 주기적 과잉생산공황과 이윤율의 경향적 저하로 표출된다. 10년 주기의 과잉생산공황은 마르크스에 따르면 이 모순의 표출이자 이미 자본주의 생산양식의 역사적 한계를 노정하는 것이지만, 자본주의는 주기적 공황을 통해 축적의 모순을 극복하고 생산력의 더 높은 수준에서 새로운 축적을 전개할 수 있다. 그러나 반복되는 주기적 공황 속에서 생산력의 일층의 사회화가 진전되고, 이는 생산관계와의 충돌을 불가피하게 하며, 이윤율의 경향적 저하라는 체제적 위기를 가져온다.

> 자본주의적 생산의 **진정한 장벽**은 **자본 그것**이다…수단—사회적 생산력들의 무조건적 발달—이 제한된 목적(가치증식)과 끊임없이 충돌하는 것이다. 그러므로 자본주의적 생산양식이 물질적 생산력을 발달시키고 이 생산력에 적합한 세계시장을 창조하기 위한 역사적 수단이라고 한다면, 자본주의적 생산양식은 또한 자기의 역사적 과업과 자기의 사회적 생산관계 사이의 끊임없는 충돌이라고 할 수 있다(『자본론』 III(상): 300).

자본주의적 생산력과 생산관계 사이의 이 모순은 자본 관계 자체의 지양과 생산력의 사회화에 조응하는 새로운 생산관계의 확립을 통해 비로소 해결될 수 있다. 이런 점에서 사회주의로의 이행은 역사적 필연이 아닐 수 없다.

자본주의에서 생산력의 발전과 생산의 사회화 그리고 생산관계와의 충돌이 이윤율의 경향적 저하를 가져오고 사회주의 생산양식으로의 이행을 필연화한다고 하더라도 그 현실적 이행을 위해서는 더욱 진전된 사회화 형태가 요구된다. 왜냐하면 공장 안 분업과 사회화가 아무리 진전하더라도 이런 사회화는 생산의 무정부성이라는 모순을 극복할 수 없기 때문이다. 사회화는 여전히 공장 안 사회화, 기업 안 사회화에 한정되고, 사회 전체의 재생산은 시장의 무정부성에 의해 지배되는데, 사회적 분업의 연관이 고도화되면 될수록 무정부적인 시장조절 방식의 위험은 더욱 증대할 수밖에 없다. 다른 한편 기업 안 생산만이 아니라 기업과 기업 사이의 생산을 계획적으로 조절하는 기구가 결여되어 있는 한, 이런 상태 하에서 사회주의로의 이행은 심각한 곤란에 직면한다. 모든 개별자본을 전면적으로 사회화하는 것도 현실적이지 않을 뿐 아니라, 설령 사회화한다 하더라도 개별자본 전체를 포괄하는 생산 계획은 물질적 토대를 갖고 있지 않기 때문이다. 사회주의 계획경제를 부정하는 논자들에게 이것은 전혀 문제가 되지 않는다. 생산의 사회화와 시장적 조절이 결합하는 시장사회주의로의 길이 열려있기 때문이다. 그러나 마르크스의 사회주의 구상이 계획경제에 있는 한, 사회주의로의 이행을 위해서는 자본주의 안에서 기업의 수준을 넘어서는 사회화의 형태가 발전하지 않으면 안 된다.

2) (국가)독점자본주의와 사회화

자본의 집적과 집중을 통한 독점의 형성과 시장지배적 독점조직들은 이런 점에서 사회화의 더욱 진전된 형태이자 이행의 모순을 해결하는 형태다. 그것은 기본적으로 생산력의 고도화(=사회화)와 자본주의적 생산관계 사이의 모순을 제한된 수준에서 해결하는 형태이기 때문이다. 고도로 진전된 개별자본의 사회화와 사회전체 생산의 무정부적 성격 사이의 모순, 그리고 그 모순으로부터 비롯되는 재생산의 위기와 공황의 격화를 해결하기 위해 카르텔과 트러스트 그리고 콘체른 등 독점적 조직이 형성 · 발전해 왔다. 독점체들은 어느 것이나 시장의 무정부성에 대한 일정한 지배력을 행사할 목적으로 조직되고, 그 지배력을 강제하는 가격이 다름아닌 독점가격이다. 오늘날 가장 발전된 독점형태인 콘체른은 주식자본을 통해 일련의 계열기업을 지배함으로써 단순히 하나의 산업과 시장에 한정되지 않고 금융조달로부터 생산과 판매에 이르는 모든 라인을 조직 · 계획해 시장의 무정부적 지배로부터 벗어나고자 한다. 이런 점에서 콘체른에 의한 사회화는 생산의 사회화를 넘어

'재생산의 사회화' (후프슈미트 1986: 161)로 나아간다. 이는 개별자본 및 개별기업 수준의 계획과 사회화를 넘어 그룹계열의 일련의 기업들을 포괄하는 계획과 사회화이며, 하나의 산업과 시장을 넘어 부문간 관련을 포괄하는 재생산의 사회화다. 그리고 계열기업을 총괄하는 콘체른의 계획은 이전가격(transfer price)과 독점가격을 통해 이루어지는데, 이전가격을 포함해 독점가격은 독점체 수준에서 사회화를 표현하는 계획가격이다. 그런데 이 계획은 독점그룹 전체의 독점이윤을 최대화하는 가격이라는 점에서 이 재생산의 사회화도 사적 자본의 이윤원리에 종속되어 있다.

마르크스는 자본주의의 독점적 단계를 경험하지 못했지만, 자본주의적 생산의 집적과 집중이 기업 안의 사회화를 넘어 역사적 경향으로서 독점화를 초래할 것이라며 그것을 사회주의로의 이행과정 속에 놓았다.

> 이 수탈(자본가에 의한 자본가의 수탈: 필자)은 자본주의적 생산 자체의 내재적 법칙의 작용을 통해, 즉 자본의 집중을 통해 수행된다. 항상 한 자본가가 많은 자본가를 파멸시킨다. 이런 집중[즉 소수 자본가에 의한 다수 자본가의 수탈]과 병행해 기타의 발전도 더욱더 대규모로 일어난다. 예컨대 노동과정의 협업적 형태의 성장, 과학의 의식적 · 기술적 적용, 토지의 계획적 이용, 노동수단이 공동으로만 사용할 수 있는 형태로 전환되는 것, 모든 생산수단이 결합된 사회화된 노동의 생산수단으로 사용됨으로써 절약되는 것, 각국의 국민들이 세계시장의 그물에 얽히게 되는 것, 따라서 자본주의 체제의 국제적 성격의 증대 등이 더욱더 대규모로 일어난다. 이 전환과정의 모든 이익을 가로채고 독점하는 대자본가의 수는 끊임없이 줄어들지만, 빈곤 · 억압 · 예속 · 타락 · 착취의 정도는 더욱더 증대한다. 그러나 그와 동시에 (그 수가 계속 증가하며 또 자본주의적 생산과정의 메커니즘 그 자체에 의해 훈련되고 통일되며 조직되는 계급인) 노동자계급의 반항도 또한 증대한다. 자본의 독점은 (이 독점과 더불어 또 이 독점 밑에서 번창해 온) 그 생산양식의 속박으로 된다. 생산수단의 집중과 노동의 사회화

는 마침내 그 자본주의적 외피와 양립할 수 없는 점에 도달한다. 자본주의적 외피는 파열된다. 자본주의적 사적 소유의 조종이 울린다. 수탈자가 수탈당한다{소수의 대자본가가 재산을 빼앗긴다: 번역자}(『자본론』 I(하): 1049-1050).

마르크스는 특히 자본주의적 사회화의 이런 진전에서 주식회사와 주식자본이 수행하는 역할에 주목해 그것의 이행적 성격을 분명히 했고, 나아가 독점은 불가피하게 국가의 경제개입을 강제할 것이라고 전망했다.

주식회사는 자본주의적 생산양식 그것 안에서 자본주의적 생산양식을 철폐하는 것이며 따라서 자기를 철폐하는 모순인데, 주식회사는 명백히 새로운 생산형태로 가는 단순한 통과점으로서 나타난다…주식회사는 한편에서는 일정한 분야에서 독점을 낳고 이리하여 국가의 개입을 불러일으킨다(『자본론』 III(상): 544. 밑줄은 필자).

마르크스가 (국가)독점자본주의 단계를 경험하지 못했으면서도 독점의 발전과 국가독점의 개입을 자본주의의 이행과 관련해 이미 하나의 경향으로 파악한 것은 실로 그의 자본주의 일반에 관한 분석이론의 과학성을 말해주는 것이다. 자본주의 일반에 관한 과학적 분석은 그 분석의 귀결로서 자본주의의 단계적 발전의 필연성 또한 포괄하지 않을 수 없기 때문이다. 엥겔스는 자본주의로부터 사회주의로의 이행에서 자본주의적 독점과 국가개입의 문제를 마르크스보다 더 명료하게 인식했다. 독점자본주의로의 이행기의 새로운 현상들에 주목해 엥겔스는 명백한 언어로 자본주의의 사회화 경향이 국가소유로 귀결될 것임을 밝혔다.

생산력의 사회적 성격에 대한 부분적인 인정이 자본가들 자신에게 강제된다. 먼저 **주식회사**를 통해, 그 뒤에는 트러스트를 통해, 그리고는 **국가**를 통해 거대한 생산조직 및 교통조직의 전유(Engels 1891: 228. 강조는 엥겔스).

엥겔스는 주식회사를 통한 소유와 경영의 분리, 그리고 트러스트와 국가 관리에 따른 자본가들의 기생계급화를 비판하고, 나아가 국가의 경제개입에 따른 국가의 성격 변화를 국가의 본질적 성격과 관련해 다음과 같이 이론적으로 정식화했다.

그렇게 트러스트가 있든 없든 결국 자본주의 사회의 공식적 대표자인 국가가 생산에 대한 지도를 떠맡아야 한다…그러나 주식회사와 트러스트로의 전화도, 국가소유로의 전화도 생산력의 자본주의적 성격을 지양하지는 못한다. 주식회사와 트러스트의 경우에 이것은 명백하다. 그리고 근대국가도 부르주아 사회가 노동자들뿐 아니라 개별자본가들의 침해로부터 자본주의적 생산양식의 일반적인 외적 조건들을 유지하기 위해 만들어낸 조직에 지나지 않는다. 근대국가는 그 형태가 어떠하든 본질적으로 자본주의적 기관이고, 자본가들의 국가이며, 관념적인 총자본가이다. 근대국가가 생산력을 자신의 소유로 가져오면 올수록, 그것은 더욱 더 실제적인 총자본가가 되며, 더욱 더 많은 시민을 착취하게 된다. 노동자들은 여전히 임금노동자, 프롤레타리아로 남게 된다. 자본관계는 지양되지 않고 더 정점으로 내몰린다. 그러나 그것은 정점에서 급전한다. 생산력의 국가소유는 갈등의 해결책이 아니지만, 그러나 해결의 형식적인 수단과 계기를 내포하고 있다. 이 해결책은 오직 근대적 생산력의 사회적 성격을 실질적으로 인정하고, 따라서 생산수단의 사회적 성격에 생산양식, 영유(領有)양식 및 교환양식을 일치시키는 데에 있을 것이다(Engels 1891: 221ff. 밑줄은 필자).

특히 레닌은 독점자본주의를 명시적으로 자본주의 발전의 새로운 단계로서 파악했고, 이를 자본주의로부터 사회주의로의 이행의 단계로서 규정했으며, 나아가 국가독점자본주의를 "사회주의의 직접적 전(前)단계"라고 규정함으로써 이행론의 관점에서 국가독점자본주의론을 정식화했다. 먼저 레닌은 생산의 집적과 집중이 독점자본주의와 제국주의라는 자본주의의 새로운 단계를 가져왔다는 것, 이 단계의 경제적 핵심은 다름아닌 독점이라는 것, 그리고 독점화된 은행자본과 산업자본은 금융자본으로 융합한다는 것을 분명히 했다.

> 제국주의는 자본주의 일반의 기본속성의 일층의 발전 및 직접적인 연속으로서 성장했다. 그러나 자본주의는 일정한, 매우 높은 발전단계에서, 그것의 몇몇 기본속성이 그 자신의 대립물로 전화하기 시작했을 때, 자본주의로부터 더 높은 경제적 사회구성체로의 이행기의 특징들이 형성되고 두드러지게 되었을 때, 비로소 자본주의적 제국주의가 되었다. 경제적인 면에서 이런 과정의 기초는 자본주의적 독점체를 통한 자본주의적 자유경쟁의 해체이다(Lenin 1917d: 269-270. 밑줄은 필자).
>
> 은행업이 발전하고 몇 개의 기관으로 집적되는 것에 따라 은행은 수수한 중개자로부터, 모든 자본가와 소기업가의 거의 모든 화폐자본 및 해당 나라 또는 세계의 거의 모든 나라들의 생산수단과 원료원천의 최대부분을 통제하는 전능한 독점가로 성장한다. 무수히 많은 수수한 중개자로부터 한줌의 독점가로의 이 변화는 자본주의가 자본주의적 제국주의로 성장 · 전화하는 기본과정의 하나를 형성한다(Lenin 1917d: 214).
>
> 생산의 집적, 그로부터 성장하는 독점 그리고 은행과 산업의 융합, 이것이 금융자본의 성립사이고 금융자본 개념의 내용이다(Lenin 1917d: 230).

금융자본의 지배는 불가피하게 금융자본과 국가의 융합 또는 유착으로 발전한다. 레닌은 금융자본의 경제적 권력과 국가의 정치권력이 단일 메커니즘으로 융합해 독점자본주의가 국가독점자본주의로 성장 · 전화한다는 것을 다음과 같이 체계적으로 정식화했다.

> 우리는 여기서 금융자본의 시대에 사적 독점과 국가독점이 어떻게 서로 유착되어 있는가, 그리고 어떻게 전자도 후자도 실제로는 세계분할을 둘러싼 거대독점체들 사이의 제국주의 투쟁의 사슬에서 개개의 고리를 이룰 뿐인가를 그대

로 보고 있다(Lenin 1917d: 255).

이렇게 "제국주의, 은행자본의 시대, 거대한 자본주의적 독점체의 시대, 독점자본주의의 국가독점자본주의로의 성장 · 전화의 시대"(Lenin 1917h: 423)가 이 새로운 단계를 특징지었다. 특히 레닌은 독점과 금융자본으로 표현되는 사회화와 국가독점자본주의의 사회화를 낡은 자본주의가 사멸해가는 특징으로 파악해 제국주의를 자본주의의 최고이자 최후의 단계로 규정하고, 독점과 국가독점 등의 사회화 형태가 사회화의 왜곡된 형태임을 분명히 했다. 그것은 사회주의로의 이행과 함께 비로소 진정한 사회화로 전화한다.

> 따라서 독일의 플레하노프와 같은 인물들(샤이데만, 렌쉬 등)이 '전시(戰時) 사회주의'라고 부르는 것은 실제로는 국가독점적 전시자본주의이며, 또는 더 간단명료하게 말하자면, 그것은 노동자에 대한 군 형무소이고 자본가의 이윤에 대한 군사적 보호다…이제 융커적-자본가적 국가, 지주적-자본가적 국가 대신에 혁명적-민주적 국가를 대치해 놓아보자…그러면 혁명적-민주적 국가에서 국가독점자본주의는 필연적으로 불가피하게 사회주의로의 한 걸음, 아니 여러 걸음을 의미한다는 것을 알게 될 것이다!(Lenin 1917f: 368. 밑줄은 레닌).

레닌에게 국가독점자본주의는

> 사회주의를 위한 완전한 물질적 준비, 사회주의의 직접적 전(前)단계이다. 왜냐하면 역사적 계단에서 이 단계와 사회주의라 부르는 단계 사이에는 어떤 중간 단계도 더 이상 존재하지 않기 때문이다(Lenin 1917f: 370. 밑줄은 레닌).

이렇게 마르크스 · 엥겔스 · 레닌으로부터의 인용들을 통해 살펴본 것처럼, 독점자본주의로의 발전은 국가개입을 요구하고 국가독점이라는 더 실제적인 사회화형태를 가져온다. 국가독점에 의해 재생산의 사회화는 콘체른 수준을 넘어 사회적 규모로 확장된다. 독점자본의 발전이 국가개입을 요구하는 이유 또한 근본적으로는 독점자본하에서 한층 더 진전된 생산력의 사회화와 사적독점의 좁은 생산관계 사이의 모순 때문이다. 생산력이 한층 더 발전함에 따라 생산력은 사적 콘체른의 제한된 사회화의 범위를 넘어선다. 사적 콘체른은 콘체른 수준의 계획과 조절에 입각해 재생산을 통제하고자 하지만, 그것은 콘체른 수준에 한정되고 결코 콘체른 사이의 경쟁과 시장의 무정부성을 극복할 수는 없다. 그 때문에 콘체른 수준의 사회화 자체도 궁극적으로는 시장경쟁에 종속된다. 따라서 콘체른은 콘체른 안 계획을 통해 시장의 무정부성을 일정하게 통제하지만, 다른 한편에서는 시장의 무정부성에 의해 궁극적으로는 압도된다. 뿐만 아니라 콘체른의 계획과 독점가격에 의한 시장의 조절은 시장의 경쟁메커니즘을 일정하게 훼손해 독점자본주의의 재생산과 조절은 경쟁자본주의의 그것과 달리 특유의 불안정성을 노정한다. 이런 모순은 생산력의 발전과 그 사회화가 진전될수록 더 첨예하게 전개되며, 한편으로 독점자본주의에서 재생산의 위기와 주기적 공황의 심화로 표출되고, 다른 한편으로는 이윤율의 장기적 저하와 구조적 위기로 표출된다. 여기서 콘체른의 수준을 넘어서는 재생산의 계획적인 통제의 필요성 즉 사회화의 일층 전개된 형태인 국가개입이 불가피하게 된다. 생산력의 고도의 사회화는 콘체른의 사적 형태를 넘어가는 사회화형태를 요구한다. 국가소유는 콘체른의 주식소유와 달리 형태상 사회적 소유이고, 그 규모 또한 개별적 콘체른의 수준을 압도적으로 능가해 생산력의 거대한 수준에 조응한다. 국가소유기업과 함께 국가에 의한 조절은 국가재정을 매개로 하는데, 이 조절은 시장경쟁에 기반한 것이 아니라 기본적으로 전체사회와 국민경제의 재생산을 위한 계획에 입각해 있다. 국가소유기업과 국가재정은 개별 콘체른과 비교할 수 없을 정도로 시장을 지배하고 통제하며, 또 국가 개입은 계획적 원리가 지배하므로, 국가부문이 포괄하는 계획과 조절은 규모나 내용에서 사적 콘체른과 비교할 수 없는 높은 사회화 수준을 나타낸다.

그러나 이렇게 높은 수준의 사회화 형태인 국가독점도 자본주의에서 사회적 생산 전체를 포괄하는 계획을 떠맡는 것은 아니다. 더욱이 국가독점은 독점자본의 소유를 지양하는 것도 아니고(오히려 국가독점적 소유가 독점자본의 소유에 비해 부차적이다) 또 궁극적으로 독점자본의 이윤원리의 지배로부터 벗어나 있지 않기 때문에, 기본적으로 자본주의적 사회화의 성격을 결코 탈각할 수 없다. 총자본과 총독점자본의 계급지배기관으로서 국가의 성격에 비추어 이는 당연하다 할 것이다. 국가독점이란 형태 자체가 형식적으로는 사회화 형태 그 자체이지만, 자본주의하 국가개입은 어디까지나 총자본과 총독점자본의 재생산의 위기에 직면해 그 이윤조건을 보장하기 위한 것이다. 국가의 개입과 조절은 물론 독점자본과 독점이윤의 지배로부터 상대적으로는 자율성을 가지며, 부분적으로는 독점자본과 독점이윤의 이익에 반하는 내용을 가질 수 있다. 국가가 형태적으로는 전체 시민의 국가라는 외관을 갖고 있는 한, 이런 반(反)자본적 또는 반독점자본적 정책개입은 불가피할 수밖에 없다. 그러나 이런 개입은, 국가가 본질적으로 자본가계급과 독점자본가계급의 계급지배기관이기 때문에, 결코 총자본과 총독점자본의 지배라는 경계를 넘어 확장될 수는 없다. 국가의 상대적 자율성은 어디까지나 상대적일 따름이다. 뿐만 아니라 자본주의하에서 국가의 계획적 조절은 시장조절을 완전히 대체하는 것도 아니다. 그렇기는커녕 자본주의하에서 재생산의 기본적 조절기구는 여전히 시장의 경쟁메커니즘이고 국가의 조절은 단지 부차적일 뿐이다. 이 때문에 국가독점적 조절도 궁극적으로는 시장의 무정부성을 극복할 수 없고 시장경쟁에 종속되어 있다. 그럼에도 국가적 조절은 시장의 무정부성을 일정하게 지배할 목적의 계획적 조절인데, 이렇게 국가적 조절은 시장적 조절을 일정하게 제한하면서도 그것을 대체하는 것은 아니고, 오히려 그것에 의해 궁극적으로 지배된다는 점에서, 국가의 개입은 자본주의적 재생산의 모순과 위기를 결코 극복할 수 없다. 그렇기는커녕 국가개입과 함께 자본주의의 조절은 계획적 조절과 시장적 조절이라는 서로 이질적인 조절원리가 모순적으로 작동함으로써 그 이전의 자본주의에서는 보지 못했던 특유의 불안정성과 위기가 발전하게 된다.[7)]

3) 구조적 위기와 현대 국가독점자본주의

자본주의 사회화의 위와 같은 진전은 한편에서 자본주의의 위기, 주기적인 위기만이 아니라 특히 구조적 위기에 의해, 또 다른 한편에서는 계급투쟁에 의해 구체적으로 매개된다. 자본주의의 구조적 위기는 그 자체 자본주의적 사회화의 제한된 성격이 생산력의 고도의 발전과 충돌한 것, 즉 이윤율의 경향적 저하의 표현이다. 19세기 마지막 20여 년간(1873~1895년)의 제1차 구조적 위기가 자본주의의 독점화라는 사회화의 새로운 단계를 가져왔다면, 20세기 30년대의 대공황은 제2차 구조적 위기로서 국가의 경제개입을 제도화하고 국가독점자본주의의 발전을 가져왔다. 1970년대 이래 현대 불황은 제3차 구조적 위기로서 자본주의는 국가독점자본주의의 케인스주의적 변종으로부터 신자유주의적 변종으로의 전환을 통해 이 위기를 극복하고자 했다. 그러나 신자유주의에서 위기의 심화와 확산은 국가독점자본주의로까지 발전한 오늘날의 자본주의에서는 이윤율의 경향적 저하에서 표현되는 생산력과 생산관계의 모순을 자본주의적 방식으로 극복하는 것이 점점 더 어려워졌음을 말해주는 것이다. 엥겔스가 지적한 바와 같이,

> 이 해결책은 오직 근대적 생산력의 사회적 성격을 실질적으로 인정하고, 따라서 생산수단의 사회적 성격에 생산양식, 영유양식 및 교환양식을 일치시키는 데에 있을 것이다. 그리고 이것은 사회의 통제 이외에 어떤 통제보다도 더 커져버린

7) 주식회사와 독점, 국가독점의 이행형태로서의 성격과 그 자본주의적 규정성 및 한계에 대한 이상의 서술은 국가독점자본주의론의 관점에서 보면 대체로 일반화된 것이다. 특별히 짜골로프 외(1989; 1990ㄱ), 보르코(1973) 등을 참조하라.

> 생산력을 사회가 공공연하게 직접적으로 점유하는 것에 의해서만 가능하다…그렇게 함으로써 생산수단과 생산물의 사회적 성격은 생산자들에게 완전히 의식적으로 이용될 것이고, 교란과 주기적 붕괴의 원인이 아니라 생산의 가장 강력한 지렛대 그 자체로 전화될 것이다(Engels 1891: 222. 밑줄은 필자).

국가독점자본주의로의 발전과 함께 자본주의하에서 사회주의의 물질적 토대는 최고도로 성숙하며 동시에 지나치게 성숙한다. 사회주의로의 전환은 이제 경제적인 문제가 아니라 이미 정치적인 문제로 남게 된다. 국가독점자본주의의 실천과 제도는 기본적으로 독점자본의 지배에 복무하며 따라서 그 사회화가 왜곡되어 있긴 하지만, 자본주의에서 최고로 발전한 사회화 형태이며, 이런 의미에서 레닌은 국가독점자본주의를 "사회주의를 위한 완전한 물질적 준비, 사회주의의 직접적 전(前)단계"로 표현했던 것이다. 실로 국가독점자본주의는 러시아 혁명 뒤 사회주의 건설의 주요한 토대로 기능했다. 전시공산주의는 말할 것도 없고 신경제정책(NEP) 하에서 국가독점부문은 노동자계급의 통제 하에 사회주의로의 이행의 물질적 토대로서 기능했다. 국가독점자본주의가 겨우 형성되기 시작했던 레닌의 시대와 달리, 오늘날의 국가독점자본주의는 독점자본주의의 하나의 단계로서 체계적으로 확립된 상태다. 국가독점자본주의는 포괄적인 경제개입을 제도화했고 국영기업과 재정 · 금융 등 광범한 개입수단을 확보함으로써 사회주의로의 이행의 물질적 토대는 크게 강화된 상태다. 탈조절(deregulation)을 표방하는 신자유주의 30년의 지배에도 불구하고 국가독점자본주의의 체계는 해체되지 않았다. 그만큼 현대자본주의는 지나치게 성숙된 상태이며, 사회주의로의 이행은 다만 정치적으로 지체되고 있다. 더욱이 현실사회주의의 자본주의로의 역이행과 함께 이행의 지체, 이행에서 토대와 상부구조의 괴리는 더욱 심화된 상태라 할 수 있다.

오늘날의 이행은 레닌이 직면했던 후진 러시아의 이행과 다른 조건, 즉 국가독점자본주의의 성숙이라는 조건위에서 진행한다. 국가독점자본주의가 제도화된 오늘날 이행은 더욱 더 사회주의의 새로운 양식과 관계를 외부에서 새롭게 도입하는 게 아니라 국가독점자본주의의 실천과 경험으로부터 그 자본의 성격과 독점의 규정성을 탈각시켜 변형시키는 문제로서 다가온다. 즉 사회주의는 사회주의의 관리기구를 무(無)에서 새롭게 창출하는 것이 아니라 이미 상당한 범위와 수준에서 작동하고 있는 국가독점자본주의의 관리기구를 노동자계급의 통제 하에서 사회주의적 기구로 전화시킴으로써 도입된다. 또한 금융자본의 지배하에 형성되고 자본주의 국가와의 유착관계를 통해 국가독점적 조절기구에 간접적으로 포섭된 금융그룹 수준의 사회화(궁극적으로는 금융그룹 수준의 사회화에 국가의 조절기구가 종속되어 있다)를 금융자본의 국유화에 의해 사회주의적 기구의 토대로 전환시키는 것도 이 과정의 불가피한 전제다. 이런 점에서 오늘날 고도로 발전한 국가독점자본주의는 마르크스와 엥겔스를 어렵게 했던 이행강령의 모순도, 레닌을 괴롭혔던 후진 러시아에서의 사회주의 건설의 문제도 상당정도 해결할 수 있는 경제적 토대, 이행의 토대를 갖추고 있다. 현실사회주의의 건설과정에서 나타났던 스탈린주의의 폐해도 후진 러시아라는 역사적 조건과 일정하게 관련된 문제인 만큼 국가독점자본주의의 성숙은 사회주의 건설의 모순을 크게 약화시킬 수밖에 없을 것이다.

3. 사회주의와 사회화: 사회주의적 사회화

자본주의 일반에서 발전하는 생산의 사회화(개별자본 안에서의 사회화와, 자본의 집적과 집중 그리고 신용제도에 따른 사회화의 진전)를 넘어 콘체른 수준과 국가독점에서 한층 더 발전하는 사회화(재생산의 사회화와 사회적 수준으로의 확장)로 인해 국가독점자본주의하에서는 재생산의 연관이 시장적 조절의 형태를 띠면서도 내용적으로는 이미 계획적인 조절에 포괄되는 커다란 범위의 사회적 생산이 존재하게 된다. 물론 이 계획적 조절들은 콘체른의 수준에서는 말할 것도 없고 또 국가의 수준에서도 궁극적으로는 사적 자본의 이윤원리에 종속되어 있고 시장적 조절에 규정되어 있다. 이런 점에서 이 계획적 조절들은 그 자체로 사회주의적 조절이 될 수 없다. 그것들은 다만 자본주의 이후 미래사회의 요소들, 맹아적 형태일 뿐이다. 그러나 자본주의 사회 안에서 미래사회의 요소들이 발전하지 않는다면, 자본주의 안에서 이미 재생산의 연관을 계획적으로 조절할 수 있는 범주들이 발전하지 않는다면, 즉 무수한 개별적 자본들의 사회적 재생산과 연관이 단지 무정부적인 시장과 경쟁에 의해서만 조절된다면, 재생산의 계획적 조절에 입각한 사회주의는 이행에서 심각한 장애에 부딪칠 수밖에 없다. 이 경우 사회주의 조절기구는 새롭게 창출되지 않으면 안 되는데, 무정부적 시장에 의해 매개되는 수많은 개별자본들 사이의 연관을 일거에 계획적 조절로 가져오는 것은 사실상 불가능하기 때문이다. 즉 단순하게 이들 자본들을 국유화를 한다고 해도 그것으로 계획적 조절의 기구가 만들어지는 것은 아니기 때문이다. 이행에서 이런 난관을 극복할 수 있는 것은 자본주의 사회 안에서 이행의 요소들이 발전해 이미 사회주의를 위한 계획의 토대들이 형성되기 때문이다. 그러나 이 요소들은 자본주의하에서 기본적으로 자본관계에 의해 규정되기 때문에, 이것들로부터 자본주의적 성격을 탈각시킴으로써 이 요소들은 비로소 사회주의의 요소들로 전환될 수 있다.[8]

---

8) 이를 자동적 이행론이라고 비판하는 것은 근본적으로 마르크스에 대한 오독이다. 본문에서도 강조한 것처럼 마르크스와 엥겔스에 따르면 자본주의하에서 발전하는 사회화와 이행의 요소들은 자본주의의 근본성격을 바꾸지 않으며, 그 자체로 사회주의적 사회화가 아니다. 잠재적 요소들이 현실적 요소로 전화하기 위해서는 노동자계급에 의한 정치권력의 장악과 국가 수중으로의 생산수단의 집중과 계획화가 필요하다. 경제적으로도, 정치적으로도 자동적 이행은 일어날 수 없다. 자본주의적 사회화를 그 자체로 완료된 사회주의 범주로 이해하고 혁명적 단절 없이 자본주의적 사회화의 진전 속에서 사회주의를 실현할 수 있다고 주장한 것은 힐퍼딩, 나프탈리 등 총카르텔론과 조직자본주의론, 그리고 경제민주주의론에 입각한 사민주의자들이었다. 이런 점에서 곽노완(2006)처럼

자본주의로부터 사회주의로의 이행은 노동자계급에 의한 정치권력의 장악과, 산업 · 금융의 독점과 국가독점부문의 사회주의적 국유화로의 전환과 함께 그 토대가 창출되는데, 이런 과제는 프롤레타리아 독재하의 이행기(과도기)에 수행된다.[9] 마르크스에 따르면,

> 자본주의와 공산주의 사이에는 전자로부터 후자로 넘어가는 혁명적 전환의 시기가 놓여있다. 또한 정치적 이행기가 그것에 조응하는데, 이행기의 국가는 **프롤레타리아의 혁명적 독재** 외에 다른 어떤 것일 수 없다(Marx 1875: 28).

레닌은 이 이행기를 다음처럼 묘사했다.

> 이행기는 이 두 개의 사회경제구성체의 특질 또는 특성을 무조건 그 속에 결합해야 한다. 이 이행기는 사멸해가는 자본주의와 생성되고 있는 공산주의 사이의 투쟁시기, 또는 달리 말하면 패배했지만 폐절되지 않은 자본주의와 태어났지만 아직 매우 취약한 공산주의 사이의 투쟁시기라 할 수 있다(Lenin 1919b: 91).

그런데 마르크스는 『고타강령 초안 비판』에서 공산주의 사회를 "자본주의 사회로부터 막 태어난" '공산주의 사회의 첫째 국면' 과 "자신의 토대 위에서 발전한" '공산주의 사회의 고차 국면' 을 구별했는데(레

자본주의 내부의 사회주의 요소들에 관한 마르크스와 엥겔스의 언급을 자동적 이행론 또는 자동붕괴론 또는 진화론적 낙관주의라고 비판하는 것은 심각하게 마르크스와 엥겔스를 왜곡하는 것이다. 내친 김에 한 마디 첨언한다면, 곽노완은 마르크스의 사회화와 이행론이 생산의 사회화에 한정되어 전체 사회의 계획 즉 재생산의 사회화의 곤란을 이해하지 못했다고 비판하지만, 정작 이 곤란을 해결하는, 자본주의 내부에서 발전하는 요소들 즉 독점과 국가독점에 대해서는 전혀 언급하지 않는다. 이는 국가독점자본주의론을 부정하는 네오마르크스주의의 불가피한 한계다.

9) 국가독점자본주의에서 반독점 국유화 강령과 프롤레타리아 독재에서 이행기의 경제정책에 대해서는 무엇보다 레닌의 저작들을 참조하길 바란다. 레닌(1990; 1991).

닌도 『국가와 혁명』에서 이런 구별을 따랐다), 마르크스(와 레닌)가 이행기를 자본주의로부터 공산주의의 첫째 국면의 시기(소이행기)로 파악했는지, 자본주의로부터 공산주의의 고차국면으로의 이행기(대이행기)로 파악했는지는 명확하지 않다. 이 문제는 프롤레타리아 독재가 소이행기에 한정되는 것인지 대이행기까지 지속되는 것인지와 관련된 중대한 문제가 아닐 수 없다. 그러나 마르크스와 레닌 모두 위의 저서에서 프롤레타리아독재를 공산주의의 고차국면에서 국가의 소멸과 관련해 이해하기 때문에, 프롤레타리아 독재와 이행기는 문맥의 내용상 대이행기를 의미하는 것으로 해석할 수 있다. 자본주의로부터 공산주의의 첫 번째 국면으로의 소이행기에는 독점과 국가독점 부문의 사회주의 부문으로의 전화에도 불구하고 일거에 국유화로 가져갈 수 없는 비독점 자본들과 소농 및 자영업이 광범위하게 존재하므로 사회주의 부문의 우세에도 불구하고 또 그것에 규정되면서도 자본관계와 상품-화폐관계가 강하게 남아있다. 반면, 마르크스와 엥겔스 그리고 레닌에 따르면, 공산주의의 저차 국면 즉 사회주의[10]에서는 생산수단의 공동소유에 입각해 자본관계는 지양되고 착취는 폐절되는데, 그러나 분업과 계급 그리고 계급과 노동의 차이는 잔존하고, 그에 따라 노동성과에 따른 분배원리가 적용된다. 이런 점에서 공산주의의 저차국면은 프롤레타리아 혁명 뒤 정치권력의 장악과 사회주의적 국유화에도 불구하고 자본관계가 광범하게 잔존하는 시기(소이행기)와 분명 구분될 수밖에 없다. 따라서 자본주의로부터 공산주의로의 이행기는 자본주의로부터 사회주의(공산주의의 저차국면)로의 비교적 짧은 이행기(소이행기)와 사회주의로부터 공산주의(공산주의의 고차국면)로의 장기에 걸친 이행기(대이행기)로 구별할 필요가 있다.[11] 사회주의는 소이행기 뒤에 공산주의 생산양

10) 레닌은 다른 글(Lenin 1917c: 70)에서 공산주의의 첫째 국면을 사회주의, 고차 국면을 공산주의로 불렀으며, 이런 사용법은 점차 일반화되었다. 물론 사회주의는 독자의 생산양식(과 사회구성)을 의미하는 것은 아니며, 공산주의 생산양식의 첫째 국면 또는 저차 국면을 나타낼 뿐이다.

식의 불완전한 모습으로 공산주의로의 긴 이행기에 들어간다. 즉 소이행기에 생산력의 일층의 발전과 사회주의적 조직의 발전에 따라 자본관계가 지양되고 전체 자본의 국유화 및 소농부문의 협동조합 소유로의 전환이 달성되면, 전면적인 사회주의 계획의 토대가 확립되고 사회주의로 이행한다.

이제 사회주의적 사회화의 요소들과 그 연관을 검토함으로써 자본주의에 대비되는 사회주의 특유의 사회화를 살펴보도록 하자.

1) 사회주의 상과 구성요소

마르크스는 자본주의 이후 사회, 사회주의의 상을 정식으로 그리지는 않았지만, 자본주의 생산양식의 분석으로부터, 이 생산양식의 전복을 위해 요구되는 관계로서, 또 이 생산양식으로부터 발전하는 새로운 사회의 요소로서 사회주의의 상을 곳곳에서 밝히고 있다. 마르크스의 이런 구상은 그 해석을 둘러싸고 차이와 논쟁을 불러오긴 했지만, 현실사회주의의 건설과 사회주의 이론의 발전에서 기본적 지침이었다.[12)]

---

11) 이에 따라 프롤레타리아 독재의 성격도 소이행기와 사회주의에서 일정하게 상이한 규정을 받게 된다. 자본가계급이 잔존하고 계급으로서 공산주의에 저항하는 소이행기와 달리 사회주의에서는 자본관계와 자본가계급이 폐절되기 때문에, 자본주의와 공산주의의 투쟁에서 공산주의는 확고하게 승리의 기반을 확보한다. 그렇지만 낡은 자본주의 사회의 이데올로기가 개인과 사회의 의식 속에 남아있고, 또 상품-화폐관계의 잔존 속에서도 자본관계는 잠재적으로 남아있다 할 수 있다. 자본주의와 사회주의 사이의 체제경쟁(세계 동시혁명이 가능하지 않은 한 이는 불가피하다)도 계급투쟁을 유발하는 외적 조건이다. 따라서 자본주의와 공산주의의 투쟁, 계급투쟁은 사회주의에서도 약화되긴 하지만 아직 소멸하지 않고, 이에 따라 프롤레타리아 독재도 약화되긴 하지만 여전히 요구되지 않을 수 없다. 현실사회주의가 자본주의로 역이행한 역사적 사실은 대이행기로서의 사회주의의 이런 성격을 이해하지 않고서는 설명할 수 없을 것이다.

12) 자본주의 이후 사회로의 이행과 그 상에 관한 마르크스와 엥겔스의 주요한 언급들에 대해서는 김수행(2006ㅈ)이 정리한 바 있다.

『자본론』에서도 마르크스는 지나가면서 미래사회의 상을 다음과 같이 서술했다.

> 기분전환을 위해, 공동소유의 생산수단으로 일하며 또 각종의 개인적 노동력을 하나의 사회적 노동력으로 의식적으로 지출하는 자유인들의 연합체를 생각해 보기로 하자…자유인들의 연합체의 총생산물은 사회적 생산물이다. 이 생산물의 일부는 새로운 생산수단으로 역할해 사회에 남는다. 그러나 다른 일부는 연합체 구성원에 의해 생활수단으로 소비되며, 따라서 그들 사이에 분배되지 않으면 안 된다. 이 분배방식은 사회적 생산조직 자체의 성격에 따라, 또 생산자들의 역사적 발전수준에 따라 변화할 것이다. 다만 상품생산과 대비하기 위해 각 생산자들에게 돌아가는 생활수단의 분배 몫은 각자의 노동시간에 의해 결정된다고 가정하자. 이 경우 노동시간은 이중의 역할을 할 것이다. 노동시간의 사회적 · 계획적 배분은 연합체의 다양한 욕망과 각종 노동시간 사이의 적절한 비율을 설정하고 유지한다. 다른 한편으로, 노동시간은 각 개인이 공동노동에 참가한 정도를 재는 척도로 기능하며, 따라서 총생산물 중 개인적으로 소비되는 부분에 대한 그의 분배 몫의 척도가 된다(『자본론』 I(상): 100-101. 밑줄은 필자).

여기서 마르크스는 미래사회를 "공동소유의 생산수단으로 일하며 또 각종의 개인적 노동력을 하나의 사회적 노동력으로 의식적으로 지출하는 자유인들의 연합체"라 묘사하면서, 이 경우 "노동시간의 사회적 · 계획적 배분은 연합체의 다양한 욕망과 각종 노동시간 사이의 적절한 비율을 설정하고 유지한다."고 말해 새로운 사회를 공동소유와 의식적 계획 그리고 자유인들의 연합체로 규정하고 있다. 이것들은 곧 미래사회를 구성하는 핵심 요소이기도 하다. 또한 이 사회에서 생산수단은 사회화되고 공동의 소유에 놓이게 되지만, 생활수단은 생산자들에게 각자의 노동시간에 따라 개인적으로 분배되고 소비된다고 말해, 이 사회의 특유한 분배원리도 밝히고 있다. 『고타강령 초안 비판』에서 마르크스는 이런 사회를 공산주의 사회의 첫째 국면(다시 말해 사회주의)으로서 정의했다.

『고타강령 초안 비판』에서 자본주의 사회로부터 막 태어난 낮은 단계의 공산주의는 다음처럼 묘사되고 있다.

> 생산수단의 공동소유에 기초한, 게노센샤프트(Genossenschaft)적인 사회 안에서 생산자들은 자신의 생산물을 교환하지 않는다. 마찬가지로 여기서는 생산물에 지출된 노동이 이 생산물의 **가치로서**, 이 생산물이 가지고 있는 물적 속성으로서 나타나지 않는다. 왜냐하면 이제는 자본주의 사회와는 반대로 개개인의 노동이 더 이상 간접적으로가 아니라 직접적으로 총노동의 구성부분으로서 존재하기 때문이다…우리가 여기서 관계하고 있는 것은 자신의 토대 위에서 **발전한** 그러한 공산주의 사회가 아니라, 반대로 자본주의 사회로부터 막 **태어난** 그러한 공산주의 사회다. 따라서 이 사회는 경제적 · 도덕적 · 정신적인 모든 면에서 아직도 그 모체였던 낡은 사회의 흔적들에 붙잡혀있다. 이에 따라 개개의 생산자는 그가 사회에 준 바로 그것만큼을—공제 뒤에—사회로부터 돌려받는다. 그가 사회에 준 것은 그 개인의 노동량이다. 예컨대 사회적 노동일은 개인적 노동시간의 총합으로 구성된다. 개개의 생산자의 개별적 노동시간은 사회적 노동일 중 그가 제공한 부분 즉 사회적 노동일 중 그의 몫이다. 그는 —사회기금을 위한 그의 노동을 공제하고—그가 얼마만한 노동을 제공했다는 증서를 사회로부터 받고, 이 증서로 사회의 소비재 재고로부터 그가 제공한 노동량만큼의 소비재를 받는다. 그가 하나의 형태로 사회에 준 동일한 양의 노동을 그는 다른 형태로 돌려받는다(Marx 1875: 19-20. 강조는 마르크스).[13)]

---

13) 노동증서에 의한 교환은 『자본론』 제2권에서도 언급된다. "그런데 화폐자본은 사회적 생산에서는 없어진다. 사회는 노동력과 생산수단을 상이한 생산부문들에 분배한다. 생산자들은 예컨대 종이표를 받고 이것으로 사회의 소비용 재고 중에서 그들의 노동시간에 해당한 분량을 끌어낼 수도 있을 것이다. 이 종이표는 화폐가 아니다. 그것은 유통되지 않는다"(『자본론』 II: 429). 여기서 마르크스는 '사회적 생산'이 공산주의의 첫째 국면인지 고차국면인지 명시하고 있지 않지만, 『고타강령 초안 비판』에서의 구별에 따르면 전자임이 분명하다.

이런 구상에 따르면, 사회주의에서 상품과 화폐는 사라지고 사회적 재생산에 대한 계획적 조절이 시장적 조절을 대체하며, 그런 조절의 토대로서 사회주의는 생산수단에 대한 공동소유에 입각해 있고 생산수단과 계획적 조절에 대한 연합한 자유로운 생산자들의 자발적 통제 속에서 작동된다 할 수 있다. 이 사회의 생산의 목적은 더 이상 잉여가치의 생산과 노동력 착취에 있는 것이 아니라 '연합체 구성원들의 다양한 필요와 욕망을 충족' 시키는데 있으며, 이를 위해 더 이상 시장 경쟁에 압박되는 자본가의 지휘와 감독을 필요로 하는 것이 아니라 연합한 자유로운 생산자들의 의식적인 계획과 관리를 통해 사회적 총노동시간을 사회부문들에 균형 있게 배분할 것을 요구한다. 그럼으로써 이 사회는 "생산 전체의 상호관련[이] 맹목적인 법칙으로서 생산당사자에게 강요되는" 자본주의 사회와 달리 "그 상호관련이 생산당사자들의 집단적인 이성에 의해 이해되고 터득되어 하나의 법칙이 되고 이 법칙에 따라 생산과정을 그들의 공동관리 아래 두는" 것이다(『자본론』 III(상): 308).

2) 사회적 소유로서 국유기업

이로부터 분명한 것처럼 마르크스의 사회주의는 먼저 생산수단의 공동소유에 입각해 있다. (반면 소비수단은 개인적으로 소유된다.) 무엇보다 사회주의 국유기업이 이를 실현하는 주요 형태라 할 수 있다. 생산수단에 대한 공동의 소유는 연합체의 모든 생산자의 소유, 전인민의 소유를 의미하는 바, 이런 소유형태를 실현하기 위해서는 국유기업 이외의 다른 형태를 생각하기 어렵다. 특히 이런 공동의 소유가 전 사회적인 의식적 계획을 실현하기 위한 전제라는 점에서, 전체 사회를 대표하는 국가에 의한 단일한 계획성을 위해서는 모든 생산수단의 국가적 소유를 전제하지 않으면 안 된다. 이런 점에서 사회주의 국유기업은 사회화가 가장 진전된 형태로서, 국가독점자본주의에서 발전한 국유기업과, 사적 콘체른의 국유화를 통해 전화된 새로운 국유기업을 기반으로 한다. (반면 협동조합 소유는 당장 국유화를 할 수 없는 낮은 사회화 단계의 부문들을 사회주의 국가의 전 사회적 계획으로 포괄하는 소유 형태라 할 수 있다.)

그런데 국유기업과 국유화에 대해서는 사회주의 건설과정에서 나타난 스탈린주의의 부정적 경험으로 인해 다양한 비판이 제기된다. 즉 이 소유형태가 마르크스의 공동소유 또는 공동점유의 의미를 왜곡한 것으로 비판하고 국유화와 사회화는 다른 것이며, 나아가 근본적으로 사회주의는 국가의 확장이 아니라 '국가의 사멸' 을 지향하므로 국가(의 확장)를 통해서가 아니라 국가를 회피하는 사회화 형태로 실현된다는 주장이 그것이다. 여기서 국유화는 스탈린주의와 등치되고 마르크스의 사회화와 대비되어 비판되는데, 스탈린주의 비판이란 이름 하에 횡행하는 이런 주장에는 이중 삼중의 왜곡이 숨어있을 뿐 아니라 근본적으로는 마르크스의 사회주의로의 길을 왜곡하는 심각한 오류가 은폐되어 있다.

국유화와 사회화는 물론 개념적으로 상이하다. 국유화란 국가소유로 전환하는 것을 의미할 뿐이고, 반면 사회화란 사회적 소유로의 전환뿐 아니라 조절과 통제의 사회적 형태를 포괄하는 개념이다. 소유형태의 변화만을 의미하는 국유화가 형식적 사회화에 지나지 않는다면, 사회화란 형식적 사회화만이 아니라 실질적 사회화를 내포하는 개념이다. 따라서 국유화만으로는 진정한 사회화가 달성되지 않는다. 현실사회주의 하에서 국유화가 부패와 관료주의로 얼룩졌던 것은 계획기구와 국영기업에 대한 대중들의 통제가 배제되었기 때문이고, 실질적 사회화가 결여 또는 왜곡되었기 때문이다. 이런 점에서 국유화와 사회화가 동일하지 않다는 비판은 올바른 것이지만, 국유화가 사회화의 하나의 형식적 요소라는 것을 부정해서는 안 된다. 실질적 사회화(이것이 사회주의적 사회화의 진정한 내용이다)를 달성하기 위해서는 소유의 사회화라는 형식적 요소가 전제되어야 하며(이것 없이 실질적 사회화는 불가능하다), 국유화(전체 생산자 또는 전 인민의 소유)는 소유의 사회화 형태 중에서 가장 높은 사회적 형태이기 때문이다. 무엇보다 사회주의 하에서 전체 경제와 사회에 대한 계획적 · 의식적 조절을 운용하기 위해서는 불가피하게 전체 인민의 소유형태를 전제하지 않을 수 없다. 후자가 전자를 위한 전제이기 때문이다. 국유기업은 바로 이 형태에 조응하는 소유형태라 할 수 있다. 그렇기 때문에 국유화를 스탈린주의의 소유형태라고 비판하면서 이를 부정하는 것은 곧 사회주의 계획경제 자체를 부정하는 것이고, 스탈린주의 비판이라는 이름 하에 마르크스의 사회주의론 자체를 왜곡하는 것이다.

또한 국유화를 통해 국가와 국가부문이 강화된다는 이유로 이것이 국가의 사멸론과 배치된다는 주장도 올바른 것이 아니다. 『공산당 선언』, 『프랑스에서의 내전』, 『국가와 혁명』 등에서 마르크스와 레닌이 주장한 국가의 사멸론이란 계급의 폐절과 함께 계급지배 기구로서의 계급국가도 철폐된다는 것을 의미하는 것이지 사회 전체를 위한 공동의 사무와 재생산의 관리를 위한 기구 자체를 폐지한다는 것을 의미하지는 않는다. 이런 기구를 부정한다는 것은 사회주의를 무정부주의로 이해하는 것이고, 또는 중앙에 의한 계획과 조절 대신 "자율결정적인 사회화라는 이름 하에서 자치그룹을 통한 소생산복합체의 장악"을 변호하는 것이며, 결국 생산력 발전의 합법칙적인 역사과정을 뒤로 돌리려는 반동적인 시도라 할 것이다(후프슈미트 1986: 170). 이렇게 새로운 사회의 공동의 사무와 재생산의 관리라는 불가피한 과제를 어떤 기구든 떠맡지 않으면 안 되는데, 전술한 것처럼 자본주의 하에서 국가독점자본주의의 발전과 사회주의로의 역사적 이행에서 국가가 재생산의 관리자로 등장하는 것은 불가피하고 합법칙적인 경로다. 그러나 그 이행과 함께 국가의 계급적 성격도 변모하고, 이에 따라 국가는 국가라고 불려지기보다는 점차 연합한 자유로운 생산자들의 자율적인 기구로 전화될 것이다. 당연히 국유기업의 성격도 변모할 것이다. 이런 맥락에서 마르크스와 엥겔스는 일찍이 『공산당 선언』에서 공산주의로의 이행의 첫 조치들을 국유화에서 찾고, 그럼에도 불구하고 자본주의의 낡은 생산관계가 지양되면 계급대립의 토대와 계급 자체가 지양되어 국가는 그 정치적 기능 즉 계급지배와 억압의 성격을 상실한다고 했던 것이다. 이런 사정을 엥겔스도 다음과 같이 서술했다.

> **프롤레타리아는 국가권력을 장악해 생산수단을 먼저 국가소유로 전화시킨다.** 그러나 그렇게 함으로써 프롤레타리아는 프롤레타리아로서의 자기 자신을 지양하며, 또 모든 계급차이와 계급대립을 지양하고, 또한 국가로서의 국가도 지양한다…마침내 국가가 실제로 전체 사회의 대표자가 되면서 국가는 자기 자신을 불필요한 존재로 만든다. 억압해야 할 사회계급이 더 이상 존재하지 않게 되자마자, 계급지배와, 생산의 무정부성에 근거하는 개개인의 생존을 위한 투쟁, 그리고 이로부터 생기는 충돌과 난폭함이 제거되자마자, 특별한 억압폭력인 국가를 필요로 하는, 더 이상 진압할 것이 존재하지 않는다. 국가가 정말로 사회 전체의 대표자로서 등장해 최초로 취하는 행동—사회의 이름으로 생산수단을 점유하는 것—은 동시에 국가로서 마지막으로 독립적으로 취하는 행동이다… 사람들에 대한 통치 대신에 사물의 관리와 생산과정의 지도가 들어선다. 국가는 '폐지되지' 않고 **사멸한다**(Engels 1891: 223-224. 밑줄은 필자, 강조는 엥겔스).

3) 사회적 생산의 계획적 조직과 관리

소유의 사회화는 형식적일지라도 사회주의적 사회화의 불가결한 토대다. 자본주의로부터 사회주의로의 이행기에 프롤레타리아 독재의 국가는 콘체른의 국유화와 국가독점부문의 사회주의 부문으로의 전화를 통해 이 토대를 창출한다. 그러나 사회주의 하에서 사회화의 문제는 소유의 사회화가 처음 형성되는 것에 있는 것이 아니라 사회주의 생산관계에 의해 생산의 결과로서 획득되는 것에 있다. 다시 말해 사회주의적 소유관계가 법률적인 범주로서가 아니라 경제적인 범주로서 재생산되는 것이 문제다. 이런 점에서 사회적 생산의 계획과 관리 그리고 통제는 사회주의적 사회화의 실질적 내용을 이룬다. 형식적으로 사회 전체 생산자들의 소유로 사회화된 생산수단을 실제적으로 그들의 소유로 전환시키기 위해서는 생산수단의 사용에 대한 전체 생산자들의 계획과 관리가 이루어져야 하고, 그에 대한 생산자들의 통제가 확립되어야 하기 때문이다. 사회적 생산의 계획과 관리 그리고 통제는 생산수단과 노동력의 결합 및 생산부문들로의 그 배분을 자본주의 하에서와 달리 전체 생산자들의 다양한 욕구와 필요의 충족에 조응하도록, 생산자들의 자발적 통제 하에서, 사회의 회계와 계정을 통해, 국가에 의해 대표되는 사회 전체의 계획과 관리로 가져오는 것을 의미한다. 그것은 사회화된 생산수단을 사회주의 경제운용의 체계에 실제적으로 편입하는 과정이고, 사회 전체가, 또 사회의 연합한 모든 생산자들이 사회적 생산의 직접적인 조직자이자 관리자로, 실제적인 주체로 전화하는 과정이다. 이를 통해 사회주의에서 노동과 생산물은 직접적으로 사회적인 형태라는 성격을 확인하고, 생산수단의 사회적 소유는 사회적 소유로서 확고하게 재생산된다.

사회 전체의 생산자들에 의한 사회적 생산의 계획과 관리는 자본주의 상품생산의 무정부성을 지양하는 것으로서 근본적으로 사회주의에서 노동력과 생산물의 상품적 성격을 원칙적으로 폐절한다. 그러나 공산주의의 저차국면으로서, 불완전한 공산주의로서 사회주의는 상품-화폐관계와 가치법칙의 작용을 완전히 폐절하지는 못한다.[14] 상품-화폐관계는 사회주의 계획경제 외부의 사소한 영역에서만이 아니라 계획경

14) 이런 설명방식은 앞에서 상품-화폐관계의 완전한 지양과 노동증서를 통한 교환으로 공산주의의 첫째 국면(사회주의)을 묘사했던 마르크스와는 다른 설명방식이다. 사회주의적 소유와 계획화가 확립되면, 상품생산과 화폐경제는 분명 지양된다. 이런 점에서 본문의 설명은 마르크스를 따르고 있다. 그러나 본문에서는 사회주의 하에서 상품-화폐관계의 본래의 성격은 지양되지만, 사회주의 계획에 의해 규정되어 상품-화폐관계는 새로운 내용을 받게 되고 그 제한적 적용이 요구된다고 하는 점에서 마르크스의 설명과 일정한 차이를 보인다. 결정적인 차이는 사회주의 하에서 노동증서를 통한 교환을 상정하지 않는다는 점이다. 정성진(2006ㄱ)의 주장과는 달리, 노동증서를 통한 교환, 근본적으로 노동량의 계산에 따른 교환이 실제 가능한 것인지는 많은 논란이 따른다.

제 내부의 교환에서도, 예컨대 국유기업과 국유기업 사이의 교환, 국유기업과 협동조합 사이의 교환 그리고 소매상업에서도 적용된다. 노동자들의 보수 또한 화폐형태를 취하고 그들은 원하는 다양한 필요에 따라 이를 소비수단의 구입에 지출한다. 그렇다 하더라도 이 교환들은 원칙적으로 계획적으로, 전 사회적으로 조직되는 교환이며, 사적 생산자들 사이의, 또는 자본가와 임노동자 사이의 상품 교환과는 근본적으로 상이한 형태다. 즉 사회주의에서 가격은 국가의 계획가격이고, 사회의 욕구와 필요에 따라 사회 총노동량을 각 생산부문으로 배분하는 것은 직접적으로 사회적으로, 계획적으로 이루어지기 때문에, 재생산의 조절과 관리는 원칙적으로 전 사회적 계획에 종속되며, 상품－화폐관계에 의해 일정하게 영향을 받는다 하더라도 그것은 제한적이어서 사회주의에서 생산이 가치법칙에 의해 규정된다고 말할 수는 없다. 말하자면 사회주의에서 상품-화폐관계와 가치법칙은 그 본래의 성격을 상실하고, 사회적 재생산에서 그 지위와 역할 · 성격은 본질적으로 변화한다.

사회주의에서 국유기업과 협동조합처럼 사회적 소유형태의 차이가 존재하고 또한 상품－화폐관계와 가치법칙이 본래적 성격을 상실한다 하더라고 잔존하는 이유는, 근본적으로 사회주의의 생산력이 아직 공산주의 생산관계를 성숙시킬 정도로 발전하지 못하기 때문이다. 사회주의에서 모든 생산수단은 전체 생산자 또는 인민의 소유로 전화되었지만, 그것의 실제적 사용과 노동력의 결합은 경제적으로 분립된 국유기업들에 의해 수행된다. 국유기업의 경제적 분립성은 기본적으로 기술과 생산의 분립성, 다시 말해 생산력의 불충분한 발전과 그에 따른 생산력의 사회주의적 조직의 제한성 때문이다. 사회주의에서 불가피한 노동의 차이는 기업의 분립성에 반영되어 있다. 이렇게 생산과 교환 · 분배 등 기업수준의 경제운용은 전 사회적 계획과 결합되어 이에 종속되어있지만, 상대적으로 자립적인 영역을 이룬다. 이 경우 노동자들의 보수 또한 기업수준의 경제운용의 결과로서 지급될 수밖에 없다. 이렇게 기술적 토대가 제한되고 노동의 사회적 차이가 존재하는 한, 국유기업의 분립성과 기업수준의 경제운용은 불가피하다. 국유기업은 그 소유권은 국가에 속하나 기업운영에서 법적 주체로서 재산을 점유 · 사용 · 처분할 권한을 행사하며 상품-화폐관계의 주체로서 행동한다. 역으로 이런 정도에 따라 전 사회적 계획은 제한적이나마 상품-화폐관계의 적용에 의해 영향을 받을 수밖에 없다. 또 상품-화폐관계가 적용되는 만큼 직접적으로 사회적인 노동으로서의 사회주의 노동의 성격도 제한을 받게 된다. 다른 한편 협동조합 형태의 소유관계도 기본적으로는 생산력의 발전이 미진해 특히 농업에서 소상품생산을 제거하지 못함으로써 불가피하게 발생한 형태라 할 수 있다. 여기서는 전 사회적 계획에 규정되면서도 수급관계에 따른 가격형성 등 상품-화폐관계가 국유기업에서보다 더 강하게 각인되어 있다. 사회주의에서 상품-화폐관계의 제한된 적용은 물질적 유인의 필요성과 노동에 따른 분배원리의 실현이라는 관점에서도 요구된다.

이상으로부터 다음과 같은 명백한 결론이 도출된다. 즉 사회주의적 소유의 낮은 형태 그리고 사회주의에서 상품-화폐관계와 가치법칙의 적용은 생산력의 고도의 발전과, 이에 따른 (국유기업들의 생산복합체로의 통합과 생산복합체 사이의 결합에 의한) 분립성의 지양, 육체노동과 정신노동, 그리고 공업노동과 농업노동 사이의 차이의 제거 위에서, 즉 공산주의로의 전화 속에서 비로소 지양될 수 있다는 것이다. 이때 전 사회적 계획도, 직접적으로 사회적인 노동의 성격도 비로소 완성될 것이다.[15)]

---

15) 이상에 대한 더 상세한 설명은 짜골로프 외(1990ㄱ; 1990ㄴ; 1990ㄷ)를 참조하라. 사회주의 계획경제에 대한 짜골로프 교과서 저자들의 해석은 한편에서 사회주의를 상품경제로 파악하는 시장사회주의론에 대한 비판과, 다른 한편에서 사회주의를 독자적인 생산양식으로서 이해하는 스탈린 전통의 사회주의론에 대한 비판에 입각해 있다. 그럼에도 불구하고 이 교과서는 자본주의로부터 공산주의로의 이행기를 스탈린 전통의 사회주의론처럼 소이행기로 해석하는 경향이 있다.

4) 사회주의에서 가치법칙의 점차적 사멸

사회주의에서 가치법칙의 잔존과 작용에도 불구하고 사회주의의 생산과 재생산은 이미 국가의 계획 하에 종속되어 있다. 사회적 총노동과 생산수단의 부문간 배분은 가치법칙의 작용으로 수행되는 것이 아니라 기본적으로 국가의 계획에 따라 이루어진다. 사회주의의 가격은 수급변화에 따라 변동하는 게 아니라 기본적으로 국가의 계획가격이며, 이 가격에 의해 오히려 수급을 계획적으로 조절한다. 노동자들의 보수 또한 노동력 가치의 화폐형태가 아니라 '노동에 따른 분배'에 입각해 있고, 더욱이 교육 · 의료 · 보험 · 주택 · 문화 등 사회적 소비기금으로부터의 분배에서는 무(無)보상과 비(非)등가의 원리가 작용한다. 따라서 사회주의에서 가치법칙의 문제는 가치법칙 본래의 기능과 작용의 문제가 아니라, 생산력의 불충분한 발전에 따른 불완전한 공산주의와 이에 따른 사회주의적 소유와 계획의 불완전성에서 비롯되는 제한적 작용의 문제다. 따라서 사회주의에서 교환은 본래의 상품교환과 그에 따른 등가교환에 의해 지배되지 않고, 계획성의 원리에 의해 가치법칙과 등가교환의 작용이 제약 · 왜곡되며, 결국에는 공산주의로의 전화 속에서 사멸한다.

가치법칙의 왜곡과 수정은 이미 자본주의 생산양식에서 전개되고 국가독점자본주의에서 심화된다. 자유경쟁의 자본주의에서도 상품의 교환은 (일반적 이윤율의 형성에 따라) 가치로부터 체계적으로 이탈한 생산가격에 의해 규정되지만, 독점자본주의와 국가독점자본주의에서는 독점과 국가독점에 의해 일층 왜곡 · 수정된다. 독점자본이 지배하는 단계에서 상품교환은 명백하게 등가교환의 원리를 이탈한다. 콘체른 계열기업 사이의 교환은 형식상 완전한 상품교환의 형태를 띠더라도 내용적으로는 이미 콘체른의 독점이윤 극대화의 목표와 계획에 따라 이전가격 형태로 등가교환의 원리를 수정한다. 또 이를 포함해서 근본적으로 독점가격과 독점이윤의 법칙은 이미 생산가격과 평균이윤의 법칙을 왜곡 · 수정한다. 국가독점자본주의에서 이런 사정은 더욱 전개된다. 국가계획에 입각해 국가부문을 매개로 하는 상품교환과 공공서비스의 제공은 자본주의에서도 등가교환의 원리를 벗어나 있고, 독점가격과 독점이윤은 국가독점적 개입으로 일층 왜곡 · 수정된다. 즉 가치법칙은 국가독점적으로 왜곡 · 수정되어 관철된다.[16] 즉 자본주의로부터 사회주의로의 이행과정에서 이미 가치법칙은 왜곡 · 수정되고, 등가교환의 원리도 새로운 교환의 원리로 점차 전환되지 않을 수 없다. 사회적 생산에 대한 전면적 계획에 입각한 사회주의에서는 교환의 원리로서 가치법칙과 등가교환 또는 등노동량 교환은 결정적으로 타격을 받는다. 사회주의에서는 사전적인 전(全)사회적 계획과 조절에 의한 계획성의 원리가 비(非)상품 · 비등가의 원리로서 교환을 지배하기 때문이다. 또한 '노동시간에 따른 분배' 라는 사회주의 분배원칙[17]에도 불구하고 무보상 · 비등가에 입각한 사회적 소비기금에 의한 분배가 중요한 분배기제로 작동하기 때문이다. 이렇게 사회주의의 교환은 가치법칙 및 등가교환의 원리를 지양할 뿐 아니라 등노동량 교환도 지양해 나간다. 공상적 사회주의와 달리 사회주의적 교환은 흔히 오해하듯이 무언가 동등한 것의 교환을 지향해가는 것이 아니라 그런 교환의 원리 일체

---

16) 여기서 독점과 국가독점의 지배에도 불구하고 총가치와 총가격의 등치관계, 총잉여가치와 총이윤의 등치관계로 가치법칙과 등가원리는 여전히 유효하다고 주장하는 것은 절반의 진리일 뿐이다. 왜냐하면 가치법칙은 사회의 총노동량에 의한 총가치의 규제만이 아니라 평균적인 개별 상품 사이의 교환 및 그에 따른 총 노동의 생산부문간 균형적 배분도 규제하는 것이기 때문이다. 후자의 관점에서 보면 (국가)독점자본주의에서 가치법칙은 경쟁자본주의의 생산가격법칙(가치법칙으로부터의 체계적인 이탈에 따른 수정)과 달리 이미 왜곡의 방식으로 수정된다고 할 수밖에 없다.

17) 마르크스는 이 분배원칙에서 상품교환의 형식과 내용이 변화했음에도 불구하고 소비재와 노동시간 사이의 등노동량 교환이 실현된다고 했지만(Marx 1875: 20), 마르크스 자신도 말하다시피 그것은 사회기금 또는 축적기금의 공제 뒤의 교환이므로 (또한 생산자 별로 그 공제를 어떻게 할당하느냐 하는 문제도 포함하므로) 그것 역시 엄밀하게는 등노동량 교환이 아니다.

를 지양해 가는 것이다. (이런 점에서도 사회주의의 교환은 노동증서에 의한 교환일 수 없다.) 계급과 분업의 지배로부터 벗어나는 공산주의 단계에서 가치법칙과 등가교환 또는 등노동량 교환의 원리는 최종적으로 지양된다. 노동의 차이가 제거되고 기업의 분립성이 지양되며, 계획은 완전하게 되고 직접적으로 사회적인 노동으로서의 성격이 완성되기 때문이다. 또한 "능력에 따라 일하고 필요에 따라 분배받는" 사회의 교환원리는 당연히 등노동량 교환일 수는 없기 때문이다.

사회주의 생산력의 고도의 발전과 함께 (그리고 약화되긴 하지만 지속되는 계급투쟁 속에서) 불완전한 공산주의로서 사회주의는 완전한 공산주의로 전화된다. 공산주의로의 전화 속에서 일층의 생산력 발전은 노동시간의 단축과 자유시간의 증가 그리고 개인의 인격의 전면적 발전을 가져온다. 아울러 생산력의 발전과 함께 계급과 노동의 차이, 분업과 계급 자체가 철폐되고, 상품-화폐관계와 가치법칙의 흔적도 최종적으로 사라지며, 사회적 계획과 직접적으로 사회적인 노동의 성격이 완성된다. 이 국면에서 비로소 '필연의 왕국'으로부터 '자유의 왕국'으로 이행하며(『자본론』 III(하): 999), "각 개인의 자유로운 발전이 모두의 자유로운 발전의 조건"(Marx/ Engels 1848: 482)이 되는 연합체가 실현된다. 『고타강령 초안 비판』에서 공산주의 사회의 고차 국면은 다음과 같이 그려져 있다.

> 공산주의 사회의 고차국면에서, 즉 개개인을 분업 하에 노예처럼 예속시키는 상태가 소멸된 뒤에, 그와 함께 정신노동과 육체노동 사이의 대립도 소멸된 뒤에, 노동이 단지 생존수단이 아니라 그 자체가 생활의 제1차적 욕구로 된 뒤에, 개개인의 전면적 발전과 함께 그 생산력이 성장해서 사회적 부의 모든 원천이 넘쳐흐르게 된 뒤에, 비로소 그 때에 부르주아적 권리의 협애한 지평을 완전히 뛰어넘을 수 있고, 사회는 자신의 깃발에 다음과 같이 쓸 수 있을 것이다: 각자는 능력에 따라, 각자에게는 필요에 따라! (Marx 1875: 21).

노동과 복지: 보편적 권리로서의 기본소득 보장[1)]

이 상 헌

1. 들어가면서

이 장은 노동과 복지에 관한 대안적 논의를 다루고자 한다. 자본주의 사회는 근본적으로 노동을 제공하여 얻는 임금이라는 대가를 통해 개인의 복지(welfare)를 실현하는 방식이 지배적인 사회다. 적어도 이론적으로는 오늘날 통상적으로 이해되고 있는 의미로서의 복지가 자본주의의 근본구성원리로 포함되어 있지 않다. 자조(self-help)가 더 핵심적이라 할 수 있다. 하지만 이런 근본원리가 그대로 실현될 수 없음을 보여준 것이 자본주의의 현실 역사이기도 하다. 자본주의에 불가피하게 동반되는 실업과 빈곤 문제를 시장 방식으로만 해결할 수 없는 것이 분명해지면서, 국가가 복지 제공의 주요한 담당자로 등장하게 된 것이다.

그러나 제2차 세계대전 이후 의욕적으로 추진된 복지국가 모델은 위기를 거듭하면서 최근에는 재정적 어려움과 더불어 정당성 위기까지 겪고 있는 중이며, 현존하는 각종 프로그램의 실효성에 대한 의구심도 높아가고 있다. 복지 서비스의 효율적 제공을 위해 국가가 아니라 시장에 맡겨야 한다는 자유주의자들의 주장이 다시 강력하게 나타났고 "개인의 복지는 개인의 책임"이라는 시장근본주의 주장도 가세하고 있다.

1) 이 글에 개진된 의견은 필자 개인의 것이며, 국제노동기구(ILO)의 견해를 반영한 것이 아님을 밝혀둔다.

이런 시장주의적 해법이 영향력을 더해가고 있는 현실에는 자본주의적 복지모델을 대체하려 했던 사회주의적 복지모델의 실험이 실패한 것도 크게 작용했다. 이런 전반적인 변화는 복지(welfare)를 대신하여 등장한 workfare(노동을 통한 개인 복지 실현)라는 용어에 응축적으로 표현되어 있다.

역설적으로 이런 자유주의 정책의 득세와 함께 사회적 안전장치의 필요성은 점점 더 커지고 있다. 1980년대 이래 계속 추진되어 온 노동시장의 유연화 정책과 경제의 세계화로 말미암아 고용은 더욱 불안정해지는 경향이 있고, 따라서 소득 불안정성도 악화되고 있다. 자유주의 정책들이 경제성장과 고용증가를 가져오리라는 기대는 과장된 것이었음을 보여주는 증거들이 속속 나오고 있는 형편이다. 이는 고용을 통해 개인 복지 달성이 점점 더 어려워진다는 것을 의미한다. 전통적으로 강력한 사회정책을 펼쳐온 유럽에서도 빈곤층 문제가 최근 화두로 등장했다.

그렇다면, 결국 자유주의도, 국가사회주의도, 기존의 복지국가 모델도 개인 복지를 위한 '이상적' 모델로서는 부적합한 것인가? 이를 대체할 유력한 대안은 무엇인가? 더 근본적으로, 각 개인의 삶을 더욱 안정적이고 풍요롭게 하기 위해 사회적으로 필요불가결한 노동을 어떻게 배분하며 그 결과물로서의 소득(또는 생산물)을 어떻게 분배해야 하는가? 이 장에서는 이런 질문들에 대한 답을 간략히 살피고자 한다. 물론 복잡한 현실에 대한 냉정하고 꼼꼼한 분석뿐 아니라 고도로 정제(精製)된 상상력과 직관을 요구하는 이런 질문들을 한정된 지면에서 다루기는 힘들다. 그러나 지나치게 복잡하게 현실분석과 논리에 집착하다 보면, 정작 중요하고도 역사를 관통해 제기되어 온 단순한 논리를 놓칠 위험도 적지 않다. 이런 점을 고려해 이 장은 복지사회의 대안으로 아주 단순한 원리를 제시한 '보편적 권리로서의 기본소득(basic income as a universal right)'을 역사적인 시각에서 소개하고자 한다.

보편적 권리로서의 기본소득 보장론은 한마디로 기본적인 생계를 유지할 정도의 기본소득을 보편적 권리로서 만인에게 제공해야 한다는 논리다. 이 단순한 논리의 폭발성을 보여줌과 동시에 독자들의 역사적 상상력을 자극하려는 취지에서, 이 글은 토마스 모어(Thomas More)의 『유토피아』 사회에서 출발하고자 한다. 이것은 『유토피아』를 기본소득 보장론의 이론적 기원으로 보는 일부 견해를 따른 것이지만, 다른 한편으로 기본소득 보장론을 유토피아적 사고라고 예단할 가능성이 높다는 것도 염두에 두었다. 이런 구성을 통해 "가장 유토피아적인 것이 가장 현실적"이라는 역설의 가능성을 열어 두려 한다.

이 장의 구성은 다음과 같다. 먼저 2절에서는 규율과 처벌에서 벗어나 소득보장을 중심으로 사회구성 원리를 제시한 토마스 모어의 『유토피아』의 배경과 원리를 간단히 소개한다. 3절에서는 이런 간명한 원리가 구빈법을 통해 역사적으로 복지국가 모델로 발전해 가는 과정을 살펴본 뒤, 4절에서는 이에 동반하는 각종 문제를 복지국가 모델의 위기라는 관점에서 검토할 것이다. 5절에는 이런 문제들을 극복하는 대안으로서 보편적 권리로서의 기본소득론을 소개하고 주요특징들을 살펴본다. 6절에서 본 장은 끝맺는다.

2. 빈곤과 소득보장: 『유토피아』의 현실적 근거

기본소득의 보편적 보장과 같은 대안적 사회를 모색하는 논의들을 부정적으로 묘사하고자 할 때 '유토피아적'이라는 낙인을 찍는 경우가 많다. 유토피아적이라는 말은 일반적으로 허구적이고 현실적 근거가 전혀 없다는 의미로 이해되고 있다. 그러나 기본적으로 현재 존재하지 않는다는 의미의 비존재성을 다루는 것이 대안사회론이라 한다면, 유토피아적이라는 비판을 피할 방법은 없다. 역설적으로 모든 대안사회론은 유토피아적일 수밖에 없다.

유토피아(Utopia)는 '존재하지 않는 땅(no place)'을 의미하는 것으로 약 500년전 토마스 모어가 저술한 흥미로운 짧은 책자의 이름에서 나왔다. 이런 전통을 따라, 19세기 영국의 유명한 사상가인 윌리암 모리스(William Morris)도 이상사회를 그린 자신의 책 제목을 다소 익살스럽게 『존재하지 않는 땅으로부터의 소식』(*News From Nowhere*)이라고 붙인 적이 있다(Morris 1993). 그러나 불행히도 모어가 그린 유토피아가 비현실적이라고 파악하는 관념이 강했기 때문에, 정작 그가 빈곤문제에 대한 당시 영국의 잘못된 해법을 강력하게 성토하면서 이로 인한 정치적 핍박을 피하고자 유토피아라는 단어를 사용했다는 점은 종종 망각되었다.

모어가 살았던 시대는 자본주의 초창기로, 마르크스의 표현을 빌자면 시초축적기(primitive accumulation)에 해당한다. 봉건제가 붕괴하면서 농민들이 토지를 잃고 부랑자들이 속출하며 도적과 약탈 등이 빈발해 사회가 어수선했던 시기다. 이런 사회문제에 대한 영국 지배층의 반응은 한마디로 사회규율의 확립이었다. 도둑질이나 강도질 하다 잡힌 사람들은 모두 극형에 처해야 질서가 잡힐 것이라는 지배층의 믿음 덕분에, 어떤 경우에는 "한 사형대에 20명이 올라가 대기하는" 일이 영국 각지에서 생겼다. 모어는 이를 두고 '무능한 교장'과 같다고 비판하면서, 배가 고파서 훔치는 사람들에게 먹을 것과 생계수단을 주는 게 우선이라고 주장했으며, 주린 배를 채워주지 않고 머리만 쳐서는 시체만 늘어날 것이라고 경고했다.

모어가 대안으로 제시한 유토피아의 기본원리는 모든 사람들의 기본생활 보장이다. 이를 기초로 해서만 각 개인의 행동에 대해 책임을 물을 수 있다는 생각이다(이 생각은 노벨경제학 수상자이자 빈곤문제 전문가인 아마티아 센(Amartya Sen 1999)의 경제적 자유론에도 반영되어 있다). 선택이 가능한 자유가 있을 때만 책임이 의미있게 정의될 수 있으므로, 도둑질의 대안이 굶주림 밖에 없는 상황에서 도둑질에 대한 책임만 가혹하게 물어서는 안된다는 것이다. 예컨대 단식(fast)과 굶주림은 똑같이 음식을 먹지 않는 것이지만, 단식은 선택의 결과이고 굶주림은 그렇지 않다. 당시 지배층이 주창한 허울좋은 '형식적 자유'에 대한 근본적 인 비판인 셈이다.

모든 사람에게 기본생활을 보장해야 한다는 주장을 반대하는 논리로는 오늘날 다음과 같은 두 가지가 대표적이다. 첫째로 그렇게 할 재원이 부족하다는 것이다. 이 논리는 자유주의자나 보수주의자의 견해뿐 아니라, 공산주의로 가기 위해서는 생산성 향상이 전제되어야 하고 이를 위한 이행사회로 사회주의를 설정한 마르크스(Karl Marx)의 견해에도 나타나 있다. 둘째는 모든 이에게 기본생계를 보장하면 노동의욕이 줄어들어 생산량이 더욱 감소함으로써 재원 부족이 가속화될 것이라는 논리다. 오늘날 경제학자들이 말하는 도덕적 해이(moral hazard)의 가능성을 염려하는 것으로, 현대 복지국가의 문제점을 비판할 때 전가의 보도처럼 등장하는 논리다.

여기서 흥미로운 것은 모어가 이 두 가지 반대 논리를 미리 예견했다는 점이다. 먼저 재원 부족 문제에 관해 모어는 일찌감치 경제주의의 함정을 경계했다. 문제는 재원부족이나 생산부족이 아니라, 사회의 재생산에 필요한 노동량의 비생산적 배분이라고 보았다. 그는 한발짝 더 나아가 하루 노동을 6시간으로 축소해도 아무런 문제가 생기지 않는다고 주장했다. 모어에 따르면,

> 하루에 6시간만 일한다면 필수품이 반드시 부족하리라 생각할 것이다. 하지만 정반대로 6시간이면 충분하다. 편안한 생활에 필요한 모든 것들을 풍성히 생산하고도 남을 시간이다. 왜 그런지 궁금하다면, 다른 나라에서 얼마나 많은 사람들이 완전한 실업상태에 있는지 생각해 보면 될 것이다. 먼저 여성부터 생각해 보라. 인구 전체의 50%에 해당한다. 여성들이 일하는 나라의 경우, 남자들은 빈둥대는 경향이 있다. 성직자들, 이른바 종교계급의 멤버들, 그들은 얼마나 많이 일하는가? 귀족이나 신사 등으로 널리 알려진 부자들, 특히 지주들을 여기에 합쳐 보라. 그리고 그들이 고용하고 있는 사람들도 포함해라. 내가 이미 언급한 무장한 부랑배 같은 무리들 말이다. 마지막으로 신체는 건장하지만 일하기 싫어

> 아픈 체 하는 거지들도 집어 넣자. 이 모두를 다 계산해 보면, 실제로 인간이 소비하는 것을 생산하는 사람이 얼마나 적은지 놀랄 것이다(More 1965: 57).

노동의욕과 관련된 둘째 반대는 확실히 모어에게도 어려운 문제였던 것 같다. 이 반대에 동의해서가 아니라, 기존의 세계질서 원리에 익숙해진 이들이 그 원리를 벗어난 어떤 것을 상상하기 어렵다는 사실 때문이었다. 이 때문에 모어는 유토피아의 사회구성 원리를 세세하게 설명하는 것으로 이 반대에 대한 답을 대신하고자 했다. 모어는 이윤추구와 화폐환상에서 벗어나면 "어느 누구도 아무것도 소유하지 않지만 만인이 부자가 된다."고 설명했다. "밤하늘에 빛나는 별보다도 못한 돌덩어리"에 불과한 금에 대한 욕망에서 벗어나 사회적 유용성을 중심으로 사회를 재구성하면 된다는 것이다.

모어의 답변이 얼마나 설득력이 있는지에 대해서는 의견이 갈라지게 마련이다. 재원 문제에 관한 모어의 주장은 수학적으로는 정확하나 사회적으로 타당하지 않다든지, 노동의욕 문제에 관해서는 "그렇기 때문에 유토피아적"이라고 반박하곤 한다. 이런 비판이 옳든 옳지않든, 이 두 가지 문제가 아직도 대안적 복지사회론의 핵심적인 사안으로 남아 있고, 오늘날에 이르기까지 누구도 만족스러운 답변을 내놓지 못하는 형편이다.

3. 자본주의와 복지: 영국의 경우

빈곤층 확대로 인한 사회경제적인 문제가 악화되면서, "빈민에게 빵을 주라."는 토마스 모어의 주장은 16~17세기 영국의 구빈법(Poor Law)을 통해 부분적으로 실현된다. 여기서 빈민이란 노동능력 있는 어른, 어린이, 노인(또는 노동능력 없는 사람)의 세 그룹으로 분류되었는데, 노동능력 있는 어른은 교구(parish)가 지정하는 노역장에서 장시간 일할 의무가 주어졌고, 어린이는 도제(apprentice)로서 일해야 했다. 노인이나 노동능력 없는 사람들은 교구로부터 '적절한 금액'의 구호금을 받았다. 자본주의의 '배은망덕(ingratitude)'은 병들고 늙을 때 절정에 달한다고 믿었던 모어의 입장에서 보자면 구빈법은 반길 소식이었겠지만, 그가 생각한 것과는 정반대로, 대다수 빈민들은 빵을 얻는 대신 개인적 자유를 크게 제한 당했다. 특히 구빈정책이 교구 단위로 독립적으로 이루어짐에 따라, 빈민들은 직업과 거주지 선택의 자유를 박탈당했다. 물론 이런 제약은 노동자들의 '자유로운' 이동을 요구하는 자본주의적 노동시장의 논리와 충돌함으로써, 노동자의 이동을 제약하던 정주법(定住法 Act of Settlement)은 18세기 말 폐지되었다.

18세기 말에는 최저소득(minimum income)이라는 개념이 명시적으로 등장하기 시작한다. 기존의 구빈정책이 노동능력이 불완전한 계층에 집중된 것에서 벗어나 핵심노동자들을 아우르기 시작한 것도 이 시기다. 당시 구빈행정을 담당하던 치안판사들은 스피남랜드(Speenhamland)에서 임금부조제도(allowances-in-aid-of wages)를 채택하게 되는데, 이 새로운 제도에 따르면 호주에게 고용 여부와 종사 직종에 관계없이 주당 최저소득을 보장해 주어야 했다. 최저소득은 가족의 규모와 빵 가격에 따라 결정되었다. 이렇게 결정된 최저소득은 빵을 구매해 겨우 생존하게 하는 수준에 불과했지만(그리고 몰락하는 농촌사회를 지키려는 보수적 몸부림에 불과하다는 평가도 있지만), 만인에게 생존을 가능케 하는 소득을 보장한 최초의 실험으로서 그 의미는 적지 않다. 최초의 근대적 소득보장 실험인 셈이다.

하지만 이 실험은 불과 40년만에 좌초했다. 먼저 임금부조제도의 도입에 따라 기업주들은 임금을 낮출 유인이 강해졌는데, 그 이유는 임금이 아무리 낮아도 최저소득과의 차이만큼은 지방세(rate)로부터 충당되어 노동자에게 지불되었기 때문이다. 이런 경향은 특히 농장주들 사이에 심해, 심지어 임금부조제도가 농장주에 대한 '보조금(subsidy)'으로 인식되곤 했다. 따라서 임금부조제도의 빈곤퇴치효과는 제한적인 것으로 알려져 있다. 둘째로 이런 변칙적인 제도 운영 탓으로 임금부조 관련 재정부담이 증가하면서 임금부조제도에 대한 비판이 늘어나기 시작했다. 모어가 일찌기 우려한 '재원 부족' 이라는 비판인데, 스핀남랜드 법의 경우 재정문제의 원인이 재원 자체의 부족이라기보다는 농장주에 의한 변칙적 제도 운용에 있었다는 점에 유의할 필요가 있다. 마지막으로, 자유주의 지식인들이 구빈법 비판 대열에 앞장섰는데, 그 비판의 초점은 소득보장으로 말미암아 인간이 부패하고 게을러진다는 것이다. 모어가 우려한 일종의 '도덕적 해이' 론이다. 사실상 19세기의 자유주의 철학(벤담의 공리주의)과 자유주의 경제학(맬더스, 리카도)은 한결같이 구빈법은 모든 사람을 빈곤하게 만든다고 주장했다. 맬더스는 '인위적인' 임금부조는 '인위적인' 인구증가를 일으켜 결국에는 인구와 식량의 '자연적 균형' 을 파괴할 것이라고 경고했다.

스핀남랜드 법과 같은 최초의 소득보장 실험의 실패는 19세기에 들어 자본주의 노동시장이 본격적으로 자리잡기 시작했다는 점과 연관되어 있다. '노동을 통한 복지의 개인적 실현' 이라는 자본주의적 근본주의가 어느 때보다 강하게 주창되었고, 빈곤을 개인의 능력부족 내지는 게으름과 같은 개인 차원의 문제로 치부하는 사고가 지배적으로 되었기 때문이다. 결국 19세기 중순에 구빈법이 다시 노동규율과 엄격한 수혜조건을 강조하는 방향으로 개정된다. 뒤에서 살펴보겠지만, 이런 변화는 최근 복지정책이 '일을 통한 개인의 복지 실현(workfare)' 으로 전환한 것과 비슷한 면이 많다.

자유무역과 시장규율 강화로 특징지워지는 이런 자유주의 물결은 19세기 말의 장기불황과 20세기 상반기의 두 차례 공황(제1차 세계대전 이후와 1929년 이후)을 계기로 종말을 고하게 된다. 특히 소비에트 혁명의 영향으로 전세계적으로 "노동은 상품이 아니다."는 슬로건이 강하게 침투했고, 세계공황의 경험으로 말미암아 완전고용 달성이 가장 중요한 정부정책으로 자리잡았기 때문이다. 완전고용과 관련해서는, 비자발적 실업은 자본주의 경제 질서에 내생적인 것이므로 정부의 재량적 금융재정 정책이 불가결하다는 케인스의 경제사상이 크게 기여했다. 동시에 유럽 일부에서 부분적으로 실시되었던 '사회적 약자'를 위한 사회보장 정책이 유럽 전체에서 도입되기 시작했다. 제 2차 세계대전 이후 '요람에서 무덤까지(from the cradle to the grave)' 라는 슬로건으로 널리 알려진 베버리지(William Beveridge) 정책이 대표적인 예다. 베버리지는 모어도 지적한 바 있는 질병, 무지, 궁핍과 같은 사회적 위험을 극복하기 위해 국가가 사회보험을 제공해야 하며, 이를 위해 국민의료서비스, 국민연금, 가족수당을 도입해야 할 것을 역설했다. 그의 정책은 1946년 무료의 국민의료서비스 도입을 시작으로 영국 전후 복지제도의 근간을 형성하게 된다. 이로써 악명높던 구빈법은 종말을 고하게 되고 복지국가가 등장했다.

4. 복지국가의 위기와 노동시장 변화

복지국가(welfare state)의 이론적 정의는 최소한의 소득 · 건강 · 안전 · 교육 · 주택 등과 같이 삶에 필요불가결한 것을 모든 시민에게 권리로서 보장해 주는 국가다. 그러나 위에 열거된 요소들 모두를 시민권의 일부로 보장해 주는 경우는 드물며, 복지국가의 현실적 운용실태는 좀 더 복잡하다. 또한 전후 복지국가 모델을 시도한 국가들은 자본주의 진영에만 한정된 것은 아니며, 현실 사회주의 국가들도 여기에 포함된다고 볼 수 있다. 후자에 대해서는 기본소득론과 관련해서 뒤에서 간단히 다루기로 하고, 여기서는 자본주의적 복지국가 모델에 국한하기로 한다.

1) 복지국가의 위기와 변형

전후 복지국가 모델이 의욕적으로 출발했으나, 출발부터 위기였다고 보는 견해가 많다. 재원 부족 문제라든지 '도덕적 해이' 문제와 같이 몇 세기에 걸쳐 계속된 반대 논리는 그다지 새로울 것은 없다(물론 이 두가지 문제가 결국은 복지국가 모델의 변형을 초래한 주요 요인이기는 했지만). 더 근본적인 문제는, 전후 복지국가 모델은 사회적 위험과 국민의 필요에 관한 몇 가지 가정에 입각해 있었는데, 이 가정들의 타당성이 위협받게 되었다는 점이다.

먼저 가계(household)라는 단위가 전후 복지국가의 출발점이다. 여기에서 가족은 안정적이며 남자 가장 한 명이 일해 가족을 부양할 수 있다는 모델(one male breadwinner model)이 핵심적이다. 따라서 가족은 어린이 · 노인 · 병자들을 돌보는 기본단위로 전제되었다. 케인스적 경제정책을 통해 완전고용이 달성될 수 있다는 낙관적 신념과 전후 경제호황에 힘입어, 노동시장과 가족에 관한 한 큰 문제가 없다고 가정되었으며, 따라서 사회적 위험 중에서도 의료와 노령화에 초점을 맞추었다. 그러나 가족 제도의 급속한 붕괴로 말미암아, 안정적 가족을 사회복지 서비스의 기본단위로 삼은 전후 복지국가 모델은 사회복지 소외층을 양산하는 결과를 초래했다. 예컨대 한부모가정(single parent family)은 빈곤에 빠질 확률이 현저히 높다. 더욱이 맞벌이 부부가 대세를 이루게 되면서 기존 보육체계에 균열을 가져 왔으며, 이와 동시에 고령화도 급속히 진행됨으로써 사회적 돌봄 서비스(social caring service)에 대한 수요가 급증했다. 요컨대, 이런' 탈산업사회(post-industrial society)의 징후에 직면하여 전후의 포드주의적 복지국가(Fordist welfare state)가 위기에 직면했다는 것이다.

물론 위기의 징후는 오래전부터 있었다. 하지만 새로운 사회적 위기를 국가 · 시장 · 가족이라는 세 주체 사이에 어떻게 배분하느냐에 따라 그 대응방식에는 나라마다 차이를 보였던 것도 사실이다. 유럽과 미국만 놓고 보면, 먼저 미국와 영국 같은 앵글로 색슨 국가들은 '복지국가를 민영화' 하는 방식, 달리 말해 시장기능을 확대하는 방식을 채택했다. 빈곤층 내지는 저임금 노동자층을 겨냥한 (−)의 소득세(negative income tax)를 통해 극빈곤의 문제를 해결하고, 나머지 계층은 필요한 복지 서비스를 시장을 통해 구입하도록 하는 방식이 특징적이다. 사회적 성격을 가진 위험을 개인에게 전가하는, 또는 개인화하는 방식이라 할 수 있다. 높은 실업으로 대표되는 노동시장 문제는 노동시장의 유연화를 통해 해결한다는 사고가 강하다.

이와는 반대로 사회적 위험을 집단적으로 관리하는 방식이 스칸디나비아 국가에서는 일반적이다. 국가가 주요 사회 서비스를 제공할 의무를 지고 있으며, 그 결과 공공부문의 비중이 상대적으로 크다. 앵글로 색슨 국가가 금전적 보조에 초점을 맞춘 데 비해, 스칸디나비아 모델은 서비스 자체 제공을 중시한다. 북유럽(노르웨이 · 덴마크 · 스웨덴 · 핀란드 등)에서 여성 노동인구 중 일반적으로 70% 이상이 취업하고 있는 것도, 국가의 보육서비스 제공과 깊은 관련이 있다. 물론 사회적 서비스를 제공하는 공공부문이 고용창출에서 주도적 역할을 하게 된다. 따라서 스칸디나비아 방식은 앞서 지적한 가족과 노동시장 문제를 연계시켜 동시에 해결하는 효과를 가지고 있다.

마지막으로, 독일과 프랑스 같은 유럽대륙 국가들의 경우에는, 복지국가의 남성지향적 편향이 강하게 남아 있어 가족을 여전히 기초 정책단위로 삼고 있다. 이 경향은 가톨릭 전통이 강한 스페인과 이탈리아에서 두드러진다. 노동시장 문제는 사회보험, 특히 실업보험을 통해 완화한다는 사고가 강하며, 노동시장 유연화가 고용창출을 가져다준다는 앵글로 색슨 모델의 전제를 받아들이지 않는 편이다.

이런 대응방식의 차이에도 불구하고, 한 가지 중요한 공통점은 복지국가 모델의 출발점이 되었던 전제들을 그대로 유지하면서 새로운 경제사회적 문제들을 해결하려고 할 뿐 모델 자체를 근본적으로 재구성하고자 하는 노력은 부족했다는 점이다. 그 결과 스칸디나비아 모델은 완전고용을 달성하기 힘들어짐에 따라 재정적 부담이 늘어났으며, 자유주의적인 앵글로 색슨 모델의 경우에는 상대적으로 안정적인 경제성장에도 불구하고 소득 불평등 증가와 함께 빈곤층이 증가하는 역설적인 결과를 낳게 되었다. 유럽대륙 국가들은 고용창출, 사회복지 증가, 출산율 증대, 재정 건전성 확보 등과 같은 중요한 정책과제들이 서로 상충하는 딜레마에 빠져 있다.

2) 노동시장 불안정과 빈곤

이런 딜레마를 반영하듯, 빈곤문제 해결에 선도적 역할을 자부해 온 유럽에서도 빈곤 문제가 중요한 정책의제로 등장했다. 사회보장제도의 불충분성으로 말미암아 실업자나 비경제활동인구가 빈곤에 처할 가능성이 높아지는 경향이 있는데다가, "고용=빈곤 탈피"라는 전통적인 도식이 더이상 성립하지 않게 되었다. 일자리를 찾아서 고용되어 있지만 여전히 빈곤상태에 빠져 있는 이른바 빈곤노동층(working poor) 문제가 주요한 정책의제로 등장한 것이다.

하층노동계급이 직면한 문제는 다소 복잡하게 얽혀 있다.

(1) 먼저 기업후생시설이나 관련수당을 제공하는 양질의 일자리가 줄어들고 있다. 최근 고용형태에 따른 차별을 금지하는 법제적 장치를 도입하고 있긴 하지만, 단기고용과 파트타임 등과 같은 비정규직 고용(nonstandard employment)은 매우 차별적인 고용조건에 시달린다. 여성들이 비정규직 고용에 노출될 가능성이 상대적으로 높기 때문에, 이런 고용차별 문제는 여성 차별 문제와 직결되어 있다.

(2) 비정규직 노동 확대로 고용안정성이 낮아지는 것과 함께, 정규직 노동의 고용안정도 예전에 비해 낮아지는 경향이다. 고용 불안정성은 곧 소득 불안정성을 의미하며, 동시에 빈곤을 경험할 확률이 높아지는 것을 의미한다. 이 때문에 일부 나라에서는 전반적으로 고용상황이 개선되고 있음에도 불구하고 빈곤층 규모가 줄어들지 않는 현상이 일어나고 있다.

(3) 최근 실업보험 지급 기준을 엄격하게 적용하면서, 실업급여액이 삭감되고 수혜기간도 줄어들며 실업급여를 아예 받지 못하는 비율이

늘어나고 있다. 따라서 실업보험의 보험으로서의 성격이 전반적으로 퇴색되고 있다. '보험' 이라기보다는 일시적 '보조' 라는 성격이 강해졌다.

(4) 연금의 경우도 비슷한 추세를 보이고 있다. 재정 곤란으로 인해 연금 관련 분담금 비율이 증가할 뿐 아니라 연금수혜액이 줄고 수혜가능연령은 높아지고 있다. 1980년대 경기불황에 따른 구조조정기의 조기퇴직 열풍과는 정반대로, 모든 노동자들이 더 오랫동안 일해야 한다는 압박에 처해 있다. 결과적으로 노인빈곤층이 늘어날 가능성이 높아지고 있다.

(5) 실업(특히 장기실업)의 이유를 개별 노동자의 '비사회적' 행동에서 찾으면서, 사회보장 수혜도 고용과 연계시키는 '조건적 복지' 가 대세를 이루고 있다.

3) 복지국가의 비효율성

이처럼 기존 사회보장제도를 통해 빈곤을 벗어나는 것이 점점 어려워지고 있지만, 역설적으로 일반 가계가 사회적 지원에 의존하는 비율은 결코 낮지 않다. 유럽연합 전체를 놓고 볼 때, 가계소득 중 노동소득이 차지하는 비율은 70% 정도이고 사회적 이전(transfer)의 비율은 26%에 달하고 있다. 특히 스웨덴의 경우는 사회적 이전 비율이 30%를 넘어설 정도로 높고, 상대적으로 복지체계가 미흡한 아일랜드도 그 비율은 20%에 육박한다. 그렇지만 <표 1>은 가처분 소득에 한정된 것으로 현물로 제공되는 사회적 서비스(교육 · 의료 등)는 포함되어 있지 않다는 점에 주의할 필요가 있다. 덴마크 등 북유럽 나라에는 사회적 서비스의 비중이 높으므로, 가계의 사회적 의존도는 <표 1>이 보여주는 것보다 훨씬 높다.

〈표 1〉 가계 가처분소득의 구성 (%, 2000년)

	노동소득 (임노동 또는 자영업)	기타 개인소득 (투자 소득 및 사적 이전)	사회적 이전 (연금 포함)	총소득
아일랜드	79	2	19	100
포르투갈	77	2	21	100
덴마크	76	3	21	100
스페인	75	4	21	100
그리스	72	6	22	100
네델란드	72	2	26	100
오스트리아	70	3	26	100
프랑스	70	4	27	100
영국	70	7	24	100
핀란드	69	4	27	100
이탈리아	68	4	27	100
룩셈부르크	68	5	27	100
벨기에	67	8	26	100
독일	66	4	29	100
스웨덴	66	2	32	100
유럽연합평균	70	4	26	100

출처: 유럽공동체 가계패널 (유럽연합 통계청 Eurostat)

따라서 전후 복지국가 모델은 절대적 재원 부족보다는 운영의 비효율성이 문제라는 지적도 많다. 사실상 전후 복지국가 모델은 빈곤층의 수혜액을 줄이는 방향으로 발전했고 경우에 따라서는 그 수혜효과도 그리 긍정적이지 못한데 비해, 복지국가를 유지하는 데 드는 행정비용은 계속 증가했다. 클라우스 오페(Offe 2005)가 지적한 것처럼, 복지국가의 운영에는 낭비적 요소가 많다. 예컨대 노동능력 없는 빈곤층에 지급되는 사회적 이전의 경우, 일반적으로 먼저 개인소득 수준이 '빈민으로서의 자격'이 되는지를 확인한 뒤, 다른 가족 구성원들의 소득에 의존할 수 있는지를 판단한다. 가족으로부터의 지원이 불가능하다고 판단되면, 해당 지원대상자는 노동능력이 없다는 것을 입증해야 한다.

물론 이것이 입증된다 하더라도 시민권이나 영주권 보유 여부에 따라 수혜여부가 달라진다. 외국인이나 난민은 해당되지 않는 경우가 많다. 이 모든 것을 통과해 수혜자격이 확인되면 실제조사를 통해 어느 정도의 지원이 필요한지를 가계 규모, 부양가족 수, 주택 보유여부, 건강 상태와 같은 복잡한 요인을 고려한 뒤 최종 수혜액이 결정된다. 이 모든 과정에는 상당한 인적 · 물적 비용이 든다.

한마디로 기존의 복지국가는 '가짜 빈민'을 색출하는 데 엄청난 행정비용을 지불하고 있다. 전후 복지제도의 발전에서 보편주의가 후퇴하고 도덕적 해이를 해결하기 위해 타겟팅 방식이 도입됨에 따라 각종 사회적 수당의 자격심사가 더욱 강화되면서 행정비용이 늘어났다. 또한 '노동을 통한 복지(workfare)'가 강조됨에 따라 사회적 이전 프로그램 이외에 각종 사회적 고용 프로그램도 증가했는데, 이와 수반된 행정비용도 적지 않다.

5. 보편적 권리로서의 기본소득

보편적 권리로서의 기본소득 보장론은 자본주의적 노동 · 복지 정책의 모순적인 발전과정을 배경으로 삼고 있다. 기본소득 보장론의 현대적 주창자들은 1980년대 초반부터 유럽에서 생긴 두 가지 현상을 특히 중시한다.

첫째로 케인스주의적 사회경제정책의 붕괴와 대량실업의 지속적인 존재로 인해, 실업이 일시적인 경기적 현상이 아니라 현존 사회경제 구조의 핵심적 특징이라는 사실이 폭로되었다. 말하자면, 실업이란 치유 가능한 자본주의의 병이 아니라 자본주의가 안고 살아야 하는 만성적 고질병이다. 1960년대와 1970년대를 통해 경제성장이 실업문제의 유일한 해결책이라는 믿음이 굳건히 자리잡았으나, 최근 유럽의 '고용없는 성장(jobless growth)' 경험은 이 믿음이 더 이상 근거가 없음을 보여준다. 따라서 경제성장에 의존하지 않고서도 실업문제와 싸울 수 있는 전략이 필요한 것이다.

둘째로 케인스식 경제정책과 베버리지식 복지정책의 이중 실패 때문에 대안적 사회에 대한 모색이 더욱 중요해진 것이다. 특히 생산수단의 국유화와 개인적 자유의 제약을 비롯한 수많은 문제가 지적된 현실 사회주의의 경험에 비추어 볼 때, 이런 문제들을 회피하면서도 자본주의의 내재적 문제를 극복할 수 있는 대안적 사회를 모색할 필요가 생긴 것이다.

기존 복지국가의 한계를 극복하고 모든 시민의 삶의 질을 더 효율적으로 보장하는 대안으로 '기본소득' 개념이 생겼다. 벨기에의 사회철학자인 필립 반 파리지스(van Parijs 1992), 영국의 저명한 분배경제학자인 앤소니 앳킨슨(Atkinson 1995), 독일의 클라우스 오페(Claus Offe) 등에 의해 1980년대부터 제안 · 발전되어 온 것으로, 최근에는 브라질과 남아프리카의 중도좌파 정부가 이 개념을 수용하여 실험하고 있을 정도다. 일부 자유주의자들 사이에서도 지지를 받고 있는데, 예컨대 노벨경제학 수상자인 우파 경제학자 밀턴 프리드만이 주장한 '(−)의 소득세' 도 기본소득 패러다임에 속한다고 보는 사람도 있다. 그러나 곧 살펴보겠지만, 이런 자유주의적 스펙트럼은 보편적 권리로서의 기본소득 보장론과는 거리가 있다. 기본소득 보장론은 다양한 이론적 · 정치적 스펙트럼을 보이고 있으며, 구체적인 정책논의에서는 그 차이가 더욱 크다. 이 글은 기본소득 보장론을 소개하는 데 목적을 두고 있는 만큼, 가장 일반적이고 근본적인 공통원리에 초점을 맞추고자 한다.

1) 기본소득의 원리

기본소득 보장(basic income guarantee)의 원리는 매우 단순하다. 모든 사람들에게 살아가는 데 기본적으로 필요한 소득을 보장한다는 것이다. 얼핏 보기에 이 원리는 별로 새로울 것이 없는 것 같지만, 여기서 말하는 '기본소득' 보장은 기존의 '기초소득' 보장 개념과는 중대한 차이가 있다. 무엇보다도 기본소득은 보편적 권리에 속한다. 보편적인 권리라 함은, 어떤 정치적 공동체에 속한 모든 구성원 개개인에게 사회적으로 결정된 금액의 소득을 아무 조건 없이 지급함을 의미한다. 지급액은 기본적으로 계층 · 성별 · 나이와 관계없이 동일하다(어린이의 경우 지급액이 적을 수 있다). 직업보유 여부 · 나이 · 성별 등과 같은 조건에 따라 지급여부가 결정되는 기존의 사회보장 제도와는 이 점에서 확연히 다르다.

현재의 소득보장 정책과 비교할 때 특히 중요한 차이점은 세 가지다. 먼저 가계 단위가 아니라 개인 단위로 기본소득이 보장된다. 어린이도 가정주부도 기본소득에 대한 개별적 권리를 가진다. 기존의 복지국가 모델은 대부분 가계를 기초단위로 상정하고 있고, 이 때문에 맞벌이 가계의 확산에 따른 사회경제적 변화에 효과적으로 대응하지 못한 면이 있다. 무엇보다도 가사노동을 과소평가하거나 무시하는 경향이 강하며, 이로 인해 여성의 '실질적' 자유가 심각하게 제약되고 있다. 또한 어린이도 예외는 아니다. 어른보다는 다소 낮은 수준의 기본소득을 보장해야 한다는 의견이 지배적이긴 하지만, 기본적으로 어린이를 사회의 독립적 주체로서 명시적으로 인정한다는 효과가 있다. 이미 유럽의 많은 나라에서 시행되고 있는 아동수당(child benefit)은 가계 단위로 지급되지만, 보편적 권리로서의 기본소득 보장론에서는 이런 연계가 더 이상 없다. 보편적 권리에 기초한 접근법은 모든 사회구성원의 '사회적으로 유용한 노동'에 대한 기여를 인정하면서, 경제적 빈곤으로 인한 실질적 자유의 제약을 극복할 물질적 기초를 마련하자는 것이다.

둘째로 보수를 받는 노동에 종사하든 보수를 받지 않는 노동에 종사하든 기본소득은 보장된다. 임금노동자 · 자영업자 · 주부 · 학생 · 노숙자에게도 기본소득은 보편적 권리로서 제공된다. 자산조사(means test)가 없다는 점에서 기존의 사회적 지원 제도와는 다르며, 노동의무를 부과하지 않는다는 면에서는 기존의 최저소득보장 프로그램과는 큰 차이가 있다. 보수를 받는 노동을 사회적으로 유용한 노동으로 보는 자본주의적 편향에서 벗어나서, 만인이 원한다면 다양하고 포괄적인 사회적 유용노동에 종사하는 것을 장려하자는 취지다.

셋째로 노동소득과 자본소득 같은 다른 소득원을 가지고 있는가 없는가에 관계없이 일률적으로 기본소득이 지급된다. 실업자와 빈민뿐 아니라 기업가와 부자에게도 기본소득이 지급된다. 경제적으로 부유한 계층에게도 기본소득을 지급한다고 해서 이들이 더 부유해지는 것은 아니다. 대부분의 기본소득 보장론은 직접세를 통한 자원 조달을 상정하고 있는데, 과세방식으로는 일반적으로 누진세를 염두에 두고 있기 때문이다. 기본소득 보장 제도의 도입과 함께 기존의 복잡한 세제와 사회적 급여의 수혜 방식이 간단해지는 덕분에 부유층도 이익을 볼 수 있다는 견해도 있다.

그러면 기본소득 보장 사회에서 빈곤층의 상황은 나아지는가? 빈곤층이 받게 될 기본소득의 수준이 어느 정도인가에 따라 답은 달라지겠지만, 공식적 수급액이 동일하다 하더라도 빈곤층의 상황은 개선될 여지가 많다. 먼저 기존의 복지제도와는 달리 기본소득은 복잡한 자격심사 없이 일률적으로 지급되기 때문에 빈곤층에게 안정적인 소득을 보장할 수 있다. 현존 복지제도에서는 자격심사의 절차 복잡성과 수혜 대상자의 정보 부족 등으로 실제 수혜율이 낮다. 둘째로 기존의 복지제도에서는 자신이 수혜 대상자임을 입증하는 상당히 창피하고 모욕적인 과정을 거쳐야 혜택을 받게 되는 경우가 허다하다. 이런 과정을 싫어해 고의적으로 수혜를 거부하는 사람들도 상당히 많은데, 이런 경향은 최근 수급자격 요건을 까다롭게 하면서 더 강해졌다. 예를 들어 1980년대 들어 보충급여 수급자격을 더욱 까다롭게 한 영국의 경우 “엄격해진 자격조건 속에서 보충급여는 일할 능력이 없는 자가 벌로써 받는다는 낙인의 의미를 이전보다 훨씬 더 강하게 띠게 되었고, 이런 와중에서도 ‘자격있는 빈자’의 판정을 받았다는 것은 결국 자신의 사회적 무능력을 입증하는 주홍글씨를 가슴에 다는 일과 다름없었던 것이다”(김영순 1996: 264). 이런 현상은 기본소득이 시민의 보편적 권리로서 보장되는 사회에서는 생기지 않을 것이다.

보편적 권리로서의 기본소득 보장론은 대안적 사회경제철학에 힘입은 바 크고, 이런 철학적 입장을 경제적 효율성 논의의 이면에 숨기지 않는다. 오히려 이 입장을 대안사회 논의에서 핵심적으로 보는 경향이 있다. 기본소득 보장론의 대안적 철학은 마르크스가 주창한 바 있는, 자본주의가 보장하는 '형식적 자유(formal freedom)'를 넘어서는 '실질적 자유(real freedom)'라는 개념에 기반하고 있다. 형식적 자유가 개인이 하고자 하는 것을 할 수 있는 자유를 의미하는 것이라면, 실질적 자유는 이런 자유를 행사하는 데 필요한 물질적 수단을 가지는 것까지 포함한다. 따라서 실질적 자유 개념에 기초한 사회적 정의는 자유의 형식적 부여뿐 아니라 이를 실현할 수단을 정의롭게 분배하는 것까지를 가리킨다. 이런 개념은 사실 아마티아 센의 실현능력(capability) 개념과 비슷하다. 결국 기본소득 보장론의 핵심적인 사고는 기본소득을 보장함으로써 만인이 스스로 책임지고 선택할 수 있는 여건을 마련해 주어야 한다는 것이다. 앙드레 고르(Gorz 1999)는 기본소득 보장으로 시민들이 자본주의적 노동시장의 제한성에서 생기는 빈곤과 불안정에서 벗어나 자유로이 자신의 시간을 배분할 수 있게 된다고 본다.

그러면 사회적 정의는 어떻게 되는가? 기본소득 보장론은 가장 열악한 처지에 있는 사람의 상황이 개선되는 것을 더욱 정의롭다고 보는 존 롤즈(Rawls 1971)의 '최소극대화(maxmin)' 원리에 기초해 있다. 예컨대 어떤 부모 밑에서 태어나는가, 어떤 재능을 가지고 태어나는가, 또는 무엇을 상속받느냐에 따라 개개인마다 삶에서 직면하는 기회집합은 달라지게 마련인데, 이에 따른 불균등한 분배는 가장 '운이 나빠' 불리한 처지에 있는 사람들의 상황을 개선하는 방향으로 개혁되어야 한다는 것이다. 여기서 한 가지 흥미로운 것은, 보편적 권리로서의 기본소득을 주장하는 이들은 직업과 고용도 재능과 같은 사회적 희소재(scarce goods)로 본다는 점이다. 실업자를 '게으른 사람' 또는 '사회적 낙오자' 로 보는 보수적 자유주의 시각이나 '구제대상' 으로 보는 온정주의적(paternalistic) 시각에서 벗어나, 실업자를 "자본주의에 내재하는 사회적 위험을 떠안은 사람" 으로 보는 것을 의미한다.

2) 대안사회로서의 쟁점들

기존의 사회주의적 대안사회론과 기본소득 보장론 사이의 차이 중 가장 두드러진 것은 아마도 화폐경제의 인정 여부일 것이다. 모어는 사유재산이 인정되고 재산축적 수단으로서 화폐가 통용된다면, 기본소득을 보장하는 대안사회는 불가능하다고 보았고, 대다수 사회주의자들도 화폐경제의 폐기를 전제하는 데 반해, 기본소득 보장론은 기본소득이 화폐로 지급되어야 한다고 주장한다. 물론 현물 서비스 형태로 지급되는 무료교육과 무료보건서비스는 제외된다. 기본소득 보장론은 생산수단의 사회화를 전제하지도 않는다.

기본소득을 화폐로 지불한다는 원칙은 각 개인의 실질적 자유를 신장한다는 기본소득 사회의 근본목적과 관련이 있다. 기본소득이 화폐가 아닌 현물로 지급될 경우 각 개인이 기본소득을 사용할 수 있는 선택의 폭은 줄어든다. 다시 말해 실질적 자유가 제한될 수 있다. 기본소득은 육체적 생존에 필요한 최저소득(minimum income)보다 높은 수준에서 설정되며, 각 개인이 자유롭게 처분할 여유가 있는 소득분을 포함하고 있다. 이처럼 각 개인의 '선호' 에 따른 자유로운 소득 처분을 보장하는 데는 화폐지급방식이 효율적이라는 것이다. 굳이 개념적으로 구분하자면, 여기서 화폐는 축적수단으로서의 화폐가 아니라 유통매개수단으로서의 화폐의 성격이 강하다고 말할 수 있다.

이런 차이는 기본소득 보장론을 기존의 사회주의적 대안사회론과 구별짓는 중요한 요인이다. 보편적 권리로서의 기본소득을 제시하게 된 동기 중 하나가 현실 사회주의의 문제점을 극복하는 대안사회의 모색이었다는 점에서 본다면, 기본소득 개념은 마르크스가 이상적으로 설정한 공산주의에 도달하는 효과적인 방편이라는 주장도 제기되고 있다. 마르크스가 상정한 공산주의는 각 개인이 기여한 만큼 보상받는 것이 아니라 필요한 만큼 사용할 수 있는 사회다. 각 개인이 누리는 몫과 생산 기여분 사이의 연계는 없어진다. 각 사회구성원에게 다양한 활동을 선택해 영위할 수 있는 (형식적이 아니라) 실질적 자유가 보장됨으로써 자본주의 사회의 소외노동(alienated labour) 문제는 소멸한다. 하지만 마르크스는 자본주의에서 이런 공산주의 단계로 바로 도달할 수 없다고 보았다. 공산주의 단계를 실현하기 위해서는 높은 생산성을 담보하는 물질적 조건을 갖추어야 하는데, 이를 위해 마르크스는 사회주의 단계를 상정했다. 사회주의는 생산수단을 공유하면서 생산수단 사용을 공동으로 결정하고 '노동에 따른 분배' 원리에 따라 생산물을 분배하는 사회다. 여기서 이론적으로나 역사적으로 첨예한 논쟁대상이 되었던 것이 생산수단의 사회화와 화폐경제의 폐지였다. 에릭 올린 라이트(Wright 2006)와 같은 기본소득 모델 지지자들은 기본소득 도입으로 바로 '필요에 따른 분배'에 도달할 수 있기 때문에 사회주의 단계는 '불필요한 우회(an unnecessary detour)'라고 주장한다. 한마디로 기본소득 모델이 "공산주의에 이르는 자본주의적 길"일 수 있다는 것이다. 이런 인식은 대안사회에 대한 일종의 '경제주의적' 접근과 거리를 두는 것으로, 토마스 모어의 분석과 비슷한 점이 있어 흥미롭다.

좀 더 구체적으로 말하면, 라이트는 자본주의를 극복하기 위해서는 다음과 같은 세 가지 원리를 실현해야 한다고 한다. 먼저 자본에 대한 노동의 힘을 강화해야 하며, 둘째로 노동력을 '비상품화(decommodifying)' 해야 하며, 마지막으로 경제행위에 대한 사회적 통제를 강화해야 한다. 그런데 기본소득의 도입은 이 세 가지 원리의 강화에 결정적으로 기여할 수 있다는 것이다. 기본소득은 노동자들에게 최소한의 소득 안정성을 보장함으로써, 알프레드 마샬(Marshall 1890: 471-473)이 지적한 바 있는 "노동 아니면 굶주림에 직면한 노동자들이 사용자에 대해 가지는 열악한 협상력"을 상당히 개선할 것이다. 물론 일부 노동조합 지도자들은 기본소득이 도입되면 일반 노동자들이 노조에 가입할 경제적 유인이 줄어들어 노동조합 활동이 침체할 것으로 우려하기도 한다. 이런 우려는 노동조합 활동이 분절적(分節的)이고 자유주의적 전통이 강한 앵글로 색슨 나라에서 강한 편이다. 둘째로 기본소득으로 노동력의 상품화에 제동이 걸릴 것이다. 자본주의적인 노동력 상품화는 사회적으로 필수불가결한 유용한 활동(예컨대 가사노동)의 평가절하를 수반한다. 기본소득 모델은 이런 유용한 활동의 사회적 기여를 명시적으로 인정하고 이를 장려한다는 점에서, 필립 반 파리지스는 기본소득 보장은 '만인을 위한 실질적 자유'의 초석이 되며 노동력의 상품화에 제동을 건다고 본다. 마지막으로, 기본소득 도입으로 경제활동의 구성 방식에 변화가 불가피하게 되며, 이 변화는 궁극적으로 이윤추구의 극대화가 아니라 사회적 유용성의 극대화 쪽으로 이루어질 것이다. 자본축적보다는 '사회축적(social accumulation)'이 지배적인 사회경제원리로 등장할 것이다.

이제 토마스 모어의 『유토피아』에서부터 제기된 두 가지 고전적 문제를 간단히 살펴보자. 기본소득 보장 사회는 기존의 복지제도보다 더 많은 재원을 필요로 할 것인데, 이 재원을 어떻게 조달하느냐는 문제부터 다루자. 먼저 기본소득 수준을 얼마로 잡느냐에 따라 답이 달라질 것이다. 기존의 각종 사회적 이전 관련 재원을 단순히 모든 사람에게 공평하게 나누어준다면, 당연히 재원 문제는 생기지 않을 것이다. 반대로, 만인에게 다소 풍부한 생활을 보장하는 수준으로 잡는다면 재원 문제는 아주 심각해 질 수 있다. 따라서 재원 문제의 심각성은 기본소득의 수준에 따라 달라질 것이다. 하지만, 기본소득 보장 사회는 분배제도의 단순성 때문에 기존 복지국가의 경우보다 행정비용이 훨씬 적게 들기 때문에, 재원이 현재와 동일한 규모라고 하더라도 기본소득의 수준은 현재의 수혜수준보다는 더 높을 것이다.

둘째로 도덕적 해이 문제다. 노동 여부와 관계없이 기본소득을 지불한다는 원리는 무임승차(free riding)를 경계하는 자유주의자나, "일하지 않는 자는 먹지도 말라."는 사회주의자 모두로부터 비판을 받는다. 그러나 생산이 기본적으로 사회가 공동으로 물려받은 자원에 의해 이루어지는 것이고, 생산의 결과가 자본주의 사회에서는 주로 노동소득이라는 형태로 분배되는데 이 노동소득에 참여할 수 있는 기회(즉 고용)는 모두에게 항상 열려있지 않다는 기본소득 보장론자의 사회경제철학에 주목할 필요가 있다. 실업은 이 경제과정에 내재된 사회적 위험이 개인에게 떨어진 것이라고 볼 수 있다. 실제로 스칸디나비아 나라들에서 행해진 최근 조사에 따르면, 응답자의 70~80%는 실업은 개인의 책임이 아니라 사회가 책임져야 할 일로 생각한다고 한다. 이런 관점에서 본다면 도덕적 해이에 대한 염려는 일종의 본말전도인 셈이다.

좀 더 타당한 질문은, 경제학에서 흔히 상정하는 것처럼, 기본소득 도입이 일종의 소득효과를 발생시켜 노동의욕을 줄여 결국 생산적 고용이 줄어들지 않을까 하는 것이다. 이 문제에 답하기 위해서는 여러 가지 사회경제 변수들과 개인행동 패턴에 대해 가정들을 세워야 하고, 그 가정에 따라 답변은 달라지게 마련이다. 일부 미시경제 모델 연구에 따르면, 기본소득을 도입하더라도 노동의욕은 최소한 현행 복지국가에서보다 낮지는 않을 것이라고 한다. 다른 논자들은 기본소득이 보장됨에 따라, 기존의 비경제활동인구들이 사회적 유용성에도 불구하고 그 가치가 저평가되고 저임금이 일반적인 사회적 서비스 활동에 참여할 것으로 보고 있다. 동시에 저임금과 소득 불안정으로 기피대상이 되곤 하는 파트타임 경제활동이 기본소득 보장으로 증가할 것으로 예측하기도 한다. 최근 고용과 해고의 자유를 높여 고용 유연성을 높이면서도 각 개인의 소득 안정성을 보장하는 대안적 노동시장으로 각광받고 있는 유연안정성(flexicurity) 모델도 기본소득 보장에 입각할 때만 효율적으로 작동할 수 있다는 주장도 많은데, 이것은 기본소득 보장이 노동의욕을 증가시키는 윤활제가 될 수 있음을 시사한다. 이른바 정보사회의 도래와 함께 노동자들이 평생직장의 틀을 깨고 창의적으로 그리고 적극적으로 '위험'을 감수해야 한다는 '새로운 노동자'론이 최근 득세하고 있다. 독일의 사회경제학자 귄터 쉬미트(Schmid 2006)가 지적한 것처럼, 노동자가 이처럼 유연해지기 위해서는 안정성이 그 전제조건이다. 기본 생활의 안정성이 보장되지 않는 노동자에게 그 결과가 불확실한 선택을 기대하는 것은 현실성이 없다.

6. 결 론

이 장에서는 노동과 복지에 대한 대안적 논의로서 기본소득 보장론을 살펴보았다. 토마스 모어의 『유토피아』를 시작으로 간략히 살펴본 자본주의와 복지의 역사는 '노동을 통한 개인 복지 실현'과 '보편적 권리로서의 복지' 사이에서 동요했음을 보여준다. 상이한 모델 내지는 정책적 차이도 궁극적으로는 자본주의 사회의 노동과 소득에 대한 인식적 차이와 깊이 관련되어 있다. 보편적 권리로서의 기본소득은 이런 인식적 차이를 더욱 명확히 하면서, 노동과 복지를 완전히 분리하는 급진적 사고에 기반하고 있다. 그러나 앞의 2절에서 토마스 모어의 『유토피아』에 대한 일반의 선입견을 밝혔듯이, 우리가 기본소득 보장론의 외관적 급진성에만 주목하면 이 대안적 주장의 중요한 현실적 근거를 놓치기 쉽다. 기본소득 보장론은 기존 복지모델의 가계 편향성, 남성 편향성, 그리고 노동 편향성을 근본적으로 재검토한 것이며, 또한 기존의 사회주의적 대안을 비판적으로 성찰한 것이다. 만인에게 기본소득을 일률적으로 보장한다는 간단한 원리가 이런 복잡다단한 현실을 기반으로 제시된 대안이라는 점은 시사하는 바가 적지 않다.

대안사회는 '오지 않은 사회'에 대한 논의다. 따라서 논리적 빈틈이 있게 마련이다. 이 문제는 대안사회론자들의 지적 게으름이나 관념주의에 기인한 바도 있을 수 있으나, 대안을 실험하고 발전시키는 과정을 통해서만 해결될 수 있는 성질의 것이 대부분이다. 기본소득 보장론자들은 이미 여러 각도로 실험하고 있는 중이다. 특히 단기적이고 현실적으로 가능한 것에 대한 관심이 높은 편인데, 참여소득(participation income)이라는 개념도 이런 노력의 일부다. 노동 여부와 관계없는 기본소득을 보장한다는 기본소득 보장론의 원리가 현실적으로 실행하기 쉽지 않다면, 단기적으로는 호혜성 원칙을 도입해 개인에게 생산적 공헌의 의무를 부과하되, 생산적 공헌의 틀을 확장해 교육 · 육아 · 돌봄 등과 같은 사회적 유용노동을 포함할 수도 있을 것이다. 사회적 연대나 사회자본 육성 등과 관련된 활동도 생산적 공헌으로 인정함으로써, 자본주의적 생산주의 편향에서 벗어날 계기를 마련할 수 있다고 본다. 즉 기본소득 보장론 주창자들은 기본소득 사회를 '실현중인' 유토피아로 보고, 단계적 정책 내지는 이행 전략 개발에 진력하고 있다. 기본소득 보장론에 관한 한 논문이 윌리암 모리슨의 『존재하지 않는 땅으로부터의 소식』(*News From Nowhere*)을 차용해 '미래로부터의 소식(News from the Future)' 이라는 제목을 붙인 것도 이러한 까닭이다(Atkinson 2005).

참여계획경제[1)]

12

정 성 진

1. 서 론

오늘날 양극화가 심화되고 빈곤이 확산되면서 신자유주의에 대한 분노가 자본주의 시장경제 그 자체에 대한 대중적 반감으로 점차 고조되고 있다. 이를 반영하듯이 '21세기 사회주의'가 최근 세계진보진영의 화두로 되고 있다. 하지만 지난 세기 사회주의를 자처했던 소련 · 동유럽 블록 붕괴의 경험, 그리고 세계화 · 정보화 등 21세기의 변화된 조건에서 자본주의 시장경제를 뒤엎고 사회주의 방식으로 더 나은 경제생활을 영위할 수 있을지에 대해 대중들이 갖고 있는 의구심이 분노한 대중을 사회주의로 확실하게 견인하지 못하고, 좌파 케인스주의의 사회적 시장경제론이나 시장사회주의 또는 '공동체주의'와 같은 개량주의로 넘어가게 하는 요인이 되고 있다.[2)]

따라서 오늘날 21세기 조건에서 사회주의 경제의 필요성뿐만 아니라 가능성, 나아가 우월성을 논리적으로 입증하는 작업은, 일부 좌파들이 억측하듯이 '유토피아' 사회주의자들의 '정치적 공론'이기는커녕,

---

1) 이 장은 정성진(2006ㄴ: 15장)을 수정 · 보완한 것이다.

2) 하넬(R. Hahnel)에 따르면 소련 · 동유럽 블록 붕괴 이후 좌파들이 추구하는 자본주의에 대한 대안은 시장사회주의, '공동체에 기초한 경제학(community-based economics)', 민주적 참여계획경제 등 세 가지 유형이다.

급진 좌파에 주어진 중요한 과제의 하나라고 할 수 있다. 이와 관련하여 먼저 확인해야 할 것은 소련 · 동유럽 블록의 붕괴는 특정한 종류의 계획경제, 이른바 '관리명령경제(administrative command economy)' 의 실패이지, 마르크스적 의미의 사회주의나 마르크스적 계획경제의 실패 사례, 또는 그것의 실행불가능성을 입증하는 사례로 간주될 수 없다는 점이다. 이를 위해 먼저 마르크스적 사회주의, 또는 마르크스적 계획경제의 내용이 무엇인지를 확인하는 작업이 필요하다. 그리고 이와 같은 마르크스적 사회주의 · 계획경제가 21세기 세계화 · 정보화의 조건에서 과연 가능한지를 따져보는 것이 필요하다. '자본주의의 임박한 파국' 이나 사회주의에 관한 장밋빛 수사와 추상적인 일반 원칙을 반복하는 것, 또는 정반대로 자신의 과제를 당면 현안에 대한 투쟁으로 한정하는 '운동주의(movementism)' 방식으로는 21세기 지식 대중들을 사회주의로 견인하기 힘들다.

이 장에서는 먼저 마르크스의 사회주의 개념을 경제적 측면에서 확인할 것이다. 특히 마르크스의 『고타강령 초안 비판』을 다시 읽으면서 이 문건이 최근 논의되는 '참여계획경제론', 즉 비시장적 · 비중앙집권적 사회주의 계획경제론의 중요한 논거가 될 수 있음을 확인하고, 이에 대한 최근의 시장사회주의론적 해석을 비판한다. 그 다음, 최근 세계 진보진영에서 활발하게 논의되고 있는 참여계획경제론의 주요 특징을 개관할 것이다. 특히 참여계획경제론 중 앨버트(M. Albert)와 하넬(R. Hahnel)의 '파레콘(Parecon)'(이는 '참여경제 Participatory Economy' 에서 'Par' 과 'econ' 을 합친 단어다) 모델, 드바인(P. Devine)과 아다만(F. Adaman)의 '협상 조절(Negotiated Coordination)' 모델, 칵샷(P. Cockshott)과 코트렐(A. Cottrell)의 '노동시간 계산' 모델을 비교 · 검토할 것이다. 끝으로, 참여계획경제론에 대해 제기된 기존의 비판들을 실행가능성, 정보 및 기술혁신의 문제를 중심으로 검토하고, 고전 마르크스주의 관점에서 참여계획경제론에 보충되어야 할 부분들을 마르크스의 가치론의 수용 및 '러시아 문제' 에 대한 입장을 중심으로 지적할 것이다.

2. 마르크스의 사회주의론

1) 마르크스의 계획 개념

마르크스가 말한 자본주의 시장경제의 지양 체제로서의 계획경제는 민주적 참여계획경제로서 생산 · 분배 · 소비 등 인간의 경제생활이 시장이나 국가와 같은 어떤 외적인 강제에 의해서가 아니라 인간 자신의 의지에 의해 자율적으로 통제되는 경제다. 마르크스는 『자본론』에서 자본주의 시장경제와 대립되는 계획의 의미를 다음과 같이 구체화한다.[3] "생산 전체의 상호관련이 맹목적인 법칙으로서 생산 당사자에게 강요되는" '자본주의적 생산' 과는 달리 "그 상호관련이 생산당사자들의 집단적인 이성에 의해 이해되고 터득되어 하나의 법칙이 되고 이 법칙에 따라 생산과정을 그들의 공동 관리 아래 두는 것"(『자본론』III(상): 308)으로서, 여기에서는 "생산과정이 인간을 지배하는 것"이 아니라 그 정반대(『자본론』I(상): 103)이다. 즉, 마르크스의 계획에서는 직접적 생산자 자신들이 계획 당국자들이 된다. 따라서 마르크스가 사회주의적 생산의 문제를 행정적이고 기술적인 문제로 간주했다거나, 계획 자체가 자본주의적 생산의 사회화이기 때문에 중앙집권적이고 행정적인 지령의 형태를 벗어나기 힘들다는 식의 비판은 자유로운 생산자들의 생산에 대한 아래로부터의 의식적 · 자율적 통제라는 마르크스의 사회주의 계획 개념을 오해한 것이다. 반면 스탈린주의자들과 부르주아 경제학자들에게 계획은 사회적 관계가 아니라 순전히 기술적 문제로서 단지 생산자들의 의도의 사전적 조절 형태일 뿐이다.

---

3) 마르크스의 사회주의 개념에 대한 최근의 논의로는 김수행(2006ㅈ; 2006ㅊ)을 참조할 수 있다.

마르크스적 의미의 사회주의란 인간들이 자신의 삶을 통제할 수 있기 위해, 그리고 자신들의 삶의 방식에 대해 효과적인 결정을 하기 위해 요청되는 사회 변혁이라고 말할 수 있다. 다른 말로 하면 사회주의는 연합한 생산자들 자신이 사회를 의식적으로 규제하는－즉 계획하는－사회다. 마르크스가 추구했던 사회주의 경제는 '아래로부터의 사회주의'로서 '노동자계급의 자기해방'과 '자유로운 생산자들의 연합'에 기초한 참여계획경제다. 따라서 관료적 명령경제일 뿐인 소련·동유럽 또는 오늘날 북한의 이른바 '현존 계획경제'는 마르크스적 사회주의, 마르크스적 계획경제와 아무런 공통점도 없다.[4)]

게다가, 칵샷과 코트렐에 따르면, '현존 계획경제' 중 가장 선진적이었다는 소련의 경우도 중앙계획을 위한 경제계산에 필수적인 투입산출분석은 적용한 적이 없다. 따라서 최종 산출(final output) 목표치로부터 총산출(gross output) 요구치를 계산하는, 경제계획에 필수적인 기본 절차도 소련에서는 실행하지 않았다. 1980년대 중반에도 고스플랜(Gosplan)은 초보적 형태의 투입산출표라고 할 수 있는 '물적 밸런스(material balance)'를 고작 2천여 개 남짓의 품목에 대해서만 작성할 수 있었다. 그리고 중앙계획의 실행을 위해 필수적인 컴퓨터와 정보 통신 기술조차, 1985년 소련 도시 가구의 전화 보급률이 23% 밖에 되지 않았던 데서 보듯이, 서방 시장경제에 비해 훨씬 낙후되어 있었다. 이렇게 보면 '계획' 경제였다는 소련·동유럽은 마르크스적 계획경제는커녕, 엄밀하게 기술적 의미에서도 계획경제를 실천해 본 적이 없다고 이야기할 수 있다.

---

4) 이에 대한 상세한 논의는 정성진(2006ㄴ: 5장)을 참조하라.

2) 『고타강령 초안 비판』의 현재성

여기에서는 최근 '21세기 사회주의' 프로젝트와 관련하여 새롭게 주목받고 있는 『고타강령 초안 비판』을 중심으로 마르크스의 사회주의 개념을 경제적 측면에서 살펴보기로 한다. 미국의 트로츠키주의자 두나예브스카야(R. Dunayevskaya)는 일찍이 『고타강령 초안 비판』을 '조직을 위한 새로운 기초(new ground for organization)'로서 결정적 중요성을 갖는다고 평가하고, 모든 마르크스주의 조직들이 『고타강령 초안 비판』의 실제 내용을 자신들의 기초로 삼을 것을 촉구한 바 있다. 하지만, 그 동안 대다수 마르크스주의 조직들은 『고타강령 초안 비판』을 먼 훗날 해방된 세계, '자유의 왕국', 즉 '발전된 공산주의 단계'(능력에 따라 일하고 필요에 따라 소비하는 사회)의 이야기로 간주하고, 당장의 전략 · 전술 · 투쟁과는 직접 관련이 없는 것으로 치부해 온 경향이 있었다. 그러나 『고타강령 초안 비판』에서 마르크스가 묘사하고 있는 자본주의 이후 사회—상품과 화폐가 소멸하고, 노동시간에 따른 분배와 조절이 이루어지는 투명한 평등주의 사회—의 작동원리는 오늘날 '21세기 사회주의' 프로젝트와 관련하여 다시 검토해 볼 필요가 있다.

> 생산수단의 공동소유에 기초한 협동적 사회에서 생산자들은 자신들의 생산물을 교환하지 않는다. 이는 생산물에 지출된 노동이 여기에서는 이들 생산물의 **가치로서**, 즉 이들이 갖고 있는 물적 특성으로서 나타나지 않는 것과 마찬가지다. 왜냐하면 이제는 자본주의 사회와 달리 개별적 노동은 더 이상 간접적 방식으로 존재하지 않고 총노동의 한 구성부분으로 직접적으로 존재한다. 그리하여, 오늘날에도 그 애매모호함으로 인해서 논박의 여지가 있는 '노동의 성과(Arbietsertrag)'라는 용어는 모든 의미를 상실한다. 우리가 여기에서 다루는 사회는 자기 자신의 기초 위에서 **발전한** 공산주의 사회가 아니라, 자본주의 사회로부터 막 **빠져 나온** 공산주의 사회이다…따라서 개별적 생산자는 일단 여러 항목을 공제한 후 자기가 사회에 제공한 것과 정확히 같은 것을 사회로부터 돌

려받는다. 그가 사회에 제공한 것은 그의 개별적 노동량이다. 예컨대 사회적 노동일은 개별적 노동시간의 합계로 구성되며, 각 개별적 생산자의 개별적 노동시간은 사회적 노동일에 그가 부가한 부분이며, 사회적 노동일 중에서 그의 지분이다. 각 생산자는 (공동기금을 위한 자신의 노동을 공제한 다음) 자기가 이러저러한 양의 노동을 제공했다는 증서를 사회로부터 받는다. 그리고 이 증서를 가지고 소비수단의 사회적 재고로부터 이 증서와 동일양의 노동이 지출된 소비수단을 인출한다. 그가 사회에 어떤 형태로 제공한 것과 동일양의 노동을 그는 다른 형태로 돌려받는다"(마르크스 1875: 375-376. 강조는 마르크스).

위에서 인용한 『고타강령 초안 비판』 부분에서 보듯이, 마르크스는 '공산주의 초기 단계' 에서 이미 노동이 직접적으로 사회적 노동으로 나타나고, 교환과 가치가 소멸하며, 노동시간에 따른 분배가 이루어짐을 분명하게 말하고 있다. 그런데 레닌은 『국가와 혁명』에서 마르크스가 말한 '공산주의 초기 단계' 를 자본주의에서 공산주의로의 이행기로서 사회주의와 동일시하고, 때로는 이를 생산수단의 국유화와 동의어로 사용했다. 문제는 이와 같은 레닌의 용어법이 생산수단의 국유화가 이루어진 뒤에도 이행기로서 사회주의에는 시장과 화폐 및 가치 범주가 존재할 수 있다는 주장 — 이는 결국 사회주의를 공산주의와 별도의 생산양식으로 정식화하는 스탈린의 '사회주의 생산양식론' 으로 발전한다 — 이 생겨날 수 있는 여지를 제공했다는 점이다. 더욱 문제인 것은, 사회주의와 공산주의를 구별하는 레닌의 용어법이, 한편에서는 『고타강령 초안 비판』에서 마르크스가 분명하게 정식화한 '공산주의 초기 단계' 의 특징들 — 노동시간 단위로 계산하고 지불하는 것 — 을 보이지 않게 하고, 이를 노동자국가가 즉각적으로 추구해야 할 과제가 아니라, 요원한 미래, 즉 공산주의(실은 '발전된 공산주의 단계')의 과제로 연기하면서, 다른 한편에서는, 사회주의에서 시장과 가치법칙의 장기적 존속을 정당화하는 각종 시장사회주의론이 창궐할 여지를 제공한 것이다. 하지만, 마르크스가 『고타강령 초안 비판』에서 '공산주의 초기 단계' 에서 노동시간

단위에 의한 계획 프로젝트를 요원한 미래의 과제가 아니라 동시대 독일사회민주당이 즉각적으로 추구해야 할 강령의 핵심으로 제기했다는 점은 분명하다. 마르크스에서 '공산주의 초기 단계'가 '발전한 공산주의 단계'와 구별되는 점은 노동시간 계산에 의거한 경제조절을 아직 달성하지 못했다는 점에 있기는커녕, 정반대로 아직 풍요에 이르지 못해서 노동시간 계산에 의거한 경제조절이 여전히 필요하다는 점에 있다.

따라서 『고타강령 초안 비판』에서 마르크스의 '노동증서'론을 두고, 이것이 그가 이전에 『철학의 빈곤』 등에서 일관되게 펼쳤던 '노동화폐(labor money)'론 비판을 기각한 것이라고 해석한다든지, 이를 '지역통화', '지역교환체제(LETS)', '어소시에이셔니즘(associationism)' 등의 기원이라고 해석하는 가라타니 고진(柄谷行人) 등의 시도는 근거가 없다. 또는 『고타강령 초안 비판』에서 마르크스가 제안한 '노동증서'론을 '공산주의 초기 단계'에서는 "개별적인 노동시간에 따른 분배가 아니라 노동성과에 따른 분배"를 용인한 것으로 해석하는 것 역시 마르크스의 진의를 오해한 것이다. 『철학의 빈곤』, 『정치경제학비판 요강』 등에서 마르크스가 전개한 '노동화폐'론 비판은 상품·화폐경제 자체를 폐지하지 않고도 '노동화폐'의 도입을 통해 상품에 체화된 노동량에 따른 등가 교환을 이룩함으로써 자본주의적 착취를 폐지할 수 있다는, 프루동(P. Proudhon), 그레이(J. Gray) 등의 말 그대로 공상적인 '시장사회주의'론에 대한 비판이다. 따라서 마르크스의 노동화폐론 비판은 결코 『고타강령 초안 비판』에서 제시한 자본주의 폐지 뒤 공산주의에서 '노동증서'를 매개로 한 노동시간 단위에 의한 계획 프로젝트와 모순하지 않는다.

사실, 공산주의 초기 단계에서 노동시간이 경제 조절자로 된다는 『고타강령 초안 비판』의 문제의식은 『정치경제학비판 요강』, 『잉여가치학설사』, 『자본론』 등 여러 곳에서 나타나는 마르크스의 일관된 사상이라고 할 수 있다. 이는 『정치경제학비판 요강』의 다음과 같은 서술에서도 분명하다.

물론 공동체적 생산이 전제될지라도 시간 규정은 본질적인 것으로 남아있다.…모든 경제는 결국 시간의 절약으로 귀착된다.…시간의 절약은 상이한 생산 영역에 대한 노동시간의 계획적 배분과 마찬가지로 공동적 생산의 토대 위에서 여전히 제1의 경제법칙이다(마르크스 1857ㄱ: 155).

3. 참여계획경제론의 유형과 쟁점

1) 참여계획경제론의 공통점

최근 논의되는 참여계획경제론 중 가장 대표적인 것들은 앨버트와 하넬의 '파레콘' 모델, 드바인과 아다만의 '협상 조절' 모델 및 칵샷과 코트렐의 '노동시간 계산' 모델이다. 이들은, 서로 간에 상당한 차이가 있지만,[5] 자본주의 시장경제와 시장사회주의론을 전적으로 거부하고, 직접민주주의와 참여에 바탕을 둔 계획경제를 지향한다는 점에서는 공통적이다.

가. 시장사회주의론 비판

최근 참여계획경제론의 세 모델은 시장사회주의론을 거부한다는 점에서 공통적이다. 이들은 1930년대 사회주의 경제계산 논쟁에서 하이에크(F. Hayek)와 같은 오스트리아 학파를 논파하고 경제계산의 가능성을 입증한 것으로 일반적으로 평가되는 폴란드의 시장사회주의 이론가 오스카 랑게(O. Lange)를 오히려 지식의 '암묵적(tacit)' 성격[6]과 발

---

5) 예컨대 드바인과 아다만은 자신들의 '협상 조절' 모델만이 '참여계획(Participatory Planning)' 모델이고, '파레콘' 모델이나 칵샷과 코트렐의 모델은 참여계획 모델이 아니라 '노동시간 계산(Direct Calculation)' 모델로 분류되어야 한다고 주장한다.

6) 지식의 암묵적 성격이란, 코드화되기 어렵고 개인 특수적이며 맥락 특수적인 지식의 특성을 가리킨다.

견 및 불확실성의 중요성을 인식하지 못했을 뿐만 아니라 민주적 참여의 역할을 무시했다고 비판한다. 이들에 따르면 랑게는 신고전파 일반균형 이론을 수용한 '신고전파 시장사회주의자(neoclassical market socialist)'로서 오스트리아 학파보다 후퇴한 측면이 있다. 또한 드바인에 따르면, 경제적 의사결정을 완전히 독립된 기업들로 분권화하는 것을 통해 효율을 추구하는 체제로 해석되는 시장사회주의는 현대 경제의 특징인 상호의존성을 무시하기 때문에 전혀 가망이 없다. 시장사회주의론의 결정적 약점은 그 구성요소들 사이의 내적 모순이다. 예컨대 슈바이카르트(D. Schweickart)의 시장사회주의론의 핵심 축인, 노동자 자주관리와 시장 메커니즘은 장기적으로 공존할 수 없다. 노동자 자주관리 체제에서 시장 경쟁 원리가 용인될 경우, 노동자들은 경쟁력 강화를 위해 전문경영인을 영입함으로써 자주관리를 스스로 포기하게 된다. 즉, 노동자 참여가 개별 기업의 미시적 수준에 한정되고 기업간 거시적 관계의 사회적 조절로까지 나아가지 못하고, 이것이 시장 메커니즘에 맡겨질 경우, 수익성 기준이 조만간 개별 기업의 의사결정의 유일한 기준이 되고 만다. 실제로 유고슬라비아 경험은 자주관리와 시장의 양립을 추구하는 종류의 시장사회주의가 현실에서 실행 불가능하며, 자본주의 시장경제로의 전면적 복귀가 필연적임을 보여준다. 즉 시장사회주의는 노동자들을 희생하면서 기업 경영자의 권력을 강화·확장하게 된다. 실제로 노브(Nove 1983) 같은 시장사회주의론자들은 노동자 자주관리와 같은 대중의 풀뿌리 자기 조직의 중요성을 거의 무시하며, 노동조합도 경제개혁에 대한 장애물로 인식하는 경향이 있다. 요컨대 앨버트에 따르면, 시장사회주의는 결국 '조절자 계급(coordinator class)'이 지배하는 새로운 계급사회일 뿐이다.

나. 직접민주주의의 옹호

최근의 세 개의 참여계획경제 모델의 또 하나의 공통점은 대중의 참여와 직접민주주의의 역할을 강조하는 것이다. 이들 중 칵샷과 코트렐의 노동시간 계산 모델은 대의민주주의(representative democracy)와 선거제도를 '엘리트주의'로 거부하고 추첨제와 같은 대중 직접민주주의의 도입의 필요성을 역설한다. 이들은 대의민주주의의 가장 급진적 형태라고 할 수 있는 '소비에트 민주주의'—선출된 공직자에 대한 소환권, 공직자 보수의 노동자 임금 수준으로의 제한을 주된 특징으로 하는 1871년 '파리 코뮌'이나 1917년 '소비에트' 또는 '코뮌 국가'—조차도 부르주아 민주주의의 기본형태인 의회민주주의와 동일하게 엘리트주의적 대의민주주의와 선거제도에 기초하고 있다고 비판한다. 예컨대 레닌주의 당은 노동자계급의 대표자로서 행동하고 노동자계급을 대신하여 정치적 결정을 내린다는 점에서 의회제 정부와 마찬가지로 '대의적'이라는 것이다. 즉 누가 대표하고 어떻게 대표하는가 하는 점에서는 차이가 있기는 하지만 대의제 원리 자체는 동일하다는 것이다. 다시 말해 결정은 영향을 받는 사람들에 의해 내려지지 않고 직업적 지배자 집단에 의해 독점되어 있다는 것이다. 이들은 또 아리스토텔레스를 따라 선거에 기초한 정치체제는 모두 귀족정이라고 비판한다. 부르주아 의회 제도에서는 이들 귀족이 주로 기업가 · 법률가와 같은 이들이라면, 기존 소비에트 체제에서는 이들 귀족이 지방 소비에트에서 선출되고 다시 최고 소비에트로 승진한 공산당 활동가들이라는 점이 다를 뿐이라는 것이다. 이들에 따르면 민주주의라는 용어는 대중집회와 추첨에 의한 공직자 선출에 기초한 민중(demos. 이는 라틴어로는 노동빈민을 뜻하는 proles와 동의어임) 권력을 가리키는 고대 용어다. 여기에서 민중 권력은 부르주아 체제에서처럼 선출된 직업적 정치가들에게 위임되지 않으며, 노동하는 보통 사람들이 전부 모여서 자신들에 관련된 문제들에 대해 토론하고 투표하는 것을 핵심으로 한다. 이들은 바로 이 점에서 20세기에 민주주의라고 부른 것들은 부르주아 의회제도이든 소비에트 민주주의이든 고대 민주주의의 원래적 의미와 아무런 공통점도 없다고 비판한다. 이들에 따르면 오늘날 자칭 민주주의 국가들은 민주주의가 아니라 귀족정 또는 과두제다. 이로부터 이들은 직접민주주의의 확대와 추첨제의 도입을 통해 노동하는 빈민의 통치라는 원래적 의미의 민주주의를 회복할 것을 주장하며, 이는 오늘날 정보통신과 인터넷 기술의 발전으로 실제로 실행가능하게 되었다고 주장한다. 이런 직접민주주의 제도에서는 엄밀한 의미에서 국가는 더 이상 존재하지 않으며, 정부의 일상적 업무는 추첨으로 선출된 공직자 평의회에 위임되며, 이 평의회는 입법권을 갖지 않고 오직 민중들에 의해 결정된 정책을 집행할 책임을 가질 뿐이다.

최근 참여계획경제론이 제기한 시장사회주의론 비판과 직접민주주의 확대의 문제의식은 마르크스의 사회주의 개념의 발전에 대한 매우 중요한 적극적 기여라고 평가된다. 이하에서는 최근의 세 개의 참여계획경제 모델의 주요 특징을 비교 · 검토해 보기로 한다.

2) '파레콘'

'파레콘'의 소유 형태는 노동자 평의회 소유다. 경제의 조절은 노동자 평의회와 소비자 평의회의 참여에 의해 아래로부터 이루어진다.

자본주의에서 대부분의 사람들은 대체로 평생 한 직무에 종사하거나 직장을 옮긴다 하더라도 동일 직급의 상이한 직무들 사이에서 이동할 수 있을 뿐이다. 자본주의에서는 기획하고 지시하고 감독하는 고급 직무와 상위 직급은 극소수의 사람들에게 독점되어있고, 대부분의 사람들은 지시받고 감독을 받으면서 판에 박힌 반복적 업무만을 하다가 생애를 마친다. 마르크스는 이와 같은 사회적 분업을 폐지하지 않고서는 노동소외의 극복, 진정한 노동해방은 이루어질 수 없다고 보았고, 따라서 분업의 폐지를 공산주의의 가장 중요한 목적으로 간주했다.

'파레콘'은 사회적 분업의 폐지라는 마르크스의 공산주의상을 실현하기 위해, 작업장 안에서 그리고 작업장 사이에서 권능 부여적(empowering) 직무와 그렇지 못한 직무들을 각각의 노동자에게 고르게 나누어주는 '균형적 직군(balanced job complex)'의 원리를 도입할 것을 제안한다. 하지만 '균형적 직군'을 모든 사람들이 각종의 일을 모두 하는 것으로, 또는 전문성을 부정하는 것으로 오해해서는 안된다. '파레콘'에서 각자는 자신의 균형적 직군에서 매우 적은 종류의 직무들만을 수행한다. 어떤 이는 여전히 뇌수술에 특화할 것이며, 또 어떤 이는 여전히 전기공학에, 또 어떤 이는 고압용접에 특화할 것이다. 그러나 이 특화된 직무들을 수행하는 이들은 자신들이 만약 평균 이상의 권능 부여적 직무에 종사한다면, 약간의 덜 권능 부여적 직무도 수행해야 하며, 또 평균 이상의 바람직한 직무에 종사한다면, 약간의 덜 바람직한 직무도 수행해야 한다. 그렇지 않을 경우 이들은 남들보다 더 많은 시간을 노동하거나 자신들의 노력 등급(effort rating)이 남들보다 더 낮게 평가되는 것을 감수해야 한다. '균형적 직군'의 도입으로 인해 전문성과 효율성이 떨어질 것이라고 생각하는 것은 억측이다. 왜냐하면 효율성을 제고하기 위해서는, 전문가가 복잡한 결과를 결정하는 역할을 맡는 것이 필요할 뿐만 아니라, 그 결과의 영향을 받는 사람들이 자신들이 어떤 결과를 선호하는가를 결정하도록 하는 것도 필요하기 때문이다.

앨버트와 하넬은 '균형적 직군'의 도입을 통해 분업을 폐지해야만 참여와 평등이 실질적으로 보장될 수 있다고 본다. 소수가 권능 부여적 직무를 독점하고 사회 대다수 구성원은 그렇지 못한 따분하고 반복적인 일만 하는 구조에서는 민주주의의 형식이 완전하게 갖추어져 있다고 할지라도, 후자는 전자에 의해 지배될 것이다. 이 점에서 '균형적 직군'의 도입은 권능 부여적 직무를 독점한 집단('조절자 계급')이 그렇지 못한 집단을 계급적으로 지배하는 사태를 방지하기 위해 필수적이다.

한편 소득분배에서는, 자본주의의 경우 재산과 성과에 따라 분배가 이루어지고, 시장사회주의에서는 사유재산이 폐지되므로 성과(또는 이른바 '생산에 대한 기여도')에 따라서만 분배가 이루어진다. 그런데 파레콘에서는 재산과 성과에 따른 분배 원리가 모두 폐기되고, 노력(effort)에 따라서만 분배가 이루어진다. 왜냐하면 노력만이 노동자가 스스로 통제할 수 있고 책임질 수 있는 요인이기 때문이다. 자신이 원한다고 해서 재벌의 자식으로 태어날 수 없는 것처럼, 자신이 원한다고 해서 어떤 천부적 재능(talent)을 가질 수는 없으므로, 재산은 물론 재능도 자신의 통제 범위 밖의 것이라고 할 수 있다. 그런데 시장사회주의론에서처럼 성과에 따른 분배가 이루어질 경우, 재능의 차이에 따른 성과의 차이를 인정하게 되므로 정의로운 분배라고 할 수 없다. 즉 재산에 따른 분배가 정의의 원칙에 어긋나는 것과 마찬가지로, 재능에 따른 분배 역시 정의의 원칙에 어긋난다. 파레콘에서처럼 오로지 노력에 따라 분배를 하는 것이 정의의 원칙에 부합된다. 또 자신이 통제할 수 있고 책임질 수 있는 노력을 분배의 기준으로 삼아야 노력이 고무되고 성과가 극대화될 수 있다. 파레콘에서 노력 등급에 대한 평가는 동료 노동자들로 구성된 '노력 등급 평가위원회'에서 이루어진다. 따라서 파레콘에서는 성과에 따라 분배를 하지 않기 때문에 성과 극대화의 동기와 유인이 떨어진다는 비판은 타당치 않다.

파레콘에서 거시경제의 조절은 특유한 참여계획 메커니즘을 통해 이루어진다. 먼저 '계획촉진위원회(Iteration Facilitation Board)'가 모든 재화 · 자원 · 노동 · 자본스톡의 기회비용(지시가격)에 대한 추정치를 제시한다. 이에 의거해 각급별—동, 구(군), 시(도) 등—소비자 평의회는 품목별 소비 계획서를 제출하고, 노동자 평의회 역시 각 수준별—개별 작업장, 산업 등—로 생산 계획서(생산 품목 및 이를 위한 투입 품목)를 제출한다. 이 때 소비자 평의회가 제출하는 소비 계획은 물론 구성원들의 노력 등급에 대한 평가에 의해 뒷받침되는 것이라야 한다. 즉 노력 등급 평가를 높게 받는 구성원은 더 많은 소비 계획을 제출할 수 있다. 또 노동자 평의회가 제출하는 생산 계획 역시 그것의 사회적 편익(social benefits)이 사회적 비용(social costs)을 초과할 수 있음을 입증해야 한다. 물론 시장경제에서도 사회적 비용과 편익의 비교가 이루어지지만, 시장 실패(공공재, 외부 경제와 외부 불경제 등)를 제대로 고려할 수 없기 때문에 사회적 비용과 편익이 정확하게 계산되지 못한다. 즉 시장은 평균 이상의 긍정적 외부효과를 갖는 재화를 불리하게 평가하고, 평균 이상의 부정적 외부효과를 갖는 재화를 유리하게 평가한다. 이와 같은 외부효과는 예외가 아니라 규칙이고, 이로 말미암아 시장가격은 일반적으로 사회적 편익을 잘못 계산하며, 따라서 일반적으로 자원을 잘못 배분한다. 다시 말해 시장은 공공재에 비해 사적 재화를 과잉공급한다. 이와 달리 참여계획경제에서는 이해당사자들(stakeholders) 모두가 참여함으로써 사회적 비용과 편익이 더 정확하게 계산 · 비교될 수 있다.[7) 계획촉진위원회는 소비자 평의회와 노동자 평의회가 제출한 소비 계획서와 생산 계획서를 품목별로 비교하여, 품목별 초과수요 또는 초과공급 정도를 확인하고 초과수요 품목은 지시가격을 올리고 초과공급 품목은 지시가격을 내린다. 소비자 평의회와 노동자 평의회는 이 새로운 지시가격을 토대로 다시 소비 계획서와 생산 계획서를 제출하며, 이 과정은 초과수요와 초과공급이 제로로 수렴할 때까지 반복된다. 물론 위 과정의 대부분은 인터넷과 컴퓨터 계산을 통해 자동적으로 이루어진다.

3) '협상 조절' 모델

협상 조절 모델에서 기업은 사회적으로 소유된다. 여기에서 "사회적 소유란 사적 소유도 국유도 아니며, 관련된 자산의 사용에 의해 영향 받는 이들에 의한 소유"를 가리킨다. 다시 말해 기업은 노동자뿐 아니라 그 기업의 활동에 의해 영향 받는 모든 집단, 즉 동일한 생산 부문의 다른 기업, 부품 공급자, 소비자, 지역 주민, 환경운동 단체 등에 의해 소유된다. 이 사회적 소유자들이 해당 기업의 이사회를 구성한다.

파레콘에서와 마찬가지로 협상 조절 모델에서도 분업의 폐지는 중

7) 한편 코츠(Kotz 2002)는 사회적 비용과 편익은 원래 질적이며 다차원적인 실체이기 때문에 파레콘 모델처럼 이를 어떤 '스칼라(scalar)' 양으로 환원해서 비교해서는 안 된다고 지적하고, 진정한 의미에서 사회적 비용과 편익은 오히려 드바인의 '협상 조절' 모델에서처럼 영향 받는 모든 이해당사자의 참여 하에 이루어지는 토론과 협상을 통해서만 결정될 수 있을 것이라고 주장한다.

심적 과제다. 협상 조절 모델은 모든 노동을 ①관리 노동, ②창조 노동, ③돌봄 노동, ④숙련 노동, ⑤미숙련 반복 노동으로 유형화하고, 모든 사람들이 생애 주기를 통해 이와 같은 다섯 가지 노동 형태, 특히 다섯 번째 미숙련 반복 노동을 골고루 분담하는 시스템을 제안한다. 드바인에 따르면, "사회적 분업의 폐지란 사람들이 자신들의 생애 내내 위 활동 중 어느 한 범주에만 종사할 때 생겨나는 사회적 계층화에 종지부를 찍는 것"을 가리키고, 사회적 분업의 폐지가 기능적 분업의 폐지를 의미하는 것은 아니다. 그러나 드바인의 사회적 분업 폐지 주장은 생애주기를 통한 사회적 분업의 폐지를 구상한다는 점에서, 주어진 시점에서 작업장 안 및 작업장 사이에서 '권능 부여적' 직무와 '권능 박탈적' 직무 간의 균형을 의도하는 파레콘 모델의 '균형적 직군' 안보다는 덜 급진적이다. 드바인에 따르면 사회적 분업의 폐지가 필수적인 이유는 사회적 분업 하에서 '구상'과 '실행'이 분리되며, '실행'만 하는 사람들, 즉 남이 시킨 일만 하는 사람들은 '부분적' 의식, 또는 '하위 의식(subaltern consciousness)'에 갇혀서 사회를 계획·운영하는 데 필요한 전체적 시각과 의식을 형성할 수 없기 때문이다. 이 점에서 사회주의는 사회적 분업의 폐지를 통해 사람들이 자신의 삶을 통제할 수 있도록 의식화되는 '사회적 변혁(social transformation)'의 과정이다. 즉 사회주의는 사회적 분업이 폐지된 사회로 다시 개념화되어야 한다는 것이다.

거시경제 조절 방식과 관련하여, 드바인은 시장교환(market exchange)과 시장강제(market forces)를 구별한다. 그에 따르면, '시장교환'은 구매자와 판매자 사이의 거래이며 여기에서 교환하는 것은 기업이 기존의 설비를 사용하여 생산한 재화와 서비스다. 반면 '시장강제'는 신규 투자와 투자 회수의 결정—상호 독립적으로 이루어지고 사후적으로 조절된다—의 상호작용을 통해, 자원배분, 상이한 산업의 상대적 규모 및 경제활동의 지리적 분포에 변화가 야기되는 과정을 가리킨다. 드바인에 따르면, 시장사회주의에서는 시장교환 뿐 아니라 시장강제(약육강식·적자생존의 시장 경쟁에 의해 외적으로 강제되는 경쟁적 축적 드라

이브)도 작동한다. 반면 협상 조절 모델에서는 시장교환은 작동하지만, 시장강제가 사라지고 협상 조절로 대체된다는 점에서 시장사회주의 모델과 다르다. 즉 협상 조절 모델에서도 시장교환은 존재하는데, 이는 기존 설비를 사용하는 생산영역에서만 작동한다. 그리고 신규 투자 및 투자 회수는 시장교환이 아니라 협상 조절을 통해 수행된다. 다시 말해 협상을 통해 투자의 사전적(ex ante) 조절이 이루어진다.

협상 조절 모델에서는 모든 경제 활동이 협상 조절을 통해 이루어지는 것이 아니라, 신규 투자나 투자 회수와 같은 일부 경제 활동만이 협상 조절의 테이블에 오른다. 기존 설비를 사용하는 생산과 소비를 비롯한 대부분의 경제 행위는 시장교환에 맡겨진다. 즉 협상 조절 모델은 모든 형태의 시장 메커니즘의 폐지를 주장하는 것이 아니라, 시장 메커니즘이 자기 자신의 법칙과 동학에 따라 작동해서는 안된다고 주장하는 것이다. 다시 말해 협상 조절 모델은 이른바 '자기조절적' 시장 메커니즘의 폐지를 주장하는 것이지, 시장 교환 그 자체의 폐지를 주장하는 것은 아니다. 이를 고려하면, 협상 조절 모델이 "무제한적인 간섭과 끝없는 숙의의 기괴한 장치"로 전락할 것이라는 제도주의 경제학자 호지슨(Hodgson 2005)의 비판은 근거가 없다.

협상 조절 모델에서는 그 기업의 활동에 의해 영향 받는 모든 집단의 참여에 기초한 협상의 중요성을 강조한다. 드바인에 따르면, 무엇을 어떻게 생산할 것인가를 직접생산자들의 적극적 참여에 의해 결정하는 것이 중요한 까닭은 경제의 조절과 발전에 필수적인 지식 또는 정보의 문제 때문이다. 즉 "지식은 그것을 획득하고 소유하고 있는 사람으로부터만 끌어 와서 사용할 수 있"는데, 이를 위해서는 이들의 참여가 필수적이라는 것이다. 다시 말해 지식의 '국지적(local)' · '암묵적(tacit)' 성격이 모든 사회적 소유자들의 참여에 기초한 협상 조절을 필요로 한다는 것이다. 결국 참여적 협상 조절은 암묵적 지식이 사회적으로 동원되는 과정이다.

협상 조절 모델은 정보의 양적 측면뿐 아니라 질적 측면을 강조하는

데, 이 점에서 파레콘 모델과 구별된다. 예컨대 신규 투자나 투자 회수가 이루어질 경우 이것이 노동자나 상이한 지역공동체에 어떤 영향을 미치는지에 대한 질적 정보가 협상 조절의 테이블에 오른다. 협상 조절 과정은 참여자가 다른 참여자와 토론하며 상호 설득하는 '민주주의적 숙의 과정(deliberative democratic process)', 주고받는 과정이지, 기존의 선호를 총합하는 절차가 아니다. 드바인은 다른 무엇보다 협상 조절이 이를 통해 참여자의 인식과 선호가 변화하는 변혁적 과정임을 강조한다.

협상 조절 모델에서 가격은 기업에 의해 사회적 생산비, 장기적 평균비용 수준으로 설정된다. 여기에서 사회적 생산비는 경제 전체 수준에서는 노동 · 자본 · 자연자원과 같은 1차 투입의 비용을 포함하며, 기업 수준에서는 중간투입 비용도 포함한다. 기업은 경제 전체에서 자본비용(또는 기대 수익률)을 포함하는 1차 투입 가격과 중간투입 가격에 기초한 장기 생산비 수준으로 가격을 결정한다. 이 점에서 드바인의 협상 조절 모델의 가격 계산은 스라파(P. Sraffa)의 '생산가격' 모델에 의거해 이루어진다고 할 수 있다. 따라서 드바인의 협상 조절 모델에서는 기업이 '가격설정자(price maker)'라면, 앞서 설명한 파레콘 모델과 후술할 칵샷 · 코트렐의 노동시간 계산 모델에서는 기업은 반복 수정 과정 또는 중앙 계산을 통해 결정된 가격을 수용하는 '가격수용자(price taker)'이다. 드바인의 협상 조절 모델에서는 기업이 '가격설정자'이므로 가격은 동종 산업 안 기업들 간에도 생산성 차이에 따라 상이할 것이며, 이에 따라 기업의 실제 수익률은 자신들의 가격에 포함된 기대 수익률을 초과할 수도 있고 그것에 미치지 못할 수도 있다. 이와 같은 기업들 간 실제 수익률의 차이를 배경으로 하여, 단기적으로는 '시장교환'을 통해 가동률 조정에 의거한 생산량 조절이 이루어지고, 중장기적으로는 협상 조절을 통해 신규 투자 또는 투자 회수가 이루어진다.

4) '노동시간 계산' 모델

칵샷과 코트렐이 주장하는 노동시간 계산 모델에서는 파레콘이나 협상 조절 모델과는 달리 생산수단은 단일한 공적 소유 하에 놓인다.

칵샷과 코트렐은 정보기술과 컴퓨터의 발전에 힘입어 오늘날 복잡한 현대경제에서도 생산물에 체화된 노동시간의 계산에 의거한 균형적인 중앙계획을 수립하는 것이 완전히 가능하다고 본다.[8] 슈퍼컴퓨터를 이용하면 수천만 개 생산물의 투입계수 행렬의 해를 구해서 이들 생산물에 체화된 노동시간(현재의 직접 투하노동시간과 중간투입재에 체화된 과거 노동시간의 합)을 단 몇 분 안에 계산할 수 있다는 것이다.

칵샷과 코트렐은 슈퍼컴퓨터로 계산한 생산물에 체화된 노동시간의 계산 자료에 근거하여, 마르크스가 『고타강령 초안 비판』에서 제안한 것과 동일한 분배원리를 제안한다. 즉 노동자들은 자신들이 지출한 노동시간을 표시한 '노동증서'를 보수로 지급 받는다. 노동자들은 이 노동증서를 가지고, 이와 동등한 양의 노동시간에 해당되는, 자신이 원하는 생산물과 교환한다. 칵샷과 코트렐은 이와 같은 노동시간에 따른 분배를 통해서만 진정한 의미의 평등주의를 구현할 수 있다고 본다. 여기에서 노동증서는 극장표처럼 사용과 함께 폐기되기 때문에 진정한 의

---

8) 하지만 드바인은 정보기술과 컴퓨터가 아무리 발전한다 할지라도 경제적 의사결정에 필요한 지식이 집중될 수 없기 때문에 경제계산은 가능하지 않은데, 이는 지식의 '암묵적' 성격으로 인하여 이들을 코드화해서 중앙계획 당국에 전달할 수 없기 때문이라고 주장한다. 즉 직접적인 중앙계획 방식으로는 암묵적 지식, 이른바 '풀뿌리' 지식을 획득할 수 없다는 것이다. 또 드바인은 칵샷과 코트렐의 '직접 계산' 모델이 "모든 생산함수에 대한 신고전파적인 완전 지식의 가정"을 공유하고 있을 뿐만 아니라 발견과 기업가정신의 문제를 전혀 고려하고 있지 않다고 주장한다. 한편, 호지슨은 칵샷과 코트렐이 암묵적 지식의 문제에 전혀 주목하지 못했으며, 정보에 대해 기술관료적 · 경험주의적 개념을 갖고 있고, 인공지능이나 컴퓨터 기술의 한계를 전혀 고려하지 못하고 있다고 비판한다. 그러나 이와 같은 지적에 대해 칵샷과 코트렐은 "암묵적 지식의 환원 불가능한 인간적 성격을 강조하는 것은 철학적 인간주의"의 발로라고 반박한다.

미의 화폐는 아니며, 교환 역시 진정한 의미의 시장교환이 아니다. 칵샷과 코트렐은 자신들과 같은 노동시간 계산 모델이 소련에서 적용되지 않았던 이유의 하나를 이 모델이 갖는 급진적인 평등주의적 함축에서도 찾는다. 즉 소련의 지배계급은 노동시간에 따른 분배 원리가 도입될 경우 자신들의 특권적 고임금이 위협받게 될 것을 두려워했다는 것이다.

칵샷과 코트렐의 노동시간 계산 모델에서 생산물의 생산량은 이들에 체화된 노동시간과, 이 생산물을 구매하기 위해 제출된 노동증서의 비율에 의거해 조절된다. 예컨대 생산물에 체화된 노동시간에 비해 노동증서로 표현된 노동시간이 큰 생산물은 생산을 증대하고, 작은 생산물은 생산을 감소시킨다. 이 점에서 노동시간 계산 모델에서는 소비자의 선택권이 모델의 구성요소의 하나로 중요하게 고려되고 있다고 할 수 있다. 칵샷과 코트렐은 이와 같은 특징을 갖는 자신들의 모델을, 마르크스로부터는 '노동증서' 론을 원용하고, 랑게로부터는 상이한 소비재 생산부문 간에 사회적 노동을 배분하는 지침으로 소비재 시장가격을 이용하는 '시행착오' 에 관한 아이디어를 따오고, 소련 계획경제 이론가 스트루밀린(S. Strumilin)으로부터는 각 생산부문에서 생산되는 사용가치량은 그 부문에서 지출된 사회적 노동시간과 동일한 비율을 유지해야 한다는 생각을 빌어 왔다는 점에서, '마르크스+랑게+스트루밀린' 모델이라고 명명한다.

한편 칵샷과 코트렐의 노동시간 계산 모델의 의사결정에서는 선거에 기초한 대의민주주의는 기본적으로 거부되고 직접민주주의의 원리와 함께 추첨의 원리가 도입된다. 노동시간 계산 모델에서 계획은 정부가 아니라 추첨으로 뽑힌 보통 시민들의 감독위원회의 통제를 받는다. 이들에 따르면 선거는 민주주의적이 아니라 귀족적이다. 왜냐하면 선거는 전인민에 의한 정부 대신 정교한 선택, '최상' 의 인물을 선발하는 귀족정의 요소를 내포한다. 선거 제도는 항상 사회의 상층, 즉 잘 교육받은 사람들, 돈과 의사소통 수단에 잘 접근할 수 있는 사람에게 유리하기 때문이다. 칵샷과 코트렐은 모든 종류의 대의민주주의를 부르주아 민주주의로 거부할 뿐 아니라, 레닌식의 '평의회 국가(council-state)'도 거부한다. 왜냐하면 '평의회 국가'에서도 풀뿌리 대의기구가 결국에는 공산당이나 반동 세력의 대표들에 의해 지배될 것이기 때문이다. 그 대신 이들은 소비에트 국가가 장기적으로 존속하기 위해서 민주주의의 원초적 원리인 추첨을 재발견할 것을 제안한다.

칵샷과 코트렐이 제안한 직접민주주의에 기초한 참여계획경제를 고려한다면, 사회주의 계획경제에서는 개성과 자유가 억압되고 민주주의의 후퇴와 계획기구의 비대화 · 관료화가 필연적이라는 하이에크의 비판이나, 이런 문제점을 시정하기 위해서는 시장기구의 도입이 필수적이라는 알렉 노브나 존 로머와 같은 시장사회주의론자의 주장은, 아무런 근거가 없다.

그런데 칵샷과 코트렐은 사회적 분업의 폐지나 균형적 직군의 도입의 필요성에 대해서는 언급하지 않는다. 이 때문에 이들이 주장하는 원초적 형태의 급진적 직접민주주의는 공허하게 들리는 측면이 있다. 드바인이 지적하듯이, 칵샷과 코트렐이 제안한 제도는 참여 자치정부에 기초한 무계급 또는 무계층 사회를 향한 변혁의 동학을 내포하고 있지 않다. 다시 말해 이들의 모델에는 이상하게도 정치가 부재하다. 이들의 중앙계획 모델과 마찬가지로 이들의 정치적 수준의 모델도 정치적이라기보다 기술관료적이며 관리적 측면이 강하다. 즉 칵샤과 코트렐의 모델은 정치적 대의민주주의를 거부하고 다양한 형태의 직접투표 및 국민투표 절차를 지지하지만, 대면적(face-to-face) 사회적 상호작용과 협상의 여지는 거의 존재하지 않는다는 약점이 있다.[9]

---

9) 드바인은 동일한 취지의 비판을 파레콘 모델에 대해서도 제기한다. 즉, 파레콘에서는 대면적 접촉과 토론이라는 의미에서 사회적 상호작용은 평의회 내부에서만 이루어지는 반면, 평의회들 간의 상호작용은 반복과정에서 컴퓨터가 전달하는 데이터에 의해 매개되는 결과, 사람들이 경제적 우선순위와 그들이 살고 싶어 하는 종류의 사회에 대한 집단적 선택과 관련하여 공공영역에서 시민으로서 행동할 수 있는 여지는 존재하지 않는다는 것이다.

이상에서 설명한 참여계획경제론의 세 가지 유형의 주요 특징을 도식화해서 비교하면 <표 1>과 같다.

〈표 1〉 참여계획경제론의 주요 유형과 특징

	파레콘	협상 조절 모델	노동시간 계산 모델
주요 이론가 및 최초의 정식화	Albert & Hahnel(1991)	Devine(1988)	Cockshott & Cottrell(1993)
기업 소유형태	노동자 평의회 소유	사회적 소유 (이해당사자 소유)	국유
분업	'균형적 직군'을 통한 사회적 분업 폐지	생애주기 직무 순환을 통한 사회적 분업 폐지	--
분배(임금 결정) 원리	노력에 따른 분배	협상 조절 기구에서 임금률, 기대수익률 등 1차 투입재 가격 결정	노동시간에 상응한 노동증서 지급
소비재 가격의 결정 메커니즘	계획촉진위원회가 제시한 지시가격을 기준으로 소비자 평의회가 제출한 구매계획(이는 노력등급 평가에 기초함)과 노동자 평의회가 제출한 생산 계획(이는 생산의 사회적 편익과 비용의 비교에 기초함)이 균형을 이룰 때까지 지시가격을 반복 조정	기업이 생산비(기대 수익 포함) 수준으로 자율적으로 가격 결정(price-maker). 기대 수익률과 실제 수익률의 비교에 기초하여 가동률(생산량) 조절	중앙계획당국은 투입산출분석(컴퓨터)을 이용하여 생산물에 체화된 노동시간을 계산하고, 이를 생산물 구입을 위해 제출된 노동증서에 표시된 노동시간과 비교하는 방식으로 가격 조절
투자의 결정 주체	기업의 노동자 평의회가 제출한 투자 계획을 소비자 평의회가 인준	관련 이해당사자가 모두 참여한 '협상 조절 기구'	중앙계획당국
시장	'시장교환' 및 '시장강제' 모두 소멸	'시장강제'는 소멸, '시장교환'은 작동	'시장교환' 및 '시장강제' 모두 소멸
의사결정 방식	직접 및 대의민주주의	직접 및 대의민주주의	직접민주주의+추첨
소련의 사회성격	'조절자 계급' 지배	국가주의(statism)	모종의 사회주의

4. 참여계획경제론의 쟁점

이하에서는 참여계획경제론에 대해 최근 제기된 비판을 실행가능성 · 정보 · 기술혁신의 문제를 중심으로 검토하고 이런 비판들이 근거 없음을 보이려고 한다. 끝으로 고전 마르크스주의에 기초한 21세기 사회주의 구현의 관점에서 기존의 참여계획경제론에서 보완되어야 할 점들을 마르크스 노동가치론과 레닌주의의 문제를 중심으로 지적할 것이다.

1) 실행가능성

참여계획경제론에 대해 제기되는 가장 흔한 비판은 오늘날처럼 고도로 발달한 시장경제에서 시장을 폐지하고 참여계획경제 방식으로 경제를 조절하는 것이 가능하지 않다는 것이다. 21세기 조건에서 시장 폐지의 불가능성 또는 불합리성, 따라서 계획경제의 실행 불가능성 명제는 우리나라 진보학계에선 거의 '공준(公準)'으로 받아들여지고 있다. 우리나라 진보학계를 장악하고 있는 좌파 케인스주의자나 시장사회주의론자는 21세기 세계화 · 정보화와 같은 변화된 조건에서 시장 폐지는 불가능할 뿐 아니라 효율성 면에서 바람직하지 않다고 주장한다. 하지만 이런 주장은 아무런 근거가 없다. 물론 세계화가 진전되면서 스탈린이 강변했던 '일국사회주의'를 건설하기가 점점 어렵게 되는 것은 사실이다. 하지만 '일국사회주의'는 고전 마르크스주의가 지향하는 세계혁명으로서의 사회주의와는 아무런 관계도 없다. 세계화는 각국 자본주의의 상호연관을 증대시켜 세계혁명을 통해 쟁취되는 마르크스적 사회주의를 위한 객관적 조건을 더욱 성숙시키고 있다.

그런데 진보진영에서도 슈바이카르트와 같은 시장사회주의론자들은 정보와 복잡성이 천문학적으로 증대한 조건에서 시장이 아닌 계획에 의거해 자원을 배분하는 것은 불가능하며, 가능하다 하더라도 엄청난 비용과 시간이 소요된다고 주장한다. 하지만 필자는 정반대로, 앞서 논의했듯이, 실행 불가능한 것은 마르크스적 사회주의가 아니라 시장사회주의라고 생각한다. 하지만, 참여계획경제는 물론 시장사회주의조차도 반자본주의 대중운동의 폭발적 고양이 없이는 실행에 옮겨질 수 없다. 왜냐하면 시장사회주의의 필수적 전제인 생산수단의 국유화는 자본주의 사유재산 제도의 존립을 근본적으로 문제시하는 혁명적 정세에서만 달성될 수 있을 것이기 때문이다. 그렇다면 우리는 문제를 참여계획경제와 시장사회주의 중 어떤 것이 반자본주의 대중투쟁을 촉진하고 이 투쟁을 사회주의 이행으로 연결시키는 데 더 유효한가 하는 전략적 관점에서 접근할 필요가 있다. 이 경우 답은 명확하다. 앨버트가 지적하듯이, 경쟁의 논리와 불평등 · 소외를 용인하는 시장사회주의 모델보다 이들의 명시적 폐지를 지향하는 참여계획경제 모델이 자본주의의 모순과 적대에 분노한 대중들을 사회주의로의 이행을 위한 투쟁으로 견인하는 데 더 유효할 것이다. 역설적이게도, '현실주의'라는 명목으로 옹호되고 수용되는 시장사회주의가 실은 참여계획경제라는 급진적 모델보다 실제로는 더 유토피아적이라고 할 수 있다.[10)]

또한 오늘날 기술의 급속한 발전이 계획을 거부하는 이유가 될 수는 없다. 21세기 고도로 발전한 정보통신 기술은 지난 20세기에는 상상할 수 없었던 정도로 상세한 계획의 입안과 실행을 가능하게 한다. 예컨대 오늘날 모든 상품에 부착된 '바코드(barcode)'를 활용한다면, 전국적 및 전세계적 수준에서 대부분의 재화의 생산 · 재고 · 물류를 통합 관리하고 소비자 수요를 조사할 수 있다. 실제로 개별 기업 수준에서 이와 같은 계획은 이미 첨단 수준으로 이루어지고 있다. 자본주의 시장경제에서 문제는 이런 계획이 개별 기업 수준에 국한되고 사회 전체에서는 경쟁적 투쟁과 생산의 무정부성이 지배한다는 것이다. 하지만 가령 모든 기업들의 재무제표를 웹사이트에 공개하는 것을 의무화한다면, 구

---

10) 엘슨(Elson 1988)도 실행가능성을 장점으로 삼고있는 노브의 시장사회주의 모델이 오히려 시장경제에서 경쟁의 모순적 동학에 대한 피상적 이해로 말미암아 '유토피아'로 보인다고 지적한다.

글(Google)과 같은 검색엔진을 통해 이를 수집 · 분석하여 전국적 및 전세계적 규모에서 생산과 투자를 계획적으로 조절하는 것은 충분히 가능하다.

앞서 검토한 마르크스가 『고타강령 초안 비판』에서 제안한 구상, 즉 시장경제를 폐지하고, 노동시간을 기준으로 자원을 배분하고 소득을 분배하는 구상은 오늘날 실제로 실행 가능하다. 물론 이를 위해서는 앞서 논의했듯이, 수천 만 가지 재화와 서비스에 체화된 노동시간을 계산해야 하고, 이를 위해서는 다시 투입산출 관계로 상호 연관된 이들 수천 만 가지 재화에 상응하는 수천 만 개의 연립방정식(역행렬)의 해를 구해야 한다. 그런데 이는 이론적으로는 가능하다 하더라도, 실제로는 컴퓨터를 이용한다 하더라도 가령 1년의 경제 계획안을 계산하는 데 10년 이상 걸릴 것이므로, 사실상 무용지물이라는 비판이 흔히 제기된다. 하지만 칵샷에 따르면, 예컨대 2006년에 제작된 5천 파운드 짜리 컴퓨터 1대로 오늘날 스웨덴 정도 규모의 경제에서 생산되는 수천 만 가지 이상의 생산물들에 체화된 노동시간을 단 2분이면 충분히 계산할 수 있다.[11)]

또한 오늘날 정보화의 핵심인 인터넷에 기반한 네트워크의 발전 덕택으로 마르크스적 의미의 계획, 즉 진정한 의미의 참여계획, 아래로부터의 계획, 다시 말해 계획과정에 대한 직접민주주의적 통제가 말 그대로 하나의 현실성으로 되었다. 예컨대 온라인 토론과 인터넷 투표를 결합할 경우, 고대 아테네와 같은 직접민주주의 원리를 경제와 정치 영역에 광범위하게 적용할 수 있다.

---

11) 자본주의 나라의 상품에 체화된 노동시간의 계산은 1960년대 이후 실증적 마르크스주의 경제학의 주요 연구 주제였다. 실제 계산 사례로, 미국의 경우 샤이크와 토낙(Shaikh & Tonak 1994), 우리나라의 경우 촐피디스와 류동민(Tsoulfidis & Rieu 2006)을 참조할 수 있다.

2) 정보

시장사회주의론자들을 포함한 시장경제 옹호자들은 모든 종류의 계획경제에서는 정보의 문제를 해결할 수 없다고 주장하면서 이는 시장경제에서 가장 효율적으로 해결될 수 있다고 주장한다. 그러나 엘슨(Elson 1988)이 일찍이 지적했듯이, 정보의 문제는 생성의 문제라기보다 공개와 공유의 문제다. 자본주의 시장경제에서는 사적 소유로 말미암아 정보가 공개·공유되지 못하고 파편화된다. 오늘날 고도로 발달한 정보화 기술을 감안할 때, 정보 문제는 기술적 문제라기보다 사회·정치적 문제다. 즉 권력자들이 정보 공개에 저항하는 것이 문제라는 것이다. 예컨대 원가계산은 사실 자본주의 경제에서 기업의 기본적인 경영도구다. 따라서 참여계획경제에서는 새롭게 해결해야 할 정보 생성 문제가 제기되는 것이 아니다. 다만 자본주의에서 그 동안 일반적으로 대외비로 되어있던 기업들의 재무·회계 정보를 공개하도록 의무화하는 것만으로, 정보 문제는 기본적으로 해결될 수 있다.

모든 정보의 투명화와 공개는 참여계획경제, 즉 경제에 대한 민주적·의식적 통제를 위해 필수불가결한 조건이다. 왜냐하면 경제에 대한 민주적·의식적 통제는 다름 아니라 생산물과 가격에 관한 모든 가용 정보를 공개적으로 접근할 수 있도록 해서, 어떤 의사결정자라도 다른 의사결정자와 동일한 정보에 접근할 수 있도록 하는 것이기 때문이다.

3) 기술혁신

참여계획 경제에서는 정태적(靜態的)인 자원배분의 효율성은 확보될 수 있을지 몰라도, '기업가 정신'을 바탕으로 한 슘페터적 '창조적 파괴'를 통한 기술혁신의 동학이 작동하지 않기 때문에, 자본주의에 비해 동태적(動態的) 효율성이 떨어질 수밖에 없다는 비판이 흔히 제기된다. 그러나 이런 비판 역시 근거가 없다. 마르크스적 의미의 참여계획경제에서는 참여와 분업의 폐지를 통해 노동소외가 극복되며 노동의욕이 비약적으로 증대되므로 생산성은 획기적으로 향상될 수 있다. 뿐만 아니라, 참여계획경제 모델에서는 직접생산자를 포함한 이해당사자의 전반적 참여를 통해 '암묵적' 지식의 사회적 동원이 극대화될 수 있으며, 자원배분에서 수익성 기준보다 더 넓은 사항들을 고려할 수 있기 때문에, 기술혁신은 자본주의 이상으로 역동적일 수 있다. 즉 문제는 누구의 암묵적 지식을 누구의 이익을 위해 끌어오느냐 하는 것인데, 협상 조절 모델에서는 주요한 경제적 의사결정에서 참여가 주주만이 아니라 모든 사회적 소유자의 대표자들에게 전반적으로 확산된다.[12)] 반면 자본주의에서는 자본가들의 생산수단 소유와 경영권 독점 및 협소한 수익성 기준의 절대화로 말미암아 생산현장에서 직접생산자들의 '암묵적' 지식과 기업가 정신을 끌어내는 것은 매우 어렵다. 앨버트와 하넬이 지적하듯이, 자본주의에서는 의사결정의 위계적 구조로 인해 노동자와 소비자들은 자신들이 영향 받는 것에 비례한 의사결정권을 보장받지 못하며, 이 때문에 수동적이 되고 혁신적 사고와 활동의 유인을 갖지 못한다. 즉 자본주의의 위계적 경영구조는 사람들로부터 경제생활에 대한 통제권을 빼앗기 때문에 사람들의 창조적인 경제적 잠재력을 동원할 수 없으며, 그만큼 혁신 유인은 감소된다.

슘페터나 시장사회주의론을 포함한 모든 종류의 시장경제 옹호론자들은 자본주의에서는 기술혁신자에게 초과이윤이 귀속되고 이 초과이윤이 기술혁신의 근본적 유인을 제공한다고 주장한다. 하지만, 초과이윤만을 혁신의 동력으로 간주하는 것은 기술혁신의 역사와 실제에 대

---

12) 하지만 앨버트와 하넬은 노동자, 다른 기업, 소비자, 지역 주민 등 모든 이해당사자의 참여 하에 기술혁신의 과정 전체가 결정되는 협상 조절 모델에서는 '관료적 무기력'이 발생할 우려가 있다고 하면서, 오히려 기업의 소유자인 노동자 평의회만이 기술혁신 업무를 관장하고 다른 이해당사자들은 노동자 평의회가 제출한 기술혁신 안(이것은 기술혁신의 사회적 비용과 편익의 비교 분석 결과를 포함한다)에 대해 찬반 투표권만을 갖는 자신들의 파레콘 모델이 기술혁신을 더 촉진할 수 있다고 주장한다.

한 왜곡이다. 더 많은 여가 시간, 덜 힘든 작업, 사회적 평판, 새로운 지식을 생산하고 문제를 해결하는 것 자체의 즐거움도 모두 혁신에 대한 강력한 유인이기 때문이다. 게다가, 자본주의 시장경제에서는 시장실패로 인해, 기술혁신을 위한 연구개발과 같은 공공재가 사적 재화에 비해 과소공급될 수밖에 없는 반면, 참여계획경제에서는 이와 같은 공공재의 과소공급 문제가 존재하지 않기 때문에, 자본주의 시장경제에 비해 더 많은 자원을 연구개발 · 기술혁신을 위해 배분할 수 있다. 사실 자본주의에서도 혁신 중 발명과 개발 단계에서는 국가나 대학과 같은 비영리 기관이 중요한 역할을 한다. 또한 자본주의에서 기술혁신은 지적 재산권의 설정에 의거한 독점 메커니즘에 의존하기 때문에 기술혁신의 확산에 한계가 있다. 반면 참여계획경제에서는 지적 재산권이 존재하지 않기 때문에, 한 생산 단위의 혁신이 즉각적으로 다른 생산단위에 공개되어, 혁신의 사회적 확산이 자본주의보다 신속할 수 있다. 무엇보다, 참여계획경제에서는 생산성과 기술혁신의 과실이 자본을 위한 이윤이 아니라 인류 전체의 삶을 위한 풍요로 귀결될 것이다. 따라서 계획경제에서는 혁신과 생산성 둔화가 불가피하다는 하이에크 등 오스트리아 학파의 비판은 소련식 관료적 명령경제나 이른바 시장사회주의에는 해당될 수는 있어도 마르크스적 의미의 참여계획경제에는 해당될 수 없다.

혁신 또는 창조적 파괴가 자본주의 시장경제의 강점으로 주장되지만, 자본주의에서 기술혁신의 한계와 편향도 지적되어야 한다. 무엇보다, 칵샷과 코트렐이 주장하듯이 통념과는 정반대로 자본주의 경제에 대해 제기될 수 있는 진정한 비판은 자본주의에서는 노동이 인위적으로 싸기 때문에[13] 노동절약적 장치를 채택하는 것이 너무 느리다는 점이다. 이와 관련하여, 자본주의에서는 노동 일반의 절약이 아니라, 필

13) 자본주의에서 자본가들은 노동자들에게 그가 수행한 노동 중 필요노동 부분에 대해서만 지불하기 때문에, 자본주의에서 노동은 항상 싸다고 할 수 있다.

요노동의 절약(즉 잉여노동의 증대)을 목적으로 기계가 채용되므로, 노동 일반의 절약을 위해 기계가 채용되는 공산주의에 비해 기계 채용에 한계가 있다는 마르크스의 고전적 논의는 여전히 타당하다.[14] 그리고, 자본주의에서 기술혁신은 적자생존 · 약육강식의 경쟁적 축적의 압박 하에서 무정부적 방식으로 이윤추구를 목적으로 이루어지기 때문에, 불가피하게 중복되고 낭비적일 뿐 아니라, 반인간적 · 생태 파괴적으로 될 수밖에 없다는 점도 지적되어야 한다.

4) 마르크스 노동가치론의 유효성

이 장에서 비교 검토한 최근의 참여계획경제 세 모델은 마르크스의 사회주의 개념을 발전시키는 데 중요하게 기여했다. 하지만 이들 모델에는 개선 · 보완할 점이 적지 않다. 먼저 앨버트의 파레콘 모델이나 드바인의 협상 조절 모델은 『고타강령 초안 비판』에서 마르크스가 제안한 노동시간 단위의 계산을 배격하기 때문에 마르크스적 의미의 계획경제를 정당하게 구체화한 것으로 보기는 어렵다. 실제로 파레콘 모델은 신고전파적 '지시가격(indicative price)' (앨버트), 또는 랑게(Lange 1936)가 제안한 왈라스적인 그리고 신고전파 (시장)사회주의적인 반복적 조절 과정(tâtonnements)에 의존하고 있다. 하넬은 마르크스의 이윤율의 경향적 저하 법칙의 타당성을 명시적으로 부정할 뿐 아니라 변혁

14) "만약 기계를 생산물을 싸게 하는 수단으로만 본다면, 기계를 사용하는 한계는 기계 자체의 생산에 드는 노동이 기계의 사용에 의해 대체되는 노동보다 적어야 한다는 데 있다. 그러나 자본가가 기계를 사용하는 데에는 그 이상의 한계가 있다. 자본가는 노동에 대해 지불하는 것이 아니라 고용하는 노동력의 가치만을 지불하므로, 자본가에 의한 기계 사용의 한계는 기계의 가치와 기계가 대체하는 노동력의 가치 사이의 차이에 의해 설정된다.…그러므로 공산주의 사회에서는 기계는 부르주아 사회에서와는 전혀 다른 사용 범위를 가질 것이다"(『자본론』 I(하): 526, 527주). 여기에서 마르크스는 노동시간 단위에 의한 경제계산에 의거해 기계 채용 (즉 기술혁신)에서 자본주의에 비한 공산주의의 우월성을 논증하고 있다는 점도 주목해야 한다.

주체로서 노동자계급의 중심성도 거부한다. 또한 앨버트와 하넬의 파레콘 모델에서는 사회적 비용을 계산하기 위해 화폐가격을 도입한다. 그리고 파레콘 모델은 사회적 선택의 상이한 차원들을 잠재가격 단위에 의한 비용 · 편익 계산으로 환원할 수 있다는 부르주아 신고전파 경제학의 가정을 공유하고 있다. 틱틴(Ticktin 1998)은 파레콘 모델이 고전 마르크스주의와 아무런 공통점이 없는 '사이비 시장 모델(pseudo market model)' 이라고 비판한다. 그는 나아가 파레콘 모델에서 동료들에 의한 노력 등급 평가는 조지 오웰의 『1984년』과 같은 감시 통제 사회를 연상하게 한다고까지 비판한다. 드바인의 협상 조절 모델 역시 앞서 살펴 보았듯이 스라파(또는 신리카아도주의자들)의 '생산가격' 모델에 의거하고 있다. 캘리니코스(Callinicos 2006)도 파레콘 모델이 시장경제의 작동을 너무 많이 모방하고 있으며 분권화를 지나치게 강조하고 있다고 비판한다. 하지만 캘리니코스는 드바인의 협상 조절 모델에 대해서는 자원배분의 정치적 성격과 민주적 의사결정 과정을 중시한다는 점에서 파레콘 모델보다 우수하다고 평가한다. 그러나 드바인의 협상 조절 모델 역시 마르크스의 노동가치론이 아니라 스라파적 생산가격 모델에 의거하고 있다. 게다가, 협상 조절 모델은 시장사회주의와 같은 시장강제는 거부하지만, 기존 설비의 사용에 의한 생산과 관련된 시장교환은 존속시키고 있다. 그러나 호지슨이 지적하듯이 이와 같은 '시장교환' 과 '시장강제' 의 구별은 자의적이다. 시장교환과 시장강제가 실제로 어떻게 구별될 수 있는지는 분명하지 않으며, 독립적 행위자들이 시장교환에 참여하는 한, 그 결과를 결정하려는 강제력이 작용한다고 보는 것이 타당하다. 나아가 협상 조절 모델이 기초하고 있는 사회적 소유와 독일식 자본주의의 '이해당사자 소유' 간의 차이는 불분명하다.[15)]

---

15) 아다만과 드바인은 자신들의 사회적 소유가 이해당사자 소유(stakeholding) 개념과 유사점이 있음을 인정한다.

시장사회주의 실험의 역사적 실패에서 입증되었듯이, 마르크스가 『고타강령 초안 비판』에서 제안한 노동시간 계산 시스템의 도입 없이 시장경제 위에서 구상된 어떤 대안적 탈자본주의 경제모델도 결국 진정한 자본주의 시장경제 모델로 수렴한다. 따라서 노동시간 계산 시스템의 채택은 '21세기 사회주의' 경제 모델의 구체화 작업에서 필수적 전제라고 할 수 있다. 참여계획경제가 실제로 작동하기 위해서도 생산물에 체화된 노동시간을 계산하는 작업은 반드시 필요하다. 왜냐하면 이것을 계산하지 않고서는 계획 자체가 불가능하기 때문이다. 즉 해당 경제의 생산물들을 공통의 척도로 집계한 다음에야 이들을 생산부문들에 조화롭게 배분하고 구성원들에게 평등주의의 원칙에 맞게 분배할 수 있다. 생산물에 체화된 노동시간을 계산하고 공개하는 것은 소비자가 노동증서로 교부받은 자신의 소득으로 상이한 생산물들을 합리적으로 선택하도록 하기 위해서도 반드시 필요하다.

물론 모든 재화와 서비스가 노동증서에 따라 분배되는 것은 아니다. 보건 의료나 교육과 같은 필수적인 집합적 소비재의 경우는, '공산주의 초기 단계' 에서도 마르크스가 말한 '발전한 공산주의 단계' 의 분배 원리, 즉 '필요에 따른 분배' 원리가 앞당겨 적용되어야 한다. 다시 말해 소비재 총생산에서 '기본소득(basic income)' 에 해당되는 재화와 서비스를 뺀 나머지 부분을 노동증서에 따라 분배하게 된다. 여기에서 '기본소득' 에 해당되는 재화와 서비스란 사회구성원들이 노동과정 참여와 상관없이 기본적인 인간다운 삶을 영위하는 데 필요한 기본적 의식주와 보건 · 교육 · 물과 같은 기본적 서비스를 가리킨다. 마르크스도 『고타강령 초안 비판』에서 노동증서에 따른 분배는 사회적 총생산물에서 교육 · 의료와 같은 사회적 소비 및 투자 · 기술혁신에 필요한 '사회적 축적' 기금 부분을 뺀 뒤에 이루어져야 한다고 보았다.

노동시간에 따른 분배 원리는 분배의 기준이 되는 노동시간을 강도와 숙련도의 차이(나아가 노력의 차이)를 감안해서 계산해야 하는데 이 계산이 어렵기 때문에 합리적인 분배 원리가 될 수 없는 반면, 노동의 성과는 가시적이므로 합리적 계산이 가능하기 때문에 성과에 따라 분배하는 것이 합리적이라는 비판이 제기된다. 하지만 성과의 계산이 노동시간의 계산보다 정확하다는 주장 자체에 의문을 제기할 수 있다. 생산이 갈수록 사회화되는 것을 감안한다면, 생산의 성과 중 특정 부분을 특정 개인의 기여로 귀속시키는 작업 자체가 사실상 불가능하기 때문이다. 이에 비해, 노동시간의 측정은 오히려 상대적으로 정확할 수 있다.

생산물에 체화된 노동시간을 정확하게 계산하기 위해서는 강도와 숙련도가 상이한 이질적인 노동을 동질화하는 작업('숙련 노동의 단순 노동으로의 환원')이 필요하다. 그런데 통상적인 임금격차에 의거한 환원은, 일찍이 뵘바베르크(E. Böhm-Bawerk)가 비판했듯이 '순환논법의 오류'이므로 채택할 수 없다. 그 대신, 칵샷과 코트렐이 제안하듯이, 숙련노동 자체를 하나의 생산물로 간주하고, 그것을 생산하기 위해 소요된 교육 · 훈련시간을 계산하는 방안을 고려할 수 있다. 그러나 이처럼 숙련노동을 '배가된(multiplied) 단순노동'으로 환원하는 것은 생산물에 체화된 노동시간을 정확하게 계산하기 위해 필요한 작업일 뿐이며, 참여계획경제에서 숙련노동과 단순노동에 대한 보수를 달리해야 한다는 것을 의미하지 않는다. 숙련노동은 주로 교육 · 훈련에 의해 생산되며, 참여계획경제에서 교육 · 훈련 비용은 공적으로 부담된다는 점을 감안한다면, 참여계획경제에서는 외과의사와 같은 숙련노동이 청소부와 같은 단순노동보다 몇 배나 되는 보수를 받을 어떤 이유도 없다.

이상을 고려하여 필자는 기존의 참여계획경제론을 노동시간 계산 모델의 관점에서 파레콘 모델과 협상 조절 모델을 비판적으로 종합하는 작업이 필요하다고 생각한다. 이와 관련하여, 칵샷과 코트렐이 자신들이 제안한 모델을 '노동시간' 계산 모델이 아니라, '노동가치' 모델이라고 부르는 것은 부정확하다. 왜냐하면 '노동시간'과 '노동가치'는 전적으로 상이한 개념이기 때문이다. 노동시간은 자본주의 이전 사회에도 탈자본주의 사회에도 존재하는 초역사적 범주이지만, 생산물의 생산에 드는 노동시간이 생산물의 가치 또는 노동가치로 나타나는 것은 자본주의적 상품생산에 특수한 현상이다. 왜냐하면 자본주의에서는 사적 노동이 지배하고 직접적으로 사회적인 노동은 존재하지 않기 때문이다. 따라서 직접적으로 사회적인 노동이 지배하는 마르크스적 사회주의에서는 가치 범주는 소멸한다.[16] 칵샷과 코트렐처럼 가치 개념을 사회주의 모델에 포함시킬 경우, 의도와는 상관없이, 시장사회주의론으로 귀결될 것이다.

5) 소련의 사회성격

끝으로 최근의 참여계획경제 세 모델이 모두 1917년 10월 혁명과 볼셰비즘 및 스탈린주의의 인식에서 편향을 보인다는 점을 지적할 필요가 있다. 이들에서는 볼셰비즘과 스탈린주의 사이의 질적 단절에 대한 인식은 찾아 볼 수 없다. 예컨대 앨버트와 하넬은 마르크스가 원래 생각했던 사회주의는 단 한 번도 검증된 적이 없다고 주장하면서, 1917년 10월 혁명의 역사적 의의 자체를 완전히 부정한다. 이들은 소련은 처음부터 공산당 관료를 중심으로 한 '조절자 계급'이 지배한 계급사회였다고 주장한다. 협상 조절 모델을 주장하는 드바인도 소련·동유럽 블록의 역사적 경험 전체를 '국가주의'로 비판한다. 이와는 반대로 노동시간 계산 모델을 주장하는 칵샷과 코트렐은 스탈린주의 소련을 민주주의의 부재 등 문제점이 많기는 하지만 어쨌든 사회주의 계획경

16) 이와 관련하여 우크라이나의 트로츠키주의자 로만 로스돌스키(2003: 184)의 다음과 같은 고전적 지적은 타당하다. "사회주의 사회에서는 가치법칙이 작용할 여지는 조금도 없다. 왜냐하면 여기에서는 상품생산과 완전히 다른 생산 형태가 이루어지고 있기 때문이며, 또 여기에서는 생산과 분배의 규제가 시장의 맹목적인 움직임에 맡겨지는 것이 아니라 사회의 의식적인 통제에 종속되어 있기 때문이다. … 오늘날 소비에트 블록의 수많은 경제학자들은 가치법칙을 사회주의 분배 원리의 지위로 격상시키고 있는데, 이는 … 소련의 사회경제적 관계가 1917년 10월 혁명의 원래 목표로부터 얼마나 멀리 떨어져 있는지를 보여준다."

제의 원시적 시도로서 긍정적으로 평가한다. 이들은 소련 경제의 문제점을 고질적으로 정합적이지 못한 계획, 부족과 과잉의 반복, 소비자 수요에 대한 반응의 결여 등으로 환원하고, 게다가 이는 부분적으로 잘못된 정책의 결과이긴 하지만 상당 정도는 중앙계획 체제를 너무 이르게, 다시 말해 컴퓨터 · 정보통신 기술을 이용할 수 없었던 시기에, 채택함으로써 빚어졌던 불가피한 결과라고 기술결정론적으로 설명 · 변호한다. 하지만 이들처럼 볼셰비즘과 스탈린주의의 질적 단절, 즉 국가자본주의 반혁명으로서 스탈린주의, 따라서 1917년 10월 혁명과 볼셰비즘의 현재성을 전적으로 거부하는 것은 이론적 · 역사적으로 정당화될 수 없다. 뿐만 아니라, 이들처럼 레닌주의적 조직과 실천의 의의를 전적으로 거부할 경우, 참여계획경제 모델은 이를 현실에서 실현할 수 있는 변혁 주체와 이행의 계기와 결합되지 못하고, 19세기 유토피아 사회주의처럼 도상연습으로 끝나거나, '몬드라곤' 이나 '연대 경제', '공동체에 의거한 경제학', 또는 가라타니 고진 등이 주창하는 '어소시에이셔니즘' 과 같은, 자본주의 체제 가운데 국지화된, 사실상 편입된 '섬' 의 실험으로 그칠 우려가 있다.

6) 이행의 난문과 '능력 구축' 의 필요성: 참여예산의 사례

이 장에서 검토한 참여계획경제 모델은 전사회적 차원에서는 자본주의 체제의 폐지 이후에나 구축될 수 있다. 또한 자본주의 체제의 폐지는 오로지 노동운동을 중심으로 한 반(反)자본주의 대중 투쟁의 고양 속에서만 가능하다. 그리고 참여계획경제 모델은 이와 같은 반자본주의 대중 투쟁을 고무하는 데 있어 기존의 어떤 다른 모델(예컨대 스탈린주의, 시장사회주의, 또는 개혁적 케인스주의)보다 효과적이다. 더욱이 마르크스의 사회주의론, 즉 참여계획경제 모델의 이론으로 무장한 선진적 노동자들 또는 레닌주의적 당의 주체적 개입은 반자본주의 대중 투쟁을 준비하고 이를 자본주의를 뛰어넘는 이행 투쟁으로 발전시키기 위해 필수적이다.

그런데 파편화된 노동 분업과 소외, 상품화와 물상화(物象化), 경쟁력의 논리가 지배하는 자본주의에서 노동자들은 드바인이 말한 '하위(subaltern)' 의식, '즉자적(卽自的)' 계급의식에서 벗어나지 못한다. 따라서 자본주의의 일상적 시기에 노동자 투쟁은 자본주의 체제 안에서 더 많이 소비하고 더 많은 권력을 획득하기 위한 개량 투쟁의 틀을 벗어나기 어렵다. 이런 조건에서 어떻게 자본주의 체제 안의 개량에서 벗어나 자본주의적 착취 체제 자체를 폐지하고 노동 분업, 소외, 상품화와 물상화, 개인주의와 경쟁력의 논리가 지배하는 세계를 변혁하려는 '대자적(對自的)' 계급의식, 즉 참여와 집단적 협동 의식을 갖춘 선진적 노동자들이 어떻게 출현할 수 있는가, 그리고 이들이 어떻게 노동자 대중을 반자본주의 투쟁으로 획득할 수 있는가 하는 난문이 제기된다. 고전 마르크스주의 전통은 이 난문을 트로츠키가 '이행기 강령'으로 정식화한 '비개량주의적 개량(non-reformist reform)'을 위한 투쟁과 이를 통한 '능력 구축(capacity building)'으로 돌파하려 한다. 브라질의 포르투 알레그레(Porto Alegre)에서 시작된 '참여예산(Participatory Budgeting)' 시도는 참여계획경제 모델 구현을 지향하는 '비개량주의적 개량' 또는 '능력 구축' 실험의 사례로서 중요하게 고려되어야 한다.[17)]

5. 맺음말

이상에서 최근의 대표적인 참여계획경제 모델을 '파레콘', '협상 조절' 모델 및 '노동시간 계산' 모델을 중심으로 비교 · 검토하고 그 기여

17) 브라질 포르투 알레그레의 참여예산 실험에 대한 최근의 논의로는 Marquetti (2005)를 참조할 수 있다.

와 한계를 살펴보았다. 이들 모델은 상호간의 차이와 몇 가지 문제점에도 불구하고, 모두 반자본주의·탈자본주의 대안에 관한 논의와 이를 추구하는 운동을 재활성하는 데 크게 기여했다. 시장사회주의에 대한 비판, 아래로부터 참여와 직접민주주의의 역할을 이론화한 것, 사회적 분업의 폐지의 의의를 강조한 것, 지식의 '암묵적' 성격을 중시하고 노동시간 계산에 기초한 실행가능한 계획모델을 작성한 것 등은 마르크스의 사회주의론을 발전시킨 중요한 기여로 평가되어야 한다. 무엇보다 이들 모델은 마르크스의 사회주의론이 파산한 것으로 판명된 유토피아이기는 커녕, 21세기 세계화·정보화의 조건에서 실행가능함을 증명했다. 실제로, 참여계획경제를 통해서만 마르크스의 사회주의론이 추구하는 자주관리(영향 받는 정도에 상응한 의사결정권), 평등(노력에 따른 분배), 효율(희소한 생산자원의 편익 극대화), 연대(타인에 대한 배려) 및 생태 보존이 가능하다. 따라서 오늘날 진보진영은 신자유주의 시장경제 모델에 대한 대안적 경제 모델로서 시대착오적인 케인스주의적 사회적 시장경제나 그 자체 형용모순인 시장사회주의가 아니라, 시장경제 자체의 지양으로서의 마르크스적 의미의 계획경제, 즉 참여계획경제를 선택해야 한다. 물론 최근의 참여계획경제 세 모델은 마르크스의 노동가치론을 거부한다든지, 1917년 러시아 혁명의 현재성에 대해 편향된 인식을 갖고 있다든지 하는 중요한 문제점들을 갖고 있으며 이는 고전 마르크스주의 관점에서 정정되어야 한다. 현재 우리나라 조건에서 참여계획경제의 실행 가능성을 이론적으로 입증하고, 이를 실행할 수 있는 능력을 '참여예산'과 같은 방식의 실험을 통해 구축하여, 이를 '21세기 사회주의' 구현을 위한 운동으로 발전시키는 것은 오늘날 진보진영에 주어진 긴급한 과제 중의 하나다.

세계시장 13

김 공 회

1. 머리말

우리가 살고 있는 자본주의는 하나의 세계경제로서 존재한다. 마르크스에 따르면 자본주의적 생산양식은 세계적 차원의 일정한 분업체계를 토대로 출현했을 뿐 아니라 한번 그것이 출현한 뒤에는 그 국제적 분업체계를 자신의 방식대로 끊임없이 재생산한다. 마르크스 이후 수많은 그의 후계자들이 자본주의의 바로 이런 측면에 주목했으며, 우리가 잘 알고 있는 제국주의론이나 자본의 국제화에 대한 다양한 이론들이 그런 노력에 따른 성과라고 볼 수 있다. 위 이론들은 20세기 초 당대 내로라하는 이론가들에 의해 처음으로 제기된 뒤, 시간이 흐름에 따라 그리고 당면한 국제정치경제적 상황의 변화에 따라 이전에 미처 보지 못한 측면들이 두드러질 때마다 온갖 형태로 발달했다.

'지구화(globalisation)' 라는 용어가 시대를 상징하는 열쇠말이 된 오늘, '자본주의=세계경제' 라는 명제를 부정할 사람은 많지 않을 것이다. 그러나 이런 기본적이고도 상식적인 명제가 그 표현의 깔끔함만큼 언제나 누구에게나 자명하게 다가갔던 것은 아니다. 예컨대 이론의 측면에서 보면, 전통적으로 세계경제 또는 세계시장이라는 개념에 대립되는 것이 바로 국민경제 또는 국민적 시장이었는데, 위에서 언급한 자본주의의 국제적 측면—이 글에서는 이를 '국제경제관계(international economic relations)' 라고 부를 것이다—에 대한 이론들 대부분은 역설적이게도 후자의 관점에서 제시되어 왔던 게 현실이다.

다른 한편 지난 역사 속에서 우리는, 자본과 국가의 권위와 억압에 저항하는 민중들의 투쟁에서 그리고 당이나 노조를 매개로 한 더 조직적인 투쟁에서, 자본주의의 전복이라는 대의가 지역적이고 협소한 이해관계와 아무런 의심 없이 결합되어 왔던 수많은 사례들을 찾아볼 수 있다.[1] 예컨대 한때 높은 수준의 복지와 주요 산업부문의 국유화 등을 바탕으로 '자연스럽게' 사회주의로 들어설 수 있으리라는 전망을 내세웠던 서유럽의 복지국가(welfare state)란 사실상 국제분업체계 속에서 제3세계의 초과착취와 억압을 그 물적 기반의 하나로 가지고 있었다는, 그리하여 그것은 오히려 세계자본주의 체제가 자신을 재생산하는 하나의 방식에 지나지 않았다는 사실은, 더 이상 그런 초과착취 체제가 안정적으로 유지되기 어려운 오늘날 더없이 명백히 드러났다. 결국 자본주의가 세계경제라는 말은, 자본주의를 비판적으로 분석하고자 하는 이론의 차원에서도 또 그것을 극복하고자 하는 실천의 차원에서도, 세계 전체를 하나로 다룰 수 있는 시각을 확보해내지 못하면 원래 의도했던 바를 달성하기 어려울 것임을 뜻한다.

또한 자본주의의 세계성이란 전 세계가 자본의 명령 아래 마치 기계의 한 부속품처럼 그것의 재생산에 일정한 역할을 부여받는다는 뜻이기도 하다. 그러나 이와 동시에 인간은 이전까지 발 딛고 서 있던 지역적이고 협소한 이해관계를 넘어서는 세계적이고 보편적인 개인으로 발달할 수 있는 기회를 얻기도 한다. 이것은 결코 산술적인 생산력으로만

---

1) 여기서 '협소한 이해관계'란 결코 지리적인 것만을 뜻하는 것이 아니다. 진정 지금까지 자본주의는 지리적 · 인종적 · 성적 분할과 차별에 기반을 두고 발전해 왔다. 자본주의의 세계성에 대한 인식은 우리가 당연하게 여겼던 바로 그런 분할과 차별의 한 고리에 대해 심각하게 문제를 제기하는 것이며, 바로 이런 뜻에서 세계성은 곧 보편성(universality)이기도 하다. 한편 이런 과정에서 우리의 사고는 자연스럽게 다른 고리에 대한 문제도 동시에 제기하는 것으로 이어질 것이다.

환원될 수 없는 자본주의의 '역사적 사명'이며, 우리가 세우고자 하는 '새로운 사회'란 바로 이런 성과 위에서만 탄탄한 기반을 얻을 수 있다. 마르크스가 자본주의의 세계성에 주목했던 것도 결국은 이런 생각에서였다고 볼 수 있다.

그러나 유감스럽게도 그는 이 문제를 자세히 다룬 바가 없다. 비교적 젊은 시절에 쓴 『독일 이데올로기』 같은 출판되지 않은 노트에 그의 생각을 엿볼 수 있는 결정적인 몇 개의 구절이 있을 뿐이며, 『자본론』과 같은 저작에서는 곳곳에서 그저 짤막하게 자본주의의 세계성과 관련된 범주들의 의의가 언급되고 있을 뿐이다. 그런 언급들을 그것들이 행해졌을 당시 그의 전체적인 이론 맥락에 맞게 주의 깊게 해석하고 재구성한다면, 마르크스가 자본주의의 세계성에 대해 어떤 생각을 가지고 있었는지를 짐작해내는 것도 불가능하지는 않다. 이 과정에서 가장 핵심적인 범주로 떠오르는 것이 바로 **세계시장**(world market)이다. 즉, 그는 세계시장이라는 현실적이고 구체적인 범주가 자본주의의 세계성이라는 추상적인 명제를 구현하고 있다고 봤다. 이 글에서는 세계시장에 대한 마르크스의 생각을 정리해 볼 것이며, 그렇게 함으로써 국제경제관계에 대한 마르크스주의 이론의 새로운 발전을 위한 하나의 시론을 내놓는 것을 목표로 한다. 더불어 이 과정에서 마르크스 이론 전반에 관련된 다양한 문제들이 제기될 것이다.

2. 방법론적 전제: 세계경제 또는 세계시장 연구의 특수성

앞에서 자본주의의 세계성이 언제나 누구에게나 자명하게 여겨졌던 것은 아니라고 했다. 그러나 시간이 지날수록 이 세계성은 우리에게 점점 더 절실하게 다가오고 있다. 예를 들어 이젠 어디서고 쉽게 구할 수 있는 지구 반대편 브라질산 바나나를 통해 우리는 그곳 농부와 우리가 어떤 끈에 의해 연결되어 있음을 느낄 수 있고, 또 우리의 삶의 근거를 송두리째 앗아간 국제투기자본이 그들에게도 똑같은 일을 저질렀다는 사실을 통해 우리는 그들과 실질적인 유대감을 가질 수도 있다. 말하자면 '지구화' 니 '신자유주의(neoliberalism)' 니 하는 단어로 요약되는 특히 지난 몇 십 년 동안의 경험을 통해 우리는 자본주의의 세계성을 '몸으로' 깨달을 수 있었던 것이다. 그러나 그것으로는 충분하지 않다. 흔히 전체 인류에게 정치적 민주주의와 경제적 번영을 가져다줄 것이라는 장밋빛 지구화가 실은 '자본의', '자본에 의한', '자본을 위한' 지구화라는 점은 이제 명백해졌지만, 우리가 바라는 새로운 사회가 바로 자본주의 안에서 이룩된 발전 위에 세워질 것이라면, 현재의 지구화가 비록 '자본의 지구화' 라고 하더라도 그것의 본질을 정확하게 알아야 할 필요가 있다.

물론 이것이 '연구를 위한 연구' 가 되어서는 안 될 것이다. 마르크스가 밝혔듯이 자본주의의 발달은 그 자체로 사람들 사이의 사회적 관계를 사물들 사이의 관계로 드러낼 뿐만 아니라 이런 작용은 사람의 생각에도 영향을 미쳐 '전도된 의식' 을 생산해 낸다. 하지만 여기서 학자들도 예외가 아니라서, 보통 사람들은 그저 전도된 의식에 속아 넘어갈 뿐이지만, 그런 작용을 이겨내지 못하는 학자들은 나아가 그것을 만고불변의 진리인 것처럼 그럴싸하게 포장하고 선전하기까지 한다. 이런 거짓된 이론, 즉 사태의 기만적인 겉모습에 사로잡혀 그 안에서 은밀하게 진행되는 본질적인 과정을 보지 못하는 이들이 만들어낸 헛된 이론에 대해 마르크스는 관념론 또는 이데올로기 등의 딱지를 붙였다. 이런 이론은 주어진 현실을 긍정하고 옹호하는 특성이 있기 때문에 지배자들에 의해 선호되며, 이렇게 현존 지배질서의 유지에 봉사하는 거짓된 관념체계를 우리는 '지배 이데올로기' 라고 부른다. 바로 이런 전도된 의식, 그리고 그것을 '진리' 로서 확증해주는 거짓된 이론은—신자유주의적 지구화를 장밋빛으로 선전하는 오늘의 주류 이론들이 그렇듯—우리가 시시각각 '몸으로' 깨닫는 실제적 진리들을 우리 스스로 거짓이라고 믿게끔 만드는 매우 '중요한' 노릇을 한다.

바로 이런 생각을 명시적으로 가지고 수행된 모범적인 연구사례를 우리는 마르크스에게서 찾아볼 수 있다. 이 점은 그의 대표작 『자본론』의 부제가 '정치경제학 비판' 인 것에서 잘 드러난다. 여기서 그는 기본적으로 당시 부르주아경제학(bourgeois political economy)이 그 자체의 모순에 의해 무너졌다고 판단하면서도 그 중에서 '합리적 핵심' 을 골라내는 것을 잊지 않는다. 그러나 이는 무조건적인 수용이 아니라 비판적 수용이다. 즉 그는 부르주아경제학에서 이어받은 가치 · 노동 · 분업 등과 같은 개념들을 그 자체로 비판하는 것부터 시작해서, 그런 개념들을 통해 구성된 부르주아경제학 체계의 주요한 계기들에서 발생하는 오류들을 하나씩 밝혀나갔기 때문이다. 한편 이 과정에서 가장 핵심적인 역할을 하는 것이 바로 **물신성**(fetishism)이라는 개념으로, 사실 위 단락에서 설명한 것도 바로 이것의 작용과 관련된다. 마르크스에 따르면 자본주의 사회에서 인간들 사이의 사회적 관계는 있는 그대로 드러나는 게 아니라 사물들 사이의 관계로 대체되어 드러나며, 따라서 우리 눈에 보이는 현실은 언제나 거기서 벌어지는 본질적 과정을 숨기고 있다. 당대의 경제학자들이 보지 못한 것이 바로 이 물신성이다. 마르크스와 마찬가지로 그들도 고전파의 합리적인 유산들을 가지고 있었지만, 그들은 대체로 그 합리적인 유산들을 이용해 그들이 부닥치고 있던 기만적인 현실을 **설명**하려고만 했다. 이들은 현실이 기만적일 수도 있음을 인식하지 못했기 때문에 "어째서 이 내용이 그러한 형식을 취하는가"(『자본론』 I(상): 103)라는 기본적인 질문조차 제기할 수 없었다. 그러나 당연하게도 '기만적인 현실' 은 그들이 가진 '합리적 유산' 과 부조화를 일으킬 수밖에 없었으며, 그들은 이런 부조화 속에서 어리둥절해 하지 않을 수 없었고, 둘을 화해시키지 못한 채 마침내 '(기만적인)현실' 을 설명하기 위해 '합리적 유산' 을 포기하는 방향으로 나아가지 않을 수 없었던 것이다. 마르크스는 이를 일컬어 '이론적 파산' 이라고 했지만, 사실 이 파산은 이론체계의 현실적인 소멸로 연결되는 것이 아니라 오히려 그것을 은폐하고 환상적 현실을 정당화시켜주는 각종 '어이 없는 언행' 들—바로 이것이 '이데올로기' 다—을 생산해내는 것으로 이어졌다. 이것이 마르크스가 '굳이' 그의 저작에 '정치경제학 비판' 이라는 부제를 단 까닭이다. 한편 이런 비판적 과정의 최종적인 결과로서 마르크스는 자신의 이름이 붙은 하나의 경제학 이론체계를 우리에게 남겨주기도 했다.

이와 같은 마르크스의 태도는, 그를 잇는 경제학자들로 하여금 '과연 어떻게 경제학을 할 것인가' 라는 질문을 스스로 하지 않을 수 없게끔 만든다. 뭣보다 우리는 **비판**이라는 한 단어로 요약될 수 있을 마르크스의 '정신' 을 이어받는 것이야말로 핵심이라는 데 쉽게 동의할 수 있을 것이다. 그러나 우리는 마르크스가 남겨놓은 경제학도 가지고 있다. 덕분에 우리는 그것을 하나의 도구로 삼아—필요한 경우 그것을 적절히 수정해 가면서—자본주의 경제가 실제 현실에서 작동하는 방식을 비판적으로 분석하거나 그것을 무비판적으로 다루는 주류 경제학을 비판할 수도 있다. 사실은 이것이 지금까지 대부분의 마르크스주의 경제학자들이 종사했던 작업이었으며, 이렇게 보면 마르크스의 방법론에 관련하여 해묵은 논쟁거리였던 '비판이냐 분석이냐' 하는 것은 결코 양자택일의 문제는 아니라고 해야 할 것이다.[2)]

이제 다시 세계경제로서의 자본주의라는 원래 문제로 돌아가면, 마르크스가 자본주의의 세계적인 성격을 매우 중요하게 여겼던 것과는 달리 유감스럽게도 『자본론』을 포함한 어떤 저작에서도 이 문제를 자세히 다룬 바가 없다는 사실은 이미 밝힌 대로다. 일반화해서 말하면, 마르크스의 정치경제학은 국제경제관계에 대한 명시적인 논의를 포함하고 있지 않다는 것이다. 이와 같은 이론적 공백은 당연하게도 이후

2) 홀로웨이(John Holloway)나 본펠드(Werner Bonefeld) 등으로 대표되는 이른바 '열린 마르크스주의(Open Marxism)' 논자들은 '비판' 을 핵심으로 하는 마르크스의 이론이 '분석' 을 위해 사용되는 것에 격렬하게 반대한다. 그러나 여기서 '비판적' 인 것은 뭣보다 마르크스가 이론을 구성하는 방식이다. 일단 이론이 구성되면 그것은 분석의 도구로 사용될 수도 있다.

많은 마르크스주의자들의 주목을 이끌어냈고, 어떤 이들은 마르크스를 비판한다는 명목으로 또 어떤 이들은 그의 이론을 확장하거나 현실에 적용한다는 명목으로—마르크스의 통찰을 상당 정도 받아들이면서—그 공백을 채우려고 했다. 멀게는 20세기 초반에 다양한 형태로 제시된 제국주의론부터 시작해서 각종 식민지론 · 종속이론 · 세계체제론 · 자본국제화론 등을 거쳐 지구화에 관해 최근 제출되고 있는 다양한 입장들이 바로 그런 시도의 사례들이다. 이와 같은 논의들은 마르크스의 입장을—저마다 다른 정도로—계승한 것일 뿐 아니라 사실은 그것들 각각이 특정한 역사적 현실의 산물이기도 하며, 바로 이 후자의 측면에서 보면 그것들은 각자 고유한 **역사적 · 이론사적** 의의를 가지고 있다고 보는 것이 옳다. 그러나 좀 더 엄밀한 이론적 관점에서 보자면 그들의 노력은 마르크스가 자신의 가장 혈기왕성한 사반세기의 시간을 바쳐 마침내 『자본론』에서 집대성해 놓은 정치경제학을 보완하기에는 저마다 모자람이 많다고 말하지 않을 수 없다. 기존 이론들을 세부적으로 평가하는 것은 이 글의 범위를 벗어나지만, 이후 논의에서 필요한 범위 안에서는 다룰 것이다.

바로 이 대목에 자본주의적 국제경제관계 연구의 특수성—가치론이나 공황론 등과 같은 마르크스주의 정치경제학의 전통적인 연구 분야들과는 달리 마르크스 자신이 거의 다루지 않았다는 점—이 있다고 할 수 있다. 즉 다른 분야들이라면 고도의 추상수준에서 제시된 그의 논의를 현실에 적용시키거나 명확하지 않은 부분을 가다듬는 등의 방식으로 이론을 발전시킬 수 있겠지만, 국제경제관계의 경우엔 그런 작업을 하기에 앞서 마르크스의 문제의식과 방법론을 잘 살려서 적절한 추상수준에서 **이론 자체를 구성**해야만 하는 것이다. 위에서 기존 논의들이 부족함이 많다고 한 것도 사실은 그것들이 바로 이런 과정을 완전히 생략했거나 불충분하게만 수행한 채 제시되었기 때문이다. 이와 같은 문제를 엔리케 두셀(Enrique Dussel)은 마르크스 이론의 '확장(extension)' 과 '적용(application)' 을 구분함으로써 제기한 바 있다(Dussel 2001: Ch. 13). 여기서 **적용**이란 『자본론』 등에서 제시된 자본주의에 대한 마르크스의 논의를 하나의 완결된 것으로 보고 그 이론을 주어진 현실에 그대로 대응시키는 것이며, **확장**이란 마르크스의 이론이 그 자체로 '완성품'이 아님을 인정하고 그것이 미처 포괄하지 못한 부분을 담아낼 수 있도록 기존의 이론의 폭을 넓히는 것을 뜻한다. 두셀은 지금까지 제시된 국제경제관계에 대한 이론들이 주로 마르크스 이론의 적용에만 힘을 쏟았다고 비판한다.

그렇다면 국제경제관계 영역을 포괄할 수 있도록 마르크스의 이론을 어떻게 확장할 수 있을까? 이 작업이 적용이 아닌 확장인 한, 그것을 올바르게 수행하기 위해서는 우리는 무엇보다 이미 마르크스 자신이 명시적으로 제시해 놓은 바로 그 기존의 이론이 어떻게 구성되어 있는지, 그리고 그것이 구성되는 과정에서 하나의 계기에서 다른 하나의 계기로 어떻게 확장되어 갔는지를 먼저 관찰해야 한다.

이론사적으로 보면 이 문제는 지금까지 주로 '방법(method)'의 영역에서 논의되어 왔지만,[3] 여기서 그것을 자세히 다룰 수는 없다. 다만

3) 물론 여기서 '방법'이란 '서술' 또는 '발표'의 방법이다. 주지하다시피 마르크스는 '조사' 또는 '연구'의 과정과 '서술' 또는 '발표'의 과정을 분리해서 생각했는데, 그에 따르면 이론가는 뭣보다 연구의 과정을 통해 자신의 연구대상 전체는 물론 그것을 구성하는 세부에 대한, 그리고 특히 이들 사이의 관계에 대한 명확한 지식을 확보해 내야만 한다. 그리하여 연구의 과정이 끝났을 때 그의 머릿속에서 전체는 "혼란스러운 표상"이 아니라 "수많은 규정과 관계의 풍부한 총체"(마르크스 1857ㄱ: 70-71)로 드러나게 될 것이다. 그러나 그것을 발표할 때에는 부분들을 하나하나 서술할 수밖에 없는데, 이때 중요한 것은 전체의 모습과 해당 부분이 그 전체와 갖는 관계를 잊지 않는 것이다. 이렇게 연구자는 서술의 특정한 단계에서는 자신의 연구대상을 구성하는 특정한 범주들만을 다룰 수밖에 없고, 그러다가 새로운 범주를 들여옴으로써 서술은 그 다음 단계로 나아가게 된다. 마르크스의 방법에 관심을 갖는 논자들은 대체로 이런 과정에서 서술이 어떤 순서로 전개되며 어떤 내적 논리에 의해 추동되는가 등에 관심을 갖는다. 이 문제에 대한 최근의 논의로는 Arthur(2002) 참조. 이 책에 대한 『역사유물론』(*Historical Materialism*) 제13권 제2호(2005년)에 실린 토론도 볼 만 하다.

논쟁의 어느 편에 있든 누구나 쉽게 인정할 수 있는 것은 마르크스가 자신의 서술을 위와 같이 단계적으로 전개시키면서 현실의 복합적인 성격을 점점 더 포괄적으로 담아내려 했다는 점이다. 하지만 여기서 중요한 것은, 앞에서 밝힌 대로, 이 과정에서 마르크스는 자본주의 체제는 독특하게도 언제나 그 자신을 있는 그대로 드러내지 않는다고 바라보면서, 현실의 여러 측면을 설명하려고 하기보다는 **비판적으로 재구성한 자신의 개념들을 가지고 자본주의 체제의 본질적인 과정이 그런 현실의 다양한 측면들 속에서 어떻게 왜곡되는지를 밝히는 데 초점을 뒀다**는 사실이다. 이런 왜곡을 『자본론』의 순서를 따라 몇 가지만 지적해 보면 다음과 같다. 즉 결합된 노동(협업)이 발휘하는 생산력이 마치 자본이 본래 가지고 있던 생산력인 것처럼 드러난다는 것, 임금이 마치 노동에 대한 대가인 것처럼 드러난다는 것, 회전수나 고정자본/유동자본 비율과 같은 자본의 운용방식 자체에서 이윤이 발생한다는 관념, 자본의 크기에 따라 이윤의 크기가 결정된다는 관념, 자본 자체가 이윤(이자)을 낳는다는 관념 등이다. 물론 현실의 이와 같은 왜곡상은 부르주아경제학에 의해 이론적으로 뒷받침됨으로써 '진리'로서의 권위를 얻게 된다.

이 모든 과정 속에서 왜곡되는 자본주의 체제의 본질적 과정이란 결국 **"자본주의 경제에서 모든 물질적 부는 노동자에 의해 창조되어 자본가에 의해 착취된다"**라는 단순한 사실에 다름 아니다.[4] 말하자면 마르크스는 『자본론』 세 권에서 일정한 논리와 순서에 따라 '현대사회의 경제적 운동법칙'을 밝혀나가는 길목 곳곳에서 바로 위와 같은 명제가 어떻게 왜곡되고 있는지, 또 기만적인 현실 속에서 그런 본질적인 관계가 어떻게 자기 자신을 끝내 드러내고야 마는지(예컨대 공황과 같은 국면에서)를 밝히고 있는 것이다. 한편 여기서 우리는 『자본론』 제3권 마지막 편(제7편 수입들과 그들의 원천)에서 마르크스가 그때까지의 논의를

4) 부의 생산에서 '자연'의 역할을 고려하는 것은 현재의 논의에서 사태를 크게 변화시키지는 못 한다.

돌아보면서 최종적으로 사회의 구성원들이 거둬들이는 수입—자본가의 이윤, 노동자의 임금, 토지소유자의 지대—은 그들이 생산에 기여한 것에 비례해서 받는 대가라는 관념('삼위일체 공식')을 반박하고 있음에 주목해야 한다. 물론 이 모든 수입들은 노동자가 생산한 가치의 변형된 · 물신화된 형태들일 뿐이다. 즉 직접적 생산과정에서 자본가에 의해 고용된 노동자가 모든 새로운 가치를 생산해내지만 그 모든 것은 자본가가 차지하고, 사회의 각 계급들이 얻는 수입이란 결국 그 가치가 분배된 것에 지나지 않는다는 얘기다. 따라서 위 삼위일체 공식은 고도로 추상화된 직접적 생산과정 분석을 통해 밝혀진 자본주의적 생산의 비밀(제1권)이 좀 더 현실적인 사회적 총생산의 차원(제3권)에서 그 자신을 드러내는 일반적인 방식이며, 따라서 하나의 경제적 사회구성(economic formation of society)을 대상으로 했을 때 우리가 마주치는 가장 물신화된, 그리하여 가장 일반적이고도 고질적인 통념인 셈이다.

요컨대 『자본론』에서 마르크스는 "자본주의 경제에서 모든 물질적 부는 노동자에 의해 창조되어 자본가에 의해 착취된다"라는 명제가 자본주의의 가장 심층적인 면에서부터 그 표면에 이르기까지 어떻게 성립되어 표현되고 왜곡되는지를 보여줌으로써, 자본주의 현실의 기만적인 움직임은 물론 그것에 대한 실제적인 지식을 전해주는 데 실패한 거짓된 부르주아경제학까지도 비판할 수 있었던 것이다. 결국 우리가 국제경제관계 또는 세계시장의 영역으로 마르크스의 논의를 확장시킨다는 것도 궁극적으로는 바로 이런 과정의 연장선상에서 이뤄져야만 한다. 위에서 지적했듯이, 『자본론』(특히 제3권)에서 마르크스는 하나의 경제적 사회구성은 자본가 · 노동자 · 토지소유자 등 3대 사회계급을 단위로 구성되며, 여기서 일정한 기간에 걸쳐 노동자가 생산한 새로운 가치는 그 계급들 각각이 벌어들인 수입으로 드러난다는 것을 밝혔다. 세계시장도 이와 비슷한 논리로 바라볼 수 있다. 그것을 구성하는 기본단위는 뭣보다 서로 조금씩 다른 형태를 갖는 경제적 사회구성 또는 국민경제(national economy)다. 이런 국민경제들로 이뤄진 세계시장에서도—자본주의적 생산의 본질은 변함이 없지만—위와 같은 기만적인 왜곡이 벌어진다. 주어진 국민경제의 부는 국민경제의 생산성에 비례한다는 통념이 그것이다. 주류 담론에서 강조되는 **국민적 생산성**(national productivity)이니 **국가 경쟁력**(national competitiveness)이니 하는 말들이 바로 그런 통념을 반영한다(마르크스 1857ㄱ: 79-80).

결국 마르크스가 본격적으로 도입하지는 않았던 범주인 세계시장을 연구한다는 것은, 그와 관련된 위와 같은 이데올로기의 거짓됨을 폭로하고 자본주의란 자본가에 의한 노동자의 착취에 기반을 두고 있다는 것을 재차 강조할 뿐 아니라, 이 사실을 부정하는 거짓된 이론을 산출하는 전도된 의식의 근원을 밝히는 작업이라고 할 수 있다. 물론 이는 세계시장 자체를 연구한다기보다는 일차적으로는 그것을 기존의 이론 안에 통합시키는 것이므로, 이 작업은 세계시장이라는 새로운 범주의 도입을 통해 기존의 이론체계가 어떤 변화를 겪는지를 '추적'하는 것이어야 한다. 잉여가치의 착취와 착취한 것의 사회적 배분, 그리고 이 모든 관계의 재생산과 관련된 본질적 과정이 하나의 사회구성 안에서 어떻게 행해지고 왜곡되는가—또는 표현되는가—를 밝히는 것이 『자본론』에서 마르크스가 행한 작업의 전반적인 지향이었다면, 지금 여기서 말하는 추적이란 곧 그러한 왜곡이 다양한 사회구성들이 공존하는 세계시장 수준에서는 어떻게 **더욱** 전개되는가를 좇는 것이기도 하다. 바로 이것이 핵심이다.

3. 세계시장의 '역사적' 의의

앞 절에서는 세계시장 범주를 마르크스의 기존 이론체계 안에 통합시킬 때 고려해야 할 몇 가지 중요한 사항들을 다뤘다. 그런데 여기서 마르크스의 이론체계란 대체로 『자본론』에서 제시된 그의 정치경제학을 일컬으며, '세계시장'이란 하나의 정치경제학적 범주로서, 이 글의 맨 앞부분에서 말했던 '자본주의의 세계성' 같은 것과는 의미상 거리가 좀 있어 보인다. 실제로 자본주의의 세계성을 강조할 때 대부분의 논자들은 『자본론』보다는 그보다 훨씬 앞서 쓰인 저작들에 의지하곤 하는데, 이것이 단순한 우연은 아니다.

결론부터 말한다면, 자본주의의 세계성과 관련해 흔히 인용되곤 하는 『공산당선언』(1848년 출판)을 쓸 때와 『자본론』(1867년 출판)을 쓸 때 마르크스의 이론적 관심, 또는 적어도 그 둘에서 드러나는 자본주의를 바라보는 그의 관점은 전혀 다르다. 하지만 이것이, 전자는 대중용 팸플릿이고 후자는 엄밀함을 추구하는 이론적 저작이라는 사실, 또는 전자는 정치적이고 후자는 경제적이라는 사실 등에서 비롯되는 차이를 가리키는 것은 아니다. 그런 요소들도 위의 두 저작을 구별지어주는 차이점들이지만, 여기엔 그보다 훨씬 더 근본적인 차이가 있다. 바로 전자에서는 자본주의가 하나의 **역사적 체제**로서 다뤄지는 반면 후자에서는 그 **내적구조**에 주된 관심이 기울여진다는 사실이다. 전자의 관점에서는 이전의 사회에 비해 자본주의 사회가 어떤 점에서 두드러지는가, 그리고 그것은 어떻게 지양될 수 있는가 등이 주요한 질문으로 제기된다. 반대로 후자에서는 주로 정치경제학적 관점에서 자본주의 사회를 구성하는 핵심적인 범주들과 그것들 사이의 내적 관계가 주요한 이론적 관심사로 떠오른다. 한 마디로 전자에서는 자본주의 사회가 그것의 생성 · 발전 · 소멸(또는 지양)의 지평에서 고찰된다면 후자에서는 그것의 재생산이라는 관점에서 다뤄진다. 결국 앞의 절에서 세계시장이라는 범주를 기존의 이론체계 안에 통합시킨다고 했을 때 주로 문제가 되었던 것은 바로 후자와 관련된 것이며, 전자의 입장에서는 세계시장—또는 자본주의의 세계성, 세계경제로서의 자본주의—의 역사적 의의가 주요한 문제로 떠오르는 것이다. 이번 절에서는 마르크스가 세계시장에 어떤 역사적 의의를 부여했는지를 보도록 한다.

부르주아지는 도처에서 뿌리를 내려야 하며, 도처에서 정착하여야 하고, 도

> 처에서 연계를 맺어야 한다. 부르주아지는 세계시장의 개발을 통해서 모든 나라들의 생산과 소비를 범세계적인 것으로 탈바꿈시켰다. 반동배에게는 대단히 유감스럽게도, 부르주아지는 공업의 발밑에서 그 민족적 기반을 빼내가 버렸다. 오래된 민족적 공업들은 파멸되었고, 또 나날이 파멸되어 가고 있다. 이 공업들은, 그 도입이 모든 문명국가의 사활 문제가 되고 있는 새로운 공업들에 의해, 즉 더 이상 현지 원료를 가공하지 않고 아주 멀리 떨어진 지역의 원료를 가공하는, 그리고 그 제품이 자국 내에서뿐만 아니라 모든 대륙들에서 동시에 소비되는 공업들에 의해 밀려나고 있다. 국산품에 의해 충족되었던 낡은 욕구들 대신에 새로운 욕구들이 등장하는데, 이 새로운 욕구들은 그 충족을 위하여 아주 멀리 떨어진 나라들 및 풍토들의 생산물들을 요구한다. 낡은 지방적 및 민족적 자급자족과 고립 대신에 민족들 상호간의 전면적 교류와 전면적 의존이 등장한다. 그리고 이는 물질적 생산에서나 정신적 생산에서나 마찬가지이다. 개별민족들의 정신적 창작물은 공동재산이 된다. 민족적 일면성과 제한성은 더욱더 불가능하게 되고, 많은 민족적 지방적 문학들로부터 하나의 세계문학이 형성된다(마르크스 · 엥겔스 1848: 403-404).

위 구절은 특히 최근의 지구화 논의에서 가장 많이 인용되곤 하는 『공산당선언』의 일부분이다. 많은 이들은 지금으로부터 약 160년 전에 작성된 위 구절이 오늘날의 지구화를 꽤 그럴싸하게 묘사하고 있다며 칭송하곤 하지만, 사실 문맥을 고려했을 때 위 구절에서 저자들이 의도했던 것은 뭣보다 자본주의적 생산양식이 이전의 봉건제 등과는 전혀 차원이 다르다는 점을 부각시키는 것이었다. 바로 자본주의의 역사적 의의다.

하지만 여기서 말하는 '역사적 의의'가 구체적으로 무엇을 뜻하는지를 정확히 알기 위해서는 1840년대 마르크스의 지적(intellectual) 발전과정을 살펴볼 필요가 있다. 1840년대 초반 처음 공적인 활동을 시작할 때부터 마르크스는 언제나 '당대의 사회'라는 문제와 씨름해 나갔다. 사실 이것은 당시 그가 속해있던 지적인 흐름 안에서는 일반적인 것이기도 했다. 박사학위(1841년)를 받기 전부터 그는 급진적 헤겔주의자(청년헤겔파)들과 어울리면서 그들로부터 많은 영향을 받았고, 「헤겔 국법론 비판」, 「헤겔 법철학 비판. 서설」, 「유태인 문제에 관하여」[5] 등을 통해 스스로 헤겔을 비판하며 급진적 민주주의자로서 부르주아 민주주의의 한계를 꼬집는 데까지 나아간다. 이때까지는 그가 다른 청년헤겔파 동료들과 커다란 차이를 보인다고 말할 수는 없지만, 이후 그는 『경제학 · 철학 수고』(1844년)와 『독일 이데올로기』(1845-1846년)를 거치면서 자신만의 독특한 입장—흔히 '역사유물론' 이라 불리는—을 확보해 낸다.

사실 위와 같은 마르크스 사상의 발전과정을 들여다보면 과연 알튀세(1965)가 말한 대로 『독일 이데올로기』에서 상당히 급격한 '단절(break)' 을 목격하는 것은 어렵지 않다. 그러나 문제는 바로 그런 단절의 구체적인 내용이다. 과연 그것은 '인간학적 문제 틀' 로부터 '과학' 으로의 전환이라는 식으로 제시되는 것이 타당한가? 분명 누구라도 알튀세가 그랬듯이 1840년대 초반의 마르크스에게 칸트주의자, 피히테주의자, 헤겔주의자 또는 포이어바흐주의자 등의 딱지를 붙일 수는 있을 것이며, 그 시기 그의 저작들 속에서 이전 어느 사상가의 그림자를 발견하는 것도 어렵지 않을 것이다. 그러나 그렇게 함으로써 마르크스가 어느 순간(또는 기간) 이 모든 것들로부터 '단절' 했다고 하는 것은—비록 그것이 틀린 말은 아니라 하더라도—그 의도와 상관없이 다음과 같은 한 가지 중요한 문제를 옆으로 슬며시 밀쳐놓는 결과를 낳는다. 그것은 바로 마르크스의 헤겔 비판은 적어도 '단절' 이전인 1840년대 초부터 그가 죽을 때까지 계속된다는 사실, 그리고 이렇게 집요하게 헤겔의 관념성을 비판할 때 그가 **일관되게** 제기했던 질문은 바로 그런 관념의 밑

5) 이 세 저작들은 1843년 여름부터 1844년 1월 사이에 작성되었다. 그 중에서 나중 두 개만이 『독불연보』(*Die Deutsch-Französische Jahrbücher*)에 출판되었으며, 헤겔의 『법철학』의 일부를 조목조목 비판한 「헤겔 국법론 비판」은 미완성인 채로 남아있다. 이 저작들의 집필배경과 바우어(Bruno Bauer), 루게(Arnold Ruge), 슈티르너(Max Stirner) 등 청년헤겔파가 거기에 미친 영향에 대해서는 맥렐란(1969)을 참고할 수 있다.

바닥에 깔린—또 그것이 미처 보지 못하는—**현실적인 것, 구체적인 것**이 무엇이냐는 것이었다는 사실이다. 다시 말해, 마르크스의 헤겔 비판은 다른 어떤 사상가의 이름으로가 아니라 '현실'과 '구체'의 이름으로 수행되었던 것이며, 바로 이런 태도야말로 『정치경제학 비판을 위하여』(1859년)의 「서문」에서 마르크스가 1840년대 초반부터 당시까지 자신의—상당히 사적인—연구이력을 '양심적이고 장기간에 걸친' 일관된 과정이라고 묘사할 수 있었던 근거임을 우리는 읽어내야만 한다.

또 한 가지. 우리는 이 당시 마르크스를 '(청년)헤겔주의자'로 분류하는 것이 어떤 의미인지도 정확히 해둘 필요가 있다. 알튀세(1965: 273)가 관찰했고 이미 마르크스 자신도 『독일 이데올로기』에서 지적했듯이, 헤겔(G. W. F. Hegel)을 포함한 당시까지 모든 관념철학은 **인간본성**이라는 문제 틀에 기반을 두고 있었다. 헤겔이 내놓는 바람직한 인간이란 그 개체로서의 특성을 완전히 발휘하면서도 그가 속한 공동체와 합일을 이루는 개인이다. 그는 그 원형을 고대 그리스에서 찾으면서 인간의 역사를 이 원형으로부터 멀어지는 과정으로 파악하는 한편, 이런 과정을 거치면서 인간은 반대로 자신이 잃어버린 것을 더욱 높은 경지에서 회복할 기회도 얻게 된다고 주장한다. 이렇게 보면 당시 그가 살고 있던 근대사회란 바로 그런 과정의 마지막 단계였던 셈인데, 즉 비록 근대사회가 삶의 공적 영역(국가)과 사적 영역(시민사회)의 분리를 특징으로 하지만, 여기엔 인간이 그런 분리를 회복할 수 있는 계기들이 존재한다는 것이다. 즉 시민사회 안에서 원자화되고 이기적으로 행동하지 않으면 안 되게 된 사람들은 삶의 보편적 내용으로부터 소외되지만, 그와 동시에 그들은 하나의 진정한 개별적 개인으로 발달할 수 있는 기회를 얻을 뿐 아니라 욕구와 분업과 노동의 체계로서의 시민사회가 확립됨에 따라 타인과의 보편적 연계를 새로운 형태로 수립할 가능성도 갖게 된다는 것이다. 헤겔은 이 모든 가능성들은 '구체적 자유' 또는 '인륜성'의 실현으로서의 국가 안에서 비로소 현실화된다고 주장한다. 따라서 국가는 '진정한 보편성'이기도 하다. 한편 청년헤겔파의 특징도 바로 이 국가에 대한 그들의 시각에서 찾을 수 있다. 기본적으로 그들은 국가에 헤겔과 같은 적극적인 의의를 부여했다는 점에서 '헤겔주의자' 라고 할 수 있지만, 그것을 곧장 현실의 국가—당시 프러시아 국가—와 동일시하기보다는 오히려 그들이 생각하는 이상적 국가상에 비추어 현실의 국가를 비판했다는 점에서 '좌파' 였던 것이다.

1830년대 말과 1840년대 초 몇 년 동안의 마르크스를 청년헤겔파로 분류할 수 있다면 그것은 바로 위와 같은 의미에서다. 그는 헤겔 및 그 후예들과 마찬가지로, 근대사회에서 인간이 겪는 삶의 분열과 소외를 극복하되 근대사회에서의 발전을 토대로 하여 그 이전보다 더욱 높은 차원에서 삶의 완결성(integrity)을 회복하는 것을 자신의 지적 여정에서 중심 주제로 삼았다. 여기에 기반을 두고서 그는 다른 청년헤겔파 동료들과 마찬가지로 당대의 프러시아 국가[6]가 진정한 인간성을 실현해낼 수 없다고 비판한다. 그러나 여기서 중요한 것은, 마르크스는 헤겔이 의미하는 바의 보편성이나 인륜성이라는 개념 그리고 그 현실태로서의 국가라는 개념 자체가 사실은 현실에 뿌리를 두지 않은 관념의 산물이라는 점을 다른 누구보다도 더 심각하게 받아들였다는 사실이다. 말하자면 마르크스는 헤겔(에 대한 일정한 해석)에 기초해서 현실의 문제를 인식하고 또 그 해결까지 구하려고 했지만, 그와 동시에 헤겔철학의 뿌리, 즉 그것의 관념성에까지 비판의 칼날을 겨눔으로써 헤겔을 넘어설 가능성까지 확보하고 있었던 셈이다.

위와 같은 상황에서, 마르크스가 현실에서는 한 발짝 물러서는 대신 이론적으로 더욱 엄밀한 방식으로 헤겔(주의)의 본질적 특징과 한계를 파고들기로 결정했다는 것, 즉 "공적인 무대에서 서재로 되돌아왔다" (마르크스 1859: 6)는 것은 어쩌면 당연한 귀결이다. 앞에서 언급한 '단절기' 이전의 주요한 세 저작들은 바로 그 결정의 산물이다. 한편 여기서

6) 프러시아 국가란 좀 더 일반화해서 말하면 입헌군주제다. 그는 입헌군주제에 대해 공화제(*res publica*)를 옹호하기도 하지만, 이런 태도는 부르주아 국가 일반에 대한, 나아가 국가 일반에 대한 비판으로 이어진다.

마르크스가 헤겔철학의 관념성을 거부하고 현실적이고 구체적인 것을 추구하면서 이르게 되는 곳이 바로 헤겔에 의해 그렇게도 '의붓자식' 취급을 받았던 **시민사회**(bürgerliche Gesellschaft)다. 단적으로 말해 헤겔에서 시민사회란 어디까지나 특수성의 영역으로, 그리고 진정한 이성의 실현인 국가에 의해 지양되어야 할 대상으로 그려질 뿐이지만, 마르크스가 보기에 헤겔이 상정하는 국가란 전혀 현실적인 근거가 없는 관념의 산물이며 현실의 국가 또한 그 뿌리를 시민사회에 두고 있을 따름이다. 따라서 그는 헤겔과는 반대로 근대사회에서 삶의 완결성 회복의 계기를 전적으로 시민사회의 발전으로부터 구하려고 하는 것이다. 나아가 하나의 자립적 실체라기 보다는 시민사회 영역의 물질적 이해관계를 반영하는 지배계급의 도구인 국가도, 헤겔에서와는 반대로 궁극적으로는 시민사회의 발전을 통해 소멸되어야 하는 것으로 드러난다. 조금 더 일반화하자면, 일련의 이론적 · 실천적 경험을 통해 마르크스는 각종 법률적 · 정치적 관념이나 언어로 표현되는 사람들의 행위는 사실은 그들이 맺고 있는 물질적 이해관계의 표현임을 절실히 깨달았던 것이고, 바로 그 물질적 이해관계의 세계를 그는 시민사회라고 보았던 것이다(마르크스 1859: 6-8).

이런 생각을 밀고가다 보면 결국 헤겔적 문제설정의 뿌리, 즉 알튀세가 말하는 그 '인간주의적 문제 틀'에까지 미치지 않을 수 없으며, 마르크스의 문제제기가 이런 극단에까지 도달했음을 보여주는 저작이 바로 『독일 이데올로기』다. 여기서 그는, 자신이 『경제학 · 철학 수고』에서 '소외'라는 개념으로써 제기하고자 했던 현대사회의 문제들을 더 이상 '인간본성'이라는 관념론적 장치에 의존하지 않으면서도 성공적으로 제기할 수 있게 된다.[7] 즉 이제 그는 인간을 주어진 역사적 현실에서 그가 맺게 되는 관계의 총체로서, 또 그 관계의 물질적 토대—바로 이 물질적 토대의 세계가 시민사회다—와의 관련 속에서 이해함으로써,

7) 소외라는 개념 자체가 어떤 이상적인 상태를 전제하는 것이다. 즉 소외란 기본적으로 그런 상태로부터의 이탈을 의미한다.

인간의 실질적 해방의 조건도 그런 물질적 기반의 현실적 운동과 변화로부터 구하고자 하는 것이다. 흔히 경제결정론으로 오해되곤 하는 '생산력의 발전'이라는 명제도 사실은 인간의 현실적 존재를 둘러싼 모든 물질적 조건의 일반적인 발전을 일컫는 것으로 이해하는 것이 옳다.[8)]

바로 이 대목에 세계시장의 '역사적 의의'가 자리한다. 기본적으로 그것은 당시 마르크스가 관찰할 수 있었던 가장 고무적인 물질적 현실의 운동의 산물이었다. 왜냐하면 마르크스는, 세계시장이야말로 한편으로는 시민사회의 파괴적 발전의 극단일 뿐 아니라, 다른 한편으로는 헤겔이 보편성이니 절대정신이니 하는 사변적인 개념으로써 나타내고자 했던 내용—즉 현실에서 벌어지는 삶의 분열과 인간성의 파괴를 지양하는 계기—을 품고 있는 실제 현실의 대응물이라고 봤기 때문이다. 이 점을 가리키는 『독일 이데올로기』의 구절 몇 개를 뽑아보면 다음과 같다.

> [소외—철학자들이 이해하기 쉬운 말로 하자면—의 지양은] 생산력의 고도의 발전수준을…그 전제로 한다. 한편 이 생산력들의 발전(이는 동시에 인간이 지역적인 존재가 아니라, 그들의 세계사 속에서 현실적으로 경험적으로 존재하고 있다는 의미를 내포한다)은 다음과 같은 이유에서도 절대적으로 필요한 현실적인 전제다.…생산력의 **세계적** 발전과 함께 비로소 인간의 보편적 교류가 확립되고, 따라서 한편으로는 '무산자' 대중이라는 현상을 모든 민족 속에서 만들어내

---

8) 마르크스는 당시 영국과 프랑스에서 주로 발달하고 있던 정치경제학이 이런 물질적 조건 일반을 직접적으로 다루는 학문분야라고 여겼고, 바로 그것이 그가 정치경제학 연구에 본격적으로 뛰어들게 된 까닭이다. 이때의 정치경제학은 오늘날 우리가 '경제'라고 부르는 사회의 한 영역—그것도 물신화된, 매우 협소하게 정의된 영역—이 아닌 그 사회 자체를 다뤘다고 볼 수 있다. 또 여기서 '물질적 조건'이라는 말도, 본문에서 간략히 묘사된 대로 당시 그가 문제로 삼았던 '관념'에 대응하는 것으로 봐야지, 오늘날 마르크스를 경제결정론자라고 비난하는 사람들이 그러하듯이 오직 직접적 생산과의 관련 속에서 지나치게 협소하게 이해해서는 안 된다.

고(보편적 경쟁), 다른 한편으로는 각 민족이 다른 민족의 혁명적 변화에 의존하지 않을 수 없게 만들어, 결국에는 지역적으로 국한된 개개인들을 **세계사적**이며 동시에 경험적으로도 보편적인 개인들로 바꾸어놓기 때문이다(마르크스 · 엥겔스 1845: 66).

… 역사의 세계사로의 이러한 전환이란 결코 '자기의식', 세계정신 또는 다른 어떤 형이상학적인 유령의 추상적인 행위가 아니라, 그야말로 물질적이고 경험적으로 확인 가능한 행위[다.] … 지금까지의 역사에서 각 사람들은 그들의 활동이 **세계사적**인 것으로까지 확장되어 감에 따라 점점 더 그들에게 소원한 하나의 힘(철학자들이 이른바 세계정신 따위의 잔꾀로 생각해왔던 하나의 압력) 아래로 노예화되어 갔다는 것, 그리고 그 힘은 점점 더 커져서 마침내는 **'세계시장'** 으로 나타났다는 것(같은 책: 69).

… 이제야 비로소 가능하게 되어 날로 성취되고 있는 시장의 **세계시장**으로의 확대 등이 새로운 역사발전을 야기했다(같은 책: 98).

이리하여 이제 사람들은 단지 스스로 자기실현을 확보하기 위해서만이 아니라 일반적으로 그들의 생존을 확보하기 위해서조차도, 현재의 생산력들의 총체를 자기 것으로 점취하지 않으면 안 되는 상태에까지 이르렀다. 그런데 이 점취란 우선 첫째로 점취되는 대상—즉 하나의 총체로까지 발전하여 오로지 **세계적인 교류** 속에서만 존재하는 생산력들—에 의해 규정된다. 따라서 이런 측면에서만 보더라도, 이 점취는 이미 그 생산력과 교류에 조응하는 **세계적인 성격**을 띠지 않으면 안 된다. 이들 생산력의 점취란 곧 그 물질적 생산용구에 조응하여 각 사람들의 여러 능력들이 발전함을 뜻한다. 이런 까닭에 생산용구들 총체의 점취란 곧 사람들 스스로의 총체적인 여러 능력들의 발전을 뜻한다(마르크스 · 엥겔스 1845: 123. 강조는 필자).

요컨대 마르크스에 따르면, 당시 전세계적 차원에서 교류가 증진됨에 따라 세계시장이 현실적으로 나타나고 있었으며, 그것은 물질적 생산력의 세계적 발전을 상징할 뿐 아니라 그에 조응하는 (여러 능력들이 총체적으로 발달한) 세계사적 · 보편적 개인의 발달을 내포한다. 이와 같은 발전은 역사상 전혀 유래가 없는 것으로, 오직 자본주의 시대에 와서야 비로소 현실화된 것이다. 바로 이런 세계성 · 보편성이야말로 자본주의의, 또는 세계시장의 역사적 의의라고 마르크스는 생각했다.

4. '관점' 의 변화와 세계시장

『독일 이데올로기』에서 위와 같은 의미로 처음 등장한 세계시장 개념은, 『공산당선언』을 거쳐 그보다 훨씬 나중에 쓴 『자본론』에서까지 나타난다. 그러나 앞에서 말했듯이 이 두 저작에서 마르크스가 자본주의 체제를 바라보는 관점은 크게 다르게 나타나는데, 이런 변화에 따라 그가 세계시장에 부여하는 의미도 달라진다. 여기서는 이런 전반적인 관점의 변화와 그에 따라 세계시장, 더 일반적으로는 자본주의의 '세계성' 의 의의가 어떻게 달라지는지를 살펴보도록 한다.

1) 역사적 체제로서의 자본주의

변증법이란 가장 단순하게 말하면, 모든 사태에는 양면성이 있음을 인식하고 그 사태의 운동을 그 양면성을 중심으로 파악하는 것이라고 할 수 있다. 따라서 마르크스가 자본주의 발전을 변증법적으로 인식했다면, 그것은 그가 자본주의 현실의 발달 속에서 서로 상반되는 의미를 갖는 두 흐름을 발견해 냈으며 또 자본주의의 발달을 그 두 흐름의 운동을 통해 파악해 냈음을 뜻한다. 여기서 두 흐름이란 뭣보다 자본주의 발달과정에서 인간과 자연이 파괴되지만 동시에 생산력도 엄청나게 발전한다는 사실을 일컫는다고 할 수 있다. 그러나 더욱 중요한 것은, 이런 두 흐름의 발전은 그 자체로 자본주의의 심화 · 발전을 가리키지만 그런 과정에서 자본주의 자신을 지양하는 계기도 동시에 생산된다는 점이다.[9] 바로 이것이 마르크스가 당시 사회의 변혁을 꿈꿨던 다른 '공상적' 사회주의자들과 달랐던 지점이다. 그는 자본주의의 참상에 반대하면서 '좋았던 옛 시절'로 돌아가자는 주장이나 자본주의의 진보적 측면을 인정하면서 그 나쁜 면만을 고칠 수 있다는 생각에 단호히 반대했다.[10] 이런 뜻에서, 자본주의의 일정한 정도의 발달이라는 기반 위에서 비로소 현실화된 세계시장과 그 안에서 세계적 연관을 갖는 개인은 그런 자본주의적 현실의 자체지양을 가리키는 최고의 계기였던 것이다.

물론 위와 같은 생각의 바탕에는 자본주의가 하나의 역사적 체제라는, 즉 생성 · 발전 · 소멸이라는 과정을 겪는 하나의 일시적인 사회형태일 뿐이라는 인식이 깔려있다. 어떻게 보면 지극히 당연한 이런 생각이 당시엔 물론 지금까지도 그렇게 널리 받아들여지지 않고 있는 것이 사실이다. 마르크스에 따르면 이런 생각에 반대하는 조류가 크게 둘 있다. 첫 번째는 그가 『독일 이데올로기』에서 주로 비판하는 관념론자들인데, 이들은 역사의 변화와 발전은 인정하되 그것을 사변적으로 이해함으로써 목적론으로 기운다. 즉 이들은 현재를 역사의 목적 자체로 보면서 이때까지의 역사를 그런 목적의 실현과정으로서 묘사하는 것이다.

> 역사란 개개 세대의 연속에 불과하며 각 세대는 앞선 모든 세대로부터 물려받은 갖가지 재료, 자본 및 생산력들을 이용한다. 따라서 각 세대는 한편으로 물려받은 활동을 완전히 달라진 환경 밑에서 계속 수행해 나가고, 다른 한편으로

---

9) "변증법은 … 부르주아지와 그 이론적 대변자들에게 분노와 공포를 안겨줄 뿐이다. 왜냐하면, 변증법은 현존하는 것을 긍정적으로 이해하면서도 동시에 그것의 부정 즉 그것의 불가피한 파멸을 인정하기 때문이며, 또 변증법은 역사적으로 전개되는 모든 형태들을 유동상태 · 운동상태에 있다고 봄으로써 그것들의 일시적 측면을 동시에 파악하기 때문이며, 또한 변증법은 본질상 비판적 · 혁명적이어서 어떤 것에 의해서도 제약을 받지 않기 때문이다"(『자본론』I(상): 19).

10) 예컨대 마르크스는, 변증법을 잘못 이해한 나머지 자본주의의 어두운 단면만 제거하려고 했다면서 프루동을 비판한다. "변증법적 운동을 완성하는 것은 두 대립된 측면의 공존, 양자의 투쟁, 새로운 범주로의 이행이다. 나쁜 측면을 제거한다는 문제설정은 변증법적 운동에는 부족하다"(마르크스 1847: 118).

는 완전히 달라진 새로운 활동에 맞춰 기존의 환경을 변화시킨다.

그런데 이를 사변적으로 왜곡시켜버리면 후대의 역사가 앞선 역사의 목표로 되어버릴 수가 있다. 예컨대 아메리카를 발견한 근저에는 프랑스혁명을 향한 내적 목표가 있었다는 식의. 그때 역사는 자신만의 특별한 목적을 지니게 되고, "다른 갖가지 등장인물들과 나란히 선 또 하나의 등장인물"(즉 '자기의식', '비판', '유일자' 등)이 되어버린다. 하지만 앞선 역사의 '사명', '목표', '맹아', '이념'이라고 규정되고 있는 것은, 실은 역사로부터의 추상화, 앞선 역사가 후대 역사에 미치는 능동적인 영향을 추상화한 것에 불과하다(마르크스 · 엥겔스 1845: 68).

다음으로 위와 같은 관념의 좀 더 세속화된 형태로, 현재의 자본주의적 체제가 지금까지 인류역사상 유일한 체제라는 주장이 있다. 이런 생각을 가진 이들은 자본주의 체제에서 두드러지는 특정한 요소들, 예컨대 화폐를 고대사회에서도 발견해 내는 식의 '증거'를 수집하느라 바쁘다. 이상과 같은 두 가지 생각은 공통적으로 현실에 뿌리를 두지 못한 관념의 산물이지만, 주어진 현실을 긍정하고 그것을 유지하려는 속성이 있기 때문에 현실에서 권력을 가진 집단에 의해 선호되는 사상이기도 하다.

자본주의의 '역사성'을 강조함으로써 위와 같은 현실을 옹호하고 나아가 왜곡하는 널리 퍼진 관념에 반대하는 것은, 마르크스의 정치경제학 연구의 특히 전반부에서 가장 중요한 문제의식으로 떠오른다. (물론 이것이 후반부에는 그런 문제의식이 사라진다는 뜻은 아니다.) 그런 생각이 가장 전형적으로 나타난 곳이 바로 『철학의 빈곤』(1847년)이다.

경제학자들은 부르주아적 생산관계, 분업, 신용, 화폐 등을 고정된, 불변하는, 영속적인 범주로 설정한다. …

경제학자들은 … 주어진 제 관계 속에서 어떻게 생산이 이루어지는가를 설명하고 있지만, 이러한 관계 그 자체가 어떻게 만들어지는지에 대해서는, 즉 이러

> 한 제 관계를 낳게 한 역사적 운동에 대해서는 설명하지 못한다.… 그러나 우리가 생산관계의 역사적 운동—범주는 그것의 이론적 표현에 불과하다—을 추구하지 않는 순간부터, 이러한 제 범주 속에서 자립적인 이념이나 현실적 관계와는 무관한 관념을 찾으려고 하는 순간부터, 우리는 모든 관념의 근원을 순수이성의 운동으로 돌리지 않을 수 없게 된다(마르크스 1847 : 110-111).

다시 말해 하나의 생산양식으로서 자본주의 체제를 그 생성·발전·지양이라는 관점에서 파악하는 마르크스의 시각에서는, 그것을 구성하는 개별적인 정치경제학적 범주들 각각을 자세히 다루는 것보다는 체제 전체의 '역사적 운동'을 추구하는 것이 핵심적인 과제로 떠오르며, 전자의 방식은 자칫 잘못된 방향으로 이끌릴 수 있다는 얘기다. 물론 그가 개별 범주들을 아예 무시한 것은 아니다. 예컨대 『철학의 빈곤』에서 분업은 다음과 같이 다뤄진다. (1) 자본주의에서 기계의 발달 및 분업의 촉진은 시장수요의 급증과 더불어 서로 상승작용을 일으키면서 마침내 '자동화된 공장'의 발명을 자극한다. (2) 이렇게 "결코 박애주의적이지 않은 행위"(142쪽)로 시작된 자동공장은 특정 기능의 일면적 발전을 야기하고 직업백치주의를 낳는 근대적 분업의 꼭대기라고 볼 수 있다. (3) 그러나 자동공장에서 노동의 전문화된 특성이 완전하게 소멸되는 것은 오히려 "보편성의 필요, 개인의 완전한 발전으로 향하는 노력"으로 이어져 마침내 전문가와 직업백치주의를 일소한다. 바로 이것이 자동공장의 "혁명적 측면"(146쪽)이다.

이렇게 마르크스는 자본주의 체제 자체는 물론 그것을 구성하는 개별 범주들이나 그것들 사이의 관계[11]까지도 생성·발전·소멸(지양)이라는 '역사적' 관점에서 파악한다. 앞에서 세계시장의 '역사적 의의'라고 한 것도 바로 이와 같은 시각에서 도출된 것이라고 볼 수 있다. 그

11) 마르크스는 예를 들어 경쟁과 독점, 지대와 이윤 등의 범주들이 역사의 전개(특히 봉건제에서 자본주의로의 이행운동)에 따라 짝을 지어 대립적으로 발전하는 것으로 묘사한다.

러나 이런 전반적인 문제의식은 시간이 갈수록 조금씩 변하게 되고, 마침내 세계시장을 포함한 자본주의적 생산양식을 구성하는 범주들을 바라보는 관점도 크게 바뀌게 된다.

2) 관점의 변화와 세계시장

자본주의 체제를 하나의 역사적 형태로 파악한다고 해도, 그것의 내적인 발전 속에서 그것의 자체지양의 계기를 밝혀낸다는 기획을 가지고 있는 한, 자본주의 자체의 작동 메커니즘에 좀 더 깊숙하게 파고들지 않을 수 없다. 『자본론』 제1권의 초판 「서문」에서 마르크스는 "현대 사회의 경제적 운동법칙을 발견하는 것"(『자본론』 I(상): 6)이 『자본론』의 목표라고 말하고 있는데, 바로 이것이 그런 필요를 표현하는 것이라 할 수 있다.

이와 같은 변화는 매우 획기적인 것이다. 자본주의의 **역사적 성격**을 강조할 때에는 그것의 생성 · 발전 · 소멸이라는 지평에 서서 자본주의의 역사적 특수성, 이전 체제와 구별되는 차이점 등을 밝혀낼 뿐 아니라 그것에 기반을 두고 자본주의가 스스로 자신을 지양하는 계기를 구별해 내는 것이 핵심이었다. 반대로 자본주의 체제의 **내적 메커니즘**이 문제가 되고 있는 지금, 자본주의를 총체성을 갖는 하나의 유기적 구조로 인식하면서 그것을 구성하는 주요한 범주들을 구별해 내고 그것들 사이의 관계를 그려내는 것이 가장 중요한 문제로 떠오른다. 이때는 범주들의 소멸 또는 지양이 아니라 **재생산**에 방점이 찍힌다. 이와 같은 전반적인 시각의 변화 속에서, 고찰되는 개별 범주들이 전체 맥락 속에서 갖는 의의 또한 변화의 전후에 걸쳐 달라질 수밖에 없다. 예컨대 토지재산(landed property) 또는 지대(ground rent)를 보면 다음과 같다. 『경제학 · 철학 수고』에서 잘 드러나듯 마르크스는 토지재산이 봉건적인 형태에서 자본주의적 형태로 변화하고 있다고 보면서도 토지소유자와 산업자본가를—그리하여 지대와 이윤을—대립시키면서 전자의 역사적 반동성과 기생성을 비판하기까지 한다. 이렇게 토지재산 또는 지대는 자본주의 체제의 생성·발전·소멸과 관련해서는 핵심적 범주로 다뤄지는 것이다.[12] 그러나 자본주의 체제의 내적 구조와 재생산이 주요한 문제로 떠오를 때 그것들의 의미는 크게 축소되어 전체 체제의 재생산의 일부로서만 고찰된다. "마르크스의 지대론은 산업자본 일반에 적용되는 법칙들이 토지재산의 존재에 의해 어떻게 수정되느냐는 문제에 관한 것이다"(Fine 1979: 242).

그러나 이런 전반적인 문제의식의 변화를 하나에서 다른 하나로의 이행 또는 대체라고 표현하는 것은 자칫 오해를 사기 쉽다. 오히려 그것은, 이전의 ('역사적') 문제의식이 완전히 소멸되는 게 아니라 새로운 ('논리적' 또는 '구조적') 틀 속에서 전과는 다른 형태와 중요성을 가지고 여전히 살아있다는 점에서 '발전' 이라고 하는 편이 더 적절하다. 기본적으로 이 점은 『자본론』의 각 페이지마다 스며있는 마르크스의 역사적 통찰을 통해서도 쉽게 확인되지만, 자본주의의 역사적 성격은 『자본론』의 서술체계 안에서 그 고유한 위치를 차지하면서 전체를 위해 일정한 역할을 수행한다는 점에서 그 의의는 훨씬 더 적극적으로 인정될 수 있다. 『자본론』 제1권의 '시초축적' 에 관한 편(제8편 '이른바 시초축적')이 바로 그런 대표적인 예다. 자본주의적 관계의 발생을 주로 다루고 있는 이 부분은 사실 자본주의 체제의 내적구조를 밝힌다는 목표에 직접 부합하는 것은 아니지만, 마르크스의 전체 이론체계에 역사성을 부여함으로써 그것을 다른 정치경제학 저작들과 구별시켜주는 중요한 역할을 한다. 특히 그 중에서도 제32장('자본주의적 축적의 역사적 경향')은 생성·발전·소멸(지양)이라는 이전의 문제의식을 압축적으로 담고 있다.[13]

---

12) "근대적 토지재산의 경제적 관계들에서, 근대사회의 내적 구성 또는 관계들의 총체로서의 자본은 정립되어 있다"(마르크스 1857ㄱ: 279).

13) 『자본론』 제3권의 제4편~제6편의 각 편의 마지막 장—상인자본, 이자 낳는 자본, 지대 등에 대한 역사적 고찰—에 대해서도 비슷한 말을 할 수 있다.

이상의 논의로부터, 세계시장이라는 범주를 자본주의 생산양식을 구성하는 필수요소라고 보는 한, 이제까지 주로 역사적 관점에서 파악되었던 그것의 의의 또한 새로운 이론적 틀 속에서 새롭게 정의되지 않을 수 없음을 알 수 있다. 이제 세계시장은 자본주의 발달의 한 정점이자 그 지양의 가능성을 품고 있는 현실적 실체라기보다는, 자본주의 경제라는 유기적 전체를 구성하면서 끊임없이 재생산되는 **하나의** 범주로서 고찰된다. 일반적으로 말해 우리가 자본주의 체제를 유기적 총체로 파악한다는 것은, 서로 규정하면서 전체를 구성하는 일련의 범주들의 관계로서 그것을 이해한다는 것을 뜻한다. 이때 각 범주들은 논리적으로만 보더라도 주어진 전체를 구성할 뿐 아니라 역사적으로도 그것의 출현에 필수불가결한 조건이었다는 점에서 '전제' 가 되지만 전체의 운동 속에서 끊임없이 재생산된다는 점에서 '결과' 이기도 하다. 세계시장도 그러하다. 마르크스는 "16세기에 세계무역과 세계시장이 형성된 때로부터 현대적인 자본의 역사가 시작된다."(『자본론』 I(상): 189)고 함으로써 세계시장이 자본주의 성립을 위한 역사적 전제였다고 보았을 뿐 아니라 일단 자본주의가 확립되면 그것은 자본주의의 논리에 따라 재생산된다고 주장했으며, 사실 이는 다른 경제적 범주들에 대해서도 마찬가지로 해당된다.

그러나 자본주의 생산양식을 그것을 구성하는 일련의 요소들 사이의 내적 관계로 파악한다 하더라도, 이를 실제로 서술하는 과정에서는 그런 요소들을 한꺼번에 모두 고려할 수는 없으며 각 범주들은 순차적으로 도입될 수밖에 없다. 하지만 '서술' 에 앞서 '조사' 의 과정에서 이미 전체는 "수많은 규정과 관계의 풍부한 총체"로서 연구자의 머릿속에 표상되어 있기 때문에, 어떤 범주가 서술에는 아직 도입되지 않았다 하더라도 그것이 자본주의 생산양식의 실제 운동을 규정하는 하나의 요소로 여겨지는 한, 서술의 과정에서 그것의 존재가 망각되어서는 안 된다. 그러다가 서술의 일정한 단계에서 마침내 그것은 명시적으로 도입될 것이다. 이와 같은 새로운 범주의 도입은 그에 앞서 고려되고 있던 범주들에 새로운 규정을 추가하여 그것들의 의의에 일정한 변형을 가할 것이며, 이에 따라 그 모든 범주들의 총체로서 파악되는 전체 체계도 하나의 차원이 덧붙여짐으로써 새로운 활력(dynamism)을 부여받을 것이다. 사실 우리는 이런 예들을 이미 『자본론』 곳곳에서 여러 차례에 걸쳐 목격한 바 있다. 제3권에서 자본 부문간 경쟁이 도입됨으로써 제1권에서 단순하게 규정되었던 가치가 새로운 규정을 부여받는다는 것이 대표적인 예다. 결국 이렇게 보면, 세계시장은 아직 명시적으로 도입되지는 않았지만 전체 서술에 이미 자신의 그림자를 드리우고 있는 하나의 범주인 셈이다. 이제 남은 일은 이 그림자의 실체를 명확하게 드러내는 일이다.

5. 자본주의를 구성하는 하나의 범주로서 세계시장의 도입

이상의 논의에서 어느 정도 드러났겠지만, 여기서 우리가 다루는 '세계시장' 은 단순히 지리적인 것도('세계'), 유통의 영역('시장')을 가리키는 것도 아니다. 분명 마르크스는 실제 역사에서 나타난 실체, 즉 일정한 지리적 범위에 기반을 둔 상품교환의 영역을 세계시장이라고 부르기도 했지만, 지금 우리가 다뤄야 할 것은 그런 현실의 세계시장으로부터 추상화된 하나의 **개념**(concept)으로서의 세계시장이다. 이 개념적 세계시장은 자본주의 경제—역시 개념적으로 파악된—를 구성하기 위해 필요한 '전제' 일 뿐 아니라 그것의 논리에 의해 재생산되는 '결과' 이기도 하다. 포괄적으로 정의하자면 그것은 **생산과 교환 · 소비 · 분배 등을 모두 아우르는 자본주의 생산양식의 공간적 차원**이라고 할 수도 있다.

그렇다면 이 세계시장을 명시적으로 분석에 도입한다는 것은 무슨 뜻인가? 한 마디로 요약하자면 그것은 바로 자본주의 세계경제가 공간적으로 불균등하게 존재한다는 점을 인정하고 그것을 적극적으로 고려한다는 뜻이다. 물론 이 불균등성은 뭣보다 세계지도에 그어진 국경선을 따라 존재할 것이다. 하지만 마르크스는 일찍이 『자본론』 제1권에서 자신이 그런 공간적 불균등성을 의도적으로 추상하고 있음을 밝힌 바 있다.

> 문제를 애매하게 하는 모든 부차적 사정들을 떠나 연구대상을 순수한 형태로 고찰하기 위해서는, 상업세계 전체를 한 나라로 보며, 또 자본주의적 생산이 모든 곳에서 확립되어 모든 산업부문들을 지배하고 있다고 가정해야 한다(『자본론』 I(하): 791).

마르크스 정치경제학에서 세계시장의 도입이란 다름 아닌 바로 위 가정을 완화시키는 것이다.[14] 그렇게 함으로써, 우리는 뭣보다 세계시장 차원에서만 비로소 분석에 도입될 수 있는—즉 위와 같은 가정 때문에 당분간 무시되었던—경제활동의 측면들을 고려할 수 있게 된다. 세계화폐 · 환율 · 무역, 다양한 형태의 자본수출, 나라들 사이의 경제적 지배 · 종속, 노동인력의 국제적 이동 등이 그것이다. 사실 지금까지 국제경제관계에 관한 마르크스주의 이론들이 대체로 위와 같은 것들을 다루는 데 바쳐졌다고 볼 수 있는데, 그 중에서도 이론적 관점에서 가장 주목할 만한 성과가—비록 실제로는 활발하게 논의되었다고는 볼 수 없지만—이른바 국제가치론(theory of international value)이다. 이는 레닌(V. I. Lenin)과 그 동료들에 의해 다양한 형태로 제안되었던 고전적 제국주의론이나 제2차 세계대전 이후의 국제정치경제적 정세를 반영한 종속이론 등에 좀 더 탄탄한 가치론적 기반을 제공하려는 노력의 결과라고 볼 수 있다.[15] 대체로 이는 가격이라는 형태를 띠고 행해지는 세계시장에

14) 물론 불균등성은 국내적으로도 존재할 수 있다. 세계시장 즉 불균등성의 도입은 바로 이런 국내적 불균등성까지도 암묵적으로 고려할 수 있는 인식론적 계기를 우리에게 마련해주지만, 현재의 분석에서 거기까지 생각을 뻗을 필요는 없다.

서의 다양한 경제행위들의 가치적 본질에 우리로 하여금 주의를 기울이도록 하는 데 성공했다고 볼 수 있으며, 그렇게 함으로써 오직 가격만을 중심으로 구성된 주류이론들—예컨대 가치론적 기반이 제거된 무역의 비교우위론—을 효과적으로 반박할 수 있었다. 그러나 이 과정에서 국제가치론자들은 주류경제학과 마찬가지로 일국적 관점을 전제하고 논의를 펼침으로써, 계급적 착취라는 본질과 나라간 수탈(또는 가치이동)이라는 현실을 효과적으로 연결시키는 데 실패한 것도 사실이다. 아무리 이들이 나라간 수탈(또는 가치이동)의 근원이 계급적 착취라고 말해도, 이들이 정작 전자를 다룰 때는 후자는 하나의 국민이라는 범주 안에서 용해되어 버리기 때문이다. 물론 이는 국제가치론만이 아니라 대부분의 국제경제관계에 대한 마르크스주의 이론들이 가진 문제다.

그러나 지금까지 우리의 논의에 따르면 이는 매우 치명적인 약점이다. 제2절에서 지적되었듯이, 『자본론』에서 마르크스의 논의를 이끄는 커다란 지향은 자본가와 임금노동자 사이의 계급관계에서 발생하는 착취라는 본질적 과정이 자본주의 경제 곳곳에서 띠는 다양한 기만적인 형태들을 추적하는 것이었기 때문이다. 그렇다면 이런 지향은 세계시장이 도입되었을 때에도 유지되는 것이 마땅하며, 여기서 핵심은 계급적 착취라는 본질이 세계시장 차원에서 어떻게 드러나는가를 밝히는 일일 것이다. 이미 확인했듯이 전 세계를 단일한 사회구성으로 가정하고 전개되었던 『자본론』에서, 가치 또는 잉여가치가 존재하는 기만적 형태는 '삼위일체 공식'으로 요약되었다. 그러나 세계시장 범주를 도입했을 때 이는 더 이상 유효하지 않다. 왜냐하면 하나의 사회구성이 계급들을 기본단위로 해서 형성되는 반면, 세계시장은 각각의 개별 국민적 사회구성을 단위로 하기 때문이다. 즉 **노동자에 의해 창조된 가치**

---

15) 이 표현이 국제가치론에 대한 일정 정도의 단순화를 품고 있는 것은 사실이지만, 여기서 그 세부적인 내용을 다루진 않겠다. 국제가치론에 대한 자세한 논의로는 함건식(1983) 또는 쿠보 시니치(久保新一)·나카가와 노부요시(中川信義)(1981)를 참조할 수 있다.

또는 그로부터 착취된 잉여가치는 이제 각 사회계급들 사이에서가 아니라 각 국민경제들 사이에서 분배되는 것으로 드러난다. 이에 따라 이전에는 '생산에 기여한 몫에 따른 분배' 라는 관념이 잉여가치의 현실적 존재형태(예: 이윤과 지대)를 정당화해 주었다면, 이제는 '국민적 생산성' 또는 '국가 경쟁력' 등의 관념이 잉여가치의 세계적 분배를 정당화해 주는 것이다.

요컨대 마르크스주의 세계시장론의 핵심은, 가치 및 잉여가치가 세계시장에서는 어떻게 생산되고 존재하는가를, 다시 말해 그것의 생산 및 분배와 관련된 본질적 과정이 거기에서는 어떻게 왜곡되어 드러나는가를 밝힘으로써, 결과적으로는—마치 『자본론』에서 마르크스가 '생산에 참여한 몫에 따른 분배' 라는 관념을 공격했듯이—세계시장 차원의 논의에서 널리 퍼져 있고 주류경제학에 의해 옹호되는 **'국민적 생산성에 따른 분배' 라는 관념의 허구성을 폭로하는 것**이다. 따라서 기존의 관련 이론들에서 당연한 것으로 받아들여졌던 국민적 경계의 존재는 이제 본질적 과정을 왜곡하는 장치로서 드러난다. 물론 이것은 세계시장이 국민경제들을 기본 단위로 구성되어 있다는 현실을 무시하는 것이 아니라, 오히려 그런 현실의 기만성을 정확히 인식하는 것이다. 또한 '국민적 생산성에 따른 분배' 라는 관념은 '생산에 기여한 몫에 따른 분배' 라는 한 사회구성 안에서의 계급간 분배원칙을 대체하는 것이 아니라 그 위에 덧붙여지는 것이기 때문에, 결과적으로는 한 사회구성 안에서의 계급간 구별과 그에 기반을 둔 적대를 흐리는 노릇까지 한다.[16] 따라서 세계시장에 대한 논의는 별개의 영역을 구성하는 것이 아니라

16) 각각의 사회계급들이 생산에 기여한 몫에 따라 분배받는다는 관념을 인정한다 하더라도 계급들 사이의 적대와 투쟁에 대해서는 이야기할 수 있다. 물론 이런 적대와 투쟁은 주로 '분배' 의 문제로 국한될 것이기에 그 한계는 명확하다. 어쨌든 세계시장에서 각 국민경제들 사이의 적대와 투쟁이라는 차원이 여기에 덧붙여질 때, 이렇게 명확한 한계를 갖는 국내적 적대와 투쟁조차도 흐려지기 마련이라는 것은 지금까지 역사 속에 존재하는 수많은 예들을 통해 증명된다.

『자본론』에서 전개된 논의의 연장으로 파악되어야 할 것이다.

사실은 위와 같이 논의의 전체적인 지향을 명확히 하는 것이야말로 지금 시점에서 세계시장론 또는 국제경제관계론을 구성하기 위해 필요한 가장 중요한 작업이다. 이 작업이 충분히 이뤄졌다면 이제 우리는 국제경제관계와 관련된 세부적인 사항에 대한 논의로 옮겨갈 수 있는데, 하지만 이 대목에서 우리는 전혀 새롭게 이론을 구성할 필요는 없고 지금까지 이 분야에서 이루어진 성과들을 비판적으로 받아들일 수 있다. 앞에서 이 이론들—다양한 형태의 제국주의론 · 종속이론 · 생산양식 접합론 · 자본국제화론 · 국제가치론 등—이 결정적인 한계를 갖는다고 했지만, 새로운 지향을 가지고 바라보면 그것들은 전혀 다른 의미로 다가올 것이다. 예컨대 지금까지 국제경제관계에 대한 대표적인 이론이라 할 수 있는 제국주의론은 주로 일국적 관점에서 선진국들 사이의 정치적 · 경제적 관계를 다뤘고, 종속이론이나 그것을 통해 고무된 다양한 논의들에서는 세계의 대다수를 점하는 나라들의 '저발전'과 그것을 낳는 메커니즘이 가장 큰 관심사였다. 말하자면 지금까지의 국제경제관계에 대한 이론들은 실제 현실의 필요와 지나치게 직접적으로 연결되는 경향이 있었으며 그런 과정에서 그것들은 마르크스 자신의 이론과는 어느 정도 독립적으로 발전해 왔다.

이제 이러한 이론들은 앞에서 제시된 전체적인 지향 아래, 총괄적으로 말하자면 다음과 같이 재구성될 필요가 있다. 즉 국제경제관계 영역의 각 주제들에 대한 세부적인 논의는, 그 영역들이 자본-임노동 관계[17]를 중심으로 형성되는 자본주의적 생산의 핵심적 과정과 어떻게 연결되는지를 밝히는 방향으로, 다시 말해 후자의 과정이 국제경제관계의 영역에서 어떻게 왜곡되고 은폐되는지 그리고 그런 본질적 과정이 줄곧 은폐되다가도 특히 공황과 같은 시기에 어떻게 자기 자신을 드러내

17) 물론 여기서 자본-임노동 관계란 각 사회구성에서 실제로 형성되는 현실의 관계를 가리키는 게 아니라 마르크스가 『자본론』에서 다뤘던 것과 같은 개념적인 것을 가리킨다.

고야 마는지를 밝히는 방향으로 이뤄져야만 한다. 이렇게 함으로써 우리의 이론은 한편으로는 본질적 과정을 환상적으로만 드러내는 현실에 대한 비판, 그리고 그런 현실을 그대로 옹호해 주는 주류 이론—또는 지배 이데올로기—에 대한 비판이 된다. 사실은 이렇게 구성된 개별 논의들을 모아 전체를 유기적으로 연결했을 때, 그것이 바로 마르크스가 말하는 '세계시장(과) 공황'에 대한 논의가 될 것이다.[18)]

하지만 이 대목에서 특히 심각하게 고려해봐야 할 문제가 하나 있다. 그것은 세계시장 영역에서만 비로소 다뤄질 수 있는 무역 · 자본수출 · 환율 · 세계화폐 등과 같은 현상들을 대함에 있어 마르크스가 매우 신중했다는 점이다. 이것은 그의 후예들이 같은 문제를 상당히 분석적으로 다뤘던 것과 크게 대조된다. 물론 한편으로 이것은 마르크스가 세계시장과 관련된 문제를 본격적으로 논의에 도입하지 않았기 때문이기도 하지만 꼭 그런 것만은 아니다. 즉 마르크스의 이런 태도는 앞에서 말했던 '역사적 의의'와 관련된다고 볼 수 있다. 그가 세계시장과 그 안에서 비로소 형성되고 본격적으로 발전하는 관계들에 대해 자본주의의 지양을 암시하는 적극적인 의미를 부여한 이상, 자본주의 경제의 내적 구조와 재생산에 초점을 맞추고 있는 현재의 문제의식 안에서 그런 의의를 어떤 식으로 담아낼 것인가 하는 것은 매우 까다로운 문제였음에 틀림없다. 이런 고뇌의 흔적은, 『정치경제학비판 요강』이나 『정치경제학비판을 위하여』 등과 같은 그의 '구조적' 또는 '논리적' 문제 틀이 어느 정도 확립된 시기의 저작들에서도 깔끔하게 정리되지 않은 채로 드러나곤 한다. 예컨대 『정치경제학비판을 위하여』에서 세계화폐에 대해 마르크스는 다음과 같이 말함으로써 그것을 자본주의 체제의 내적 구조 안에서 보기보다는 그 역사적 의의에 강조점을 두는

---

18) "세계시장은 생산이 그것의 각 계기와 더불어 총체로 정립되지만 동시에 모든 모순이 진행되는 종결을 이룬다. 그러면 세계시장은 다시 전체의 전제이자 이것의 담지자를 이룬다. 그러면 공황은 전제의 일반적인 초월이자 새로운 역사적 형체를 채택하라는 촉구다"(마르크스 1857ㄱ: 219).

듯한 모습을 보인다.

> 화폐가 세계화폐로 발전하는 것에 발맞춰 상품소유자는 세계주의자로 발전한다. … 국내주화에 대립되는 세계화폐의 발전과 더불어 상품소유자들의 세계주의는 인류의 소재대사를 방해하는 과거의 종교적, 민족적 및 그 밖의 편견들에 반대되는 실천적 이성(practical reason)의 신앙으로서 발전한다. … [이로써] 상품소유자에게 전 세계는 하나의 시장 즉 **세계시장**이라는 숭고한 이념으로 등장한다(마르크스 1859: 147).

이런 태도는 세계화폐의 발달과 동시에 세계시장에서 환율체계의 성립에 대해 말할 때에도 드러난다. 당시까지 역사상 유례가 없었던 환율체계란 개별자들의 상호 독립과 더불어 개별자와 전체의 연관이 마침내 형성됨을 의미하며, 따라서 그 자체로 자본주의적 관계의 지양의 가능성을 내포하기 때문이다(마르크스 1857ㄱ: 142). 요컨대 마르크스에겐 세계화폐의 성립 자체 또는 세계시장에서의 환율체계나 일반적인 무역관계의 형성 자체가 중요하게 다가왔던 것인데, 이는 분명 오늘날의 논자들이 대체로 세계화폐로서의 미국달러의 헤게모니나 과거 세계화폐였던 금의 역할, 또는 주요 통화들 간의 경쟁 등에 많은 주의를 기울이면서 그것들을 자세히 분석하고 있는 것과 크게 대조된다.

물론 위의 얘기가 세계시장 및 관련 주제들을 분석적으로 다뤄서는 안 된다는 뜻은 아니다. 앞서 밝힌 대로 우리는 올바른 지향을 가지고 마르크스의 이론을 세부적인 영역에까지 확장할 필요가 있다. 여기서는 그저 마르크스가 세계시장 등의 형성이 갖는 역사적 의의 등에 계속해서 주의를 기울였다는 것, 그리고 후기의 '구조적' 또는 '논리적' 틀 속에서 그것을 어떻게 통합시킬 것인지에 대해 명확한 입장을 내놓지 않고 있다는 것,[19] 그러나 이와 같은 내용은 지금까지 마르크스주의 논

19) 실제로 마르크스 또한 『자본론』에 이르면 위와 같은 경향을 상당 부분 벗어낸다. 그러나 이것은, 그가 위 문제와 관련해 어떤 명확한 결론에 이르렀기 때문

의에서 거의 인식되지 않았다는 것, 따라서 이 대목은 앞으로 매우 심각하게 고려되어야 한다는 것을 지적하는 것으로 충분하다.

이 글에서 제시하는 세계시장 범주를 명시적으로 논의에 도입하는 것이 갖는 마지막 의의는, **세계시장이라는 범주는 그 자체로 자본주의의 전체 역사를 포함하고 있다**는 사실과 관련된다. 분명 세계시장은 공시적(共時的)인 공간적 개념이지만, 이 공간은 다양한 형태의 사회들로 채워져 있다. 이를 지금까지는 '불균등성'이라고 했지만, 그것을 일정한 방식으로 추상하면 자본주의 발달의 정도로 환산할 수 있다. 요컨대 세계시장은 서로 다른 발달국면에 있는 자본주의 사회들의 집합이라고 할 수 있는 것이다. 즉 한 나라의 오늘은 다른 나라의 어제의 모습을 담고 있으며, 이런 사회들이 공존하고 있는 세계시장에 대해 우리는 **'비동시성의 동시성'**이 있다고 표현할 수 있겠다.[20]

앞에서 세계시장의 '역사성'에 대해 논했는데, 이는 대체로 세계시장의 **역사적 형성**과 관련된 규정이었다. 그러나 그런 역사성을 배제하고 전적으로 개념적으로만 보더라도, '비동시성의 동시성'이 지배하는 세계시장은 독특하게도 **그 자체로** 역사적인 범주인 것이다. 이에 따라 세계시장 범주는 마르크스의 '논리적' 또는 '구조적' 이론 틀 속에서조차 자본주의의 역사적 성격을 일깨운다는 매우 독특한 역할을 수행할 수 있게 된다. 앞에서, 자본주의 체제를 옹호하는 이들은 그것을 역사의 목적이라거나 그것이 역사상 유일한 체제라는 식으로 실제의 역사를 왜곡하는 것을 넘어 아예 무시해 버리는 성향이 있다고 했다. 이

이라기보다는 세계시장 및 그와 관련된 문제들을 거의 배제했기 때문으로 보는 것이 더 타당하다. 그럼에도, 세계적 교류의 형성과 발전에 대해 커다란 의의를 부여하고 있는 대목이 특히 제3권에서 종종 눈에 띄는데, 흥미롭게도 그런 구절들은 대체로 엥겔스가 삽입한 것들이다. 예컨대 『자본론』 III(하): 603-604. 이 문제는 마르크스와 엥겔스의 관계라는 맥락에서 바라보지 않으면 해명될 수 없는데, 그것을 밝히는 것은 이 글의 범위를 넘어선다.

20) '비동시성의 동시성'은 원래 에른스트 블로흐(Ernst Bloch)가 1930년대 독일 사회를 묘사하기 위해 쓴 개념이다.

에 대해 마르크스는 자본주의의 역사성을 강조했다고 말했는데, 세계시장 범주는 '논리적' 또는 '구조적' 틀 안에서 자본주의에 대한 위와 같은 환상에 대적할 수 있는 개념적 도구인 것이다. 사실 이런 세계시장 또는 그 안에서 불균등성의 역할에 대해서는 마르크스 자신도 어느 정도는 인식하고 있었다. 『자본론』 제1권의 마지막 장(제33장 '근대적 식민이론')에서 그것을 볼 수 있다. 여기서 그는 오늘날의 이론가들처럼 식민주의를 저발전이나 경제적 불평등, 정치적 억압 등의 측면—아래 인용문에서 말하는 '식민지의 상태'—에서 다루기보다는, 자본주의에 대한 환상을 깬다는 자신의 전체적인 의도에 맞게 그것을 다루고 있다.

> 그러나 여기에서 우리가 문제로 하는 것은 식민지의 상태가 아니다. 우리의 관심사는 오직 구세계의 정치경제학이 신세계에서 발견해 소리높이 선언한 다음과 같은 비밀이다. 즉 자본주의적 생산방식과 축적방식, 따라서 또 자본주의적 사적 소유는 개인 자신의 노동에 입각하는 사적 소유의 철폐, 즉 노동자의 수탈을 기본조건으로 삼고 있다는 점이다(『자본론』 I(하): 1066).

결국 우리는 굳이 '피와 불의 문자'로 된 '인류의 연대기'(『자본론』 I(하): 982)를 참조하지 않고도 오늘날 세계(시장)의 현실 그 자체로부터 자본주의의 역사를, 그것이 이 세상에 처음 나왔을 때 "머리에서 발끝까지 모든 털구멍에서 피와 오물을"(같은 책: 1046) 흘리는 그 모습을 바로 동시대의 현실에서 볼 수 있는 것이다. 나아가 세계시장에서 '비동시성의 동시성'의 존재는, 자본주의 체제 자체뿐 아니라 그것을 구성하는 각종 범주들이 자본주의 발달 과정에서 환상적인 방식으로 왜곡되곤 하는 본질적 성격들—그 역사성을 포함해—을 우리에게 일깨워줌으로써, 현실 및 그것을 옹호하는 이론들에 대한 비판이라는 전체 이론의 지향에 봉사할 수 있는 것이다.

6. 맺음말

이상에서 마르크스가 세계시장을 어떻게 바라보았는가, 또 그것을 『자본론』에서 가장 체계화된 그의 정치경제학에 어떻게 통합시킬 것인가, 그리하여 기존의 이론을 어떻게 확장할 수 있을 것인가 등과 관련된 여러 가지 문제들을 살펴보았다. 이상에서 드러났듯이, 이런 문제들에 답하는 것은 마르크스의 사상 전반에 대한 재검토를 요구하는 매우 복잡한 작업이다. 이 글은 그런 전체적인 작업이 어떤 지향을 가지고 어떤 측면을 중심으로 수행되어야 할 것인지에 대한 간략한 밑그림을 그리는 데 주로 힘을 기울였다. 사실 이는 문제를 해결한다기보다는 제기하는 작업, 더 정확히는 기존에 국제경제관계에 대해 제기되었던 문제들을 재정식화하는 작업이었다. 그러나 마르크스의 말대로 "문제의 정식화가 곧 그 문제의 해결"이라면, 문제의 올바른 정식화만이 그것의 올바른 해결을 이끌 것이다.

국제경제관계 영역에서 지금까지 제시되었던 마르크스주의 이론들은 첫째로, 『자본론』에서 체계화된 마르크스 이론의 전체적인 지향을 충분히 고려하지 않고—예컨대 '마르크스주의 무역이론'을 구성하는 식으로—전체 맥락과는 상당 정도 독립성을 유지한 채 지나치게 분석적으로 발전했다. 이는 아마도 기존의 이론들이 자본주의 역사—특히 20세기의—속에서 두드러졌던 현실적 문제들, 즉 나라들 사이의 관계에서 관찰되는 발전-저발전, 경제적 불평등, 정치적 지배-억압 등의 문제들에 구체적으로 개입하려고 했기 때문일 것이다. 그럼으로써 나름대로 많은 성과를 거둔 것도 사실이지만 그 대가로 이론적 엄밀함을 크게 희생해야만 했다. 그러나 마르크스에게서 이론이란, 보통의 이론과 같이 현실에 대한 사변적 또는 환상적 이해를 표현하는 것이 아니라 현실은 물론 그런 현실을 옹호하는 지배 이데올로기에 대한 비판을 의미한다는 점을 떠올리면, 이런 희생은 결코 무시될 수 없는 것이다.

둘째로 기존의 이론들은 마르크스가 세계시장으로 대표되는 세계적 범주들에 부여했던 의의가 그의 전체적인 이론적 틀의 변화와 맞물려 변화한다는 것을 충분히 음미하지 못했다. 특히 이 글에서 세계시장의 역사적 의의라고 했던 것과 같은 부분을 충분히 살려내지 못했다. 그럼으로써 결과적으로 그것들은 자본주의의 세계적 발전을 지나치게 부정적으로만 다뤘다. 물론 이 말이 현실을 긍정하자는 뜻은 아니다. 앞에서 들었던 브라질 산 바나나의 예에서 보듯, 현실의 발전은 우리가 그것을 어떻게 인식하든 상관없이 우리에게 어떤 긍정적인 계기들을 가져다준다. 이것이 바로 마르크스가 말한 '변증법'이며 앞에서는 이것을 '몸으로 깨닫는 진리'라고도 했다. 지난 자본주의의 역사 속에서 인간은 과연 마르크스의 말대로, 특히 세계시장의 발전 속에서 세계사적으로 발달해 왔다—어떤 의미에서건—고 볼 수 있다. 마르크스주의 이론은 바로 그러한 계기들을 사람들로 하여금 정확하게 인식하게 하는 것을 하나의 핵심 목표로 해야 한다. 그럼으로써 그 계기들의 긍정성이 현실의 또 다른 기만적인 작용에 의해, 그리고 그런 기만성을 옹호하는 거짓된 이론들에 의해 무효화되지 않게 해야 하는 것이다.

IT혁명과 지식생산에서 시장과 광장[1)]

강 남 훈

1. 머리말

흔히 현대 자본주의를 지식정보사회, 지식자본주의, 지식기반경제 등으로 부른다.[2)] 이런 논의들은 대개는 인류의 모든 문제가 지식이나 과학기술의 발달에 의해 해결될 것이라는 식의 환상적인 전망을 가지고 있다.

흔히 지식기반경제(knowledge-based economies)는 지식의 생산 · 분배 · 사용에 직접적으로 기초하고 있으면서, 고기술 투자, 고기술 산업, 고숙련 노동에서 기인하는 생산성 향상을 통한 이윤 획득이 중심이 되는 경제로 정의된다. 이들은 공통적으로 다음과 같은 주장을 하고 있다.

첫째, 과거에는 토지 · 노동 · 자본 등이 가장 중요한 생산요소였는데, 지식기반경제에서는 지식이 가장 중요한 생산요소가 되었다. 같은 말이지만, 과거에는 노동이나 자본이 가장 중요한 부의 원천이었는데, 이제는 지식이 가장 중요한 부의 원천이 되었다.

둘째, 과거의 경제에서는 수확체감의 법칙이 적용되었는데, 지식기반경제에서는 수확체증이나 수확불변의 법칙이 적용되어, 지금까지와

1) 이 글은 강남훈(2002; 2003)의 연구 결과들을 이 책의 목적에 맞게 수정 · 보완 · 종합한 것이다. 더 전문적인 논의를 원하는 독자들은 위의 자료들을 참조할 것.

2) 토플러(1980); 드러커(1993).

는 다른 경제법칙이 적용된다.

셋째, 경제 안에서 지식산업의 비중이 증가하고, 기업을 비롯해 사회의 모든 조직은 지식의 창출과 보급이라는 관점에서 변하게 된다. 이런 과정에서 점점 더 많은 노동자들이 지식노동자(knowledge worker)로 전환하게 되고, 사회 전체의 부가 증가하게 된다.

그러나 이렇게 낙관적인 전망은 전혀 실현되지 않고 있다. IT가 가장 발달했다고 하는 미국이나 한국에서는 사회 양극화가 심화되고 노숙자가 넘쳐나고 있다. 이 글은 위와 같은 지식기반경제론에 대해 비판적인 입장에서 다음과 같은 것들을 살펴보려고 한다. 첫째, IT혁명과 지식의 특징을 살펴본다. 둘째, 인간이 지식을 생산·교환하는 제도 내지 방법으로서 '시장'이라는 제도 이외에도 '광장'이라는 제도가 존재한다는 것을 확인한다. 셋째, IT혁명이 지식생산의 두 가지 제도 내지 방법에 어떤 영향을 끼치고 있는지를 살펴본다. 넷째, 광장을 통한 지식의 생산과 시장을 통한 지식의 생산을 지식의 생산이나 확산의 측면에서 비교해 봄으로써 미래 사회에 대한 전망을 그려 보려고 한다.

2. IT 혁명

오늘날의 IT 혁명(정보통신혁명, information telecommunication revolution)은 디지털(digital)과 네트워크(network)라는 두 가지 요소로 구성되어 있다.

디지털이라는 것은 정보를 0아니면 1의 값을 갖는 비트(bit)를 사용해 표현하는 것이다. 자연이나 사회 현상으로부터 획득하는 정보는 아날로그(analog) 형태로 주어지는 정보가 많다. 아날로그 정보란 온도·습도·속도처럼 연속적인 숫자 값을 가지거나[3] 문자·그림·음성처

3) 두 숫자 사이에 무한히 많은 숫자가 있을 수 있듯이, 1℃와 2℃ 사이에 무한히 많은 온도가 존재할 수 있다.

럼 그 자체로서는 0과 1로 주어지지 않는 정보를 말한다. 따라서 모든 정보를 디지털로 처리하려면 아날로그 형태로 주어지는 정보들을 디지털 형태로 변환하는 과정이 필요하다.

아날로그 정보를 디지털 형태로 완벽하게 변환하는 것은 불가능할 뿐 아니라 불필요하다. 인간에게 필요한 만큼의 정보만을 디지털 형태로 변환하면 된다. 예를 들면 온도 정보는 소수점 첫째자리에서 반올림해서 정수 부분만을 사용하기로 약속할 수 있다. 정수부분은 쉽게 0과 1만 가지고 표현할 수 있다. 문자 · 그림 · 음성 같은 정보를 디지털로 만들기 위해서는 창의적인 생각이 필요하다. 문자의 경우에는 문자마다 숫자를 하나씩 붙이기로 약속하면 된다. 예를 들면, '가' 라는 문자에는 '1010110000000000' 이라는 숫자를 주고 '각' 이라는 문자에는 '1010110000000001' 이라는 숫자를 주기로 약속하면 된다. 그림의 경우에는 촘촘하고 투명한 모눈종이를 그림 위에 올려놓고 모눈종이의 눈금 하나하나마다 밝은 색이 많으면 0, 어두운 색이 많으면 1이라는 번호를 주면 그림을 흑백 상태의 디지털로 표현할 수 있다. 음성에 대해서는 진폭과 주파수에 따라 적절한 숫자를 배정해 주기로 약속하면 디지털로 표현할 수 있다.

이와 같이 디지털화한다는 것은 정보를 0과 1만을 사용하여 인간에게 필요한 만큼 근사적으로 표현하는 것을 의미할 뿐 무슨 신비스러운 마술이 아니다. 비트(bit)는 아톰(atom)과 전혀 다른 신비한 어떤 것이 아니라, 아톰에 관한 정보를 필요한 만큼 근사적으로 표현하는 것에 불과하다. 이런 약속은 흔히 표준(standard)이라고 불리고 형식(format)이라고도 불린다. 표준이나 형식은 시장에서 자연스럽게 형성될 수도 있고 제도적으로 만들어질 수도 있다.

IT혁명의 두 번째 요소는 네트워크다. 네트워크란 정보전달체계를 가리키는 말이다. 네트워크가 성립되기 위해서는 의사소통을 위한 규약을 미리 만들어야 한다. 예를 들어 옛날의 단방향 무선통신에서는 '오버' 라는 말을 문장의 끝에 붙였는데, 이 말은 자기가 하고 싶은 말이 끝났으니 이제는 당신이 말할 차례라는 뜻을 가지고 있었다. 오늘날의 인터넷에서도 자료를 잘게 나누어서 포장하고, 여러 경로로 전송하고, 도착한 자료를 확인하고, 다시 합쳐서 복원하는 복잡한 약속이 존재한다. 이와 같이 네트워크도 인간과 인간 사이의 약속에 근거해서 성립되어 있는 것이다. 이런 약속을 흔히 통신규약(protocol)이라고 부른다.

이와 같이 IT혁명은 시작부터 인간과 인간 사이의 약속에 기초하고 있다는 점이 그 두드러진 특징이라고 할 수 있다. 디지털과 네트워크라는 IT혁명의 두 가지 요소는 인간들 사이의 약속에서 출현한 것일 뿐 거기에는 한 점의 신비스러움도 없다. 비트는 냄새도 색깔도 없다. 그러나 사람들은 비트로부터 냄새를 맡고 색깔을 구별할 수 있다. 사람들이 네트워크를 통해 전달되는 비트를 가지고 냄새를 맡고 색깔을 구별하는 방법에 관한 약속을 가지고 있기 때문이다. IT혁명의 창세기는 "태초에 약속이 있었다."라는 문장으로 시작되어야 한다.

3. 지 식

이 글에서 말하는 지식은 매우 넓은 의미의 지식을 가리킨다. 이 지식은 여러 가지 기준으로 분류할 수 있다. 지식의 대상에 따라서는 사실지식(know-what), 원인지식(know-why), 방법지식(know-how), 인물지식(know-who) 등으로 나눌 수 있다. 그리고 습득과정에 초점을 맞추면 의도적으로 교육을 받거나 연구개발(R&D)을 함으로써 습득되는 연구습득(learning-by-researching)지식과 특별하게 의도하지 않았더라도 실행을 통해 습득할 수 있는 실행습득(learning-by-doing)지식으로 구분하기도 한다. 이것은 연구를 통해 발견되고 교육을 통해 전달되는 과학적 지식과 경험을 통해 축적되는 경험적 지식으로 구분하는 것과 비슷하다. 지식의 표현가능성을 기준으로 하면 문자나 그림 · 부호 등으로 명백하게 표현할 수 있는 형식지식(codified knowledge)과 그렇게 표현하기 힘든 암묵지식(tacit knowledge)으로 구분할 수 있다. 지식이 체화되어 있는 장소를 기준으로 하면, 유형물에 체화되어 있으면서 유형물과 일체가 되어 있는 하드웨어(hardware), 유형물에 체화될 수도 있지만 유형물로부터는 독립적인 소프트웨어(software), 인간의 두뇌에 체화되어 있는 웨트웨어(wetware) 등으로 구분한다. 지식의 소유자나 습득주체를 기준으로 하면 개인적으로 가지고 있는 사적 지식, 많은 사람들이 가지고 있는 공통지식과 일정한 집단이나 네트워크에 접속한 사람들이 가지고 있는 네트워크 지식 등으로 구분하기도 한다.

지식기반경제론에서는 이제는 노동이 아니라 지식이 부의 원천이고 가장 중요한 생산요소가 되었다고 주장한다. 그러나 과학적 지식이나 경험지식은 그 자체로서 돈을 버는 데 직접적인 도움이 되는 것은 아니다. 과학적 지식이 많은 교수라고 할지라도 대학에 채용되지 못하면 돈을 한 푼도 벌지 못한다. 아무리 경험적 지식을 많이 갖고 있는 사람도 생산 활동에 종사하지 않으면 부를 창출할 수 없다.

그런데 지식이 어떻게 생산 활동에 참여할 수 있을까? 지식이 생명이 있어서 스스로 생산에 참여하는 것은 결코 아니다. 지식이 생산에 참여하기 위해서는 인간이 필요하다. 인간이 노동할 때 비로소 지식이 생산에 투입된다. 인간의 노동이 바로 지식의 발휘인 것이다.

마르크스는 이것을 다음과 같이 말하고 있다.

> 우리가 상정하는 노동은 오로지 인간에게서만 볼 수 있는 형태의 노동이다. 거미는 직포공들이 하는 일과 비슷한 일을 하며, 꿀벌의 집은 인간의 건축가들을 부끄럽게 한다. 그러나 가장 서투른 건축가를 가장 훌륭한 꿀벌과 구별하는 점은 사람은 집을 짓기 전에 미리 자기의 머리 속에서 그것을 짓는다는 것이다. 노동자는 자연물의 형태를 변화시킬 뿐만 아니라, 자기 자신의 목적을 자연물에 실현시킨다 (『자본론』 I(상): 236).

이 원리는 흔히 구상과 실행의 통일이라고 불린다. 인간의 노동 속에는 구상과 실행이, 즉 지식과 실천이 통일되어 있는 것이다. 여기서 중심이 되는 것은 근육의 움직임이 아니라 근육의 움직임을 통제하는 두뇌의 움직임이다. 노동은 노동자가 가진 목적을 자연물에 실현시키는 합목적적인 과정이기 때문에, 그 핵심은 지식의 발휘다.

따라서 지식을 노동과 대립시키는 견해는 잘못이다. 지식은 지식의 주체인 인간과 분리되어 존재할 수 없다. 지식은 하드웨어 형태든 소프트웨어 형태든 웨트웨어 형태든, 모두 인간 노동의 산물이거나 인간의 노동 속에 존재한다. 오늘날 소프트웨어나 컨설팅 같은 형태로 지식 자체가 상품으로 거래되는 경우가 많아지고 있지만, 그 경우에도 상품화된 지식은 어디까지나 인간 노동의 산물이며, 노동 자체다. IT혁명이 도래함으로써 지식이 가장 중요해진 것이 아니라, 인간의 역사에서 언제나 지식이 가장 중요했던 것이다.

이제 지식과 관련해 생각해야 할 또 하나의 중요한 점이 있다. 그것은 더 많은 지식이 언제나 더 많은 가치를 창출하는 것은 아니라는 점이다. 반도체를 만드는 한 기업이 새로운 기술을 개발해 동일한 비용으로 더 많은 반도체를 만들 수 있게 되었다고 가정해보자. 다른 경쟁 기업이 아직 이 기술을 개발하지 못했다면 이 기업은 상당한 돈을 벌 수 있을 것이다. 그러나 이런 상태는 오래 가지 못한다. 머지않아 경쟁 기업도 새로운 기술을 개발하게 될 것이고, 그렇게 되면 반도체 값이 떨어져서 경우에 따라서는 기술개발 이전보다 돈을 벌기 더 어려워질 수도 있다. 처음의 상태와 비교해 볼 때 지식은 더 풍부해졌지만, 돈을 더 벌 수 있게 된 것은 결코 아니다.

여기서 가치와 사용가치를 구분하는 것이 중요하다. 사용가치를 기준으로 해서 보면 지식의 발달은 언제나 사용가치를 증가시킨다. 그러나 가치를 기준으로 해서 보면 반드시 그렇지 않다. 1M 반도체가 1G 반도체로 바뀌면 사용가치는 1,000배 증가하지만, 가치(가격)는 그대로 이든지 심지어 떨어질 수도 있다.

지식은 독점할 때에만, 또는 격차가 있을 때에만 그것을 소유한 사람에게 금전적인 이득을 가져다 줄 수 있다. 마이크로소프트사의 빌 게이츠가 소스 코드를 공개했다면 그만큼 부자가 될 수는 없었을 것이다. 따라서 돈과 관련된 문제에서는 쉽게 모방할 수 있는 지식과 모방하기 힘든 지식을 구분하는 것이 중요하다.

일반적으로 암묵지식보다는 형식지식이 모방하기 쉽다. 형식지식은 분명하게 표현되어 있기 때문이다. 그리고 높은 수준의 지식보다는 낮은 수준의 지식이 모방하기 쉬운 것이 일반적이다. 그러나 과학적 지식은 매우 높은 수준의 지식이지만 낮은 수준의 지식인 경험적 지식보다 쉽게 모방할 수 있다. 교과서를 보고 이해하면 되기 때문이다. $E=mC^2$라는 방정식을 처음 발견하기 위해서는 아인슈타인 같은 천재가 필요하지만, 발표되고 난 뒤에는 물리학을 공부하는 대학생이라면 누구나 이해할 수 있다.

지식으로부터 얻을 수 있는 화폐적 이득은 지식의 격차가 클수록 커진다. 그러므로 지식의 확산을 막는 것이 지식소유자의 결정적인 이해관계가 된다. 이와 같이 지식기반경제는 점점 불평등한 교환을 만들어내는 경향을 가진다. 현대 자본주의에서 20대 80이라고 불리는 부의 양극화 현상이 나타나는 것은 결코 우연이 아니다.

4. 시장과 광장

오늘날의 신자유주의 하에서 가장 강력한 종교는 시장에 대한 숭배다. 시장에 맡기자, 시장은 효율적이다, 시장원리에 충실하자, 시장의 힘에 거스르지 말자, 시장에 개입하면 안 된다, 시장을 배우자 등의 말을 우리는 끊임없이 듣고 있다. 시장을 비판하는 사람은 이교도로 몰릴 정도다. 그러나 정작 당신이 생각하는 시장이 무엇인가라고 물어보면 상당히 다른 가치, 예를 들면 자유라든지 평등이라든지 청렴 등의 가치를 시장과 등치시켜 숭배하고 있다는 것을 알 수 있다.

시장은 무엇인가? 시장은 일단 상품이 교환되는 장소다. 물론 이 장소가 물리적인 장소만을 의미하는 것은 아니다. 인터넷상의 가상공간에서도 얼마든지 시장이 존재한다. 시장에서 상품을 교환할 때 상품의 품질, 상품의 가격 등과 같은 상품에 대한 정보까지도 함께 교환하게 된다. 이런 의미에서 자유주의 사상의 대가인 하이에크(Friedrich Hayek)는 시장에서 교환되는 것은 단순한 상품이 아니라 지식이라고 주장했다. 그는 시장에서는 너무나 많은 지식이 교환되고 있기 때문에 중앙집권적인 계획을 통해서는 지식의 극히 일부밖에 수집할 수 없다고 주장했다. 시장경제는 지식 교환이라는 관점에서 계획경제보다 우월하다는 것이다.

지식이 교환되는 장소로서 시장과 계획 말고 다른 장소는 없을까? 조금만 생각해 보면 시장과 계획이 아닌 다른 많은 장소에도 지식이 교환되고 있다는 것을 알 수 있다. 학교는 지식의 교환을 주된 목적으로 설립된 장소인데, 시장은 아니다. 그리고 가정에서도, 동호회에서도, TV와 라디오에서도 상당한 지식이 교환되고 있다. 특히 IT혁명 이후에는 인터넷이 지식의 보고가 되었다. 지식이 교환되는 장소이면서 시장도 아니고 계획도 아닌 이런 것들은 어떤 특징을 가지고 있을까? 이런 질문에 대답하기 위해서는 인터넷이 무엇인지를 살펴보는 것이 가장 좋을 것 같다.

흔히 인터넷은 다음과 같은 세 가지 계층으로 구성되어 있다고 정의된다.

1) 물리적 계층(physical layer): 이것은 인터넷을 구성하는 하드웨어를 의미한다. 여기에는 컴퓨터 · 광케이블 · 라우터 등이 포함된다.

2) 코드 계층(code layer): 코드(규칙) 계층은 물리적 계층을 움직이는 코드, 즉 소프트웨어를 말한다. 인터넷의 가장 중요한 코드인 TCP/IP(transmission control protocol/internet protocol)가 여기에 포함된다.

3) 콘텐츠 계층(contents layer): 여기에는 인터넷을 통해 전달되는 여러 가지

정보나 서비스가 포함된다.

레식(1999)은 인터넷의 3계층 모형에 따라 자유로운 접근을 허용하는가 아니면 통제하는가 하는 기준을 가지고 여러 가지 시스템의 특징을 살펴보았다. 자유로운 접근이란 공짜로 접근할 수 있거나, 기본적인 입장료만 내면 누구나 무차별하게 접근할 수 있는 상태를 말한다.

〈표 1〉 3계층 모형

	연설자의 장소	인터넷
콘텐츠 계층	자유	자유/통제
코드 계층	자유	자유
물리적 계층	자유	통제

연설자의 장소(speaker' s corner)는 런던의 하이드 파크(Hyde Park)에 있는 장소로 아무나 와서 자유롭게 연설을 할 수 있는 곳이다. 집회와 시위 및 언론의 자유가 확보되는 과정에서 상징적인 장소가 되었다. 물리적 계층을 보면 아무나 그 장소에 접근할 수 있으므로 자유다. 규칙에도 접근을 통제하는 요소가 없다. 문법에 맞는 언어로 말할 것 정도의 규칙이 있을 것이다. 콘텐츠는 연설의 내용이다. 누구나 연설 내용을 공짜로 들을 수 있다.

인터넷의 경우에는 물리적 계층은 통제된 상태다. 그것은 전화 회사나 케이블 회사의 사유물이다. 인터넷의 콘텐츠는 자유로운 것으로 시작되었다. 인터넷이 상업적으로 이용되기 시작한 것은 인터넷이 만들어진 지 20년이 지나서였다. 현재의 인터넷은 공적 소유나 무소유 상태의 콘텐츠로 구성되어 있었다. 인터넷의 코드 계층은 자유로운 상태다. 즉 인터넷의 코드에는 접근을 통제하는 루틴이 포함되어 있지 않다.

인터넷 코드인 TCP/IP는 여러 가지 원칙에서 설계되었지만, 가장 중요한 원칙은 E2E(end-to-end) 원칙이다. 이 원칙에 따르면 지능은 네트워크의 끝에 배치되어야 하고, 네트워크 자체는 단순하게 유지되어야 한다. 다시 말해 네트워크는 가장 기본적인 서비스인 자료 전송 서비스만을 제공해야 하고, 응용프로그램을 위해 자료를 처리하는 작업은 네트워크의 끝에 위치해야 한다. 이 원칙에 따라 TCP/IP는 어떤 통제도 하지 않는 방식으로 설계되었다. 인터넷 코드 계층은 완전히 자유로운 상태다.

그런데 코드라는 말은 흔히 소프트웨어를 가리키는 뜻으로도 사용되기 때문에, 앞에 나온 3계층 모형을 다른 시스템에 적용하기 위해서는 규칙 계층이라고 부르는 것도 무방하다. 인터넷의 코드는 접속을 허락하고 콘텐츠를 전달하는 규칙을 프로그램한 것이다. 언어도 일종의 규칙이다. 이렇게 생각해 보면 규칙 계층은 법 · 규범 · 정책 · 코드 등으로 구성되어 있다고 할 수 있다. 코드는 규칙을 기술적으로 구현한 것이다.

이제 위의 3계층 모형을 시장 시스템에 적용해 보자. 시장의 콘텐츠 계층은 상품들로 구성되어 있다. 이것은 사적 소유이고, 통제다. 시장의 물리적 계층은 건물처럼 사유물일 수도 있고 장터처럼 공유지일 수도 있다.

시장의 규칙에는 여러 가지가 있다. 누구나 자기 상품을 판매할 수 있다. 예를 들어 특정 성향을 가진 사람이 만든 물건은 팔 수 없다는 규칙이 있다면 그것은 시장원리에 어긋나는 것이다. 상품의 판매자는 상품의 가격을 정해 놓고, 그 가격을 지불할 용의가 있는 소비자에게는 무차별하게 팔아야 한다. 예를 들어 특정 지역의 사람에게는 아무리 돈을 낼 용의가 있더라도 팔지 않는다는 규칙이 있다면 그것은 시장규칙에 어긋난다. 이렇게 보면 시장의 규칙계층은 자유로운 상태라고 할 수 있다. 사람들이 시장과 자유 · 평등 · 무차별을 연결시킬 수 있는 것은 바로 시장의 규칙계층이 자유롭기 때문이다.

시장의 규칙과 인터넷의 규칙을 비교해 보자. 두 시스템 모두 규칙에 접근하는 것을 통제하지 않는 자유로운 상태다. 그러나 자유의 실질적 의미에서는 커다란 차이가 있다. 시장의 규칙은 등가의 화폐를 지불

〈표 2〉 시장과 광장

	시장	광장(인터넷)
콘텐츠 계층	통제	자유
규칙 계층	자유(등가교환)	자유(선물교환)
물리적 계층	통제/자유	통제

하는 사람이면 누구든지 상품을 구매하는 등가교환의 규칙이다. 따라서 시장의 규칙이 보장해 주는 자유는 돈이 있는 사람만이 누릴 수 있는 자유라고 할 수 있다. 이에 반해 인터넷의 규칙은 선물 교환의 규칙이다. 선물 교환으로부터 발생하는 자유는 가난한 사람도 얼마든지 누릴 수 있다.

선물 교환에는 대략 다음과 같은 세 가지 규칙이 있다. 첫째, 선물을 줄 때 아무런 조건 없이 주어야 한다. 둘째, 그러나 선물을 받은 사람은 적당한 때에 준 사람에게 선물하는 것이 예의다. 셋째, 이와 같이 선물을 주고받을 때 등가인 선물보다 자기 능력에 맞는 선물을 고르는 것이 더 올바르다고 간주된다. 가난한 여자 친구 생일날 실크 블라우스를 선물로 준 남자 친구는 자기 생일날 손으로 짠 스웨터를 선물로 받더라도 매우 행복해할 것이다.

인터넷을 사용하는 사람들은 누구나 이런 선물 교환의 경험을 가지고 있다. 내 컴퓨터에 이상이 생겼을 때 인터넷에 질문을 하면 누군가 컴퓨터를 잘 아는 사람이 나타나서 아무 돈도 안 받고 자기 시간과 노력을 들여 해결 방법을 친절하게 가르쳐 준다. 그러다 다른 곳에서 누군가 나보다 컴퓨터를 더 모르는 사람이 아주 초보적인 질문을 하고 있으면 나는 앞서 나를 도와준 사람의 고마움을 생각하면서 내가 아는 범위 안에서 정성껏 가르쳐준다. 인터넷에서는 이런 선물 교환이 끊임없이 이루어지고 있다.

인터넷은 시장과 비슷하지만 위와 같은 의미에서 차이가 나기 때문에 광장(agora)이라고 부르는 것이 타당해 보인다. 광장은 시장과 마찬가지로 사람들이 분산적으로 소유하고 있는 지식이 교환되는 장소이고 경쟁을 통해 최선의 것이 발견되는 과정이다. 광장의 규칙과 시장의 규칙은 접근의 측면에서 모두 자유롭다고 할 수 있다. 시장의 규칙이 가지고 있는 장점은 광장의 규칙도 가지고 있다. 그러나 시장의 규칙에는 실질적인 제약이 있다. 시장은 사적 소유물을 교환하지만 광장은 공적 소유물이나 무소유물을 교환한다. 광장에서 벌어지는 일은 돈이 없어도 즐길 수 있다. 주위를 돌아보면 자본주의 원리가 경제를 지배한지 수백 년이 지났지만, 아직도 수많은 광장이 존재하고 있다는 것을 알 수 있다. 앞에서 예로 든 학교 · 가정 · 방송 · 동호회 등을 생각해 보라. 정확한 크기를 계산하는 것이 불가능하겠지만, 광장에서 선물 교환의 원리에 따라 교환되는 지식은 시장에서 등가교환의 원리에 따라 교환되는 지식의 양보다 결코 작아 보이지 않는다. 그런데 이런 시장과 광장의 평화 공존 상태는 IT혁명의 도래와 함께 격렬한 열전 속으로 접어들게 되었다.

5. 시장을 통한 지식생산

제3절에서 살펴본 바와 같이 지식은 그것을 독점할 때만 이윤의 원천이 될 수 있다. 그러나 지식은 모방가능성이 있어 독점하는 것이 불가능하거나 독점이 가능하더라도 잠시뿐인 경우가 대부분이다. 지식을 상품으로 만드는 것은 매우 어려웠던 것이다. 이런 상태에서 지식을 가지고 돈을 벌기 위해 자본주의의 발전과 함께 특허나 저작권 같은 지적 재산권 제도가 만들어지게 되었다. 이것은 지식의 모방을 법으로 금지시킴으로써 지식이 상당한 기간 이윤의 원천이 되도록 만드는 제도다.

이 제도는 지식을 이용하는 사람(자본)과 지식을 사용하는 사람(자본) 사이에 일정한 타협의 산물이었다. 즉 지적 재산권 제도는 창작이나 발명을 촉진하면서도 그것의 보급과 사용을 장려한다는 두 가지 목적을 갖고 있었다. 그래서 한편으로는 일정한 기간 법률적인 독점을 보장하면서도, 다른 한편으로는 지식의 공개를 의무화하고, 일정한 범위 안에서 저작자의 허락 없이 사용하는 것을 공정사용(fair use)으로 인정하고, 정해진 기간이 지나면 지적 재산을 무소유의 공공영역(public domain)으로 편입시켜 어느 정도의 보편적인 접근권을 보장하려고 노력했다.

그런데 IT혁명과 더불어 지식이 디지털로 표현되고 네트워크를 통해 전달되면서 이런 상황에 근본적인 변화가 생기게 되었다. 이런 변화는 두 가지 서로 모순적인 방향에서 생겨났다.

먼저 아날로그 기술을 가지고는 형식화할 수 없었던 암묵지식 중 상당 부분이 형식지식으로 바뀌게 되었다. 컴퓨터의 측정 · 계산 능력은 숙련공들만이 할 수 있었던 설명하기 힘든 작업을 속도 · 세기 · 크기 · 온도 · 압력 등을 정밀하게 계산해 최적의 공식을 산출해 내고 이를 토대로 자동화된 기계를 만들어냈다. 암묵지식이 형식지식으로 바뀌면서 지식의 모방가능성은 더욱 확대되었다.

여기에 더해 일단 디지털 형태로 변환된 지식이나 정보는 모방비용이 0에 가까워졌을 뿐 아니라, 모방의 질도 원본과 구분할 수 없게 되어버렸다. 모방비용뿐 아니라 전달비용도 0에 가까워졌고, 전달시간도 0에 가까워졌으며, 전달 범위도 지구 전체로 확대되었다. 아무런 비용 없이 똑같이 모방해서 지구 전체로 순식간에 전달할 수 있는 놀라운 가능성이 생긴 것이다. 디지털 형태로 변환된 지식은 모방과 전달뿐 아니라 소비 측면에서도 비배제성(非排除性)과 비경합성(非競合性)이라는 특징을 거의 완벽하게 가지게 되었다. 비배제성이란 돈을 안 내고 접근해 소비하려는 사람을 차단할 수 없는 성질을 말하며, 비경합성이란 한 사람의 소비가 다른 사람의 소비를 제약하지 않는 성질을 말한다. 원래 이런 성질은 정부에서 공급하는 공공재만이 가지고 있었는데, 이제는 모든 지식정보재가 다 이런 성질을 가지게 되어버린 것이다.

이런 상태를 방치하면 지식의 상품화가 불가능해진다. 디지털 상품의 경우에는 기존의 지적 재산권 제도가 가졌던 두 가지 측면이 양립 불가능하다는 것이 드러났다. 지적 재산권을 소유하고 있는 자본은 기존에는 명시적 또는 암묵적으로 정당하다고 인정되었던 사용자들의 권리들을 제한함으로써 자기들의 재산을 보호하는 방향으로 나아가게 되었다.

기존의 지적 재산권 제도에 의하면 특허를 신청하려면 내용을 공개해야 한다. 그러나 소스 코드를 공개하면 그 순간 상품으로서의 가치를 상실하게 된다. 따라서 소프트웨어 특허는 소스 코드 전체가 아니라 소스 코드의 임의적인 일부만 공개해서 특허를 신청할 수 있게 법을 만들었다.

비경합성, 비배제성, 무료 복사가능성 등으로 말미암아 공정 사용을 보장하면 판매가 격감할 수밖에 없었다. 그래서 그들은 공정 이용 자체를 금지시켰다. 내 책은 내가 학교에서 읽든 집에서 읽든 나의 자유다. 그러나 내가 산 소프트웨어는 집이나 학교 중 한 곳에서만 사용해야 한다. 내가 산 물건은 내 마음대로 처분할 수 있다는 합법적인 구매자의 권리(최초판매이론)마저도 부정하게 되었다. 이 과정에서 개인들의 언론의 자유 또는 표현의 자유가 침해되는 것은 무시해 버렸다.

컴퓨터라는 기계의 특성상 디지털 정보를 화면에 보여주기 위해서는 디지털 저작물을 컴퓨터 메모리나 하드디스크에 복사해야 한다. 이것을 일시적 저장이라고 한다. 컴퓨터는 모든 정보를 일시적으로 저장했다가 처리하는 장치다. 그런데 최근 한미 FTA 협정문에서도 볼 수 있듯이, 일시적 저장도 금지할 수 있는 권한을 저작권자에게 부여했다.[4] 이 권한은 워낙 무리한 권한이기 때문에 실제로 어떻게 사용될 수 있을지조차 짐작하기 힘들다. 아마도 이제는 저작권자가 요구하면 내가 산 DVD를 내 컴퓨터에서 보고 난 뒤 그것이 내 컴퓨터 하드디스크에서 삭제되었다는 것을 보여주겠다는 조건 하에서만 DVD를 볼 수 있

---

4) "각 당사국은, 저작자 · 실연자 및 음반제작자가 어떠한 방식이나 형태로, 영구적 또는 일시적으로(전자적 형태의 일시적 저장을 포함한다), 그의 저작물 · 실연 및 음반의 모든 복제를 허락하거나 금지할 권리를 가지도록 규정한다"(외교통상부,『한미 FTA 협정문』. 제18장 제4조).

게 될지 모른다.

보통의 시장에서는 그 규칙이 법에 의해서가 아니라 규범이나 관습에 의해 보장된다. 일일이 감시하거나 법률로써 처벌하지 않더라도 사람들이 알아서 규칙을 잘 지킨다. 예를 들어 시장 제도 안에는 돈을 내지 않고 상품에 접근하면 안 된다는 규칙이 있다. 일반적인 상품의 경우에는 이런 규칙이 자본주의의 발전에 따라 자생적으로 생겨났다고 해석할 수 있다. 그러나 디지털 상품의 경우에는 전혀 그렇지 않다. 인터넷이라는 광장은 원래부터 선물을 교환하던 장소였다. 인터넷에 존재하는 정보는 공짜로 가져다가 사용하는 것이 관행이었다. 지적 재산의 소유자들은 자생적으로 규칙이 생겨날 때까지 기다릴 수 없었다. 그들은 국내 입법이나 국제 협약을 통해, 때로는 경찰과 사법기구를 통해, 인위적 · 폭력적으로 법률을 만들었다.

그러나 규범이 생기지 않은 상태에서 법률만으로 시장규칙을 만들어낸다는 것은 쉽지 않은 일이었다. 소비자들은 기존에 자기들이 누리던 권리가 침해되고 기본권인 표현의 자유마저 침해를 받게 되자, 해킹을 하고 인터넷에 올려놓는 형태로든(의식적 저항), 단순하게 인터넷에서 내려받아 사용하는 형태로든(무의식적 저항) 저항을 했다. 이와 같이 의도적으로 시장을 만들어 내려는 세력과 광장에서 누리던 기존의 권리를 지키려는 세력 사이의 투쟁은 점점 더 격렬해져갔다.

법을 동원해서도 시장규칙을 확립하지 못하게 되자 소비자를 감시하는 작업에 착수했다. 감시를 위해 국가의 개입을 요구했다. 국가는 경찰을 동원해 소비자들의 행동을 주기적으로 감시하기 시작했다. 그러나 감시 대상을 개별 소비자에게까지 확대하는 것은 프라이버시 같은 헌법에 보장된 권리를 명백하게 침해하지 않고서는 불가능한 일이었기 때문에, 새로운 방법을 모색하지 않을 수 없었다.

그런데 인터넷의 광장이라는 특성은 자본으로 하여금 재산권을 보호할 수 있는 다른 가능성을 열어주었다. 인터넷은 아무것도 통제하지 않기 때문에, 통제를 목적으로 하는 움직임도 통제하지 않는 것이다.

이들은 인터넷을 통해 소비자들을 감사하는 코드를 만들어내었다. 쿠키(cookie)나 로그(log)를 통한 소비자 행동의 감시는 초보적인 수준이다.[5] 인터넷에는 많은 벌레(worm)나 로봇(robot)들이 돌아다니면서 소비자의 행동을 감시하고 있다. 예를 들어 많은 저작권 회사들은 자기들의 저작물에 눈에 보이지 않는 표시(digital watermarking)를 해 놓고 로봇을 시켜서 누구의 홈페이지에 자기의 저작물이 게시되어 있는지를 검색하고 있다.

이런 코드를 통한 감시는 경찰을 통한 감시보다 사용자의 기본권을 더욱 침해할 소지가 있다. 코드를 통한 감시는 다음과 같은 특징들을 가지고 있다. 첫째, 모든 사람이 언제 어디서나 빠짐없이 감시당하게 된다. 둘째, 감시 결과가 컴퓨터에 누적되어 데이터베이스를 형성하게 된다. 셋째, 자기가 감시당하고 있다는 사실을 의식하지 못한 채 감시당하게 된다. 이런 감시가 계속 진전되면 조지 오웰(George Orwell)의 소설 『1984년』에 나오는 빅 브라더(big brother)가 실제로 출현하게 될 가능성도 배제할 수 없는 상태다.

이런 과정과는 별도로 아예 인터넷이라는 광장 자체를 시장으로 바꾸어버리려는 시도도 끊임없이 행해지고 있다. 다른 상품시장처럼 규칙 계층이 법과 규범에 의해 뒷받침될 때에는 규칙 자체를 사적으로 소유하는 것이 불가능하다. 누군가가 등가교환이라는 규칙을 정해 놓고 이 규칙을 지킬 때마다 1센트씩 돈을 내라고 하면 모두들 웃을 것이다. 그러나 규칙이 코드로 구성되어 있을 때에는 얼마든지 규칙 자체를 사적으로 소유할 수 있다. 예를 들면 인터넷을 통해 홈페이지에 접속할 때마다 1센트씩 받는 것은 얼마든지 가능하다. 그런 내용을 코드에 집어넣으면 그만이기 때문이다.

코드 자체가 사적 소유의 대상이 될 때에는 코드의 소유자가 다른

5) 쿠키는 사용자의 행동을 사용자의 컴퓨터에 기록하는 방법이고, 로그는 사용자의 행동을 사용자가 접속한 컴퓨터에 기록하는 방법이다.

사람으로 하여금 규칙을 변경하거나 추가할 수 없게 만들고, 특정 사람이 규칙을 사용하는 것을 허용하거나 불허할 수 있고, 규칙을 사용할 때마다 사용료를 받는 것이 가능하다. 정보를 디지털로 만들 때 필요한 각종 형식이나 표준의 경우를 생각해 보면 쉽게 이해할 수 있다. Gif 라는 그림 파일 형식에 대해 특허를 가지고 있는 유니시스(Unisys) 사와 컴퓨서브(Compuserve) 사는 Gif 형식의 그림을 사용하는 것에 대해 얼마씩의 돈을 거두려고 시도했다가 소비자들의 강력한 반대 운동에 부딪쳐 실패한 적이 있다. MP3 파일이나 MP3 재생기의 가격에는 MP3 규칙에 대한 사용료가 포함되어 있다. 약속을 만들어 놓고 다른 사람이 약속을 지킬 때마다 돈을 받고 있는 것이다.

이와 같이 인위적으로 형성하는 디지털 지식 시장은 결코 자유로운 시장이 아니다. 이 시장에서는 사용자들의 자유로운 이용과 창작자들의 자유로운 활동이 심각하게 방해받고 있다. 다른 시장에서처럼 특정인을 배제하지 않는다는 의미의 평등성도 떨어진다. 지적 재산권의 소유자들이 사람들의 접근을 통제할 수 있는 권한을 가지고 있기 때문이다. 그들은 특정 성향의 사용자들을 감시할 수도 있고, 특정 지역의 사용자들의 접속을 불허할 수도 있다.

마지막으로 검토해야 할 문제는 지식시장의 비효율성이다. 지식시장은 비효율적인 성과를 낳을 가능성이 크다. 여기에는 몇 가지 이유가 있다.

첫째는 지식시장은 독점시장이다. 앞에서 살펴보았듯이 디지털 상품의 경우에는 한계비용이 0이기 때문에 경쟁시장에서는 가격이 0에 수렴하게 된다. 따라서 디지털 상품의 경우에는 경쟁시장에서 거래될 수 없다. 시장에서 거래되도록 만드는 유일한 방법은 독점시장을 만드는 것뿐이다. 이런 독점시장은 법률에 의해 인위적으로 창출되는 것으로 효율성이 보장되기 힘들다. 지식은 독점될 때에만 초과이윤의 원천이 될 수 있다는 사실로부터도 이해할 수 있다.

물론 IT혁명이 모든 산업에서 독점을 강화시키는 것은 아니다. IT혁명은 정보의 더 많은 생산과 유통을 가능하게 하므로 전통 산업에서는 경쟁이 더욱 강화되는 경향이 나타난다. 인터넷을 통한 전자상거래의 발달로 값이 가장 싼 제품을 쉽게 찾을 수 있게 되었다는 점을 생각해 보면 쉽게 이해할 수 있을 것이다. 일반적으로 말해 IT혁명은 지식생산 산업, 포털 등 인터넷 서비스 산업, 소프트웨어 산업 등의 IT산업에서는 독점을 강화시키면서 제조업 등 전통적인 산업에서는 경쟁을 강화시키는 경향을 가지고 있다.

둘째는 지식시장에서는 한번 형성된 독점이 오래 유지되는 경향이 있다. 지적 재산권은 법률에 의해 일정한 기간 독점이 보장된다. 뿐만 아니라 디지털 상품은 접속자의 수가 많아지면 사용가치도 증가하는 네트워크 효과(network effect), 일단 계약을 하면 다른 사업자의 서비스로 전환하는 데 많은 비용이 드는 감금효과(lock-in effect), 경쟁에서 승리한 기업이 시장의 거의 전부를 차지하게 되는 승자독식 효과(winner-take-all effect) 등이 강하게 나타난다. 이런 효과들은 시장의 효율적인 작용을 방해하기 때문에 한 기업의 독점이 다른 기업의 독점으로 쉽게 바뀌지 않는다.

셋째는 지식이 상품화에 성공하고 독점가격이 형성 · 유지되면, 지식사용 산업의 이윤이 감소하게 된다. 지식은 일반적인 상품보다 훨씬 더 많은 산업에서 투입물로 사용된다. 지식생산 산업의 독점이윤은 소비자의 소득이나 지식 상품을 사용하는 산업의 이윤으로부터 이전된 것이다. 따라서 지식시장이 활성화될수록 경제 전체의 이윤은 크게 늘어나지는 않으면서 이윤의 양극화가 심화되는 경향이 나타난다.

6. 광장을 통한 지식생산의 가능성

우리는 방금 시장을 통한 지식생산이 가지고 있는 한계에 대해 살펴보았다. 이제는 광장을 통한 지식생산은 어떤 결과를 가져오는지에 대해 살펴볼 차례가 되었다. 제4절에서 규정한 바와 같이 인터넷은 광장의 구조를 가지고 있다. 광장은 지식을 교환하는 장소로서 시장만큼 자유로운 규칙 계층을 가지고 있으면서도 콘텐츠 계층까지도 자유롭기 때문에 지식 교환이라는 관점에서는 시장보다 더욱 뛰어난 성과를 가져올 것이라고 쉽게 짐작할 수 있다.

그러나 광장을 통해 지식을 생산하면 지식생산의 금전적인 유인이 부족하기 때문에, 생산되는 지식의 양이나 질이 시장을 통해 생산할 때보다 떨어질 수 있다는 우려가 제기될 수 있다. 생산되는 지식의 양과 질을 평가하는 것은 쉬운 문제가 아니므로 이 문제에 대해 실증적인 통계자료를 가지고 논증하는 것은 불가능해 보인다. 따라서 이 절에서는 광장으로부터 만들어진 중요한 생산물 몇 가지를 살펴보는 것으로 광장을 통한 지식생산의 가능성을 살펴보려고 한다. 이 절을 통해 금전적인 동기가 없더라도, 오로지 선물을 주고받는 즐거움만으로도, 뛰어난 지식생산물이 얼마든지 창조될 수 있다는 것을 확신할 수 있기를 기대한다.

먼저 살펴보려고 하는 것은 인터넷이라는 광장 자체가 또 하나의 다른 광장 위에서 파생되었다는 점이다.

인터넷의 규칙은 코드로 구체화되어 있다. 따라서 그것은 인간 설계의 결과일 수밖에 없다. 실제로 코드의 구성요소마다 그것을 제안한 사람의 이름을 거의 찾을 수 있다. 그러나 어느 누구라도 자기 혼자서 인터넷을 설계했다고 말할 수 있는 사람은 없다. 인터넷은 수많은 사람들이 자기들의 생각을 제안하고 의견을 교환하고 당시의 판단으로 가능한 한 최선의 선택을 해온 결과다. 그것은 오랫동안의 진화 과정의 결과며, 이 진화 과정은 현재도 계속되고 있고, 앞으로도 계속될 것이다.

인터넷의 핵심 개념의 하나인 패킷 스위칭(packet switching) 개념[6]은

6) 전화처럼 회선이 연결되면 회선을 독점해서 자료를 차례로 전송하는 서킷 스위칭(circuit switching)방식이 아니라, 자료를 여러 개의 패킷으로 나누어서 각 패킷마다 다른 경로를 통해 자료를 전송하는 방식을 말한다.

1961년에 클렌드록(Kleindrock)에 의해 제안되었다. 이 개념은 1970년에 이르러서 초기의 ARPANET이 채택했던 NCP(Network Control Protocol)로 발전했다. 1972년 칸(Kahn)은 인터넷에 여러 가지 상이한 네트워크가 연결될 것을 예상해 개방적 구조(open-architecture)라는 개념을 제안했다. 여러 가지 서로 다른 네트워크가 아무런 내부적 변화 없이 인터넷에 연결될 수 있고, 전송이 실패하면 패킷을 처음부터 다시 전송하고, 인터넷에 연결하는 역할을 하는 컴퓨터는 아무런 정보도 수집하지 않으며, 지구적인 통제는 없다는 등의 개념이 여기에 포함된다. 칸의 개방적 구조 개념은 칸과 서프(Cerf)에 의해 TCP 개념으로 발전하게 되었고 다시 TCP/IP로 발전해 서프, 톰린슨(Ray Tomlinson), 커스틴(Peter Kirstein) 등에 의해 구현된다. 1983년 1월 1일부터는 ARPANET의 프로토콜이 NCP에서 TCP/IP로 바뀌게 된다.

인터넷의 진화 과정에서 흥미로운 것은 이런 과학자들의 제안들이 RFC(Request for Comments)라는 문서의 형태로 누적되어 왔다는 것이다. RFC는 인터넷의 표준을 형성하는 데 가장 중요한 문서라고 할 수 있다. 그러나 그것은 문자 그대로 어떤 과학자가 새로운 개념을 제안하면서 다른 과학자들의 검토를 요청한다는 매우 겸손한 뜻을 가진 문서다. 어떤 과학자의 RFC가 다른 과학자에 의해 수정되어 새로운 RFC가 제출되고, 많은 과학자들의 동의를 얻으면, 그것에 기초해 프로토콜을 수정하면서, 누군가가 또다시 새로운 RFC를 제안하는 과정을 거쳐 왔던 것이다. 바로 이런 과정들, 즉 RFC 문서를 만들고 정리하고 활용하는 과정을 하나의 시스템으로 바라보면 그것은 광장의 구조를 가지고 있다고 할 수 있다. RFC 시스템에서는 규칙 계층이 자유롭고, 콘텐츠 계층도 자유롭기 때문이다. 이 RFC라는 광장에서 인터넷이라는 광장이 만들어진 것이다.

인터넷이라는 광장은 추상적인 목적을 가지고 있다. 그것은 자료를 단순하게 교환한다는 목적이다. 개인이 인터넷 광장에서 정보를 제공하고 수집하는 목적은 수없이 많고 상이하다. 앞 절의 E2E 원칙에서 설명했듯이, 인터넷 코드는 어떤 자료를 교환하는지, 누가 교환하는지, 무슨 목적으로 교환하는지 통제하지 않는다. 인터넷이 이런 원칙으로 구성되게 된 것은 최초의 설계자들이 지식의 구조적 한계를 인식했기 때문이다. E2E 원칙의 제안자의 한 사람인 리드(Reed)는 이런 원칙을 채택한 것은 미래에 더 나은 기술이 채택되는 것을 방해하지 않도록 하기 위해서였다고 분명히 말하고 있다.

이와 같이 인터넷이라는 광장은 그 규칙이 비록 설계자가 존재하는 코드의 형태를 띠고 있지만 자생적인 질서라고 할 수 있다. 그것은 인간 이성의 제한된 합리성을 인식해 매우 추상적인 목적을 설정했고, 많은 사람들이 경쟁과 협력을 통해 최선의 지식을 발견하는 진화과정을 거쳤으며, 선별될 규칙을 따름으로써 표준을 만들었고, 관습법의 형성 과정과 비슷한 과정을 밟아왔기 때문이다. 이런 자생적인 질서가 무소유나 공유를 기반으로 하는 광장을 만들어냈다는 것은 매우 흥미로운 일이다.

다음으로 살펴보려고 하는 것은 인터넷이라는 광장 위에서 다른 광장이 만들어졌다는 점이다.

인터넷이라는 광장은 접근이 자유로운 공유지다. 그런데 이 공유지 위에서 정보를 처리하고 전달하는 차원을 넘어서서 기업과 경제와 정치와 생활의 구조까지도 바뀔 정도로 수많은 기술혁신이 출현했다. 이 공유지는 남용되기는커녕 기술혁신의 보고가 되어버렸다. 인터넷으로 전화를 하고, TV를 보고, 음악을 듣고, 연애를 하고, 상거래를 하고, 기업을 관리하고, 투표를 할 수 있게 된 것이다. 공유지의 희극이 출현한 것이다.

공유지의 희극이 출현하게 된 데에는 여러 가지 이유가 있을 것이다. 먼저 그것은 E2E 원칙의 결과라고 할 수 있다. 레식은 E2E 원칙의 결과로써 다음과 같은 세 가지가 중요하다고 지적하고 있다. 첫째, 응용프로그램은 네트워크의 끝에 위치하고 있기 때문에, 응용프로그램을 개발하는 사람은 네트워크에 대해 고려할 필요 없이 응용프로그램을 개발할 수 있다. 둘째, 인터넷은 특정한 응용프로그램에 최적화되어 있지 않기 때문에, 아직까지 상상하지 못하고 있는 미래의 기술혁신에 대해서도 개방되어 있다. 셋째, 인터넷은 어떤 패킷도 차별할 수 없기 때문에, 기존의 응용프로그램에 위협이 되는 새로운 응용프로그램의 출현을 막을 수 없다(레식 1999: 36-37).

인터넷에 접속하는 사람이 급격하게 증가하고 있음에도 불구하고 하드웨어의 발전으로 인하여[7] 인터넷의 경합성이 나타나지 않고 있는 것도 공유지의 희극이 출현한 중요한 원인이 될 수 있다. 이런 하드웨어의 급속한 발달은 디지털이라는 IT혁명의 또 다른 요소 때문이다. 디지털은 정보를 처리하고 전달하는 데 동원할 수 있는 하드웨어의 범위를 엄청나게 확대시켜주기 때문이다. 물론 반대로 인터넷의 개방적인 구조가 하드웨어의 비약적인 발전을 도우는 측면도 매우 중요하다. 인터넷의 프로토콜은 상이한 하드웨어가 접속할 수 있다는 것을 전제로 한 개방적 설계(open-architecture)에 기초하고 있다는 점을 생각해보면 된다.

인터넷에서 피어난 기술혁신 중에서 백미는 웹(World Wide Web)이라고 할 수 있다. 이제는 사람들이 인터넷과 웹을 구분하지 않고, 웹이 바로 인터넷이라고 생각할 정도가 되었다. 웹은 버너스-리(Tim Berners-Lee)라는 분명한 설계자를 가지고 있다. 따라서 그것은 자생적 질서라고 할 수 없을 것이다. 그러나 그것은 인터넷과 동일한 개방적 원칙에서 설계되었다. 이 점을 조금 자세히 살펴보자. 웹은 인터넷을 이용한 서비스라고 생각해도 좋지만, 인터넷 위에 놓여진, 인터넷과 같은 일종의 시스템이라고 보는 것이 더 정확하다. 웹 문서형식(Hypertext)이 있

7) 모뎀에서 ADSL을 거쳐서, VDSL, 광케이블 등으로 네트워크 기술이 발전하면서 동일한 시간에 더 많은 정보를 전송할 수 있게 되었는데, 이것을 대역폭(bandwidth)의 증가라고 부른다. 대역폭의 증가란 고속도로가 2차선에서 4차선 6차선으로 증가하면 동일한 시간에 더 많은 자동차가 지나갈 수 있게 되는 것과 같은 의미다.

고, 그 문서형식을 만드는 언어(HTML)가 있으며, 그 문서를 전송하는 통신규약(HTTP)이 있다. 나중에 웹 문서를 보여주는 브라우저(browser)가 이 시스템에 추가된다. 웹은 텍스트 · 그래픽 · 오디오 · 비디오 등 기존에 존재하는 모든 형태의 정보를 다 처리할 수 있도록 설계되었다. 뿐만 아니라 고퍼(Gopher), FTP, NNTP 등 웹 기반 위에 존재했던 여러 가지 프로토콜과 모두 호환될 수 있도록 설계되었다. 그리고 아무런 중심이 없어서 웹 서비스에 접속하기 위해 사용자등록을 할 필요가 없도록 설계되었다. 웹의 문서를 만드는 HTML은 그 소스 코드가 투명하게 보이도록 태그를 붙이는 형태로 만들어졌기 때문에 텍스트 에디터만 있으면 소스 코드에 접근할 수 있다.[8] 마지막으로 버너스-리는 웹의 지적 재산권을 주장하지 않고 인터넷과 마찬가지로 무소유의 공유지로 만들어버렸다.[9]

앞 절에서 사용했던 3계층 모형을 웹에 적용시켜 보자. 엄밀한 의미에서 웹의 물리적 계층은 존재하지 않는다. 그러나 물리적 계층이 기반계층을 의미하는 것이라고 간주하면 웹의 기반계층은 인터넷이라고 할 수 있다. 웹의 코드 계층은 HTTP, HTML 등의 규칙이다. 웹의 콘텐츠는 하이퍼텍스트 문서들이다. 웹의 코드 계층은 아무런 통제를 하지 않

8) 익스플로러나 넷스케이프 같은 브라우저에는 웹 문서에 접근했을 때 오른쪽 마우스를 클릭하거나 메뉴에서 선택해 소스 코드를 볼 수 있는 기능이 포함되어 있다.

9) 컴퓨터 과학에 노벨상이 있었다면 분명히 버너스-리가 뽑혔을 것이다. 버너스-리가 웹을 구상하게 된 것은 기억력이 특별히 나빴기 때문이라고 한다. 스위스 입자물리연구소(CERN)에서 그의 임무는 입자가속기 실험을 하는 물리학자들을 관리하는 것이었는데, 인터넷을 이용해 관리하면 어디서나 업무처리가 가능하므로 나쁜 기억력을 보충할 수 있을 것으로 생각했다. 버너스-리를 도와 웹을 만드는 데 참여한 사람들이 몇 명 있지만, 보조적인 역할을 했기 때문에 버너스-리가 웹을 설계했다고 말할 수 있다. 1990년은 버너스-리에게 무척 바쁜 한 해였다. 결혼을 했고, 웹의 지적 재산권을 포기하기로 결심했으며("나를 부유하게 만들지 말고 세상을 부유하게 만들자"), 크리스마스 날 지구 최초의 웹 서버의 스위치를 켰다(*Businessweek*. 2002. 3. 4.).

는다. 그리고 웹의 콘텐츠들은 자유로운 것으로 시작되었다. 이렇게 보면 웹도 인터넷과 마찬가지의 광장이고, 공유지인 것이다. 차이점은 인위적인 설계에 의해 만들어졌다는 것이다. 상상할 수 없었던 많은 기술 혁신들이 웹이라는 광장 위에서도 생겨나고 있다.

광장 위에서 여러 가지 콘텐츠들이 생겨날 뿐 아니라 새로운 광장이 생겨났다는 것은 흥미로운 사실이다. 인터넷이라는 광장은 RFC라는 광장 위에서 탄생한 것이고 월드와이드웹이라는 광장은 인터넷이라는 광장 위에서 탄생한 것이다. 이와 같이 인터넷은 광장 안에 다른 광장이 있고, 그 안에 또 다른 광장이 있는, 복잡한 질서에서 흔히 나타나는 프랙털(fractal) 구조를 만들어가고 있는 것이다.[10)]

리처드 스톨만(Richard Stallman) 등은 광장이 시장으로 변질되는 것을 막고 언제까지나 광장으로 유지할 수 있는 창의적인 방법들을 제안했다. 그것은 흔히 카피레프트(copyleft)라고 알려진 GPL(general public license)이라는 저작물 사용허가 제도다. 카피레프트 하에서는, 자기도 똑같은 권리를 다른 사람에게 부여한다는 조건 하에서, 누구에게나 저

10) 프랙털 구조란 다음의 그림처럼 부분의 모양이 전체의 모양과 비슷한 기하학적 도형을 가리킨다.

작물을 연구할 수 있고, 복사할 수 있고, 수정할 수 있고, 수정된 저작물을 배포할 수 있는 권리가 부여된다. 즉 저작권 제도를 활용해서 저작권 제도를 막으려는 방법이다.[11] 빌 게이츠는 카피레프트를 바이러스라고 부른 적이 있는데, 실제로 그것은 바이러스처럼 퍼져 나간다. 하나의 저작물이 카피레프트이면 그 저작물로부터 여러 개의 카피레프트가 만들어지고, 또 각각의 카피레프트로부터 또 다른 카피레프트들이 만들어진다.

이런 과정에서 오픈소스(open source)를 유지하는 것이 중요하다. 오픈소스란 소스를 공개하는 것을 의미하는데, 컴퓨터 프로그램인 경우에는 그 프로그램의 원시코드를 공개하는 것을 말한다. 즉 누구나 그 핵심 내용을 투명하게 들여다볼 수 있도록 만드는 것이다. 앞에서 지식을 분류할 때 과학적 지식은 형식지식이고 모방이 쉽다고 했다. 그것은 그 내용이 투명하게 공개되어 있기 때문이다. 과학적 지식은 전문학술지에 공개적으로 표현됨으로써 인정을 받는다. 이렇게 소스가 공개되면 누구나 그 핵심 기술을 이해하고 응용할 수 있게 되는 것이다. 과학적 지식이 오픈소스가 아니었다면 오늘날과 같은 인류의 문명은 전혀 불가능하다. 세대마다 사람마다 아르키메데스의 원리, 만유인력의 법칙, 상대성 이론 등을 처음부터 다시 발견해야 한다고 생각해 보라. IT 혁명과 더불어 시장을 통해 생산된 지식은 소스를 감추려고 하는 경향을 가지고 있는데, 이것은 심각한 문제다. 만약 천재지변이 일어나서 MS사의 소스 코드가 사라진다면 우리는 오피스 프로그램을 처음부터 새롭게 공부해 가면서 만들어가야 할지 모른다.

---

11) 저작권법에 따르면 저작권자는 특정한 조건 하에서만 자기의 저작물을 이용할 수 있도록 허가할 수 있다. 즉 카피레프트(copyleft)라는 조건 하에서만 자기의 저작물을 이용할 수 있도록 저작권(copyright)을 행사하는 운동이 카피레프트인 것이다. 저작권을 영어로 "@all rights reserved"라고 표현하니까 카피레프트는 "@all rights reversed"라고 표현하기도 한다.

7. 맺음말

IT 혁명은 디지털과 네트워크라는 두 가지 요소로 구성되어 있다. 디지털은 정보를 0과 1로 표현하기로 약속한 것이고, 네트워크는 정보를 전달하기 위한 약속으로 구성되어 있다. 따라서 이 두 가지는 모두 약속에 기초한 것으로 '약속혁명'이라고 부를 수 있다.

지식은 노동과 분리될 수 없는 것이기 때문에 지식과 노동을 대립시키는 것은 잘못이다. 지식이 많으면 사용가치는 많아지지만 가치가 많아지는 것은 아니다. 지식이 지식의 소유자에게 더 많은 가치의 원천이 되기 위해서는 지식이 독점되어야 한다.

시장은 사적소유물을 등가교환의 원리에 따라 교환하는 장소이며, 대상의 접근에는 제한이 있지만, 시장의 접근에는 아무런 제한이 없는 제도다. 이에 반해 광장은 무소유 내지 공유물을 선물 교환의 원리에 따라 교환하는 장소이며, 대상의 접근과 시장의 접근에 아무런 제한이 없는 제도다.

IT 혁명으로 시장을 통한 지식생산이 늘어나고 있다. 그러나 이 과정에서 독점이 강화되고, 소비자의 접근권이 사라지고, 소비자가 감시당하게 되는 부작용이 나타나고 있다. 그리고 지식의 독점은 그 지식을 이용하는 산업의 이윤을 빼앗아오는 것이기 때문에, 사회 양극화의 중요한 원인의 하나가 된다.

그러나 인터넷, 월드와이드웹, 오픈소스, 카피레프트처럼 광장을 통한 지식생산도 늘어나고 있다. 이렇게 광장을 통한 지식의 생산은, 시장을 통한 지식의 생산보다 지식의 확산이 빠를 뿐 아니라 양이나 질의 측면에서도 결코 뒤떨어지지 않는다. 우리는 시장을 통한 지식의 상품화를 억제하고 광장을 통한 지식생산의 가능성을 높여 새로운 사회의 밑거름이 되도록 만들어야 할 것이다.

한국 사회의 발전과 생태적 복지국가

-'진정한 선진화'의 길-

홍 성 태

우리는 자연을 파괴하고 불구되게 할 수는 있다. 그러나 그것을 창조하거나 개작할 재주는 없을 것이다.

- 이태준 1941

1. 머리말

한국은 박정희 정권의 '본격적 근대화'[1] 이래로 30년 이상의 고성장 시대를 거쳐서 오늘날 국내총생산을 기준으로 세계 10위권의 '경제대국'이 되었다. 총량으로 보아서 오늘날 한국은 분명히 아주 부유한 나라다. 여전히 가난한 사람들이 있기는 하지만, 또한 양극화라는 새로운 빈곤의 문제가 심화되고 있지만, 오늘날 한국은 이미 빈곤이 아니라 오히려 부로 고통받고 있는 나라다. 예컨대 부의 증대는 막개발을 촉진하고 있으며, 부의 편중은 양극화를 심화하고 있다. 이제 우리는 과연 '무엇이 풍요인가'에 대해 숙고하고 잘못을 바로잡기 위해 애써야 한다(暉

1) '본격적 근대화'란 사회적으로, 지역적으로 근대화가 전면화하는 것을 뜻한다. 이런 점에서 일제의 식민지 근대화는 '제한적 근대화'였다. 한편 박정희의 '본격적 근대화'는 정치적 근대화를 여전히 억압했다는 점에서 심각한 결함을 안고 있는 '파행적 근대화'였다. 물론 이런 점에서 일제의 식민지 근대화는 더욱 더 심각한 '파행적 근대화'였다.

峻淑子 1989; 2003).

우리는 놀라운 부를 이루기 위해 사실 놀라운 대가를 치러야 했다. 그것은 노동과 자연에 대한 '이중의 착취'로 요약할 수 있다(홍성태 2000). 수많은 노동자들이 짐승같은 대우를 감내해야 했으며, 전국 곳곳에서 극심한 오염과 파괴가 개발의 이름으로 저질러졌다. 특히 '자연의 착취'로 말미암아 환경 수준은 여전히 세계적으로 손꼽히는 후진적 상태에 있다. 세계 10위권의 경제대국을 이루는 과정에서 우리의 환경의 질은 무려 세계 130위 수준으로 곤두박질치고 말았다. 세계경제포럼의 환경 지속성지수 순위에서 한국은 2002년에 142개국 중 136위, 2005년에는 142개국 중 122위인 것으로 발표되었다. 금수강산은 어느덧 공해강산, 파괴강산이 되어 버렸다. 이런 극단적 부조화의 상황을 그대로 두고 '선진화'를 이룰 수는 없다.

사회의 발전은 단순히 경제성장만으로 이루어지지 않는다. 경제성장이 이루어졌다고 해도 그 때문에 자연이 심각하게 파괴되어 많은 사람들이 일상적으로 큰 고통과 불편을 느끼며 살아야 한다면 이러한 변화를 사회의 발전이라고 하기는 어렵다. 그것은 생태적 차원에서 명백히 사회의 퇴보라고 할 수 있기 때문이다. 또한 오랜 세월을 거치며 형성된 다양한 문화들이 상업적 대중문화의 범람으로 삽시간에 크게 훼손되는 것도 역시 사회의 발전이라고 하기 어렵다. 상업적 대중문화의 '획일적 다양성'[2)]은 삶에서 빚어진 문화적 다양성에 대한 심각한 위협이기 때문이다. 이렇듯 사회의 발전은 경제성장만이 아니라 정치, 문화, 생태 등 여러 기준에 의해 복합적으로 규정되어야 한다.

그런데 일찍이 미국의 근대화론이 잘 지적했듯이 경제성장이 이루어지지 않은 단계에서는 대부분의 사회가 경제성장을 강력히 추구한

---

2) 상업적 대중문화는 장르와 내용에서 대단히 다양한 모습을 보인다. 그러나 그것은 더 많은 돈을 벌기 위해 소비자의 감각적 반응에 초점을 맞춰서 제작되기 때문에 사실은 대단히 획일적이다. 이런 점을 지적하기 위해 '획일적 다양성'이라는 개념이 제시되었다.

다. 그것은 무엇보다 영양과 보건이라는 생명활동의 일차적 요건을 충족할 수 있는 물질적 기반을 크게 확장할 수 있기 때문이다. 그러나 이른바 '풍요사회'의 단계에 이르러서는 무분별한 경제성장에 대한 회의와 반성이 이루어진다. 이런 변화를 바탕으로 삶의 질에 대한 관심이나 '탈물질적 가치'에 대한 추구라는 새로운 현상이 나타난다(D'Antonio et al. 1994; Inglehart 1977). 그렇지만 이러한 변화로 자연스럽게 생태적 전환이 이루어지는 것은 아니다. 여기에는 생태적 전환의 필요성을 숙지한 주체들의 적극적 실천이 반드시 필요하다.

근대화는 인간의 필요를 위해 자연을 대대적으로 변형하는 반생태적 과정이었다. 그 결과 오늘날 우리는 심각한 생태위기를 맞게 되었다. 이제 삶의 질이나 탈물질적 가치보다 더욱 근본적인 생존의 관점에서 근대화의 문제를 고민하고 그 해결을 위해 실천해야 한다. 생태적 전환은 반생태적 근대화를 넘어서 생태적 탈근대화로 나아가는 과정을 뜻한다. 이것은 정치, 경제, 문화 등 사회의 모든 영역에서 이루어져야 하는 거대한 역사적 변화이다. 여기에 한국 사회가 추구해야 하는 '진정한 선진화'의 길이 놓여 있다.

2. 근대화와 생태위기

오늘날 한국의 시민운동[3]은 생태적 전환을 이루기 위한 주체로서 큰 사명감을 안고 활동해야 하는 처지에 놓였다. 여러 지표들이 잘 보여주듯이 한국은 심각한 '생태적 후진국'이기 때문이다. 생태위기는 환경운동이 주체가 되어 다루어야 하는 사안이라고 생각하는 사람들도 있다. 그러나 생태위기에 대한 대응은 환경운동을 넘어선 모든 시민운동

3) 이 글에서 시민운동은 민주주의 사회의 주권자로서 시민이 공익을 실현하기 위해 벌이는 자발적이고 독립적인 다양한 사회운동을 뜻한다.

의 보편적 관심사가 되어야 한다. 생태위기는 우리 모두의 생존을 위협하는 보편적 위기이기 때문이다. 이제 한국 사회는 이미 심각한 생태위기 상황에 놓여 있으므로 한국 사회의 발전은 '사회의 생태적 재구성'이라는 방식으로 추구되어야 한다. 그것은 각종 오염과 파괴를 규제하는 차원을 넘어서 정부조직과 산업구조, 고용구조, 생활방식 등에서 생태적 전환을 추구하는 것으로 이루어질 수 있다.

여기서 잠시 생태위기의 현실에 대해 살펴보도록 하자. 생태위기라는 시대적 규정에 대한 인식이 전제되지 않고 생태적 전환의 필요성을 논의하기는 어렵기 때문이다. 생태위기는 국지적 차원의 현상이 아니라 이미 지구적 차원의 현상이다. 그 대표적인 예로 지구온난화를 들 수 있다.[4] 오늘날 우리는 지구온난화의 위험에 대해 많은 경고를 접하고 있다. 히말라야와 알프스의 빙하가 녹고 북극의 빙산이 녹는다.[5] 이 때문에 하천이 범람하고 해수면이 상승하는 놀라운 일이 빚어지고 있다. 이대로 가다가는 머지않아 태평양의 작은 섬나라들이 바다에 잠겨 없어질 것이며, 북극곰들이 모두 멸종해 동물원에서나 겨우 볼 수 있게 될 것이라고 한다. 나아가 열대지방의 풍토병이 더워진 온대지방으로

---

4) 일부에서는 지구온난화를 비롯한 생태위기의 현실을 적극적으로 부정하기도 한다. 심지어 지구온난화가 아니라 '지구냉각화'가 진행되고 있다고 주장하기도 한다. 그러나 유엔은 물론이고 미국 정부조차 지구온난화를 비롯한 생태위기의 현실을 분명히 인정하고 있다. 미국은 세계 인구의 4.5%를 차지하고 있지만 지구온난화 기여도는 30%를 훨씬 넘는다. 그러나 미국 정부는 지구온난화 대책에 대단히 미온적이며 이 때문에 '지구의 적'이라는 비난마저 받고 있다. 나아가 미국의 거대기업은 '반환경운동'이나 '반환경연구'를 적극 지원하고 있다. 이렇게 해서 지구온난화를 부정하는 '논문'이 쓰여져서 유명 학술지에 발표되기도 한다. '황우석 사태'에서 잘 드러났듯이 미국의 유명 학술지에 실린 '논문'이라도 '진실'은 물론이고 심지어 '사실' 조차 왜곡하는 경우가 흔하다. 이런 명백한 현실을 올바로 깨닫지 못하고 미국의 유명 학술지에 실린 논문을 들먹이며 지구온난화를 부정하는 사람들은 그저 자신의 무지를 보여줄 뿐이다.

5) 2007년 봄에 북극의 빙하가 너무나 많이 녹아서 수만 마리의 바다표범들이 죽었다고 한다. 이러한 변화 때문에 먹이를 구하기가 어려워진 북극곰들도 굶어 죽거나 크기가 줄어드는 현상이 나타나고 있다.

확산되어 수많은 사람들이 목숨을 잃을 가능성도 제기되고 있다.

지구온난화의 원인은 공업화의 결과로 비롯된 대기오염이다. 공업화는 석탄과 석유를 태워 없애서 에너지를 얻는 방식으로 이루어졌다. 그 과정에서 이산화탄소를 중심으로 메탄, 이산화황, 질산화물 등의 여러 물질들이 배출되어 마침내 지구를 거대한 하나의 온실처럼 만들어 버린 것이다. 문제는 수십억 년에 걸친 공진화(共進化 co-evolution)[6]의 결과로 형성된 지구의 기후대가 빠르게 큰 변화를 맞게 되면서 사람을 포함한 지구의 모든 생명체가 생존의 위기를 맞을 수 있다는 것이다. 물론 지구의 기온은 장기적으로 계속 변화한다. 빙하기의 간헐적 도래는 그 좋은 예다. 그러나 현재의 지구온난화는 인위적 요인에 의해 불과 50년, 100년이라는 너무나 짧은 시간에 이루어지는 변화라는 점에서 초유의 것이면서 지구의 모든 생명체에게 적응할 시간적 여유를 주지 않고 거대한 재앙을 초래할 수 있다. 더욱이 지구온난화로 툰드라지대가 녹으면서 엄청난 양의 이산화탄소와 메탄이 짧은 시간에 방출되어 지구온난화가 더욱 급속히 진행될 수도 있다.

대기오염의 결과로 우리가 겪는 고통은 지구온난화만이 아니다. 더욱 일상적으로 우리가 겪는 고통은 건강과 생명에 대한 위협이다. 우리는 한시도 쉬지 않고 공기를 마셔야 살 수 있다. 깨끗한 공기는 건강의 일차적 조건이다. 더러운 공기는 우리의 건강을 해치고 만다. 그런데 한국은 이미 세계적으로 악명높은 대기오염국이다. 한국에서 맑은 하늘을 보는 것은 대단히 어려운 일이 되었다. 중국의 공업화와 함께 한국의 대기오염은 더욱 악화되고 있다. 최근의 연구에 따르면, 이러한 대기오염으로 말미암아 전국적으로 16만 명이 넘는 사람들이 조기사

6) '진화'는 생명체들이 서로 영향을 미치고 환경에 적응하며 지속적으로 변화하는 것을 뜻한다. 그러나 '진화'는 생명체뿐만 아니라 환경이 변화하는 것이기도 하다. '공진화'는 지구의 탄생 이래 물질운동의 결과로 생명체가 탄생하고, 그 결과 생명체와 환경이 서로 영향을 주고받으며 변화하는 것을 뜻한다. 따라서 환경의 급격한 변화는 생명체의 절멸로 이어질 수도 있다.

망하고 있다.[7] 이 때문에 발생하는 사회적 비용도 몇 조원에 이를 것으로 추정된다. 복지나 문화에 사용할 수 있는 엄청난 액수의 귀중한 돈이 대기오염 때문에 탕진되고 있는 것이다.

오염된 것은 대기만이 아니다. 물도, 흙도, 바다도 모두 심각하게 오염되었다. 10조 원이 넘는 막대한 돈을 4대강 수질개선사업에 투입했으나 여전히 4대강의 수질은 엉망이다. 계곡수나 지하수조차도 심각하게 오염되어 있다. 흙도 각종 화학비료와 농약 등으로 심하게 병들었다. 산업폐기물과 건축폐기물의 무단폐기는 토양오염의 문제를 더욱 악화한다. 대기와 물과 흙을 더럽힌 모든 것은 결국 바다로 흘러 들어간다. 더욱이 우리는 바다에 온갖 쓰레기와 분뇨를 대량으로 버리고 있기도 하다. 그러므로 건강을 위해 해산물을 날것으로 즐기다가 오히려 건강을 해칠 위험도 커지고 있다.[8] 이처럼 자연이 총체적으로 오염된 상황에서 각종 먹거리와 우리의 몸이 오염되는 것은 당연하다. 환경호르몬[9] 물질로 우리의 몸은 심하게 병들었고, 그 결과 아토피[10]라는 신종질환이 만연하게 되었다.

이렇듯 우리는 자연이 망가지고, 그 때문에 우리의 몸도 망가지는 생태위기의 시대를 살고 있다. 이것은 모두 우리가 자초한 것이다. 그러나 바로 그 때문에 우리는 생태위기를 치유하거나 완화할 수 있다. 석유고갈의 위험에서 잘 드러나듯이 현재의 풍요는 지속될 수 없으며,

---

7) 대기오염 때문에 서울 시민의 평균수명은 도쿄 시민의 평균수명보다 3년 짧다는 연구결과도 있다.

8) '공해병' 으로 악명높은 일본의 미나마타병은 바다로 방류된 폐수에 섞인 수은으로 오염된 어패류를 먹어서 발생한 '수은 중독증' 이었다.

9) 생명체 안으로 들어간 화학물질이 생명체 안에서 마치 호르몬처럼 구실하면서 호르몬 체계를 교란시켜 생명체에 이상을 야기하는 것을 뜻한다.

10) 아토피는 사실 '잘 모른다' 는 뜻이다. 병의 증상은 명확하지만 그 원인을 알 수 없어서 이런 병명이 만들어졌다. 그 대표적 증상으로는 피부병, 천식, 류마티스 등을 들 수 있다. 오늘날 그 원인은 대체로 화학물질이나 중금속인 것으로 밝혀졌다. 이런 점에서 아토피는 '공해병' 또는 '오염병' 이라고 부르는 것이 더 옳을 것이다.

조기사망이나 아토피와 같은 문제에서 잘 드러나듯이 현재의 풍요는 심각한 문제를 안고 있는 것이기도 하다. 생태위기는, 자연이 문명의 물질적 조건이자 우리의 건강과 생명의 조건이라는 차원에서, 반생태적 근대화가 결코 지속될 수 없으며, 지속되어서도 안 된다는 사실을 잘 보여준다. 우리는 이제까지 우리가 이룬 문명의 성과를 활용해서 적극적으로 생태적 탈근대화를 추구해야 한다. 생태위기가 생태파국으로 폭발하기까지 남은 시간은 많지 않다.[11)]

3. '토건국가'를 넘어서

오늘날 생태위기는 다양한 요인들에 의해 악화되고 있다. 공업화, 난개발, 소비사회화는 세가지 대표적 요인들이다. 그런데 여기서 우리는 한국에서 생태위기를 더욱 악화시키고 있는 구조적 문제로서 '토건국가(土建國家 construction state)' 문제에 주목할 필요가 있다. 토건국가는 정치권과 토건업이 유착해서 불필요한 대규모 개발사업을 끊임없이 벌이면서 재정을 낭비하고 국토를 파괴하고 부패를 만연하게 하는 타락한 개발국가를 뜻한다(홍성태 엮음 2005). 이러한 토건국가는 박정희의 개발독재에 그 뿌리를 두고 있으며, 따라서 그 개혁은 민주화의 핵심적 과제이기도 하다.

---

11) 미 국방부가 작성한 지구온난화에 관한 비밀보고서는 20년 안에 지구온난화로 말미암아 대재앙이 닥칠 것으로 예측하고 있다(『한겨레신문』 2004년 2월 22일). 미국 정부는 지구온난화를 완화하기 위한 대책에는 미온적이면서 그저 파국에도 계속 패권을 유지하기 위한 계획을 추진하고 있을 뿐이다. 이런 점에서 지구온난화에 대응하기 위한 노력은 상당한 정도로 반생태적 미국의 문제를 밝히고 바로잡기 위한 노력이어야 한다(홍성태 2003).

1) 박정희체계의 문제

산업부문에서 한국의 고성장을 이끌고 온 것은 중공업과 건설업[12]이다. 두 산업은 자연에 치명적인 영향을 입힌다. 이런 점에서 오늘날 한국의 환경 질이 세계적으로 심각한 지경에 이른 것은 분명히 고성장의 직접적 결과이다. 이제는 세계 10위권에 이른 고성장의 성과를 잘 활용해서 이 문제를 해결해야 한다. 그런데 여기서 우리는 고성장의 과정에서 오염과 파괴를 당연시하는 사회체계가 이룩되었다는 사실에 유의해야 한다. 박정희 정권이 그 기초를 다지고 골격을 세웠으므로 우리는 이 사회체계를 '박정희체계' 라고 부를 수 있다. 따라서 박정희체계를 해체하고 생태적 복지국가를 이룩하는 것이야말로 '진정한 선진화' 의 요체이다(홍성태 2007).

박정희 정권의 군사독재는 '개발독재' 이기도 했다. 그것이 이룩한 박정희체계는 무엇보다 성장주의와 개발주의의 사회체계라고 할 수 있다. 요컨대 박정희체계는 '경제성장을 최고의 가치로 여기고, 그것을 위해 최대한의 개발을 추구하는 사회체계' 인 것이다.[13] 이 사회체계의 문제를 가장 극명하게 보여주는 것은 토건국가이다. 이것은 "막대한 금액의 혈세를 탕진해서 자연을 파괴하고 부패를 만연하게 하는 방식으로 개발을 추진해서 경제성장을 이루는 국가"를 뜻한다. 이런 토건국가의 상황에서는 성장과 개발을 최고의 목표로 추구하는 개발주의 정치가 막강한 위력을 발휘하지 않을 수 없다(홍성태 엮음 2005).

그런데 이제 우리는 풍요나 발전을 단순히 경제성장이 아니라 복지, 문화, 자연 등을 포함한 복합적 관점에서 파악해야 한다. 이를 위한 정

12) 건설업은 토목업과 건축업으로 나뉜다. 이런 점에서 토건업이 더 정확한 명칭이다.

13) 또한 박정희체계는 학벌사회와 투기사회의 문제를 악화하는 방식으로 개인들을 이 체계에 옭아맸다(김상봉 2004; 신한종합연구소 1991). 박정희체계에서 교육과 주거라는 생활의 필수조건을 확보하기 위해서라도 개인들은 성장주의와 개발주의를 추구하지 않을 수 없다.

치의 역할은 막중하다. 정치는 국가권력을 이용해서 사회발전을 추구하는 사회활동이기 때문이다. 그러나 불행하게도 한국의 정치는 개발주의의 원천이자 그 포로라는 성격을 강하게 지니고 있다. 한국의 정치는 개발주의의 문제를 치유하기보다는 악화하는 방식으로 작동하고 있는 것이다. 여기서 중요한 것은 이러한 개발주의 정치가 박정희체계의 소산이라는 사실이다. 따라서 개발주의 정치를 올바로 개혁하기 위해서는 단순히 정치의 민주화라는 식으로 정치개혁을 추구하는 데 그치는 것이 아니라 정부 · 산업 · 의식 등의 여러 요소들로 이루어진 박정희체계라는 '개발주의형 사회체계의 전면적 개혁' 이라는 체계적 관점을 세워야 한다.

박정희체계의 개혁은 단순히 생태적 개혁을 이루는 것이 아니라 예산의 탕진과 부패의 만연을 막고 복지와 문화와 자연의 영역으로 민주화를 확장하여 '진정한 선진화' 를 이루는 것이기도 하다. 이러한 진정한 선진화의 과제를 이루기 위해서는 개발주의 구조의 개혁뿐만 아니라 개발주의 구조 속에서 개발주의 주체로 살아가는 시민의 생활방식과 사고방식을 개혁하는 것도 대단히 중요하다. 요컨대 체계의 개혁과 주체의 개혁이라는 '이중적 과제' 가 동시에 추구되어야 하는 것이다.

2) 토건국가의 실상

토건국가는 정책결정과정의 왜곡, 국가재정의 왜곡, 세금의 낭비, 산업구조와 노동구조 개혁의 지체, 부패의 만연, 자연의 파괴라는 커다란 문제들을 낳는다. 민주화는 이러한 토건국가를 개혁하는 역사적 변화여야 했다. 그러나 한국의 민주화는 토건국가를 낳은 개발주의 정치를 해결하기보다는 오히려 강화하는 과정이었다. 이른바 '민주화 이후의 민주주의' 에 대해 환멸이 커진 것은 이 때문이기도 하다. '민주정권' 은 토건국가의 문제를 올바로 이해하지 못했으며, 오히려 여기에 편승해서 정치적 지지를 확대하고자 했다. 민주정권이 이를테면 '보수정치'

를 적극적으로 펼쳤던 것이다. 이로써 정권은 바뀌었어도 사회는 바뀌지 않는 상태가 계속되었다.

물론 이렇게 된 데에는 박정희부터 노태우까지 이어진 개발독재를 거치면서 토건국가가 워낙 강력하게 확립되었다는 사정이 큰 영향을 미치기도 했다. 개발독재가 토건국가를 만들고, 이에 따라 대다수 국민들이 개발주의를 추구하게 되었으며, 그 결과 민주정권도 개발주의 정치를 펼치지 않을 수 없게 되었다. 개발독재가 남긴 가장 큰 문제는 이처럼 '개발주의의 악순화 구조' 를 확립한 것에서 찾을 수 있다. 이런 구조 속에서 민주정부도 개발사업을 대가로 정치적 지지를 얻는 '매표정치' 로서 개발주의 정치를 추진하는 잘못을 저지르고 말았다. 민주화의 심화는 무엇보다 이러한 개발주의 정치를 혁파하는 것을 뜻해야 한다.[14] 개발주의는 민주화를 왜곡하고 저해하는 거대한 역사적 장애물이다.

여기서 토건국가의 실상에 대해 잠시 살펴보자. 다음의 표들은 통계청의 '2006년 건설업 통계' 를 정리한 것이다.

〈표 1〉 건설업 매출액 (백만 원)

2005	2004	2003	2002	2001
142,622,781	139,251,721	127,149,270	114,121,028	105,349,471

〈표 2〉 건설업 부가가치 (백만 원)

2005	2004	2003	2002	2001
61,740,405	61,700,391	57,040,194	49,683,118	45,951,266

14) 개발주의는 지역주의와 결합되어 있기도 하다. '3김 시대' 의 종언과 함께 지역주의 정치는 더욱 더 개발주의 정치의 성격을 강화할 것이다. 이런 점에서 개발주의 정치의 개혁을 위해서는 지역주의 정치를 개혁해야 하며, 이를 위해 무엇보다 중요한 것은 비례대표를 크게 늘리는 방식으로 국회의원 정수를 늘리는 것이다. 한국은 국력에 비해 국회의원 수가 적으며, 고도로 분화된 사회구조에 비해 비례대표는 더욱 더 적다. 헌법에서는 국회의원 수를 '200명 이상' 으로 규정하고 있는 데, 이것은 '최소규정' 으로 해석해야 옳을 것이다. 그러나 국회의원의 다수가 이것을 '299명 이하' 라는 '최대규정' 으로 해석해서 국회의원 수를 늘리지 못하도록 하고 있다. 국회의원의 기득권 논리가 시대의 변화에 걸맞은 국회의 개혁을 가로막고 있다고 해야 옳을 것이다.

〈표 3〉 건설업 종사자수 (명)

2005	2004	2003	2002	2001
1,718,181	1,737,166	1,719,074	1,524,562	1,422,618

〈표 4〉 건설업 기업체수 (개)

2005	2004	2003	2002	2001
66,619	65,276	64,044	62,165	59,186

이 표들이 보여주듯이 건설업의 경제적 비중은 대단히 크다. 종사자수에서 약간 줄어드는 양상이 보이기도 했지만, 다른 지표들은 계속 크게 늘어나고 있다.[15] 2005년 한국의 GDP는 약 787조 5천억 원이었다. 같은 해 'GDP 대비 건설업의 비중'은 매출액 기준으로 무려 18%를 넘어섰으며, 부가가치 기준으로 보더라도 7.8%에 이르렀다. 이러한 비중은 세계적으로 대단히 높은 것이다. 그것은 심지어 개발도상국보다도 높고, '병적'이라는 평가를 받을 정도이다. 예컨대 2001년도 주요 국가의 GDP 대비 건설업의 비중을 부가가치 기준으로 보면, 미국과 서구는 4~5% 수준이었고, 브라질 · 러시아 · 중국은 7% 수준이었으며, 일본은 7.1%였다. 이에 비해 한국은 7.7% 수준[16]으로 '선진국'은 물론이고 한창 고성장을 구가하고 있는 브릭스(BRICs)[17]보다도 높았다(박한진 2004).

15) 이것은 그 자체로 상당히 주의해 볼 필요가 있는 변화이다. 대체로 개발주의 정치는 고용의 증대를 위해 토건업을 더욱 육성해야 한다고 주장한다. 그러나 토건업에서도 기계화의 진척에 따라 '고용없는 성장'이 나타나고 있다. 제조업과 마찬가지로 토건업에서도 단순히 투자의 확대가 고용의 증대로 이어지지는 않는다. 오히려 생태적 복원을 강화하는 쪽이 토건업에서도 고용의 증대나 고부가가치화를 이룰 수 있는 올바른 길일 것이다.

16) 한국을 빼고 OECD에서 건설업의 비중이 가장 큰 일본은 1990년 9.8%, 1995년 8.2%, 2001년 7.1%이었다. 이에 비해 한국은 1990~97년 평균 11.4%, 1999~2002년 평균 7.7%, 2003년 8.5%로 일본보다 건설업의 비중이 훨씬 크다.

3) 토건국가와 개발주의 정치

이처럼 토건국가가 강력하게 확립되어 있는 상황에서 개발주의 정치가 해결되지 않고 개발주의 공약이 남발되는 것은 아마도 당연할 것이다. 사실 다수의 국민들도 개발주의에 맞서기보다는 편승해서 이익을 취하는 쪽으로 적응되어 있는 실정이다. 지역주의가 갈수록 개발주의의 허울이 되는 것은 이 때문이다.

2007년도 정부 총지출 규모는 예산과 기금을 합쳐서 237조 1천억 원이다. 여기서 수송 · 교통 · 지역개발 관련 예산은 18조 4천억 원이며, 민자유치와 공기업 투자를 포함한 공공부문 건설투자는 무려 52조 3천억 원에 이른다(기획예산처 2007: 88).[18] 이렇게 막대한 예산을 써서 불필요한 도로 건설, 공항 건설, 댐 건설 등이 이루어진다(정광모 2007: 136-137).

지역주의가 횡행하는 국회의원 선거나 지방선거는 말할 것도 없고 대통령 선거도 개발주의 정치에 사로잡혀 있다. 아니, 대통령 선거야말로 전국을 상대로 하는 거대한 개발주의 공약이 대대적으로 제시되는 개발주의 정치의 본무대이다. 예컨대 지난 20년 동안 대선에서 제시된 대표적 개발주의 공약만도 다음과 같다.

---

17) 브라질, 러시아, 인도, 중국을 뜻한다. 네 나라의 공통점은 거대한 '대륙국가'라는 것이다. 또한 네 나라의 인구는 세계 인구의 44% 정도에 이른다. 최근에 보수언론은 네 나라의 경제성장에 따른 한국 경제의 '추락'을 주장하고 있다. 그러나 GDP 기준으로 네 나라와 한국 경제를 비교하는 것은 큰 문제를 안고 있다. 무엇보다 한국은 국토의 크기가 세계 109위밖에 되지 않는 조그만 나라이기 때문이다.

18) 2006년 10월에 발표된 『2007년 나라살림』에 따르면, 전체 공공부문 건설투자는 52조 3천억 원에 재정투자는 45조 8천억 원이고 민자는 6조 5천억 원이었다. 재정투자는 공기업 투자 및 국고보조 지방비 매칭분을 포함한다(기획예산처 2006: 25).

〈표 5〉 민주화 이후 대선의 대표적 개발주의 공약

1987년 노태우	새만금간척사업 주택 200만호 건설사업
1992년 김영삼	준농림지 개발 허용
1997년 김대중	그린벨트 대규모 해제
2002년 노무현	행정도시 건설사업 기업도시 건설사업 혁신도시 건설사업

1987년 6월 항쟁 이후 민주화 20년의 역사는 사실 개발독재에 못지 않은 개발주의 정치의 역사였다. 토건국가를 구성하는 '정관재 연합(政官財 聯合)' 은 해소되기는커녕 민주화에 따라 '정관재언학 연합(政官財言學 聯合)' 으로 오히려 확대되었다. 다시 말해 불필요한 건설사업으로 말미암은 자연의 파괴는 물론이고 세금의 탕진과 부패의 만연이라는 문제가 민주화 이후에도 계속 확대재생산되었던 것이다. 그리고 전체 경제는 난개발의 횡행, 부동산 거품의 조장, 투기의 만연 등으로 심각한 구조적 문제에 시달리게 되었다. 예컨대 감사원에서 사실상 폐기를 요구한 '한탄강댐' 의 경우를 보자. '1조 900억원의 시멘트 덩어리' 로 불리는 한탄강댐 건설을 중단하고 그 돈을 교육이나 복지에 쓴다면 한국은 훨씬 더 '선진국' 에 가까워질 것이다. 그러나 한탄강댐 건설계획은 감사원에서 폐기를 요구했어도 버젓이 되살아나서 시행단계에 접어들었다.

이런 상황에서 유력한 한 대선주자는 '경부운하' 에 이어서 그것을 크게 확대한 '한반도대운하' 를 핵심공약으로 제시하고 나섰다. 이것은 노태우와 노무현의 토건업 부양책을 훨씬 뛰어넘는 '단군 이래 최대의 토건업 육성책' 이라고 할 수 있다. 나아가 이것은 흔히 호랑이에 비유되는 백두대간 중심의 국토구조를 크게 파괴하는 정책이다. 이런 토건업 육성책은 커다란 생태적, 문화적 문제를 유발할 수밖에 없지만, 나아가 토건업의 병적 과잉을 더욱 악화하는 경제적 문제도 낳게 된다.

4) 파괴와 부패의 만연

2004년 7월 2일에 건설교통부는 '건설경기 연착륙 방안' 이라는 보고서를 발표했다. 이 보고서에서 건교부는 건설투자의 비중이 둔화되는 것에 따라 경제위기가 올 것처럼 주장하고, 이런 상황을 회피하기 위해 건설투자를 서둘러 늘려야 한다고 주장했다. 좀더 구체적으로 건교부는 '취업유발계수(명/10억원): 건설업 20.8 제조업 14.4' 를 제시하며 건설업을 부양해야 할 경제적 필요를 강조했으며, 또한 2004년 4월 현재 '건축:토목 비중 = 70:30 수준(주거용 33%, 비주거용 37%)' 이라는 지표를 제시하며 신도시 건설과 같은 건축사업을 확대해야 한다고 주장했다(건설교통부 2004).

이러한 건교부의 주장은 토건국가의 문제를 해결하는 것이 아니라 적어도 유지하고자 하는 것이다. 그리고 사실 각종 건설 관련 예산들이 보여주듯이 건교부는 토건국가를 계속 확대재생산하고 있다. 그러나 토건업의 비중이 워낙 크기 때문에 이러한 건교부의 정책은 정치적으로 큰 힘을 지닐 수밖에 없다. 또한 건교부와 그 산하기관으로 대표되는 토건국가의 핵심주체들은 토건국가의 확대재생산에서 커다란 조직적 이익을 취한다. 그만큼 자기들을 위한 많은 일자리를 확보할 수 있기 때문이다. 정부조직은 공익을 위해 존재해야 하지만 실제로는 자기 이익을 위해 권력을 활용하는 경우가 흔하다. 이런 점에서 건교부를 비롯한 여러 건설 관련 정부기관들에 대한 전면적 검토와 대책이 필요하다.[19)]

---

19) '공공성' 을 국가의 속성으로 간주하는 것은 국가의 이상과 현실을 올바로 이해하지 못한 데서 비롯되는 이론적 잘못이다. 다른 모든 사회적 주체들과 마찬가지로 국가의 구성요소들도 시대의 변화에 따라 폐기와 생성의 과정을 거쳐야 한다. 그러나 많은 국가기관들이 '공공성' 혹은 '공익' 을 내세워서 끝없이 존속하거나 심지어 확대재생산하고자 한다. 개발독재의 견인차로 만들어진 개발부서와 개발공사(開發公社)는 그 대표적 예다. 개발부서와 개발공사를 없애는 것은 개발독재의 폐해를 바로잡는 것이면서 '공공성' 을 강화하고 '공익' 을

다른 한편 불필요한 대규모 건설사업은 필연적으로 대규모 부패문제를 낳게 마련이다. 이른바 '눈먼 돈'을 혼자 차지할 수는 없기 때문이다. 한국은 여전히 부패가 만연한 나라로 꼽힌다. 그리고 각종 조사에서 잘 드러나듯이 부패가 가장 심한 분야는 다름 아닌 건설업이다. 토건업체가 불필요한 대형사업을 벌이면서 여기에 소요되는 막대한 혈세를 독식할 수는 없다. 당연히 관련 정치인과 공무원들에게 여러 명목으로 뇌물을 건네야 한다. 일부에서는 이러한 뇌물의 비율을 전체 사업비의 5%~20%에 이르는 것으로 파악한다. 이러한 추정에 따르자면, 매년 적어도 수천억 원의 '검은 돈' 또는 '눈먼 돈'이 중앙정부나 지자체에서 발주하는 수많은 건설사업에서 생기는 것이다.[20] 한국은 '유흥산업'이 비상하게 성장한 나라로 꼽히기도 하는 데, 여기에는 건설사업에서 발생하는 막대한 '검은 돈'이 깊이 연관되어 있을 것으로 보인다.

노무현 대통령은 2004년 6월의 국회에서 부패를 근절하겠다고 밝혔으며, 이어서 6월 29일에는 본격적인 부패청산 방안을 협의했다. 4월의 총선에서 열린우리당이 대승을 거둔 직후의 일이었다. 그러나 노무현 대통령의 의지는 전혀 실현되지 않았다. 너무 이루어진 것이 없어서 2004년 6월의 다짐이 과연 진정한 것이었는가 하는 의심마저 들 정도이다. 경실련이 2005년과 2006년에 벌인 건설부패실태조사는 이러한 사실을 잘 보여준다. 2005년 경실련과 『경향신문』이 함께 작성한 '건설부패실태조사 결과'에 따르면, 지난 1993년 2월 문민정부 출범 뒤 2005년 4월12일까지 사법기관의 발표를 바탕으로 언론이 보도한 뇌물사건에서 건설부문이 55%로 나타났다.

구현하는 것이다. 국가주의 공공성은 무엇보다 국가를 신비화한다는 점에서 잘못된 것이다. 이제 시민의 권리와 이익이라는 관점에서 공공성을 평가하고 실현하는 시민주의 공공성을 추구해야 한다.

20) 경실련은 연간 건설시장 200조 원 중 25%인 50조 원이 거품 · 혈세낭비 비용이며 15조원 정도가 비자금으로 조성되는 것으로 파악하고 있다(『프레시안』 2005년 4월 22일).

이 기간에 보도된 뇌물 사건 584건 중 건설이 55.3%인 320건이며, 뇌물을 받은 공직자 등 1047명 중 64.3%인 673명이 건설과 관련돼 있다. 사법처리 과정에서 혐의가 입증되거나 법원에 의해 추징된 뇌물액 1383억 4천만 원 중 건설 관련은 43.4%인 600억 6200만 원이었다.

특히 사법처리 시기를 기준으로 건설 관련 뇌물사건은 김영삼 정부 187건(58.4%) · 418명(62.1%), 김대중 정부 58건(18.1%) · 126명(18.7%), 노무현 정부 75건(23.4%) · 129명(19.2%)으로 집계됐다. 노무현 정부 들어 2년여만에 김대중 정부의 5년치를 넘어선 것이다(『프레시안』 2005년 4월 22일).

부패의 방지와 복지의 증진을 위해서도 토건국가의 문제는 시급히 개혁되어야 한다. 각종 개발공사들의 통폐합은 그 핵심적 과제이다(홍성태 엮음 2005). 2007년의 대통령 선거에서 '민주개혁세력' 의 후보는 반드시 이에 관한 공약을 제시해야 한다. 토건족이 재정을 크게 잠식하고 국토를 파괴하는 나라에 미래는 없다. '수구보수' 는 말할 것도 없고 '민주개혁' 도 토건국가에서 이익을 찾고자 하는 것의 문제를 직시해야 한다. 한국의 시민운동은 이 심각한 문제를 민주주의의 근원적 위협으로 파악하고 해결하기 위해 최선을 다해야 한다.

4. 생태적 복지국가로

토건국가의 개혁은 사실 '국가 합리화' 의 과제일 뿐이다. 우리는 토건국가를 넘어서 '복지국가' 로 나아가야 한다. 우리는 이미 이를 위한 경제력을 가지고 있으며, 또한 이렇게 해야 지속적 경제성장을 이룰 수 있는 상태에 이르렀다. 이제 우리도 '돈 많은 못 사는 나라' 라는 '기형국가' 상태에서 벗어나서 생태적으로 쾌적하고 문화적으로 격조있는 삶을 살 수 있어야 한다(홍성태 2006). 아무리 돈이 많은 사회라고 해도 사람들이 척박하고 삭막하고 천박한 삶을 살아야 한다면, 그 사회는 결코 '선진사회' 라고 할 수 없을 것이다.

1) 생태적 복지국가의 구상

최근에 한국 사회에서는 민주주의 논쟁과 발전모델 논쟁이라는 두 가지 중요한 논쟁이 벌어졌다. 이 중에서 더욱 논쟁적으로 전개된 것은 발전모델 논쟁이다. 민주주의에 대해서는 수구보수세력 조차 부정하지 못하는 상태가 되었지만, 발전모델에 대해서는 민주개혁세력과 수구보수세력 사이에서 대단히 큰 차이를 보이고 있기 때문이다.[21] 전자는 복지국가라는 목표에 대해 아직 많이 부족하지만 폭넓은 동의를 추구하는 상태이다. 그러나 후자는 여전히 성장주의와 개발주의의 사회체계, 즉 박정희체계를 확대재생산하고자 한다. 물론 진정한 선진화는 복지국가로 나아가는 것이다. 그러나 그것은 생태적 전환을 수반하지 않으면 안 된다.

왜 '생태적 복지국가' 인가? 오늘날 잘 보전된 자연은 복지의 핵심적 요소가 되었다. 따라서 제대로 된 복지국가는 그 자체로 생태적 복지국가이기도 하다. 더욱이 한국처럼 자연이 엉망으로 파괴된 곳에서는 파괴된 자연을 치유하지 않고 복지를 증진할 수 없다. 예컨대 아무리 경제적 복지가 잘 되어 있다고 하더라도 대기오염으로 조기사망하게 된다면 무슨 소용이 있겠는가? 늘 창을 닫은 채 값비싼 공기청정기를 이용해서 호흡해야 하며, 고급차를 타고 자연을 찾아간들 시야는 뿌옇고

---

21) 사실은 '민주개혁세력' 안에서도 큰 차이를 보이고 있다. '좌파 신자유주의' 를 주장하는 '해괴한 자유주의세력' 이 있는가 하면, 재벌을 '민족자본' 이라고 주장하는 '희한한 좌파' 도 있고, 국가주의 공공성을 내세워서 개발주의 사회의 개혁에 반대하는 노동운동 세력도 있다. '민주개혁세력' 이 정말로 하나의 세력을 이루고자 한다면, 적어도 '복지국가' 라는 목표를 공유해야 한다. '수구보수세력' 이 하나의 세력을 이루고 있는 이유는, '잃어버린 10년' 이라는 정치적 현실의 차원뿐만 아니라, '박정희체계의 지속' 이라는 사회경제적 목표의 차원에서 찾아야 한다.

강물은 시커멓다면, 아무리 돈이 많더라도 복지를 누리며 산다고 하기 어려울 것이다. 생태적 복지는 경제적 복지보다 더 근본적이며 보편적이다. 또한 복지에 필요한 재정을 확보하기 위해서도 생태적 전환은 필수적이다. 매년 수조 원의 혈세가 불필요한 대규모 개발사업에 탕진되고 있다. 세금의 낭비와 자연의 파괴가 동시에 진행되는 것이다. 반(反)생태적 토건국가의 문제를 해결한다면, 여성 · 아동 · 노인복지를 크게 증진할 수 있다. 사회적 서비스 분야의 일자리도 크게 늘어나서 한국 사회의 진정한 선진화가 촉진될 것이다.[22]

이렇듯 생태적 복지국가는 단지 생태적 향상을 추구하는 국가가 아니라 정부조직과 재정의 생태적 전환을 통해 복지의 증진과 좋은 일자리의 창출을 이루고 진정한 선진화를 추구하는 국가를 뜻한다. 오늘날 기업의 힘이 크게 강화되었어도 여전히 국가의 힘은 막강하다. 그리고 국가는 기업과 달리 공익을 추구해야 한다는 목적을 갖고 있다.[23] 따라

---

22) 어떤 사람은 '생태적 복지국가' 라는 개념이 '한국적 민주주의' 를 떠올리게 한다고 말한다. 그러나 이것은 아주 잘못된 연상이다. '생태적' 과 '한국적' 사이에는 커다란 차이가 있다. 전자는 보편적 가치를 더욱 강조하는 것이라면, 후자는 특수한 조건을 강조하는 것이기 때문이다. 사실 원래의 복지국가는 반생태적 성장과 개발을 통해 이루어졌다. 복지국가라는 개념이 낡았다는 인상을 주는 이유는 이 때문이기도 하다. 이제 복지국가가 복지라는 목표를 제대로 달성하기 위해서도 생태적 전환은 필수적이다. 이런 점에서 생태적 복지국가라는 개념은 복지국가라는 개념을 시대의 변화에 걸맞게 재정립하는 것이다. 더욱이 한국에서는 재정구조와 정부조직의 생태적 전환을 추구하는 생태적 복지국가가 아니고서는 아마도 복지국가를 이룰 수 없을 것이다.

23) 이제는 기업도 '공익' 을 추구하는 주체라는 주장이 널리 받아들여지고 있다. 기업은 사회 속에서 사회를 통해서 이윤을 취득한다. 따라서 기업도 먼저 사회의 존속과 발전에 이바지해야 한다. 이런 인식은 '기업의 사회적 책임' 이라는 개념으로 널리 퍼지고 있다. 그러나 한국은 세계 10위권의 경제대국이지만 여전히 기업의 사회적 책임은 아주 낮은 수준이다. 이것은 그 자체로 이른바 '천민자본주의' 의 문제를 보여주는 것이라고 할 수 있다. 여기서 '천민' 이란 물론 계급적 의미가 아니라 '수단과 방법을 가리지 않고 사익을 추구하는 천한 존재' 라는 의미이다. 정치인 · 재벌 · 관료 · 판사 · 의사 · 교수 · 목사 · 승려 등 이른바 '지도층' 의 상당수가 이러한 '천민' 이라는 사실은 한국 사회의 중대한 문제적 특징이다.

서 국가의 개혁은 생태적 전환을 위한 핵심적 과제이다. 더욱이 토건국가의 상황에서 국가는 토건업의 개혁을 가로막는 강력한 주체로 작동하고 있다. 더 이상 국가가 정치적 이유로 토건업의 개혁을 가로막지 못하도록 해야 한다.[24] 국가가 대대적 토건업 육성책을 펼치지 않았다면, 한국의 토건업은 오래 전에 10% 이하 규모로 줄어들었을 것이다. 그 결과 산업구조와 고용구조, 사회의 질적 구성에서 모두 커다란 변화가 일어났을 것이다. 이러한 진정한 선진화의 관점에서 토건국가의 문제와 그 생태적 전환에 대해 접근할 필요가 있다.

사실 생태적 복지국가는 민주주의의 신장을 위해서도 중요하다. 오늘날 우리는 전국 곳곳에서 핵발전소 건설, 핵폐기장 건설, 대형댐 건설, 대규모 갯벌 매립, 각종 도로 건설, 대규모 리조트 건설, 각종 경기장 건설 등의 반생태적 개발사업을 반민주적으로 강행하고 있는 것을 볼 수 있다. 이러한 반생태적 개발사업은 자연을 파괴하고 복지를 훼손하는 것이므로 그 자체로 반민주적일 수밖에 없다. 그리고 실제로 사업을 진행하는 과정에서도 온갖 불법을 저지르는 것은 물론이고 공공연히 폭력을 동원해서 반민주적으로 사업을 강행하는 것을 쉽게 볼 수 있다. 여기서 '강제수용권'[25]의 문제에 대해 깊이 검토할 필요가 있다. 국가 공공기관이 '강제수용권'을 발동해서 대다수 국민을 처절한 '보상게임'으로 몰아넣는 개발사업이 국책사업이라는 이름으로 강행되는 척박한 상황은 이제 대대적으로 개혁되어야 한다.[26] 국가 공공기관이

24) 시장의 논리로 보더라도 국가의 토건업 육성책은 사실 대단히 잘못된 것이다. 그러나 어떻게 된 일인지 시장주의자들은 이 문제에 대해 한마디도 하지 않는다. 오히려 더 큰 토건업 육성책을 요구할 뿐이다. 한국의 시장주의자들은 '토건국가형 시장주의자'들인 것이다.

25) 이것은 본래 '공익'을 위해 제정된 것이다. 그 바탕에는 사실 '토지공개념(土地公槪念)' 또는 '공간공개념'이 자리잡고 있다. '공익'을 위한 개발이 이루어질 수 있도록 '사익'을 적정한 수준에서 제한할 수 있게 하는 것이 '강제수용권'이다. 그러나 국가기관이 '공익'을 빙자해서 '사익'을 추구하게 되면 '강제수용권'은 바로 그 '사익'을 수호하는 강력한 장치로 작동할 수 있다.

어디서나 폭력적으로 보상게임을 강요하는 상황에서 파괴와 부패의 만연은 피할 수 없다. 그러므로 생태적 복지국가와 생태적 민주주의는 진정한 선진화의 핵심목표이다.

이제 생태적 복지국가를 이룩하기 위해 우리가 달성해야 하는 과제들의 목록을 나름대로 제시하고 간단한 설명을 덧붙이고자 한다. 이 과제들은 민주개혁을 통한 진정한 선진화를 바라는 모든 시민이 함께 책임을 느끼고 공동으로 추구해야 하는 몇가지 예라고 할 수 있다. 물론 생태적 전환을 실제로 구현하기 위해서는 대단히 치밀하고 집요한 조직적 노력이 추구되어야 할 것이다. 그러나 그 바탕에는 생태적 전환이라는 공익을 실현하고자 하는 시민의 생태적 전환이 자리잡고 있어야 한다.

2) 개발정책의 전환

토건국가 한국에서 개발은 '발전' 과 동의어이다. 그러나 사실은 그렇지 않다. 개발은 자연을 변형하는 것이고, 발전은 더 나은 상태로 되는 것이다. 둘을 같은 것으로 여기는 것은 '범주의 혼동' 이라는 오류에 해당한다. 개발은 발전이 될 수도 있고 그렇지 않을 수도 있다. 무엇보다 이 점을 명심해서 '발전을 위한 개발' 이 될 수 있도록 해야 한다. 이것이야말로 진정한 선진화의 관건이다. 한국은 '무조건 개발' 의 신화에 사로잡혀 있는 '후진국' 이기 때문이다.

---

26) '강제수용권' 이 발동되면 대상지역의 국민은 그 적용을 사실상 피할 수 없기 때문에 결국 처절한 보상투쟁을 벌이게 된다. 서울의 한양주택이나 평택의 대추리처럼 다수의 주민들이 보상이 아니라 '정주권(定住權)' 을 요구하는 곳도 많다. 그러나 '강제수용권' 은 '정주권' 을 인정하지 않는다. 이제는 오히려 '정주권' 을 적극적으로 강화할 수 있도록 '강제수용권' 을 개혁해야 한다.

갯벌 매립정책의 전면 폐기

갯벌은 자연이 베풀어준 최고의 선물이다. 갯벌 매립정책은 개발주의형 후진국의 상징이다. 갯벌 매립정책은 전면적으로 폐기해야 한다. 갯벌을 지키는 것은 바다를 지키는 것이고, 또한 그것은 자연을 지키는 것이기에 앞서서 거대한 삶의 터전을 지키는 것이다.

새만금갯벌 되살리기

'새만금갯벌 죽이기' 는 세계적인 수치이다. 2, 4공구에 바닷물의 유통로를 만들어서 새만금을 되살려야 한다. 새만금갯벌은 '세계자연유산' 으로 길이 지켜져야 한다. 새만금갯벌을 죽여서 그곳을 대규모로 개발하겠다는 것은 '환상' 일 뿐이다. 새만금갯벌 죽이기는 토건국가의 상징일 뿐이다.

시화호 개발 중단

한전은 시화호에 거대한 송전탑들을 세우고 송전선로를 건설해서 겨우 복원되는 시화호를 다시 심하게 훼손했다. 그러나 더 큰 문제는 수자원공사의 대규모 매립개발사업계획이다. 필요성에 대한 연구조차 제대로 이루어지지 않은 상태에서 수자원공사가 강행하는 '시화MTV 사업' 등의 대규모 매립개발사업은 '제2의 시화호 사태' 를 부를 것이다. '제1의 시화호 사태' 에서는 9500억 원의 혈세가 낭비되었지만 '제2의 시화호 사태' 에서는 훨씬 많은 몇 조 원의 돈이 낭비될 것이다.

난개발 방지

난개발은 한국형 생태위기의 핵심적 원천이다. '난개발' 이라는 말 자체가 한국에서만 사용된다. 아파트가 난개발을 주도하고 있지만, 도로 · 펜션 · 모텔 · 카페 · 전원주택 · 창고형 공장 등 난개발은 이미 산과 들을 가리지 않고 이루어지고 있다. 난개발은 산과 들을 심각하게 파괴할 뿐만 아니라 산재한 오염원으로서 많은 문제를 낳는다.

신도시 개발정책 개혁

각종 신도시 개발정책은 토건국가와 투기사회라는 한국의 고질병과 깊이 연관되어 있다. 노태우 정권이 정치적으로 크게 악용한 이 정책을 노무현 정권은 더욱 크게 악용했다. 노무현 정권은 행정도시·문화도시·혁신도시·기업도시 등 온갖 이름의 신도시 개발정책을 강행해서 엄청난 문제를 유발했다. 생태적·문화적 차원을 떠나서 양극화의 심화라는 점에서 신도시 개발정책은 대단히 큰 문제를 안고 있다. 이 사실을 노무현 정권은 아주 잘 보여주었다.

3) 물 정책의 전환

대형댐 정책 전면 폐기

대형댐은 심각한 반생태적 시설이다.[27] 자연과 문화의 거대한 파괴를 야기하는 대형댐 정책은 시급히 중단되어야 한다. 이제까지 전국에서 수백만 명의 수몰민이 발생했으며, 지금도 전국 곳곳에서 수십만 명이 대형댐 건설에 맞서서 싸우고 있다. 한탄강댐처럼 불필요한 대형댐 정책을 일방적으로 강행한 결과 수많은 사람들이 생존권과 문화권이라는 기본권을 보장받지 못하고 뿌리뽑힌 삶을 강요받고 있다(홍성태 엮음 2006).

---

27) 대형댐은 물의 흐름을 차단하며 물 속 생명체의 이동을 가로막고, 주변 지역의 국지적 기후를 변화시키며, 사람들의 건강에도 큰 영향을 미친다. 또한 대형댐은 완공되는 순간부터 설계된 용량보다 줄어들기 시작한다. 상류에서 떠밀려오는 엄청난 양의 토사가 바닥에 쌓이기 때문이다. 대규모 수몰(水沒)의 문제는 더 말할 것도 없다. 이러한 대형댐의 생태적·문화적·경제적 이유 때문에 세계적으로 대형댐을 철거하는 운동이 벌어지고 있다. 대형댐은 될수록 건설하지 말아야 하며, 불가피한 건설이라도 극도로 신중하게 이루어져야 한다(맥컬리 1996).

한탄강댐 건설사업 폐기

2005년 6월에 감사원에서 사실상 폐기하도록 권고받은 한탄강댐 건설사업이 청와대와 국무총리실을 거치면서 놀랍게도 1년여만에 더욱 강력하게 부활했다. 이에 대해 시민사회는 '한탄강댐 지키기 시민연대'를 구성해서 맞서고 있다. 한탄강댐 건설사업은 1조 900억 원의 막대한 세금을 탕진해서 한탄강이라는 이 나라의 유일한 화산하천과 주변의 지역사회를 파괴하는 후진적 사업이다.

괴산댐(남한강 지류 달천), **임하댐**(낙동강 지류 반변천), **도암댐**(남한강 최상류 송천) 철거

모두 이미 사용불능 상태에 빠진 대형댐들로서 지역의 안전을 위해서도 하루빨리 철거해야 한다. 그러나 건교부와 수자원공사와 한전의 반대로 그렇게 하지 못하고 있다. 건교부와 수자원공사와 한전에게는 자기 '재산'이자 '일자리'이기 때문이다. 공익을 위해서 하루빨리 이 댐들을 철거하고 주위의 자연을 복원해야 한다.

녹색댐 정책 강화

산이 파괴되면 물도 파괴되고 만다. 소양호 흙탕물은 좋은 예다. 강원도의 난개발로 말미암아 소양호는 완전히 흙탕물이 되었으며, 그 흙탕물은 춘천에서도 뚜렷이 확인할 수 있다. 홍수와 가뭄의 조절을 위해서도 숲과 들을 잘 지키는 것은 대단히 중요하다. '산하(山河)', '산천(山川)'이라는 말에서 잘 드러나듯이 산과 물을 하나로 여겼던 전통적 생태사상의 과학성을 재인식해야 한다. 산과 들은 물의 원천이다(이순주 2004).

물 순환 정책

물은 한정되어 있다. 물은 아껴 써야 한다. 이를 위해 물의 소비를 줄

일 뿐만 아니라 중수도(中水道) 정책을 활성화해야 한다. 공공기관부터 모두 건물에 중수도시스템을 갖추도록 해야 한다. 물은 돌고 돈다. 이 세상에는 새 물도 없고 헌 물도 없다. 이런 점에서 하수정책이야말로 가장 근원적인 상수정책이다. 그러나 불행히도 우리의 하수정책은 '돈 먹는 하마' 이자 '복마전' 의 상태에 머물러 있다.[28)]

광역상수도 정책 개혁

광역상수도는 물의 생산지와 소비지를 아주 멀리 떼어놓는 것이다. 이것은 소비지에서 심각한 자연의 파괴를 가져오는 정책이면서 지역불균형발전의 문제를 크게 악화하는 정책이다. 예컨대 국토의 0.6%밖에 되지 않는 서울을 위해 아마도 국토의 20%를 넘을 강원도와 충청도의 드넓은 땅이 볼모로 사로잡혀 있다. 서울의 수도꼭지에서 나오는 것은 단순히 팔당의 물이 아니라 한강 상류의 거대한 지역이다.

4) 에너지 정책의 전환

핵발전소 정책 전면 폐기

핵발전소는 현재의 욕망을 위해 미래의 요구를 묵살하는 대표적인 반(反)지속가능발전[29)] 정책의 산물이다. 핵발전소 정책을 고수하는 곳에 안전한 미래는 없다. 핵발전정책을 전면 폐기해야 안전한 미래를 추구할 수 있으며, 비로소 안전한 지속가능발전정책을 추구할 수 있다.

---

28) 환경부의 하수도정책은 물을 지키기 위한 정책이기보다는 토건국가의 대규모 개발사업이라는 비판을 받고 있다. 무려 30조 원이 넘는 막대한 혈세를 사용하는 사업이면서도 그 실효성은 크게 의심받고 있기 때문이다. 토건국가의 개혁에는 환경부의 개혁도 포함되어야 한다.

29) 1992년의 '리우환경정상회의' 에서 세계의 발전방향으로 채택된 '지속가능 발전(發展)' 은 '후세의 권리를 침해하지 않고 현세의 욕구를 충족하는 것' 으로 정의된다. 그러나 핵발전은 현세의 욕구를 위해 핵폐기물을 비롯한 여러 위험을 후세에게 일방적으로 떠맡기는 것이다. 그 위험은 10만년도 넘게 지속된다.

한국의 핵발전소 밀집도는 세계 최고이다. 거대한 위험을 직시해야 한다(이필렬 1999ㄱ).

고리 핵발전소 폐기

고리 핵발전소 1호기는 2007년에 수명연한이 다 되었다. 수명연한이 다 된 핵발전소는 영구폐기해야 한다. 그러나 한전은 수명연장을 하려고 한다. 이것은 대단히 위험한 일이다. 이에 대해 제대로 공론화가 이루어지지 않고 있는 것은 더욱 더 위험한 일이다. 고리 핵발전소 폐기를 체계적으로 추진해야 한다.

석유위기 관련 정책

석유의 소비량 증가가 생산량 증가를 웃도는 '오일 피크(oil peak)' 는 곧 우리의 현실이 된다. 이렇게 되면 석유 중독증에 시달리는 현대 사회는 심각한 장애와 마비에 시달리게 될 것이다. '샌드 오일(sand oil, 석유를 함유한 모래)' 을 포함한 해외 유전을 개발하는 방식으로 이 근원적 변화에 올바로 대처할 수 없다. '오일 피크' 의 문제를 널리 알리고 적극적으로 대처해야 한다(이필렬 2004).

순환에너지 정책

'오일 피크' 를 계기로 핵마피아는 핵발전소 정책의 강화를 강력히 요구하고 있다. 그러나 그것은 현재의 욕망을 위해 미래를 죽이는 짓이다. 핵마피아가 우리의 미래를 죽이지 못하도록 해야 한다. 햇빛과 햇볕, 그리고 바람을 중심으로 한 순환에너지 정책을 강화해야 한다. 이와 관련해서 우리는 독일에서 많은 것을 배울 수 있다(이필렬 1999ㄴ).

국회의사당, 청와대, 행정도시, 혁신도시 등의 순환에너지 시설

독일은 수상관저와 연방의회를 비롯해서 여러 정부청사에서 사용하는 전기를 햇빛발전으로 모두 자체공급하고 있다. 우리도 이렇게 할 수

있다. 예컨대 국회의사당 지붕과 청동돔[30]을 독일 연방의회의 생태적 개조[31]를 본받아 대대적으로 개조할 수 있다. 우리의 국회의사당은 시급히 생태민주적으로 개조되어야 한다.

전봇대 전깃줄

한전의 설명에 따르면, 2002년에 전국적으로 750만개가 넘는 전봇대, 지구 25바퀴 반을 돌고도 남는 전깃줄이 설치되어 있었다. 5년이 지났으니 지금은 훨씬 더 많을 것이다. 우리의 국토는 전봇대와 전깃줄로 심하게 오염되어 있을 뿐만 아니라 커다란 위험에도 노출되어 있다. 전봇대 감전사로 전국적으로 매년 100명 정도의 사람들이 죽는다. 전봇대 때문에 가로수들이 제대로 자라지 못한다. 이제 이 후진적 배전방식을 전면적으로 바꿔야 한다. 선진국처럼 지중화(地中化)를 적극적으로 추진해야 한다.

배전함

보도를 차지하고 있는 커다란 배전함(配電函)도 모두 지중화해야 한다. 세계 어디서도 이런 식으로 보도 위에 위험천만한 대형 배전함을 설치한 곳은 없다.[32] 한전은 이렇게 공공재를 사유화하는 방식으로 이

30) 이것은 원래 설계에 없던 것이나 당시 국회의원들의 권위주의적 요청으로 급조된 것으로 미학적으로나 기능적으로나 전혀 불필요한 '혹'과 같은 것이다.

31) 원래 있던 청동돔을 없애고 유리돔을 얹고 지붕에 햇빛발전기를 설치한 독일의 연방의회는 오늘날 베를린에서 가장 인기있는 세계적 관광지가 되었다.

32) 2004년 4월 서울의 경운동에서 배전함이 폭발해서 길 가던 60대 노인이 그 파편을 맞고 목이 잘려 즉사했다. 당시 한전은 이처럼 '폭탄'을 방불케 하는 배전함이 서울 시내에만 무려 1만개가 넘게 설치되어 있다고 밝혔다. 또한 한전은 이 배전함들은 모두 지중화해야 하지만 경제적 이유 때문에 지상에 설치했다고 밝혔다. 한전은 매년 2조 원이 넘는 막대한 이윤을 거두고 있다. 그 많은 돈을 도대체 어디에 쓰는가? 임직원의 '사익'을 위해 쓰는가? 원활한 보행을 막고 심지어 사람을 살상하는 전봇대와 배전함을 지중화하는 '공익'에 써야 하지 않는가?

윤을 늘리는 후진적 경영방식을 하루속히 개혁해야 한다. 심지어 배전함이 폭발해서 사람이 죽는 사고가 일어나기도 한다. 한전은 완전독점을 통해 거두는 그 막대한 이윤을 전깃줄과 배전함의 지중화라는 상식적 정책을 실현하는 데 써야 한다. 그렇게 하지 않는다면, 한전의 공공성은 상당한 정도로 허구일 수밖에 없다.

송전탑

'초대형 전봇대' 라고 할 수 있는 송전탑은 산과 들을 대규모로 파괴하고 있다. 심지어 경기도 이천군 곤지암의 어떤 산은 아예 '송전탑산' 이 되어 버렸다. 송전탑은 대형댐과 함께 전국에서 가장 많은 지역주민의 저항을 야기하고 있다. 송전선로는 한전에서 일방적으로 정하고 있다. 또한 강원도는 송전탑으로 말미암은 막대한 산불 피해를 강력히 주장하고 있기도 하다.[33] 송전탑의 필요성과 건설경로에 대한 대대

---

33) 2006년 의왕에서는 송전탑을 이용해 설치된 고압송전선에서 불이 나서 삽시간에 과천까지 퍼지는 사건이 발생했다. 이 사건은 낙산의 산불이 송전탑을 이용해 설치된 고압송전선 때문이라는 강원도의 주장을 상당한 정도로 확인해 주었다. 나는 2003년 초에 『한겨레신문』에 핵발전의 여러 문제를 지적하는 칼럼을 쓰면서 송전탑으로 말미암은 지역파괴의 문제도 함께 지적했다. 그리고 그 날과 다음 날 아침에 제천 전력관리처장이라는 사람이 다짜고짜 내게 전화를 해서는 왜 송전탑으로 말미암은 지역파괴라고 썼느냐며, 한전의 전무가 이 글을 읽고는 자기에게 나를 만나 이런 글을 쓰지 못하도록 하라고 지시했다며 언성을 높였다. 또한 그 날 오후부터 거의 한달 간 괴이한 이메일들이 들어오기 시작했다. '네가 뭘 알아서 송전탑 문제를 운운하느냐. 앞으로 이런 글 쓰지 마라.' 는 욕설과 협박을 해대는 한전 직원들의 '싸이버 테러성 메일' 들이었다. 한전 쪽의 한심한 반민주적 대응이었다. 송전탑 문제는 이미 '상식' 이다. 한전 임직원은 반민주적 대응으로 문제를 결코 은폐할 수 없다는 사실을 깨달아야 한다. 문제를 해결할 수 있는 방안은 오직 반민주적-반생태적 송전탑 건설방식을 전면적으로 개혁하는 것뿐이다. 일부에서는 한전의 공익성을 들어서 일단 무조건 한전을 보호해야 한다고 주장한다. 그러나 이것은 잘못이다. 반민주성과 반생태성은 결코 공익성일 수 없기 때문이다. 한전의 공익성을 위해서 대대적인 생태민주적 개혁이 조속히 이루어져야 한다.

적 토론과 관련 법의 대대적 개정이 하루속히 이루어져야 한다.[34]

5. 맺음말

이제까지 토건국가의 문제와 생태적 복지국가의 구상에 관해 살펴보았다. 생태적 복지국가를 이룩하기 위해 우리가 해야 하는 여러 과제들에 대해서도 크게 세 영역으로 나누어 예시의 방식으로 살펴보았다. 우리가 토건국가의 문제를 전면적으로 개혁하는 방식으로 생태적 복지국가의 구상을 추구한다면, 추가재정을 마련하지 않고 산업구조와 고용구조의 선진화를 이루면서 생태적 복지국가를 이룩할 수 있을 것이다.

이러한 진정한 선진화의 길로 나아가기 위해서는 무엇보다 개발독재 시대에 만들어진 현재의 개발주의형 정부구조를 발본적으로 개혁해야 한다. 사회의 생태적 전환은 무엇보다 정부의 생태민주적 개혁을 통한 국가의 생태민주적 재구성에 의해 이루어질 수 있다. 민주개혁을 꿈꾸는 사람들은 이러한 관점에서 개발주의형 국가의 개혁이라는 '그랜드 플랜' 을 마련하고 추진해야 한다. 이제 몇 가지 과제를 나름대로 제시해 보고자 한다.

건교부 · 산자부 등 개발주의 부서를 해체하고 부총리급의 '지속가능발전부' 를 설치해야 한다

중앙부서에 건설부를 설치하고 있는 나라는 드물다. OECD 국가들 중에는 한국뿐이다. 건교부는 현재의 정부조직이 개발독재 시대의 유산이며, 한국 정부가 여전히 개발주의에 사로잡혀 있다는 사실을 보여

34) 가장 큰 문제는 유신 말기에 산업자원부 장관에게 송전선 설치에 관한 권한을 전적으로 위임하는 내용으로 제정된 반민주적 전원(電源)개발특례법을 폐지하는 것이며, 이밖에 전기사업법, 지방재정법 등을 개정해서 송전선의 지중화를 촉진하도록 해야 한다.

주는 생생한 증거다. 이제 시대의 요청에 부응하도록 건교부와 산자부 등 낡은 개발주의 부서들을 해체하고 '지속가능발전부'를 설치해서 국토의 보존과 복원을 중심으로 한 미래지향적 국토정책을 펼칠 수 있도록 해야 한다.

개발공사 전면 통폐합

개발사업을 전담하는 대규모 공사들도 모두 개발독재의 유산이다. 사실상 모든 중앙부서가 산하에 개발공사를 설치해서 개발사업을 벌이고 있다. 한전(산자부), 농촌공사(농림부, 새만금사업), 토공, 주공, 도공, 수공(건교부)의 6개 개발공사는 그 대표적 예다. 이들은 국가주의 공익론을 내세워 매년 수십조 원의 건설공사를 발주하고 있으며, 불필요한 공사와 중복공사와 노골적인 부패로 말미암아 매년 적어도 몇 조 원의 혈세가 낭비되고 있다. 노동운동에서도 이러한 망국적 현실을 직시하고 개발공사의 전면 통폐합에 적극 나서야 한다. 세금을 탕진하고 자연을 파괴하는 일자리를 없애고 자연을 보호하고 복지를 증진하는 일자리를 늘려야 한다.

토건업의 비중 선진화 추진

한국의 산업구조와 고용구조는 극히 후진적이다. 거의 20%에 이르는 GDP 대비 토건업의 비중을 선진국처럼 5% 정도로 낮춰야 한다. 이를 위한 단계적 계획을 세우고 강력히 추진해야 한다. 산업구조와 고용구조의 진정한 선진화 정책을 적극적으로 펼쳐야 토건국가의 문제를 해결하고 생태적 복지국가로 나아갈 수 있다.

쓰레기 정책 강화

전국의 산천이 온갖 쓰레기로 뒤덮여 있다. 산업쓰레기와 생활쓰레기가 국토를 더럽히고 결국 우리의 건강을 위협한다.[35] 이토록 심각한 쓰레기 문제를 전담하는 독립된 청을 만들어야 한다. 봄에 한번 하는

'국토대청결운동' 이 아니라 일년 내내 쓰레기를 줄이고 오염을 막기 위한 국가적 대책이 절박하다.

생태적 복지국가로 나아가는 길은 개발주의 기득권세력과 치열하게 싸우는 길이기도 하다. 그것은 멀고도 험한 길일 것이다. 그러나 우리는 그 길로 반드시 나아가야만 한다. 생태적 복지국가는 공업문명을 거부하고 즉각 '자연으로 돌아가자.' 는 것이 아니다. 그것은 공업문명의 종식이라는 비교적 먼 미래를 바라보며 지금 여기서부터 의식적으로 이행을 준비하자는 것이다(홍성태 2004). 이 이행의 주체는 다양한 계급 · 계층의 '자각한 시민' 들이며, 생태위기를 완화하고 '좋은 사회' 를 열망하는 시민적 노력이 이 이행의 동력이다.

---

35) 2006년에는 심지어 산업쓰레기로 시멘트를 만들어 아파트를 짓기도 했다는 어처구니없는 사실이 밝혀지기도 했다. 아토피라는 '위험한 질병' 이 크게 늘어나는 것은 이처럼 잘못된 쓰레기 행정의 결과이기도 하다.

페미니즘과 사회변혁

김 숙 경

1. 서 론

페미니즘의 역사에 대한 접근은 통상적으로 1세대 페미니즘(first wave feminism)과 2세대 페미니즘(second wave feminism)에 맞추어진다. 1세대 페미니즘은 19세기 말에서 20세기 초까지 유럽과 미국에서 전개된 투표권 투쟁을 중심으로 남녀평등 이념을 주창한 자유주의 페미니즘을 의미하며, 2세대 페미니즘은 1960년대 미국에서 민권운동이 활발하게 전개되던 가운데 자유주의 페미니즘의 한계를 비판하고 사적 영역에서 여성의 억압, 특히 여성의 고유한 성욕(sexuality)의 문제를 제기한 급진주의 페미니즘을 지칭한다.

그런데 자유주의 페미니즘과 급진주의 페미니즘에 주목하면서 페미니즘의 역사를 1, 2세대로 구분하는 이 접근은 페미니즘이 처음부터 사회변혁운동과는 분리된 채 독자적으로 존재했다는 관념을 전제한다. 또한 이것은 페미니즘의 역사에서 평등과 차이의 쟁점 또는 성욕의 문제가 급진주의 페미니즘이 출현하면서 비로소 제기된 것으로 인식한다.

그러나 역사적으로 페미니즘과 사회변혁의 이념인 사회주의가 항상 평행적이거나 적대적인 관계에 있었던 것은 아니며, 성적 차이(sexual difference)의 문제 역시 페미니즘 역사의 초기부터 제기되었다.[1)] 특히 이와 관련해 19세기 초 유토피아 사회주의 페미니즘과 20세기 초 러시아혁명기에 활동한 콜론타이(Alexandra Kollontai)의 시도에 주목할 필요가 있다. 이것은 여성의 경제적 독립(노동권)과 성적 자율권(여성권)의 결합을 모색함으로써, 사회변혁에 여성해방을 종속시키지 않으면서 양자를 관련짓고자 한 대표적인 시도들이기 때문이다.

여성해방을 보편적인 사회변혁의 주요 구성부분으로 사고한 페미니즘 전통들이 여전히 중요한 현재적 의미를 갖는다는 인식 아래, 이 글은 이런 전통들에 주목하면서 페미니즘의 역사를 정리해 소개한다.[2)]

첫 번째 절에서는 1789년 프랑스혁명기부터 19세기 초반까지의 페미니즘을 혁명기의 페미니즘으로 포괄하고 있는데, 이것은 자유주의 페미니즘이 주류를 형성하기 이전의 페미니즘, 특히 프랑스 페미니즘이 갖는 변혁적 전망이 이후의 전망과 명확한 차별성을 보이기 때문이다. 두 번째 절에서는 19세기 중 · 후반 자유주의 페미니즘의 형성을 영국을 중심으로 정리한다.[3)] 자유주의 페미니즘은 여성운동과 사회변혁운동이 분리되는 역사적 상황에서 형성되었을 뿐 아니라 그런 분리를 더욱 강화했기 때문에, 이 시기는 페미니즘의 역사에서 하나의 단절의 시기로 나타난다.

세 번째 절에서는 자유주의 페미니즘의 계급적 한계를 비판하면서

---

1) 이와 관련해 18세기 말 프랑스혁명기까지 소급해 페미니즘의 역사를 재구성하고 있는 로보쌈의 『여성운동사』(Rowbotham 1992)와, 19세기 중 · 후반과 20세기 초 여러 나라에서 전개된 여성운동들을 조망함으로써 여성운동의 쟁점이 투표권운동으로 단일화되기 이전의 페미니즘 조류들도 소개하고 있는 에번스(Richard Evans)의 『페미니스트: 비교사적 시각에서 본 여성운동 1840~1920』(에번스 1977)은 통상적인 접근에서는 간과되고 있는 페미니즘의 전통들을 복원하고 있는 대표적인 페미니즘 역사서들이다.

2) 이 글의 내용은 상당 부분 로보쌈(Rowbotham 1992)에 기초하고 있다.

3) 프랑스에서는 1848년 혁명이 패배하면서 유토피아 사회주의 페미니즘 역시 쇠퇴했다. 이후 일부 여성들이 1871년 파리코뮌에 적극적으로 가담했으나 코뮌 역시 실패한 이후에는 페미니즘의 전통이 거의 단절되었다. 그리고 미국에서는 처음부터 분리주의적인 여성운동이 주류를 형성하면서 투표권운동에 집중했기 때문에 19세기 초반과 중 · 후반이 별반 차별적이지 않았다.

페미니즘의 변혁적 전망을 되살리고자 한 사회주의 · 마르크스주의 · 무정부주의의 페미니즘을 정리한다. 그리고 네 번째 절에서는 20세기 초 투표권 투쟁이 여성운동의 주류를 형성했지만, 러시아에서 가족형태의 전화를 통해 새로운 공동체의 건설을 모색한 콜론타이의 시도 역시 존재했음을 보여준다. 다섯 번째 절에서는 1960년대 이후 미국에서 출현한 급진주의 페미니즘에 대해 살펴본다.

2. 프랑스 혁명기의 페미니즘

1) 프랑스 혁명기의 여성들

1789년 프랑스혁명은 계몽주의의 영향 아래 보편적 권리로서 '인간의 권리'를 천명했지만, 실질적으로 인권은 '소유'와 '남성 신분(identity)'에 기초하는 제한적인 권리로 규정되었다. 즉 소유와 남성 신분에 기반해 공적 영역에 참여할 권리가 있는 '능동적' 시민과, 능동적 시민들에 의해 대표되며 그들이 제정한 법률에 복종해야 하는 '수동적' 시민으로 분할이 이루어졌던 것이다. 이로써 타인에게 자신의 노동력에 대한 처분을 맡기는 사람들(노동자)과 타인의 도움 없이는 살 수 없는 사람들(여성)은 스스로를 대표할 수 없는 수동적인 시민으로 규정되었다.

여성을 공적 영역에서 배제시키는 이런 규정은 사실상 여성의 역할이 가족 안으로 한정된다는 전제를 내포하고 있었다. 달리 말하면 여성을 수동적 시민으로 규정하는 것 자체에 이미 여성과 남성의 장소를 지정하는 공 · 사 분할 이데올로기가 내재해 있었던 것이다.[4]

---

4) 18세기에 대다수 계몽주의 철학자들은 생물학적 결정론에 근거해 여성과 남성의 자연적 차이—재생산에서의 차이—로부터 사회적 차원에서 남성의 지적 · 도덕적 우위가 발생한다고 주장했다. 재생산에 속박되어 있는 여성은 공적 영

혁명의 이상과 그 현실적인 제도화 사이에 이처럼 괴리가 발생하자, 인민주권을 제한하려는 시도를 저지하고 혁명 이상을 실현하려는 인민들의 저항이 이어졌으며, 여성들 역시 이 저항의 대열에 참여했다.

당시 여성들의 요구는 크게 두 가지 흐름으로 나타났다. 한편으로 드 구즈(Olympe de Gouges)의 '여성 · 시민의 권리선언(The Declaration of the Rights of Woman and the Citizeness, 1791)'과 울스톤크라프트(Mary Wollstonecraft)의 『여성권 옹호』(*A Vindication of the Rights of Woman*, 1792)에서 보듯이, 시민권을 남성에게만 부여하려는 시도에 저항하면서 여성 시민권을 획득하려는 흐름이 존재했다. 이 여성들은 인간의 권리는 남성과 여성 모두에게 적용된다는 보편적 평등이념에 근거해 여성 시민권을 주장했으며, 이는 여성의 장소를 가족이라는 사적 영역으로 제한하는 이데올로기를 거부하는 함의를 내포하고 있었다.

이 시기에 성별화된 권리로서 여성권에 대한 인식은 아직 존재하지 않았지만, 혁명적 여성들의 여성 시민권 요구는 남성 신분에 근거해 시민권을 제한하려는 시도를 거부하는 것이었다. 이 측면에서 이 여성들이 보편성에 내재해 있는 모순을 인식했으며 그것을 지양하려 했다고 볼 수 있다.[5)]

여성의 능동적인 정치적 권리에 대한 주장과 더불어 다른 한편으로, 인민의 이익에 부합하는 방향으로 사회를 변화시키려는 운동이 전개되었다. 이 운동은 도시빈민 여성들에 의해 주도되었는데, 이들은 상인과

역에서 요구되는 능력을 발전시킬 수 없으며 따라서 여성에게 적합한 장소는 가족이라는 것이다(Grogan 1992). 여성의 종속은 자연적인 차이에 근거하는 것이므로 공정하다는 이 주장은 보편적 시민권 사상과 시민권의 현실적인 제약 사이의 괴리를 정당화하기 위한 이데올로기로 작용했다.

5) 일정하게 제한된 시민권이 여성에게 부여되었다. 1792년 9월에 결혼은 종교적 결합이 아닌 시민적 계약이 되었고 이혼이 가능해졌다. 1793년에는 아내가 가족 재산을 공유할 권리가 인정되었으며, 딸도 공평한 상속권을 부여받았다. 이것이 여성의 지위 개선에 일조한 것은 사실이지만, 공 · 사 분할 구도가 유지되는 가운데 이루어진 여성의 제한적인 지위 개선에 불과한 것이었기 때문에 이것은 드 구즈와 울스톤크라프트의 여성 시민권 주장에는 미달하는 것이었다.

투기꾼의 이익을 제한하기 위해 공정가격과 소비재의 가격통제를 요구했다. 도시빈민 여성들은 비록 주부이자 어머니로서 자신들의 이익을 요구했지만, 이들의 행동은 사적 이익의 자유로운 추구를 보장하는 소유권을 비판하는 함의를 가졌다. 즉 빈민 여성들의 주장 속에는 공동체의 경제적 조직화는 인민의 욕구에 기반해 이루어져야 한다는 이념이 맹아적으로나마 들어 있었으며, 이 이념은 인민주권의 제한적 제도화에 대한 저항에 다름 아니었다.

1789년 프랑스혁명기에 여성운동은 사회(공동체)의 정치적 · 경제적 구성에 여성들이 능동적으로 참여해야 한다는 인식 아래 전개되었다. 여성의 능동적인 정치적 권리를 주장한 운동과 경제적 권리를 주장한 운동은 모두 권력과 특권이 없는 사람들을 포함해 모든 인간이 사회를 개선시킬 수 있으며 또한 그렇게 해야 한다는 급진적인 관점을 공유하고 있었다. 그러나 이 시기에는 아직 이 두 운동이 결합되지 못한 채 각기 독자적으로 전개되었다.

2) 유토피아 사회주의자들의 여성해방사상

19세기 초 유토피아 사회주의자들은 자본주의에 대한 대안으로 협동조합 공동체를 제시한 것으로 잘 알려져 있다. 그러나 크게 주목받지는 못했지만, 이들은 여성해방을 사회변혁과 관련지었을 뿐 아니라 여성해방에서 성적 차이가 갖는 의미를 사고할 수 있는 토대도 일정하게 제공했다.

프랑스의 유토피아 사회주의자들은 정치개혁의 불충분성을 자각하고 생산의 사회화 및 남녀관계를 포함한 모든 개인적 관계의 전화(transformation)를 사회변혁의 과제로 인식했다. 특히 여성 억압의 종식 및 새로운 남녀관계의 구축과 관련해, 이들은 당시 지배적이던 생물학적 차이에 근거한 성적 차이의 담론을 일정하게 공유하기는 했지만, 본질적으로 구별되는 여성성과 남성성을 공 · 사 분할을 정당화하는 근거가 아니라 여성해방 및 사회변혁을 위한 이념적 토대로 삼았다.

푸리에(Charles Fourier)는 여성의 자유의 진전 정도를 사회진보의 척도로 삼음으로써 사회주의와 페미니즘의 관련성을 최초로 제기했다. 이 양자의 관련성을 고려하면서 그는 빈곤을 제거하고 인민의 욕구를 충족시킬 수 있는 경제의 재조직화뿐 아니라 이것을 포함하는 사회의 총체적인 재조직화—문명의 전화—를 추구했다. 푸리에의 이상은 여성성과 남성성이 서로 억압적이지 않고 조화를 이루는 사회의 건설이었는데, 이런 조화 또는 성적 균형을 달성하기 위한 전제는 여성의 성욕을 포함해 여성성의 자유로운 발전이었다.

푸리에에게 여성성의 자유로운 발전을 위한 핵심적인 전제는 가족형태의 전화였다. 여성을 가족 안으로 유폐시키는 가족 이데올로기—그 핵심은 모성 이데올로기다—는 여성의 생산적 능력뿐 아니라 여성의 성욕 역시 억압하기 때문에 여성이 가족의 속박에서 벗어날 때 비로소 여성성의 자유로운 발전이 가능하다는 것이었다. 비록 여성성에 대한 푸리에의 규정 자체는 일정한 한계를 내포하고 있었지만, 가족형태의 전화에 대한 푸리에의 강조는 여성의 경제적 독립과 여성 성욕의 인정이 가족형태의 전화와 불가분의 관련을 맺고 있다는 것을 드러내주었다.[6)]

---

6) 푸리에는 여성성/남성성이 생물학적인 여성/남성과 필연적으로 관련된다는 사고를 비판하고 여성과 남성이 동일한 정념(情念)을 공유한다고 주장했지만, 여성이 여성적 정념에 더 적합하다고 간주했다. 또한 여성의 감정적 본성과 사랑의 정념을 특히 강조함으로써 낭만주의적 전통에 기반해 여성성을 규정했다(Moon 1978). 푸리에는 전통적으로 여성 억압 이데올로기로 작동했던 여성성에 대한 본질주의적 규정을 무비판적으로 수용한 다음 그런 여성성을 기존 사회체계를 비판하는 도구로 활용한 것이다. 이런 한계는 여성 성욕에 대한 그의 인식에도 영향을 주었다. 여성의 성욕은 여성이 자신의 육체와 정신을 소유할 권리의 차원에서 긍정된 것이 아니라 새로이 건설될 공동체의 질서 확립에 유용한 수단으로 인식되었다. 여성성에 대한 규정과 여성 성욕에 대한 인식에서 푸리에의 사상은 이와 같은 한계를 노정했지만, 여성해방과 관련해 여성 성욕의 문제를 명시적으로 제기하고 가족형태에 대한 비판을 중심으로 여성해방과

생시몽주의자들은 여성 메시아주의라는 오래된 기독교 이단을 진보 개념과 결부시켰다. 생시몽주의 운동의 지도자였던 앙팡탱(Prosper Enfantin)은 새로운 사회는 여성 구원자와 더불어 도래할 것이라고 설파했는데, 이 여성 구원자는 새로운 도덕의 구현자이자 기독교 사상에서 부정되어온 육체를 복원하는 존재로 상정되었다. 생시몽주의는 여성의 본성을 사랑 및 재생산능력과 관련지어 규정했으며, 이런 여성적 본성이 공격성과 경쟁으로 특징지어지는 남성적 본성을 보완함으로써 남성 지배적인 자본주의가 새로운 도덕 세계로 전화할 수 있을 것이라고 보았다.[7)]

생시몽주의에서 여성의 육체에 대한 긍정은 여성의 성욕 및 성적 역할을 사회적 차원에서 재정의하도록 이끌었다. 앙팡탱은 자신의 '신도덕법'에서 여성의 성욕을 성적 무질서를 초래하는 사악한 욕망이 아니라 여성의 공적 영역의 참여를 정당화하는 사회적 힘으로 정의했다. 비록 여성의 아름다움과 매력이 남성을 도덕적으로 고양시킬 수 있다는 데서 여성 성욕의 사회적 힘이 도출되었지만, 여성 성욕에 대한 인정은 가족형태에 대한 비판 및 자유결합의 가능성을 열어주었다.

생시몽주의자들은 여성 메시아주의라는 우회적인 방식을 통해서이긴 하지만 여성해방 및 급진적인 사회변화와 관련되는 중요한 문제를 제기했다. 즉 생시몽주의는 새로운 도덕 세계가 어떤 새로운 가치를 통

사회진보를 사고한 그의 사상은 당대의 사회주의 여성들에게 지대한 영향을 미쳤다.

7) 생시몽주의 역시 낭만주의적 전통에 입각해 인간 본성을 이성 · 행동 · 감정이라는 세 차원으로 정의하고 이 가운데 감정을 여성의 본성으로 간주했다. 여성의 본성에 대한 이 규정은 사회에서 '남성의 도덕적 구원자'로서 여성의 역할을 규정하는 근거가 되었다(Moon 1978). 감정이 발달한 여성은 여전히 아내와 어머니로서의 역할에 적합하다고 인식되었지만, 생시몽주의에서 이 역할은 이제 사회적인 의미를 부여받았다. 여성이 소유한 공감과 애정 그리고 직관의 능력이 예술과 성직에서뿐 아니라 산업에서도 남성의 이성과 행동을 보완함으로써 이성과 감정, 객관성과 주관성이 조화를 이루는 사회가 도래할 것으로 상정되었던 것이다.

해 발전되어야 하는가 하는 문제를 제기함으로써 단순히 외적인 제도의 변화만으로는 충분하지 않다는 문제의식을 발전시켰다. 또한 생시몽주의에서 여성 구원자 사상은 여성해방을 포함하는 사회변화의 주체가 여성임을 함의하는 것이었으며, 그 사상의 일부인 여성의 육체에 대한 긍정은 곧 여성의 성욕을 긍정하는 것이었다.

영국의 유토피아 사회주의자 오언(Robert Owen)은 생시몽주의자들과는 달리 외적 환경의 변화를 통해 새로운 인간 본성이 발전할 수 있다는 신념을 가지고 있었다. 오언은 인간 본성을 형성하는 제도들 가운데서 특히 가족에 주목했으며, 가족이 이기심과 개인주의적 성향을 배양한다고 주장했다. 이에 따라 오언은 가족의 전화에 관심을 기울였는데, 이는 일차적으로 가족 안에서 남녀간의 불평등한 권력관계보다는 아이들이 부모의 소유물로 양육됨으로써 발생하는 문제를 해결하는 것이 더욱 중요하다고 보았기 때문이다.

양육과 교육을 개별적인 부모가 아닌 사회 전체가 책임져야 한다는 오언의 관심에 따라, 오언주의자들은 특히 양육의 사회화에 관심을 가졌다. 또한 오언주의자들은 사회를 변화시킬 수단으로 노동조합에도 주목했다. 즉 노조는 경제적 조건의 개선뿐 아니라 국가와 사회를 변혁할 수 있는 수단으로 인식되었다. 여성들 역시 노조 설립에 적극 참여했다. 대다수 여성들이 하청노동자들이었고 공장제도에 편입된 여성들도 그 지위가 불안정했기 때문에 이 여성들은 노조의 사회적 역할에 큰 비중을 두었다. 예컨대 노조는 어려움에 처한 조합원들을 도와주었으며 아이들과 성인들의 교육도 책임을 졌다. 노동자계급이 지배계급에 대한 종속에서 벗어나 정신적 독립을 유지하기 위해서는 노동자계급 그 자신에 의해 교육이 통제되어야 한다는 신념이 밑바탕에 놓여 있었다.

19세기 초반에 유토피아 사회주의자들은 자본주의적 착취도 없고 남녀의 조화로운 삶도 가능한 새로운 공동체를 건설하고자 했다. 그러나 이들은 새로운 사회가 어떻게 도래할 수 있는지, 여성의 삶이 어떻게 변화될 수 있는지에 대해서는 너무 낙관적인 견해를 가졌다. 모든 사회제도뿐 아니라 인성 자체도 완전성을 향해 진화한다고 믿었기 때문에 여성의 정치적 · 경제적 · 사회적 자유의 획득에 대해 유토피아적으로 접근했던 것이다.

3) 프랑스의 유토피아 사회주의 여성들

1830년대 푸리에와 생시몽 같은 사회주의자들의 이념뿐 아니라 프랑스혁명과 울스톤크라프트의 이념에 영향을 받은 일단의 프랑스 여성 노동자들이 "가정과 산업의 새로운 조직화를 통한 여성의 자유와 인민의 자유의 실현"을 주창했는데, 생시몽주의의 영향을 받은 부알캥(Susanne Voilquin), 영국의 오언주의 서클들에 참여했다가 이후 프랑스에서 푸리에주의 신문에 협동조합에 관한 글을 발표한 게(Désirée Gay), 그리고 독학으로 교육받은 드루앵(Jeanne Deroin)이 그 대표적인 여성들이었다.

이들은 여성해방은 여성만의 문제가 아니라 인민의 대의이며, 새로운 사회는 생산조건뿐 아니라 가족과 공동체의 일상적인 생활까지도 모두 변혁되는 사회로 인식했다. 즉 이들의 사회주의관은 생산에서 고용주와 남성노동자 양자의 권력뿐 아니라 가족 안에서 남성의 권력에 저항하는 투쟁을 내포하고 있었으며, 따라서 이들은 여성해방이 노동자계급의 해방과 분리 불가능하다고 믿었다. 사회변혁과 여성해방 사이의 이 같은 연관은 1848년 혁명과 1871년 파리코뮌에서도 재차 강조되었다.

이 여성들과 유사하게 여성해방과 사회주의의 관련성을 인식한 또 다른 여성은 트리스탕(Flora Tristan)이었다. 트리스탕은 1840년대에 전개되었던 사회변혁 수단을 둘러싼 논쟁 속에서 국제노동자계급 조직인 '남녀 노동자계급의 보편적 연합(Universal Union of Working Men and Women)' 의 창설을 제안했다. 그녀는 계급 연대가 사회의 총체적인 토대를 변화시키는 데 핵심이라고 주장했으며, 마르크스 이전에 이미 노동자계급의 해방은 그 자신의 일이라고 주장했다. 트리스탕은 여성 억압 문제에 관심을 가졌지만, 남녀 노동자계급이 자본주의체계의 권력을 종식시키면 여성의 자유가 성취될 것이라고 생각했다.

3. 자유주의 페미니즘의 형성: 영국을 중심으로

1) 자유주의 페미니즘의 사상적 토대 : 해리엇 테일러와 존 스튜어트 밀

테일러(Harriet Taylor)와 밀(John Stuart Mill)은 외적 환경이 인성을 결정짓는다는 믿음 아래 여성이 본성상 열등하다는 관념뿐 아니라 모성에 근거해 여성의 정치적 활동을 정당화하는 입장에 대해서도 비판적이었다. 이들은 개인주의와 평등이념에 기초해 사회가 여성에게 남성과 동일한 교육과 법적 · 정치적 권리 및 경제적 기회를 제공한다면 남녀 불평등이 사라지고 개인들은 각자 자율성을 발휘하면서 자신의 능력을 계발할 수 있을 것이라고 보았다.

그런데 특히 밀의 사상의 토대를 이루는 개인에 대한 강조는 자기실현이라는 낭만주의 이념의 영향을 받은 것으로, 이것은 그의 여성권 주장이 내포하는 반(反)민주주의적 함의를 드러내주었다. 밀은 특별한 개인들만 능력 계발의 기회를 가져야 하는데, 민주주의는 이 개인들의 자유를 침해할 것이라고 생각했다. 따라서 그는 특별한 여성들인 교육받은 부르주아계급 여성들만 해방되기를 원했다. 사실상 밀은 여성노동자들에 대해서는 전혀 관심이 없었다. 이 여성들도 이해력과 욕구를 가지고 있으며 따라서 정치체계 및 경제체계가 이들의 욕구를 반영하도록 변화되어야 한다는 관념은 밀의 평등 개념 속에 들어있지 않았다.

테일러는 밀에 비해 민주주의를 강조한 편이었지만 그녀 역시 부르주아적 개혁주의의 틀 안에 머물러 있었다. 그녀는 여성의 경제적 독립의 필요성을 적극 주장하면서도 빈곤한 여성노동자들이 어떻게 가사 및 양육을 수행하면서 동시에 단순한 가계보조소득이 아니라 경제적 독립을 획득할 만한 소득을 벌 수 있는지에 대해서는 관심을 두지 않았다.

테일러와 밀의 자유주의 페미니즘은 기존 체제를 수용하는 부르주아적 한계로 인해 이전 시기에 유토피아 사회주의 페미니즘이 제기한 여러 쟁점들을 삭제했다. 자유주의 페미니즘의 주된 의제인 여성투표권은 여성의 종속을 재생산하는 공 · 사 분할 메커니즘이 여전히 작동하는 가운데 남성의 영역으로 규정된 공적 영역에 여성이 참여하는 것을 보장할 뿐 이 메커니즘 자체는 조금도 손상시키지 않았다.

이것은 자유주의 페미니즘이 주장한 여성의 정치적 권리가 18세기 말 프랑스혁명기에 주장되었던 그것과는 전혀 다른 함의를 갖는다는 것을 보여준다. 18세기 말 드 구즈와 울스톤크라프트의 여성 시민권 요구가 남성 신분에 근거해 시민권을 제한하려는 시도를 거부함으로써 공 · 사 분할 이데올로기를 비판하고자 한 봉기적 투쟁이었다면, 자유주의 페미니즘의 여성투표권 요구는 현실에서 여전히 지속되고 있는 여성의 종속 상태를 오히려 은폐하는 구실이 되었다.

2) 사회 정화주의 페미니즘

1869년 전염병방지법(Contagious Diseases Acts)[8] 철폐 캠페인이 버틀러(Josephine Butler)에 의해 주도되었는데, 이는 여성의 육체에 대한 권리 침해에 저항하는 운동이었다. 이 운동은 개인의 권리를 주창하는 자유주의 전통에 속해 있었지만, 여기서 개인의 권리는 밀의 한계를 넘어서 여성해방을 위한 주장의 근거가 되었다.

버틀러의 전염병방지법 철폐 운동은 자유주의자들로부터 투표권운

8) 이 법은 성매매를 통해 군인들 사이에서 성병이 만연하는 것을 막기 위해 길거리를 지나가는 여성들을 강제로 연행해 병원에서 성병 검사를 하는 것을 허용하고 있었다. 강제로 연행된 여성들은 대개 노동자계급 여성들이었다.

동을 수십 년 후퇴시켰다는 비판을 받기도 했지만, 장기적으로는 많은 여성들을 운동에 동참시킴으로써 투표권운동에 동력을 부여하기도 했다. 오히려 이 캠페인과 관련해 주목할 점은 성매매에 대한 국가 통제와 여성의 성적 자유라는 쟁점을 둘러싸고 상이한 입장이 부각되었다는 것이다.

버틀러의 캠페인은 개인의 권리 개념에 토대를 두고 있었던 반면, 사회 정화주의자들(social purists)은 남성의 성적 욕망으로부터 여성과 아이들을 보호해야 한다고 주장했으며, 또한 가정폭력과 성적 폭압에 대항했다. 도덕 개혁이라는 이들의 대의는 밀의 평등권 주장과는 다른 원리에 기반한 것으로, 개인의 사적 영역에 대한 국가의 개입을 내포하고 있었다. 영국에서 전염병방지법이 철폐된 뒤에 그 캠페인을 주도했던 운동가들은 성매매에 주목했으며, 성관계 동의 연령을 소녀에 대해 16세로 올리는 법률을 통과시키는 데 주력했다. 이로써 개인의 권리라는 쟁점은 이 운동에서 사라졌다.

사회 정화주의자들은 국가를 개인의 자유 위에 있는 도덕적 실체로 인식했다. 이들이 적극적으로 옹호한 법률은 결혼하지 않고 동거하는 부부의 집을 경찰이 강제적으로 폐쇄할 수 있도록 허용하고 있었는데, 이것은 결국 국가가 노동자계급 여성들의 사적인 생활을 침범할 수 있는 여지를 증대시키는 결과를 초래했다.

사회 정화주의자들의 관점에서 교화되지 않는 성매매 여성들은 하나의 문제거리였는데, 이 여성들은 여성의 도덕적 우월성이라는 자신들의 기본 이념에 맞지 않았기 때문이다. 사회 정화주의의 틀 안에서는 이 '타락한' 여성들을 희생자로 보거나 아니면 강제로 착한 여성들로 변화시키는 방법 외에는 다른 대안이 추구될 수 없었다.

성매매 폐지운동과 더불어 도덕개혁운동의 또 다른 한 축을 형성한 것은 금주운동이었다. 이 운동은 19세기 말과 20세기 초에 여러 나라들에서 전개되었는데, 공통적인 특징은 투표권운동과 결합되었다는 점이다. 금주운동가들은 집안 폭력 · 가족 붕괴 · 범죄 · 정치적 부패 등을 유발하는 주요 원인이 음주라고 보고 가족과 사회 그리고 정치를 도덕화할 임무가 여성에게 있다고 주장했다. 그리고 이 임무를 성공적으로 수행하려면 여성이 투표권을 획득해 실질적인 힘을 발휘할 수 있어야 한다고 생각했다. 여기서는 여성투표권이 남녀평등 이념에 기초한 보편적 권리로서가 아니라 사회를 정화시킬 수 있는 여성의 도덕성에 기초해 주장되었다.

금주운동 역시 성매매 폐지운동과 마찬가지로 '도덕적으로 타락한' 계급과 인종을 박해하는 효과를 낳았다. 물론 "세계를 가정처럼"이라는 모토를 내걸고 전개된 이 운동은 사회개혁을 주창하면서 여성의 정치적 권리를 요구하는 방향으로 나아가기도 했지만, 노동자계급과 흑인에 대한 박해와 격리를 정당화하는 수단으로 활용되기도 했다.

성매매 폐지운동이나 금주운동이 착취당하고 억압받는 계급과 인종에 대한 침해로 귀결된 것은 도덕개혁운동의 내재적 한계 때문이었다고 할 수 있다. 피착취 · 피억압 계급과 인종이 그들 각자의 인성과 능력을 계발할 수 없게 만드는 현실의 구조는 문제삼지 않은 채 그 구조로부터 발생하는 사회적 폐해를 단순히 도덕적 교화를 통해 해결하고자 했을 때, 사회운동의 주체는 도덕을 구현하고 있는 계급과 인종이 될 수밖에 없었기 때문이다.

3) 사회 개혁주의: 보호입법의 추구

19세기 후반에 이르면 자유로운 경쟁의 조건 아래 평등한 권리를 확보하는 것이 바람직한 사회 건설의 수단이라는 자유주의적 신념이 그 영향력을 상실하고 있었다. 사회개혁가들은 개인들의 출발점이 불평등할 때 기회의 평등이 어떻게 달성될 수 있는가라는 문제를 제기했다. 이것은 성뿐 아니라 계급의 장벽에 직면한 여성들에게 특히 적절한 문제제기였다.

이런 문제가 제기된 결과, 노조에 대한 자유주의자들의 태도가 변화했다. 노조가 법적으로 인정된다면 그것은 그리 파괴적인 영향을 미치지 않을 것이라는 신념이 자유주의 조류 안에서 출현한 것이다. 19세기 초반만 하더라도 노동자들의 결사는 체제 전복과 비슷한 것으로 인식되었다. 그러나 이제 새로운 자유주의적 접근은 노조를 자본의 권력에 대항할 수 있는, 특히 여성노동자처럼 취약한 집단에게 반드시 필요한 합법적인 조직으로 인정했다. 이와 더불어 이 접근은 산업에 대한 국가 권력의 개입도 점차 허용되어야 한다고 보았다.

같은 시기에 노동자계급 조직들이 그 구성원들에게 복지를 제공해야 한다는 관념이 국가가 사회복지를 제공해야 한다는 관념으로 대체되었다. 이것은 저임금과 가사 및 육아 부담으로 인해 남편이 실직하거나 병들면 스스로를 부양할 수 없는 노동자계급 여성들에게 특별한 의미를 갖는 것이었다.

자유주의자들과 사회주의자들 그리고 무정부주의자들 사이에서 국가가 노조에 속해 있는 여성들에게 도움을 줄 수 있는가에 대한 긴 논쟁이 전개되었으며, 여성 사회개혁가들과 페미니스트들도 이 논쟁에 참여했다. 그러나 여성이 남성과 동일한 기초 위에서 노동해야 하는지 아니면 특별한 보호를 요구해야 하는지에 대해서는 통일된 의견이 제출되지 못했다.

1874년 패터슨(Emma Paterson)은 보호입법이 아니라 여성노조가 대안이 되어야 한다는 신념 아래 '여성보호연맹(Women's Protective and Provident League)'—이것은 이후 '여성노조연맹(Women's Trade Union League)'으로 개칭된다—을 창설해 임금 삭감에 저항했다. 테일러의 자유주의적 전통 속에 있던 패터슨은 노동자들 자신의 집단적 행동을 통해 기회의 평등을 달성하는 것이 고용주의 힘의 우위에 맞설 수 있는 길이라고 믿었다.[9] 그는 여성들이 자신들의 견해를 알릴 수 있는 수단을 노조를 통해 획득할 수 있다고 주장하면서, 조직화와 그것이 갖는 민

9) 자유주의자였던 패터슨은 노동자의 요구가 파업 같은 과격한 행동으로 표출되는 것에는 반대했으며 협상을 통해 문제를 해결해야 한다고 보았다.

주주의적 잠재력 속에서 여성의 자기해방이 실현될 수 있다고 강조했다. '연맹' 은 보호입법을 개인의 권리에 대한 국가의 침해로 규정했다.

이에 반해, 일부 숙련 남성노동자들은 여성노동에 반대했으며 보호입법이 공장노동뿐 아니라 가내 하청노동으로까지 확대되어야 한다고 주장했다. 이 주장의 근저에는 여성의 이익이 남성에 의해 가장 잘 대표된다는 전제와 여성에게 가장 적합한 장소는 가정이라는 이상이 있었다. 이 같은 공 · 사 분할 이데올로기는 빅토리아 시기의 문학작품들에서 공통적으로 다루어진 주제이기도 했다. 아내를 부양하는 남성 가장은 숙련 노동자계급 가족들에게 점차 존경의 대상이 되고 있었다.

그러나 이와 같은 대립은 1880년대 말 반숙련 · 비숙련 노동자들의 봉기에 의해 전투적인 '신노조주의(New Unionism)' 가 출현하면서 보호입법을 추구하는 방향으로 점차 해소되었다. 새로운 노조는 직능별 노조보다 더 민주적으로 운영되었고 평등을 중요시했지만, 여성노동자들의 고유한 고용 불안정성으로 인해 새로운 노조 안에서 이들의 지위 역시 불안정할 수밖에 없었다. 이에 따라 여성노동자들이 임금과 고용조건에 대해 고용주와 협상하는 것은 점점 더 어려워졌다. 이런 상황에서 패터슨 이후 '연맹' 을 이끈 딜크(Lady Dilke)는 여성의 작업장 조직화가 보호입법으로 보완되어야 한다는 신념을 가졌고, 1890년대부터 이 같은 국가 개입의 수용은 자유주의적 · 사회주의적 중간계급 여성운동가들 사이에서 일반적인 통념이 되었다.[10)]

사회주의 여성들과 자유주의 여성들 사이에서 노동자계급과 중간계급의 연대의 정도에 대해서는 합의된 견해가 없었지만 국가에 대한 태도에서는 일정한 수렴이 나타났다. 게다가 신노조주의는 특히 여성과 관련해 중간계급의 여론에 의존하고 있었다. 여성노동자들의 조건에 대한 중간계급의 도덕적 관심은 이 계급의 많은 여성들을 급진화시켰

---

10) 포셋(Milicent Fawcett) 같은 일부 자유주의 페미니스트들이나 무정부주의 여성들은 여전히 국가 개입에 반대하고 조직화의 해방적 측면을 강조했으나 그 영향력은 점차 쇠퇴해갔다.

고 이들이 노조주의를 지지하도록 이끌었다.

그러나 국가개입에 대한 요구로의 전략의 변화는 일정한 문제를 내포하고 있었다. 국가에 압력을 가하는 전략은 민주주의적 조직화의 자기해방적 측면에 대한 강조를 약화시키는 경향이 있었으며, 또한 여성의 사회적 욕구를 정의하는 주체를 여성 자신에서 중간계급 개혁가들로 이전시키는 결과를 초래했다.

이와 더불어 국가의 보호에 대한 강조는 여성 대표권이라는 기본적인 쟁점을 제기했다. 1900년대 초 사회개혁과 여성노동자의 보호를 위해 투쟁했던 많은 여성들은 여성이 투표권을 가질 때 이런 개혁이 더 쉽게 달성될 것이라고 주장했다. 이 과정에서 정치적 권리보다 사회적 · 경제적 개혁이 우선적이라고 여겼던 일부 여성들도 투표권운동에 결합하게 되었다. 1900년대의 페미니즘 운동은 개인의 평등권과 여성에 대한 특별한 보호의 주장이 혼재되는 유산을 남기게 되었다.

4. 사회주의 · 마르크스주의 · 무정부주의의 여성해방사상

1) 도덕적 사회주의: 자기해방으로서 여성해방

1880년대에 사회주의의 부활에 가담한 여성들은 이 새로운 운동을 사회의 폐해에 대한 해결책이자 여성해방의 수단으로 보았다. 사회주의자들은 정치적 · 법적 권리에 대한 자유주의적 강조가 민주주의적 자유를 행사하기 위한 전제인 사회적 · 경제적 수단의 필요성을 무시한다고 주장했다.

이 시기에 사회주의자들은 혁명의 객관적 조건과 주체의 역할 문제를 둘러싸고 논쟁을 전개했는데, 이 가운데서 출현한 강력한 조류는 사회주의를 정치권력이나 공적 소유로 환원해서는 안 된다는 견해였다. 사회주의는 사람들 사이에 새로운 관계를 창출하는 문화의 변혁 과정으로 인식되었다.

사회주의는 일상생활에서 부딪히는 실질적인 문제들을 해결하는 수단이자 대안적인 생활방식에 대한 열망이었다. 이 측면에서 사회주의는 여성들이 자신들의 억압과 사회적 불의를 해결할 수 있는 답을 제시해 주는 것으로 인식되었다. 즉 사회주의는 모든 형태의 억압을 종식시킬 수 있는 수단이었을 뿐 아니라 여성들이 새로운 자아를 발견할 수 있는 이념이었던 것이다.

사회주의에 대한 이 같은 접근은 사회주의자들 사이에서 성욕과 결혼 문제가 토론될 수 있는 여지를 제공했다. 사회주의는 지성의 반역일 뿐 아니라 감정과 영혼 그리고 육체의 반역이기도 했다. 이는 개인들 사이의 관계뿐 아니라 성적 신분도 사회주의와 더불어 변화할 것이라는 신념으로 나타났다.

진보적인 서클들과 사회주의운동 안에서 자유결합의 문제가 다시 논의되었으며, 이전과 달리 결혼의 민주화가 주요 쟁점이 되었다. 사회주의는 인간관계의 모든 측면들을 민주화함으로써 새로운 여성과 남성을 탄생시킬 것이라는 이 희망은 이성(理性)과 완전성이 개인과 외적 제도 모두에 적용된다는 계몽주의적 신념에 기초하고 있었다.

그러나 성적 관계의 민주화는 많은 장애들에 직면했다. 여성의 평등은 남성의 이해관계 · 물질적 안락과 종종 충돌했으며, 이것은 성적 관계의 민주화가 의지나 의식의 변화만으로 가능한 일이 아님을 보여주었다. 그것은 가정과 직업에서 그리고 사회의 전 체계에서 분업이 근본적으로 변화될 것을 요구했다. 그러나 사회주의자들의 해방에 대한 비전이 노동자계급 여성들과 남성들의 일상적 삶에 어떻게 적용될 수 있는지는 명확하지 않았다.

이상과 현실 사이의 괴리는 특히 여성들에게 중요한 의미를 가졌다. 젊은 남성 사회주의자들은 여성이 남성에게 의존하고 종속되는 상태에 대해서보다는 동지애에 의거한 결혼에 대해 말할 뿐이었지만, 노동자계급 여성들은 가사 부담을 피할 수 없었기 때문에 수사와 현실 사이의 괴리에 직면할 수밖에 없었다.

1880년대의 유토피아적 열정이 사라지기 시작하자, 여성의 사회적 시민권이라는 관념이 개혁적 사회주의 진영의 많은 여성들에게 영향을 주었다. 개인의 평등한 권리에 대한 강조가 아내와 어머니로서 여성의 처지를 간과하는 경향이 있다는 반성도 더불어 제기되었다. 이것은 사회개혁을 주창한 사회 자유주의자들 및 사회 페미니스트들과의 동맹을 가능하게 했다.

노동자계급 남성들의 생활이 그리 여유롭지 않은 상황에서 그들과의 평등을 요구하는 것은 또 다른 문제를 낳을 수 있으며, 평등주의적 전망이 여성의 생물학적 · 사회적 차이를 간과한다는 인식은 평등주의의 한계를 보여주는 것이었다. 그러나 여성의 사회적 시민권 관념은 노동자계급 안에서 그리고 사회주의 조직들 안에서 남녀의 불평등이 어떻게 극복될 수 있는지에 대해서는 어떤 전망도 제공해주지 못했다.

사회주의 조직들 안에서 남녀평등을 강조하는 자유주의 페미니즘에 대한 불신이 강화되었지만, 1900년대에 영국 독립노동당(Independent Labour Party) 안에서 전투적인 투표권운동이 출현하자 사회주의 여성들은 평등과 정치적 권리 그리고 전투적 투쟁이 갖는 의미를 새롭게 인식하게 되었다. 그러나 자율적인 여성운동의 존재는 노동자운동과 여성운동 사이에서 양자택일이라는 딜레마를 제기했다. 이것은 단순히 사회주의 여성들의 개인적인 갈등의 문제가 아니라 여성해방과 사회주의의 이론적 관련성의 문제였다.

2) 마르크스주의 페미니즘과 여성 문제

여성들은 자신들의 억압을 드러내고 표현하는 데 마르크스의 사상을 적용할 수 있었으나, 남녀관계, 즉 여성 억압의 문제는 마르크스의 주요 관심사가 아니었다. 마르크스는 공식적으로는 여성의 해방과 노동권을 지지했지만, 그의 지적 열정은 남녀관계가 아니라 계급에 집중되었으며, 사회 변혁의 과제 앞에서 여성의 이익은 남성의 이익에 포함되는 것으로 전제되었다.

베벨(August Bebel)과 엥겔스(Friedrich Engels)의 여성 문제에 관한 사고는 이 문제와 관련해 마르크스의 사상에 존재하는 공백을 메우려는 시도였다. 『여성과 사회주의』(*Woman and Socialism*, 1878)에서 베벨은 마르크스와 마찬가지로 여성의 노동권을 옹호했다. 당시 사회주의자들 사이에서 여성 노동권은 광범하게 공유된 관념이 아니라 치열한 논쟁 대상이었는데, 대표적으로 프랑스 사회주의자인 프루동은 공 · 사 분할 이데올로기를 적극 지지하면서 여성 노동권에 반대했다. 이에 대해 베벨은 여성의 고용이 노동자의 생활수준을 향상시키고 여성의 조직화를 가능하게 할 것이라고 지적했으며, 더 나아가 여성의 노동권을 실질적으로 뒷받침하기 위해서는 여성이 양육에 대한 선택권을 가져야 한다고 주장했다. 이것은 가사와 양육의 사회화가 이루어질 때 비로소 여성의 노동권이 실질적으로 행사될 수 있음을 뜻했다.

엥겔스는 『가족, 사적 소유 및 국가의 기원』(*The Origin of Family, Private Proverty and the State*, 1884)에서 남녀관계를 포함하는 사회의 조직 형태가 생산과 가족의 발전 단계에 의해 결정된다고 주장했는데, 이것은 여성의 종속을 생물학적 차이가 아닌 경제적 토대에 기반해 설명하는 것이었다. 『기원』은 비록 논쟁의 여지가 많은 19세기 진화론적 인류학자들의 가정에 근거하기는 했지만, 가족을 초역사적인 제도가 아니라 시대와 사회에 따라 변화하는 제도로서 개념화할 수 있는 수단을 제공했다. 밀 이래의 자유주의 전통에서는 가족을 보편적이고 영속적인 제도로 간주하는 경향이 있었지만, 엥겔스의 저작은 미래 사회에서는 가족이 변화될 수 있다는 전망을 담고 있었다.

엥겔스의 경제적 · 사회적 전망은 자발적 모성과 출산통제 요구의 토대였던 개인의 자기소유권 관념을 유용하게 보완할 수도 있었으나, 이 두 측면은 통합되지 못했다. 엥겔스의 저작에서 개별 여성의 욕구와 여성의 집단적인 행동은 생산과 재생산의 사회 · 경제적 구조의 진화에 대한 분석 속에 포섭되었다. 비단 엥겔스뿐 아니라 당시 대부분의 마르크스주의자들은 사회주의에서는 모든 아이들의 양육이 사회적으로 이루어질 것이므로 출산통제나 낙태는 더 이상 문제가 되지 않을 것이라고 생각했다. 이로써 '여성 문제'에 대한 마르크스주의적 접근은 특히 엥겔스의 기여를 통해 가족에 대해 역사적으로 접근할 수 있는 귀중한 통찰을 제공했지만, 여성의 재생산 권리에 대한 초기 사회주의 여성들의 인식을 수용하지 못하는 한계를 노정했다.

19세기 말과 20세기 초에 마르크스주의자들은 '여성 문제'에 관해 마르크스와 엥겔스 그리고 베벨의 접근을 그대로 따르지는 않았다. 예컨대 마르크스의 사위인 라파르그(Paul Lafargue)는 노동 자체에 대한 부정적인 관점이 그의 사상의 근저에 놓여 있기도 했지만 여성의 노동권을 인정하지 않았다. 그는 어머니로서 여성의 힘을 강조하면서 여성 사회주의자들이 노동권을 요구하기보다는 모성에 더 적합한 역할—탁아 · 학교 급식 등—에 관심을 집중해야 한다고 주장했다.

반면 독일 사민당의 체트킨(Clara Zetkin)은 여성 노동권을 확고하게 옹호하는 입장에 서 있었다. 체트킨에게 여성의 노동권은 여성이 경제적 독립을 획득할 수 있는 수단일 뿐 아니라, 조직화 과정을 통해 여성의 조건을 개선하고 자기확신을 발전시킬 수 있는 수단으로 간주되었다. 체트킨은 1889년에는 평등주의적 입장에 근거해 보호입법에 반대했으나 1896년에는 여성에 대한 가내 노동의 폐지와 보호입법을 주장했다.

보호입법에 대한 이 같은 입장의 변화는 비단 체트킨에만 국한된 것이 아니라 당시 마르크스주의자들에게 공통적으로 나타난 현상이었다. 1890년대 초부터 엥겔스를 필두로 마르크스주의자들은 보호입법을 적극적으로 옹호하기 시작했으며, 국가는 여성노동자들의 취약한 조직화를 보완하고 가내 노동을 금지하기 위해 활용할 수 있는 도구로 간주되었다. 물론 엥겔스나 체트킨 같은 마르크스주의자들이 여성 노동권 주장을 결코 철회하지 않았으며 또한 보호입법에 대한 이들의 옹호가 부르주아계급의 전망 속에서 여성운동을 전개한 자유주의 페미니즘과 명확한 분리의 선을 그으려는 맥락 속에서 나타난 것이었지만, 보호입법의 옹호는 운동의 주체로서 여성의 자율성을 부정하는 효과를 가졌다.

3) 무정부주의와 반역적 여성들

여성 무정부주의자 골드먼(Emma Goldman)은 개혁과 혁명, 개인주의와 집단주의, 개인적 표현과 정치적 헌신 사이의 양 극단과 투쟁했다. 그녀는 개인과 공동체의 연계를 복원할 수 있는 수단의 창출과 여성해방은 분리 불가능하다고 보았다. 당시 무정부주의자들은 개인의 의지를 강조하는 분파와 무정부주의를 상호성의 발전으로 간주하는 분파로 양분되어 있었는데, 골드먼은 개인의 발전과 집단적인 무정부주의적 공산주의가 결합될 수 있다는 신념을 지니고 있었다.

많은 무정부주의 여성들은 모든 권위와 위계에 대한 무정부주의적 거부 속에서 여성해방이 이루어질 수 있다는 생각 아래 모든 개혁적인 변화를 거부했다. 이와 달리 골드먼은 모든 개혁이 무용하다고 보지는 않았지만, 투표권에 집중한 동시대 여성운동에는 비판적이었다.

의회 민주주의는 노동자들로 하여금 정치에 참여하고 있다는 환상을 제공했다. 따라서 골드먼은 작업장에서뿐 아니라 정치와 사회에서 집단적인 직접 행동을 옹호했다. 영웅적이고 희생적인 행동 전략을 채택한 소규모 무정부주의적 그룹들의 대중에 대한 관점을 비판하면서 골드먼은 행동과 조직화 속에서 획득되는 새로운 의식을 통해 사람들은 민주적인 사회를 창출할 수 있을 것이라고 주장했다. 직접 민주주의는 사회변혁에서뿐 아니라 여성해방에서도 마찬가지로 중요한 함의를 가졌다.

골드먼은 여성의 성적 쾌락의 추구와 자율성을 결합하려고 노력하면서 여성의 성적 자유를 공개적으로 주장했다. 그녀는 여성이 그 자신의 육체와 정신에 대한 통제권을 가져야 한다고 주장했으며 이와 더불어 여성의 성적 쾌락의 중요성을 강조했다. 성적 관계가 변화해야 한다는 것은 1900년대의 많은 여성들이 공유하던 생각이었다. 살로메(Lou Andreas-Salomé)는 성욕의 힘과 여성의 자율성이라는 주제에 몰두했으며, 프랑스의 사회주의 페미니스트 펠르티에(Madeline Pelletier)는 독신이 궁극적인 이상은 아니지만 전술적인 대안이 될 수 있다고 생각했다.

이와 달리 페미니즘 안에는 여성 억압이 성욕과 밀접한 관련이 있다는 신념 아래 여성의 성적 욕망을 긍정하지 않는 조류도 있었다. 영국의 페미니스트 스위니(Frances Swiney)는 여성 자신의 육체에 대한 통제를 강조한 점에서는 골드먼에 동의했지만 남녀간의 육체적 사랑보다는 정신적 사랑을 추구해야 할 이상으로 보았다. 반면 골드먼은 출산에 대한 실질적인 선택권이 없다면 성적 쾌락은 불가능하기 때문에 여성 자신의 육체에 대한 통제권은 출산통제를 통해 가장 잘 옹호될 수 있다고 믿었다.[11)]

생거(Margaret Sanger) 역시 골드먼의 영향 아래 성과 재생산에 적극적인 관심을 가졌다. 사실 '출산통제' 라는 말 자체도 생거가 만든 것이었다. 아나코 생디칼리스트 조직인 '세계산업노동자(Industrial Workers of the World)' 에서 활동하던 그녀는 생산의 통제에서 생산을 재생산으로 바꿈으로써 출산통제라는 말을 만들었다. 이것은 단순한 말 바꿈이 아니라 생산의 노동자 통제가 노동자의 자기소유를 의미하듯이 재생산에서의 출산통제는 여성의 자기소유를 의미하는 것이었다.

---

11) 당시 출산통제 옹호자들은 신말서스주의자(neo-Malthusians)로 불렸다. 말서스를 비판한 마르크스와 엥겔스를 따라 많은 사회주의자들은 부를 재분배하기만 하면 노동자계급은 원하는 만큼 아이를 가질 수 있을 것이라고 주장하면서 출산통제에 반대했다. 이것은 많은 사회주의자들이 출산통제와 관련해서 인구학적이거나 우생학적인 차원과 여성의 자기통제의 차원을 혼동하고 있었음을 보여준다.

5. 개혁과 혁명

1) 투표권운동

1905년 영국에서는 '여성의 사회적 · 정치적 연합(Women's Social and Political Union; 이하 '연합')'을 중심으로 전투적인 여성투표권 쟁취 투쟁이 전개되었다. 그런데 이 운동은 여성 노동자들에게 하나의 딜레마를 제시했다. 여성노동자들은 사회주의자들이 주장하는 남성에게 국한되는 보편적 투표권과, '연합'의 지배적 입장이 된 소유계급의 여성들에게 국한되는 여성투표권 사이에서 선택을 해야 하는 상황에 직면했던 것이다. 이 선택의 배후에는 투표권 투쟁이 갖는 정치적 의미에 대한 상이한 인식이 있었다.

전투적 분파는 투표권이 여성들 사이의 계급적 차이를 포함해 모든 차이를 뛰어넘는 쟁점이라고 보았다. 따라서 여타의 모든 투쟁들을 차후의 문제로 치부했으며, 여성투표권 투쟁을 점차 여성들만의 분리주의적 운동으로 만들었다.

반면 사회주의 조직들과의 연계를 끊지 않은 여성들 가운데 일부는 노동자계급 여성들의 비참한 상태를 개선하기 위한 경제적 · 사회적 개혁을 추구했는데, 이들에게 선거는 개혁을 도모할 수 있는 방편으로 인식되었다. 이 같은 국가와 복지의 연계는 사회주의 조직들이 의회주의로 노선을 선회한 것과 밀접한 관련이 있었다.

투표권운동을 전개한 여성들 사이에서는 여성의 성욕과 관련해서도 상이한 입장이 존재했다. 팡크허스트(Chritabel Pankhurst)는 남녀간의 관계 자체가 여성에게 파괴적인 영향을 미친다는 믿음 속에서 인류의 도덕성의 복원은 여성에게, 더 구체적으로는 여성의 투표권에 달려 있다고 주장했다. 이와 달리 웨스트(Rebecca West)는 여성을 남성 성욕의 수동적 희생자로 보고 여성을 죄로 물든 세계를 정화할 수 있는 존재로 보는 관점에 반대했다. 그녀는 여성의 다양한 성적 욕구에 대한 탐색이 이루어져야 한다고 생각했다.

투표권운동은 페미니즘이 안고 있는 여러 쟁점들이 표출되는 계기가 되었다. 사실 이 가운데 평등과 차이의 문제 그리고 차이에 대한 인식의 문제는 19세기 초반부터 제기된 것이지만 이 때부터 점차 페미니스트들에게 결정적인 문제로 인식되기 시작했다. 그리고 여성이 하나의 집단으로서 통일된 이해관계를 갖는가 아니면 계급적으로 분할되어 있는가 하는 쟁점은 결국 분리주의 페미니즘의 형성으로 귀결되었다.

2) 성 개혁과 출산통제운동

19세기 후반까지도 여성의 성욕은 주류 페미니즘에서 억압된 주제였다. 그러나 20세기 초반 성욕의 문제가 공적인 담론의 대상이 되면서 성욕을 여성의 자율성에 대한 위협이 아니라 해방의 한 측면으로 재정의하는 흐름이 형성되었다. 육체와 욕망에 대한 강조와 더불어 그에 대한 논의를 공적인 영역으로 이동시킨 것은 유물론적이고 합리적인 사고에서 비롯된 것이었다. 그것은 성욕에 이성을 적용함으로써 많은 불필요한 고통과 불행의 근원을 제거하는 것이 가능하다는 가정에 기초하고 있었다. 이런 관념의 옹호자들은 자기 의식적으로 '근대적인 것'과 동일시했고, 여성이 남성보다 더 높은 영성을 지니고 있다는 19세기 후반의 페미니즘적 논의를 거부했다.

새로운 분위기가 기존의 페미니스트 집단에 대항해 출현했다. 여성이 자신의 성욕을 표현할 수 있는 자유와 자신의 성욕을 이해할 수 있는 능력은 새로운 인성을 발전시키는 데 사활적인 것으로 간주되었다. 육체와 성욕에 대한 강조가 여성의 자율성의 발전을 저해한다는 견해가 거부됨으로써 여성의 욕망에 대한 탐구가 나타났다.

여성의 육체적 쾌락을 긍정하는 이 관점은 여성의 성적 쾌락과 자율성이 양립 가능할 수 있는 방안으로 출산통제를 적극 옹호했다. 루셀(Nelly Roussel)은 유럽에서 피임 정보를 전파하는 데 전력했으며, 1904

년에는 '출산 파업'을 주장하기도 했다. 이것은 재생산과 생산, 어머니와 노동자 사이의 유비(類比) 속에서 여성 자신의 인격에 대한 소유 개념에 근거한 것이었다.

영국에서는 사회주의 페미니스트 브라운(Stella Browne)이 재생산에 대한 여성의 통제는 작업장에서 노동자의 통제만큼 본질적인 문제라고 주장하면서 영국의 공산당과 이후 노동당에서 출산통제를 위해 적극적으로 활동했다. 또한 브라운은 여성의 성적 자율성이 성적 쾌락과 양립 불가능하지 않다고 보았으며, 여성적인 욕망과 쾌락을 탐색하고자 했다.

출산과 낙태에 대한 관심은 여성의 이성애적 쾌락을 자연적인 것으로 보는 관점과 결부되어 있었는데, 이것은 주로 성이 자연적인 본능이라는 전제에 기반하고 있었다. 브라운은 일부의 여성들은 선천적인 레즈비언이라고 생각했지만, 선천적이지 않은 여성들 사이의 동성애는 정상적인 쾌락이 억압된 결과라고 보았다. 이런 관점에서 브라운은 이성애를 여성의 자율성의 침해로 보는 견해에 반대했다.

20세기 초반 출산통제와 낙태에 대한 주목은 여성의 성욕을 재정의하고 여성의 성적 쾌락을 긍정하는 조류를 낳았지만, 페미니즘과 정치운동이 점차 분리됨에 따라 더 발전하지 못한 채 좌초되었으며 개인적인 것과 정치적인 것의 분리가 더욱 강화되었다.

3) 러시아혁명과 콜론타이의 시도

러시아에서 여성권이 중심적인 쟁점으로 떠오른 것은 1890년대에 마르크스의 영향을 받은 사회민주주의자들이 조직되면서부터였다. 레닌은 남성과 동등한 여성의 시민권과 정치적 권리를 지지했지만, 페미니즘에는 적대적이었다. 콜론타이 역시 『여성문제의 사회적 토대』(*The Social Basis of the Woman Question*, 1909)에서 교육과 권리의 보장 등 협소한 요구에 치중하는 부르주아 페미니즘과 사회사업을 통해 여성노동자에게 접근하려는 페미니스트들을 비판했다. 또한 모성을 강조하는 페미니스트들에 대해서도 비판적이었는데, 이 관점이 여성에 대한 부르주아적 이상을 강화한다고 보았기 때문이다. 콜론타이는 계급이 여성의 이익을 분할하기 때문에 사회민주당만이 여성노동자에게 해답을 제공할 수 있다고 믿었다.

그러나 당시의 주류 페미니즘에 대한 비판에서는 사민주의자들 사이에서 견해가 일치되었지만, 사회주의 사회에서 가족형태의 문제와 여성노동자들의 독자적인 조직화 문제에 대해서는 심대한 불일치가 존재했다.

사회주의 사회의 가족형태의 문제와 관련해 마르크스주의자들은 평등한 프롤레타리아 가족모델에 기초해 가족이 강화되어야 하는지, 아니면 가사와 양육 등이 사회화됨에 따라 가족 자체가 소멸되어야 하는지에 대해 명확한 입장을 정립하지 못했다. 또한 여성노동자들을 조직하려는 콜론타이의 노력은 일부 볼셰비키들에 의해 분리주의적 행동으로 비판되었다. 1913년부터 볼셰비키들은 『여성노동자』(*Rabotnitsa*)라는 신문을 발간하면서 모성수당이나 여성의 노동조건 등의 문제에 관심을 가졌지만, 숙련 · 임금 · 가사 · 성욕과 관련해 남녀간에 존재하는 갈등에는 주목하지 않았으며 여성노동자들을 노동자계급의 후진적 부분으로 간주했다.

그러나 역설적이게도 러시아혁명을 촉발한 집단은 바로 이 '후진적'인 여성들이었다. 페트로그라드의 여성노동자들은 전쟁으로 인한 소비재의 물가 폭등에 저항하는 파업을 벌였으며, 남성노동자들도 이 대열에 가담했다. 사실 공동체와 작업장이 서로 연계된 이 같은 시위 형태는 당시 노동자계급의 저항이 분출되는 일반적인 패턴이었다.[12)]

---

12) 1917년 이탈리아의 토리노(Torino)에서도 여성들은 더 이상 빵을 구입할 수 없게 되자 시위를 벌였으며 피아트 노동자들이 이 대열에 동참했다. 그리고 실비아 팡크허스트(Sylvia Pankhurst)가 이스트런던에서 집세의 폭등에 저항하면서 조직한 운동 역시 소비와 생산, 공동체와 작업장의 상호관련성이 드러난 계급

이런 투쟁의 영향 아래 1920년대 초 공동체와 가정 안의 관계의 전화라는 쟁점이 일부 사회주의 여성들에 의해 제기되었다. 독일 사민주의자 브라운(Lily Braun)은 사회주의가 도래하기 전에 새로운 공동체적인 형태들을 건설할 필요가 있다고 주장했다. 러시아에서는 일부 좌익 공산주의 여성들이 사적인 가사노동이 여성의 의식에 미치는 부정적인 영향을 고발했다. 콜론타이 역시 혁명이 국가권력의 장악만으로 종결되는 것은 아니며 새로운 문화 건설이라는 과제가 남아 있다는 것을 점차 자각하게 되었다. 혁명 이후의 사회가 혁명 이전의 환경에 의해 부분적으로 형성된다는 사실이 자명해진 것이다.

새로운 문화 건설이라는 과제에 직면한 콜론타이는 일상생활을 변화시키려는 의식적인 노력이 필수적이라고 확신하게 되었다. 특히 그녀는 새로운 사회를 창출하기 위해서는 새로운 남녀관계, 즉 여성의 성적 자율성이 침해되지 않는 자유로운 결합이 형성되어야 한다고 생각했다.

콜론타이가 주장한 자유결합은 당시 볼셰비키들의 비판과는 달리 성적 방종을 뜻하는 것이 아니었다. 콜론타이가 여러 저술들에서 반복적으로 제기한 주제들 중 하나가 바로 '신여성'이었는데, 신여성은 물질적이거나 감정적인 의존을 단호히 거부하는 여성, 즉 경제적 · 정신적으로 독립적인 여성이다. 자유결합은 이처럼 독립적인 여성과 남성간의 결합으로서, 성적 욕망의 무절제한 분출이 아니라 여성의 성적 자율성이 전제되는 새로운 남녀간의 결합을 뜻하는 것이었다.

콜론타이가 '날개 달린 에로스(winged Eros)' 또는 '승화된 에로스(Eros transfigured)'로 표현한 자유결합은 이성에 대한 성적 매력에 근거하지만, 단지 육체적 희열에만 몰두하는 것이 아니라 상호 존중에 근거한 정신적 교류를 추구하는 것이었다. 이것은 여성의 성적 욕망을 긍정

투쟁의 형태라고 할 수 있다. 이 같은 형태의 투쟁은 제1차 세계전쟁 이후 프랑스 · 자메이카 · 멕시코 · 스페인 등 여러 지역에서 나타났다.

함과 동시에 여성이 '사랑의 포로'가 되는 상태를 경계하는 것이었다. 이 때문에 콜론타이는 자유결합과 더불어 '독신의 권리'를 제기했다. 독신의 권리는 성적 결합이 여성에게 의무로 부과되는 것이 아니라 여성 스스로 그것을 선택할 수 있고 또한 여성이 남녀관계 속에서 점차 의존적이 될 때 자신의 자율성을 지키기 위해 그 관계로부터 벗어날 수 있는 권리를 의미했다. 독신의 권리는 '날개 달린 에로스'가 '날개 없는 에로스(wingless Eros)'로 전락하는 것을 막기 위해 필수적으로 전제되어야 할 권리인 것이다.

콜론타이는 상호 동등한 두 당사자의 상호 존중과 사랑에 기초하는 결합으로부터 모든 사람들이 동지가 되는 새로운 공동체를 전망했다. 이기적이고 배타적인 사랑이 지배적인 한 '보편적인 프롤레타리아 가족'의 형성은 불가능하기 때문에, 콜론타이가 주장한 자유결합은 개별적인 남녀간의 결합을 넘어서 새로운 공동체의 윤리를 지향하는 것이었다. 그러나 콜론타이의 성욕에 대한 관심과 개인들 사이의 사랑을 새로운 형태의 공동체주의와 결합시키려던 그녀의 이상은 점차 소비에트 사회의 에토스와 괴리되었다.

6. 급진주의 페미니즘의 형성

1) 페미니즘의 재탄생

1950년대와 1960년대 미국의 젊은 여성들 사이에서 자신들의 미래를 새롭게 형성하려는 의식이 태동했는데, 이것은 비단 대학교육의 확산 때문만은 아니었다. 이와 더불어 프리단(Betty Friedan)이 『여성의 신비』(*The Feminine Mystique*, 1963)에서 '이름 없는 문제'라고 묘사한 교외의 가정주부들의 불만이 존재했으며, 여성노동자들 사이에서는 더 이상 불평등을 감수하지 않으려는 움직임이 일고 있었다. 그리고 더욱 중요하게는 민권운동이, 노동조건의 개선에 국한되지 않는 변화의 열망을 표출하고자 한 신좌파의 출현을 위한 토대를 마련하고 있었다.

민권운동이라는 새로운 형태의 정치는 여성운동에도 심대한 영향을 미쳤다. 비폭력 노선, 투쟁의 수단이 목적에 영향을 미친다는 확신, 권리뿐 아니라 자기해방에 대한 강조, 공간에 대한 요구, 미국 사회를 형성하는 한 부분이 되겠다는 요구 등 이 모두는 새로운 정치를 구성하는 특징들이었다.

1964년 시민권 법안이 통과되었을 때 고용평등조항을 실현하기 위해 '전미여성기구(National Organization of Women)' 가 창설되었다. 그러나 일부 여성들은 공적 영역으로의 진출로 해결될 수 없는 여성 억압의 측면들이 존재한다고 생각했으며, 의식고양(consciousness raising)이 여성문제의 근원을 인식할 수 있는 한 방식이라고 주장했다. 이 여성들은 스스로를 '급진주의 페미니스트' 로 명명했다.

초기 급진주의 페미니스트들은 독자적인 조직을 결성했지만 민권운동과 완전한 분리의 선을 긋지는 않았다. 이들은 남성과의 대결 속에서 남성을 변화시키기를 원했고, 남성우위 사회에서 여성들이 처한 공통적인 억압의 상황은 혁명적인 해결책을 요구한다고 생각했다. 또한 이들은 운동과정 속에서 바람직한 남녀관계가 창출될 것이라고 믿었기 때문에, '자매애' 는 더욱 평등하고 민주적인 남녀관계의 형성이라는 전망 속에 포함되었다. 실천적으로도 초기 페미니스트 그룹들은 여성 억압의 문제뿐 아니라 여타 사회적인 문제들에도 관심을 기울였다.[13] 그러나 남성에 의한 여성 억압이 점차 단일한 지배구조로 인식되면서 사회변화에 대한 전망 역시 상실되었다.

---

13) 이 초기 그룹들은 볼티모어(Baltimore)에서는 빈곤한 어머니들을 조직해 사회보장을 요구했고, 뉴욕(New York)에서는 협동조합적인 양육시설을 설립했으며, 보스턴(Boston)에서는 지역사회의 조직화에 참여했다. 그리고 시애틀(Seattle)에서는 여성노동자들과 함께 투쟁했다.

2) 개인적 정치학

1970년대 미국뿐 아니라 세계 곳곳에서 여성운동이 새롭게 출현했다. 이 운동들은 각기 강조하는 것이나 운동의 형태는 상이했지만, 기존의 정치의 성격을 변화시키고자 했다는 점에서는 공통적이었다. 이 측면에서 '신좌파'의 영향력을 확인할 수 있다.

여성해방운동은 신좌파와 마찬가지로 개인적인 것과 자기해방에 강조점을 두었다. 의식고양의 배후에 있는 관념은 자아와 타자를 관련짓는 것이었다. 이런 사고가 실천 속에서 항상 작동한 것은 아니었지만 이론적으로는 개인을 사회적 관계 속에 놓았다. 즉 개인적인 경험은 사회적 현실을 역동적으로 드러낼 수 있는 것으로 간주되었다. 이것은 기존의 좌파 정치와의 중요한 단절이었다. 사회주의의 낡은 형태들은 개인적인 것과 개인의 일상생활 모두에서 전망을 상실했다.

조직화와 행동은 자신의 억압에 근거해 이루어져야 하며, 모든 여성이 억압받고 있다는 가정이 제시되었다. 이것은 계급을 강조하고 중간계급 여성들을 노동자계급의 투쟁을 지원하는 특권적 엘리트로 간주하는 마르크스주의적 입장과는 매우 상이한 것이었다. 이렇듯 모든 형태의 억압을 계급문제로 환원하는 관점은 거부했지만 초기 여성운동단체들은 교육받은 젊은 여성들의 직접적인 경험에만 관심을 제한하지는 않았다. 이들은 여성으로서 개인적으로 겪는 억압에 대한 자각이 억압적인 사회적 관계에 대한 투쟁과 양립 가능하다고 보았다.

미국의 '전미여성기구'는 현존 사회 안에서 개혁의 달성에만 관심을 가졌지만, 그 밖의 대부분의 초기 여성운동단체들은 모든 사회적 관계의 변화를 추구했다. 이 속에서 여성이 평등을 주장할 것인지 아니면 생물학적 · 사회적 차이에 기초하는 정책을 추구할 것인지, 여성이 남성과 자본주의로부터 보호를 받아야 하는지 아니면 어떤 제약도 없이 자신들의 고유한 욕망을 주장해야 하는지 등과 관련해 과거 페미니스트들을 괴롭혔던 이분법은 그리 문제가 되지 않았다. 이 같은 이분법은 새로운 형태의 사회혁명 속에서 지양될 수 있다고 전제되었다.

현대 여성운동은 가정과 노동에서의 불평등에 주목했다. 여성운동은 가사노동과 성욕을 주요한 정치적 의제로 삼았으며, 공동체와 가족 안의 일상생활을 투쟁과 의식화의 장소로 보았다. 특히 미국에서는 자조(自助)가 직접 참여민주주의와 결합된 변화 전략으로 강조되었다. 대부분의 여성운동단체들은 바람직한 대안적인 관계를 모색하고 그것을 현실 속에서 실현하고자 했다. 실천적으로 이런 노력은 여성들의 창조성을 이끌어낼 수 있는 다양한 형태의 기획들—출판사 · 서점 · 여성센터 · 카페 · 문화행사 등—로 나타났다. 그리고 이런 새로운 과정과 관계들이 사회변혁운동을 가능하게 할 것이라고 인식되었다.

그러나 곧이어 수단 자체가 목적이 되기 시작했다. 미국에서는 이미 1970년대 초에 이런 변화가 나타나기 시작했는데, 외적 조건의 변화를 강조하는 급진주의 페미니즘이 자기 자신의 변화 그 자체를 목표로 삼는 문화주의 페미니즘의 변종들로 대체되고 있었다. 영국에서도 1970년대 중반에 이르면 여성운동이 여성해방을 위한 운동인지 아니면 해방된 여성을 위한 운동인지가 모호해졌다.

이에 따라 곧 여성운동이 누구의 이익을 위한 것인가에 대한 논쟁이 전개되었다. 레즈비언 여성들은 이성애 여성들이 자신들의 이익을 제대로 표현할 수 있겠는가에 대해 의문을 제기했고, 미국 안에서 흑인 · 라틴계 · 아시아계 · 원주민 여성들도 페미니스트로서 자신들의 특수한 전망들을 정의하기 시작했다. 주체성과 권력을 둘러싼 이런 갈등들은 여성들이 처한 다양한 상황에 주목할 수 있는 중요한 계기가 되기도 했지만, 대개는 여성운동에 파괴적인 영향을 미쳤다.

중앙집중적인 조직화 방식을 비판하고 모든 여성들이 참여할 수 있는 조직을 건설하려던 노력은 여성들의 삶 속에서 민주주의를 실현하기 위한 것이었지만 역설적으로 현실의 불평등을 은폐하고 또 다른 독단적인 권위주의를 낳았다. 구조화되지 않은 무정형의 조직 속에서 은폐된 형태의 권력이 출현한 것이다.

여성운동이 개인적인 것을 정치화하면서 정치를 재정식화함에 따라 처음부터 육체가 핵심적인 쟁점이 되었다. 이로부터 많은 나라들에서 낙태 캠페인이 대중적으로 전개되었는데, 이것은 과거 여성운동들에서는 제기되기 어려운 쟁점이었다. 낙태문제는 개인적인 것과 정치적인 것 사이의 분할에 도전하는 것이었을 뿐 아니라 재생산에 대한 통제의 문제를 제기하는 것이었다.

낙태 캠페인 이후에는 성폭력 문제가 주요 쟁점이 되었다. 그러나 이 쟁점은 여성운동 안에서 몇 가지 갈등을 초래했다. 예컨대 인도의 사티(아내가 남편을 따라 죽음)나 아프리카의 성기절단이 그 지역 여성들에 의해 하나의 풍습으로 받아들여지고 있는 상황에서 페미니스트들은 어떤 전망을 가져야 하는가 하는 문제가 발생했으며, 일부 페미니스트들은 이성애 여성들을 적과의 공모자로 보기도 했다.

사적 관계의 정치화는 페미니즘 정치의 가장 복잡한 영역이었다. 환상·욕망·성적 사랑·부모와 자식 관계 등의 문제는 임금을 협상하는 방식으로 접근할 수 없다는 점이 분명해졌다. 이로부터 정신분석학을 통해서든 영성을 강조하든 인간의 정신적인 면을 설명할 수 있는 대안적인 수단이 탐색되었는데, 이 과정에서 자기해방과 사회해방의 관련성이 차츰 희박해졌다. 사회적인 것과의 관련 속에서 어떻게 '자아'를 사고할 수 있는가 하는 문제는 아직 해결되지 못했다.

7. 결 론

이 글은 18세기에 태동한 여성운동부터 20세기의 분리주의 여성운동까지를 정리함으로써 여성운동의 역사에서 여러 쟁점들이 제기되었지만 가장 핵심이 되는 쟁점은 페미니즘과 사회변혁의 관계 또는 다른 식으로 표현하면 여성의 경제적 독립(노동권)과 성적 자율권(여성권)의 관계였음을 보여주고자 했다. 현실에서 여성의 노동권과 여성권의 요구가 남성의 이해관계 및 물질적 안락과 충돌한다는 사실은 사회변혁운동으로서의 페미니즘을 여성의 지위 향상이나 자유주의적 권리획득운동으로 폄하시키는 주요한 원인이 되어 왔기 때문이다.

페미니즘의 이론적 · 실천적 복잡성은 여성이 가정과 사회의 두 영역에서 직면하는 권력관계의 중첩에서 비롯된다. 여성은 가정 안에서는 가부장적 권력에 의해 억압을 받고 사회에서는 성적 억압과 계급적 억압을 동시에 받기 때문이다. 따라서 여성은 가족 안에서 남성의 권력에 저항하는 동시에 생산 현장에서 고용주와 남성노동자 양자의 권력에 대한 투쟁을 해야 하기 때문에, 페미니즘은 모순의 본질적 특성상 사회변혁운동과 밀접하게 관련되어 발전될 수밖에 없다. 특히 자본주의가 이윤 획득을 위해 노동인력의 끊임없는 재생산을 필요로 하는 한 노동권으로 표현되는 여성의 경제적 독립과 여성으로서의 성적 자율권은 사회변혁운동의 주요 부분을 구성할 수밖에 없다.

페미니즘을 중산층 이상 여성의 사회적 지위 향상운동으로 규정하거나 노동계급 여성의 계급적 모순의 극복으로만 제한한다면 페미니즘은 정치적 실패를 겪을 수밖에 없다. 전자의 경우에는 여성들이 노동의 주체로서 겪는 계급적 억압을 타파할 수 없고 후자의 경우에는 여성의 성적 주체로서 겪는 성적 억압을 극복할 수 없기 때문이다. 따라서 페미니즘은 가정과 사회의 분업체계의 근본적 변화와 생산의 사회화 및 남녀관계를 포함한 모든 개인적 관계의 본질적 전화를 필요로 한다. 여기에 페미니즘의 이론적 분석의 어려움과 실천적 활동의 어려움이 있다.

참고문헌(Ⅰ)

가라타니 고진(柄谷行人) (2005). 『트랜스크리틱』(송태욱 옮김. 한길사).

강남훈 (2002). 『정보혁명의 정치경제학』. 문화과학.

______ (2003). 「광장으로서의 인터넷-인터넷과 신자유주의 이데올로기」. 『사회경제평론』 21호.

강신준 (1991). 『수정주의 연구 1』. 이론과실천.

______ (1992). 「제2인터내셔널 시기의 마르크스주의」. 『이론』 겨울호.

강정구 (1990).「벼랑에 선 페레스트로이카-유고슬라비아의 자주관리제」. 『경제와 사회』 5권.

건설교통부 (2004). 「건설경기 연착륙 방안」. 7월.

게이, 피터 (1994). 『민주사회주의의 딜레마』(김용권 옮김. 한울).

곽노완 (2006). 「맑스 사회(공산)주의론의 모순과 21세기 사회주의」. 『마르크스주의연구』 6호.

그레빙, 헬가 (1985). 『독일 노동운동사』(박경서 옮김. 한벗).

기무라 미쓰히코 (1999). 『북한의 경제: 기원 · 형성 · 붕괴』(김현숙 옮김. 2001. 혜안.)

기획예산처 (2005). 『2006년 나라살림』.

_________ (2006). 『2007년 나라살림』.

김명은 (2001). 『中國 컴퓨터 産業에서의 中國企業의 競爭力 : 데스크탑 PC部分과 聯想企業을 中心으로』. 서울대학교 국제대학원 석사학위 논문.

김상봉 (2004). 『학벌사회』. 한길사.

김석진 (2002), 『북한경제의 성장과 위기: 실적과 전망』, 서울대학교 경제학부 박사학위 논문.

김성구 (2000). 『사회화와 이행의 경제 전략』. 이후.

______ (2006). 「사회화의 현재적 의의와 쟁점에 대하여」. 『진보평론』 30호.

______ 편저 (2003). 『사회화와 공공부문의 정치경제학』. 문화과학사.

김성보 · 기광서 · 이신철 (2004). 『사진과 그림으로 보는 북한 현대사』. 웅진씽크빅.

김세균 (2006). 「사회주의 정치체제에 대한 소고」. 『진보평론』 30호.
김수행. 참고문헌(Ⅱ) 참조.
김연철 (2001), 『북한의 산업화와 경제정책』, 역사비평사.
김영순 (1996). 『복지국가의 위기와 재편: 영국과 스웨덴의 경험』. 서울대학교 출판부.
김용구 (1986). 「자주관리 경제체제의 전개에 관한 일 고찰: 유고슬라비아 경제제도를 중심으로」. 서울대학교 경제학부 대학원 석사학위 논문.
김원배 · 장경섭 편 (2003).『중국의 현재와 미래』. 나남.
김유 편역 (2003). 『사회주의 인터내셔널과 사회민주주의 정당』. 인간과 사회.
김윤자 (1989). 『1920년대 소련의 신경제정책 논쟁에 관한 연구』. 서울대학교 대학원 경제학과 박사학위 논문.
______ (2002). '러시아의 마르크스주의'. 김수행 · 신정완 편(2002).
김호균 (2000). 『독일 사민당의 신중도 노선』. 프리드리히 에베르트 재단.
김흥종 · 신정완 · 이상호 (2006). 『사회경제정책의 조화와 합의의 도출: 주요 선진국의 경험과 정책 시사점』. 대외경제정책연구원.
노브, 알렉 (1991). 『실현 가능한 사회주의의 미래』(대안체제연구회 옮김. 2001. 백의).
______ (1992). 『소련경제사』(김남섭 옮김. 1998. 창작과비평사).
돕, 모리스 (1948). 『소련경제사』(임휘철 옮김. 1989. 형성사).
드러커, 피터 (1993). 『자본주의 이후의 사회』(이재규 옮김. 1994. 한국경제신문사).
레닌 (1988). 『레닌저작선』. 거름출판사.
_____ (1990). 『민중민주주의 경제론』. 새길.
_____ (1991). 『신경제정책(NEP)론』. 새길.
_____ (2001). 『레닌저작집』. 전진출판사.
레식, 로렌스 (1999). 『코드: 사이버 공간의 법이론』(김정오 옮김. 2000. 나남).
로머, 존 (1994). 『새로운 사회주의의 미래』(고현욱 · 강문구 옮김. 1996. 한울).
로스돌스키, 로만 (2003). 『마르크스의 자본론의 형성』 2(정성진 옮김. 백의).
룩셈부르크, 로자 (2003). 『사회개혁이냐 혁명이냐』(김경미 · 송병헌 옮김. 책세상).
마르크스 (1844). 『경제학 · 철학 수고』(김태경 옮김. 1987. 이론과실천).
_______ (1847). 『철학의 빈곤』(강민철 · 김진영 옮김. 1988. 아침).
_______ (1857ㄱ). 『정치경제학 비판 요강』 I (김호균 옮김. 2000. 백의).
_______ (1857ㄴ). 『정치경제학 비판 요강』 II (김호균 옮김. 2000. 백의).

_______ (1857ㄷ). 『정치경제학 비판 요강』 III(김호균 옮김. 2000. 백의).
_______ (1859). 『정치경제학 비판을 위하여』(김호균 옮김. 1988. 중원).
_______ (1867). 『자본론』 I(상), I(하) (김수행 옮김. 제2개역판. 2001. 비봉출판사).
_______ (1871). 「프랑스에서의 내전: 국제노동자협회 총평의회의 담화문」. 『맑스 · 엥겔스 저작선집』 4(김세균 감수. 1995. 박종철출판사).
_______ (1875). 「고타강령 초안 비판」. 『맑스 · 엥겔스 저작선집』 4(김세균 감수, 1995. 박종철출판사).
_______ (1885). 『자본론』 II(김수행 옮김. 제1개역판. 2004. 비봉출판사).
_______ (1894). 『자본론』 III(상), III(하)(김수행 옮김. 제1개역판. 2004. 비봉출판사).
마르크스 · 엥겔스 (1845). 『독일 이데올로기』(박재희 옮김. 1988. 청년사).
_______ (1848). 「공산주의당 선언」. 『맑스 · 엥겔스 저작선집』 1(김세균 감수. 1991. 박종철출판사).
맥렐란, 데이비드 (1969). 『청년 헤겔운동』(홍윤기 옮김. 1984. 학민사).
맥컬리, 패트릭 (1996). 『소리잃은 강』(강호정 외 옮김. 2001. 지식공작소).
민족통일연구원 (1993).『남북한 국력추세 비교연구』. 민족통일연구원.
바자노바, 나탈리아 (1992). 『기로에 선 북한경제: 대외경협을 통해 본 실상』(양준용 옮김. 한국경제신문사).
박한진 (2004). 「건설경기 연착륙 필요하다」『LG주간경제』. 6월 30일.
박호성 (2005). 『사회민주주의의 역사와 전망』. 책세상.
베른슈타인, 에두아르트 (1999). 『사회주의의 전제와 사민당의 과제』(강신준 옮김. 한길사).
_______ (2002).『사회주의란 무엇인가』(송병헌 옮김. 책세상).
보르코, J. (1973). 「국가독점자본주의의 분석방법론에 대해」. 드라길레프, M. 외 (1989). 『국가독점자본주의론 연구』. 벼리.
블랙번, 로빈 외 (1991). 『몰락이후: 공산권의 패배와 사회주의의 미래』(김영희 외 옮김. 1994. 창작과비평사).
사마리, 까뜨린느 (1988). 『계획, 시장, 민주주의』(강성훈 옮김. 1990. 신평론).
서울사회과학연구소 (1991). 『사회주의의 이론 · 역사 · 현실』. 민맥.
쉐보르스키, 아담 (1985). 『자본주의와 사회민주주의』(최형익 옮김. 1995. 백산서당).
스티글리츠, 조지프 (1994). 『시장으로 가는 길』(강신욱 옮김. 2003. 한울).
신정완 (2000ㄱ). 『임노동자기금 논쟁과 스웨덴 사회민주주의』. 여강.

______ (2000ㄴ). 「적극적 노동시장정책의 변모과정을 통해 본 스웨덴 모델의 부침」. 『사회경제평론』15호.
______ (2004). 「스웨덴 사회민주주의 운동의 경험이 한국 사회민주주의 운동에 주는 함의」. 『스칸디나비아 연구』5호.
신한종합연구소 (1991). 『7089우리들』. 고려원.
신현준 (1990). 『소련에서 사회주의 정치경제학 논쟁에 관한 연구』. 서울대학교대학원 경제학과 석사학위논문.
아벤드로트, 볼프강 (2001).『1968년 이전의 유럽 좌파』(신금호 옮김. 책벌레).
알튀세, 루이 (1965). 『맑스를 위하여』(이종영 옮김. 1996. 백의).
앨버트, 마이클 (2003). 『파레콘』(김익희 옮김. 북로드).
양문수 (2001). 『북한의 경제구조: 경제개발과 침체의 메커니즘』. 서울대학교출판부.
에번스, 리차드 (1977). 『페미니스트: 비교사적 시각에서 본 여성운동. 1840~1920』(정현백 외 옮김. 1997. 창작과비평사).
엘스터와 뫼네 편저 (1989). 『시장사회주의: 자본주의와 사회주의의 대안』(노응원 옮김. 1990. 비봉출판사).
엥겔스 (1880). 「유토피아에서 과학으로의 사회주의의 발전」. 『맑스 · 엥겔스 저작선집』 5(김세균 감수. 1994. 박종철출판사).
오원철 (1995). 「북한경제 망한 까닭」. 『신동아』1월호.
외교통상부 (2007). 『한미 FTA 협정문』.
이근 (2003). "중국의 경제기적과 한국의 대응". 김원배 · 장경섭 편(2003).
이근 · 김병국 편 (2007). 『2020 중국리스크』. 나남.
이근 · 한동훈 · 정영록 (2005).『중국의 기업 · 산업 · 경제』. 박영사.
이명순 (1991). 『사회주의적 자주관리에 관한 이론적 고찰: 유고슬라비아의 사례를 중심으로 』. 서울대학교 사회학과 대학원 석사학위논문.
이병천 · 김주현 편 (1993). 『사회민주주의의 새로운 모색: 스웨덴의 경우』. 백산서당.
이상헌 (1999) 「방법론적 시각에서 본 사회주의 계산논쟁: 미제스 · 하이에크의 사회주의 비판 재해석」 『경제학의 역사와 사상』 2호.
이석 (2004). 『1994-2000년 북한 기근: 발생, 충격, 그리고 특징』. 통일연구원.
이순주 (2004). 『자연과 하나되는 녹색댐 이야기』. 창조문화.
이정구 (2004). 『시장사회주의 비판과 그 대안』. 경상대학교 경제학과 석사학위논문.
______ (2006). 「새로운 대안경제의 모색—참여경제('파레콘')를 중심으로」.

『마르크스주의연구』 6호.
이지선 (2004).『중국산업구조의 고도화와 실업문제』. 서울대학교 경제학부 석사학위논문.
이태섭 (2001). 『김일성 리더십 연구』. 들녘.
이태준 (1941). 『무서록』. 범우사(1993).
이필렬 (1999ㄱ). 『에너지 대안을 찾아서』. 창비사.
______ (1999ㄴ). 『에너지 전환의 현장을 찾아서』. 궁리.
______ (2004). 『다시 태양의 시대로』. 양문.
임영태 (1999). 『북한 50년사』. 들녘.
임일섭 (1992). 『사회주의적 소유 및 계획론에 대한 비판적 연구』. 서울대학교 대학원 경제학과 석사학위논문.
장석준 (2006). 「21세기의 현실 대안—사회주의」. 『마르크스주의연구』 6호.
전홍택 · 박진 (1995). 「북한 경제발전의 역사적 평가」. 차동세 · 김광석 편. 『한국경제 반 세기: 역사적 평가와 21세기 비전』. 한국개발연구원.
정광모 (2007). 「예산은 마이너스 게임을 넘어설 수 없는가」. 『인물과 사상』 4월호.
정성진 (2006ㄱ). 「'21세기 사회주의'와 참여계획경제의 가능성」, 『진보평론』 30호.
______ (2006ㄴ). 『마르크스와 트로츠키』. 한울.
정운영 (2006). 『자본주의 경제 산책: 정운영의 마지막 강의』. 웅진지식하우스.
조원희 (1997). 「개혁사회주의를 넘어선 새로운 시장사회주의 모형 연구」. 한국비교경제학회편. 『사회주의는 존속가능한가?』. 법문사.
짜골로프 외 (1989). 『정치경제학 교과서』. 제I권 제1분책. 새길.
__________ (1990ㄱ). 『정치경제학 교과서』. 제I권 제3분책. 새길.
__________ (1990ㄴ). 『정치경제학 교과서』. 제II권 제1분책. 새길.
__________ (1990ㄷ). 『정치경제학 교과서』. 제II권 제2분책. 새길.
최병암 (1993).「유고슬라비아 자주관리제도 모형에 관한 연구」. 인하대학교 행정대학원 석사학위 논문.
천평쥔 (2003). "중국 발목 잡는 3농 문제". 『문화일보』. 2003년 2월 25일.
쿠보 시니치, 나카가와 노부요시 편 (1981). 『국제무역론: 세계시장의 구조와 동태』(김선기 옮김. 1986. 중원문화).
토플러, 앨빈 (1980). 『제3의 물결』(김진욱 옮김. 1992. 범우사).
『프레시안』. 2005년 4월 22일자.
하이에크, F.A. (1948). 『개인주의와 경제질서』(박상수 옮김. 1998. 자유기업센터.)
『한겨레신문』. 2004년 2월 22일자.
한동훈 · 이근 (2005). 「중국화와 한국의 대응」. 이근 편. 『중진국 함정과 이만불 전략』. 이슈투데이.
함건식 편저 (1983). 『국제가치론: 불평등교환의 이론분석』. 지양사.
호르바트, 브랑코 (1969). 『자주관리체계: 유고슬라비아의 사회체계에 대한 연구』(강신준 옮김. 1986. 풀빛).
홍민식 (2005). 「시장사회주의의 이데올로기적 함의」. 『사회과학연구』 44집.
홍성태 (2000). 『위험사회를 넘어서』. 새길.
______ (2003). 『반미가 왜 문제인가』. 당대.
______ (2004). 『생태사회를 위하여』. 문화과학사.
______ (2006). 『현대 한국사회의 문화적 형성』. 현실문화연구.
______ (2007). 『개발주의를 비판한다 - 박정희체계를 넘어서 생태적 복지사회로』. 당대.
______ 엮음 (2005). 『개발공사와 토건국가』. 한울.
______ 엮음 (2006). 『한국의 근대화와 물』. 한울.
후프슈미트 (1986). 「국가소유와 민주적 국가 — 진보적인 사회화구상의 전망을 위해」. 김성구 편저 (2003).

Adaman, F. & P. Devine (1997). "On the Economic Theory of Socialism". *New Left Review*. No.221.
______ (2002). "A Reconsideration of the Theory of Entrepreneurship: A Participatory Approach". *Review of Political Economy*. 14(3).
Albert, Michel (1993). *Capitalism vs. Capitalism*. New York.
Albert, Michael & R. Hahnel (1991). *The Political Economy of Participatory Economics*. Princeton University Press.
______ (2002). "In Defense of Participatory Economics". *Science and Society*. 66(1).
Andreff, W. (1978). "Structure de l'accumulation du capital et technologie en URSS". *Revue d'études comparatives Est-Ouest*. 9(1).
Arnold, N. S. (1994). *The Philosophy and Economics of Market Socialism*. Oxford University Press.
Arthur, Christopher J. (2002). *The New Dialectic and Marx's Capital* (Leiden: Brill).

Atkinson, Anthony (1995). *Incomes and the Welfare State: Essays in Britain and Europe*. Cambridge: Cambridge University Press.

_________ (2005). "How basic income is moving up the policy agenda: news from the future". Standing, G. ed. (2005).

Bajt, A. (1968). "Drustvena svojina-koektivna i individualna". *Gledista* 7.

_________ Bardhan, P. & J. Roemer (1993) "Introduction." Bardhan and Roemer, eds. (1993).

Bardhan, P. & J. Roemer, eds. (1993) *Market Socialism: The Current Debate.* Oxford University Press.

Barone, E. (1908) "The Ministry of Production in Collectivist State." Nove & Nuti, eds. (1972).

Belkin, D. (1994) "Why Market Socialism? From the Critique of Political Economy to Positive Political Economy." Roosevelt & Belkin, eds. (1994).

Bergson, Abram (1997). "How Big Was the Soviet GDP?" *Comparative Economic Studies.* 39(1).

Bettleheim, Charles (1976, 1978, 1986). *Class Struggles in the USSR*, Vol. 1, Vol. 2, Vol. 3. Monthly Review Press.

Blackburn, R. (1991) "Fin de Siecle." *New Left Review.* No.185.

Boxer, Marilyn J. & Jean H. Quataert, eds. (1978). *Socialist Women: European Socialist Feminism in the Nineteenth and Early Twentieth Centuries.* Elsevier.

Brus, W. (1987) "Market Socialism." J. Eatwell, M. Milgate & P. Newman, eds. (1987).

Brus, W. & K. Laski (1989). *From Marx to the Market.* Oxford University Press.

Bukharin, N. I. & E. A. Preobrazhensky (1919), *ABC of Communism.* University of Michigan Press. 1966.

Businessweek. March 4, 2002.

Callinicos, A. (2006). "Alternatives to Neo-liberalism". *Socialist Review.* July.

Chavance, Bernard (1989). *Le système économique soviétique: de Brejnev à Gorbatchev.* Nathan: Paris.

_________ (1997). "Réformer le système économique soviétique: l' histoire d' un échec". J. Sapir (dir.).

Cockshott, W. & A. Cottrell (1993). *Towards a New Socialism.* Spokesman.

_________ (2005). "Reflections on Economic Democracy". *Research in Political Economy.* Vol.22.

Cohen, J. & J. Rogers (1993). "Associative Democracy." Bardhan and Roemer eds. (1993).

Dahlkvist, Mats (1975). *Staten, socialdemokratin och socialismen* (국가, 사회민주주의 그리고 사회주의). Stockholm: Prisma.

D'Antonio, William et al. (1994). *Ecology, Society & the Quality of Social Life.* New Brunswick.

Devine, P. (1988). *Democracy and Economic Planning.* Westview Press.

_________ (2002). "Participatory Planning Through Negotiated Coordination". *Science and Society.* 66(1).

Dopfer, Kurt & Karl-F. Raibles eds. (1990). *The evolution of economic systems: essays in honur of Ota Sik.* Macmillan: London.

Dosi, G., C. Freeman & S. Fabiani (1994). "The process of economic development: introducing some stylized facts and theories on technologies, firms and institutions". *Industrial and Corporate Change.* 3(1).

Dreze, J. (1993). "Self-management and Economic Theory: Efficiency, Funding, and Employment." Bardhan and Roemer eds. (1993).

Dunayevskaya, R. (1991). *Rosa Luxemburg, Women's Liberation, and Marx's Philosophy of Revolution.* University of Illinois Press.

Dussel, Enrique (2001). *Towards an Unknown Marx: A Commentary on the Manuscripts of 1861~63.* translated by Yolanda Angulo, edited by Fred Moseley (London: Routledge).

Eatwell, J., M. Milgate & P. Newman eds. (1987). *The New Palgrave: a Dictionary of Economics.* Macmillan Press.

Eberstadt, Nicholas & Judith Banister (1992). *The Population of North Korea.* Institute of East Asian Studies. University of California, Berkeley.

Elson, D. (1988). "Market Socialism or Socialization of the Market". *New Left Review.* No.172.

Engels, F. (1891). *Die Entwicklung des Sozialismus von der Utopie zur Wissenschaft, MEW* Bd. 19.

_______ (1894). "Zur Kritik des sozialdemokratischen Programmentwurfs

1891". *MEW* Bd. 22.

_______ (1895). "Einleitung zu *Die Klassenkämpfe in Frankreich 1848 bis 1850*". *MEW* Bd. 22.

Ericson, R. E. (1991). "The Classical Soviet-Type Economy: Nature of the System and Implications for Reform". *Journal of Economic Perspectives.* 5(4).

Eun, Jonghak & Keun Lee (2002). "Is Industrial Policy possible in China: The Case of Automobile Industry". *Journal of International and Area Studies.* 9 (2).

Fine, Ben (1979). "On Marx's Theory of Agricultural Rent." *Economy and Society.* 8(3).

Flakierski, Henryk (1989). *The economic system & income distribution in Yugoslavia.* M.E. Sharpe Inc.

Franklin, Bruce ed. (1973). *Essentail Stalin: Major Theoretical Writings 1905-52.* Croom Helm.

Gapinski, James H. (1993). *The economic structure and failure of Yugoslavia.* Praeger.

Garvy, George (1968). "East European Credit and Finance in Transition". G. Grossman, ed. (1968).

Gerschenkron, Alexander (1962). *Economic backwardness in historical perspectives.* Harvard University Press

Gorz, Andre (1999). *Reclaiming Work: Beyond the wage-based society* (translated by C. Turner). Cambridge: Cambridge University Press.

Griffiths, S. (2006) "Market Socialism in retrospect." *Contemporary Politics.* 12(1).

Grogan, Susan K. (1992). *French Feminism and Sexual Difference: Women and the New Society, 1803～44.* Macmillan.

Grossman, Gregory (1968). "Introduction". G. Grossman, ed. (1968).

___________ ed. (1968). *Money and plan: financial aspects of East European economic reforms.* University of California Press.

Gustafsson, B. (1972). *Marxismus und Revisionismus.* Frankfurt.

Hahnel, R. (2005). *Economic Justice and Democracy: From Competition to Cooperation.* Routledge.

Hajighasemi, Ali (2004). *The Transformation of the Swedish Welfare System:*

Fact or Fiction? Stockholm: Södertörns högskola.

Harrison, M. (1993). "Soviet economic growth since 1928: alternative statistics of G. I. Khanin". *Europe Asia Studies*, 1.

Hayek, F. A. (1940). "Socialist Calculation: The Competitive 'Solution'." *Economica*. 7(26).

__________ (1945). "The Use of Knowledge in Society". *American Economic Review*. 35(5).

Hermansson, Carl-Henrik (1980). "Vad var egentligen den svenska modellen?"(스웨덴 모델이란 도대체 무엇이었나?). *Socialistisk Debatt* (사회주의 토론). Vol. 46.

Hodgson, G. (1999). *Economics and Utopia: why learning economy is not the end of history*. Routeledge.

_________ (2005). "The Limits to Participatory Planning: A Reply to Adaman and Devine". *Economy and Society*. 34(1).

Hohorst, G., J. Kocka & G. Ritter (1994). *Sozialgeschichtliches Arbeitsbuch II. Materialien zur Statistik des Kaiserreichs 1870~1914*. C.H. Beck Verlag.

Horvat, Branko (1971). "Yugoslav economic policy in the post-war period: problems, ideas, institutional implications". *American Economic Review*. 61(2).

________ (1984). "Two Widespread Ideological Deviations in Contemporary Yugoslav Society". *East European Economics*. 23(1).

Inglehart, Ronald (1977). *The Silent Revolution*. Princeton University Press.

Jentsch, W. (1992). 'Länderanalyse Bundesrepublik Deutschland". H. Grebing & T. Meyer (Hrsg.). *Linkspartei und Gewerkschaften in Europa*. Bund Verlag. Köln.

Kim, Byung-Yeon, Suk Jin Kim & Keun Lee (2007). "Assessing the Economic Performance of North Korea, 1954-89: Estimates and Growth Accounting Analysis". *Journal of Comparative Economics*. 35(3).

Kornai, J. (1986). "The Soft Budget Constraint". *Kyklos*. 39(1).

Korpi, Walter (1978). *Arbetarklassen i välfärdskapitalismen* (복지자본주의에서 노동계급). Stockholm: Prisma. (영어본은 *The Working Class in Welfare Capitalism: Work, Unions and Politics in Sweden*. London:

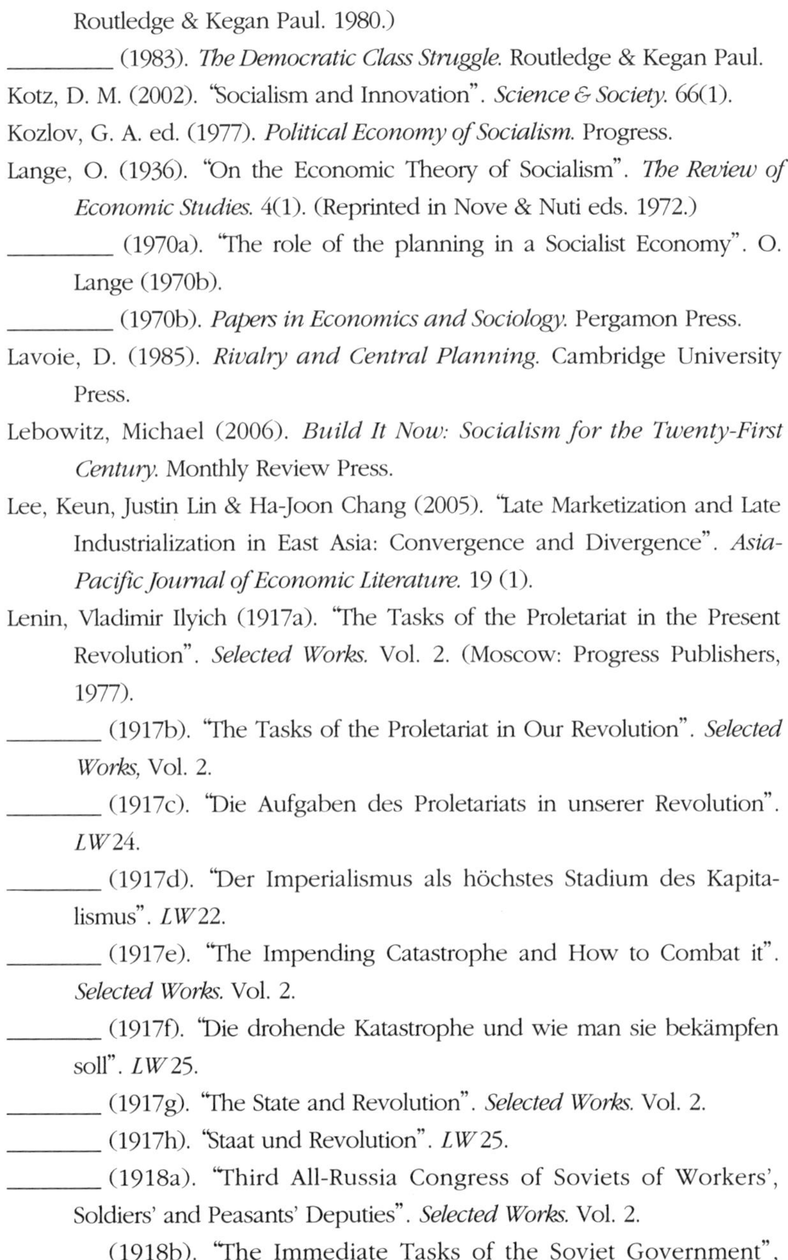

Routledge & Kegan Paul. 1980.)

_________ (1983). *The Democratic Class Struggle.* Routledge & Kegan Paul.

Kotz, D. M. (2002). "Socialism and Innovation". *Science & Society.* 66(1).

Kozlov, G. A. ed. (1977). *Political Economy of Socialism.* Progress.

Lange, O. (1936). "On the Economic Theory of Socialism". *The Review of Economic Studies.* 4(1). (Reprinted in Nove & Nuti eds. 1972.)

_________ (1970a). "The role of the planning in a Socialist Economy". O. Lange (1970b).

_________ (1970b). *Papers in Economics and Sociology.* Pergamon Press.

Lavoie, D. (1985). *Rivalry and Central Planning.* Cambridge University Press.

Lebowitz, Michael (2006). *Build It Now: Socialism for the Twenty-First Century.* Monthly Review Press.

Lee, Keun, Justin Lin & Ha-Joon Chang (2005). "Late Marketization and Late Industrialization in East Asia: Convergence and Divergence". *Asia-Pacific Journal of Economic Literature.* 19 (1).

Lenin, Vladimir Ilyich (1917a). "The Tasks of the Proletariat in the Present Revolution". *Selected Works.* Vol. 2. (Moscow: Progress Publishers, 1977).

________ (1917b). "The Tasks of the Proletariat in Our Revolution". *Selected Works,* Vol. 2.

________ (1917c). "Die Aufgaben des Proletariats in unserer Revolution". *LW* 24.

________ (1917d). "Der Imperialismus als höchstes Stadium des Kapitalismus". *LW* 22.

________ (1917e). "The Impending Catastrophe and How to Combat it". *Selected Works.* Vol. 2.

________ (1917f). "Die drohende Katastrophe und wie man sie bekämpfen soll". *LW* 25.

________ (1917g). "The State and Revolution". *Selected Works.* Vol. 2.

________ (1917h). "Staat und Revolution". *LW* 25.

________ (1918a). "Third All-Russia Congress of Soviets of Workers', Soldiers' and Peasants' Deputies". *Selected Works.* Vol. 2.

________ (1918b). "The Immediate Tasks of the Soviet Government",

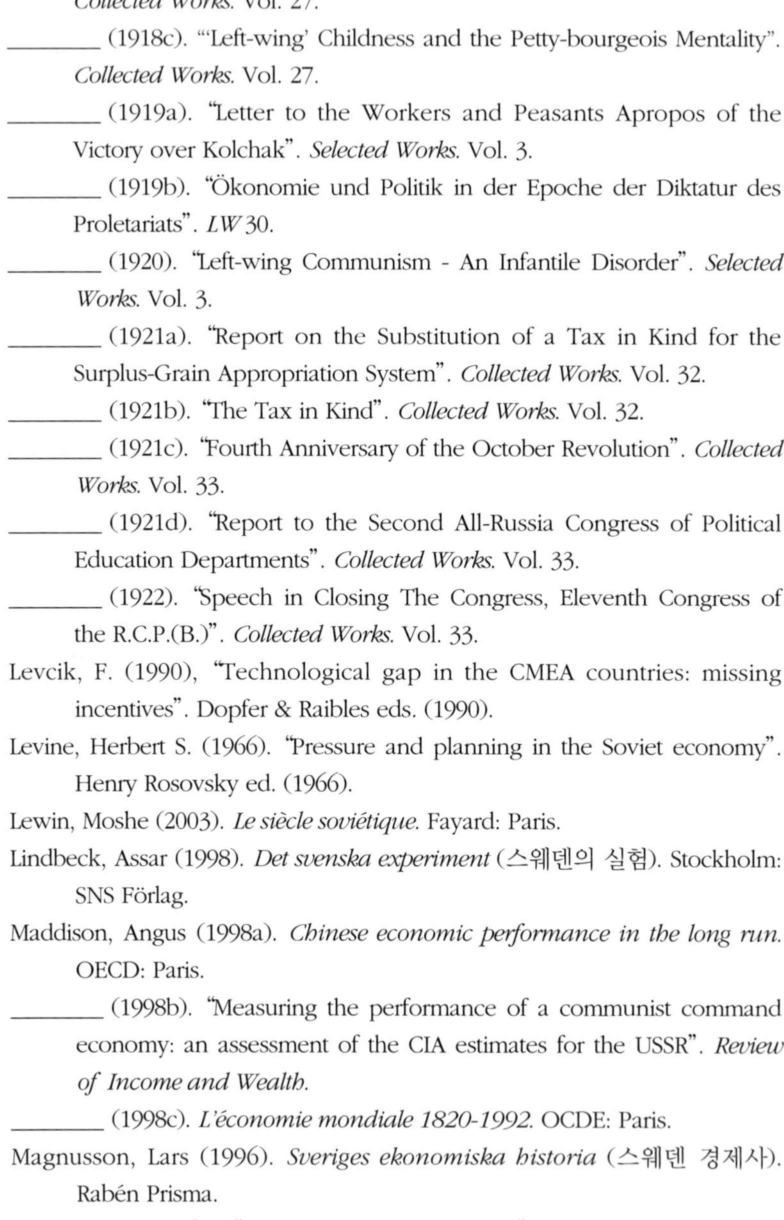

Collected Works. Vol. 27.

________ (1918c). "'Left-wing' Childness and the Petty-bourgeois Mentality". *Collected Works.* Vol. 27.

________ (1919a). "Letter to the Workers and Peasants Apropos of the Victory over Kolchak". *Selected Works.* Vol. 3.

________ (1919b). "Ökonomie und Politik in der Epoche der Diktatur des Proletariats". *LW* 30.

________ (1920). "Left-wing Communism - An Infantile Disorder". *Selected Works.* Vol. 3.

________ (1921a). "Report on the Substitution of a Tax in Kind for the Surplus-Grain Appropriation System". *Collected Works.* Vol. 32.

________ (1921b). "The Tax in Kind". *Collected Works.* Vol. 32.

________ (1921c). "Fourth Anniversary of the October Revolution". *Collected Works.* Vol. 33.

________ (1921d). "Report to the Second All-Russia Congress of Political Education Departments". *Collected Works.* Vol. 33.

________ (1922). "Speech in Closing The Congress, Eleventh Congress of the R.C.P.(B.)". *Collected Works.* Vol. 33.

Levcik, F. (1990), "Technological gap in the CMEA countries: missing incentives". Dopfer & Raibles eds. (1990).

Levine, Herbert S. (1966). "Pressure and planning in the Soviet economy". Henry Rosovsky ed. (1966).

Lewin, Moshe (2003). *Le siècle soviétique.* Fayard: Paris.

Lindbeck, Assar (1998). *Det svenska experiment* (스웨덴의 실험). Stockholm: SNS Förlag.

Maddison, Angus (1998a). *Chinese economic performance in the long run.* OECD: Paris.

________ (1998b). "Measuring the performance of a communist command economy: an assessment of the CIA estimates for the USSR". *Review of Income and Wealth.*

________ (1998c). *L'économie mondiale 1820-1992.* OCDE: Paris.

Magnusson, Lars (1996). *Sveriges ekonomiska historia* (스웨덴 경제사). Rabén Prisma.

Mandel, Ernst (1967). "Yugoslav Economic Theory". *Monthly Review.* 11.

Marquetti, A. (2005). "Characteristics of Brazilian Cities Experiencing the Participatory Budgeting". Mimeo.

Marshall, Alfred (1890). *Principles of Economics.* London: Macmillan.

Marx, K. (1844). *Ökonomisch-philsophische Manuskripte aus dem Jahre 1844. MEW* Bd. 40.

________ (1850). *Die Klassenkämpfe in Frankreich 1848 bis 1850. MEW* Bd.7.

________ (1859a). *Zur Kritik der Politischen Ökonomie, MEW* Bd. 13.

________ (1859b). *A Contribution to the Critique of Political Economy. Collected Works.* Vol. 29.

________ (1875). "Kritik des Gothaer Programms". *MEW* Bd. 19.

________ (1890). *Das Kapital* Buch 3. *MEW* Bd. 25.

Marx an Bolte 1871년 11월 23일. *MEW* Bd. 33.

Marx, K./ Engels, F. (1848). "Manifest der kommunistischen Partei". *MEW* Bd. 4.

Mencinger, Joze (1991). "From a capitalist to a capitalist economy?". Simmie & Dekleva eds. (1991).

Moon, S. Joan (1978). "Feminism and Socialism: The Utopian Synthesis of Flora Tristan". Boxer & Quataert, eds (1978).

More, Thomas (1965). *Utopia* (translated by P. Turner). London: Penguin Publisher.

Morris, William (1993). *News from Nowhere* (originally published in 1890). London: Penguin Publisher.

Mu, Qing & Keun Lee (2005). "Market Segmentation, Knowledge Diffusion and Technological Leapfrogging in China: The Case of Telecommunication Industry". *Research Policy.* 34 (6).

Nove, Alec (1983). *The Economics of Feasible Socialism.* George Allen & Unwin.

________ (1986). "Contribution de la technologie importée à la croissance soviétique". *Revue d'Etudes Comparatives Est-Ouest.* 17(3).

Nove, A. & D. Nuti eds. (1972). *Socialist Economics.* Penguin Books.

Ofer, G. (1987). "Soviet economic growth: 1928-1985". *Journal of Economic Literature.* 25(4).

Offe, Claus (2005). "Wasterful welfare transformations: why basic income security is fundamental." Standing, G. ed. (2005).

Ollman, B. ed. (1998). *Market Socialism: The Debate Among Socialists.* Routledge.

Pilat, Dirk (1994). *The economics of rapid growth.* Edward Elgar.

Pontusson, Jonas (1992). *The Limits of Social Democracy: Investment Politics in Sweden.* Cornell University Press.

Rabehl, R. (1973). *Geschichte und Klassenkampf.* Rotbuch Verlag. Berlin

Rawls, John (1971). *A Theory of Justice.* Oxford University Press.

Riddell, David (1968). "Social self-government: the background of theory and practice in Yugoslav socialism". *British Journal of Sociology.* 19(1).

Robinson, Joan (1965). "Korean Miracle". *Monthly Review.* January.

Roemer, John (1994) *Egalitarian Perspectives: Essays in Philosophical Economics.* Cambridge University Press.

Roland, Gerard (1990). "Complexity; bounded rationality, and equilibrium: the Soviet-type case". *Journal of Comparative Economics.* 14.

Roosevelt, F. & D. Belkin eds. (1994). *Why Market Socialism?: Voices from Dissent.* M. E. Sharpe.

Rosovsky, Henry ed. (1966). *Industrialisation in two systems.* John Wiley & Sons.

Rowbotham, Sheila (1992). *Women in Movement: Feminism and Social Action.* Routledge.

Ryner, J. Magnus (2002). *Capitalist Restructuring, Globalisation and the Third Way.* Routledge.

Sapir, Jacques (1989). *Les fluctuations économiques en URSS: 1941-1985.* Editions de l' Ecole des Hautes Etudes en Sciences Sociales. Paris.

________ (1990). *L'économie mobilisée: essai sur les économies de types soviétique.* La Découverte: Paris.

________ (1997). "L'économie soviétique: origine, développement, fonctionnement." J. Sapir (dir.).

________ (dir.)(1997). *Retour sur l' URSS: Economie; société, histoire.* L'Harmattan: Paris.

Schmid, Günter (2006). "Social risk management through transitional labour markets." *Socio-Economic Review.* 4(1).

Schweickart, D. (1996). *Against Capitalism.* Westview Press.

________ (2002). *After Capitalism.* Rowan & Littlefield Publishers.

Sen, Amartya (1999). *Developments as Freedom.* Oxford University Press.

Seurot, François (1989). *Le système économique de l'URSS.* PUF: Paris.

________ (1996). *Les causes économiques de la fin de l'Empire soviétique.* PUF: Paris.

Shaikh, A. & E. Tonak (1994). *Measuring the Wealth of Nations.* Cambridge University Press.

Shrenk, M., C. Ardalan & N. Tatawy (1979). *Yugoslavia: Self-management Socialism and the Challenges of Development.* Johns Hopkins University Press.

Simmie, Joze & J. Dekleva eds. (1991). *Yugoslavia in Turmoil: after Self-management.* Printer Publishers.

Smolar, Aleksander (1978). "La planification comme processus d'apprentissage: le cas soviétique". *Revue d'Etudes Comparatives Est-Oeust.* 9(3).

Södersten, Bo (1991). *Kapitalismen byggde landet* (자본주의가 나라를 건설했다). Stockholm: SNS Förlag.

Sokoloff, Georges (1995). "La croissance économique dans l'Empire russe et en URSS". *Economie Internationale.* No 54.

Stalin, Joseph V. (1938). "Dialectical and Historical Materialism". Bruce Franklin ed. (1973).

Standing, G. ed. (2005). *Promoting Income Security as a Right: Europe and North America.* Anthem Press.

Storm, S. & C. W. M. Naastepad (2005). "strategic factors in economic development: East Asian industrialisation 1950-2003". *Development and Change.* 36(6).

Supek, Rudi (1977). "Two Types of Self-Managing Organization and Technological Progress". Eugen Pusic, ed. *Participation and Self-Management.* vol.1. Zagreb: Institute for Social Research.

Sweezy, Paul (1964). "The Peaceful Transition from Socialism to Capitalism". *Monthly Review.* 16.

Ticktin, H. (1998). "The Problem is Market Socialism". B. Ollman ed. (1998).

Tilton, Tim (1990). *The Political Theory of Swedish Social Democracy:*

Through the Welfare State to Socialism. Oxford University Press.

Tsoulfidis, L. & Dong-Min Rieu (2006). "Labor Values, Prices of Production, and Wage-Profit Rate Frontiers of the Korean Economy". *Seoul Journal of Economics*. 19(3).

van Parijs, Philippe ed. (1992). *Arguing for Basic Income: Ethical foundations for a radical reform*. Verso.

Verlic-Dekleva (1991). "Implications of Economic Change To Social Policy". Simmie & Dekleva eds. (1991).

Volkov, M. I. ed. (1985). *A Dictionary of Political Economy*. Progress.

von Mises, L. (1920) "The Economic Calculation in the Socialist Commonwealth". Nove & Nuti eds. (1972).

Weisskopf, T. (1992). "Towards a Socialism for the Future, in the Wake of the Demise of the Socialism of the Past". *Review of Radical Political Economics*. 24(3&4).

________ (1993) "A Democratic Enterprise-Based Market Socialism." Bardhan and Roemer eds. (1993).

Woodward, Susan L. (1995). *Socialist unemployment: the political economy of Yugoslavia, 1945-1990*. Princeton University Press.

Wright, Erik Olin (2006). "Basic income as a socialist project." *Basic Income Studies*. 1(1).

________ ed. (1996) *Equal Shares: Making Market Socialism Work*. Verso.

Yaremenko, Y. (2000). *Theory and analytical method of multi-level economy*(러시아 어). Nauka: Moscowa .

Yunker, J. A. (1995). "Post-Lange Market Socialism: An Evaluation of Profit-Oriented Proposals." *Journal of Economics Issues*. 29(3).

暉峻淑子 (1989).『豊かさとは何か』. 岩波新書.

________ (2003).『豊かさの條件』. 岩波新書.

柄谷行人 (2001).『NAM-原理』.太田出版.

참고문헌(Ⅱ): 김수행의 글 전체

1968. 이현재 · 김수행 편역. 『경제발전론』. 서울대학교출판부.

1984ㄱ. 『마르크스/슘페터/케인즈』. 중앙일보사.

1984ㄴ. 「애덤 스미스와 중상주의 · 중농주의」. 변형윤 · 정윤형 편. 『경제학 대논쟁』. 매일 경제신문사.

1985. 『현대정치경제학 입문』. 한울. (원저: Ben Fine & Laurence Harris. *Rereading Capital*, Macmillan. 1979.)

1986ㄱ. 『경제변동론』. 비봉출판사.

1986ㄴ. 「바란」. 『정경문화』 1986년 신년호 별책부록. 『현대의 신사상가 75인』. 경향신문사.

1986ㄷ. 「1980년대 세계자본주의의 위기와 한국경제의 현 단계」. 서울대학교 대학신문사 편. 『한국경제 33과제의 인식』. 서울대학교출판부.

1986ㄹ. 「하일브로너의 『공황이론』」. 『신동아』 1986년 1월호 별책부록. 『100인 100권』. 동아일보사.

1988ㄱ. 『정치경제학원론』. 한길사.

1988ㄴ. 『『자본론』 연구 1』. 한길사.

1988ㄷ. 『가치와 공황: 일본의 마르크스주의 경제학』. 비봉출판사. (원저: Makoto Itoh. *Value and Crisis: Essays on Marxian Economics in Japan*. Pluto Press. 1980.)

1989ㄱ. 『자본론』 I(상) (초판). 비봉출판사.

1989ㄴ. 『자본론』 I(하) (초판). 비봉출판사.

1989ㄷ. 『자본론』 II (초판). 비봉출판사.

1990ㄱ. 『자본론』 III(상) (초판). 비봉출판사.

1990ㄴ. 『자본론』 III(하) (초판). 비봉출판사.

1990ㄷ. 「로자 룩셈부르크의 과소소비설에 관하여」. 『경제논집』 29(4). 서울대학교 경제연 구소.

1990ㄹ. 「마르크스」. 최장집 편. 『마르크스』. 고려대학교출판부.

1990ㅁ. S. H. Kim ed. *The Crisis of Marxism* (I). 새날원서시리즈. 새날.

1991ㄱ. 『자본론』 I(상) (제1개역판). 비봉출판사.

1991ㄴ. 『자본론』 I(하) (제1개역판). 비봉출판사.

1991ㄷ. 『정치경제학 에세이』. 새날.

1991ㄹ. Kim, Soo Haeng. *Theories of Economic Crises: A Critical Appraisal of Some Japanese and European Reformulations*, Ph.D. Thesis. University of London. 1982. 새날원서시리즈. 새날.

1991ㅁ. 「경제학이란 무엇인가」, 「정치경제학」. 한국사회경제학회 편. 『경제학개론』. 비봉출 판사.

1991ㅂ. S. H. Kim ed. *The Crisis of Marxism* (II). 새날원서시리즈. 새날.

1992ㄱ. 『국부론』 (상). 동아출판사.

1992ㄴ. 『국부론』 (하). 동아출판사.

1993ㄱ. 「『자본론』은 왜 불완전한가」. 『이론』 4.

1993ㄴ. 『정치경제학 특강』. 새날.

1993ㄷ. 「한국사회를 어떻게 분석할 것인가」. 『사회비평』 9.

1993ㄹ. 『1945년 이후의 자본주의』. 동아출판사. (원저: Philip Armstrong, Andrew Glyn & John Harrison. *Capitalism Since 1945*. Basil Blackwell. 1991.)

1994ㄱ. 김수행 · 김진엽 공역. 『금융자본』. 새날. (원저: Rudolf Hilferding. *Das Finanzkapital: Eine Studie ueber die juengste Entwicklung des Kapitalismus*. 1910.)

1994ㄴ. 「경제개혁의 체제적 성격」. 『경제학연구』 42(1). 한국경제학회.

1994ㄷ. 「『국부론』과 『자본론』의 이론적 계승과 단절」. 『이론』 9.

1995ㄱ. 「독점이론에 대한 힐퍼딩의 공헌」. 『경제논집』 34(1).

1995ㄴ. 「영국 신보수주의의 경제적 귀결」. 『이론』 13.

1995ㄷ. 「<들어라 양키들아>로 처음 만난 마르크스」. 고은 외 지음. 『내 인생의 책들』. 한 겨레신문사.

1996ㄱ. 「자본의 세계화 경향에 관한 일 고찰」. 『경제논집』 35(2/3).

1996ㄴ. 「자본의 세계화와 북한의 일국 사회주의 이론」.『북한경제논총』2. 북한경제포럼.

1996ㄷ. 「『자본론』의 금화와 현재의 중앙은행권」. 『이론』 16.

1996ㄹ. 「마르크스」. 김우창 외 엮음. 『103인의 현대사상: 20세기를 움직인 사상의 모험가들』. 민음사.

1997. 「화폐의 기능 : 남북한 비교」. 『북한경제논총』 3.

1998ㄱ. 『21세기 정치경제학』. 새날.

1998ㄴ. 편저: 『청년을 위한 경제학 강의』. 한겨레신문사.
1998ㄷ. 金秀行. 「恐慌」. 『マルクスカテゴリ-事典』. 青木書店.
1999ㄱ. Kim, Soohaeng & Bokhyun Cho. "The South Korean Economic Crisis: Contrasting Interpretations and an Alternative for Economic Reform". *Studies in Political Economy*, 60.
1999ㄴ. 김수행 · 조복현. 「한국의 경제공황과 아시아모델」. 『사회경제평론』 13. 한국사회경제학회.
1999ㄷ. 김수행 · 조복현. 「한국 경제공황의 새로운 해석과 경제개혁 방안」. 서울사회경제연구소 엮음. 『IMF관리 후 한국의 경제정책』.
2000ㄱ. 김수행 · 허우긍 · 김상균 · 양우진 · 남기곤. 「탈현대 한국경제」. 『사회경제평론』 15. 한국사회경제학회.
2000ㄴ. 「김대중 정부의 구조조정 비판」. 『경제논집』 39(3/4).
2000ㄷ. 「세계대공황」. 구본호 · 정운영 외 지음. 『20세기 경제: 100년을 읽는 22가지 keyword』. 중앙일보 이코노미스트.
2000ㄹ. 「영국 노동당 100년의 역사」. 『다리』 2.
2001ㄱ. 『자본론』 I(상) (제2개역판). 비봉출판사.
2001ㄴ. 『자본론』 I(하) (제2개역판). 비봉출판사.
2001ㄷ. 『알기 쉬운 정치경제학』(초판). 서울대학교출판부.
2001ㄹ. 김수행 · 이강국. 「최근 미국 신경제의 호황과 불황」. 『경제논집』 40(2/3).
2002ㄱ. 김수행 · 신정완 편. 『현대마르크스경제학의 쟁점들』. 서울대학교출판부.
2002ㄴ. 『『자본론』의 현대적 해석』(초판). 서울대학교출판부.
2002ㄷ. 「국민국가는 여전히 중요하다」. 『역사비평』 58. 역사연구회.
2002ㄹ. 김수행 · 장시복 · 정혁. 「1970년대 이후 장기불황과 자본의 대응」. 『경제논집』 41(3).
2002ㅁ. 「9.11 제1주년을 맞이하여」. 『진보평론』 14. 현장에서 미래를.
2002ㅂ. Kim, Soohaeng & Hyun Hyo Ahn. "The Peculiar 'Publicness' of Housing in South Korea". Gary A. Dymski & Dorene Isenberg eds. *Seeking Shelter in the Pacific Rim: Financial Globalization, Social Change, and the Housing Market* (M. E. Sharpe. 2002).
2003ㄱ. 김수행 · 안삼환 · 정병기 · 홍태영 공저. 『제3의 길과 신자유주의: 영국 · 독일 · 프랑스를 중심으로』. 서울대학교출판부.
2003ㄴ. 『국부론』 (상). 비봉출판사.

2003ㄷ.「개혁과제와 개혁철학에 관한 과거정부의 교훈」. 서울사회경제연구소 엮음. 『참여 정부의 경제개혁 과제』.
2004ㄱ. 『자본론』 II (제1개역판). 비봉출판사.
2004ㄴ. 『자본론』 III(상) (제1개역판). 비봉출판사.
2004ㄷ. 『자본론』 III(하) (제1개역판). 비봉출판사.
2004ㄹ.「『자본론』의 현대적 해석」(제1개정판). 서울대학교출판부.
2004ㅁ. 『한국에서 마르크스주의 경제학의 도입과 전개과정』. 서울대학교출판부.
2004ㅂ.「『자본론』의 연구방법에 관한 일본의 논쟁」. 『마르크스주의연구』 1(2). 경상대학교 사회과학연구원.
2004ㅅ.「총선 결과를 진보운동의 새로운 계기로 활용하자」. 『진보평론』 20.
2005ㄱ. 『알기 쉬운 정치경제학』(제1개정판). 서울대학교출판부.
2005ㄴ. 김수행 · 김공회 공저. 『한국의 좌파경제학자들』. 서울대학교출판부.
2005ㄷ.「1980년대 이후 미국 경제의 '금융화'」. 『마르크스주의연구』 2(1).
2005ㄹ.「마르크스의 이윤율 저하 경향의 법칙」. 『경제논집』 44(1).
2005ㅂ.「'더불어 사는 사회'의 현실적 · 경제적 타당성」. 『아세아연구』 48(4). 고려대학교 아세아문제연구소.
2005ㅅ. 김수행 · 박승호.「박정희체제의 경제적 성과에 관한 비판적 평가」. 『마르크스주의 연구』 2(2).
2006ㄱ. 김수행 · 정병기 · 홍태영 공저. 『제3의 길과 신자유주의: 영국 · 독일 · 프랑스를 중심으로』(제1개정판). 서울대학교출판부.
2006ㄴ.「이슬람과 경제발전」,「고소증으로 고생한 아내」. 서울대학교 교수산악회 편. 『인더스 강을 따라 히말라야까지: 서울대교수 17인의 K2봉 트레킹』. 서울대학교출판부.
2006ㄷ. 『자본주의 경제의 위기와 공황』. 서울대학교출판부.
2006ㄹ. 김수행 외 5인 공저. 『유럽의 제노포비아』. 문화과학사.
2006ㅁ.「우경화의 꽃이 만발하고 있다」. 『진보평론』 28.
2006ㅂ.「케인스주의에 대한 마르크스주의적 비판」. 『마르크스주의연구』 3(1).
2006ㅅ.「현재의 장기불황과 마르크스의 공황론」. 『진보평론』 29.
2006ㅈ.「『자본론』에서 볼 수 있는 자본주의 이후의 경제체제」. 『마르크스주의연구』 3(2).
2006ㅊ.「사회주의와 화폐」. 『진보평론』 30.
2007ㄱ. Kim, Soohaeng & Seung-Ho Park, "A Critical Appraisal of the Park

Chung Hee System". Martin Hart-Landsberg, Seongjin Jeong and Richard Westra eds. *Marxist Perspectives on South Korea in the Global Economy* (Aldershot: Ashgate. 2007).

2007ㄴ. 김수행 · 박승호. 『박정희체제의 성립과 전개 및 몰락: 국제적 · 국내적 계급관계적 관점』, 서울대학교출판부.

2007ㄷ. 서평논문. 「고전적 마르크스주의의 옹호」. 『사회경제평론』 28.

Abstract

Soohaeng Kim and Jeongwan Shin, eds., *New Society after Capitalism*

The purpose of this book is to commemorate the retirement of Professor Soohaeng Kim of Seoul National University. It is composed of four parts and 16 chapters. The first part introduces the ideas on communism of Marx and Engels, Lenin's transition strategies in the actual Russian revolution, and the antinomy of market socialism. The second part critically appraises the socialism as it actually existed in Russia, China, North Korea and Yugoslavia, while the third part evaluates the theory and current practice of social democracy in Germany and Sweden. Finally, the fourth part deals with some basic components of new society after capitalism, such as socialization, guarantee of basic income, participatory economy, world market, ecological welfare, feminism and the production of knowledge through agora instead of market.

찾아보기

ㅂ

자본주의 이후의 새로운 사회

펴낸곳 서울대학교출판문화원
펴낸이 성낙인
편저자 김수행 신정완

초판 1쇄 발행 2007년 11월 15일
초판 5쇄 발행 2015년 8월 30일
출판등록 제15-3호

주소 151-742 서울 관악구 관악로 1
대표전화 02-880-5252 **팩스** 02-888-4148
마케팅팀(주문상담) 02-889-4424, 02-880-7995
이메일 snubook@snu.ac.kr
홈페이지 www.snupress.com

ISBN 978-89-521-1485-3 93320